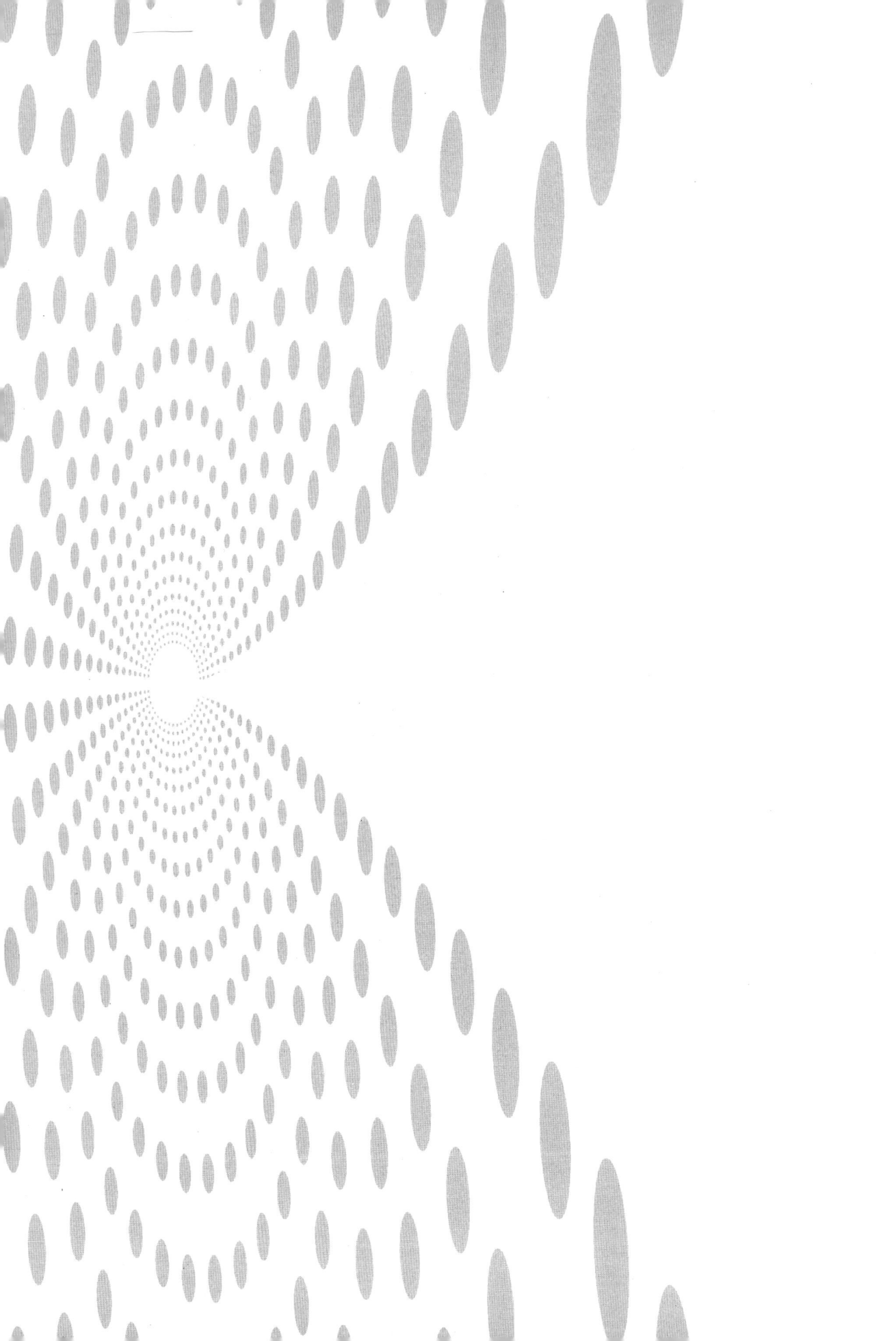

"十一五"国家重点图书出版规划项目

·经/济/科/学/译/丛·

Economic Issues & Policy

(5th Edition)

经济问题与政策

（第五版）

杰奎琳·默里·布鲁克斯（Jacqueline Murray Brux） 著

孙　瑾　周世民　译

中国人民大学出版社

·北京·

《经济科学译丛》编辑委员会

《经济科学译丛》总序

中国是一个文明古国，有着几千年的辉煌历史。近百年来，中国由盛而衰，一度成为世界上最贫穷、落后的国家之一。1949年中国共产党领导的革命，把中国从饥饿、贫困、被欺侮、被奴役的境地中解放出来。1978年以来的改革开放，使中国真正走上了通向繁荣富强的道路。

中国改革开放的目标是建立一个有效的社会主义市场经济体制，加速发展经济，提高人民生活水平。但是，要完成这一历史使命绝非易事，我们不仅需要从自己的实践中总结教训，也要从别人的实践中获取经验，还要用理论来指导我们的改革。市场经济虽然对我们这个共和国来说是全新的，但市场经济的运行在发达国家已有几百年的历史，市场经济的理论亦在不断发展完善，并形成了一个现代经济学理论体系。虽然许多经济学名著出自西方学者之手，研究的是西方国家的经济问题，但他们归纳出来的许多经济学理论反映的是人类社会的普遍行为，这些理论是全人类的共同财富。要想迅速稳定地改革和发展我国的经济，我们必须学习和借鉴世界各国包括西方国家在内的先进经济学的理论与知识。

本着这一目的，我们组织翻译了这套经济学教科书系列。这套译丛的特点是：第一，全面系统。除了经济学、宏观经济学、微观经济学等基本原理之外，这套译丛还包括了产业组织理论、国际经济学、发展经济学、货币金融学、公共财政、劳动经济学、计量经济学等重要领域。第二，简明通俗。与经济学的经典名著不同，这套丛书都是国外大学通用的经济学教科书，大部分都已发行了几版或十几版。作者尽可能地用简明通俗的语言来阐述深奥的经济学原理，并附有案例与习题，对于初学者来说，更容易理解与掌握。

经济学是一门社会科学，许多基本原理的应用受各种不同的社会、政治或经济体制的影响，许多经济学理论是建立在一定的假设条件上的，假设条件不同，结论也就不一定成立。因此，正确理解掌握经济分析的方法而不是生搬硬套某些不同条件下产生的结论，才是我们学习当代经济学的正确方法。

本套译丛于 1995 年春由中国人民大学出版社发起筹备并成立了由许多经济学专家学者组织的编辑委员会。中国留美经济学会的许多学者参与了原著的推荐工作。中国人民大学出版社向所有原著的出版社购买了翻译版权。北京大学、中国人民大学、复旦大学以及中国社会科学院的许多专家教授参与了翻译工作。前任策划编辑梁晶女士为本套译丛的出版做出了重要贡献，在此表示衷心的感谢。在中国经济体制转轨的历史时期，我们把这套译丛献给读者，希望为中国经济的深入改革与发展做出贡献。

《经济科学译丛》编辑委员会

目　录

第二部分　社会经济问题

第三部分　全球贫困、农业和贸易

第四部分　效率和稳定问题

第一部分

经济学、稀缺性、公共产品和外部性的介绍

稀缺性、公共产品和外部性
第2章 犯罪和毒品
第3章 环境
第4章 教育

社会经济问题
第5章 歧视
第6章 美国贫困问题
第7章 住房问题
第8章 医疗保险
第9章 社会保障

全球贫困、农业和贸易
第10章 世界贫困
第11章 全球农业
第12章 国际贸易

第1章 引言

效率和稳定问题
第13章 市场势力
第14章 失业与通货膨胀
第15章 政府宏观经济政策
第16章 税收、贷款和国家负债

你的责任是什么?
结束语:你和你周围的世界

全球经济左倾化和右倾化概述
第17章 21世纪的全球自由市场?

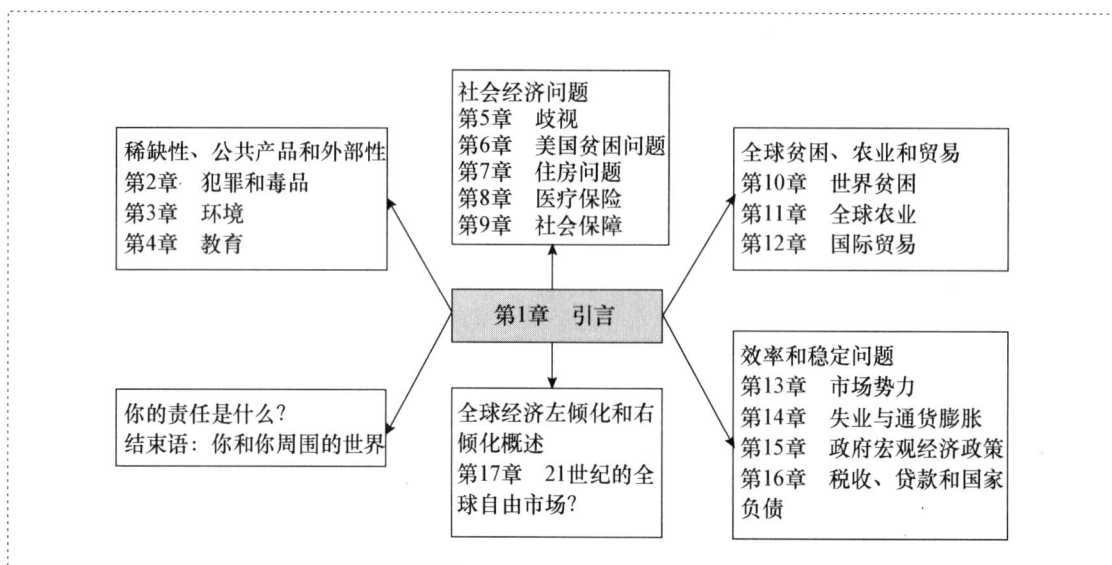

经济学工具箱:

本书中的经济学工具箱是每章的一个特色部分,它指出了涵盖在经济学领域中的特定话题,并提醒你注意本章中这些经济学概念。

- 稀缺性
- 资源
- 生产可能性
- 机会成本
- 失业
- 经济增长
- 需求和供给
- 均衡
- 微观经济学
- 宏观经济学
- 保守主义经济
- 自由主义经济

第 1 章 引　言

经济学兼有希望与信念，且具宏伟科学主张及于体面之孜孜追求。

——约翰·肯尼思·加尔布雷思（John Kenneth Galbraith），
美国经济学家，《纽约时报》，1970 年 6 月 7 日

欢迎来到经济学的天地！我们将会迎来沉闷乏味的科学吗？我们将会迎接《华尔街日报》（*The Wall Street Journal*）毫无生气的黑白页面吗？我们将会迎接那些枯燥的统计数据、令人生畏的专业名词、复杂的图表，还有那些穿着三件套西装、夹着皮包的中年男女吗？

我们将会学习诸如预算赤字、贸易均衡、国债、衰退、货币供给、汇率、次级市场、市场均衡的经济学词汇吗？我们真的想要知道这些词汇的内涵吗？我们真的愿意与图表、数字和报纸面对面吗？这些对我们的生活有意义吗？这些能被大众如现在正坐在教室的人所理解吗？

或许有些令人吃惊，所有前述疑问的答案都是完全肯定的。这并不是因为我们喜欢这些行话和数字，而是我们想要知道一些重要问题的答案，如我毕业后是否能够找到工作？为什么营销学教授比英文教授挣得多？最低工资的提升会不会损害我的利益？为什么大学学费如此之高？学生是否应该得到更多的资金资助？为什么女性工作者只赚取相当于男性工作者80％的工资？为什么会有战争？为什么饥饿仍旧存在于世界的很多地方？为什么有贫富差距？谁会有饭吃，而谁没有？谁会找到工作，而谁会失业？谁的孩子会享受高质量的教育和医疗，谁的孩子没有这些？

稀缺性：相对于欲望和需求来说有限的资源。

如果你曾经想过引言中提到的这些问题，或思考过其他类似的问题，那么你就是对经济学感兴趣的人。这是因为经济学主要研究**稀缺性：我们如何分配有限的资源，以使人类那些看起来无限的欲望和需要得到满足呢？**如果你了解一些经济学推论，你就可能会比大多数喋喋不休给你洗脑的政客、记者和固执己见者更好地回答世界上这些迫切的问题。活在稀缺的世界里就是经济学的全部。理解一些经济学概念使你能够自己分析并归纳出上述问题的答案。那么，让我们现在开始这个旅程吧！

经济学和稀缺性

资源：是指用于生产产品和服务的土地、劳动力和机器等投入。

现在让我们开始讨论稀缺性。**资源**（土地、劳动力、工厂建筑、木材、矿产、机器等）是生产食物、建筑房屋、提供医疗、制造奢侈品等我们所需的主要原料。其中一些是自然资源（土地和木材），一些是生产原料（工厂和机器），还有一些是人力资源（劳动力）。这些资源都是稀缺的，不足以生产我们想要的一切。即使我们尽可能高效和完全地利用所有的资源，最大程度地使用所有最先进的技术，我们目前所能生产的产品在数量上仍然存在限制。稀缺性迫使我们在使用社会资源时进行选择。生产什么、如何将产出分配给社会公众是经济学最基本的选择问题。

生产可能性曲线：一个用来解释稀缺性和需求选择的经济学概念；表明当一国的资源被充分有效利用时，生产两种商品的最大数量的一条曲线。

考虑社会选择问题最简单的方法是通过基本经济学概念与被称为生产可能性曲线的图形。（我保证这本书里分析问题用到的图形只有两种。）**生产可能性曲线描绘了在特定时间内使用社会稀缺资源生产两种不同商品的最大数量。** 由于现实世界是复杂的，经济学家试图用假设条件来简化分析问题的基本要素。在研究生产可能性时，我们必须使用如下简化的假设条件：

1. 所有可获得的资源被充分利用。
2. 所有可获得的资源被有效利用。
3. 所有可获得资源的数量和质量在分析期间不发生改变。
4. 技术在分析期间不发生改变。
5. 在可获得的资源和技术既定的条件下，我们只生产两种产品。

让我们考虑一下这些假设条件的含义。首先，第一个假设条件"所有可获得的资源被充分利用"意味着没有工人失业，没有工厂设备被闲置等等。（但这并不意味着我们不为未来储备资源。举例而言，如果我们认为某块雪鹗的栖息地从生态角度来讲很重要，我们当然就不会把这部分算在可获得资源里面。）第二，有效利用意味着我们利用资源以及知识、技术生产的产量最大。前两个假设意味着经济运行处于最好的状态，即充分和有效。第三，所有可获得资源的数量和质量在分析期间不发生改变，意味着在这段时间没有发现新的自然资源，也没有新的培训项目来提高工人们的生产效率等。第四个假设条件的含义与第三个假设相似，技术提高会在使用同样的资源条件下，带来生产更多产品的更好方式，因此我们在这里假设技术不变。这两个假设条件意味着我们分析的是当前世界的情况，而非未来会发生改变的情形。最后，限于二维平面坐标图，为简化分析过程，我们假设只生产两种不同的产品，在这里采用面包和玫瑰花。

一种选择是把所有的资源和技术都用来生产面包，这会带给我们150单位的面包产量。这里的计量单位于分析无关紧要，可以是块、箱、一货车或者吨等。我们这里假定是以吨为单位。

古谚有言：人不能只靠面包生活；如果我们停下来闻一下玫瑰的芳香，生活会更加美好。因此，我们考虑一下别的选择，从生产面包的资源和技术中拿出来一些生产玫瑰，现在我们得到了 20 单位的玫瑰和 120 吨的面包。再次声明，计量单位对于分析问题的本质来说是无关紧要的，玫瑰的数量单位可以是束、盒、一货车或者是吨，我们假定为吨。（然而值得注意的是，为了生产 20 吨玫瑰花，我们少生产了 30 吨面包。）

我们还可以选择放弃更多的面包来获得更大的玫瑰产量，如生产 40 吨玫瑰花从而生产面包的数量减少到 90 吨。（再次注意，我们不得不又放弃了 30 吨的面包产量来获取额外增加的 20 吨玫瑰花。）这种选择变化可以一直持续下去，从而我们得到了如表 1—1 所示的生产可能性组合。从选择 A 到选择 F 显示出我们能生产的面包和玫瑰花数量的组合。

表 1—1   **生产可能性表格**

选项	面包（吨）	玫瑰花（吨）
A	150	0
B	120	20
C	90	40
D	60	60
E	30	80
F	0	100

表 1—1 的生产可能性组合也可以很容易地用生产可能性曲线表示。曲线图并没有那么玄妙，它有两个坐标轴，每个坐标轴表示变量的数量，离坐标轴原点越远，变量数量越大。在图 1—1 的生产可能性曲线中，横坐标代表玫瑰吨数，纵坐标代表面包吨数。图上的每一点代表表 1—1 中每行两种产品的数量，连接所有的点就得到了生产可能性曲线，表示一国能够生产的面包和玫瑰的最大数量组合。（尽管这个例子中连接所有的点得到的是一条直线，我们仍然叫它生产可能性曲线。本章附录中会考虑更符合现实的凹向原点同时递减的生产可能性曲线。）

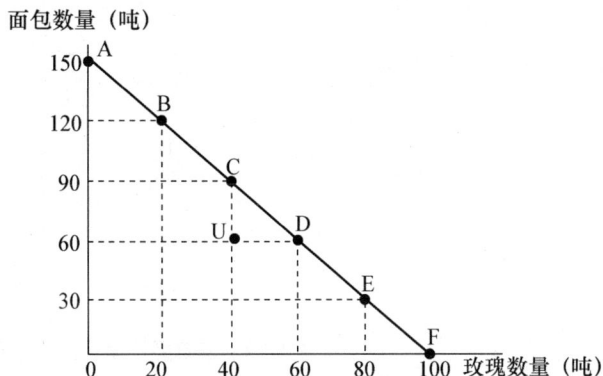

图 1—1   生产可能性曲线

A 点到 F 点表示能够生产的面包和玫瑰的可能数量组合，然而 U 点表示存在失业，资源没有完全利用。

对生产可能性曲线的阐述会引出一些重要的经济学概念。最基本的就是我们生产的产品有限，因此，要生产更多的某种产品，就必须放弃一些其他产品的生产，这被经济学家称作机会成本。**机会成本**是指为了生产或消费其他产品而放弃的最好的选择。这里生产玫瑰的机会成本没有用美元而是用需要放弃的面包数量来衡量。生产面包的机会成本就是生产面包时所放弃的生产玫瑰的数量。正如经济学家们喜欢说的那句话：天下没有免费的午餐！每一样东西都有机会成本。

第二个由生产可能性曲线引出的概念是**失业**。明确两种产品的选择组合代表可能的产量，这是基于假设所有资源、知识、技术都充分使用的特定情况，也因此才称之为生产"可能性"。事实上，这是很少能够实现的情况。现实中一些资源没有被使用，如工厂闲置和工人失业。此外，通常情况下很多资源也不是被最有效地使用。在这些情况下，产量组合不会达到生产可能性曲线上的点，而是位于曲线之下，如图 1—1 中的 U 点（表示存在失业）。在 U 点，只能生产 40 吨玫瑰和 60 吨面包，但如果在充分就业的情况下就可以生产出更多的产品。很明显，利用好空闲的资源，产量组合是可以回到生产可能性曲线上的。

最后，显然一国不可能永远受限于一条生产可能性曲线。随着经济的增长，我们假设的变量条件会发生变化，如资源和技术当然会随着时间推移而改变。如果社会资源的数量提高或质量提升，或者发明了新的技术，导致用可获得的资源可以生产更多的产品，那么就会带来**经济增长**。这种增长在图中表现为整条生产可能性曲线外移，如图 1—2 所示。那么产量可能达到新的生产可能性曲线上的某点，例如 G 点。很明显，G 点（80 吨玫瑰和 90 吨面包）优于原来曲线上的 D 点（60 吨玫瑰和 60 吨面包）。生产可能性曲线的移动是随着时间的变化而改变的，并不是在目前的时间范围。

机会成本：为了生产或消费其他产品而放弃的最好的选择；也就是为了得到另外某些东西而必须放弃的东西。

失业：生产中没有充分利用资源的情况。

经济增长：生产可能性曲线的外移反映了产量的持续增加。

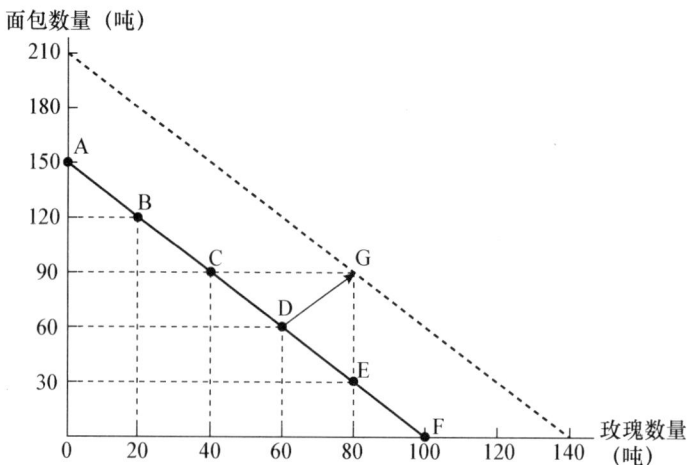

图 1—2　随着经济增长的生产可能性曲线

注意，当生产可能性曲线作为经济增长的结果向外移动时，面包和玫瑰的产量都将增加。

服务: 诸如剪发、医疗、教育等消费活动。

消费品: 消费者消费使用的商品。

投资品: 用来生产商品的商品，诸如机器和工厂等。

私人物品: 商业公司和个人生产或购买的商品。

公共物品: 政府生产或购买的商品。

当然，一国和世界能生产超过两种类型的产品，可以生产卡车、意大利面、汽油、DVD播放机、泳衣和百货商场中陈列的令人眼花缭乱的各种商品。我们也可以生产**服务**，例如医疗、教育、道路维护、手机服务等。可以想象，能够生产的所有商品和服务的组合是无穷尽的，我们无法用平面坐标图把所有这些商品和服务的组合都表示出来，因此本例中的面包和玫瑰的组合仅仅代表了其中的一种。我们可以通过重新定义坐标轴含义使得图形更好地反映现实情况，如定义横轴代表常用商品，纵轴代表奢侈品。或者将经济产量分为农产品和工业制成品；或者**消费品**和**投资品**（用来生产其他产品的工厂和机器）；还可以在军用商品与居民商品之间进行选择；可以分为**私人物品**（例如商店销售的 DVD 播放机、汉堡包等）和**公共物品**（例如政府提供的安保和消防等）。因此，在现实中我们可以考虑不同类别产品的多种选择组合。

当然，我希望你们不要认为介绍生产可能性曲线仅仅是为了学习一些经济学概念和图形，并不是这样，它对于现实世界来说非常重要。生产可能性曲线告诉我们对于国家优先支出来说不能一概而论，举例来说，如果当前国家希望用更多的资源来保护环境，那可能就不得不减少部分太空计划，同样如果要提高公共教育，可能就不得不放弃部分国防支出。或者如果我们想得到更多的政府商品与服务，就要放弃一些私人物品。我们不能无限制地优先支付任何一种商品或服务，因为我们不得不考虑机会成本。

生产可能性曲线帮助我们认识到失业的成本不仅局限于失业者本人和其家庭的痛苦经历，而且对于国家和整个世界来说同样承担着以产量降低这种形式所表现的失业的成本。如果我们使用效率低下的技术进行生产从而浪费资源，产量同样会下降。在稀缺的世界里，我们必须确保目前资源的完全、充分利用，进而寻找未来提升生产效率的方式。

关于稀缺性的问题是真实的，世界上每天有超过 25 000 个孩子因与贫穷有关的原因而死亡。许多人缺少基本的营养、医疗、教育、住所、衣服、干净的水和卫生；许多国家缺少基本的通信、运输、卫生设备和电等基础设施。举例来说，如果一个穷国决定要改善运输条件，作为对未来的投资，那么可能今天就会有很多居民死于饥饿。在本书第 6 章中我们会看到，这些穷人得不到足够的食物、住所、医疗、衣服和其他必需品，实际上即便像美国这么富有的国家，对于所有人来说仍然缺少足够的环境保护、一流的教育机会和高质量的医疗服务。

机会成本问题在伊拉克战争背景下被广泛讨论。2006 年 6 月，布什总统签署了一项紧急开支法案——为伊拉克战争支出 3 200 亿美元的计划，而且战前已经花费超过 1 万亿美元，这笔支出足以用来多次消除美国和世界的贫困问题。因此做出什么样的选择，生产什么以及如何生产对于国家和世界人民来说至关重要。

经济学和分配

尽管生产选择很重要，但故事才讲了一半。至少同样重要的是有关产品和服务的分配选择。**世界上存在饥饿的原因并不是生产的问题而是分配的问题。穷人和穷国政府缺少用来购买生产出来的食物的收入。**在我们前面生产面包和玫瑰的例子中，谁应该得到生产出来的面包和玫瑰呢？是否应该基于公平的原则使每个人得到同样数量的产品？或者每个人得到产品和服务的份额与他们对生产这些产品和服务的贡献是否成比例？或者是否应由政府来决定分配，给那些最值得受奖赏的人更高的比重？或者政府在确保每个居民获得足够的住房、医疗、食物和教育等关键商品和服务后，基于人们的收入和要求来分配次要的商品？还是所有的商品和服务分配都基于人们的收入水平？到底应该如何做出分配选择呢？

需求和供给

需求

你是否聘请过家教帮助补习课程？（我希望你学经济学的时候不用聘请家教，至少现在还不需要！）那么是什么决定你的补习时间长短呢？也许是课程的难度，以及你的收入，它决定你能负担的辅导时间。每小时收费价格对你来说非常关键，如果其他条件均等，和每小时 5 美元的服务相比，你当然愿意购买更多的每小时 1 美元的服务。大部分人都是这样，在价格高的时候，我们会变得节俭而减少补习的时间，我们将在课堂上多问问题，和朋友一起学习探讨，去办公室问老师。总之，在补习费高时，我们自己将更努力学习而不是支付更高的补习费用；而在聘请家教价格较低时，我们情愿多花些时间补习。让我们重点看一下价格变量。

假设你进入一所大学学习，许多大学生都需要家教，而且许多大学生愿意并且能做家教，假设所有学生都愿意支付家教服务，假设时间为一周并且除了价格（如课程难度和学生收入）之外的其他影响因素都是固定的。（经济学家经常会说"其他不变"来指其他影响需求的数据的因素都是不变的。）

为了更好地说明这个例子，我们把信息列到表格里，P 表示可选择的不同辅导价格，Q^P（数量需求）表示学生愿意而且能够支付的小时数量，表 1—2 中显示了不同辅导价格下的辅导时间需求，称为**需求表**。很明显，如果辅导价格低（例如每小时 2 美元），需求数量就会很高（80 小时）；而如果价格高（例如每小时 4 美元），需求数量就会降低（40 小时）。**人们愿意且能够在价格相对较低时购买更多的商品或者服务这一常识是经济学的基本原则，也是需求法则，经常被陈述如下：在其他变量相同的情况下，价格和需求量成反比。这意味着当价格上涨时，需求量会下降，反之亦然。**

需求表：在一定时期内，表示消费者在不同价格上愿意购买的商品或服务的数量的表格。

表 1—2 　　　　　　　　　　一周家教服务需求表

选项	价格（美元/小时）	需求量（小时）
a	1	100
b	2	80

续前表

选项	价格（美元/小时）	需求量（小时）
c	3	60
d	4	40
e	5	20

需求曲线：表示在一定时期内，在各种价格选择下，消费者愿意购买的商品数量的曲线。

我们也可以把表1—2中的信息转化成图示，参见图1—3。尽管需求曲线通常都是直线，这里仍称之为需求曲线。纵坐标表示家教服务收费价格P，横坐标表示服务需求量（小时）Q，把上表中的每个点画在坐标图上，连接这些点即得到需求曲线图1—3。**需求曲线**D表示在假设除了价格之外影响需求数量的因素都是恒定的情况下，所有可能的价格和需求数量的组合。

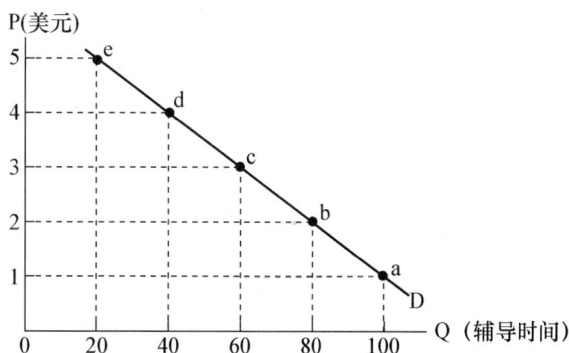

图1—3　一周家教服务需求曲线

需求法则：价格和需求量之间存在负相关关系。

注意需求曲线是向下倾斜的，反映了**需求法则**。价格水平越高，需求量越低（如辅导价格每小时4美元时需求时间量为40小时）；而价格水平越低，需求量越高（如辅导价格每小时2美元时需求时间量为80小时）。

如果影响需求的其他因素改变情况怎样呢？例如，课程的难度可能增加，或者学生的收入增加从而能够支付更多的补习费用，这些都会增加需求数量，你可能还可以列出需求数量增加的其他影响因素。

需求增加将会产生一个全新的需求表，参见表1—3。我们可以将表中的信息同样表现为需求曲线，于是我们得到新需求曲线D′，参见图1—4。随着需求数量的增加，需求曲线向外或者说向右移动。在新的需求曲线上，同样的价格对应更高的需求水平。

表1—3　　　　　　　　　　一周家教服务新增需求表

选择	价格（美元/小时）	需求量（小时）
a′	1	140
b′	2	120
c′	3	100
d′	4	80
e′	5	60

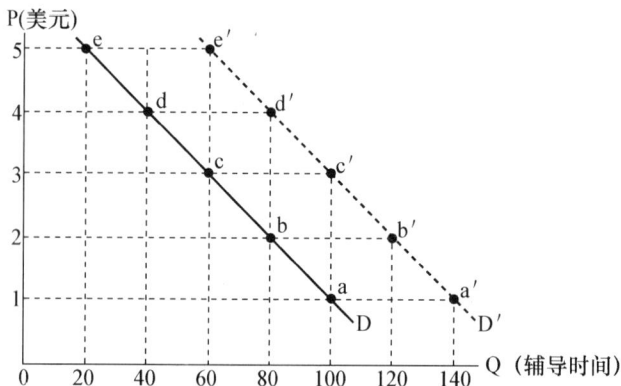

图 1—4　一周家教服务新增需求曲线

和需求曲线 D 相比，需求曲线 D′反映了在同样价格上水平更高的需求数量。

　　如果由于学生收入减少使得需求数量下降，那么需求曲线则往回或者说向左移动。相对来说，同样的价格对应更低的需求水平。

供给

经济新闻："科学技术增加了牛奶的产量，但是牛奶的需求却越来越少。"

技术发展使得奶牛的数量增加，这将如何影响未来牛奶市场的供给和需求呢？要知道结果需要运用经济学供给和需求的基本原理。

http://www.cengage.com/economics/econapps

　　现在我们来看一下家教服务市场的另一方——供给方。设想有些学校的学生不仅不需要请家教补习，而且自己可以提供家教服务，当然不是免费的。那么影响这些学生提供家教服务供给水平的因素有哪些呢？提供服务的成本很重要。最显而易见的成本是时间。还记得前面讲过机会成本是非常重要的，设想这个人做家教时需要雇佣人照顾小孩，或者放弃其他的收入，那么就可以衡量家教时间的机会成本。但是有些情况下做家教的机会成本是不容易被衡量的，比如说放弃学习时间，放弃和朋友、家人在一起的时间，或者就是休闲放松，这些机会成本都很重要，然而很难被量化成美元。切记天下没有免费的午餐！每一个选择都是有机会成本的；参与每一个活动都意味着放弃另外一个活动。

　　另一个影响家教供给数量的因素是家教人数，如果愿意当家教的尖子生增加，那么提供家教服务的供给数量就会增加。

　　价格是决定家教们愿意提供服务数量的一个重要因素，我们先来集中考虑价格变量。让我们仍设定一周时间，除了价格之外所有影响家教服务供给的因素都是恒定的。价格越高，愿意提供的服务越多，因为较高的价格能更好地弥补请婴儿保姆的费用，或者对于放弃空闲时间、放弃与朋友家人相聚时间来说更有诱惑力。做家教获取的高回报可以更好地弥补放弃其他打工机会的机会成本。简单地说，报酬越高，提供服务的动机越大。这和企业提供商品的道理一样，价格越高，愿意提供的商品或服务的数量越大，**这就是供给法则，经常被陈述如下：在其他变量相同的情况下，价格和供给量成正比。**也就是说，价格和供给数量同方向变化，如果价格增加，供给数量就增加；如果价格下降，供给数量也下降。

供给表：表示一定时期内，不同价格水平下，供给者愿意销售的产品数量组合的表格。

表1—4表示家教服务的**供给表**，反映了不同价格报酬下家教服务的供给时间（Q^S），这是一周内除了价格之外影响供给意愿的因素都不变的条件下，每个价格水平上所有家教的总体服务时间量。因此，只有价格变量一个决定因素。

表 1—4 一周家教服务供给表

选择	价格（美元/小时）	供给数量（小时）
v	1	20
w	2	40
x	3	60
y	4	80
z	5	100

供给曲线：表示一定时期内，在不同价格水平上，供给者愿意销售的产品数量的曲线。

供给法则：价格和供给量存在正比关系。

我们可以把表1—4的信息转化成一条**供给曲线**，图中纵坐标表示价格，横坐标表示数量，和需求曲线一样，把表中v点到z点的组合显示到坐标图上，就得到供给曲线S，参见图1—5。供给曲线表示在假设除了价格之外所有影响供给数量的因素恒定的情况下，所有可能的供给数量与价格的组合。请注意，供给曲线是向上倾斜的，反映了**供给法则**：价格和供给量正相关。

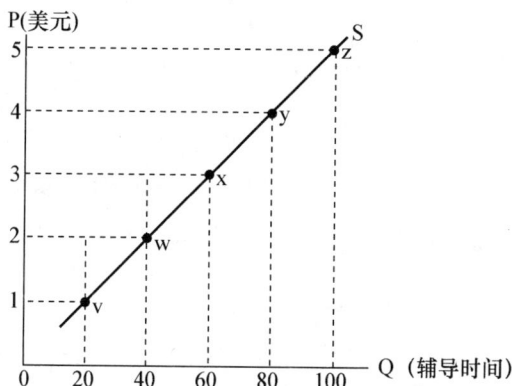

图1—5 一周家教服务供给曲线

供给曲线表示不同价格水平上的供给数量。

其他影响供给量变化的因素有哪些？例如雇佣保姆的成本可能降低从而使得家教更愿意提供服务，因此家教服务供给量会增加。你可以列出其他可能影响供给量的因素，导致供给曲线移动的最重要因素就是产品生产成本的变化。

上例中雇佣保姆成本降低导致家教服务供给量增加会反映在一个新的供给表上，如表1—5所示。在每一个价格水平下，存在一个更高水平的供给量。成本降低通常导致供给曲线向前移动，成本增加通常导致供给曲线向后移动。

表 1—5 一周家教服务增加后的供给表

选择	价格（美元/小时）	供给数量（小时）
v'	1	60
w'	2	80
x'	3	100

选择	价格（美元/小时）	供给数量（小时）
y′	4	120
z′	5	140

如果把新供给表中的信息转换成新的供给曲线图，就得到了图1—6中的供给曲线 S′。供给增加，供给曲线向前或者说向右移动，表示在给定价格水平上供给数量增加。

而如果成本变化导致供给量减少，那么供给曲线会向后或者说向左移动，新的供给曲线上每个价格水平对应的供给量减少。

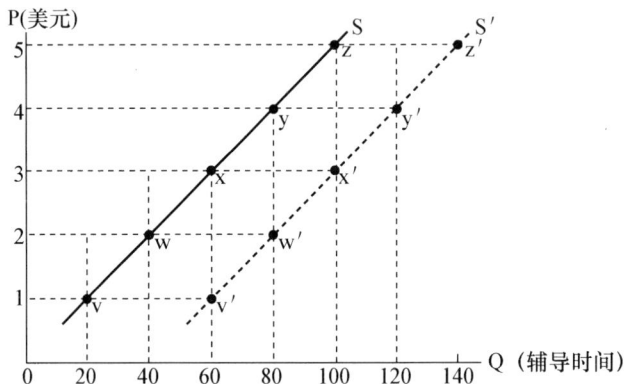

图1—6 一周家教服务增加后的供给曲线

在每一个相同价格水平上，供给曲线 S′提供家教服务的数量多于原来的供给曲线 S。

统一需求和供给

现在我们来考虑整个家教服务市场，需求曲线反映买方（学生）的消费态度，供给曲线反映卖方（家教）的供给水平，把初始需求曲线 D 和初始供给曲线 S 放在一个坐标轴上，如图1—7所示。

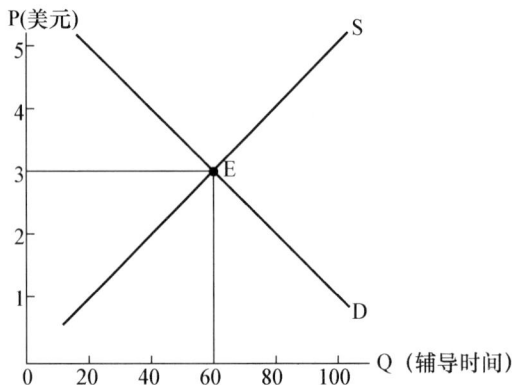

图1—7 家教市场供需曲线

市场在 E 点出清，需求量和供给量相等。

如图所示，需求曲线和供给曲线只有一个交点（E 点），表示需求和供给的数量相等，市场达到均衡。均衡点对应的价格为 3 美元，需求和供给数量为每周 60 小时家教服务。**在 E 点，家教服务市场达到均衡，因为学生愿意购买的服务数量和家教愿意提供的服务数量相等。** 该均衡也可通过表 1—6 表示，反映供给和需求实现均衡条件下的价格和产量。

表 1—6   **家教服务的供给与需求（一周）**

价格（美元/小时）	供给数量（小时）	需求数量（小时）
1	20	100
2	40	80
3	**60**	**60**
4	80	40
5	100	20

家教服务市场会自然趋向均衡点。如果家教老师收取比每小时 3 美元的均衡价格更低的费用，假设为 1 美元/小时，在该价格下，需求数量为 100 小时，供给数量为 20 小时，于是产生供给**短缺**（80 小时）。因为在 1 美元的价格水平上，买方认为很便宜，而卖方则没有动力来提供服务。（从技术层面来说，只有当市场价格低于均衡价格时才会产生短缺。）学生愿意支付能够承受的家教服务费用，于是会抬高价格。假如你是需要辅导的学生，你愿意支付超过 1 美元的价格给家教老师以便比其他同学容易获得服务，而你的同学和你持有相同的心态，于是家教服务价格被抬高。只要短缺存在，价格就会被继续抬高，直到短缺消失达到均衡。随着价格的抬高，有两件事情会发生：（1）买方减少需求数量；（2）卖方增加供给数量。图 1—8 显示了价格上升、需求减少、供给增加的过程。当达到均衡点 E 时，该过程停止，短缺现象消失，价格不再被抬高。经济学家通常将这种现象称为价格的配给功能，这意味着价格的变化和短缺量有关。如果价格不能向上调整，短缺将会持续。社会主义国家经常控制价格调整，从而经常发生短缺现象。

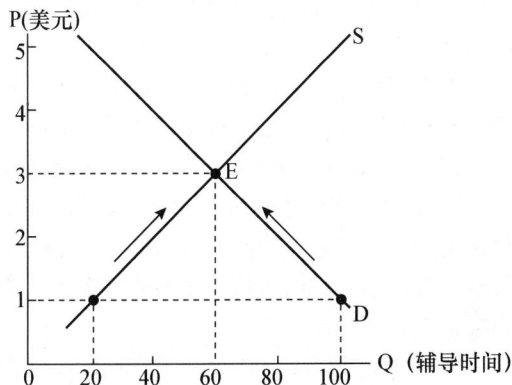

图 1—8　家教服务短缺的结果

在 1 美元价格水平上，需求数量超过供给数量，超过部分为 80 小时，这 80 小时的短缺会导致价格上升到均衡价格 3 美元的水平。

过剩：当价格高于市场水平时，供给数量大于需求数量的情形。

现在考虑相反的可能性——经济过剩。假如家教服务收费价格为 5 美元，高于均衡价格，家教老师觉得收取高价能挣很多钱，然而市场上对应该价格的需求很小（20 小时），供给数量却高达 100 小时，两者的差额为**过剩**，即市场上未销售的服务数量。从技术层面来说，过剩仅发生在市场价格高于均衡价格的情形。市场过剩使得商品或服务的价格下降。家教老师为了获得生意会降低收费，价格会一直降到均衡价格 3 美元为止。如图 1—9 所示，随着价格的下降，需求数量会增加，而供给数量会减少，该过程一直持续到消除过剩达到均衡为止。

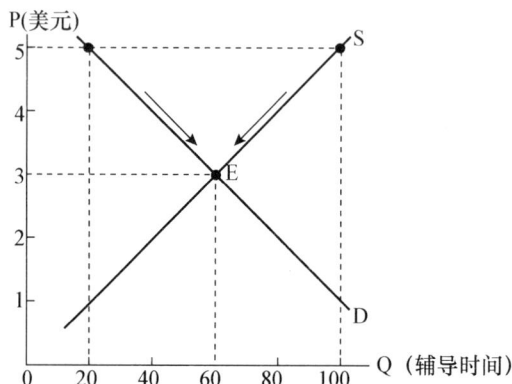

图 1—9　家教服务过剩的结果

在 5 美元价格水平上，供给数量超过需求数量，超过部分为 80 小时，这 80 小时的过剩会导致价格下降到均衡价格 3 美元的水平。

需求曲线和供给曲线的移动

市场供需会维持在均衡点 E，除非有其他影响市场变化的因素。因为万事万物都是变化的，弄清家教服务中影响需求和供给的可变因素变化时会发生什么十分关键。

考虑我们之前举过的例子，如果学生的收入增加，则会增加对家教服务的需求，现在我们要做的是把这个变化放在需求、供给和均衡的背景下来分析。如图 1—10 所示，需求曲线由 D 移到 D′，供给曲线不变，那么新的均衡点 E′ 是新需求曲线 D′ 和原来供给曲线 S 的交点，和原来的需求曲线无关。在新的均衡点上，价格增加到 4 美元，均衡的供需数量增加到每周 80 小时。因为需求增加，市场价格上升，于是供给增加。增加的需求曲线和不变的供给曲线使得均衡价格和均衡数量都有所增加。

如果需求降低，则会发生相反的情况。例如学生收入下降，导致需求下降，那么需求曲线会向左移动，在新的均衡点上价格和均衡数量都会下降。

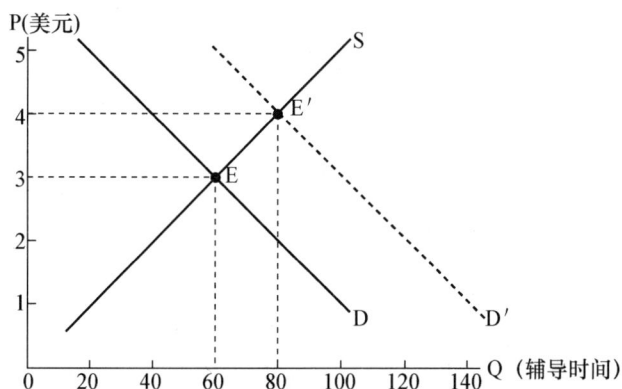

图1—10　家教服务需求增长的结果

需求增加，需求曲线从 D 移动到 D′使得均衡价格由 3 美元上升到 4 美元，均衡数量由 60 小时增加到 80 小时。

现在考虑家教市场上的供给方，回想一下雇保姆照看小孩的成本会影响家教服务的供给，如果照看小孩的成本下降，那么家教老师就愿意雇保姆照看小孩从而腾出自己的时间，提供更多的家教服务——服务的供给增加，那么供给曲线向外移动而需求曲线不变。图 1—11 显示了供给曲线由 S 移动到 S′的过程。

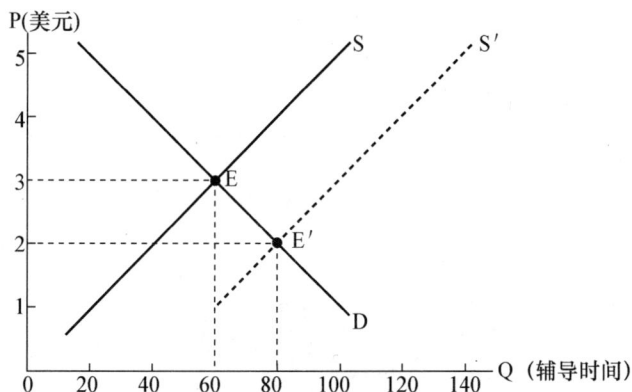

图1—11　家教服务供给增加的结果

供给增加，供给曲线从 S 移动到 S′使得均衡数量从 60 小时增加到 80 小时，而均衡价格由 3 美元下降到 2 美元。

新的均衡点 E′是原来的需求曲线 D 和新的供给曲线 S′的交点，价格下降到每小时 2 美元，而均衡数量增加到每周 80 小时。由于供给的增加，市场价格下降，所以学生们（消费者）增加了愿意购买的服务数量。增加的供给曲线和不变的需求曲线导致均衡价格的下降和均衡数量的上升。

如果雇保姆照看小孩的成本上升使得提供家教服务的供给减少，家教老师在更高的价格水平上才愿意提供服务，那么结果会完全相反。供给曲线向左移动，导致新的均衡：市场价格上升，但是均衡数量下降。

真实的世界

哈！这里列了很多图表！但这也正是分析生活中经济问题的基本工具。所有的市场都有供给方（卖方）和需求方（买方），影响供给和需求变动的因素和我们所讲的家教市场的例子大同小异。

消费者数量变化、消费者收入变化、消费者品味变化、其他替代商品价格变化都会影响需求曲线的移动。在我们所讲的家教例子中，家教服务的替代商品是课本的课后辅导指南。替代关系发生在消费者用其他商品来替换该商品的情形，替代品经典的例子是黄油和人造黄油。互补品和替代品相反，是指如果消费者使用某种商品的数量增加，那么使用其互补品的数量也会增加，互补品的经典例子是数码相机和电池。如果数码相机的价格下降，那么其他因素不变的情况下，购买相机的数量会增加，从而电池的需求量也会增加。

厂商数量变化或生产成本变化都会影响供给曲线的移动。如厂商能源成本的增加会使得产品供给下降，或企业生产同样数量的产品必须支付更高的工资，那么产品供给将会下降。另一方面，如果原材料价格下降，则商品供给量增加；如果政府对生产提供补贴（降低成本），供给量将会增加。提高企业效率的技术进步和单位产品生产成本的下降都会增加产品的供给。

图1—12列出了通常影响真实世界需求曲线和供给曲线移动的因素。假定你某天清晨起来，阅读报纸的头版头条：《巴西的旱灾使得咖啡豆减产，咖啡价格飙升！》、《新〈哈利·波特〉卖光，书价大涨！》、《对巧克力的联合抵制使得巧克力价格下跌》①、《好天气使得南瓜大丰收，南瓜价格一落千丈！》。你如何来解释这些价格变化？

引起真实世界需求曲线移动的因素

1. 愿意购买产品的消费者数量变化
2. 市场上消费者喜好的变化
3. 替代品价格变化
4. 消费者收入变化
5. 消费者对商品未来价格和可获得性预期的变化

引起真实世界供给曲线移动的因素

1. 市场上厂商数量变化
2. 生产商品所使用的资源价格变化
3. 生产商品所使用的技术变化
4. 使用同样资源所能生产的其他商品价格变化
5. 政府税收或补贴变化
6. 厂商对未来商品价格预期的变化

图1—12 引起真实世界需求曲线和供给曲线移动的因素

---

① 许多激进主义分子联合鼓动抵制西非生产的可可豆，因为那里的人民都是可可豆公司的奴隶。另外一部分激进主义分子鼓动人们去购买"公平贸易的可可豆"（还有其他公平贸易产品，例如咖啡和茶）。这种"可可豆奴隶制度"和"公平贸易"的情况会在第12章"国际贸易"中进一步讨论。

一步一步地进行分析，那么解释这些问题并不难。1）画一个坐标图表示特定市场的均衡（咖啡、书、巧克力市场等），用纵坐标表示均衡价格（P），横坐标表示均衡数量（Q）。2）首先考虑对消费者或厂商的影响，以判断供给曲线或需求曲线是否将移动。每个图只移动一条曲线！决定供给或需求是增加还是减少，并相应地向前或向后移动曲线。3）找到新的均衡点，标出均衡点对应的价格和产量水平。4）最后，将新的价格、数量和之前的价格、数量进行比较。如图1—13对新闻标题的分析解读，问题就变得十分容易了。

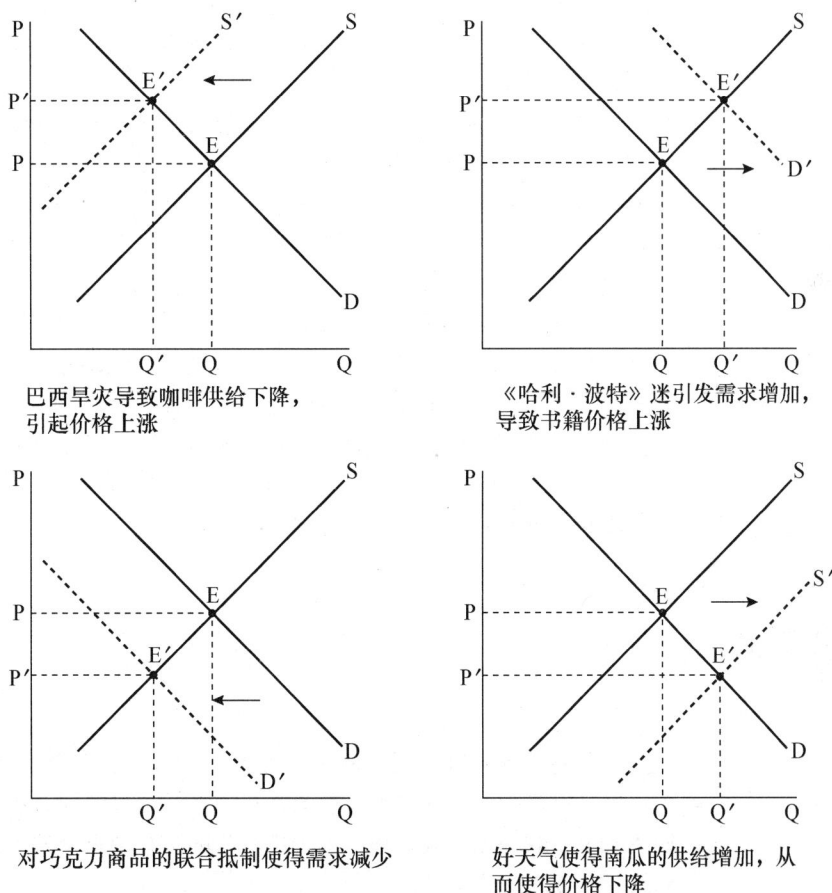

巴西旱灾导致咖啡供给下降，
引起价格上涨

《哈利·波特》迷引发需求增加，
导致书籍价格上涨

对巧克力商品的联合抵制使得需求减少

好天气使得南瓜的供给增加，从
而使得价格下降

图1—13　解读新闻标题：需求和供给

哪个先出现？

先有鸡还是先有蛋？价格决定数量还是数量决定价格？我们知道价格决定需求数量和供给数量，同时需求和供给一起决定产品市场价格。在市场经济中，价格、数量、需求和供给同时相互影响，最终决定市场的价格和市场交换的商品数量。事实上在真实世界中，需求曲线和供给曲线会不断移动，导致价格也相应地变化，当然，每条曲线将会沿一个方向移动，从而可以解释大部分真实世界的波动。本书中为直观起见，每幅图里只移动一条曲线。

效率和公平

由于需求曲线和供给曲线决定了生产多少商品和服务，因此这方面的学习帮助我们更好地理解市场经济运行和其生产可能性。价格高会鼓励人们节俭，只有那些有极高需求或极高收入的人愿意花高价购买商品，而那些不太偏好该商品或无法支付如此高价的人退出了市场，市场本身具有分配机制。价格高也会鼓励生产者提供更多的产品供给。

市场价格的这些功能非常重要，价格促使人们在各种竞争商品中进行谨慎节俭的选择。那些最有意愿购买的人得到商品和服务，因此市场是有效的分配器。如果没有价格机制，那么商品分配到不太需要的人手中造成浪费，会发生真正需要该商品的人得不到，而不太需要该商品的人得到太多的现象。在市场中，价格能调整这种短缺或过剩，市场是一个非常**有效**的分配场所。

有效：利用资源达到产出最大化。

公平：平等。

另一方面，商品和服务的分配可能会不公。公平是一个很重要的概念，经济学家无法说清哪种分配是公平的，但是市场活动结果对一些人来说并不公平。一位真正需要家教辅导的学生可能由于贫困而支付不起费用，小孩没有牛奶喝，无家可归的人没有住处，孕妇支付不起医护费用，这都是由于低收入者无法承受由市场决定的这些必需品的价格。总体来看，市场有正面作用也有负面作用。**市场通常是有效率的，但并不是必然公平的**。

本书概览

大多数经济学家认同市场的作用，正如前面所讲，市场通常被认为是有效的。市场价格为厂商提供恰当的激励机制，并帮助消费者进行明智的选择。市场经济的生产效率比较高。竞争和价格信号的组合使得消费者以最低成本价格获得以最有效方式生产的产品。

尽管市场经济有很多好处，大多数经济学家指出市场也有缺陷。现存的许多市场缺陷并不意味着市场本身是失败的，然而需要政府干预来确保满足所有的社会需求。下面列举的市场失灵方面也引出了本书将要讲述的章节内容。

公共产品和服务

公共产品和服务包括国防、警察、消防、公共图书馆、高速公路建筑、反恐等，某些人使用公共产品和服务并不能阻止其他人也使用该公共产品和服务，鉴于该性质，市场不可能提供足够的公共产品和服务，需要由政府来提供。市场不太可能提供公共产品和服务是因为它们不可能被分解成小部分来销售。例如，不可能让每个消费者购买一公里高速公路。而且，即便有人买了某种公共产品和服务，也不可能防止其他没有付费的人搭便车来使用该公共产品和服务。以防火来说，假设你家乡的市中心有 100 个商店店主决定为消防队付费，而有一个商店店主拒绝付费，火灾恰好发生在该商店，即便他没有付费，其他商店的店主也不可能看着大火在此燃烧，因为火灾蔓延会危害到周围的商店。于是其他付费的商店店主会要求救火。大多数经济学家认为政府在提供公共产品和服务方面担任恰当的角色，争议的问题是政府应提供哪些产品和服务，以及提供多少。这些争议很有必要，书中第 2 章"犯罪和毒品"中会有所阐述，在教育、医疗等话题中也有所涉及。

外部性

外部性：个人在市场上活动的成本或收益扩散到整个社会。

当外部性存在的时候，不会发生经济效率和公平。当生产或消费的成本（或收益）溢出到其他人时，就产生了经济**外部性**。环境污染是最典型的例子。如果一个生产厂商在生产过程中污染空气和水，即便我们不是企业所有者、不在这个企业工作、也不购买其生产的商品，我们仍然要承受空气和水污染的成本：疾病风险加大、自然美感减少、环境质量下降。生产者把部分环境成本转嫁给社会。自然资源极度浪费、经济发展并非按照人们真实的需求和考虑，环境质量下降已经引起我们的不满，除非政府积极干预，否则无法补救这些问题。本书第 3 章涉及环境和政府对策问题。其他为社会提供正外部性的公共产品和服务，如教育将在第 4 章中讨论。受教育者工作效率更高，比未受教育者对经济的贡献更大，受教育者更有可能投票或者参与政府和公共事务，不太可能长期失业或者成为罪犯，他或她更可能是纳税人而非受救济者。然而市场本身是不会提供足够的教育的，市场无法反映这些外部性的好处。

公平

我们已经注意到市场不是必然公平的，存在着歧视（第 5 章会涉及）。贫穷和收入分配的不公仍然存在，我们可能会认为穷人无法满足基本生活需要是不公平的，美国收入分配极度不公平，这些问题将在本书第 6 章"美国贫穷问题"中讨论。其他章节如住房和医疗也会涉及公平问题。第 10 章将阐述全球贫困以及如何减少贫困的问题。

市场竞争力和贸易

家教服务的需求和供给的例子接近于**完全竞争**的情形，市场上有许多供给者

完全竞争：有许多厂商和消费者的市场，生产者卖同一（标准）的产品给消费者。

市场势力：一个私人企业影响产品市场价格的能力。

以便不存在垄断者来单独制定市场价格，如果 100 个家教教师中有一个人定价高，那么学生就会找其他的 99 个家教教师。竞争杜绝不合理的价格，垄断则不同，可以收取高价并迫使消费者只能按照高价购买。即使有多于一个的家教教师，这个小群体也可以联合起来开会确定较高的服务价格。

我们称只有一个供给者及其价格决定过程为**市场势力**，即一个供给者影响产品市场价格的能力。在有许多供给者的情况下，让所有这些人对产品价格都达成一致比较困难，且供给者如此多使得不存在一家厂商占领市场绝大比重的情形时，市场势力就不存在了。美国有些行业例如汽车、钢铁、谷类只有一些大生产厂商，在本书第 13 章中我们会进一步讨论市场势力。

只有在少数供给者影响产品市场价格时存在市场势力，因此引入更多的供给者，不论是国内的还是国外的，是减少市场势力的方法。这就体现了国际贸易在加强竞争和减少市场势力方面的重要贡献，然而人们对国际贸易也是颇有争议的，本书第 12 章会揭示这些问题。

特定市场

有些产品市场需要单独考虑，如房地产、医疗、农业和养老。大多数人认为政府对这些市场进行干预是必要的。本书第 7 章和第 8 章讲解住房和医疗，这部分对于人类福利来说十分重要，不能和其他产品市场混为一谈。同样，第 9 章社会保障中涉及的养老问题和第 11 章中的全球农业问题都是政府参与市场的领域。

稳定性

最后我们回到生产可能性和就业的话题，决定我们国家是在生产可能性曲线上（实现充分就业）还是在曲线下方（存在失业）的因素是不稳定的。因此，有时我们的就业率较低，有时我们的就业率较高。紧密相关的是影响整个经济平均价格水平的因素。当平均价格水平增加时，产生通货膨胀，因为价格和就业波动较大，我们称市场经济具有内在的不稳定性。本书第 14 章"失业与通货膨胀"、第 15 章"政府宏观经济政策"和第 16 章"税收、贷款和国家负债"中会涉及这方面的问题。在学习过程中，我们发现政府和央行能够进行多种干预来确保价格和就业稳定。

对学生的一些忠告

我们利用生产可能性曲线讨论了稀缺性，并学习了需求曲线和供给曲线来理微观经济学：研究经济中的个人活动。

宏观经济学：研究经济整体。

国内生产总值（GDP）：经济总产量。

个体：个人和企业。

公共：政府。

解分配。整本书中我们都将使用这些方法来分析大量微观和宏观经济问题。**微观经济学**分析个人在经济中的活动，**宏观经济学**分析整体经济。微观经济学涵盖如国家收入分配、个体市场的话题，宏观经济学涵盖如总收入和总产出的话题。总产出实际上就是指**国内生产总值（GDP）**，表示一国某年生产的全部产品和服务所创造的价格，这个概念在本书中会经常作为参照系。例如，单纯讨论医疗支出多少美元是没有意义的，而是要看医疗支出占本国 GDP 的比重。GDP 是衡量一国创造收入来投资到医疗或其他产品和服务上的能力。

个体和公共是贯穿本书的两个概念。**个体**指个人和企业，个体市场是反映消费者需求和厂商供给的。我们经常谈论个体支出（个人和企业支出）和个体所有制。另一方面，**公共**是指政府，我们经常说公共支出和集体所有制。在学习公共产品和服务时我们已经使用到这些概念。

伴随着全球国际化进程，仅仅分析国内社会的问题已显不足，我们必须加强国际经济的学习，本书第 17 章将进入国际贸易和国际金融、减少国际贫困和建立国际问题体系框架的学习中。世界生动地呈现在我们的电视和电脑屏幕上、我们的旅行中、我们和国际学术及教工的接触中以及我们未来的工作中。因此我们必须了解全球！

你，学生！

回到我们开始的话题：那就是你，学生。你如何适应世界经济问题？这些问题对你的生活和福利意味着什么？你如何影响周围的世界？正如每章末尾的讨论问题，本书的结语部分回答了这些问题。请阅读本书"结束语"和每章的"观点"专栏并考虑你对每个问题的观点。从学习开始做出改变，让我们的世界变得更加美好。现在就让我们开始学习"经济问题与政策"的奇妙旅程吧！

观点

经济学左翼和右翼

经济学左翼	经济学右翼
自由学派	保守学派
极端左翼：纯社会主义	极端右翼：纯资本主义
社会主义特色：政府拥有土地和资本，政府决定经济	资本主义特色：个体拥有土地和资本，个体决定经济
左翼价值观：公平	右翼价值观：效率
目标：政府多干预经济	目标：政府少干预经济

这本书旨在启发你思考，当你掌握了经济学知识时，你会在脑海形成一个基本框架并对经济问题提出自己的观点。你是经济保守派还是经济自由派？你是否了解这些词汇在经济学中的含义？以美国为例，**经济保守派**通常认为政府在经济中应扮演有限角色，市场本身能够很好地运行。他们相信让市场独自运行可以解决大部分经济问题，保守派的观点属于右翼思想。另一方面，**经济自由派**通常支持政府更多地参与到经济中，市场本身有许多缺陷，市场会失灵，政府干预则可以修正市场的不足。自由派的观点属于经济左翼思想。

我们已经发现尽管市场趋于有效，但是它不必然导致公平。我们也学习了市场的缺陷和公共产品和服务的重要性，知道不能仅仅依靠市场来提供公共产品和服务。这些都说明政府在经济活动中应承担一定的角色，然而，对于社会主义和政府参与经济的程度存在许多的争议。

观点箱阐明了经济自由派和经济保守派双方的观点以便帮助你形成自己的观点。这两种观点是截然相反的，经济学家和政客发现他们自己的观点往往处于中间。另外要记住，经济学的保守派和自由派与社会政治上的保守派和自由派两者的概念不同，可能完全相反。例如，社会保守派指反对枪支管制。本书通过很多章节的学习来区分两者的不同，请务必阅读"观点"部分，它们会帮助你形成自己的观点。你会发现你是一个经济自由派或经济保守派，而且针对特定的问题你的观点会发生改变。

总结

经济学家主要研究稀缺性：如何分配世界有限的资源来满足人类无限的需求？有限的资源就是指有限的生产可能性。生产可能性曲线向我们展示了一段时期内，假设所有的技术和资源都充分利用，能够生产出来最大产量的两种商品的各种组合。失业会导致产量水平在生产可能性曲线下方，而一段时期的经济增长会导致产量达到更高的水平。

大多数情况下，每种商品和服务的产量和分配是由市场决定的，产品的需求和供给与价格挂钩。需求和供给共同决定市场均衡，确立市场价格和交换的产品数量。市场经济确保商品和服务分配到最需要并且能够支付市场价格的消费者手中。市场通常被认为是有效的，但不一定是公平的。

市场失灵包括公共产品和服务的问题、外部性的存在、公平问题、市场势力的存在和缺乏稳定性等。争议的焦点就是市场和政府的角色问题，经济自由派偏好政府在经济中扮演主要角色，而经济保守派则相反。随着你对本书的学习，你将不断形成你自己的观点判断。最后，你会考虑你自己在世界经济中的角色地位。

讨论和问题

1. 假设你的朋友希望不计成本地加强国防，你如何用经济学知识让他意识到这么做的机会成本？

2. 失业对于个人和家庭造成沉重负担，整个社会的失业成本是什么？（考虑生产可能性曲线。）

3. 我们充分利用资源和技术来最大化产量对于富裕的国家来说是否重要？只有总量水平是重要的，还是产品的类型也很重要？你认为产品的分配以及生产引发的收入分配和总产量一样重要吗？

4. 你认为应该按收入水平分配商品还是应按其他的方法比如说人们的基本需求？

5. 均衡意味着在特定价格上需求和供给数量相等。这是否意味着正如我们在菜市场或者跳蚤市场上看到的那样，消费者和生产者必须坐下来讨论和决定市场均衡价格？

6. 价格机制的效率能保证市场经济的公平吗？为什么？

7. 下面是当地市场苹果价格数量表，画出需求曲线和供给曲线并指出均衡价格和产量。

价格（美元）	需求数量	供给数量
20	200	1 000
18	400	800
16	600	600
14	800	400
12	1 000	200

现在假设结冰影响了苹果产量，新的供给水平见下表。供给增加了还是减少了？新的均衡价格和产量是多少？（注意，需求曲线不变。）

价格（美元）	供给数量
20	600
18	400
16	200
14	0

8. 点击网址 http://netec.mcc.ac.uk/JokEc，找一则经济学笑话和你的老师分享！

9. 熟悉经济学网站 http://www.cengage.com/economics/econapps，找到书上提到的话题。

10. 另一个资源是英国期刊《经济学家》（*The Economist*）的网站：http://www.economist.com。

附录 1　增加的机会成本

生产可能性曲线实际上就是现实世界的一个简化的代表。回想一下，为了得到 20 单位的玫瑰，社会不得不放弃 30 单位的面包这一规律是不变的，不管面包和玫瑰实际生产了多少。在现实世界里，这一比率往往不是永恒不变的，而是会不断增长。换言之，要想不断生产更多的等量玫瑰，随着玫瑰的增多，我们必须放弃越来越多的面包。这也正说明了生产更多某种特定产品的机会成本会不断增加。机会成本增加是因为我们最后用了更适合生产其他产品的资源来生产这种特定的产品。在我们的例子中，我们应该将资源用在它最适合的地方。随着越来越多的玫瑰被生产，我们应该用更适合面包生产的资源来生产玫瑰（例如农民并不了解怎样生产玫瑰或者土地不适合种植玫瑰等情况），这样我们就可以用这种资源去弥补它们的低生产力了。换句话说，我们必须放弃面包的生产来换得更多的玫瑰。这也就意味着过多生产玫瑰，其机会成本也在增加，对于生产面包同样如此。

增加的机会成本： 随着一种产品被越来越多地生产，社会必须持续牺牲比原来更多的另外一种产品。

表 1—7 显示了在机会成本增加的现实假设下面包和玫瑰生产的可能组合。从选项 A 开始（150 吨面包和 0 吨玫瑰），如果我们多生产 20 吨玫瑰，我们需要放弃 5 吨面包，如果我们再多生产 20 吨玫瑰，我们需要放弃 15 吨面包。如果我们还要多生产 20 吨玫瑰，我们就会放弃 20 吨面包。**换言之，机会成本增加：随着一种产品被越来越多地生产，社会必须持续地牺牲比原来更多的另外一种产品。**

表 1—7　　　　机会成本不断增加的生产可能性表格

选项	面包（吨）	玫瑰（吨）
A	150	0
B	145	20
C	130	40
D	110	60
E	70	80
F	0	100

第14章
失业与通货膨胀
萧条和高失业并存的时期
犯罪情况是否会恶化?

第5章
歧视
毒品类法规可能对监
禁产生歧视性结果

第2章
犯罪和毒品

第8章
医疗保险
毒品对公众健康有害，同样
毒品的合法化也对公众有害

第10章
世界贫困
美国对毒品原料的限
制措施加剧了发展中
国家的健康和贫困问
题

第7章
住房问题
公共住房加剧了贫困化并
导致负面效应（如吸毒）

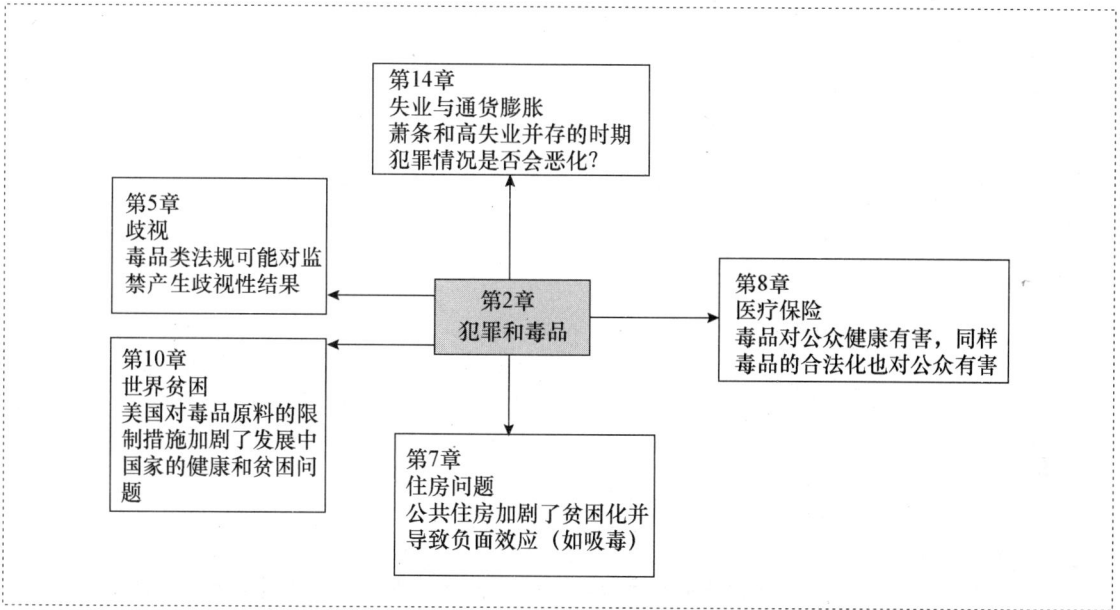

经济学工具箱:

- 公共产品和服务
- 免费搭车问题
- 成本—收益分析
- 生产可能性
- 需求弹性
- 消费税

第 2 章 犯罪和毒品

我们对非法毒品的贪得无厌的需求使得毒品贸易蒸蒸日上。在防止武器从非法跨境走私到罪犯（毒品贩子）购买并用其进行武装的问题上，我们的无能导致了警察、军人和平民的无辜伤亡。

——美国国务卿希拉里·罗德姆·克林顿（Hillary Rodham Clinton），
2009 年 3 月 26 日于墨西哥的访谈

国务卿希拉里·克林顿的这些言论在你看来是否相当平常？事实上，这些言论是惊人的。首先，这种平时不太常见的过于直率的论断竟然出自政府的高官口中；其次，这些言论表明了一位美国高层政府官员的立场，即承认对非法毒品的需求是促使毒品市场繁荣的关键因素。具有讽刺意味的是，正如我们所看到的，到目前为止美国花费在控制毒品市场上的支出中绝大部分集中于毒品的供应而非需求方面。

并且，正如我们在本书中将要看到的，非法的毒品交易只是美国犯罪活动的示例之一。在对这一系列问题进行讨论时，你将有机会运用你关于需求和供给曲线以及生产可能性的相关知识来对公共产品和服务、成本—收益、征收国内消费税的影响以及需求弹性进行分析。

犯罪行为看起来不是很猖獗。但是，每 33 分钟发生一起谋杀案，每 2 分钟发生一起强奸或性虐待案件，每 10 秒钟发生一起盗窃案，每 2 秒钟发生一起偷窃案。除此以外，每小时内平均有 62 名女性受到周围人的攻击，每 41 分钟就有一人死于酒后驾车事故，每 6 分钟就有一起身份盗窃被报道，每 1 分钟就有 3 名女性或男性成为事件的受害者，每 36 秒就有一位儿童受虐待或被遗弃。[①] 基于以上数据，我们中的一些人对美国社会的犯罪问题感到非常担忧也就不足为奇了。

---

① 美国国内犯罪受害者中心，http://www.ncvc.org。

大体而言，每年发生的犯罪行为给美国带来了巨大的成本损失。这些成本不仅包括对财产与人身损失所支付的赔偿金，也包括政府在防范与惩罚犯罪行为的政策上的实施成本。并不是所有的成本都能轻易地以货币价值计量。对于纵火案件中受损的房屋价值我们可以通过计算其重置成本来得到，但是对于攻击性事件中受害者的创伤与痛苦的成本又是怎样的呢？在这些成本中，相对较易衡量的就是司法体系运作与执行的成本，包括警察、法庭和监狱。每年用于防范和惩罚犯罪行为的刑事司法体系的运作与执行需要耗费联邦、州和当地政府超过 2 150 亿美元。[①] 的确，长此以往司法体系运作支出将成为政府支出项中日益庞大的一项。回忆第 1 章对机会成本的讨论。用于刑事司法体系运作的资源将不能被投入到教育、住房、医疗保健和其他有价值的活动中，因此对资源进行合理的使用是非常重要的。经济学将帮助我们分析我们在试图解决犯罪问题时所实施相关政策的有效性。

当谈到犯罪的时候，我们通常都会想到诸如谋杀、强奸、抢劫和攻击等暴力犯罪行为。或许我们会把侵犯财产所有权的行为也纳入进来，比如纵火和偷窃等行为。然而在我们的定义中，任何一种被法律所禁止的且应受法律制裁的行为都属犯罪行为，且这种法律制裁通常包括监禁。在美国，其他类犯罪行为包括赌博、嫖娼、对毒品的持有与非法交易以及色情类商品销售。这些行为都属于犯罪，其原因在于，社会整体或社会整体中非常重要的部分认为它们是有害的并且已经被法律所明文禁止。

美国联邦调查局（Federal Bureau of Investigation，FBI）公布了在美国平均十万人中发生暴力犯罪的次数。暴力犯罪包括谋杀、强奸、抢劫和严重的攻击等行为。表 2—1 中列出了 2000—2008 年间选定年份的犯罪率。我们可以看到从 1990 年后犯罪率已经开始下降。虽然经济继续衰退，但由于专家们不再认为暴力犯罪和发展态势不佳的经济之间存在必然的关联，这种犯罪率下降的趋势可能会一直持续。

表 2—2 对数据进行了补充，并列出了不同种类暴力犯罪与不太严重的财产犯罪发生的数量。虽然暴力犯罪发生的比率一直在下降，但发生的次数仍然处于较高的状态，并且从民意调查来看，人们并没有感觉到现在比过去更安全。

表 2—1　美国暴力犯罪发生率（每十万居民中犯罪发生量，1990—2008 年选定年份）

年份	犯罪发生率[a]
1990	730
1995	685
2000	507
2005	477
2006	474
2007	467
2008[b]	455

a. 暴力犯罪包括谋杀、强奸、抢劫和严重的攻击；根据定义，它涉及暴力或暴力威胁。
b. 估计值。
资料来源：Department of Justice, Federal Bureau of Investigation, *Crime in the United States 2008*，http://www.fbi.gov.

[①] 数据为 2006 年的数据。本章中若无明确提示，数据均来自美国司法局、司法程序局和司法数据办事处，http://www.ojp.usdoj.gov/bjs。

表2—2	犯罪数（按暴力犯罪和财产犯罪的类型分，2007年）	单位：千
		犯罪数
暴力犯罪[a]		1 408
谋杀[b]		17
强奸		90
抢劫		445
严重性攻击		856
财产犯罪[c]		9 840

a. 根据定义，暴力犯罪涉及暴力或暴力威胁。
b. 包括过失杀人。
c. 财产犯罪包括入室盗窃、机动车盗窃等。根据定义，不涉及暴力或暴力威胁。数字是估计值。
资料来源：Department of Justice, Federal Bureau of Investigation, *Crime in the United States 2007*, http://www.fbi.gov.

本章我们将讨论包括犯罪和经济学在内的许多问题。首先，我们会讨论犯罪防范的经济学特征以及我们司法体系的成本—收益分析；其次，我们将讨论白领犯罪问题以及对所谓的"非侵害他人"犯罪行为的合法化问题（以吸毒为例）；最后，我们将讨论犯罪的多样性以及犯罪的一些全球性维度。在我们的分析中，你可以运用我们在第1章已经学到的知识：生产可能性、需求与供给。

犯罪防范

作为公共产品的犯罪防范

公共产品和服务：由于其特点使得私人市场不能保证足额提供，因此公共产品和服务通常由政府提供。

不可分割性：公共产品的特征之一，即无法分割到足够小以在私人市场上出售。

非竞争性：公共产品的特征之一，即一人使用不能阻止其他人使用。

非排他性：公共产品的特征之一，即不能阻止没有付费的人获得收益。

免费搭车问题：个人没有对从产品与服务所得到收益的份额付费却仍然享受收益的情形。

警察活动和其他犯罪防范措施是**公共产品和服务**的典型实例。公共产品和服务在第1章中的市场失灵部分曾首次被讨论，它们所具备的相应特征使得私人市场的生产是无效率的。首先，公共产品具有**不可分割性**，这就意味着不能把它们分成足够小的单位以出售给市场中的单个消费者（举例而言，让我们中的每个人都购买刑事司法体系的1/100是没有多少意义的）。其次，公共产品和服务在一定程度上是**非竞争性**的，这就意味着一位公民对警察巡逻所支付的费用并没有"耗尽"警察保卫所带来的全部收益，也不能阻止其他公民从中得到一些收益。（大多数产品都是竞争性的。以汉堡为例：如果你消费了，就没有人再能消费。）最后，公共产品具有**非排他性**，即我们不能对从犯罪防范中获得收益的行为进行明确阻止。公共产品的最后一个特征意味着它们将面临**免费搭车问题**——例如，如果警察服务由私人市场提供，我们就不能阻止没有付费的人获得来自安全道路的收益。（另一方面大多数产品是排他性的，因此也就不存在免费搭车问题。剧院的座位就是一个很好的例子，如果你没有票，你就没有座位。）

私人市场在提供如汉堡、剧院的座位以及其他具有可分割性、竞争性和排他性的产品方面是极有效率的。需求与供给在均衡价格处形成的交点将不会形成短缺或过剩，并且市场中的买方与卖方均一致认为产品价值等同于均衡价格。**然而，私人市场在提供公共产品方面是缺乏效率的。**因此，政府通常利用税收提供公共产品和服务。

除了警察属于公共产品和服务外，其他公共产品和服务的例子还包括消防、公共图书馆、公立学校和大学、国防、太空计划、公路建设和公立公园。你还能想到其他例子吗？

犯罪防范措施

犯罪防范措施是由警察、刑事法院和我们的监狱体制所执行的。警车在我们附近的巡逻行为、警方资助下对青少年提供的活动、对邻域监视活动的支持以及对案件的侦查都属于警察的职责范围。刑事法院主要负责对被指控为违反刑事法律以及被警察逮捕的人进行审判。监狱体制存在的主要目的是监禁、惩罚并且对犯罪人员进行改造。一些活动，比如，对不良青年提供的培训活动对于防止犯罪的发生起到了一定的预防作用。其他包括案件侦查、对嫌疑犯的审判以及对案件当事人的判决都因其具有威慑作用而属于犯罪防范措施。

基于成本—收益的评价

成本—收益分析：对于政策或活动的成本与收益的比较。

净收益：收益超过成本的部分。

对于政府政策的合理评价方法就是成本—收益分析。运用这种方法，我们把特定行为所得到的收益加总并与成本进行比较。只有当收益大于成本时该类行为才是合理的。另外，如果政府的两个政策对社会的收益同时大于其成本，其中拥有较大**净收益**（或收益超过成本的部分）的行为应更大程度地被采用。在本书的第 3 章，成本—收益分析也会被用来分析政府所实施的环境保护政策。

犯罪防范活动的成本与收益

经济新闻："经济不景气时期，拨打犯罪热线的花费下降。"

在经济困难时期拨打建议热线的电话增加的原因及其经济学基础与经济分析。http://www.cengage.com/economics/eco-napps

在反犯罪的背景下，犯罪防范活动的益处包括防止财产损失发生的支出、医疗支出、心理创伤、收入损失以及其他在犯罪行为被阻止的情况下未发生的支出；反犯罪活动的成本包括如警车和牢房等在内的设备成本，对警察局、法院和惩戒人员所支付的工资和福利成本以及体制管理成本。你还能想到其他的成本吗？

我们花费在刑事司法体系的支出已经很高并且处于迅速增长的阶段。2006 年我们在安保方面花费了 989 亿美元，在司法体系上花费了 469 亿美元，在惩罚体系上花费了 687 亿美元。在过去的 35 年里这些数字已经激增。1982—2006 年间，在警察保卫方面的支出涨幅达 420%，司法体系达 503%，惩罚体系达 660%。**即使考虑到通货膨胀因素，这些数字的增长仍意味着相对于过去我们把太多的资源分配给了刑事司法体系**。就第 1 章所讨论的生产可能性而言，运用于刑事司法体系的资源不能被运用于其他方面。图 2—1 画出了一个纵轴为犯罪防范的生产可能性曲线。该曲线表明，运用于犯罪防范的资源不能被用于其他活动（如教育）。另外，在图中由 A 点移动到 B 点，表明在过去的大约 1/4 世纪中，相对于其他物品与服务，刑事司法活动得到增长。

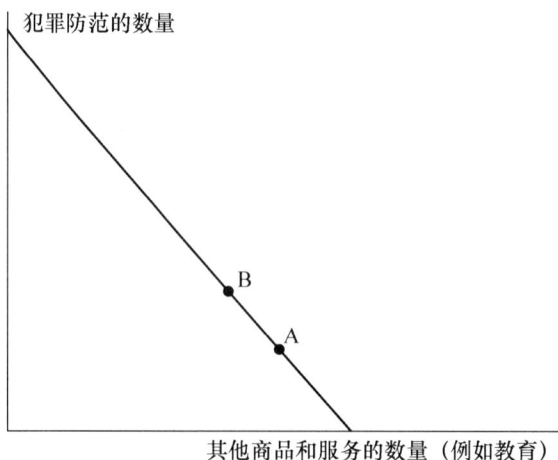

图2—1　犯罪防范的生产可能性曲线

用于犯罪防范的资源不能再被用于其他用途。就长期而言，美国从曲线上的A点移动到B点。

监狱体系不断增加的成本

在刑事司法体系的增长中占据最大比例的为惩罚活动。投入到监狱体系中不断增长的资源主要反映了我们在推动刑事控制政策实施中的变化。相对于过去，我们现在已经监禁了更多的犯人。2007年我们的监狱因禁了超过230万名犯人。[①]

平均十万人中有756个犯人的比例使得美国在犯罪率方面居第一的位置。表2—3列出了世界监禁率中排名前十位的国家。我们可以看到，俄罗斯以629这个数据位居第二位，卢旺达高的犯罪率是由于1994年发生的大屠杀所随之产生的大批已判决和等候判决的犯人造成的。至于伯利兹和巴哈马群岛——我们只说，如果你的春假（春季假期）在这两个国家中的任何一个拥有阳光与海滩的地方度过，你就可以远离犯罪行为。

较高程度的监禁行为与较长时间的判决期被认为从两方面减少了犯罪行为的发生。一方面阻止了即将成为犯人的人从事犯罪行为，其原因在于监禁判决的可能性在增加；另一方面也阻止了现有处于监禁状态的犯人从事新的犯罪行为。

监狱的扩大与更大强度的监禁行为或许是我们现行监狱预防活动中最有争议性的方面。它消耗了大量的钱财，而这些钱财原本可以被现金匮乏的国家政府用于更好的方面，包括教育和医疗项目。因此，有必要通过成本—收益分析以对该政策进行评价。然而此项研究表明，政策实施的结果具有不确定性。让我们分析其原因。

[①]　判刑项目，http://www.sentencingproject.org。

关于高监禁率的实证研究

关于监禁政策的讨论主要包括两方面：（1）暴力犯罪的下降；（2）监狱的过度拥挤与犯人的特点。在阻止强奸、谋杀和抢劫等行为方面我们持一致性同意态度。究竟严厉的判决和更多的监狱是否阻止了这些和其他犯罪行为的发生还是个问题。

表2—3 监禁率排名前十位的国家（每十万居民中的监禁数）[a]

国家	年份	监禁率[b]
美国	2007	756
俄罗斯	2008	629
卢旺达	2007	604
圣基茨岛	2007	588
古巴	2006	531
维尔京群岛	2008	488
帕劳群岛	2005	478
白俄罗斯	2006	468
伯利兹	2008	455
巴哈马群岛	2007	422

a. 指报道的数据。
b. 指搜集的数据。
资料来源：King's College London，International Center for Prison Studies，*World Prison Population List*，8th，http://www.prisonstudies.org.

呈下降趋势的暴力犯罪

一些研究已经表明，暴力犯罪的下降的确是我们更为严厉政策的结果；其他研究对此持否定意见。这些互相矛盾的结论主要来源于研究方法上的差异性。具体而言，一些研究对年龄进行了控制，一些却没有。

在我们所处的社会，15～29岁是易于犯罪的年龄。随着人们逐渐成熟，他们采取暴力行为的可能性会降低。美国人口的平均年龄在增长，这会导致暴力犯罪率的下降。经过年龄调整后的数据已经把人口统计学中的特征变化进行考虑以排除数据中的年龄偏差。在根据人口中的年龄分布进行数据调整后，结果显示严厉的政策引发了犯罪数量的小幅下降；而没有对数据进行调整时，结果则显示犯罪数量的较大幅度的下降。

就成本—收益分析而言，运用年龄调整后数据的研究结果倾向于较高监禁率带来的收益小而成本大；运用非年龄调整后数据的研究结果倾向于收益远远高于成本的结论。由此，互为冲突的研究方法导致了不确定性的结论。

监狱过度拥挤与罪犯的特征

我们的监禁政策所涉及的第二方面就在于监狱过度拥挤与对更多监狱的需要。这些监狱用来安置日益增多的罪犯。这种需要当然会导致更多资源被分配到惩罚体系中。**虽然自1990年以来暴力犯罪率一直处于下降趋势，然而犯罪人口却在激增。** 一些原因促进了这种增长。让我们考虑其中的三个原因。

首先，对于毒品犯罪和其他刑事犯罪已经规定了法定最低刑期，并且现在有超过55%的联邦囚犯是贩毒分子。针对20世纪70年代与20世纪80年代出现的毒品频繁使用现象，这些法案的制定对于贩毒分子而言变得更为严厉。结果就是法官在个人案例中行使了较少的酌情权。一些人认为非暴力毒品罪犯消耗了监狱大量的经费，并且对他们采取的监禁措施加剧了其成为"不知悔改罪犯"的风险。一些评论家认为，刑事判决中受影响最深的为女性。通常，这些女性与男性罪犯有关联，并最终加入到毒品犯罪活动中并担任次要的角色。虽然这些女性不会成为严重罪犯，她们自身以及她们的孩子却从这种长期监禁中受害。的确，根据司法部以及其他部门的书面材料，刑事判决中许多犯人都属低层次的犯罪，并且对他们进行的继续监禁消耗了大量的花费，对监狱空间而言也是一种浪费。

监禁人口增多的第二个原因就在于1994年颁布的联邦犯罪条例草案，它包含了量刑的一个原则。根据这一法案，30个州有资格获得联邦监狱的资助以对它们的判决法进行变动，并要求在对犯人的假释予以考虑之前犯人的服刑期必须达到判决期的85%。

第三，联邦政府以及半数州政府已经通过了"三击出局"法案，这项法案要求实施三次以上犯罪行为的人被判无期徒刑。这项法案最先兴起于加利福尼亚州，并且是在当地一个12岁的少年绑架与谋杀案发生许多年后被确定的。其他州通过类似法案的原因在于公众对累犯的怨恨情绪。然而，除善意之外，这些法律使得许多罪行较轻的犯人被判无期徒刑。例如，加利福尼亚州的法律是美国国内使用最广泛的法律，根据其规定现有7716名犯人属25年徒刑以上到无期徒刑。在他们第三次犯罪中，半数以上（56%）的人为诸如持有毒品等非暴力犯罪。比如在第三次犯罪行为中一个人偷窃录像带，而另一个人偷窃高尔夫球棒，他们都被判处了无期徒刑。

由于以上三个政策，正如我们所了解到的，国内监禁人口超过了200万。尽管在过去的许多年里半数以上的州已经开始进行判决改革，监禁人口的上升趋势仍在持续。例如，堪萨斯州和华盛顿州已经缩短了低程度毒品犯罪的服刑期，康涅狄格州也针对校园毒品犯罪行为给予法官更多的决定权，密歇根州已经缩短了法定最短刑期，数年以前在毒品判决方面较为严厉的纽约州现在也放松了法律的严厉度并越来越依赖药物疗法。尽管如此，至少从目前来看，这种改变所带来的影响也是有限的。

现在的经济大环境一直在改变。我们的经济处于衰退期，并且2007年底正式进入萧条期。在这次萧条中，人们面临着失业与收入问题。人们的收入越低，政府征收的税收就会下降。如果说没有什么能够使得监狱经费缩减的话，那么，恶化的经济则会。诸如科罗拉多、堪萨斯、肯塔基和新泽西等州已经在关闭其监狱，从而也就减少了判决。

经济状况产生的另一个相关影响是死刑。尤其是2009年3月，新墨西哥州的州长比尔·理查森（Bill Richardson）签署废除耗资过大的死刑的决议。同样地，2009年2月，马里兰州的州长同时也是天主教教徒的马丁·奥马利（Martin O'Malley），在过去一直站在天主教的立场要求废除死刑，并且现在也开始认为死

经济新闻："死刑对犯罪产生有效的威慑作用吗？"

阅读死刑的相关争论、支持以及否定，点击经济基础中的稀缺性、选择与机会成本。

http://www.cengage.com/economics/econ-apps

经济新闻："这是新的做法。废除死刑是因其太昂贵。"

阅读为什么许多州减少死刑以节约经费的原因，点击经济基础中的稀缺性、选择与机会成本。

http://www.cengage.com/economics/econapps

刑案件所耗费的资金是命案的三倍。"并且",他说,"我们支付不起。"

由此看来,毒品处罚、监禁率甚至是死刑案件在经济衰退时期可能的确有了实质性下降。后者(死刑案件)值得进一步关注。

死刑的成本—收益分析

虽然一些人认为无期徒刑可能会比死刑耗资更多,然而一些研究表明,死刑要比无期徒刑花费的多得多。例如,在加利福尼亚州,每年死刑要比无期徒刑多花费 11 400 万美元;在堪萨斯州,相对于非死刑案件而言,死刑的花费比非死刑高 70%;北卡罗来纳州在已被定罪的谋杀案件中,每一起死刑要比无期徒刑多耗费 216 万美元;在得克萨斯州,单起死刑案件平均要耗费 230 万美元,这是将犯人监禁在最高安全级别的单人牢房中达 40 年所需耗费的三倍;最后,在佛罗里达州,每年死刑花费的开支比将所有犯一级罪的犯人进行监禁并且无假释的情况下高出 5 100 万美元。这些成本中的许多都发生在审判环节。[1]

死刑案件花费高昂的原因在于审讯的过程易于拉长,需要更多的法官和代价高昂的鉴定人,并且更有可能导致多次上诉行为。然而,对死刑持支持态度的一方坚持认为废除死刑可以减少成本的观点是短视的;他们争辩说死刑可以对犯罪起到最大的威慑作用。其他人则不同意这种观点。国内最高犯罪学学会的前任会长以及现任会长所作的一项调查表明,84%的专家拒绝接受死刑对谋杀产生有效的威慑作用这个观点。[2] 这些研究表明,就成本—收益分析而言,死刑的成本要远远大于其他收益。

白领犯罪

我们的经济已经被严重削弱,这是由于部分人的贪婪与不负责任……
—— 贝拉克·奥巴马(Barack Obama),在美国参众两院联席
会议上的讲话,2009 年 2 月 24 日

总统对白领犯罪的尖锐言论并没有被忽视。的确,发生在公众周围的公司犯罪与频繁的偷窃事件表明白领犯罪行为已经达到了历史高位。白领犯罪是指企业

---

[1] The Death Penalty Information Center; citing *The Los Angeles Times*, March 6, 2005; the Kansas Performance Audit Report, December 2003; the Indiana Criminal Law Study Commission, January 10, 2002; Duke University, May 1993; *The Palm Beach Post*, January 4, 2000; and *The Dallas Morning News*, March 8, 1992; reported in "Facts About the Death Penalty," January 19, 2007; http://www.deathpenaltyinfo.org.

[2] The Death Penalty Information Center; citing Radelet and Akers, 1996; in "Facts About the Death Penalty," January 19, 2007; http://www.deathpenaltyinfo.org.

经理人员以及他们在董事会的支持力量、会计、投资银行以及其他专业人士为谋取利益而从事的不诚实行为。白领犯罪的当事人也可以包括与贿赂关联的政治家和说客。由于这些行为不属于暴力犯罪，从而许多人对白领犯罪比对其他犯罪担忧更少。**尽管如此，白领犯罪是真实存在的，并且在以非常大的比例增长。**

当然，白领犯罪中的受害者（个人和企业）所遭受的钱财上的损失和彻底的偷窃行为一样大。逃税作为白领犯罪中经常发生的一种，使得我们的联邦、各州和地方政府在提供基础设施的能力方面受到威胁。最后，竞选资金被公司金融家以某种方式剥夺，这一点已经对民主的意义造成了威胁。甚至，我们无法衡量我们推选出的官员所进行的行贿与受贿行为对政府政策所造成的扭曲性影响。

21世纪头几年白领犯罪大幅增加，并出现要求经理予以补偿的方案的披露、员工抚恤金和储蓄金的损失以及包括安然、世通、泰科、环球电讯和其他大公司对滥用权力的指控。在任职的第二年，乔治·W·布什（George W. Bush）总统签署了公司责任法并立誓要加强对企业行为的监管并且对白领犯罪予以制裁。然而法律所存在的监管不足与执法不严把涉嫌犯罪事件的CEO、银行家和行政官员推到大家面前并推动了2007年末金融危机与全球性萧条的发生。白领犯罪所产生的结果当然并非不重要的了！

毒品应该被合法化吗？

经济新闻："大麻应该被合法化吗？"

阅读关于此问题的所有经济学争论，点击稀缺性、选择与机会成本。

http://www.cengage.com/economics/econ-apps

美国的毒品滥用和精神健康服务管理部门就毒品滥用做了经常性调查。这个调查向12岁及以上的公民了解他们在其生存期内毒品使用的情况。调查的结果如表2—4所示。我们可以看到，比例为46％的人承认在他们的生存期内非法使用过毒品。受访者中较大比例（40％）的人承认非法使用过大麻，大部分受访者也非法使用过处方药。

在毒品使用的问题上以及在现在的犯罪与犯罪法领域最具有争议性的议题之一就是非法毒品的合法化问题。如果要把这些毒品合法化，我们只需要把持有和出售毒品视为犯罪行为的相关法律废除；如果使持有和出售毒品行为合法化，我们就会减轻法律对这些犯罪行为的惩处力度，并使犯罪分子受到轻微的处罚。经济学的理论为这些情感化的争论提供了另一个思考的维度。除此以外，我们此处所用到的经济学分析可以扩展到其他相关议题。让我们以毒品合法化的可能性为开端进行讨论。

表2—4　　　　　　受访者中承认其在生存期内发生毒品使用行为的比重
　　　　　　　　　　（年龄在12岁及以上，依毒品类型分，2004年）

毒品类型	比重
任何非法毒品	46％[a]
大麻	40％
可卡因	14％
纯可卡因	3％

续前表

毒品类型	比重
海洛因	1％
致幻药	14％
麦角酸二乙基胺	10％
天使粉	3％
摇头丸	5％
吸入性药物	10％
RX 药物的非法使用	20％
镇痛药	13％
安定剂	8％
兴奋剂	8％
镇静剂	4％

a. 相同来源的近期研究表明 2007 年有 46％的受访者承认在他们的生存期内非法使用过毒品。

资料来源：U. S. Department of Health and Human Services, Substance Abuse and Mental Health Services Administration (SAMHSA), Office of Applied Studies, *The 2004 National Survey on Drug Use and Health*, and the 2006 and 2007 *National Survey on Drug Use and Health*, http://www. drugabusestattistics. samhsa. gov.

毒品地位合法化的背景

美国对致幻药使用方面的禁止和管制已有一定的历史。然而与这些物质有关的法律和公共政策处于一直变化的状态。鸦片于 1914 年，大麻于 1937 年已被列入非法药品。酒精在 1920—1933 年间被完全禁止。目前，酒精和烟草的使用是合法的但不允许被出售给未成年人。所有这些物质或多或少地可以使人上瘾，并且我们主要的态度就是，它们至少应该受到管制。这些毒品的合法化因此是不太可能的，但是部分的合法化在政策上是可行的。

除了在美国出现的对于毒品合法化的普遍反对外，其他欧洲国家的毒品法律和政策已经得到了很大的放松。这些国家可能将对毒品合法化使用是否有利提供更好的证据。

关于毒品的战争：美国的反毒品政策

在 20 世纪的后半期，两位美国总统已经对毒品宣战：1971 年理查德·尼克松（Richard Nixon）总统与 1982 年罗纳德·里根（Ronald Reagan）总统。毒品战已经成为我们目前最受关注的争论之一。大部分民众支持如下观点：**在经济方面，所谓的毒品战争包括对毒品的供应与需求进行减少的措施。**

减少毒品供应

减少毒品供应方面的措施主要包括：（1）阻止毒品进入一国所付出的努力；

（2）增加对出售毒品行为的惩罚力度。我们已经雇佣了更多的人员：来自美国联邦调查局和美国药品执行机构的联邦工作者、毒品案件的辩护律师和文员。我们已经在毒品执行机构投入了更多的财力帮助其运作；并且我们把之前投入到药物治疗和研发项目的钱转投入到法律执行项目；我们已经修建了更多的牢房以容纳更多的与毒品相关的犯罪人员；我们已经通过了更为严厉的法案以试图减少我们城市中非法毒品的供应量。

自20世纪80年代以来，为阻止毒品进入美国以控制毒品供应的努力已经将美国军事牵涉入内。已存在了一个世纪的武装力量法案禁止军队实施公务员法，并在1982年得到修正以允许美国军队的战争基金被用于毒品执行。结果就是，军队所从事的活动包括毒品执行培训、情报搜集和侦查。军队在文职机构的指示下从事海、陆和海陆战队装备等军事行动。

减少毒品需求

经济新闻："毒品的合法化和预防是否优于毒品的更为严厉的政策？"

如果英国政府又回到"更为严厉"的政策，它将怎样影响对非法毒品的供给和需求呢？点击经济基础下的经济分析以找到答案：

http://www.cengage.com/economics/econapps

为了减少毒品需求，我们对青少年开设了毒品意识和教育培训项目；为了阻止我们的市民对毒品进行试验性使用，我们对毒品持有行为提高了处罚力度；我们的一些监狱也对犯人设立了药物治疗程序。任一种教育、治疗和威慑项目都是被用来减少毒品市场的需求方面。

1988年，白宫宣告了一项毒品的"零容忍度"政策。这项政策看来是基于这样一种观点，即毒品滥用行为源于毒品使用者的蓄意使用行为，如果没有了毒品使用者就没有了毒品问题。这个观点的潜在内涵就是，市场不仅是由毒品的供给同时也是由毒品的需求来确定。吸毒上瘾者无法对他们的吸毒习惯进行控制的观点被认为是错误的，并且这项政策认为毒品使用者可以停止其使用行为，并且如果不能停止他们也须为此付出代价。由此，公众对毒品使用的容忍已经被降低到了零。从这一立场出发，对毒品使用者的更为严厉的处罚是针对需求方面的减少。

虽然这项政策是由共和党总统们所推行的，但"毒品战"为两党所共同支持。克林顿政府的"缉毒官员"的监督行为是世界上最严厉的毒品禁止活动之一，并且布什总统沿用了这项政策。目前，在毒品战中花费的钱财绝大部分被直接用于减少毒品的供给方面（有人认为大约是95%）；剩下的部分被用于减少需求方面。

对于毒品是否合法化的争论

对于毒品是否合法化的争论主要在于：（1）毒品给个人的健康所带来的坏处；（2）毒品合法化后所带来的与毒品相关的社会问题的增加；（3）毒品战役的成功问题。

个人健康问题

对持续的毒品禁止持支持态度的人认为，有确凿的证据证明毒品的合法化会对个人产生严重的健康问题。一些研究表明，大麻对肺的伤害至少和烟一样严重或更为严重，主要原因在于大麻比过滤烟产生了更多的焦油。并且近些年大麻的效力得到了加强，因此产生的影响将更为长久。大麻损害了个人健康且使得个人对其自身问题无法有效处理。另外，大麻所起的作用在于它是一种"诱导性毒品"，可以把无经验的毒品使用者引入更具危害性的毒品使用上。大麻或许不会上瘾，但其他毒品是可以使人上瘾的。反对毒品合法化的人认为，如果我们把毒品合法化，毒品使用就会激增。

与毒品有关的社会问题

毒品合法化的支持者认为，在毒品合法化后由于更多的人会使用毒品，因而就会出现更多的社会问题。和酗酒行为一样，毒品使用可能导致员工的高缺勤率和低生产率。酒后驾车行为可能导致汽车受损、人员伤亡，在使用毒品后驾驶也会如此。并且和酗酒行为类似的是，毒品使用会导致婴儿的先天缺陷或流产。酗酒目前导致了许多种类的反社会行为，包括家庭暴力与其他犯罪行为；毒品合法化后也会导致类似结果发生。

毒品战役的成功问题

毒品战役并没有取得彻底的胜利，但的确产生了一些成果。毒品的非法化大概减少了对毒品的使用。在20世纪80年代，美国大麻和可卡因的使用在下降并且其他毒品也出现了类似的情况。毒品合法化的反对者认为我们不应该采取任何与减少毒品使用相冲突的政策。

毒品合法化的争论

经济新闻："古柯植物的生产似乎仍然遵循供给与需求法则。"

政府致力于通过对古柯植物的人工根除来减少可卡因的供给。这发挥作用了吗？欲找到答案，点击经济基础中的供给与需求。

http://www.cengage.com/economics/economapps

对于毒品合法化的争论主要基于以下方面：（1）限制毒品供给的努力在很大程度上以失败告终；（2）非法毒品和犯罪之间存在联系；（3）犯罪可能导致腐败；（4）毒品法的执行可能存在歧视；（5）毒品执行可能会侵犯我们的宪法权利；（6）毒品执行存在着财政和机会成本；（7）我们的毒品政策对健康有影响；以及（8）毒品的合法化也存在许多好处。

对世界范围毒品供给控制的失败

美国毒品控制方面的许多专家强调在世界范围进行毒品控制的相关努力，原因在于国内控制措施几乎是无效的。大麻和鸦片可以在任意地方种植，并且古柯植物（生产可卡因）目前可以在曾经被认为不适宜的土壤上生存。无论地球上的哪一块土地的毒品供给被破坏，其他地方的土地就会马上填补这个空缺。例如，20世纪70年代对墨西哥大麻的成功根除导致了从南美洲哥伦比亚乡村大量大麻的进口，并且促进了在美国的生产。目前哥伦比亚古柯植物的减少同时增加了玻利维亚和秘鲁古柯植物的种植。

从源头处控制毒品供给面临着其他方面的障碍。在一些出口毒品的第三世界国家中，政治团体已经参与到这类物品的生产与销售中。在其他国家，毒品卡特尔拥有与政府相匹敌的权力。生产毒品原料的低收入农民不能把原料转化为合法的商品并获得高利润。在一些情况下，生产与使用这些产品已成为一种文化：例如一些安第斯本地人种植古柯植物并且咀嚼它们的叶子。虽然加工后的可卡因很危险，但是咀嚼古柯植物的叶子却不会上瘾，并且种植古柯植物的农民也不认为他们是罪犯。只要美国人需要毒品，生产者就会努力地满足这种需求。

美国非法毒品的一个主要来源地就是哥伦比亚。美国曾试图停止哥伦比亚古柯植物的种植并鼓励以其他植物代替。这个举措耗资巨大并且直到目前仍是不成功的。2000—2006年间，美国政府出资47亿美元以减少哥伦比亚古柯植物的生产。的确，这成为我们在除中东以外的地区所实行的最大"国外援助项目"。然而，数据表明，2006年在哥伦比亚所种植的古柯植物和2000年的种植量一样多。可怜的哥伦比亚农民只能把古柯植物种植在更难发现的地方（香蕉树下或林地旁）以防止美国的烟熏根除。美国鼓励以其他植物替代古柯植物生产的做法也没有成功，部分原因在于可替代植物无法生存以及对哥伦比亚农民而言盈利性不高。另外，美国政府对哥伦比亚古柯植物种植地的烟熏做法已经给人们造成了健康问题，并且使得哥伦比亚的一些作物变得不可食用。[①] 直到最近哥伦比亚的古柯植物种植才开始减少。

哥伦比亚的毒品战役在2008年出现了新的转机，当年古柯植物种植缩减了50%，然而在连续三年里，世界其他两个古柯植物种植国家（秘鲁和玻利维亚）的种植量得到了增长。（还记得关于气球的类比吗？）对来自其他国家的毒品供应进行阻止明显是一个挑战。

非法毒品和犯罪

毒品合法化的支持者认为我们现有的毒品法不仅在控制供给方面是无效的，同时它们也与犯罪行为相关。首先，因为毒品是非法的，它们是由非法或地下经济所提供。因此，毒品禁止后主要的受益人就是贩毒团伙。贩毒团伙是非法毒品的主要来源，并且在美国，非法毒品的出售占贩毒团伙收入的大部分比例。在大街上交易的毒品价格居高，并且这种高价并不是以生产的高成本为基础。相反，高价可被大部分归因于非法分子所承担的高风险——收取高溢价的风险。这些高溢价风险就相当于贩毒团伙为保险箱所征收的非法税。

毒品禁止会以其他方式导致犯罪行为。虽然毒品的非法性导致了居高的街头价格，上瘾的吸毒者可能会触犯法律去购买毒品（另一方面，他们可能在吸毒后犯罪）。除此之外，许多暴力犯罪来源于毒品交易各方的地盘战。在毒品禁止中真正的受害者可能是毒品地盘战中交叉火力下受伤害的守法公民。最后，正如前面所提到的，低程度的非暴力犯罪分子在监狱中可能变得更加"不知悔改"。

导致腐败

毒品合法化的支持者也认为，毒品禁止的另一项成本就是它会导致刑事司法体系中警察与其他人的腐败行为。所有受间接控制的行为都易受腐败影响，并且

---

① Juan Forero，*The New York Times*，"Colombia's Coca Survives U. S. Plan to Uproot It，" August 19，2006.

腐败的发生是难以觉察的，原因在于在腐败行为中没有受害者抱怨。由于非法毒品的广泛传播，警察可能会大失所望，并且他们所面临的金钱诱惑也许更大。

歧视和毒品

此外，毒品法还会导致歧视性监禁。持有强效纯可卡因的法定刑期（适用于非洲裔美国人）要高于持有可卡因粉末的刑期（适用于美国白人）。巴拉克·奥巴马总统已经向高级司法部门要求结束这种不一致性。另外，少数族裔的监禁率普遍要高（与他们中的毒品使用不成比例），并且越来越多的女性由于与毒品相关的事件被监禁，这给她们的孩子带来了非常严重的影响。我们在本章末尾要就这些问题的一些方面予以讨论。

侵犯宪法权利

毒品禁止产生的另一个成本可能是对我们宪法权利的侵犯。毒品合法化的支持者认为路障和对汽车的随意搜查是对我们宪法权利的侵犯。这一点对于排除规则的例外情况（在法庭上使用非法的证据并且随意地进行毒品检测）同样适用。然而这些行为对公众来说是可接受的，因为公众的意见在很大程度地支持了毒品法的执行。

另一个问题可能更为严重。我们经常听到犯人在监狱里被施以暴行的事实，并且通常被其他犯人施以暴行。监狱强奸案就是一个相关的例子，并且如 2009 年，未能采取行动对监狱内的犯人进行保护的州可能面临联邦资助的减少。国家监狱强奸消除委员会已经颁布了新的标准，并且两党联合小组花费了 5 年时间研究这个问题。他们估计每年有 60 000 名犯人被施以性暴力，表明这些犯人的宪法权利受到严重侵犯。

财政和机会成本

纳税人承担了刑事司法体系的成本。毒品战在增加刑事司法体系上花费的绝对成本的同时，也增加了我们在毒品违反上所投入的资源比例。我们已经了解到，在各州与联邦监狱中较大比例的犯人是由于违反了毒品相关法律。我们现行的毒品法律越有效，我们就需要更多的牢房。随着我们修建更多的监狱以安置更多的毒品类犯人，纳税人的负担则随之加大。

我们同样对我们的刑事司法体系的机会成本予以考虑。运用于毒品战的资源不能被用于其他活动，例如对暴力与财产犯罪的侦察。并且也不能被用于其他有用的社会服务，包括公共教育、医疗和环境保护。同样地，如果我们征收过高的税费以保证毒品法的执行，作为纳税者的我们就放弃了对可供选择消费品的消费。我们不能拥有更多的东西。毒品战意味着我们放弃了可供选择的物品与服务。

健康问题

毒品合法化的支持者认为，尽管毒品可能对个人产生严重的健康问题，毒品禁止也可能产生类似问题。由于毒品的非法性，我们不能对它们的安全性进行管制。使用者无法对毒品正品与次品以及它们的益处进行判断。被喷洒过有害的除草剂或生长在有害的化肥中的大麻比纯大麻对使用者的危害更大。有些人认为毒品禁止同样使得我们不能采取合理的政策以阻止通过共用注射器所导致的艾滋病的传播。广为盛行的观点为，对注射器置换项目的支持就是支持或至少是宽恕药物的非法使用。

毒品合法化的好处

毒品合法化的支持者认为撤销毒品禁令会产生许多好处。第一，政府从毒品合法化中所得到的净财政收益是相当可观的。我们可以从非法毒品的生产者中征税从而为政府产生更多的税收。第二，毒品如果合法化则它们会更安全。我们可以对质量进行管制并推行注射器置换项目的实施。第三，从毒品的非法性中所得到的风险酬金会随之消失。结果就是，对于贩毒团伙而言，毒品不会成为如此暴利的商品。贩毒团伙会退出毒品市场并且被合法的制药公司所取代。第四，我们可以期待毒品使用者一方更少的犯罪行为，这些使用者在毒品非法化的情况下从事犯罪行为以满足他们的毒瘾。第五，从毒品合法化中节约的成本可以被转用于教育和医疗项目。对毒品市场需求方的重视可能会比历史上对供给方项目的重视更有效。

禁止或合法化的经济含义

对毒品合法化的支持方与反对方进行分析后，让我们把详细的经济分析加入讨论中。我们所使用的工具为供给与需求分析。我们首先集中于对毒品需求方面的分析。图2—2分析了毒品的合法化对需求的影响，图中表明了对于某一特定毒品在某一市场的供给与需求，其中 D 曲线和 S 曲线是毒品非法化情形下的需求与供给曲线。当毒品为法律所禁止时，一些潜在的毒品使用者由于法律中的刑罚而受到威慑，其他人行为照旧。在这类情形下，如果毒品合法化，则对于毒品的需求就会增加。这种需求的增加在图 2—2 中已经表示出来。随着需求从 D 增加到 D′，价格与数量分别增加到 P′ 和 Q′。

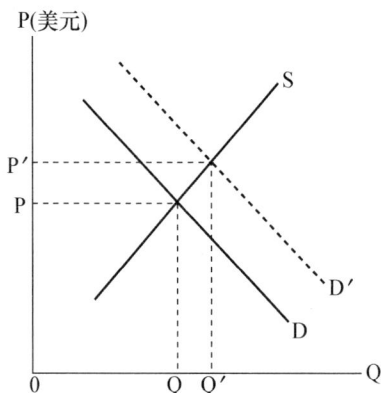

图2—2 毒品合法化对毒品需求的影响

需求从 D 增加到 D′，价格与数量分别增加到 P′ 和 Q′。

现在让我们考虑毒品的合法化对供给的影响。注意到初始的供给曲线 S 包含给予贩毒团伙的风险酬金以及对当地警官进行高贿赂的成本。（曲线向后移动是由于在毒品非法化的情况下供应毒品代价较高。）随着毒品的合法化，供给就会增加（曲线前移），原因在于生产的高成本（贿赂和风险酬金）不复存在。这在图 2—3 中表示出来。结果就是，毒品的价格下降。这种价格下降到足够大并使得贩毒团体从别处而不是从毒品中寻求利润空间。但同时均衡数量会上升；我们不能忽视的事实就是，随着毒品的合法化，毒品使用也随之增加。

需求缺乏弹性：
买方对于价格的变动相对迟钝。

毒品使用上升的量取决于对毒品需求的一个重要的特点。对于易于上瘾药物的需求被认为是无弹性的。**需求缺乏弹性**意味着消费者对价格变化的反应是相对迟钝的：当价格上升或下降时，需求数量不会变动太大。一个身体上已经对毒品（比如可卡因）依赖的人就是一个例子。因为即使价格有了较大幅度的上涨，这个使用者几乎不会减少他或她的毒品使用量。**我们用相对陡峭的需求曲线表示无弹性的需求。**

需求富有弹性：
买方对于价格的变动相对敏感。

表 2—3 同时画出了无弹性的需求曲线和富有弹性的需求曲线。**富有弹性的需求曲线**意味着买方对于价格变动的反应相对敏感。因此价格的微小变动将导致需求的大幅变动。可以导致较少上瘾的毒品（如大麻）就是一个例子。（在本章的附录中将详细讨论需求弹性。）

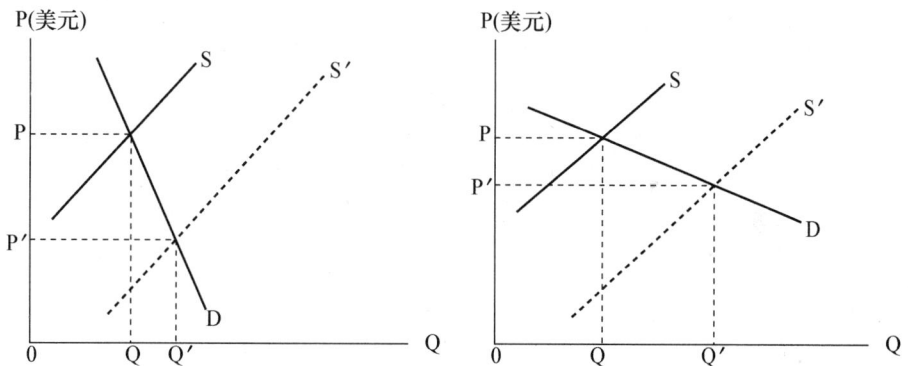

图 2—3　毒品合法化对毒品需求的影响

供给从 S 增加到 S′，新的均衡数量和价格取决于需求曲线的弹性。

我们可以注意到，两种情况下随着供给的增加，均衡数量均会增加。**然而，在需求缺乏弹性的情况下随着供给的增加，毒品使用增加量较少，需求富有弹性的情况下增加量较大。**（两幅图中供给曲线均向前移动，第二幅图中看上去移动较大是由于需求曲线平缓的原因。）

事实就是我们不知道对于大多数毒品的需求是缺乏弹性的还是富有弹性的。由于毒品市场的非法性，我们缺乏现实世界中关于价格—数量的组合信息。虽然我们可能认为那些对麻醉剂上瘾的人的需求表现出较大的缺乏弹性，但是我们不知道对特定药物的临时需求者的价格反应度。我们从美国一些州对于大麻的合法化和荷兰毒品的合法化中得到的实验性信息比较少。20 世纪 70 年代对大麻合法化的州与其维持大麻非法化的邻州相比，毒品使用量呈现出相似性。假定在这些情况下毒品价格下降，毒品使用量并没有增长太多的结果或多或少地再次确切表明需求缺乏弹性的特征。

荷兰是一个很有趣的例子。这个国家毗邻比利时、德国和欧洲的其他一些国家，并且其拥有欧洲最仁慈的软性毒品法。毒品的合法化最初并不是伴随当地居民毒品使用量的增多而产生。另一方面，最新资料给我们提出了很多问题。[①] 例如，荷兰的马斯特里赫特已经成为国外瘾君子和交易方的中心。"毒品游客"每年估计已超过 100 万，并且已经造成了许多问题，诸如交通、较轻的犯罪行为、街头游荡和公共场所大小便。更严重的事实就是，数百万美元的毒品交易行为已经催生了非法植物种植和地下交易的供应链。许多来到这个城市的人不仅仅是为了通过柜台购买 5 克合法的毒品，更多的是从地下经营中进行大量购买。毒品游客也催生了硬毒品的非法销售者。这个城市小型的警察机关将三分之一的时间花费在与毒品有关的问题上。很明显，毒品的合法化已经产生了问题并且或许极大地增加了毒品使用量。

2008 年，墨西哥立法机关进行投票表决以对持有少量大麻、可卡因、中基苯丙胺和其他毒品的行为合法化，从而减少了对这些犯罪行为的惩罚。毒品使用者会被建议去医院并且被鼓励参加康复项目。虽然有很多人对这种变动给予批评，但墨西哥总统菲利普·卡尔德隆（Felipe Calderon）仍在试图区分短期使用者和长期交易商，并把打击犯罪的力度主要集中于交易商和他们的大老板。墨西哥在许多问题上是否会变成另一个荷兰尚待分晓。

我们注意到供给的增加（如图 2—3 所示）使得毒品价格下降，需求的增加（如图 2—2 所示）使得均衡价格上升。这种双变动带来的抵消作用使得均衡价格受供给与需求双变动的影响难以预测。然而许多专家预测，毒品的合法化会带来毒品价格的下降。**但是请注意，供给与需求的同时增加会使得均衡数量增加，因此很明显，毒品合法化会带来毒品使用量的增加。**

通过经济政策予以管制

对于毒品合法化持支持态度的经济学家也通常提出了影响毒品合法市场的经济手段。第一，他们认为政府在毒品相关项目上较大比例的支出应该被转向需求方面的治疗与教育。正如我们已经知道的，目前毒品相关项目上的支出只有小部分是花费在需求方面。通过降低需求，我们可以降低毒品使用量。

消费税：对于特定物品或服务的购买所征收的税。

第二，对合法毒品征收国内**消费税**。（消费税相当于销售税，但只向特定的物品或服务征收，比如烟、酒和汽油。）国内消费税的征收可以减少毒品的供给，因为国内消费税对于生产者而言是一项附加成本。事实也的确如此，因为向政府付税的一方为毒品的供应方。（请记住，生产成本的增加将使得供给曲线向后移动）。

图 2—4 向我们表示了在一个假定的毒品合法化市场中，对供应商征收公共健康税的情形。由消费税的征收引发的供给减少导致了毒品价格的升高和使用量

---

① Marlise Simons, "Cannabis Cafes Get Nudge to Fringes of a Dutch City," *The New York Times*，August 20，2006.

的下降。因此，毒品合法化所带来的使用量的增加可以由于消费税的征收而得到扭转。

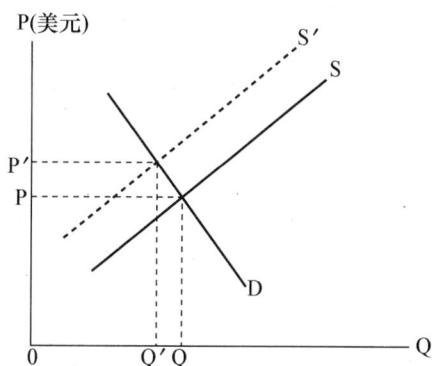

图 2—4　消费税如何减少合法毒品的使用

消费税使得毒品的供给曲线向后移动，结果形成更高的价格和更少的数量（使用量）。

消费税的税率应该与毒品影响公众健康的程度相关。如果临床检验表明使用可卡因的后果要比大麻严重，那么对可卡因的征税要更高。（当然，更高价格的可卡因会导致使用者为满足其习惯而犯罪。）另外，消费税产生的税收收入可以用于治疗和教育项目上。除了消费税以外，我们可以对毒品进行管制并防止未成年人购买，这正如我们目前所做的禁止青少年购买烟和酒的举措一样。而且，吸毒后有驾车行为的人可以被警方拘留，正如酒后驾车一样。因此，毒品的合法化和对其课税不会完全减少对于毒品市场的监督行为。然而毒品合法化后的监督负担要比毒品禁止情况下轻得多。

合法毒品的非法使用

虽然我们这一章的讨论主要集中于非法毒品问题，但非法毒品的合法化使用是另一个问题。（表 2—4 的数据可以证明。）例如，很多人已经对处方药上瘾，比如盐酸羟考酮缓释片这类止痛药。很多人滥用这类药以形成虚幻的"快感"。布雷特·法瑞（Brett Favre，绿湾包装工队的前四分位）和路什·林姆堡（Rush Limbaugh，保守的电台和电视主持人）均承认对处方药上瘾的事实，许多名人也有类似情况。不论毒品自身是非法的，或者是合法毒品的非法使用，对毒品滥用者进行正确的治疗是很有用的，因为这两者都会给使用者带来非常大的伤害。

关于毒品使用的最后一点

经济学可以为社会问题（如毒品使用）提供一个分析视角。它可以提供非常有用的信息和理解。然而，在最后的分析中，人们或许会以社会问题和政策来作为他们的评价尺度，比如说伦理和道德。尽管如此，经济学仍能对这些讨论提供一个非常重要的维度。

其他非侵害他人犯罪的合法化

我们在对毒品合法化问题上所作的经济分析（和许多的非经济分析）也可以被运用来分析其他所谓的非侵害他人犯罪的合法化问题，比如色情和卖淫。这些行为被认为是犯罪的原因不在于对他人人身或财产所施加的暴力，而是由于公众的指责。可以说，和毒品使用一样，对色情和卖淫服务的购买是基于双方同意的交易行为。或者说，买方与卖方都对此交易表示同意。因此，不存在受害者。

其他人则持否定意见。例如，研究表明绝大多数从事卖淫的女性都是未成年人。根据一位专家对卖淫行为的调查，"乱伦使得年轻少女陷入卖淫行为——通过使她们知道她们的价值和期望所在"。其他促使女性卖淫的原因包括经济困难和种族偏见。卖淫行为给这些女性带来了巨大的身体与心理伤害。[①]

其他人认为色情促使人们认为女性是被男性用来寻欢作乐的。"他们喜欢、需要并且可以无成本地得到。"无法确切知道在这种观念影响下发生了多少暴力与强奸行为。最后，青少年色情明显不属于非侵害他人犯罪。因为根据法律规定，未成年人是没有成熟与自主同意权的。

刑警队对于非侵害他人犯罪是很难监督的，因为没有"受害者"提出抱怨。在刑警队工作的警察被认为要比从事细节工作（如抢劫）的警察更易于腐败。

如果某些犯罪行为的确是"非侵害他人犯罪"，那么关于合法化、管制和税收的相关争论对这些违法行为也适用。**和毒品一样，合法化会毫无疑问地增加均衡数量，但是基于管理目的下的管制与税收会比禁止更为有效。（或者，反过来减少均衡数量。）**

多样性和犯罪

深夜的布鲁克林区街道，来自厄瓜多尔的两兄弟参加完教堂聚会后，和其他黑人兄弟一样手挽手走在回家的路上。31岁的乔斯·斯库詹那，是一位有绅士风度的男子并已是两个孩子的父亲，目前是一家房地产公司的老板并且已在纽约居住了十年以上。他的哥哥，38岁的罗梅尔，从厄瓜多尔来并拥有为期两个月的签证。这时一辆汽车突然停在两兄弟面前并从车内出来3名男子对他们大声叫骂。目击者作证说，3名男子对两兄弟进行反同性恋和反拉美人的粗鄙辱骂。一个啤酒瓶砸向乔斯的脑袋后乔斯重重倒下。第二个攻击者则用铝制的棒球拍不停地打罗梅尔的头和身体。随后第一个攻击者

---

① Melissa Farley and Victor Malarek, "The Myth of the Victimless Crime," *The New York Times*，March 12，2008.

也加入进来，并且不断地打和踢直到罗梅尔昏迷。①

在 2009 年的另一天，18 岁的安吉·泽帕塔被灭火器击打致死。安吉是一个变性人。她的攻击者在她的公寓前等候并在她回家时设下了埋伏。安吉的哥哥非常伤心，"只有怪物可以残忍地看待如此漂亮的 18 岁的孩子并把她打死"。她的母亲同样很伤心，"行凶者唯一不能带走的是我和孩子们对我的孩子，我漂亮的孩子的爱和记忆。"②

这两个例子代表了"仇视性犯罪"。它们是多样性与犯罪议题的维度之一。自 1990 年法律要求后，美国联邦调查局开始搜集并公布由种族、宗教、性取向、民族等产生的仇视性犯罪的数据。1994 年由于偏见而引发的犯罪中，残疾位居榜首。美国联邦调查局把仇视性犯罪定义为，犯罪行为当事人从事犯罪活动全部或部分地是由于对其他人的这些方面存在歧视，图 2—5 表示了所有的仇视性犯罪中不同种类歧视所占的比例。需要注明的是，种族指非洲裔美国人、亚洲裔美国人、美洲印第安人、白人（高加索人）和其他。民族指拉美裔和其他民族血统。

来自美国联邦调查局的补充数据表明，在所有的由单一偏见引发的犯罪中，最大的种族偏见就是对非洲裔美国人的偏见（比例 69％）；在宗教偏见中，68％是针对犹太教人，9％针对伊斯兰教人，4％是针对天主教人；98％的性取向偏见是针对同性恋者和双性人，并且残疾歧视中精神病患者占最大比例。③ 正如我们在第 7 章所要了解到的，无家可归的人正日益成为仇视性犯罪的目标。

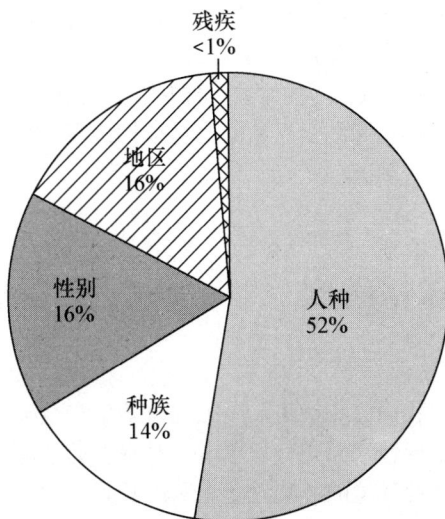

图 2—5　仇视性犯罪中各个因素占比，2007 年

资料来源：The U. S. Department of Justice, Federal Bureau of Investigation (FBI), *Hate Crime*, http://www. fbi. gov/.

---

① Robert D. McFadden (also reporting by Al Baker, David W. Chen, Kareem Fahim, Ann Farmer, Karen Zraick), "Attack on Ecuadorean Brothers Investigated as Hate Crime," *The New York Times*.

② Dan Frosch, "Murder and Hate Verdict in Transgender Women's Death," *The New York Times*, April 23, 2009.

③ The U. S. Department of Justice, Federal Bureau of Investigation (FBI), *Hate Crime*, http://www. fbi. gov/ucr/cius_04/offenses_reported/hate_crime/index.

仇视性犯罪是多样性与犯罪议题的一个方面。我们已经知道，现在有很多女性被监禁，并且她们中的许多都不是严重的罪犯，她们自身和孩子都从这种较长的监禁中受到痛苦。根据判刑项目显示，自1980年后监禁的女性人数上升量大约是男性的2倍。全国范围内共有93 000名女性入狱，这个数据是1980年的7倍。毒品战是促进这种增长的主要原因，三分之一的女性由于涉嫌毒品而入狱。基于许多女囚犯都有身体和性虐待的历史，有较高的艾滋病感染率以及吸毒行为的事实，许多人为此感到担忧。判决项目估计共有125 000名儿童从他们母亲的监禁中受到痛苦并缺乏家庭的关爱。①

对于监禁，我们已经从种族角度进行了关注。三分之二的囚徒是少数种族与民族。判决项目把这些归因于毒品战，且黑人毒品违法分子所占比例远远超过了他们在现实中占所有毒品使用者的比例。许多人把种族作为这种差异性的一个原因。②

最后，女性通常是家庭暴力行为的受害者。根据对这个问题的最全面、科学的国际性研究，家庭暴力无论在发达国家还是发展中国家都是一个广泛的现象。在与10个国家15个地区的将近25 000名女性进行访谈后，世界卫生组织调查人员发现，其伴侣实施暴力行为的比例从日本横滨的15%变化到最高的埃塞俄比亚农村的71%。在这些地区中的6个，至少有50%的女性声明她们曾在家里的某一时刻遭受过中等或更严重的家庭暴力。在13个地区，超过四分之一的女性表明在过去的一年里曾遭受过类似暴力。除一个地区外，其余地区的女性均表明来自伴侣的身体或性暴力的风险比来自其他人的暴力风险要高。美国的女性很少能免除家庭暴力行为。美国疾病研究中心的研究发现，25%的受访女性曾受到配偶、伴侣和约会对象的身体或性侵犯。③ 美国的犯罪行为的确以多样和性别化的形式表现。

犯罪的其他全球性维度

我们已经知道，美国的监禁率在全球居于第一位，并且我们已经就非法毒品的全球性来源进行了思考。对犯罪的其他维度进行思考也是很有趣的。犯罪对全球商业环境的影响对于东欧以及其他发展中国家的开放性市场而言是一个重要的考虑因素。表2—5的调查数据列出了由于偷窃、抢劫、公共产品故意损毁以及纵火罪等所造成的财产损失。白领犯罪的问题同样在表2—5中有所显示，即对官员进行非正式支付以"做成事情"的公司的比例。最近独立的乌兹别克斯坦

---

① The Sentencing Project，*Women and the Criminal Justice System*，http://www.sentencingproject.org/issues_10.cfm.

② The Sentencing Project，*Racial Disparity*，http://www.sentencingproject.org/issues_07.cfm.

③ Elizabeth Rosenthal，*The New York Times*（from *The International Herald Tribune*），"Women Face Greatest Threat of Violence at Home，Study Finds，"October 6，2006（citing *The Lancet*，October 6，2006，and the U. S. Centers for Disease Control and Prevention）.

（前苏联地区国家）在报告中具有最高的商业犯罪率（如刚刚定义的），其腐败率很高也不足为奇。刚果共和国紧随其后。在其他的非洲国家中，几内亚比绍共和国的商业犯罪率相对较高（为8.3%），但其腐败率相对较低（为13.0%）。并且，喀麦隆的商业犯罪率相对较低（为3.8%），但其腐败率相对较高（为77.6%）。我们感兴趣的其他国家，比如俄罗斯和中国，它们的商业犯罪率相对较低，分别为0.5%和0.1%。尼日利亚4.1%的商业犯罪率处于相对中等水平。

很明显，犯罪和腐败在许多国家中都被认为是非常严重的问题，并且毫无疑问地会阻碍商业投资。

表2—5　　　　　　　商业犯罪率和腐败率（东欧和发展中国家中的选定国家，犯罪率从高到低排列，%）

国家	调查年份	犯罪率	腐败率
乌兹别克斯坦	2008	18.3	56.2
刚果共和国	2009	17.3	48.3
冈比亚	2008	8.7	52.4
几内亚比绍共和国	2006	8.3	13.0
格鲁吉亚	2008	7.6	4.1
卢旺达	2006	7.1	20.0
刚果共和国	2006	6.5	83.8
毛里塔尼亚	2006	5.6	82.1
尼日利亚	2006	4.1	40.9
肯尼亚	2007	3.9	79.2
喀麦隆	2006	3.8	77.6
巴拉圭	2006	3.1	84.8
布基纳法索	2006	1.8	87.0
孟加拉国	2007	1.2	85.1
俄罗斯	2005	0.5	59.9
哈萨克斯坦	2005	0.3	45.1
中国	2003	0.1	71.6
亚美尼亚	2005	0.0	24.6

资料来源：World Bank, *World Development Indicators 2009* (Washington, DC: The World Bank, 2009).

最后的提醒

如果你或你的朋友有吸毒或吸烟的毛病，登录美国卫生与公共服务部中"定位治疗"的网址以找到相关治疗项目（http://www. drugabusestatistics. samhsa. gov）。你会对自身或你的朋友提供非常重要的帮助并且以真正朋友的身份对他们进行正确引导。

观点

保守派与自由派

当谈论到充满感情的社会问题（比如毒品控制、色情、卖淫）时，我们要特别注意对自由与保守这个术语的运用。当我们就政府对我们日常生活的介入（社会保守与自由）和政府对经济的干预（经济保守与自由）进行思考时，这些术语有着完全相反的含义。让我们来试着理解这些差别。

经济保守派支持政府对经济领域较少的干预。大多数情况下他们更喜欢以市场为导向的方式。因此，经济保守派会对毒品以及非侵害他人犯罪表示支持。（请注意社会保守派不会支持此类合法化。）经济保守派会比较重视合法化下由市场势力所形成的需求与供给变动的有效性。除此之外，他们也会更偏向于通过国内消费税的征收以及其他市场方式而非禁止来减少毒品以及其他非侵害他人犯罪行为的社会影响。

反之，经济自由派则更倾向于政府对市场的介入行为。他们更加支持禁止毒品使用和其他所谓非侵害他人违法行为。（请注意社会自由派更有可能支持毒品的合法化。）然而，我们应该知道，经济学家和我们社会的其他群体一样，他们对毒品和其他违法行为的合法化的观点不仅仅是建立在经济学原理的基础上，并且无论在经济中还是社会中都会在一些问题上是保守的，在另外一些问题上是自由的。

总结

任何一种由法律所禁止的且应受刑罚的行为都是犯罪行为。犯罪预防是公共产品的一种，它具有不可分割性、非竞争性和非排他性的特征。在过去的20年里，花费在我们的刑事司法体系上的支出（包括警察、法院和监狱）得到了极大的增长，并且监狱体系增长最大。

对毒品禁止的一个合适的评价方法就是成本—收益分析。只有当收益超过成本时，此项政策才应被推行。我们对于监狱是否扩张的成本—收益分析结果是有争议的且没有定论。

一些犯罪行为之所以是非侵害他人犯罪的原因在于，它们是两个自由且成熟的双方达成一致基础上的交易结果。这些犯罪行为之所以非法主要是因为社会或社会中的重要团体出于道德、健康或其他原因对此表示反对。因此，我们通过法律禁止这些行为。一些人把毒品使用归于这一类非侵害他人犯罪。非侵害他人犯罪的合法化要比禁止更有效率。毒品的合法化会导致供给和需求的增加。当供给和需求增加时，价格至少会稍微有所降低，且均衡数量会增加。虽然毒品使用量会增加，但所涉及的产品和服务则会被以合法的形式提供并且利润更低，从而对于犯罪团伙而言毒品供应不会像之前那样有吸引力。如果非侵害他人犯罪被合法化，我们可以部分地通过征税进行管制。征税会减少其数量。

基于许多人认为毒品使用和其他非侵害他人犯罪行为并不是真正的非侵害他人的事实，以上讨论应做出调整。如果考虑到其他相关因素，这将改变我们讨论的实质。

对于高度上瘾类毒品（比如说可卡因），其需求曲线是缺乏弹性的，而对于不太上瘾的毒品则会是富有弹性的。

女性和青少年中所存在的持续上升的监禁率令人担忧。仇视性犯罪和对儿童与女性的家庭暴力也同样如此。犯罪和腐败的全球性维度包括它们对全球商业投资的负面影响。

讨论和问题

1. 公共产品和服务的定义是什么？列举除毒品禁止外的其他公共产品和服务。

2. 什么是免费搭车问题？为什么会存在免费搭车？列举免费搭车问题的其他例子。

3. 当我们说公共产品是不可分割的、非竞争性与非排他性的，这是什么意思？

4. 对成本—收益分析进行讨论。毒品禁止的收益是什么？成本是什么？所有的成本与收益是否容易被衡量？当成本或收益不可量化时我们应该怎么做？我们应该把所有决策的制定建立在成本—收益分析上吗？

5. 在现有的非法物质合法化争论上，毒品需求弹性的重要性多大？

6. 怎样运用税收以对合法的毒品市场进行管制？对毒品征收的国内消费税和对烟征收的国内消费税是一样的吗？为什么对烟和酒征收的国内消费税有些情况下被称为"罪过税"？我们仅仅因为它们是"罪过"而对它们征税吗？

7. 对于毒品和所谓的非侵害他人犯罪问题，有可能成为一个社会自由派和经济保守派吗？（或反过来？）

8. 点击美国联邦调查局的网址（http://www.fbi.gov）并查找统一犯罪报告中暴力犯罪的最新数据。近年来暴力犯罪数量是增加了还是减少了？

9. 点击犯罪受害人国家中心的网址（http://www.ncvc.org）。犯罪中的受害者可以如何利用这个网址？

10. 判决项目的网址为 http://www.sentencingproject.org，试着找到判决项目中关于美国监狱扩张和监禁的背后观点。对于性别和种族问题，它的观点是怎样的？

11. 司法部门的司法数据中心网址为 http://www.ojp.usdoj.gov/bjs，试着找到美国监狱和犯人数据的资料。

附录 2   弹性

需求弹性就是消费者对产品价格变动的反应度（与他们的购买价格相关）。

当买方对价格变动相对敏感时，我们说需求是富有弹性的；当买方对价格变动敏感度不高时，我们说需求是缺乏弹性的。这点已在本章前面论述过。

当我们说买方对价格的变动相对不敏感时，我们的意思就是，价格的变动对消费者所意愿购买的数量影响很小。如果需求是富有弹性的，即买方对价格的变动反应更为灵敏，价格的变动对需求数量将产生显著的影响。经济学家通常用弹性系数来描述弹性。弹性系数的公式如下：

需求数量变动的百分比/价格变动的百分比

如果需求是富有弹性的，弹性系数的绝对值将大于1，表明价格1％的变动将引起需求数量更大比例的变动。然而，如果需求是缺乏弹性的，弹性系数的绝对值将小于1，表明价格1％的变动将引起需求数量更小比例的变动。（由于价格的提高通常会导致需求数量的下降且反之亦然，需求弹性系数的数值通常为负数。为了避免混淆，我们把弹性系数设为正值，忽略负值。）

图2—6画出了理论上的弹性极端情形：完全无弹性和完全弹性，左图中的需求曲线是完全无弹性的情形。不论价格如何变化，需求数量始终保持在5 000且不会发生任何变化。由于此处需求对价格的变动毫无反应，我们说需求是完全无弹性的。完全无弹性需求曲线通常被画成垂直形状，并且弹性系数为0。图2—6的右图是完全弹性需求曲线。完全弹性需求曲线通常以水平直线表示。虽然价格始终保持在5美元且没有发生变动，需求的变动是无限的。这种情形是反应的终极情形，其需求弹性系数接近于无穷数。

大多数需求曲线既不是完全弹性的也不是完全无弹性的。更为典型的弹性情形与图中曲线的位置和倾斜度有关。如果两条需求曲线相交，即它们在图中的位置非常接近，我们就可以通过比较它们的斜率来比较交点附近的弹性。更为平坦（接近于水平）的曲线更加富有弹性；更为陡峭（接近于垂直）的曲线更加缺乏弹性。

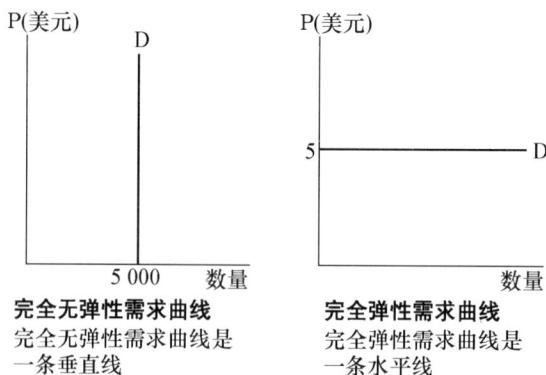

图2—6 弹性的极端情形

图2—7中画出了两条需求曲线，它们的交点处价格为4美元，数量为200单位。在价格4美元、数量200单位附近，需求曲线 D_1 比更为平坦的需求曲线 D_2 缺乏弹性。

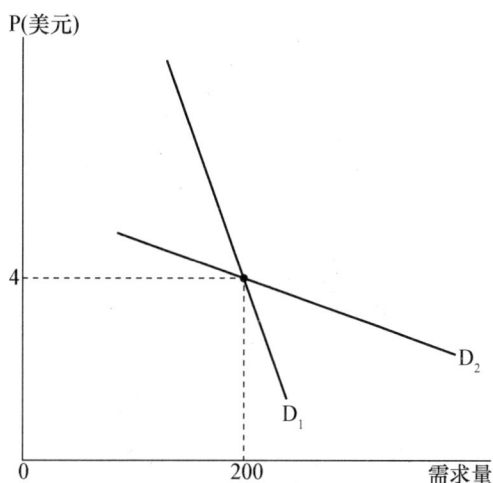

图2—7　弹性不同的需求曲线

在价格为 4 美元的交点处需求曲线 D_1 比 D_2 更缺乏弹性。

当对一项产品或服务的出售征收国内消费税时，弹性的含义是有趣的。在高度上瘾毒品的例子中，比如可卡因，其需求是缺乏弹性的（即使不是完全无弹性）。在上瘾程度不大毒品的例子中，比如大麻，其需求是富有弹性的（即使不是完全弹性）。图 2—8 表示了不同斜率需求曲线的不同弹性特征。如果征收同等数量的税使得供给以同样的数量减少（供给曲线向左移动），那么在缺乏弹性的情况下毒品交易的均衡数量变动较小，在富有弹性的情况下均衡数量变动较大。另外，在高度上瘾毒品的缺乏弹性的需求曲线下均衡价格增加量较大，而在轻度上瘾毒品的富有弹性的需求曲线下均衡价格增加量较小。由于征收的国内消费税是两条供给曲线的垂直距离，我们可以看到在缺乏弹性的需求曲线下价格的增加量几乎与征税量等同。这意味着消费者承担了以毒品的更高价格表现的更大的负担。在富有弹性的情况下，毒品的价格只上升了少许，这意味着税收负担大部分落在生产者身上。

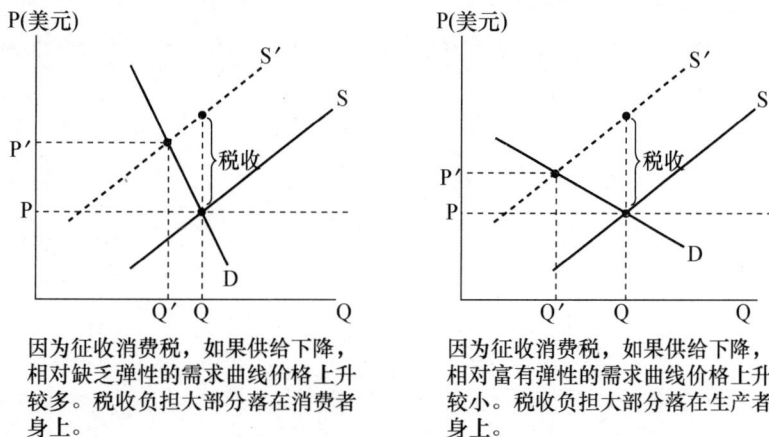

因为征收消费税，如果供给下降，相对缺乏弹性的需求曲线价格上升较多。税收负担大部分落在消费者身上。

因为征收消费税，如果供给下降，相对富有弹性的需求曲线价格上升较小。税收负担大部分落在生产者身上。

图2—8　征收消费税后具有不同需求弹性的两种需求曲线

第12章
国际贸易
大量污染实际上是一个全球性问题。各国制定的不同环境法规会扭曲贸易。贸易协定和政策会加剧环境破坏。

第11章
全球农业
农场化学径流是污染的途径之一。我们的一些农业政策为环境破坏埋下了隐患。

第3章
环境

第17章
21世纪的全球自由市场?
自由市场和更少的政府管制会产生环境效应吗?

第10章
世界贫困
环境保护在贫困国家是一件难以负担的奢侈品。在贫困国家寻求经济发展的过程中,环境问题正变得日益重要。

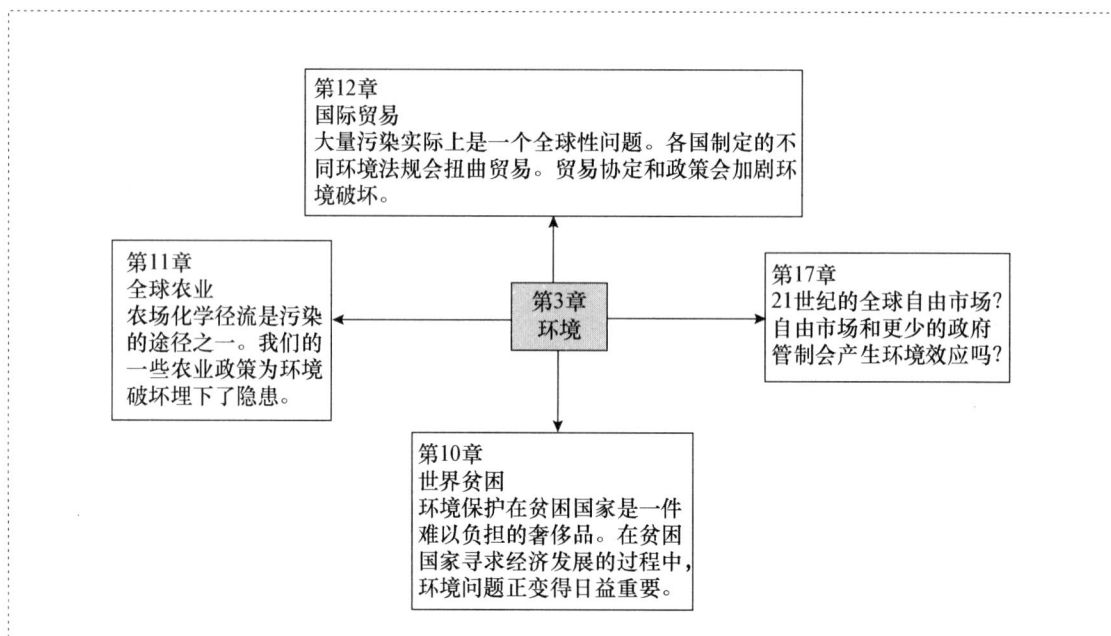

经济学工具箱:

- 外部性
- 溢出成本和溢出收益
- 生产的社会成本
- 资源过度分配和分配不足

- 奢侈品
- 排污权许可证交易
- 成本—收益分析法
- 补贴

第3章 环　　境

我们不久将铺设数千英里的电线，为全国各地输送新能源。我们会让美国人投入工作，将住宅和楼房变得更加节能，进而节省数十亿美元的能源开销。为了切实转变我们的经济，保卫我们的安全并拯救我们的星球使之免遭气候变化的破坏，可再生清洁能源最终必将成为能够盈利的能源。因此，我要求本届国会向我提交法案，对碳排放设立基于市场的污染上限，并推动可再生清洁能源的增产。

——奥巴马总统在美国国会联合会议的发言，2009 年 2 月 24 日

这一章的引语表明了变化——能源和我们环境的变化。奥巴马在上任伊始就强调能源、医疗和教育这三大经济领域的投资对于未来至关重要。而且他还说："改变要从能源开始。"

大多数人（很可能是所有人）都或多或少的关注能源和环境问题。本章将涉及环境保护经济学和环境破坏经济学。首先假设经济活动常常是以破坏性的方式对环境产生影响。产品生产和消费都会引发污染，我们却时常挥霍稀缺资源。

在本章中，我们将讨论作为生产过程中的副产品——污染和处理污染的政策。除了供求法则外，本章还会引入外部性和成本—收益分析两个概念。我们将重点关注全球变暖、有限能源资源这些主题，以及其他的全球性环境问题。从更加环保的角度来审视资源消费、环境保护和资源循环对环境的影响。本章以国际政策的讨论结尾，其中涉及污染治理的各种自由和保守观点。最后，该讨论会提出进行污染治理的建议和具体问题。

污染问题

污染：无法回收利用的废弃物。

首先考虑全球污染问题。我们将**污染**定义为无法回收利用的废弃物。汽车和工厂向空气中排放的二氧化碳、硫氧化物、氮氧化物，还有其他有毒化合物，污染了我们的空气。燃烧矿物原料释放的二氧化碳，和其他温室气体一起使地球大气层被热量笼罩，导致全球变暖。滥伐森林更加剧了全球变暖，并导致发展中国家乃至整个世界的其他环境问题。一些化学物质的排放，主要是氟氯碳，破坏了大气层中的臭氧层，使得紫外线辐射量处于危险水平。工业废料、化粪池和垃圾填埋场泄漏以及杀虫剂会污染蓄水层，并威胁着我们的水供给。

在所有的这些例子中，环境破坏是经济活动产生的有害副产品。污染所带来的问题实际上是溢出成本，其影响是双重的：不公平和资源分配的无效率。这些话题将在随后几节中讨论。

溢出成本和收益

外部性：外部性就是一项经济活动通过其溢出效应，给社会其他方带来的成本或收益。

溢出成本：一种负的外部性；一项经济活动转移给社会的成本。

污染是一个典型的经济外部性结果。**外部性**就是一项经济活动通过其溢出效应，给社会其他方带来的成本或收益。外部性既可以是正的，也可以是负的。污染所代表的就是一种负的外部性，或者称为**溢出成本**。虽然制造污染的公司付出了生产成本，如工资和能源成本，但是它们并没有承担全部的生产成本。一部分生产成本，尤其是污染，却溢出到社会中。制造污染的公司的会计账簿并没有考虑污染的影响。相反，社会以人们更差的健康状况和更低的生产力水平、更高的医疗花费、更大的清洁成本，以及建筑、森林、市容市貌的破坏等为代价承担了污染成本。其他的行业则以资本结构和机器设备受损、农作物和所需资源受损等形式承受环境污染。所有的外部性都使一项经济活动所产生的成本转移给其他企业或个人；这是不公平且不环保的。

在我们的生活中，并不是只有污染这种负外部性是普遍的。假设你住在一座新建的机场或公路附近，想想你会有多么郁闷。你将忍受由此产生的噪音污染。或者想想你住在一个重度污染区，驾驶在一条严重堵塞的街道或高速公路上，你会迟到，并很可能遇到突发事故，你承担的这些拥挤成本也是负的外部性。

不是所有的溢出成本都是由企业引起的。消费者也会产生负的外部性。一个明显的例子就是我们的汽车使用。众所周知，美国人喜欢汽车，结果是他们不愿意合伙使用汽车或者乘坐公共交通工具。我们支付与驾车相关的成本：买车、保险、汽油、汽车保养费用、税、驾照费用以及停车费用。而汽车尾气排放产生的空气污染则是社会承担的总成本的一部分。另一个例子是我们使用一次性瓶罐。消费者为购买的产品付钱，但是社会为垃圾、固体废弃物和对稀缺资源的无效利用埋单。所有的负外部性是指施加到没有从产品生产和消费中获益的其他人身上的消极影响。

外部性也可以是正的。我们称正的外部性为**溢出收益**。教育是产生溢出收益的典型。作为学生，你直接受益于你所接受的教育。如果你受过教育，你可能获得高收入，有一份自己喜欢的工作，有一个更加丰富的充满智慧的人生。但是社会也会因此受益。大学毕业生一向都是懂理的市民。他们不太可能长期失业，更有可能行使选举权，不太会犯罪，当然也不会暴力犯罪。他们通常有更高的生产力。所以，社会得到的这些溢出收益使大部分人认为社会通过税收负担部分教育费用是合理的。在下一章中我们将更加深入地探讨教育问题。

社会的另一个溢出收益来自儿童对一般童年时期疾病的免疫力。家庭支付注射和接种疫苗的费用，并因麻疹、天花和小儿麻痹症发病率风险的降低而获益。但是社会中的其他人也从中获益。其他的孩子，即使是没有接种疫苗的，也不太可能感染这些疾病，因为疾病不会变得如此盛行。没有接种疫苗的孩子的家庭因为没有承担任何成本却受益了。就更低的医疗支出而言，社会也从中获益。如果接受疫苗的家庭没有以某种方式从社会中得到补偿，那么它所负担的成本就是不公平的了。

在本章，我们将有机会继续使用需求和供给模型，再次使用成本—收益分析来考察负的外部性的含义。我们以负的外部性引起的不公平和低效开始探讨。

不公平性

外部性将成本转移给那些不该为此负责的人，却使那些不该受益的人受益。我们注意到，大部分污染产生的溢出成本转移给社会，包括其他企业在内。我们作为一个社会人，要么忍受环境恶化，要么用自己的税款为别人埋单。这种不公平的成本负担是污染最主要的经济特征之一。

无效的资源分配

不仅如此，外部性会引起资源的低效分配。举一个简单的例子，如果存在负的外部性，我们会生产和消费过多的这种产品（资源在该种产品的生产上过度分配），如果存在正的外部性，我们就会生产和消费较少的这种产品（分配给该类产品的生产资源不足）。假设公司生产的某种产品会污染环境，污染对市场会产生什么影响？我们将3月份的某个星期坐飞机去巴哈马群岛度春假作为一种产品。

单一市场中污染的影响

以到巴哈马的航空运输市场为例，我们定义污染是无法回收利用的废弃物。假设企业排放的污染量随着产出呈正比例增长。然而，由于地球本身可以吸收和再加工一定数量的废弃物（污染），所以低水平的产出不会带来溢出成本。如果污染量增长超过了地球自身可以承受的水平，就会引起污染并产生溢出成本。显然，经济学家和环境学家对市场的观点有着本质的区别，经济学家认为一定水平的污染是可以接受甚至是理想的。

首先考虑到巴哈马的航空运输供给。假设地球本身可以吸收2 000单位的产出（旅客机票）所产生的空气污染，即如果产出大于2 000单位，就超过了地球的自净能力。（为了便于分析，我们假设3月份的特定星期坐飞机去巴哈马的大

生产的社会成本：包括私人成本和溢出成本在内的生产的总成本。

假设图 3—1 的 S^p 曲线是私人市场的供给曲线。这条线是根据企业（航空公司）生产的私人成本得出的，并没有反映当发生污染时所有**生产的社会成本**。生产的社会成本不仅包括生产者的私人成本（因为生产者也是社会的一部分），还有社会其他方承担的溢出成本。S^s 曲线是社会供给曲线，这个曲线在图中的位置比私人供给曲线高（就纵轴而言）。每个产出水平对应的 S^p 和 S^s 之间的垂直距离为溢出成本额。

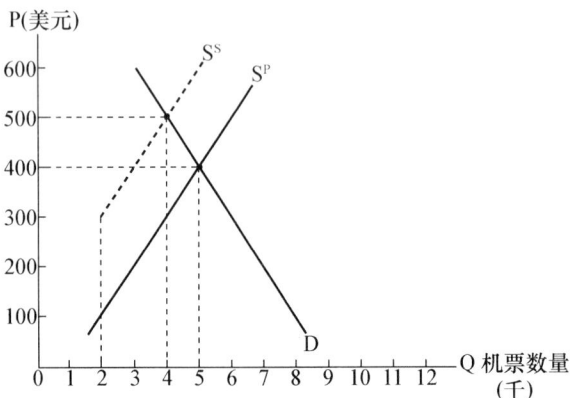

图 3—1　单一市场假设中，到巴哈马的春假航空旅行的污染分配效应

假设空气和噪音污染增加了社会成本，超过了私人提供的旅行成本。社会成本的增加使得私人设厂均衡价格过低，导致航空旅行资源的过度分配。

再看巴哈马航线的市场需求曲线。需求反映社会中消费者对产品价值的评价，因为它代表了消费者愿意为到巴哈马的机票支付的价格。图 3—1 中的 D 是市场需求曲线。

私人市场供给曲线和需求曲线在 5 000 单位数量（到巴哈马的机票）和 400 美元/人的价格处相交。但是，我们应该注意到社会供给曲线和需求曲线在 4 000 单位和 500 美元/人处相交。私人市场供给曲线使得产出过高，因为它是建立在过低的成本上的。当市场将产出决策建立在其生产成本之上时，它们仅仅是根据生产的私人成本决定的，而不是根据整个社会的生产成本。但是，社会的最佳产出水平是基于整个社会的生产成本。因为我们希望使期望产量和整个社会生产成本平衡。由于自由市场会导致产量过剩，我们说在该种产品的生产中存在**资源过度分配**。过量产出听起来似乎不是问题，但是想到社会资源是稀缺的就不一定了。一种产品的产量过多、超过了社会的需要（尤其是它还会产生污染时）意味着社会真正需要的产品产量过少。资源的低效分配意味着社会的偏好没有得到满足。

资源过度分配：一种产品或服务的产量超过了社会最优数量。

在图 3—1 中，社会理想的产量是 4 000 单位，超过这一产量就会产生污染。环境保护者的目标是杜绝一切污染，但是如果那样做，我们就必须将产量降低到 2 000 单位以下。**大部分经济学家认为如果所有的成本都准确地反映在供给曲线上，而社会的价值准确地反映在需求曲线上，那么市场就是有效或理想的。**但社会却看中那额外的 2 000 单位产出，甚至愿意承担随之而来的污染成本。在 2 000 单位（没有污染）到 4 000 单位（社会理想的产出）之间，需求曲线在社会供给曲线之上，说明相对于包括污染成本在内的生产成本而言，社会更加看重这些单位的产出。因此，经济学家不主张将产量减少到 2 000 单位以杜绝污染。（春假期间去巴哈马的学生可以大大放心了。）

污染从一个市场到另一个市场的影响

现在来考虑这样一种情形，假设资源在两个行业——造纸行业和啤酒行业之间进行分配，用以了解一个行业企业的行为对另一个行业企业行为的影响。为了便于理解，图3—2画出了两个行业的需求曲线和供给曲线。首先，假设没有污染和溢出成本。每个市场的均衡价格 P 和产量 Q 是社会理想的价格和数量。现在假设造纸行业的企业认为要防止污染的成本太高了，然后它们将副产品和废水倒入附近的河流中。它们节省了生产成本，却引起了水污染。造纸行业私人生产成本的降低将使企业的供给曲线向右下方移到 S′（因为企业私人生产成本中不包括污染成本）。新的市场均衡价格和产量分别为 P′和 Q′。在没有反映出污染成本的价格上，企业生产了过多的纸张。

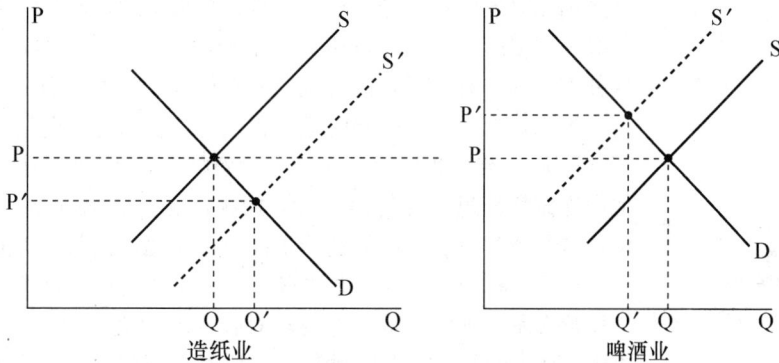

图3—2　造纸和啤酒市场水污染的影响

在造纸行业和啤酒行业虚拟市场中，水污染导致资源过度分配到污染行业（这里指造纸业）中。结果，其他行业（这里指啤酒业）的资源分配不足。

啤酒行业在啤酒的生产中以水资源作为投入，所以它会受到造纸企业以上行为的负面影响。假设啤酒行业在同一条河的下游有酿酒厂。而被污染的水不能生产安全和美味的啤酒，那么之前处于青山绿水（这个词在你们大多数人出生以前才使用）环境的啤酒生产企业不得不在酿酒之前清理水质。于是啤酒行业在净化水质的过程中就要付出额外的私人成本，这将导致啤酒行业的供给曲线向左上方移动到 S′。啤酒供给的下降使得均衡价格上升到 P′，均衡产量减少到 Q′。社会消费更少的啤酒，却为此支付更高的价格。

资源分配不足：一种产品或服务的产量超过了社会最优数量。

这样，造纸市场的外部性不仅将成本转移到整个社会，而且还引起了其他市场资源分配的扭曲，即啤酒市场的**资源分配不足**。环境污染使社会消费了比实际上更多的纸和更少的啤酒。对于大多数经济学家来说，污染（或者任何其他外部性影响）的本质问题是它致使资源分配的扭曲。现在，**我们可以将前面的讨论进行如下总结：外部性引起不公平性（不公正）和无效率性（资源分配不当）。**

环境政策和政治

空气和水污染当然不是一个新现象。在 1858 年，由于倾倒入泰晤士河的废水和垃圾，伦敦遭遇了一场"大恶臭"。我们总是倾向于沉醉在过去的环境更加清洁、美好的幻想中，但却忽略了过去人类环境史上的许多问题。历史留下了环境污染的印记。

虽然历史上有许多环境问题，但是对环境质量的广泛关注却是最近才出现的一个现象。它开始于 20 世纪 60 年代，主要是在美国和其他几个经济发达国家产生的。为什么人们对环境的关心出现得如此晚，并且发生在这几个国家呢？第一，人口增长以及随之增加的产出大大增加了排放到空气和水中的污染物数量。这些污染物的数量不可避免地会超过地球的自净能力。而且这种影响无处不在。维多利亚时期的英国城市满是灰尘、令人不适，而且危害居民的健康，但是中层阶级和上层阶级可以通过搬到一个舒适、偏远的乡村而很轻易地避免这些影响。这种方法不再有用了，因为偏远的农村也受到了污染。

第二，现在污染引起的危害程度比过去的几个世纪都要大。核废料和多氯联苯（PCBs）与使我们祖辈痛苦的污染物有显著的区别。复杂的技术已经产生了他们连做梦都想不到的污染物。两极冰盖正在融化的、全球变暖的威胁千真万确，这些新闻所展现的问题严重性与过去几代人所经历的截然不同。

奢侈品：需求对收入变化高度敏感的商品。

最后，我们已经变得更加富裕，对环境质量的要求明显提高了。环境质量是一种**奢侈品**，或者说是一种需求对收入增加极度敏感的商品。一旦社会对食物、衣服和住宅的基本需求得到满足，市民就开始期望其他的事情，比如一个更健康、更高质量的环境。**人口增长、环境问题日益严重、收入的提高这三个要素解释了为什么环境运动最近才出现，同时也说明环境运动是繁荣、经济发达国家的产物。**

环境立法

环境立法是基于这样一个事实：除非政府积极采取行动，否则就会出现因外部性而产生溢出成本和资源分配不当。以利润最大化为目标的工商业企业不可能坚定地反对污染。大多数消费者也不会费力去减少污染，除非是被迫或者有人提供经济激励。

环境法规产生于一场基层群众运动，而且许多发起者都是当地人。在一场环境运动之后，芝加哥和辛辛那提在 19 世纪 80 年代就制定法律控制工厂和发电厂的烟排放。许多其他城市纷纷效仿。事实上，联邦政府在 20 世纪 50 年代以前并没有参与到控制空气污染中。1955 年的《空气污染法案》（Air Pollution Act）是一项联邦政府对研究这一问题的呼吁。随后制定了 1963 年的《洁净空气法》（Clean Air Act）控制空气污染，1970 年的《洁净空气法》制定了国家空气洁净标准。

那时，汽车尾气引起了人们的特别关注，盛行于城市的烟雾中的很大部分是汽车排放的，这困扰着许多美国城市。《洁净空气法》在 1977 年和 1990 年进行了进一步的修改和强化，在之后的情况中，许多污染者（发电厂除外）被强制减少如水银、砷和铅等有毒物质的排放。克林顿政府在离任以前宣布，发电厂应当遵守《洁净空气法》，但是布什政府颠覆了这一决定。最终，法庭的裁定和诉讼结案要求：到 2011 年 11 月，发电厂必须减少它们的有毒物质排放量，这是环境组织和那些关心人类健康的人的一个伟大胜利。

环境保护局（Environmental Protection Agency，EPA）是 1970 年由行政命令组成的，负责管理所有环境法律。1972 年《联邦水污染法案》（Federal Water Pollution Act）授权 EPA 减少排放到国家水道的污染物；从此 EPA 的任务变成了加强对土地的保护和其他环境问题的司法管辖权。

拉夫运河的环境灾难使美国意识到有害废弃物问题。在整个 20 世纪 50 年代，胡克化学公司和塑胶公司以及一些联邦机构将废弃物倒入纽约尼亚加拉大瀑布附近古老的人工运河中。最后，垃圾堆被封埋了，在那个地方建了一所学校和房地产开发项目。有毒废弃物进入水系，最后流入雨水管道、公园、地下室和学校操场。作为对拉夫运河环境灾难事件的回应，1980 年的《综合环境对策、补偿和赔偿责任法》（Comprehensive Environmental Response，Compensation，and Liability Act）建立了"超级基金"清理有害废弃物。它还赋予 EPA 重要的执法授权来鉴别承担清理成本的责任方。

最近，激进主义分子围绕美国和墨西哥的边界问题发表环境恐怖言论。由于环境法规不完善、执行力度不强，有毒化学物已经充满土地和河流，对美国和墨西哥人民产生了极大的健康危害。《北美自由贸易协定》（North American Free Trade Agreement，NAFTA）消除了两国的贸易限制并于 1994 年开始实施，它包括一个意在保护环境的"附件"。正如我们在第 12 章"国际贸易"中将要讨论的，植入 NAFTA 中的环境保护在两国都没有得到充分的实施。边界地区骇人听闻的有关人类健康的故事偶尔会出现在报纸中。

因为联邦政府、州政府和地方政府都已经参与到环境保护的行列，所以解决好政府制定环境调控的合理水平这一问题很重要。许多人认为联邦政府是以脱离民众并对人民的需要置若罔闻为特点的庞大官僚机构。他们认为 EPA 对地方的需要反应迟钝，并且对地方的观点毫无敏感度。他们觉得地方或者区域的调控会更敏感、反应更快。国会的保守派代表一般都强烈反对联邦调控，包括那些保护环境的人。布什政府已经表示反对环境保护局提出的联邦调控和主动监管。

布什总统也支持在环境监管方面赋予州政府更大的决策权。讽刺的是，他也反对加利福尼亚州提出的建议，即以联邦政府的名义要求实行更严格的环境污染管制，在解决全球变暖问题上做领头羊。稍后我们会回到加利福尼亚州的讨论上。现在，我们注意到直到 2009 年 7 月，在新一届奥巴马政府领导下，EPA 才同意加利福尼亚州的要求，实行更加严格的管制。加利福尼亚之所以在解决温室气体问题上走在前列，部分原因是联邦政府的回应不足。就在加利福尼亚州的汽车排放和里程标准规则被接受后不久，奥巴马总统宣布 2012 年起在全国开始实施类似的规则。

虽然地方监管使政府更接近人民，但是联邦政府可能更适合环境监管。一个原因是无论是空气污染还是水污染都影响了附近的社区、州，甚至是国家。美国下酸雨，却损害了加拿大的财产，这已经成为两国间的一个热点话题。全球变暖、臭氧层空洞，还有生物多样性的消失，这些都是全球现象。

经济新闻："反污染标准应该加强吗?"

从经济学和环境角度阅读全文。

http://www.cengage.com/economics/econ-apps

同时，地方社区以自身利益为行动准则，可能在制定空气和水污染标准时并不严格。只要忍受污染，它们就可以吸收产业并增加居民的工作机会。若是某些污染影响其他事务管理，地方就有动机对它们自己的污染资源监管不足。事实上，电力公司煤炭燃烧的高烟囱排放到大气层中的二氧化硫是产生酸雨的最主要原因。烟囱的建立必须遵循空气污染的地方标准，保护当地社区的利益，但是排放的污染物却损害了较远地区的利益。相对于从根源解决污染问题，地方社区曾经（现在仍然）认为排放污染物更加省钱。地方将问题推给他人，而不是解决问题。如果将监管留给各个地方政府和州政府，就会产生污染标准不一致和执行不严的问题，联邦立法则有利于使这些问题最小化。

而且，州与州之间的资源差异相当大。和任何一个州相比，联邦政府有更大的税收基础，更有能力资助污染控制活动。它还能通过将富裕州的收入转移给贫困州，以减轻污染控制的负担。

我们将污染定义为外部性结果，从生产者和消费者溢出到整个社会。但是我们还识别出外部性的第二种形式，即"地理的"。**因为污染可以从一个地区传播到另一个地区甚至是整个世界，除非从包含所有受污染地理区域的层面解决这一问题，否则就会存在投入污染控制资源的分配不足。**也就是说，既然污染控制政策可以有不同的政府标准，那么污染控制标准的最理想管辖范围是尽可能囊括所有的负外部性。因此，由国家甚至是国际社会制定污染控制决策最合适不过了。

监管方法

任何级别的政府机构都可以使用以下方法限制负面的环境影响：（1）标准；（2）污染费；（3）排污权许可证交易。

标准方法

首先来看制定污染控制的标准方法。这种方法是最容易明白的，也是由环境机构最先使用的。

标准：法律允许的最大的污染水平。

在**标准**方法下，建立最高的排污标准，超过了该标准就会遭受惩罚，通常是以罚款的方式。这样，公司就被迫遵守这些规则。

标准方法的逻辑很清晰，过程看起来也很简单。但是这个方法比它乍看起来要复杂。机构首先必须设定标准，然后要实施。而且，人们要持续考虑开发新技术的可能性，还要评估标准设立的程序。

绩效标准：指定绩效水平的要求而不是应当遵守的方法的监管方式。

设计标准：将绩效水平要求和服从方法具体化的监管。

标准方法可以分为绩效标准方法和设计标准方法两类。**绩效标准**将所要满足的绩效水平或服从水平具体化。它并不细化达到该水平的方法。监管机构可能要求企业在燃烧过程中减少 10％ 的污染物排放，但不会具体规定达到这个标准的方法。另一方面，**设计标准**将绩效水平和实施方法都具体化。通过安装催化式排气净化系统来控制汽车排放量便是如此。绩效标准将服从标准的方法留给受监管的企业，比设计标准更加灵活，还可能会鼓励企业为了达到污染减排目标而进行新技术和低成本方法的研究。在实践中，两种类型的标准都会使用。

技术强制：强制企业使用特殊污染控制技术的标准。

在设计标准的例子中，对催化式排气净化系统的要求受到许多人的批评。因为其价格高昂，旧汽车（产生的污染最多，通常达不到该排放设计标准）的排气系统达不到要求，也没有进行充分的检查。汽车制造商不愿设计可替代的引擎，或者是其他减少排放的技术。消费者没有少开车、更好地保养汽车，或使用低污染燃料的动力。由于这种排污标准要求使用催化式排气净化系统，这阻碍了其他排放控制方法。**技术强制**的一般性问题是以更低价格控制污染的技术没有得到鼓励、开发和使用。

由于环境监管标准方法存在一些实际性问题，许多经济学家建议我们使用污染费和排污权许可证。这两种方法都比标准方法更加灵活，而且依赖市场来控制污染比标准更加有效。现在我们来看看与标准监管相比，这些政策如何以较低成本达到我们的环境保护目标。

污染费

排污费：对引起水污染的生产活动征税。

排放费：对引起空气污染的生产活动征税。

污染费有两种类型：排污费和排放费。**排污费**是指对引起水污染的生产活动征税，**排放费**则是对引起空气污染的生产活动征税。如果污染费的征收数额至少等于社会溢出成本，征费就会纠正产生污染的资源过度分配。它通过给企业以激励来改变企业行为达到控制污染的目的。企业要么付费，要么研究一个对环境污染较小的新的生产程序。

我们回到图 3—2 产生污染的造纸厂。如果造纸厂继续制造污染，它必须支付排污费，排污费可以看成是生产的额外成本。供给曲线将会向原来的供给曲线方向移动。排污费使消费者为污染者的产品支付更高的价格。他们就会减少消费。通过这些方式，消费者会承担一部分污染控制成本。如果公司选择消除污染，就要付出更高的成本，使供给下降。值得注意的是，污染费对技术没有强制要求。相反，它们激励公司寻找最低成本的技术来降低污染和费用。从执行和管理的角度看，污染费比标准方法更容易管理。从社会的角度看，污染费是成本最低的污染控制方法——因此，污染控制会更有效。

排污权许可证交易

排污权许可证交易：允许许可证的持有者排放一定数量污染的可交易的许可证。

排污权许可证交易，是将社会可接受的最高水平的污染分成一个一个的单位。政府发行允许企业在生产过程中排放一定单位污染的许可证。这些许可证可以购买和出售。它们最终会落入那些减污成本最高的企业手中。这种方法可以使污染控制的社会成本最低。

举例来说，假设在一个小的农村地区，有两个临河而立的农场，一个农场在山上，另一个则位于山谷中。河流在这两个农场之间流淌。对于山上农场的农民来说，要控制化肥和杀虫剂径流排入河流的代价很高。假设该农民阻止每单位污染排入河流的成本是100美元。（一单位可以是一磅、一吨或者是其他任何我们可以度量的污染量。）同时假设对位于山谷农场的农民来说，要控制其径流相对便宜和简单，如每单位10美元。每个农民都分到两张排污权许可证，意思是每个农民都被允许排放2单位的污染到河流中。此外，我们假定正常情况下，每个农场会产生4单位的水污染。

政府可实行的方案之一是禁止每个农民制造的污染超过2单位。这意味着每个农民必须消除2单位的污染，对于山上的农民来说成本是200美元，对于山谷的农民来说成本则是20美元。社会最终会有4单位的水污染（而不是原来的8单位）和220美元的污染控制总成本（注意，两个农民都是社会成员）。这两个农民很可能会通过产品将他们的污染治理成本转移给消费者。

地方政府的另一个可行方案是给两个农民发放两张相同的排污权许可证，但是允许农民购买和出售他们的许可证（也就是说，许可证是可交易的）。两个农民可能会同意每张许可证50美元。山上农会发现，如果以100美元的总价从山谷农民那里购买2单位的排污权许可证继续排放4单位的水污染更有利。山谷农民发现将2单位的排污权许可证出售给山上农民，从山上农民那里获得100美元，然后花40美元来消除自身的4单位污染总量对自己更有利。最后社会仍然只有4单位的水污染（而不是原来的8单位），但是污染控制的总成本只有40美元。通过允许排污权许可证在市场上出售，可以防止相同数量的污染，却使污染控制的总成本最小化了。

联邦政府已经就空气污染对可出售的排污权许可证进行过实验。例如，1979年，EPA以实验过的方式发行了第一张可出售的排污权许可证。最早的实验关注单个企业，看它们在生产过程中的各个阶段制造的污染。1990年《洁净空气法》修正案扩展了实行排污权许可证的行业范围，为燃煤企业颁发了排污权许可证。尽管如此，EPA实行排污权许可证的政策并没有取得很大进展。

加利福尼亚州在引入温室气体排放的可交易的排污权许可证方面大踏步走在前列，即《加利福尼亚州全球变暖解决法案》（California Global Warming Solutions Act），加利福尼亚州（由共和党治理，民主党立法，如果作为独立经济体，其GDP居世界第六）采取史无前例的措施将其每年的二氧化碳的排放量减少了1.74亿吨。这意味着到2020年，主要温室气体的工业生产商将总排放量降低

25%。污染控制成本较低的企业可以将它们的排污权许可证出售给污染控制成本高的企业，这样可以激励企业发现污染控制最有效的方式，并为此受到奖励。加利福尼亚州估计全球变暖行动的额外收益是使全州增加 40 多亿美元的收入和 83 000 个新就业岗位。这些增长源于绿色科技的开发和能源成本的下降。如上所述，加利福尼亚州很快会进入更严格的温室气体排放监管。

排污权许可证和污染费是建立在激励机制上的监管方案，使市场的效率最大化。研究表明这些方案是可行的。它们比标准监管更省钱，而且不会抑制技术进步。相反，它们还鼓励污染控制新技术的研发。

排污权许可证交易在总量管制和排放交易体系下具有更加重要的作用，这是众议院为控制促使全球变暖的温室气体排放通过的一项新法案。在详细评价全球变暖这一重要话题之后，我们会谈论这个法案。

气候变化

现在，冰川似乎移动得比谈判代表更快。

——约翰·柯奎伊特（John Coequyt），绿色和平能源政策分析师，2006 年 11 月 4 日[1]

许多专家认为 21 世纪主要的环境问题就是温室效应，也称为气候变化。科学家一直在强调全球变暖是人类活动引起的严重现象。我们也知道不管现在我们采取什么措施来解决全球变暖问题都为时已晚，我们已经来不及扭转将来的灾难性结果，虽然我们现在仍然在阻止更严重的灾难发生。科学家已经证实污染排放对全球变暖有影响，而且对温室气体排放量如果不减少将会发生什么这一假设做出了可怕的预测。尽管已经意识到这个问题，社会却不愿意处理问题。传统上认为，"冰川运动速度"这个词说明"移动得十分缓慢"，但绿色和平分析师引用了第 12 届国际全球变暖会议前夕的一句话，说明冰川移动得比我们所认为的快多了。我们只能希望美国及世界其他国家和地区现在可以对这个问题采取更负责任的态度。

二氧化碳是温室气体的主要组成部分之一，全球二氧化碳产量见表 3—1，其中还列出了世界二氧化碳排放量的前十位，以及世界各个地区和世界整体产生的二氧化碳量。

表 3—1　　　**2007 年世界二氧化碳排放量[a]，排放量前 10 位国家，各地区和世界排放总量**

国家/地区	百万公吨/年	公吨/人/年
中国	6 104	4.7
美国	5 903	19.7
俄罗斯	1 704	12.0
印度	1 293	1.2

① Anderw C. Revkin, "Talks to Start on Climate Amid Split on Warming," *The New York Times*, November 5, 2006.

续前表

国家/地区	百万公吨/年	公吨/人/年
日本	1 247	9.7
德国	858	10.5
加拿大	614	18.6
英国	586	9.8
韩国	515	10.7
意大利	468	7.9
北美洲	6 954	
中美洲和南美洲	1 138	
西欧	4 721	
东欧（欧亚大陆）	2 601	
中东	1 505	
非洲	1 057	
亚太地区	11 220	
世界	29 195	

a. 主要是矿物燃料的消费和燃烧。

资料来源：美国能源部能源信息署，2008 年 12 月 8 日发布，http://www.eia.doe.gov/pub/international。2007 年的数据是初步的。人均数据根据世界银行 2008 年《世界发展报告》中的人口数据计算得出。

值得注意的是，中国近年来超过美国成为世界上二氧化碳排放量最大的国家。中国每年排放 60 多亿公吨的二氧化碳，而美国的排放量则不到 60 亿公吨。中国和美国都远远地超过了其他国家，是排放量居世界第三的俄罗斯的三倍多。我们还发现北美和亚洲（还有太平洋）地区排放量最大，而非洲大陆的二氧化碳排放量却很低。尽管如此，气候变化却对世界上最贫困国家的影响最大，包括非洲和南亚国家。例如，虽然越南的二氧化碳排放量很小，但是科学家担心如果几十年内全球变暖使海平线上升 3 英尺，居住着 1 700 万人以及生产越南近一半大米的湄公河三角洲的 1/3 或更大面积会被淹没。与气候变化相关的风暴潮将导致盐水入侵，许多没有发生风暴潮的三角洲部分也会受到污染，越南中部高原气温的上升将使咖啡作物受到威胁，首都河内附近的大部分区域会洪水泛滥。而且环境保护对于这个国家的穷人来说是一件奢侈品，二氧化碳排放量最大的那些国家很少关心本国地理区域以外的事情。[1]

我们还应该注意表 3—1 中二氧化碳的人均排放公吨数。美国以人均 19.7 公吨远远超过中国。（因为中国庞大的人口数量，所以中国的人均水平相对较低。）加拿大位居第二，二氧化碳的人均排放量为 18.6 公吨。

由于美国是世界上第二大二氧化碳排放国，我们对美国的排放量如何随时间变化感兴趣。表 3—2 给出了 1980—2007 年的这些数据。值得注意的是，我们的排放量自 1980 年开始出现迅速增长（19%），但是，并没有出现稳步增长——1980—1985 年和 2000—2005 年都有所下降。尽管如此，我们的排放量在 2007 年超过了 2000 年的水平。当我们在家里开暖气、开车、购买二氧化碳排放企业生产的电和消费品时，我们都在制造二氧化碳。

---

[1] Seth Mydans, "Vietnam Finds Itself Vulnerable if Sea Rises," *The New York Times*, September 24, 2009.

表 3—2	1980—2007 年美国主要年份二氧化碳排放量[a]
年份	二氧化碳（百万公吨）
1980	4 755
1985	4 585
1990	5 013
1995	5 293
2000	5 816
2005	5 776
2007	5 903

a. 从消费和燃料燃烧中排放的二氧化碳。2007 年数据为初步的资料来源：U. S. Energy Information Administration, Department of Energy, July 19, 2008. http://www. eia. doe. gov/pub/international/iealf/; and World Bank, *World Development Indicators 2009* (Washington DC: The World Bank, 2009).

1997 年，在日本东京举行了一场国际峰会，这场峰会致力于减少全球变暖和其他环境问题。东京峰会的结果是签订了一个减少全球变暖的协议。《京都议定书》要求工业化国家大幅减少工业活动产生的引起全球变暖的吸热气体。当时，美国总统比尔·克林顿表示对该议定书表示支持。

布什总统在 2002 年才第一次承认人类活动的确引起全球变暖。但是，布什政府反对《京都议定书》，并且拒绝签字，反而支持美国企业自发控制排污量。事实上，美国环境保护局 2003 年 8 月判定二氧化碳并非一种污染物，这扼杀了 EPA 对二氧化碳进行监管的机会。

2006 年，当最高法庭裁定二氧化碳是温室气体，并且确实是污染的形式之一时，联邦政府和环境保护局要求获得更大的授权。如果这样做，最高法庭就将赋予 EPA 决定温室气体是否危害社会安全和福利的权力。虽然布什政府在接下来的几年里没有采取任何有效的行动，但奥巴马总统入主白宫之后，马上就限制二氧化碳排放并要求立法，众议院在 2009 年通过了一个主要的法案。

总量管制与排放交易

2009 年众议院通过的环保法案借鉴了之前的法案，它明确使用"总量管制与排放交易"概念。作为排污权许可证交易的一种形式，总量管制与排放交易要求污染者购买相当于他们污染量的"污染信用证"（或许可证）。这些污染信用证可以在市场上购买和出售，和我们之前讨论的排污权许可证一样，也可以被那些减污相对简单和便宜的企业出售给那些减污相对复杂和昂贵的企业。污染将会以一种最有效和成本最低的方式减少。这个气候变化法案的其他方面包括要求大电厂、工厂和汽车制造业到 2020 年排放量比 2005 年下降 17%，到 2050 年比 2005 年下降 83%；到 2020 年，电力生产商从可再生能源中获得的能源不得低于 15%，新效率措施节省 5% 的能源。

2009 年的《气候变化法案》（Climate Bill）只是一个开端。随着本书即将出版，这个法案必须得到参议院和一个联合法案的通过。但是，这个法案具有历史意义——用马克·谢尔德（Mark Shields）在 Jim Lehrer 节目中的话来说，"它是一首史诗"[1]。它是首次通过法律手段设立二氧化碳减排标准的法案。

世界组织又一次承担气候变化的责任。2009年，八国集团（美国、加拿大、英国、法国、德国、意大利、日本和俄罗斯）一致同意提高缓解全球变暖的总目标，但是它们在满足环境学家要求方面无法达成一致，也没能将中国和印度等发展中国家纳入这一目标。现在正在制定计划继续会谈。

全球变暖是我们面临的一个环境问题，地球上有限的石油供给的消费则是另一个问题。作为一个国际环境问题，关注一般能源尤其是石油资源是有利的。

世界能源和石油

石油是一种有限的资源。正因为如此，我们必须想办法改变依赖石油的经济模式。美国一直以来都高度依赖石油进口，包括从中东进口石油。出于这些考虑，环保学家和其他人留意石油使用，并开始提供一些替代方案。

表3—3中列出位居全球石油消费量前十位的国家、世界各地区的消费量和世界石油消费总量。我们看到美国的石油消费量远远超过世界上任何一个国家，是世界第二大石油消费国——中国的2.5倍。从地区来看，北美洲和亚洲（太平洋）的石油消费最多，而非洲国家的消费极少。

同样，表3—3的第二栏数据是根据人口调整的。我们看到美国每天人均消费7桶油，基本上和加拿大一样。中国每天人均消费约1桶油。（关于美国近年来石油消费量的变化情况请见表3—4。）

石油的需求和供给自然会影响石油资源的价格。在石油市场上，影响需求和供给的因素有许多。虽然掌握在石油输出国组织（OPEC）手上的市场权力已不如20世纪70年代那么强大，但是这个包括13个石油出口国的组织仍然有影响市场价格的权力。（第13章"市场势力"将更详细地讨论OPEC，市场势力是指影响产品市场价格的力量。）OPEC通过控制石油供给来行使其市场势力。当它认为价格合适时，通过设定每个成员国石油出口的份额，OPEC可以限制石油供给（见图3—3）。

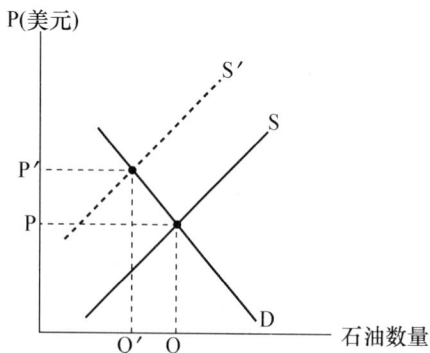

图3—3　OPEC国家世界石油供给的下降

当OPEC国家减少石油的国际供给时，数量下降到Q'，价格上升到P'。

---

[1]　Jim Lehrer Show June 26，2009.

表 3—3　　　　　　　2007 年世界石油消费的前十位，区域和世界消费量

国家/地区	百万桶/天	桶/人/天
美国	20.680	7
中国	7.931	1
日本	5.007	4
俄罗斯	2.820	2
印度	2.800	～
德国	2.456	3
巴西	2.400	1
加拿大	2.365	7
韩国	2.214	5
墨西哥	2.119	2
北美洲	25.174	
中美洲和南美洲	5.980	
西欧	16.077	
东欧（欧亚大陆）	4.200	
中东	6.352	
非洲	3.078	
亚太地区	25.036	
世界	85.898	

资料来源：美国能源部能源信息署，2009 年 2 月 6 日发布，http://www.eia.doe.gov/pub/inter-national/。2007 年的数据是初步的，人均数据根据世界银行 2008 年《世界发展报告》中的人口数据计算得出。

表 3—4　　　　　　　1980—2007 年主要年份美国石油消费量

年份	百万桶/天
1980	17.056
1985	15.726
1990	16.989
1995	17.725
2000	19.701
2007	20.680

资料来源：美国能源部能源信息署，2008 年 7 月 19 日发布，http://www.eia.doe.gov/pub/in-ternational/iealf/。

在图 3—3 中，石油的国际需求曲线为 D 曲线，国际供给曲线为 S 曲线。假设 OPEC 提供的世界石油出口规模足够大，那么它就可以通过减少成员国的出口来减少国际供给，从而使国际供给曲线移到 S'。供给的减少将使石油的市场价格提高到 P'，国际出售的数量为 Q'。

当石油价格上升到较高水平时，美国政府也会将一部分石油存量投放到市场上。这部分投放的石油存量相当于图 3—3 中供给曲线的再一次移动，这样就降低了价格。还有其他因素会影响石油价格。例如，2006 年夏天，英国石油公司宣布关闭阿拉斯加海岸北部产油田的相当大一部分来修理管道的腐蚀问题。这引起石油供给的暂时性减少。与此类似，卡特里娜飓风减少了墨西哥湾附近几个州的石油生产力，伊拉克战争也减少了伊拉克的石油生产力。石油需求曲线的移动

影响石油市场的价格。人口规模扩大和生活水平的上升引起的石油需求上涨可以被消费者刻意节约石油的使用来弥补。

表3—5给出了1970—2007年主要年份美国的石油价格。我们注意到在1970年，石油价格非常低，每桶只要3.4美元。到1974年，1973—1974年的阿拉伯国家石油禁运（为了打击美国在阿以战争中支持以色列）引起了石油价格猛涨三倍，达到10.38美元/桶。到1980年，1979年伊朗伊斯兰革命使出口到美国的石油数量下降，石油价格也翻了近三番。20世纪80年代和90年代，石油价格处于不断波动之中，从2001年起，出现了显著的上升趋势。2007年，石油价格达到每桶67.94美元，我们可以说石油价格自1970年已经增长了2 000%。你能想出是什么因素导致石油价格的长期上涨吗？

当然，汽油的价格反映了石油的价格，而且汽油价格才是使你们大多数人感到心痛的。表3—6列举了美国1990—2007年的汽油价格。我们看到汽油价格在2005年、2006年和2007年有了一个很大的跳跃，正如你们大多数人痛苦地意识到的一样，美国在这段时期内某个时间某些地区的汽油价格超过了4美元/加仑。

表3—5　　　　　　　　　1970—2007年主要年份原油价格[a]

年份	价格（美元/桶）	年份	价格（美元/桶）
1970	3.40	2001	22.95
1974	10.38	2002	24.10
1980	28.07	2003	28.53
1985	26.75	2004	36.98
1990	22.22	2005	50.24
1995	17.23	2006	60.24
2000	28.26	2007	67.94

[a] 美国炼油企业原油的综合收购成本。
资料来源：美国能源部能源信息署，2008年8月29日发布，http://www.eia.doe.gov。

表3—6　　　　　　　　　1990—2007年美国零售汽油价格

年份	价格（美元/加仑）	年份	价格（美元/加仑）
1990	1.16	1999	1.17
1991	1.14	2000	1.51
1992	1.13	2001	1.46
1993	1.11	2002	1.36
1994	1.11	2003	1.59
1995	1.15	2004	1.88
1996	1.23	2005	2.30
1997	1.23	2006	2.59
1998	1.06	2007	2.80

资料来源：美国能源部能源信息署，2008，http://www.eia.doe.gov/pub/international。

你也许认为解决高油价的最直接方法就是实行价格控制（也称作价格上限）。我在第7章"住房问题"和第10章"世界贫困"中讨论价格上限的方案，但是这里我们要注意，政府禁止高价格这种方法并不如我们希望的那么有用。价格可能被人为地压低了，那么短缺就会成为必然结果。这些是 20 世纪 70 年代出于好心却没有经过慎重考虑而对汽油和其他能源产品实行价格上限的结果（我们将在第 7 章的附录中讨论）。我们将简单地思考一些替代政策。

其他国际环境问题

除了全球变暖和有限能源的使用，其他全球性问题包括臭氧层空洞、滥伐森林、生物多样性消失和沙漠化。过去的几十年中，与全球变暖问题相比，减少臭氧层空洞被认为是最成功的环境保护案例。大部分国家都能够就减少破坏臭氧层的氯氟碳达成一致。

然而，在处理发展中世界这些问题上，我们没有取得那么大的成功。滥伐森林、生物多样性的消失和沙漠化，这些问题不仅有地方意义，也具有全球意义。国际债务危机（在第 17 章中详细讨论）和其他金融危机的后果是许多发展中国家被迫去执行一些能使它们得到的国际货币（如美元）最大化的政策。这些政策强调出口和非歧视的外国投资。在获得出口收益的同时，非托管的木材经营和扩大的农业种植导致滥伐森林，毁坏了森林树木和其他植被。为牛群寻找牧地的跨国公司、从采矿经营中获利、扩大能源基础设施和其他投资，这也对发展中国家的森林产生了破坏作用。滥伐森林使吸收二氧化碳的植被变少，而焚烧森林却排放更多的二氧化碳，从而加剧了全球变暖。

经济新闻："一棵没有被砍掉的树值多少钱?"

环境组织给农民钱让他们不要砍伐树木。阅读微观经济学——经济学和环境了解原因。http://www.cengage.com/economics/econapps

而且，滥伐森林还有其他的负面影响。它会使居住在热带雨林环境中的动植物物种灭绝，从而导致珍稀生物多样性的消失。滥伐森林破坏了植被，使土壤受到风雨的侵蚀，引起水土流失，从而降低曾经高产耕地的肥力。荒漠化正是这样形成的，当树木覆盖的防护林被砍伐时，沙漠里的沙子就会进入以前肥沃的土地，发生荒漠化。在依赖粮食生产的撒哈拉以南非洲国家，滥伐森林和土地肥力丧失都是十分严重的问题。

既然世界其他国家在影响全球变暖和生物多样性的人类活动都有责任，它们也应该帮助发展中国家减少滥伐森林的需要。

滥伐森林不是发展中世界唯一的环境问题。工业污染也是一个问题。全球最臭名昭著的一个工业污染例子发生在 1984 年，当时美国联合碳化物公司在印度博帕尔的子工厂有毒排放物意外泄漏，致使 1 000 多人死亡、200 000 多人受伤。这是当时有史以来最严重的工业事故。两年之后，苏联 1986 年切尔诺贝利核事件官方报道的死亡人数有 3 576 人，但是乌克兰的一个环保组织——绿色和平组织在 1995 年估计这场事故的死亡总人数接近 32 000。许多人死了，受伤的则更多，女人们现在还抚养着残废的孩子，乌克兰和附近国家的污染直到今天还在继续。

这两起案件对他们人生造成的损失是巨大的，但是影响发展中国家消费者和工人的商业污染实例每天都在发生。为了努力吸引外国投资，环境监管经常蓄意松懈。事实上，这就是发达国家公司经常涌向发展中国家的原因之一，不健全的最低环境保护法和劳工保障使产品的生产成本更低。之前提到的北美自由贸易区就是一个很好的例子。即使附件与环境保护法具有同等效力，劳工保障也写入了北美自由贸易协定中，但是这些监管都没有实施，还存在的问题就是在美国明令禁止的杀虫剂却出口到中美洲国家，污染了当地的地下水，还损害了当地农民的健康。类似地，美国废弃物和环境污染产品经常被运到其他国家。

最后，战争是对全球环境的极不尊重，例如，2006 年 7 月以色列对黎巴嫩的轰炸引起的浮油覆盖了黎巴嫩 85 海里的海岸线，这阻挡太阳照入水面，杀死了许多鱼类吃的微小植物。当这些油沉到地中海海床的时候，用污泥覆盖了海洋生物并杀死了生活在海床的植物和鱼类。当石油仍旧向地中海渗透的时候，清理工作却因以色列为期一个月的轰炸和封锁不得不放缓。联合国表示要将渗透的石油清理干净至少需要一年时间，花费 6 400 万美元。

显然，全球污染问题还有很多因素需要考虑。

环境政策评价

污染影响我们的生活。防止或减少污染的政策也会影响我们的生活。不管监管者采用什么方法，监管都会提高企业的生产成本，提高我们为所购买的商品所支付的价格。当然，这些政策也会带来更高质量的空气、水和土壤。这些政策必须是有效的。评价所有类型公共政策的一个框架是成本—收益分析法，在第 2 章预防犯罪的部分我们已经介绍过了。

成本—收益分析法： 比较一项政策或一个项目的成本和收益的研究。

成本—收益分析法就是系统地比较一个项目所有的成本和收益。当且仅当收益大于成本时，这个项目才是可行的。从环境的角度来看，我们分析的是环保项目的成本和收益。这些项目的成本是政府在监管商业、经营公共回收计划以及其他减少或清除污染活动所产生的成本。商业企业也会产生环境保护成本，如果它们采用较贵但是污染较轻的工序，它们增加的成本就是环境保护成本。如果它们使用污染较少但是更贵的原材料，成本的差异仍然是环境保护成本。如果它们安装和维修污染控制设备，例如烟囱里的洗烟器，也会产生环保成本。如果消费者安装高效、污染少的壁炉和其他家用电器，或者提高回收利用产生的支出和不便，都要承担环保成本，环保成本是政府、企业和家庭支付的所有这些成本的总和。

环境保护的收益是由此带来的环境质量的提高。这些收益中有的是可以量化的。比如空气污染减少了，我们就节省了清洁成本。当酸雨不再破坏建筑时，企业节省了维修费用。当人们不再遭受由污染导致的疾病痛苦时，我们节省了医疗成本。

然而，许多环境项目的收益并不能用金钱来衡量。健康状况改善和寿命的延长等个人收益远远超过了节省的医疗成本。热带雨林生物多样性可能会产生人类至今仍未发现的好处。我们无法为可能被污染得不能钓鳟鱼的溪流或者游泳的湖泊估价。

在调和环保的成本和收益时，我们必须有远见卓识。我们必须考虑金钱和非金钱的环保收益，同时也要考虑环保给当代和子孙后代带来的利益。事实上，我们偶然发现了另一种外部性。我们将污染定义为负的外部性，是溢出到整个社会的成本。我们也注意到外部性的第二形式，也就是地理性——一个地区将污染溢出到其他地区甚至是整个世界。跨期是外部性的最终形式，一代人制造的污染将影响其子孙后代。**除非当代人可以满足后代人的需要，否则由于当前环境污染而引起的资源配置不足会导致我们的子孙后代无法生存下去。**

保护和循环

生产者制造的污染是环境问题的一个重要方面，但是消费者也应对该污染负责。我们不断加速耗尽石油等不可再生资源，导致更多的温室气体排放，而且我们消费的产品和服务数量也是前所未有的。

在许多人指责发展中世界人口过度增长的时候，事实上发达世界才是最大的环境破坏者。美国最为明显。美国人口仅占世界人口的5%，却消耗了世界能源的20%，二氧化碳排放量占世界的20%，消费占世界产出的27%。与此形成鲜明对比的是，代表了20%世界人口的低收入国家，却只使用世界能源的5%，二氧化碳排放量仅占世界的2%，消费占世界产出的2%。[①] **既然美国是一个消费主义的国家，美国社会应该比其他人口过多的贫穷国家更加注重环境。**一次性消费心态、计划作废和不必要的生产以及危害生态的产品就是我们社会的特点。与这种态度截然相反的是保护和循环。首先我们看看保护经济学，然后再学习循环经济学。接下来检验消费者减少污染的几个创新政策。

保护经济学

这部分是特别针对学生而写的，是为了让大家明白如何从个人层面解决环境问题。首先，我们一起回顾第1章的需求定律。价格和需求数量是负相关的。消费者在低价格下会比在高价格下购买更多的产品。所以一种商品价格的上升会导致该商品消费量的下降，而价格下降则会导致消费量的上升。市场可以成为一个鼓励保护的机制。政府可以通过征税或者提供**补贴**来向市场施加影响，补贴是指为某种商品的消费者或生产者付钱。

补贴：政府为某种特定行为付款，比如说回收。

我们首先假设一个汽油市场，来看几个相关政策的例子。环保人士强烈反对美国成为世界上最大的石油消费国。我们的许多石油都是以汽油的形式消费，为轿车、越野车和轻型卡车提供动力。美国每加仑汽油的价格低得不合常理，因为价格没有根据污染成本和自然资源的消耗进行调整。美国汽油价格比其他工业化国家低得多，这些国家对汽油征收比美国更高的税。征税提高了每加仑能源的价

---

① 根据以下数据计算：World Bank, *World Development Indicators 2009*（Washington，DC：The World Bank，2009）。数据为 2005—2007 年。

格，刺激消费者节约石油。而所有的激励因素正构成了所有的经济学。

在图 3—4 中，假设有两个国家，它们在汽油市场上具有相同的需求和供给曲线。因此，每个国家起初的均衡价格是 2 美元/加仑，均衡数量为 400 万加仑。

国内消费税是产品销售者必须向政府支付的额外的生产成本，所以国内消费税会引起供给下降（供给曲线向左上方移动）。

现在假设第一个国家（低税国）对每加仑汽油征收 1 美元的税，第二个国家（高税国）对每加仑的汽油征收 2 美元的税。低税国的供给曲线向左上方移动了 1 美元/加仑，到 S'（两条供给曲线的垂直距离就是税收）。对于消费者来说，新的均衡价格是 2.5 美元/加仑，新的均衡数量是 300 万加仑。征税使得价格略微上升，并导致石油的消费量减少了 100 万加仑。

在高税国，供给曲线向左上方移动了 2 美元/加仑，到 S"（同样，两条供给曲线的垂直距离就是税收）。新的均衡价格是 3 美元/加仑，新的均衡数量是 200 万加仑。征税使得价格出现较大幅度的上升，并导致石油消费量下降了 200 万加仑。在这两个案例中，消费量下降了，但是汽油税高的国家消费量下降得更大。

保护是怎样产生的呢？有许多种方式。司机不会为了一场无谓的路程而开车。如果可以，他们更愿意乘坐公共交通工具。他们还可以合伙用车。当购买一辆汽车时，他们会比较不同汽车的燃油效率，并在购买决策中将这一信息看得十分重要。**较高的汽油价格会驱使每个人做出许多单独的节约汽油的决定。**相反，低价格会鼓励人们浪费汽油。但是，美国人不会将选票投给承诺提高汽油税的政客，虽然从长期来看这样做是最有利的。

然而，除了政治问题之外，汽油税还会引起其他问题。在美国，穷人常常将收入中的较高比例花费在汽油上（富人除了购买汽油之外，还会购买许多其他

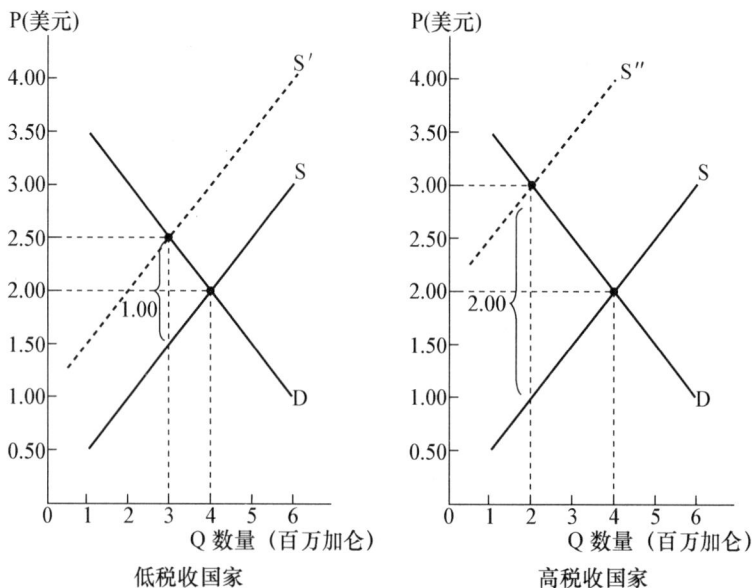

图 3—4　征税对汽油价格和销售的影响

较高的汽油税（2 美元/加仑）导致汽油消费量只有 200 万加仑，比较低的汽油税（1 美元/加仑）更加鼓励节约汽油。

的东西，并且收入中的很大一部分会储蓄起来）。低收入消费者经常开较旧、耗油量较高的车。他们不会像高收入者那样频繁的换车。上下班的路程也更远。提高汽油税将加剧高油价对低收入人群的不利影响。对穷人的税收减免可能是修正这种影响的方法之一。

农业政策是使用经济刺激来保护稀缺资源的其他体现。在第 11 章中，我们将看到农业政策的一个方面是通过使土地退出农业生产而减少农产品供给。政府向农民提供补贴，让他们不要耕作土地。要求易受侵蚀的土地退出农业生产具有生态上的意义，对于那些得到补贴离开不宜农耕的土地的农民也是有好处的。此外，阻止政府向种植湿地和其他环境脆弱土地农民的支付也是有意义的。

保护的基本思想是，税收提高市场价格，由此导致保护行为的产生。**与税收相结合的市场是实施保护政策的有效工具。**

循环经济

经济新闻："我们怎样让人们回收更多物品？"

除了本文给出的这些，你还有哪些想法？进入微观经济学——电机经济学和环境。

http://www.cengage.com/economics/econ-apps

节约和重复使用某些自然资源是有可能的。许多社区和企业已经开展回收项目来减少土地和资源压力。循环有许多种方式，并对经济有多方面的影响。

美国不同地区的回收项目有着差异。社区一般回收铝和报纸。一些社区也会回收硬纸板、杂志、锡罐、玻璃、塑料、金属废品和废油。人们也可以回收使用过的打印机油墨盒。回收使得这些商品变废为宝。随着人口的增长，我们制造的废弃物也在增多，垃圾场都被塞满了。人们认识到，以前丢进垃圾场的各种东西（包括有害废弃物）对环境是有害的，污染了土地和水供给。

虽然现代的、高技术的垃圾场如果地点合适、监测合理地点，对环境是安全的，但它们的使用也是有争议的。如果你密切注意地方政客对合适的新垃圾场选址的争论，你就会意识到这个问题。没有人希望垃圾场在离自己家很近的地方，市民团体联合起来反对垃圾场选址方案。因此，通过回收减少垃圾数量是一个较垃圾填埋更受欢迎的选择。

回收项目面临的两个最迫切的问题是：（1）激励消费者和企业回收；（2）为可回收的物品挖掘市场。

回收动机

研究发现，如果回收方便，人们更愿意回收。在消费者家里收集废旧物品（路边回收）或者建立许多住宅区（或校园）回收点可以使回收更简单、更方便。

虽然有的人是出于环保意识而回收，但是其他人愿意这么做仅仅是因为有足够的经济动机。这些动机有各种各样的表现形式。

许多家庭向公共或私人的垃圾收集中心支付一定的废弃物处理服务费。一个家庭每月可能要为垃圾集中处理支付 10 美元。不管一个家庭每周扔 1 包垃圾还是 12 包垃圾，收费都是一样的。因此，人们没有动力减少需要集中处理的废弃物。

同时，一些社区以家庭丢的垃圾包数或箱数收费。每包垃圾 2 美元的价格为减少垃圾包数提供了一种激励。通过购买包装较少的产品或回收、再利用废弃物，家庭可以减少开支。虽然这种方法在鼓励消费者回收上有广阔前景，但是它们也会产生一些不那么理想的效果。一些人可能会通过一些不合法的方式来处理垃圾，如将垃圾倒在空地或者路边，或者是自己焚烧。

在另一种激励制度下，政府为产品的回收制定一个目标，生产者负责保证回收它们的产品。生产者必须从回收其产品的企业购买"信用额度"。例如，如果报纸的目标回收率是50%，地方报社就必须为其发行的每1 000英镑的报纸买500英镑的信用额度。报社将从企业，如硬纸板箱厂家购买信用额度，硬纸板箱厂家可以使用旧报纸生产产品。因为报社为硬纸板箱厂家使用旧报纸付费，厂家就有动力使用回收的旧报纸，而不是用新纸浆。

回收信用额度的价格由市场力量决定。如果硬纸板箱厂家可以以低成本使用旧报纸，信用额度的价格较低。如果第二家公司可以以更低的价格使用旧报纸，那么它将以更低的价格向报社出售信用额度。报纸最终将进入使用成本最低的公司，而且使社会的回收成本最小化。就像税收和补贴一样，对于废品处理行业中的一些烦琐项目，回收的信用额度相当有用。最后一个通过回收减少废弃物的经济激励的案例是饮料瓶存放，美国有几个州对此有法律要求。消费者在购买啤酒或苏打水的时候，为每个罐子或瓶子支付5美分或10美分的存放费。当消费者将容器还给商店或回收中心的时候，存放费就会退还给他们。类似的情形也出现在存放牛奶和水的塑料容器中。研究表明实施饮料存放费法的州回收的容器比没有存放费的州多得多。**概括来说，经济刺激可以激励我们回收和再利用延长资源和土地寿命的材料。**

可回收产品的市场

回收计划所面临的一个严重问题是缺少可回收材料的市场。旧报纸可以用于造纸或做硬纸板，或者用作动物的铺草，玻璃可用作铺路沥青的添加剂，其他的可回收材料也有类似用途。但是使用回收产品生产的公司经常会面临需求不确定的市场。所以它们可能会中止可回收材料的购买，回收中心要为这些材料建立一个仓库。当我们将可回收物品放到废旧回收点时，我们认为这些物品会到得到合理的利用。事实上，有时候它们会进入垃圾场，因为没有人使用。EPA已经为地方政府发展可回收物品的额外市场提供了许多资助。企业必须被给予足够的激励去选择使用可回收材料生产的产品。许多人不愿意购买以回收材料生产的产品（例如，翻新的轮胎），因为他们觉得这种产品的质量不如使用新材料生产的产品。如果使用回收材料和新材料生产的产品之间有质量区别，市场力量就会产生与质量差异相一致的价格差异。最后，我们必须提出一个问题：当回收所使用的资源在生产过程总会产生不良副产品或者在回收产品缺乏安全性的情况下，回收就不是一个环保的选择。

创新政策

从2003年开始，驶入伦敦市中心的车主每天必须为这一特权支付8美元。

到 2007 年，特权费则增加到 15 美元/天。尽管对这个政策存在争议，但这个政策的目标是减少伦敦中心市区的车流量，缓解交通拥挤，为公共交通筹集资金。那些支持这项政策的人认为污染成本应该由制造污染的人支付，因此要给他们改变行为的动机。虽然人们对这项政策有争议，但是它表明一些政策措施可能会驱使美国的车主降低市区拥堵程度。汽油税已经开始讨论就是一个例子。其他的政策呢？如果城市暂停建设停车场并提高停车费用，而不是建设更多的停车场使停车价格最低，那会怎样？如果城市暂停道路建设而不是拓宽道路、建设新的道路，那又会怎样？如果市政府认识到减少交通拥堵、污染和资源消耗的正外部性并为此提供补贴（这样使公共交通价格更低或者免费使用，从而对消费者更有吸引力）而不是期望城市的公交车和地铁（以及出租车公司）能够自给自足（盈利），那又会怎样？这些想法中，可能有的想法并不可行，但是却使我们质疑是否更多的停车场和高速公路会弄巧成拙，使交通更加拥挤而不是得到缓解。所有的这些使用激励机制的想法都是为了减少人们对汽车的依赖。

你读过艾尔·戈尔（Al Gore）的书——《难以忽视的真相》（*An Inconvenient Truth*）吗？这本书和他的那部全球变暖的电影是一个系列的。这本书使用再生环保纸，并声称纸张是"碳中性"的。这意味着其出版商 Rodale 在生产这本书的时候，使用了一个碳补偿体系构成能源资源。换句话说，出版商负担了使用清洁能源资源生产的经费，以此弥补在生产、印刷和运输此书的过程中所使用的"清洁度较低"的能源。[1]

这会对你有何影响？是的，你也可以变得"碳中性"。越来越多的消费者对自己使用运动型多功能车和其他污染物品感到内疚，他们去网上购买碳抵消。通过在网站上使用一个碳抵消，你可以计算开车（或乘坐飞机，或者使用空调和家庭供暖设备）所产生的二氧化碳量，购买一个碳抵消就是向生产同样数量的无污染能源迈进一步。碳抵消可能会补贴现存的清洁能源生产，以后会为新的风力涡轮机和太阳能集热器提供资金。你会有一个良好的周边环境。Ben & Jerry's 为其生产和零售经营购买碳抵消，滚石乐队必须为其音乐会的碳中性购买碳抵消。即使气候法案已经获得议院通过，并在早期适用碳抵消这一概念，但一些人认为碳抵消是一个诡计，使消费者对他们制造的污染不那么愧疚，其他人则认为这是一个促成变化的机会。在整个环境友好型生活方式下，那些使用碳抵消的人无疑是坚定的、有效的保护者。（本章末的"讨论和问题"中有推荐的碳抵消网站列表[2]，还有你可以参与的其他保护活动。）

环境政策对美国经济的影响

环保运动和环境政策不是毫无争议的。环境监管增加了美国企业的成本，也

---

① Rachael Donadio, "Saving the Planet, One Book at a Time," *New York Times Book Review*, July 9, 2006.

② Much of this information is from Anthony DePalma, "Gas Guzzlers Find the Price of Forgiveness," *The New York Times*, April 22, 2006.

因为对美国经济产生负面影响而备受指责。反对者认为环境监管通过增加成本导致通货膨胀，通货膨胀是平均物价水平的普遍性上涨。他们还认为环境监管减少了国家产出，因为监管所导致的生产成本的增加使失业率上升，低产出水平需要的工人更少了，虽然太阳能、风力、地热和其他可再生能源公司创造了就业岗位。而且，批评者还指出由于产量下降，经济增长即国民产出的增长也会减缓。与国际上的同行业相比，美国企业竞争力更小，因为它们比许多国外公司面临更严格的环境监管。这当然是《北美自由贸易协定》早期提出的争议。

其他人认为由于污染公司减少的工作可以被受污染公司增加的工作抵消（还记得造纸行业和啤酒行业吗?），事实上工作机会是增加的。更进一步地，在污染控制和新技术开发中也会产生工作机会。而且，继续依赖有限的资源最终只会提高使用这些资源的成本。我们要将第1章介绍的生产可能性曲线铭记于心。虽然环境保护的短期成本会影响经济，但是我们知道，如果在长期中没有环境保护，随着资源的耗竭，生产曲线实际上会向内移动。这与经济增长是背道而驰的。因此，环境保护的长期和短期收益都应当和短期成本一起考虑。

污染控制的国际形势

正如地方政府不会有效地控制影响国家的地方污染一样，各个国家也不会有效地控制影响世界的国内污染。如我们所见，环境政策应当由所有受到污染负溢出效应的国家代表所组成的决策集团来制定环境政策。诸如生物多样性消失、臭氧层空洞和全球变暖等环境问题是国际问题。因此，国际行动是必要的。

各国已经举行过主要的国际环境峰会试图解决部分环境问题。参与者模仿国际贸易条约建立环境条约，并努力改革和强化联合国处理环境问题的权力。第一次国际环境问题峰会是1992年巴西的里约热内卢地球峰会。这次峰会的两个成果分别是，解决全球变暖问题的《气候变化公约》以及保护脆弱物种和自然环境的《生物多样性公约》。当时，乔治·布什（George Bush）总统拒绝在《生物多样性公约》上签字，却签署了《气候变化公约》。

另一个重要的国际峰会于2002年在南非的约翰内斯堡举行，距第一次峰会有10年。这次峰会的主题是"世界峰会——可持续发展"，为政府、联合国机构、全球金融机构、非政府组织和致力于发展中国家可持续发展的其他组织展现了一次机会。来自世界各地的几十万人参加了这次峰会，制定了新的贫困和发展援助目标。随后，2005年底，联合国大会采纳了一项决议，重新确定可持续发展的目标，声明"发展本身是一个中心目标。可持续发展在经济、社会和环境方面构成了联合国活动总体框架的核心因素"[①]。

除此之外，还有其他国际环境峰会，包括我们已经提过的1997年的日本东

---

① Resolution adopted by the General Assembly of the United Nations：2005 World Summit Outcome，October 24，2005.

京峰会，2008 年在东京举行的第一届年度世界学生环境峰会。这次峰会有来自世界多个国家的 50 多名学生代表参与。

最后，千年发展目标形成了一个坚定的确保环境可持续性的全球立场。8 个千年发展目标是根据 2000 年联合国 189 个成员国进行调整得出的。这些目标包括到 2015 年在消除贫困方面取得重大进步和其他人类发展目标的承诺。这是目前为止结束世界贫困的最强烈的国际承诺声明，而且正好包括可持续发展这一重要概念。需要特别指出的是，千年发展目标第七条包括"将可持续发展原则融入国家政策和计划中"，并"扭转环境资源消失的局面"。

作为地球上的居民，我们可以采取的一个措施是鼓励政府支持保护地球环境的国际措施，同时通过可持续发展使世界上最贫穷的国家脱离贫困。

最后的提醒

你们大学是否有环保学生会？如果没有，你愿意去创建一个这样的组织吗？一切皆有可能，但是你可能想到发起一个校园回收计划。除了回收纸张和硬纸板之外，你的团队可以放一些收集玻璃、金属和废旧打印机油墨盒的容器，回收这些废旧物品。

观点

保守派与自由派

经济学家在做出环境问题的决定时经常站在非经济学的立场，就像本书讨论的他们处理其他事情（如犯罪）一样。无论是自由派还是保守派的经济学家，可能都会密切地关注环境。

因为自由派并不一定反对政府干预经济和监管私人企业，他们一般希望看到政府在保护环境上扮演积极的角色。所以，自由派也会支持标准监管，以及国家和国际起草的一些政策。自由派也主张我们应当做力所能及的一切去保护环境，而不要担心政府在经济中的作用不断膨胀。众所周知，巴拉克·奥巴马总统已经在支持污染控制上采取强硬态度（虽然他支持利用市场的政策，包括排污权许可证交易和碳抵消）。

此外，保守派想要限制政府在经济中的作用。因此，他们可能比自由派更反对环境监管。他们更可能支持利用市场力量而不是其他方法实行污染控制政策。因此，他们支持通过标准方法进行污染费和排污权许可证交易的市场监管。保守派也倾向于由州政府或者地方政府解决环境问题的政策，而不是从整个国家或国际层面解决。像前总统乔治·布什一样，他们选择自愿遵守而不提倡强制要求。许多保守派人士非常注重环保问题，布什总统就曾被国内外的环保人士强烈谴责。

总结

经济活动引发污染。污染是引起经济中不公平和资源分配扭曲的生产的溢出成本。污染将资源过度分配给引起污染的市场，却使受污染影响的市场资源分配不足，因此，政府使用标准方法、收取污染费和实行污染权交易许可监管私人企业。

标准方法受到人们的批评，尤其是当它强制产品的生产者使用某种类型的技术时。但是当技术给予个人和企业一些参与的经济动机时，这些技术会是最有效的。环境项目可以通过成本—收益分析进行评价，这些方法只有在收益大于成本的时候才会使用。收益必须从一个广义的角度来考虑，对当代人和子孙后代的金钱和非金钱的收益都应当包括在内。

许多环境问题实际上是全球性的问题。包括温室气体的排放和对有限石油资源的消耗。美国是主要的二氧化碳排放国和石油消费国。由于资源在污染控制部门分配不足，除非决策实体大到可以包含所有受污染影响方，在解决全球性环境问题时，国际合作是十分必要的。

讨论和问题

1. 为什么污染者要制造污染？从个人和企业的角度思考各种原因。

2. 污染是怎样扭曲经济中的资源分配的？思考资源过度分配和资源分配不足两种情况。

3. 污染控制的成本有哪些？为了防止所有污染，我们应该支付或牺牲一切吗？

4. 你认为政府处理污染的合理程度有多大？这与我们考虑的不同类型的污染有关系吗？为什么？

5. 你能想出书中没有提到的其他负的或正的外部性的例子吗？

6. 比较标准方法中基于不同动机的环境政策。每种政策的优势和不足在哪儿？

7. 你认为消费者以较高价格承担部分排污费或排放费合理吗？为什么？

8. 解释成本—收益分析。成本—收益分析的结果在短期和长期是不同的吗？为什么？

9. 你认为我们所处的是一个一次性社会吗？你对消费与你父母相同的产品态度如何？对消费与你祖父母同样的产品又持何种态度？

10. 将食物（玉米）转化成汽车和货车燃烧的乙醇是有效的吗？如果政府对使用汽油征税而对使用乙醇提供补贴，这是经济的吗？政府如何对这些税和补贴做出合理解释？

11. 生物燃料对世界粮食价格和世界饥饿有何含义？（这个问题在第 11 章

"全球农业"中有更详细的讨论。）

12. 既然环境监管是一件奢侈品，你预计美国公民和发展中国家公民对此的态度会是一样的吗？

13. 考虑大城市中的污染、汽油使用、交通拥挤和其他问题。人们经常要求建造更多的道路和停车场来解决这些问题，这些方法是如何适得其反的？还有什么其他的（激励）政策可以用于减少汽车使用或增加运输量？

14. 回想你的校园的停车场情况（我从来没有听过哪个校园的学生不抱怨停车场的）。停车位足够吗？如果你要停车，必须走很长的一段路吗？学校或城市应该建更多的停车场吗？这对汽油的使用有何影响？有其他方法解决这一问题吗？

15. 你的学校回收废旧物品吗？如果没有，你可以为发起回收活动做些什么？

16. 在环境保护问题上，你是自由派还是保守派？为什么？

17. 登录网站 http://www.carbonfund.org, http://www.terrapass.com, http://www.nativeenergy.com, http://www.self.org，或者类似的网站学习如何为你开车排放的二氧化碳购买碳抵消。

18. 美国环境保护局提供 EPA 政策和环境问题的信息。登录网站 http://www.epa.gov 公布的有关人类健康的一些信息。

19. 进入环境保护局网站（http://www.epa.gov）。点击"Where You Live"，进入"Search Your Community"，输入你的邮政区号，找出当前你的地理区域存在的环境问题。

20. 世界可持续发展委员会的网址是：http://www.wbcsd.ch，进入这个网站可以获得几百家国际公司联盟的信息，这些公司通过对经济增长、生态平衡和社会进步可持续发展的共同承诺联结起来。这个联盟关注贫困和其他社会公平问题，还提供大量出版物清单。浏览这个网站后，你发现自己总体上对世界可持续发展委员会表示赞同还是反对？

21. 本章中提到了在约翰内斯堡举行的世界可持续发展峰会。这个峰会的网址是 http://www.johannesburgsummit.org，网站提供了许多信息，包括调查、文件、出版物和峰会概要。这次峰会取得的主要成绩是什么？

22. 联合国环境计划也包含了可持续发展世界峰会的信息，登录网站 http://www.unep.org/wssd/。

23. 未来资源，一个环境研究组织的网址是 http://www.rff.org。这个网站可以浏览环境、自然资源等研究主题和环境保护方法的信息。有什么环境保护工具或技术对你来说是特别有用的吗？

24. 环境新闻服务的网站上公布了最新的环境问题信息，网址为 http://www.ens-news.com。这个网站可以找到环境问题的最新新闻案例。

第14章
失业与通货膨胀
人力资本的过少
投资是失业的原
因之一。

第6章
美国贫困问题
教育的匮乏是贫困
的原因之一。
对人力资本的投资
是解决贫困的方法
之一。

第10章
世界贫困
对于贫穷国家，对人力
资本投资的缺少是一个
很严重的问题。

第5章
歧视
人力资本歧视影响着
劳动力市场的少数群
体。
市区贫穷的学校通常
都缺乏资金。
没有人帮助那些贫穷
的孩子吗？

第4章
教育

第7章
住房问题
住房的隔离导致了低质
量的市区贫困学校的形
成。

第2章
犯罪和毒品
需求方面的政策，
例如教育，是解决
毒品问题的方法之
一。

第17章
21世纪的全球自由市场？
人力资本投资加速了经济增长。
由于经济改革，贫穷国家的教育预算被削减。

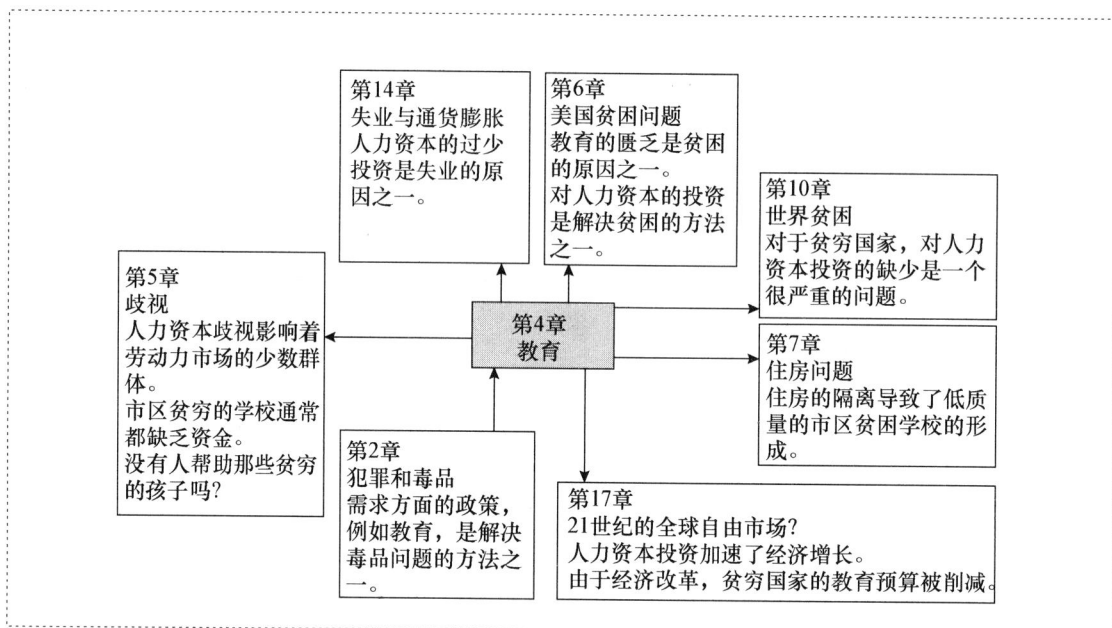

经济学工具箱：

- 外部性
- 磁石学校和学费券
- 溢出成本与溢出收益
- 资源的过度分配与不足
- 财产税融资
- 税率
- （鼓励雇佣和录取少数族裔、弱势群体、女性等）防止种族与性别歧视的积极行动
- 私立学校与公立学校
- 无效率
- 人力资本投资
- 直接成本与间接（机会）成本
- 成本—收益分析

第 4 章 教 育

我们将改造各级学校，让它们能适应新时代的要求。

——巴拉克·奥巴马总统就职演说，2009 年 1 月 19 日

奥巴马总统在他的就职演说中承诺会对美国的教育体制进行改革。纵观历史，美国向来高度重视教育。我们向学生及其家庭免费提供公立小学和中学教育（从幼儿园到高中，即 K-12 教育）。对于高等教育，如学院、大学、职业技术学校、社区大学而言，其资金大部分由财政税收来提供，因此对于一般学生来说学费都是可以承受的。公共教育被视为具有这样一种能力：能够确保我们公平的竞争环境并确保所有的美国人都有平等的机会在社会立足。教育是我们最重要的扶贫政策之一，并且我们的经济正因那些有文化、高效率的工人而蓬勃发展。正像我们将要讨论的那样，教育是创造正外部性的商品和服务的典范！

我们将在本章审视美国的教育体制。首先，我们会讨论教育的溢出效应，包括美国的整个基础教育和高等教育。接下来，我们会思考教育的投资经费和完成率的全球比较。在第三部分我们会讨论美国的教育成就。在第四部分我们将把注意力放在美国的基础教育，并特别关注基础教育的资金、教育质量以及针对提高基础教育提出的各种建议等问题。我们会思考公立学校和私立学校。公立学校是由税收提供资金的，并且部分是由政府运作管理的。私立学校不是由政府而是由教会、企业和其他私人组织拥有和运作管理的。它们的资金主要是靠学生所交学费及捐赠得来的，这也是我们将要简要讨论的问题。最后，我们会重点关注高等教育，包括**公立学校**和**私立学校**。我们会讨论高等教育作为人力资本的投资及其他相关问题。

公立学校：由政府管理、由财政税收提供资金的学校。

私立学校：非政府管理、由学生所交学费来支持的学校。

在讨论这些问题的过程中，我们会发现基础教育和高等教育都没有取得我们举国期待的成果。奥巴马所提到的改革将会取得一些成效——当然，这也会引起一些争论。

教育的溢出收益

外部性：经济活动给社会带来的额外成本或收益。

不公正：不公平。

接受教育会给学生和他们的家庭带来利益。受过教育的熟练工人会比那些没有受过教育、未经专业训练的工人获得更高的工资。受过教育的工人处于经常性失业状态的可能性很小，并且他们更容易找到那些能够提供与他们的知识相匹配的报酬的工作。他（她）或许会经历一些能够陶冶情操的事，享受生活的美好。从私人的角度来看，这些都是受教育带给学生们的利益。我们可以想象到，当你决定是否要进入大学深造时，你们全家都会考虑上述这些因素。

教育的供给也会给社会创造利益。受教育的市民更有可能参加投票选举，或者加入到公共生活中。他们拥有生产效率更高的技能，并且能够为经济产出贡献更多。他们收入更高，因此会缴纳更多的税收。与没有受过教育的工人相比，他们长期处于失业状态的可能性更低。他们不太可能持续接受社会福利，而实施犯罪、至少是暴力犯罪的可能性也更小。因此，社会能从教育中获得溢出效益，受过教育的人也会因此获得私人利益。

无效率：以没有最大化理想产出的方式使用资源。

溢出成本：负外部性；经济活动给社会带来的额外成本。

这些对于社会来说的溢出效益正是外部性的例子。正如在第 3 章关于环境问题的讨论中提到的，**外部性**是指那些由于私人市场中的经济活动给整个社会带来的效益或成本。这些外部性可能是正的也可能是负的。正的外部性可以为社会带来利益，因此也称作**溢出收益**。负的外部性会给社会带来额外成本，因此也称作**溢出成本**。溢出成本的一个典型例子就是污染。溢出收益的一个典型例子就是教育。外部性会形成一定程度的不平等，这也被定义为**不公平**。在教育这个例子中，如果你必须要为你所受到的教育付出全部成本，那么这对你来说就是不公平的，因为你所受到的教育会给社会带来很多额外的收益。外部性也会引起社会资源的无效率分配。当外部性发生时，我们的经济体会产出过剩（资源分配过度），或者产出过少（资源分配不足）。这种对资源的不合理分配是**无效率**的表现。外部性因此形成了不公平与无效率。

溢出收益：正外部性；经济活动给社会带来的额外收益。

图 4—1 解释了由教育的溢出效益所导致的资源分配不足。D^p 曲线代表私人市场中对教育的需求曲线。学生及他们的家人所认为的他们能够获得的收益决定了这一需求。它表明了他们对教育的重视程度（愿意为教育支付的成本）。供给曲线与这条需求曲线相交于均衡点。也就是说，有 500 万学生会被录取。

但是这一私人市场的需求曲线从社会来讲并不是正确的需求曲线，因为它没有反映出整个社会从教育中所得到的收益。所以，考虑到私人和社会从教育中获得的总效益，真正的社会需求曲线应该是 D^s。它反映了学生和社会对教育的估价。D^s 与供给曲线相交于均衡点 600 万，这代表社会最理想的学生招收数量。因为私人市场的需求没有反映出教育的正外部性，由此得出由私人市场会产生过少的教育。我们得出结论，当溢出收益存在时，市场对资源的分配是不足的。这种情况发生时，市场均衡点是无效率的，或者不是社会最优均衡点。

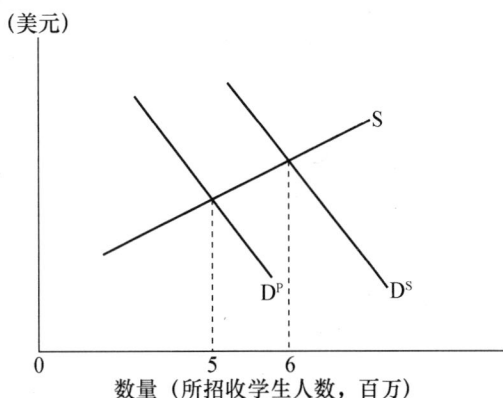

图 4—1 教育溢出效益的影响

由于私人市场没有反映教育的溢出收益，所招收学生数量（500 万）少于社会最优数量（600 万）。

这一溢出收益证明了政府对 K-12 教育的供给、通过给学生们提供资金援助的大学教育补贴制度以及公立学院和大学设立的合理性。这些政策纠正了资源的低水平利用。如果政府在教育方面的付出正好相当于社会从教育中所获得的溢出收益，那么就能达到教育最优数量。

不同的教育水平和类型会产生不同数量的私人溢出收益。大多数人都同意 K-12 教育带来的溢出收益是巨大的，因为最基本的文化知识就是从 K-12 教育中得到的。由于存在着社会从教育中获得的溢出收益，免费向学生们提供的中小学教育被认为是合理的。然而，另有一些人争辩说，高等教育的大多数额外收益都是私人的，并且大学教育产生的额外收益非常少，因此他们认为大学教育的基本费用应该由学生和他们的家人来承担。你怎么认为？

教育开支和识字率的全球性比较

我们国家在教育系统方面投入了大量的资金，相当于 GDP 的 5.7%。表 4—1 展示了西方工业化国家在这方面的平均水平。很明显，一些国家（比如丹麦、瑞典、挪威）教育开支占 GDP 比重较大，然而其他一些国家（比如希腊、西班牙、意大利）这一比例则较小。

表 4—1　　　教育上的直接公共开支占 GDP 百分比的全球性比较，从高到低；典型西方工业化国家（2007 年）

国家	占 GDP 的百分比
丹麦	8.3%
瑞典	7.1%
挪威	7.0%
芬兰	6.3%

续前表

国家	占 GDP 的百分比
比利时	6.0%
瑞士	5.8%
美国	5.7%
法国	5.7%
英国	5.5%
澳大利亚	5.4%
葡萄牙	5.4%
荷兰	5.2%
加拿大	4.9%
爱尔兰	4.8%
德国	4.5%
意大利	4.4%
西班牙	4.2%
希腊	3.5%

资料来源：World Bank, *World Development Indicators 2009* (Washington, DC: World Bank, 2009).

美国经常声称自己的教育体制是世界上最好的。我们的国民是受教育程度最高的吗？衡量教育体制成果的一种方法就是看成年人（一般我们定义 15 岁以上的即为成年人）识字率。我们说识字率是教育体制的一项产出，而其他方法如学校的数量和用在教育上的经费等都是对教育的投入。我们从表 4—2 可以看到，在东西方工业化国家中，男女的识字率都高达 100%。而识字率在发展中国家则差别很大。古巴对教育的重视程度可以从其高达 100% 的男女识字率充分体现出来。在一些贫穷国家，例如在非洲，男性的识字率很低（例如在马里，这一比例为 35%），而女性的识字率更低（马里为 18%）。教育的提高对发达国家的持续发展是非常重要的。

表 4—2　　　　成年人识字率[a]，按性别分类，典型西方工业化国家、
　　　　　　　　东方工业化国家和发展中国家（2007 年）

国家	男性识字率	女性识字率
西方工业化国家		
美国[b]	100%	100%
加拿大	99%	99%
西班牙	99%	97%
希腊	98%	96%
东方工业化国家		
白俄罗斯[c]	100%	100%
阿塞拜疆	100%	99%
亚美尼亚	100%	99%
土库曼斯坦	100%	99%
哈萨克斯坦	100%	99%
吉尔吉斯斯坦	100%	99%

经济新闻："去香港上学的花费是多少？"

学生们离开香港大学而选择国际性的大学。

相关答案请查找基本经济要素，点击外部性、选择权、机会成本等。

http://www.cengage.com/economics/econapps

续前表

国家	男性识字率	女性识字率
摩尔多瓦	100%	99%
阿尔巴尼亚	99%	99%
匈牙利	99%	99%
罗马尼亚	98%	97%
发展中国家		
古巴	100%	100%
阿根廷	98%	98%
智利	97%	96%
中国	96%	90%
哥斯达黎加	96%	96%
玻利维亚	96%	86%
巴西	90%	90%
柬埔寨	86%	68%
阿尔及利亚	84%	66%
博茨瓦纳	83%	83%
老挝	82%	63%
印度	77%	54%
埃及	75%	58%
贝宁	53%	28%
尼日尔	43%	15%
马里	35%	18%

a. 15 岁及以上。
b. 还有很多男女识字率都为 100% 的西欧国家。
c. 还有很多男女识字率都为 100% 的东欧国家。
资料来源：World Bank, *World Development Indicators 2009*（Washington，DC：The World Bank，2009）.

美国教育方面的成就

> 在全球经济体中你能出售的最宝贵的技能就是你的知识，良好的教育不仅仅是获取成功机会的途径——也是一个必要条件。
>
> ——奥巴马总统在联合国的讲话，2009 年 2 月 24 日

美国人口普查局计算出 25 岁以上的美国人所取得的最高教育成果的数据：在 19 600 万人口中，有 2 600 万人属于高中以下学历，6 100 万人取得了高中学历，3 400 万人上了大学但是没有拿到学位证，1 700 万人获得了大专学历，有将近 3 800 万人取得了学士学位，将近 1 500 万人取得硕士学位，大约 300 万人取得专业学位，有大约 200 万人获得博士学位。饼图 4—2 展示了这一人口范围内的百分比分布。遗憾的是，有 13% 的人没有取得高中毕业证。

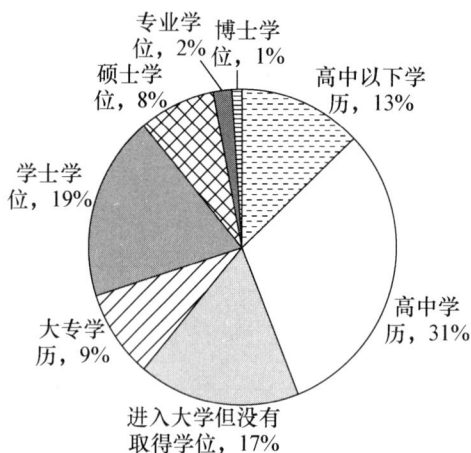

专业学位, 2% 博士学位, 1%
硕士学位, 8%
学士学位, 19%
大专学历, 9%
进入大学但没有取得学位, 17%
高中学历, 31%
高中以下学历, 13%

图 4—2　美国 25 岁以上人口的最高教育水平所占百分比（2008 年）

资料来源：U. S. Census Bureau，*Current Population Survey*，2008，http://www.census.gov.

接下来我们继续评估美国的教育体制，从 K-12 教育开始，然后是高等教育。

从幼儿园到十二年级教育

美国的中小学教育对学生是免费的，但政府要为此支付大量的经费。接下来让我们讨论 K-12 教育资金。

K-12 教育资金

在 2005—2006 学年（可获得数据的最近年份），K-12 公共教育的开支为 5 210 亿美元。对于这部分资金，地方、州、联邦政府各承担相应部分，图 4—3 展示了各级政府所应承担的份额。我们注意到，联邦政府支付的比例很少，大部分中小学教育经费都是由地方和州政府来承担的。更确切地说，在地方政府预算中，对地方公共教育的开支占了最大的一部分。正如我们应该看到的，K-12 教育经费是一个很难的议题。

地方政府对 K-12 的教育经费主要是由地方的财产税支持的，这就导致很多学校都处于资金不足状态，进而引起这些学校的低质量教育。用来支持学校的这部分财产税的数额主要取决于**税基**和**税率**。税基是在学区范围内纳税财产（土地、房屋和其他建筑物等）的价值，而税率是需要交财产税的税基的百分比。在郊区的财产拥有很高的价值。工业厂房、样式新颖的购物中心、价值 500 000 美元的房产加起来是很大的税基。但是大城市中破败的贫民区的房屋价值却很低。而且那些贫民区的房产大部分都是免交财产税的。市政建筑、学校、医院、博物馆都是免税的。因此，城市的财产税税基相对郊区的财产税税基来说偏小。如果

税基：收入、房产、销售额及其他按照一定税率缴纳税金的财产的价值。

税率：作为税金缴纳给政府的税基的一定百分比。

税率相同，郊区内的每个学生会分得更多的教育经费（税金）。事实上，虽然城市的税率往往更高，但是由于税基不足，对于每个学生所获得的教育经费（税金）来说，城市学校很难达到郊区学校的水平。

州政府对于 K-12 公共教育的努力是为了使某一特定州的教育更加丰富和均衡。因为每个州都有贫穷和富裕地区，且地方财产税收入的差别很大，州政府的援助就是为了使贫富地区之间能够获得均等的资金和教育机会。

然而，对于资助 K-12 教育的地方财产税的过分依赖造成了地区之间的极度不平衡，这一问题是很难靠州政府的资金援助来解决的。当州政府的原则是针对所有地区而不是特别针对贫穷地区的学校时，情况会更加糟糕。就像大多数城市贫困地区那样，很多农村学校也处于资金严重不足状态。但与郊区的公立学校相比，城市内部贫穷地区学校的资金更加不足。平均到每一个学生身上的教育经费差别很大。较低的经费通常意味着设施陈旧、供给不足和教室的缺少，进而导致较高的辍学率和文盲率。

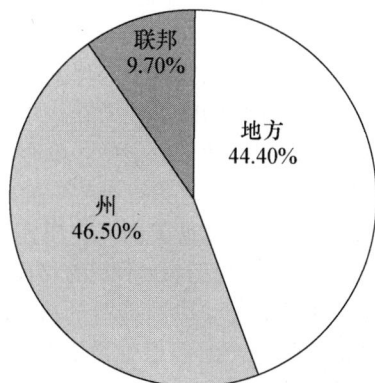

图 4—3 K-12 公共教育资金（2005—2006 年）

上图展示了各级政府对美国中小学公共教育所提供的资金所占比例。

资料来源：U. S. Department of Education，*Digest of Education Statistics*，National Center for Education Statistics，http://www. nces. ed. gov/.

K-12 教学质量

教育质量对美国的第一次触动发生于 1983 年，当时由里根总统任命的一名委员发表了一份名为《危机中的国家》（*A Nation at Risk*）的报告。报告声称："我们这个社会的教育基础目前正在被一个不断高涨的平庸浪潮所腐蚀，并且威胁着我们国家和人民的未来。"报告指出，测试分数正在下降，学校对学生的要求越来越少，美国小学生的表现比欧洲小学生要差。报告《危机中的国家》引起了整个国家对教育质量的讨论。

当社会评论家乔纳森·科左（Jonathan Kozol）在 1992 年发表了一篇关于 6 个市区内破败的学校系统的文章时，产生了关于教育质量讨论的第二次浪潮。在他的书《野蛮的不平等：美国学校的孩子们》（*Savage Inequalities*：*Children in*

America's Schools)① 中，他描述了那些市区内破败不堪的学校状况。每个学校的仪器设备都是破旧的。他所看到的学校是，屋顶破损（人们没有想过要去修补它们），在信息化时代里的学生们却使用着破旧古老的人工打字机上课，图书馆也变成教室，因为相对于学生人数来说，学校的教室明显不足，并且教室中学生可用的书也少得可怜。一些基本设施和用品，比如洗手间、卫生纸、香皂和粉笔等，长期处于短缺状态。

在资金不足的学区里，老师的工资也比其他学区的低。年轻的教师也失去了热情，有的打算离开，有的打算去工资高、设施齐全的郊区学校当老师，有的甚至彻底离开教师行业。在科左所考察过的芝加哥高中当中，市区学校工资最高的也只有郊区学校工资的三分之二。为了降低成本，城市里的学校通常用较低的工资雇佣那些永久候补教师，候补教师没有福利。但即使这样，全年的预算仍然不够用，一些教室的设施不齐全，特别是在上一年度资金全部用完了的春季。

科左在研究中发现，学生们在八年级时就长期旷课——事实上，在他们上高中以前就已经辍学了。高中辍学率（未完成高中学业的人数比例）很高——在科左所考察的学校中，高中辍学率达到 50％～60％。毕业的意义并不大，教育质量太差以至于高中文凭也不能保证有一定的文化知识。科左注意到，在芝加哥有27％的高中毕业生的阅读能力在八年级甚至更低的水平。在那些从芝加哥公立高中招收学生的城市社区大学中，没有完成大学学业的人数高达 97％。

当然，出现这一现象有种族层面的原因。城市里的学校中大多数学生不是非洲裔美国人就是拉美裔美国人。白人都搬到了郊区，把破败的城市留给无法逃离的少数族裔。这种持续不断的移民意味着我们的公共教育体制在事实上是一直处于分离状态的。少数族裔的孩子只能接受劣质教育，因为他们必须就读于那些破旧的学校。他们根本没有为进入劳动力市场或者大学做好充分的准备。在本章结尾我们会回到这一议题，并且在第 5 章中会从歧视的角度来分析这一问题。

我们知道，至少在《危机中的国家》和《野蛮的不平等：美国学校的孩子们》两本书中所提到的一些地区的条件已经有所改善。例如，一些州已经被强制要求解决学校的教育资金问题。在 1989 年州最高法院裁决的里程碑中，得克萨斯州的学校资助制度被认为是违背宪法的。得克萨斯州平均到每个学生身上的资金，最贫困地区为 2 112 美元，最富有的地区为 19 333 美元。在得克萨斯州最贫困的地区，每个学生的财产税基是 20 000 美元；而在最富裕的地区这一数字达到了 14 000 000 美元。尽管教育资金的来源包括财产税和州及联邦政府的资助，但显然得克萨斯州贫困的城市居民需要通过缴纳高于郊区的税费来支持他们的学校，而问题就在于其极小的税基。

我们发现在我们国家的其他地区也存在着财产税基和学生人均教育资金的巨大差异。例如在新泽西州的卡姆登地区，学生的人均税基仅为整个州平均水平的十分之一。1989—1990 年间，肯塔基州的人均税基分布从 39 000 美元到超过

---

① 大部分讨论来自 Jonathan Kozol, *Savage Inequalities：Children in America's Schools*（New York：Harper Collins, 1992）。

340 000 美元（肯塔基州最贫困的地区是农村）。① 学生人均教育资金的不同，引起了众多的法院诉讼案件。在这些诉讼中，教育经费较少的贫困地区要求改变州政府的教育资助体制。在一部分案例中（例如在肯塔基州），这些地区最终争取到州政府资助 K-12 公共基础教育。很多州已经修改了那个使每个学生获得均等教育经费的资金分配制度，联邦政府的资金被指定用于提高最贫穷地区的学校教育。尽管一些严重缺乏资金的学区依然存在，但这一状况已经比 20 世纪 90 年代好很多。

我们学校的物质条件已经比写作《危机中的国家》和《野蛮的不平等：美国学校的孩子们》的年代有了很大提高。2005 年美国教育部调查显示，公立学校的校长对学校的物质条件是否会影响到学校教学这一问题做出了回应。对于这一问题，多数回答都是"根本没有影响"，即学校的物质条件根本不会对学生的学习造成任何干扰。在学校的那些固定建筑物中，最糟糕的有空调、取暖设施、教室面积及构造，且从它们对教学的干扰程度来讲，分别占 16%、13% 和 13%。在那些可移动建筑物中，从对教学的干扰程度来讲，噪音控制装置占 18%，教室的构造占 16%，天花板、地板、窗户、墙面及排风设备各占 14%。显然，校园建筑还没有达到理想的标准，但是相比以前已经好很多了。②

遗憾的是，我们国家 K-12 公共教育依然存在着很多其他问题。一个专项小组指出，现在那些专注于自己学科领域的教师比 1983 年要少，而现在一个学年要比 20 世纪 70 年代初的一个学年少 7 天。尽管学术评估测试成绩自 1982 年以来有所提高，但是始终低于 1970 年的水平。③ 在全球性的比较中，美国学生无法与顶级国家的学生相比。例如，国家教育统计中心网站公布了由国际上四年级到八年级的学生测试的标准科学与数学成绩。在 27 个国家和地区中（包括新加坡、中国内地、中国香港、日本、澳大利亚及一些东欧国家和西欧国家），在科学方面美国四年级学生排第八，八年级学生排第十一；在数学方面，美国四年级学生排第十一，八年级学生排第九。那些排名靠前的国家和地区包括新加坡、中国（台北和香港地区）、日本、韩国、俄罗斯和英国。④

师资的短缺是另一个令人担心的问题，在我们的学校中平均每名教师要负责的学生人数充分说明了这一问题。每个教师分配的学生比例越低，意味着老师可以在每个学生身上投入的时间越多，进而可以提高教育质量。在小学，平均每位教师分配到的学生人数，美国为 14 人；但在一些西欧国家（如比利时、希腊、意大利、葡萄牙、瑞典）这一人数更低。表 4—3 展示了一些国家（包括美国、一些西欧和东欧国家、发展中国家）的这些数据。一些东欧国家的这一人数比率

---

① Margaret E. Goertz, "The Finances of Poor School Districts," *Clearing House* (November-December 1994), pp. 74—77.

② U. S. Department of Education, The National Center for Education Statistics, *Fast Facts*, http://www. nces. ed. gov/fastfacts.

③ Marjorie Coeyman, "Twenty Years After 'A Nation at Risk,'" *The Christian Science Monitor*, April 22, 2003, http://www. csmonitor. com/2003/0422/p13s02-lepr. html.

④ The National Center for Education Statistics, *Trends in International Mathematics and Science Study：2007*, http://www. nces. ed. gov/timss. 该研究也包括一些发展中国家，但此处未给出研究结果。

很低，例如爱沙尼亚为 11 人，匈牙利为 10 人，波兰为 11 人。在发展中国家，古巴的这一比例是最低的（与匈牙利相同，为 10 人），在一些相对更贫穷的国家（如哥斯达黎加为 19 人，越南为 21 人），这一比率也比其他一些一般贫穷国家要低——决定这一比例的因素并不是国家的贫富程度，而是国家对教育的投入。

最后，高中辍学率及其他一些因素也预示了人们对教育质量的担心。尽管美国非拉美裔白人学生的辍学率已经在持续下降（从 1980 年的 11.4% 下降到 2007 年的 5.3%），但对于拉美裔和非拉美裔的黑人学生，辍学率还在波动。2007 年的高中辍学率普遍较高，非拉美裔的黑人学生为 8.4%，而拉美裔学生的辍学率竟高达 21.4%。①

由于存在着较差的测试成绩、较高的辍学率、进入高质量学校的有差别的限制条件，以及市区内和郊区学校资金差别等，我们国家已经开始讨论教育这一问题。乔治·布什总统将教育改革置于国内政策的中心位置，并提到会将"有教无类"法案作为他的政府工作的基础。我们会继续关注"有教无类"项目及其他提高教育水平提案的进展状况。我们也会思考奥巴马总统关于美国教育提出的一般性政策。

表 4—3　　　　　　各国小学学校师生比，包括西方工业化国家、
　　　　　　　　　东欧国家和发展中国家（2007 年）

国家	比率
西欧国家及美国	
奥地利	12
比利时	11
芬兰	16
法国	19
德国	14
希腊	11
爱尔兰	17
意大利	11
葡萄牙	11
瑞典	10
英国	18
美国	14
东欧国家	
爱沙尼亚	11

---

① U. S. Department of Education, The National Center for Education Statistics, *Fast Facts*, op. cit. 如果学生年龄在 16~24 岁之间，没有被高中录取，也没有获得高中文凭或 GED，他们被认为辍学。

国家	比率
匈牙利	10
波兰	11
俄罗斯	17
塞尔维亚	13
发展中国家（非洲、亚洲、拉丁美洲）	
布基纳法索	48
布隆迪	52
中国	18
哥斯达黎加	19
古巴	10
卢旺达	69
坦桑尼亚	53
越南	21

资料来源：World Bank，*World Development Indicators 2009*（Washington DC：World Bank，2009）.

旨在提高教育水平的建议

很多人对我们现在的 K-12 公共教育体制不是很满意，各种各样的提议常在媒体中出现。几个最主要的政策提案重点关注：（1）学校间不断增长的竞争；（2）用于支持公立学校的税收体制改革；以及（3）"有教无类"法案。我们会持续关注一些提议。

针对提高学校间竞争的建议：特许学校、磁石学校、学费券制度

对增强学校间竞争政策的提倡者声称，市场中商品和服务的竞争会带来生产和资源配置上的更高效率。因此，他们说旨在提高城市学校间竞争的措施有望提高教学质量，同时可以减少成本。竞争意味着消费者可以在不同的供给者间进行选择。然而，一直以来公共教育都处于不容讨价还价的基础上：学生可以选择上他（她）本学区的公立高中或者私立学校，或者是基于宗教的地方学校。一般而言，学生对公立学校是没有选择的，而私立或宗教学校通常非常昂贵或者根本进不去。因此，**提高竞争的建议就意味着增加选择**。能够提供这种选择的三个项目分别是：特许学校、磁石学校和学费券制度。

特许学校

特许学校是一种没有传统公立学校那些规章制度、充满自由的公立学校。根

据美国特许学校组织的说法:"每个批准成立特许学校的许可证都是一张绩效合同,它详细记录了学校的任务、计划、目标、学生服务、评估方法及衡量成功的方法。"许可证颁发的时间跨度是不同的,但大多数都要经过 3～5 年(在可更新合同结束的时候)。传统上,特许学校是由地方政府和地方学校董事会来资助的。特许学校最基本的原则就是它们在责任义务的交换上有充分的自主权。

特许学校相对于公立学校提供了另一种选择。那些热衷于学校间应该存在竞争的人认为特许学校正是提供了这样的竞争。正像其他商品和服务的市场供给与市场需求,好学校对于教育的需求会更高,为此学生及家长愿意支付相关费用。提供较差服务的学校会失去它们的"顾客",除非它们提高教学质量。因此从理论上来讲,竞争保证了所有学校都能提供高质量的教育。

2006 年的一项试点研究发现,与特许学校的学生相比,传统的公立学校的学生在数学和阅读方面的表现更好。将学生的种族、收入和学习障碍都考虑在内,依然是这样的结果。特许学校的反对者们用这一发现指出特许学校是一个失败的经验,它让资源从公立学校中流失;特许学校的支持者们则认为这份报告是有错误、过时的,并且认为特许学校通过形成一种竞争使公立学校提高了教育质量。[①] 布什政府支持特许学校,奥巴马也表明了他对特许学校的支持。

磁石学校

城市增加对学生和家长吸引力的其他方法就是建立所谓的磁石学校。磁石学校也是一种公立学校,它注重开设一些特定的课程,并使这方面更加出色。明尼苏达州的圣保罗市设立了磁石学校,重点开设国际商贸、科学、美术专业。学生和家长可以选择这些专业中的任何一个,而无论他们是否居住在该学区内。

关于磁石学校,如果学校的专业设置正是家长所希望的,并且学校能够提供良好的教育,那么学校的招生率会增加;相反,如果磁石学校所提供的特定专业的需求很低或者提供的教育质量很低,那么学校的招生率就会下降。学校的运营资金完全依赖于招生率,招生率高的学校预算高,可以配置更多的资源,招生率低的学校预算很低以至于无法配置更多的资源。就像特许学校那样,磁石学校所带来的竞争会普遍提高学校的教学质量。

学费券制度

另一种增加消费者选择的方法就是学费券制度。在这一制度下,每个学生会得到一张学费券,它可以支付给有资格的公立学校或者私立学校作为学费。每个家庭可以选择他们最喜欢的学校,如果家长对子女所就读的公立学校很满意,他们就会使用他们的学费券让孩子继续在这所学校就读;如果不满意,家长可以将他们的孩子送入私立学校或宗教学校就读,学费券可以用来部分或者全部抵消学费。基于此,资金就会通过学费券从教学质量差的学校流向更好的学校。学费券制度的支持者指出,这种增加的竞争有利于教育体制的健康发展,可以消除公立学校和私立学校间的资金障碍,好的学校应该获得更好的发展,而不好的学校应

---

① 2006 年报告基于 2003 年 NAEP 的测试成绩,这是一项对各国学生给出的评估。

该退出教育系统。学费券制度在 2000 年的总统竞选中是一项非常重要的议题，对学费券制度的支持部分来自于由乔治·布什所拥护的共和党平台，而民主党候选人阿尔·戈尔则是学费券制度的反对者。

2002 年，美国最高法院裁定俄亥俄州一个高中的学费券制度是合法的。目前俄亥俄州的克里夫兰市上千名学生收到了用于支付私立学校学费的学费券。在其他州，人们普遍对于类似的学费券制度采取支持态度。

自从最高法院的裁决后，乔治·布什总统也站出来强烈支持学费券制度。2003 年，他对华盛顿的一些教育专家宣布了他的一项提议，用国家的资金提供学费券。奥巴马总统目前还没有表明是否支持学费券制度。

对特许学校、磁石学校、学费券制度的反对

有很多人反对上述这类制度。尽管证据表明这些替代选择可以给我们的学校带来竞争，但是很多人认为这些项目将会给我们现存的公立教育体制带来危害，担心最穷的学区将无法与更好的特许学校、磁石学校和私立学校竞争。第一，受欢迎的特许学校、磁石学校和私立学校由于规模不够大会经常停止招生，因此那些想就读于这些学校的学生经常不能入学；第二，更好的学校可能会离学生的住址很远，会给交通安排带来困难或者根本无法通勤；第三，教育的消费者（学生及家长）可能没有被充分地告知应该对各个教育项目做出怎样的选择才能形成一个高效的市场；第四，很多反对者争辩称，对私立宗教学校的学费券会违背教派和地区的独立性；第五，也是最为重要的，这些项目将资金从公立学校转移到私立学校，贫穷的公立学校收到的资金越来越少而变得更加贫穷。对于学费券，最大的担忧就是其面额将不够支付非传统学校的全部学费。这意味着低收入家庭的孩子将被迫就读于教学质量甚至更差的公立学校。这些学校的资金被高收入家庭的孩子以学费券的形式转移到更好的学校中去了。一位教育专家将学费券称作"对富人的经济援助"。她声称："当那些能够在教育选择运动中做出选择的人们离开那些质量差的学校后，留在公立学校的才是最需要帮助的人群。"[1] 由于存在这些反对意见，我们必须仔细考虑这些替代选择。

关于税改的提议

正像我们之前在关于城市内贫穷地区学校的讨论中指出的，公立学校的源自财产税的资金差异导致了整个地区范围内每个学生所分配到的教育资金的不公平及税收负担的不公平。通过州均衡化措施重新分配资源以及联邦对地方贫穷学校的援助能够缓解这一问题，但若要完全消除不平等，则需要在更大范围内实施这一措施。税改是另一个选择方法。首先让我们讨论一下财产税改革问题。

---

① 该教育专家是一位公立高中的委托人，她的孩子在一所特许学校就读。她强烈支持私立教育，反对使用学费券，因为学费券对低收入家庭的孩子有负面影响。

财产税改革：密歇根的经验

1993 年，密歇根州改变了对教育的融资方式，一种其他地方都可能愿意效仿的创新的解决方案。接下来，我们将说明密歇根州的改革经验是如何形成的。

尽管在 20 世纪 60 年代，密歇根州在经济增长和居住标准方面是美国的领先者，但在随后的几十年里却变成了经济上的落后者，主要原因就是美国经济的重组及汽车产业内部复杂的变化，而这也正是底特律经济起飞的基础。制造业中的高收入工作消失，低收入的服务业工作产生了。有人认为，正是密歇根州较高的平均财产税率导致很多公司都设在了其他州。[①]

密歇根州的平均财产税率比全国平均水平高出 30%，但州内不同学区的财产税率是有差别的，企业倾向于设立在低税率地区，因为较低的税率意味着较低的商业成本。这些地区在每个孩子身上投入大量的教育经费，然而较大的税基却使它们在教育方面实行更低的税率。密歇根州的底特律市在 1990 年时税率高达 4.4%（全国平均水平为 1.67%），这无法吸引新的商业投资，并导致该市推迟了各项政府开支。密歇根州分配给每个孩子的教育资金，最贫穷的地区为 3 000 美元，富裕的地区则为 11 000 美元。该州需要改革税法来刺激经济的发展，从而给整个州提供更加公平的教育机会。

密歇根州通过多种税收资源的混合、重新安排地方财产税这一新的税收方案来为教育提供资金支持，具体来说，新的税收方案将密歇根州的销售税提高 2%，将烟草税提高 50 美分，开征新的房地产转移税并对跨州电话新征 6% 的税收。

这一新的税收方案涉及将资金从富裕地区向贫穷地区的重新分配。来自于当地财产税的财政收入由州政府统一收集并分配给学校。分配给每个学生的教育资金的最低额由 3 000 美元提高到了 4 200 美元。在消费水平高的地区，只要当地居民通过投票要求增加每名学生的教育资金，该地方政府就会实施。

用于为教育融资的财产税并没有被完全取消，但是地方税率被根据不同的财产而变化的州税率所取代。新的税率平均要比对企业征收的财产税率低。由于在整个州范围内实施相同的税率，企业在这个州范围内的地方性决策就不会因此受到影响。

密歇根计划的批评者说它威胁到了地方政府的自治权。一直以来由地方学校的董事会控制着公立学校。批评者担心来自州政府的资助会影响当地人民的选择。而支持者争辩，我们有必要采取措施，吸引商业投资，均等化整个州范围内的教育水平。因为财产税的负担很高，并且在其他很多州教育机会都是不平等的，因此同样的争论在其他地方也经常可以听到。如果密歇根的经验被视为是成功的，那么其他州也很有可能会修改它们的税收体制。

联邦和州政府的修正性资金计划

财产税改革的一个替代方案就是将公共教育的主要融资负担转移给州和联邦政府。这一计划通过州政府的均衡化措施和联邦政府对贫困学区的拨款来实施。

---

① 本书材料来自 *Chicago Fed Letter*（Chicago：Federal Reserve Bank of Chicago，May 1994）。

如果任何一项对公共资金和有差别的财产税基的问题都消失的话，财产税会提供一些资金用于教育。这一方法有很大的优点。首先，贫富地区的不平等资助会消除。整个州、整个国家的孩子会得到平等的待遇。其次，给予贫穷孩子大量资金来满足他们对尽可能正确的教育的需求。

这一方法有两个明显的问题。一个问题就是整个国家的州政府都经历着财政紧缩危机。部分由于可怜的国民经济表现，部分由于联邦减少了对地方的转移支付，结果导致大部分的州都处于贫困状态，无法扩大对公共教育的开支。再者，像我们在第 2 章中指出的，地方政府目前将大量资金用于避免犯罪，特别是投入到监狱，而留给公共教育的资金少之又少。缓解这一问题需要在州范围内征收较高的税，或者需要联邦给地方政府更多的教育经费和援助。第二个问题涉及一个共识，即当地市民和校董事会应该对学校的问题做出决策。人们担心的是，如果联邦和州政府承担了大部分公共教育资金，那么地方政府的自主决策权就会丧失。尽管提供资金和自主权之间没有必然联系，但是有足够的人相信有理由反对资金从地方学区转移出去。然而，扩大的联邦政府支出是一个可行的方案。

贫困问题

对教育的融资是我们在对 K-12 公共教育的讨论中的一个主要问题。暂且不考虑资金来源问题，很多人认为平均到每个学生身上的资金水平根本没有我们想的那么重要。一些研究表明，增加的学生人均经费并没有提高学生的人均表现。相反，调查显示对学生表现最好的预测指标是学校中学生的贫困率。简单地说，贫困率较高地区的学生在标准测试中的表现没有富裕地区的学生表现好。这一问题可能与学生的人均教育开支没有太大的关系，但可能与学生是否居住在贫困地区有关。正像我们在第 7 章关于住房问题的讨论中提到的，居住的隔离形成了城市内部的贫民区，贫困的集中也导致了下层社会的形成。来自于这些地区的学生们的较差表现折射出许多学校之外的经济和文化因素。**教育开支的增加是向低收入家庭的孩子提供更多的教育计划迈出的一步，但是现在很多研究者认为那些用于缓解贫困和伴随贫困而来的社会功能失调的项目也需要提高城市内部学生的学术表现。**[①] 因此我们说，国家经济和贫困项目所带来的改变是我们取得真正教育改革成果的必要条件。

有教无类

除了特许学校和学费券制度以外，乔治·布什总统宣布了"有教无类"计划。这一法令体现了四个关键的原则：（1）对结果的高度责任制；（2）州、学区、学校在联邦资金使用上的高度灵活性；（3）为没有有利背景的孩子家长提供更多的选择；（4）对已经实施的教育方法的重视。在所有念完八年级课程的学生

---

① See Traub, "What No School Can Do", and Denise C. Morgan, "The Less Polite Questions: Race, Place, Poverty and Public Education," in the *Annual Survey of American Law* (New York, New York University School of Law, 1998).

中，三分之一都要参加阅读和数学测试。这些测试允许公众追踪国内每一个学校的表现。按照收入水平、人种、种族特点、残疾程度以及有限的英语熟练程度将数据进行了细分以确保无论背景如何，没有孩子落后。这一细分意味着，即使学校整体的测试成绩很高，也会被按照某一少数族裔或者残疾群体的测试结果来进行评估。这一法令也要求学校对安全问题进行报告及坚持对非英语为母语的学生进行英语熟练能力方面的教育。那些确实贫困地区的学校是援助的目标，经过纠正后，最终将学校进行改造。这样，教学质量低的学校中的学生就会被提供一些新的选择，包括转到更好的公立学校及接受其他教育服务，比如家庭教育、课后服务和暑期学校。这一项目类似于特许学校、磁石学校和学费券制度，因为它们都是为了提高教育中的竞争和责任。如果学校确实很穷，就会导致学生们转到那些替代学校中去。

像其他倡议一样，"有教无类"计划也引起了很多的关注。问题之一就是，当只重视阅读和数学方面的教育时，学校就会被迫忽视其他教学领域，包括那些可以培养创造性思维及美术方面的学科。并且众所周知，学校教育的一个重要目标就是培养学生对学习的热爱。该计划的反对者指出"为了测试而学习"不能集中体现出人们对教育重要性的认识。另一些人则声称，"有教无类"项目对教学质量差的学校进行了惩罚，要求提供更多的资金进行改善。在2009年，立法者讨论了更好地实施这一项目的方法，包括为了让表现较差的学校有更好的表现给它们提供更多的资金。

奥巴马总统关于K-12教育的提议

在奥巴马当选总统的第二个月，他在国会的联席会议上强调了美国教育的重要性。[①] 他指出：

> 当前，在增长最快的职业中，有四分之三要求高中以上学历。然而，我们国家在所有工业化国家中的高中辍学率是最高的。并且进入大学的学生有一半最终没有完成学业。这是经济衰落的一个原因，因为我们知道今天无法给我们提供良好教育的国家，明天也不会使我们有所作为。这也就是为什么要将确保每一个孩子都有机会接受这种竞争性教育——从出生到参加工作那天——作为政府工作的目标的原因。

他还直接对家长们说道：

> 最后，不会存在任何能够替代父母的政策或者项目，他（她）们将会参加家长（教师）会议，或者晚饭后帮助孩子完成家庭作业，关掉电视，远离电子游戏，并且和孩子们一起阅读。当我说对孩子的教育责任应该从家庭开始时，我并不是以总统的身份而是代表一名父亲。

---

① President Barack Obama，Address to Joint Session of Congress，February 24，2009，http://www.whitehouse.gov.

这不仅仅是一些口头说说的话。在经济复苏的第一阶段中，奥巴马总统已经为早期儿童教育投入了大量的经费，并且提高了教学质量。他已经为将近700多万美国学生提供了大学教育经费。为了阻止那些会危害到我们K-12公共教育体制的一些行为，比如说取消一些服务、解雇一些教师，他已经提供了必要的资源。他也扩大了提前教育的资金投入，由于那些残障儿童（包括少数族裔的孩子）在上幼儿园之前的早期认知能力是不同的，因此这一措施是有重要意义的。但是他仍旧呼吁未来进行更多的改革。他的建议包括：根据教师的表现给予资金鼓励，承诺建立特许学校，承诺为那些自愿为邻居、社区提供服务或者服务于国家的人提供高等教育资助。

关于 K-12 公共教育最后要说的话

作为一个国家，我们为我们向公民提供了平等的机会而感到自豪。那些能够确保提供平等机会的重要方法之一就是通过实施我们的公共学校体制。公立学校为学生们提供了能够在高科技经济中生存和竞争的工具。如果由于我们对公共教育融资的方式使学生的人均资金不同，我们就不会获得公平的教育机会。如果我们对影响城市内部贫困地区学生表现的基本贫困无所作为，我们将不会得到公平的教育成果。

高等教育

布什政府的教育部长玛格丽特·斯佩林斯（Margaret Spellings）在 2006年发表了一篇关于美国高等教育现状的文章。根据《测试的领导——美国未来高等教育的规划》（*A Test of Leadership*：*Charting the Future of U. S. Higher Education*），"我们发现接受美国高等教育的通道被很多复杂的因素所严重影响，其中包括准备的不充分、缺乏关于大学教育机会的信息、持续的资金问题。"而且，"尽管今年以来高中毕业生中继续攻读大学的比例有了大幅度提高，但是大学的毕业率却没有相应提高，更为严重的是，贫穷的美国人和富裕的同龄美国人在大学的入学率和毕业率之间存在着持续的差距。类似的差距也体现在那些人口不断增长的少数族裔入学率上——特别是大学的完成率。"[①]

对于引入高等教育这一话题你怎么看？是否使你震惊？是否使你困扰？这正是我们在这部分关于高等教育的讨论中所要谈及的问题。

资助：对学校和其他机构的投资。

目前，高等教育被很多的经济问题所困扰。成本提高了。给予高等教育最大支持的州政府，已经在许多实际问题上弱化了它们的支持。联邦的支持也已停

---

① U. S. Department of Education，*A Test of Leadership*：*Charting the Future of U. S. Higher Education*，Washington，D. C.，2006.

止。在 2006 年也根据联邦的个人所得税而扣除了学费（尽管对低收入家庭实行税收减免）。当地政府的贡献很小。结果就是公立学校的高等教育学费正大大增加。最近疲软的经济，加上股市的低迷，已经削减了人们对私立学校的**资助**。金融援助计划也已经改变，（提供给低收入学生的）额外津贴的额度已经降低。学院和大学已经采取各种措施来解决这些问题，学生们（主要是，但不仅仅是那些低收入家庭的孩子）不得不设法解决进入国家公立大学的问题。

让我们来看看关于高等教育的问题。首先，我们要考虑到两种类型的高等教育：公立和私立。其次，我们将高等教育视为对人类资本的投资。接下来，我们考察谁从政府对公立大学的支持中获得了好处。第四，我们要考虑到政府对公共教育支持的降低这一趋势。第五，我们将分析那些为提高大学效率而实施的不同项目的不同学费的使用问题。第六，我们会关注资金援助项目，包括为了提高贫穷孩子受教育机会而提高补助津贴。最后，我们将会分析高等教育的平权法案。

公立和私立的高等教育

补贴：政府对一项经济活动的成本的支付。

美国的高等教育包括学院、大学、社区大学、职业技术学院。其中一些是私立学校，不是由政府运营的。其他很多学校是由政府运营的，偶尔也有一些是由州政府和市政府控制的。事实上，没有任何一个学校，无论是公立还是私立的，像 K-12 教育那样免费向学生提供。然而，对学生和家长来说其差别是巨大的。美国教育部估计了每年公立和私立大学的费用。2007—2008 年间，对于四年制的机构，对全日制学生来说，年均的学费、住宿费、伙食费等在公立学校是 13 424 美元，而在私立学校是 30 393 美元。① 换句话说，私立机构的平均成本是公立机构的两倍以上。然而，注意到这两个平均值有着重大的差别。通常来说，公立学校的学费要比私立学校的学费低，因为州政府会对公立学校提供**补贴**。到目前为止，美国大多数攻读高等教育的学生都就读于公立教育机构。

作为人力资本投资的高等教育

人力资本投资：用于提高劳动生产率的投资。

中间值：一些变量所有排列中中间位置的价值，例如收入，从高到低排列。

均值：平均值。

教育和其他服务（像医疗保健、工作培训）经常被当作**人力资本投资**。对人力资本的投资是用于提高人们的劳动生产率。通过教育，学生们提高了技能和生产率，进而提高了他们的收入。政府数据显示，收入随着教育程度的提高而增加，不论工人的种族、性别等，尽管在这些人群中收入水平存在巨大的差别。表 4—4 表明了 2007 年 25 岁以上工人的年均收入的**中间值**（中间值不同于**均值**，中间值是指在收入表从上到下的中间位置）。注意到，男女收入的中间值随着教育水平及所有教育水平的女性较低收入的提高而增加。我们会讨论这一问题，并且

---

① U. S. Department of Education，The National Center for Education Statistics，*Fast Facts*，op. cit.

会观察第 5 章中所提到的不同人种的不同收入水平。[1]

众所周知，获得教育是需要成本的。但是接受教育、拥有更高的技能以及在接受教育的过程中获得的知识都会使你成为一名更有价值的工人。因此，工资会随着你接受教育程度的提高而提高。承担起你接受教育所支付成本的决定就是投资于你的技能及未来的决定，至少在一定程度上是这样。而且，学生和家长们会考虑到与企业决定是否投资于机械设备等物质资本时考虑到的相同因素。

表 4—4　　　　　　　　　　　最高学历的平均年收入，
　　　　　　　　　　25 岁及以上，按不同性别（2007 年）

最高教育程度	男性	女性
高中以下学历	29 317 美元	20 398 美元
高中学历	37 855 美元	27 240 美元
本科学历	62 087 美元	45 773 美元
硕士学历	76 284 美元	55 426 美元
博士学历	92 089 美元	68 989 美元

资料来源：U. S. Department of Commerce，Census Bureau，http://www.census.gov.

直接成本：实际支出的费用。

间接成本：可以用在其他地方的间接成本。

当考虑到一项教育投资问题时，你需要分析预期收益和成本。收益是从你毕业后的工作中所得到的收入。成本分为直接成本和间接成本。**直接成本**是指学费、书本和日用品的支出，及其他为了能够顺利毕业的所有支出。**间接成本**是指那些因此放弃的收入的机会成本。（回忆第 1 章把机会成本叫做选择性放弃。）因为你在学校学习就不能去工作——至少我们大多数人不能全职工作——所以说你放弃了一些收入。像学费支出一样，这些放弃的成本也是成本。只有当预期的收入能够弥补那些直接、间接成本时，你才会做出这项投资。

图 4—4 描绘了这一决定的可变因素。假设你是决策者。横轴代表预期的工作年限，假定你 18 岁时从高中毕业开始工作，直到 65 岁退休。我们假定你要么上大学直到 22 岁毕业，要么根本不上大学。我们进一步假定，当你读大学时不参加任何工作，尽管这不是大多数学生的通常状况，但可使问题大大简化。如果你不念大学，那么你可以在高中毕业后找到一份收入相对较低的工作。因此，你每年的收入都会相对较低，并且在你整个职业生涯中，工资只会随着你的工作经验有小幅度的增加。然而，高中毕业后的这四年你会挣得一些收入。

如果你继续读大学而不是选择工作，头四年的工作收入就必须放弃，这就是你获得大学教育的机会成本的一部分。为上大学而放弃的收入在图 4—4 中被标成"间接成本"，也会带来直接成本。你（和你的家庭）需要支付学费、购买书本和日用品、支付食宿费（至少是比你住在其他地方多花的部分）。直接成本在横轴的下方表示出来，因为它们是负数（已经支出的部分）。

---

[1]　该表将在第 5 章中重复出现。

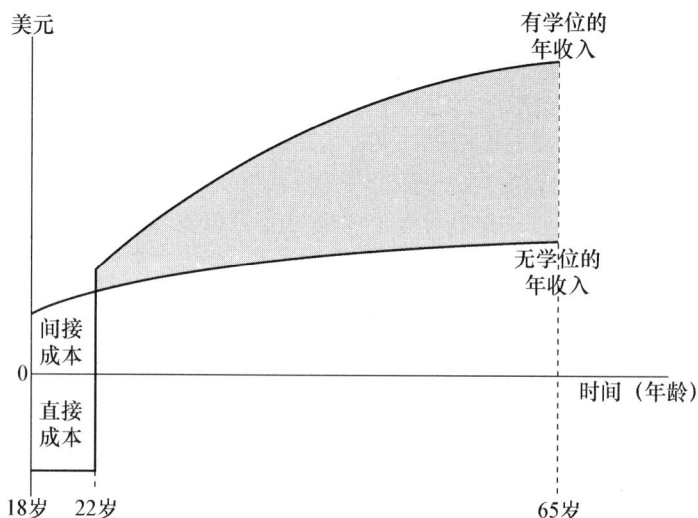

图 4—4　对大学进行投资的决定

只有当一生的收入被认定为是教育的直接或者间接成本时，才会对其进行投资。

当你毕业之后参加工作时，你的工资可能只比如果你高中毕业直接参加工作时的工资高出很少的部分。但是因为你接受了教育，你就会更容易得到晋升。雇主会将受教育程度高的学生放在责任更大的职位上。并且，雇主对教育程度高的雇员投入的职业培训资金也比教育程度低的雇员多。在职培训会使你成为一名更有价值的雇员。当你在你所在领域里拥有一定地位时，你就可以预期到你的工资会有大幅度的提升。如果你是一名大学毕业生，那么这一可能性很大。因此，你的年收入会很多，并且大学毕业生和高中毕业生的收入差距会逐渐拉大。在你职业生涯中所增加的总收入用图 4—4 中的阴影部分表示出来。

成本—收益分析：对一个项目的成本和收益进行分析的方法。

收益率：净收益除以总投资得到的收益率。

将你大学毕业后所多得到的收入与读大学的成本进行比较。或者，你可以将你多得到的收入与你将大学成本投资于其他领域，比如做学徒或者去职业学校的所得进行比较。我们注意到，任何一种方法都要用到**成本—收益分析**，比如第 3 章关于环境保护及第 2 章关于预防犯罪的讨论。如果你是一个精明的决策者，你会算出投资的收益率，是用净收益（收益减去成本）除以投资总额。然后将你投资于大学教育的**收益率**与你投资于其他领域的收益率进行比较。

前面的讨论是基于你是一名从高中毕业直接进入大学的传统学生这一假定基础之上。事实上，你很可能是一名非传统的、年龄偏大的，或者非全日制的学生。近年来，所有受高等教育的学生中有一半在 25 岁以上，有将近一半的人读过业余大学。很明显，美国的大学中有各种学生。对于 25 岁以上的人做这一决定可能要更复杂，因为你要承担更多的责任和更多的间接成本，但是，也可在同样的基础上作出决定。

对人力资本进行投资的理论已经遭到人们的质疑，原因是这一理论过于简单和仅仅为了增加收入而接受大学教育这一隐含的假定。我们大多数人接受教育就是因为我们愿意学习。我们知道，如果我们接受过教育，我们的生活会更加充实，也会得到知识的回报。在一些学科中，我们可能得不到与我们的学历相应的收入，但是我们期望得到一个能够带来非金钱回报的工作。简单地说，我们的决定比简单的理论有更深层的意义。

然而，投资于人力资本这一理论很具有说服力。它为大学生提供了一种解释。首先，年轻人因为接受了教育可以多年获得较高工资。第二，年轻人比那些拥有劳动技能、能获得一定工资的年龄稍大的人有更少的机会成本。

这一理论帮助我们解释了对招收进大学的学生进行资金援助的效应。资金援助降低了学生的直接成本，这使得这项投资（招生）变得更加可行。

对政府支持公共高等教育的合理性证明

在大多数州，公共高等教育体系是由一个主要研究机构（一流的）、很多综合性学校（四年制）及一些社区大学（资历较浅的）组成的。一流大学是最主要的，是授予博士学位的机构，综合性大学是一种四年制的教育机构，可能会提供几个硕士学位的学科。两年制的社区大学教授一些不重要的学科，通常作为综合性学校的直属机构。这种两年制学校还提供一些补充的学科，并且费用要比四年制的综合性大学低得多。在大多数州，职业学校和技术学校是分别资助的，并且是由一个与大学和学院不同的董事会来管理的。

就像你所记得的那样，州政府的税收是公共高等教育资金的主要来源。由于州政府对公立学校的运营给予资金补贴，因此其学费要比完全由自己支付低得多。换句话说，教育是由州政府给予补贴支持的。从历史上看，这一补贴被认为是合理的有两个原因。首先，一个州由受教育的居民带来的溢出收益意味着，如果政府不提供资助，那么所提供的高等教育就会低于最优水平。（回想一下正外部性的例子，过少的资源被分配给物品和服务，而政府的补贴会创造更多、更有效率的产出。）如果人们要付出全部的教育成本，而社会从中获得部分利益，那么没有人认为这是公平的。政府的补贴可以纠正这一不公平现象。因此**此外部性经济理论证明了政府以对高等教育实行财政补贴为手段来获取更大的公平与效率这一政策的真实性**。第二，美国人认为每个人都应获得平等的教育机会。尽管我们不必相信在市场经济中能够获得公平的收益，但是我们普遍相信百姓有平等的受教育机会，并因此获得更高的收入。

尽管在上面提到的两个正当理由中，第一个理由被认为是有根据的，但第二个理由不被认为是合理的。原因是当我们考察那些资金援助记录时，我们发现大多数大学生都是来自于中高收入家庭。这意味着如果我们的目的是让低收入家庭的孩子更容易接受高等教育，那么我们州政府对高等教育的补贴就是一种低效率的方法。我们可能会继续用社会溢出效应证明政府补贴是合理的，但是我们必须意识到大多数受到补贴的学生都不是来自贫穷家庭。我们将会简单重新回顾一下这个问题。

减弱政府对高等教育的支持

我们已经意识到，州政府对公共高等教育的支持在逐渐减弱。这一趋势出现已经有一段时间了，也代表了社会价值和优先支付中的一个变化。从州政府的角度来说，其在犯罪和卫生保健上不断增加的开支已经将高等教育排挤在外，对于犯罪和卫生保健的问题会分别在第 8 章和第 2 章进行深入的探讨。

随着州政府对高等教育支出的减少，美国公共大学和学院有不同的应对方法。首先，事实上所有的州都提高了学费。其次，很多大学都设立了招生限额。最后，一些学校实行了不同的学费制。让我们分别看看这些政策。

提高学费

当州税收减少时，一个很直接的反应就是向学生们收取更多的学费来弥补其损失的资金。久而久之，学费收入必须要承担起大部分公共机构的成本。因此学费一定会大幅度提高。从 1990 年起，每年公立学校的学费都增长一倍以上。就在刚刚过去的五年，学费比过去 30 年中任何一个五年增长得都快。根据校董会的说辞，"公立大学学费的增长主要是由于联邦和州政府资助的较少。"①

十分明显的是，学费水平影响着进入大学的难易程度。一些学生只是不能承担比较高昂的学费，除非他们能够得到可以足够支付他们学费的资金援助。同样显而易见的是，受到这些不利影响的学生大多是来自于中低收入家庭。

招生限额制度

招生限额就是一种关于被招收学生人数的最大限额数。为了获得相对较高的学生人数比例、合理的较小班级规模（即在州教育预算减少的时期被广泛接受的测量教育质量的方法），很多州的大学都制定了招生限额。这种制度一旦建立就会把招生人数普遍控制在某一特定水平，使空缺的配额制度成为必要。完成这一任务的普遍做法就是提高入学的标准。提高 ACT 或 SAT 的大学录取分数线，或者提高允许进入大学的最低高中成绩等级，会取消很多原来可以进入大学的学生的资格。这些措施有利于排除那些可能不会很好地完成大学学业的学生，而不是像原来只是简单地随机排除一些学生。另一方面，它也排除了那些在大学而不是在高中才形成成熟的学习习惯的学生。此外，还取消了那些低收入家庭和那些接受了低质量的 K-12 教育的有着多样背景的学生的入学资格。总而言之，招生限额制度有利于降低从普通学校进入到公众普遍支持的学校的资格。

随着越来越多的学生从高中毕业要进入公立大学系统，使得用原来的教育"管道"高效地疏散学生的体制面临着更大的压力。在很多学校，在这种压力之

招生限额：被招收学生的最大人数。

① Glater, op. cit. 请注意现在判断奥巴马总统任期内前几个星期的教育支出增加是否会逆转这个趋势还为时尚早。

下产生了一些新的政策，如提高那些已经用完了信用额度的学生的学费。对那些信用额度没有达到上限的学生收取正常的学费，而对那些超过这一限额的学生收取更高的学费。对于那些特定的流行项目也存在压力。当某些项目的人数达到一定的限额时，学校通常都会限制选择这些项目，因为学校没有足够的资源来满足太多的学生。就像我们现在讨论的这样，学校也会选择对不同的项目制定不同等级的学费标准。

差别的学费制度

美国的很多学院和大学在取得更高的效率方面都面临着巨大的压力。比较高的效率是那些能够用较低成本满足学生的需求，进而使学费降低到可以接受的水平。一种建议就是对不同的项目收取不同的学费以提高效率。

大学面临的一个问题就是，对于不断变化的对项目的需求，学校通常反应都很慢。为了吸引更多优秀的教师来到学校，学校承诺在某些学科设置终身教授。这样的学校在某些特定的学科获得了很多实质上的资源，但是在其他项目上很可能没有足够的资源。然而，对不同学科的需求随着时间在不断变化。学校根据这种需求的变化进行调整是要花费一些时间的，然而，如果这种调整进行下去，效率就会降低。对于某些学科的班级设置不是过多就是过少。

在很多年以前，针对那些很受欢迎的、不断扩大的学科收取较高的学费，对那些不断没落的学科收取较低的学费，曾进行过激烈的讨论。你很可能会把这种讨论当作需求和供给的分析，当然你是对的。我们考虑下面这种假设的情况。一个学校要开设一门法律预科的项目，并且在以很快的速度发展。受流行电视剧《律师风云》（*Boston Legal*）的影响，很多年轻人选择法律预科专业。同时，对哲学专业的热情在降低。法律预科和哲学专业的学费是相同的。图4—5说明了这种情况。

假设学费是6 000美元，并且学校对于每个项目提供300人的教室。但是法律预科的需求人数达到了600人。因此，在6 000美元的学费水平上，法律预科专业就会出现300人的供给缺口。事实上，这一缺口并不是很明显，但是对于法律预科快速增长的班级规模就显得异常明显。这是对封闭学校和处于瓶颈处的学科的观察。学生们无法在四年内毕业，因为没有足够的教室供他们上课。这一需求规模超过了学校能够满足的程度。

现在让我们来看一下哲学专业。同样，学校在6 000美元的学费水平上提供300个名额。但需求很少，只招收到100名学生。而哲学专业多余的教室设备都是可用的。对于那些非常小的教室规模和低效率的资源利用，可以深刻地感觉到这种过剩的存在。为了缓解这一问题，一些哲学专业的教授从事行政工作，或者帮助那些在专业选择上还很迷茫的学生。

现在假设将法律预科专业的学费提高到8 000美元这一均衡价格水平上。这一缺口会消除，这一专业的均衡人数将达到450人。由于学校收到了额外的学费，便可以聘请更多的老师并教授法律专业更多的课程，学生们也会面临更少的瓶颈。

同时，学校将哲学专业的学费降到4 000美元。在4 000美元水平上，哲学

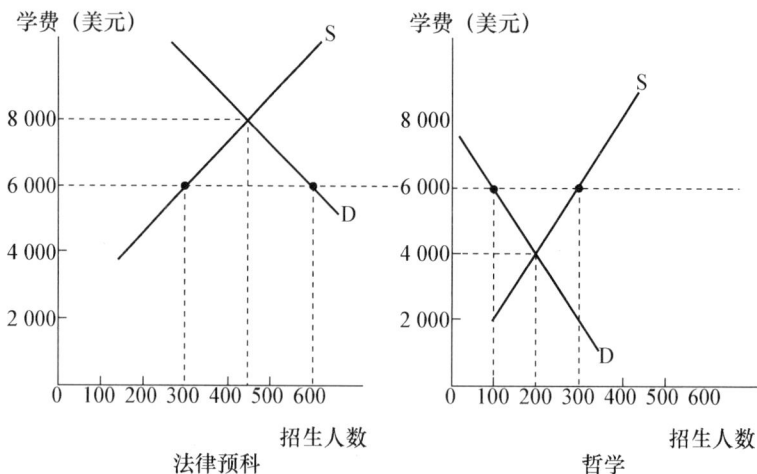

图 4—5　通过对不同的项目收取不同的学费来提高资源的配置效率

在统一标准学费（6 000 美元）下，法律预科生会出现供给短缺，同时哲学的学生存在供给过剩。不同的学费制度（8 000 美元和 4 000 美元）消除了短缺和过剩，同时提高了资源分配效率。

专业招到了 200 名学生，并且那些过剩也就消除了。班级的规模达到了合理水平，资源也得到了更加合理的利用。差别学费制度缓解了学校的资源分配问题。

你可能还存在某些怀疑。你可能想知道为什么学生仅仅因为学费的降低就改变了自己的专业。或许你会认为，对不同的专业收取不同的学费是不公平的。你可能不会相信学校能够将学费精确地调整到使资源得到充分合理利用的水平。并且事实上，教育社区拥有相同的招收名额，所以几乎没有经历过对不同的专业收取不同的学费。

然而，收取使用费的经历却是有的。当州政府的资助减少时，学校就会征收各种费用来增加它们的收入。事实上，一些费用都是额外的，它们被用来阻止学生进入那些过度拥挤的专业，或者用来弥补那些需要昂贵设备的专业的成本。科学和艺术就是上述可能发生的两个领域。

补助金：低收入学生怎么办？

为了支持公共高等教育，多渠道的补助金对于帮助低—中—高收入学生承担教育费用是有效的。一些援助直接来自联邦政府，一些来自州政府，还有一些直接来自学院或者综合性大学。援助可以有多种形式：奖学金和助学金、雇主补助、教授补助、学院工作研究、贷款和佩尔助学金。

援助低收入家庭学生上学的一切补助金措施中，一项基础的项目就是佩尔助学金。其目标对象就是低收入的学生，它不授予高收入和中等收入家庭的学生。尽管佩尔助学金在 1974 年第一次颁发时，授予对象是贫困家庭的学生，但是近年来资格准则已经放宽。因此，现在较为贫困的学生得到更多的资助。佩尔助学金从没有覆盖所有的学费。其他形式的援助经常涉及补助金计划，帮助最需要帮助的学生缴纳学费。现在最常见的援助手段一个是佩尔助学金，一个是贷款。重要的是，佩尔助学金在最近 30 年左右失去了相当大的购买力。1975 年，佩尔助学金平均覆盖了学院 84％的费用，而 2006 年佩尔助学金平均覆盖了学院 36％的费用。[①] 佩尔助学金项目由一开始援助学院转变为援助学生。

除此之外，由于 30 年前各州已经提高了 70％的基础性援助基金，它们将非基础性援助基金提高了 300％。学院和学校自己同样对自己负责，经常以健全的补助金吸引成绩优异的学生以增强学校对好学生的优待，而不是为贫困学生提供更多的补助金。[②]

美国的教育部门针对全职本科生接受奖金的财政数目进行统计，对于那些独立于家庭的学生和那些年收入少于 2 万美元的家庭的学生来说，2003—2004 年平均每人收到 10 350 美元的补助金。然而对于那些家庭收入在 20 000～39 999 美元之间的家庭来说平均每人收到 10 551 美元。而收入在 80 000～99 999 美元之间的家庭的学生收到的补助金要比最低收入家庭学生群体（每年只收到 10 093 美元资助）还多！[③] **这些数据显示补助金明显不是针对那些最需要帮助的学生。**

在克林顿执政期间高等教育资助又增加了一项新措施。年收入高达 10 万美元的家庭可以申请税额减免，从而可以减少高等教育的财政支出。然而，这些减免不是可退还的。这意味着贫困家庭的支付很少或者不支付税金就没有税费减免。如此一来，这些税费减免并不能帮助贫困生应付财政困难。

最后，在政府资助高等教育和补助金计划直接帮助学生支付高额学费时，没有负责高等教育的间接成本部分。间接成本就是机会成本；即一入学便失去的或者说如果不上学应该从工作中得到的收入。低收入和中等收入学生可能支付不起机会成本，因为他们的家庭指望这些收入生活。

所有这些意味着不是所有学生都有平等的机会接受高等教育。首先，上大学前你需要高中毕业，并不是所有美国人都有机会享有 K-12 教育。收入是决定谁将去一个具有较高升学率的好高中的主要原因，而低收入学生更可能去一些具有较高辍学率的不太好的高中。其次，财政补贴是通过公立学校的建设和运行补贴的，但这使那些参与这些学校的学生得到好处，其中大多数学生都不是来自低收入家庭的学生。再次，佩尔助学金针对真正贫困学生发放的权威性已经下降，而且补助金对于那些非常低收入家庭的学生来说支付的学费并不充足。最后，参与教育产生的机会成本是以牺牲工作时间而失去本应该得到的工作收入的形式存在的，这种机会成本阻碍了低收入人群继续获得高等教育。

反歧视行动：其他少数群体怎么办？

首先，我们知道 K-12 教育成绩和资历随种族和宗教的不同而不同。不同种

---

① The Education Trust，*Promise Abandoned*：*How Policy Choices and Institutional Practices Restrict College Opportunities*，August 2006，http：//www2. edtrust. org/EdTrust/Promise＋Abandoned＋Report. htm.

② Ibid.

③ Glater，op. cit.

族和少数族裔群体的学习成绩和高中毕业率相对于白种人群偏低。美国教育部所做的关于16~24岁不同种族的高中辍学率的调查数据显示：2004年，所有种族学生中高中辍学率是10.3%。而白种人（非拉美裔）学生占6.8%；非洲裔美国人占11.8%；拉美裔学生占23.8%。[1]

其次，在美国，教育程度同样因种族不同而异。当在我们国家将受教育程度作为一个整体考虑时，我们没有因为人群种族不同而失望。表4—5显示了白人、非拉美裔白人、非洲裔美国人、拉美裔和亚洲裔美国人的最高受教育程度；是关于不同种族的人的受教育程度。有意思的是，每个种群中，亚洲裔美国人有较高的受教育程度。白人，尤其是非拉美裔的白人要比非洲裔美国人和拉美裔美国人有较高的受教育程度。

表4—5 高等教育学历表，根据不同种族所占比例划分，18岁以上（2008年）

种族划分	高等教育学历			
	学士学位	硕士学位	专业学位	博士学位
白人	18.1%	6.7%	1.4%	1.1%
非拉美裔白人	19.9%	7.5%	1.5%	1.2%
非洲裔美国人	12.2%	4.1%	0.6%	0.5%
拉美裔美国人	8.4%	2.5%	0.6%	0.2%
亚洲裔美国人	30.2%	12.8%	2.6%	3.1%

资料来源：U. S. Department of Commerce, Census Bureau, Current Population Survey, *Educational Attainment in the U. S.*：2008, http://www. census. gov/population/www/socdemo/education.

教育信托公司，一个追求美国教育体系中教育公平的国际性组织，在2006年8月发布了一项报告，强烈地批评联邦、州和学院不鼓励贫困家庭和少数族裔学生进入学校学习或者从学校毕业的行为。报告陈述了大学尽管存在进步理念，但是入学门槛、混合贫困和少数族裔学生的鸿沟比30年前更深了。从国家的角度来说，只有40%全职的、初次的非洲裔美国的大一学生和47%的拉丁美洲的大一学生毕业于他们在6年之内注册入学的学校。对于白人学生来说，在第6年毕业的比例是59%。[2]

第三个影响少数族裔学生的因素是存在发放给不同种类学生的不同等级的财政补贴。对全职大学生的平均财政补贴范围是：10 520美元补贴非洲裔美国学生，10 039美元补贴亚洲裔美国学生，9 917美元补贴白种学生；只有9 513美元补贴美国本土学生，9 006美元补贴拉美裔学生。由此可见，在少数族裔中存在财政补贴的差异。

最后，从第5章我们将会发现当我们比较不同教育等级的人们时，少数族裔和宗教群体的收入比白种人低。我们将会看到不同类别的劳动力市场歧视是基于这些收入差距的。

然而，关于种族和宗教的讨论我们是投反对票的，这并不是反歧视行动。正如我们将会在第5章看到的，美国最高法院最近宣布密歇根大学允许学生毕业时

---

[1] Glater, op. cit.

[2] *Promise Abandoned：How Policy Choices and Institutional Practices Restrict College Opportunities*，op. cit.

转向法律学校是合乎宪法的。法庭承认种族可以被当作学校招收学生的考虑因素，这实际上就是"不同的学生身份有不同的待遇"。直到现在，反歧视行动的话题仍旧是受到争议的。乔治·布什总统反对密歇根大学的反歧视行动方案，尽管他下属部门的某些成员支持这项举措。然而，密歇根的标准将继续指导学院和学校的准入政策。

随着我们国家人口多样性的不断增加，我们必须不断地寻求对其他文化的广泛交集。我们的学校和大学面对多元文化的行动就是一个很积极的例子。除了传播其他文化的更多知识，我们的多元教育机会也将在我们的社会中产生更大的影响。

最后的提醒

我们知道社会地位差的孩子们，包括那些生活在贫困中的孩子们，那些无家可归的孩子们，那些单亲家庭的孩子们，那些移民者的孩子们和那些面临被剥夺其他权利而并没有在社会中享有一样公平机会的孩子们，他们无法接受其他孩子可以享受到的完全教育。如果你担心这个问题，你可能考虑是否要加入美国的志愿服务队。这个组织适合像你一样的个体带着项目去帮助那些需要帮助的美国人，包括需要帮助的孩子们。登录 http://www.ameicorps.gov 了解项目的内容和那些想要加入其中的人能够享受的福利，包括适度的居住补贴，学生贷款的债务延期，医疗保险或者儿童保健；也包括教育补助金，它可以向品学兼优的孩子提供学费贷款或者资助其在一个合适的学校继续深造。

观点

保守派与自由派

保守主义者喜欢用政策去刺激公共的 K-12 体制。与此同时，自由主义者强调税制改革，并且从富人到穷人的纳税重新分配以使教育机会平等。因此，保守派喜欢学费券体制来给家长和学生提供选择学校和课程的更多机会。他们也喜欢看到更多的竞争出现在各种形式的学校中，如私立学校、特许学校和磁石学校。另一方面，自由主义者害怕学费券的广泛使用，即通过把资金从更需要它们的地方如贫困的学校转移出来，会威胁到我们的公立学校体制。

自由主义者和保守主义者都相信在 K-12 水平下提供普遍的教育都是正当地扮演政府角色，使初等教育和中等教育的福利产生对社会示范性的溢出收益，而自由主义者更愿意支持扩大的州和联邦的教育支出。大多数保守主义者都不主张对高等教育的学生扩大学费补贴或者补助金除非可以证实社会潜在福利是出于这些高等教育。自由主义者更愿意对低收入学生扩大补助金，如出于教育目标的税额减免。自由主义者同样愿意支持对少数族裔和宗教学生教育不平等现象的补救，包括反歧视行动。

总结

从地方财产税吸纳资金投资于我们的基础公共教育和高等学校导致每一位学生的花费极其不等。结果，缺乏资金的学校还没有完善的基础教育设施，没有较高的师资比率，教室破旧并存在其他一些缺陷。缺乏资金的学校有较高的辍学率，并且他们的学生接受的教育质量很差。许多想法被提议要求改善我们的公立学校，包括在特许学校增加教育竞争机制的努力，磁石学校，以及学费券制度。其他的提议包括通过州和联邦集资或者通过财产税改革来实现穷人区和富人区之间的教育平衡。我们同样了解到在贫困高度集中的地区筹集资金对学校本身提高学生成绩也并不是有效的。减轻这些贫困地区的财政负担也是同样必要的。

我们的三等学校体系包含职业技能学校、义务学院、四年制学院和综合性大学，包括公立和私立学校。由于州政府的补贴，公立学校比私立学校有较低的学费。到目前为止，大多数的美国三等教育学生参加了公立事业。我们的更高级的公立教育体系使很多中高收入家庭受益，而不是低收入家庭。降低州的支持、提高学费，并且降低佩尔助学金的价值会使低收入家庭孩子享受高等教育的问题变糟。

多样化是多元文化教育存在的一个重要部分。在所有的问题中，它能够激发人们在社会中更大的关注。

讨论和问题

1. 溢出效益怎样扭曲了教育资源的分配？你能想出其他例子说明溢出收益吗？

2. 画图说明负外部性（溢出成本）可以：（1）当它的生产产生溢出收益时，导致商品的低价；（2）引发资源的过度分配。（提示：参考第 3 章。）

3. 画图说明正外部性（溢出收益）可以：（1）当它的消费产生溢出效应时，导致商品或者服务的高价；（2）引发资源的分配不足。（提示：参考图 4—1。）

4. 从财产税吸纳资金支持 K-12 教育如何产生不平等？从税率和税基角度考虑你的回答。

5. 除了给市内学校提供更多资金还能采取什么行动帮助市内的学校？

6. 你怎样评价"有教无类"行动，尤其是学校要求每年都测试学生？你认为这些测试是学校教育质量提升的准确指向吗？在这些测试中你能发现一些问题吗？

7. 通过进入高等学校获得教育你希望获得什么？是像人力资本提到的更高的收入，还是其他的目标？

8. 针对不同的专业收取不同的学费是怎样促进学校资源的分配的？你认为

这项措施好吗？你能想象到可能产生的其他问题吗？

9. 谁在公立高等教育中受益？为什么中低收入学生会遇到难以接受高等教育的问题？

10. 考虑以下问题：乔在决定是否去读全职大学。如果他不读大学，他会继续从事现在的工作。他通常挣 14 000 美元。他估算了以下学费和生活费：在当地的公立学校需要每年花费 10 000 美元，如果他不工作的话可以在 4 年内毕业。在他希望进入的领域里最初的工资大约是 30 000 美元，然后他预计如果他拿到大学文凭，他将会在以后的职业生涯中比没有这个文凭多赚 600 000 美元。那么什么是乔这四年大学学习的机会成本呢？什么是他的净收益（收益减去费用）？他应该投资到教育吗？

11. 你是否认为你接受了一个高质量的 K-12 教育？为什么？

12. 登录统计局官方网站（http://www.census.gov），点击教育专栏里 A-Z 选项里的 E。找到总人口数中仅有高中学历的总人口数比例和大学学历的人口比例的最新数据。

13. 登录教育部首页 http://www.ed.gov，查阅关于补助金获得的资格信息。谁是现任的美国教育部部长？

14. 浏览加图学院的网站 http://www.cato.org。这个研究机构有支持保守派事业的传统。你还能在这个网站上找到关于学校学费券的保守主义观点的哪些例子，"有教无类"，或者其他教育话题？为什么说这些是保守主义的？

15. 登录布鲁金斯学会的主页 http://www.brook.edu，这个研究机构支持自由主义事业。你还能在这个网站上找到关于学校学费券的自由主义观点的哪些例子，"有教无类"，或者其他教育话题？为什么说这些是自由主义的？

16. 特许学校的支持者有一个网站 http://www.uscharterschool.org。这个网站支持通过提供特许学校建立缘由、师资、大事记和其他有关特许学校的信息为孩子选择特许学校。你能通过互联网找到你所在的地区是否存在特许学校吗？

17. 浏览教育信托网站的学校成绩主页，找关于大学毕业率和不同群体参与大学教育的数据的信息。

18. 登录白宫网站 http://www.whitehouse.gov，查询美国最新的有关教育方面的总统演讲。

19. 在"启蒙计划"查找有关少数族裔孩子尤其是拉美裔从他们进幼儿园之前就在认知能力上落后的孩子的信息。这个项目能帮助那些由于不同原因落后甚至在进入幼儿园之前就落后于其他同龄孩子的孩子们吗？

第二部分

社会经济问题

第4章
教育
征收财产税导致旧城区少数族裔孩子上学的公立学校资金不足。
对人力资源的歧视导致了工资与收入的不均等。

第6章
美国贫困问题
在美国，歧视是导致贫困的原因之一。

第7章
住房问题
少数族裔常常是次级抵押贷款的受害者。住宅隔离使穷人聚居，并且导致教育与就业歧视。公屋同样使穷人聚居并导致收入歧视。

第5章
歧视

第2章
犯罪和毒品
许多少数族裔的群体因仇恨而犯罪。

第14章
失业与通货膨胀
美国少数族裔的失业率比白人就业率高。
歧视导致失业与劳动力的低效率利用，使我国从生产可能性曲线上的一点移至曲线以下。

第8章
医疗保险
与白人相比，少数族裔更可能没有保险。
少数族裔婴儿死亡率也比白人要高。

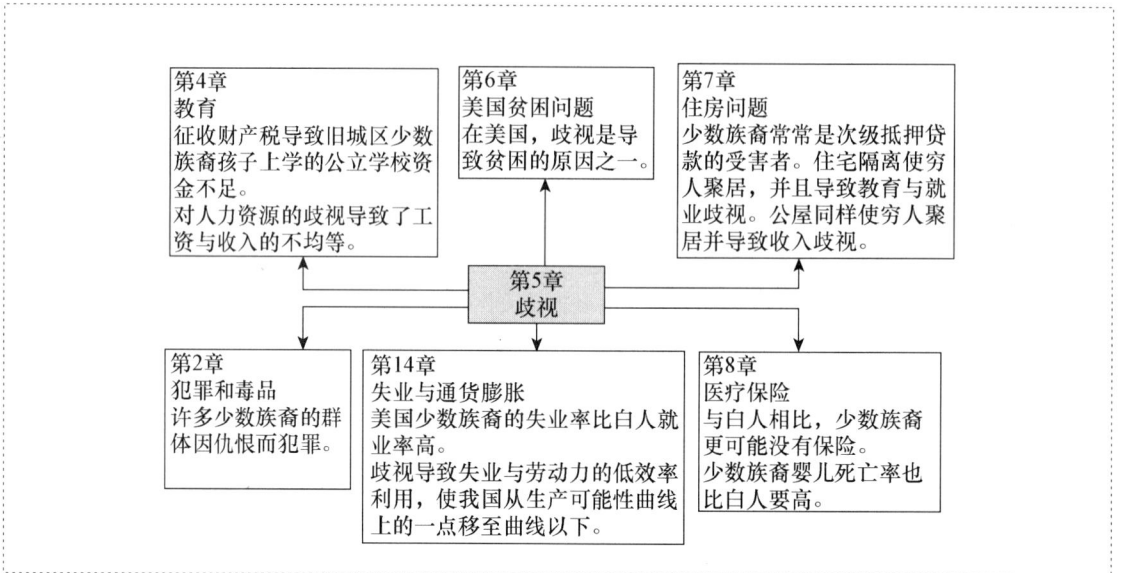

经济学工具箱：

- 多样性
- 收入差别
- 歧视
- 统计歧视
- 职业排挤

- 理性选择
- 平权法案
- 住宅隔离
- 教育隔离

第 5 章　歧　视

> 我们国家正在形成两个社会，一个是黑人社会，一个是白人社会——这两个社会是分离的、不平等的。
>
> ——总统的全国民事动乱顾问委员会的报告（科纳委员会），
> 1968年3月1日

四十多年前，马丁·路德·金博士（Martin Luther King）在林肯纪念堂脚下发表了著名的"我有一个梦想"的演说，那时正值历史上著名的1963年8月为公民权利而进行的华盛顿大游行的顶峰时期。1968年由林登·约翰逊总统（Lyndon Johnson）的科纳委员会提出那份令人震惊的报告，至今已过去了40余年，该报告指责了种族优越感与种族歧视、贫穷和失业所造成的20世纪60年代包围美国重要城市的暴动。

并且，参议院多数党领袖特伦特·洛特（Trent Lott），这位来自密西西比州的共和党议员，在2002年末为参议员斯特罗姆·瑟蒙德（Strom Thurmond）举行的参议院聚会上公开表示："我想说，当瑟蒙德竞选总统时，我们投了他的票，我们对此感到骄傲。如果全国其他人也与我们一样，那么我们这些年来遭遇的所有问题可能就不复存在了。"当本书作者对着像你们一样的学生读出这段话时，能够听到明显的叹息声。这些学生与其他的美国公众知道1948年斯特罗姆·瑟蒙德作为民主党候选人竞选总统，而民主党——种族主义叛党——存在的目的即是反对非洲裔美国人的公民权利。在这次竞选中，瑟蒙德认为，"华盛顿的所有法律和军队的刺刀都不能迫使黑鬼进入我们的家园、学校和教堂。"后来，洛特为此道歉并辞去多数党领袖的职务，但是他的言论不仅让我们怀疑是不是自美国南部民主党之后，自马丁·路德·金博士之后，或是自科纳报告之后，许多事情已经变化了。

本章以科纳委员会的可怕预测开始。那个预测是否准确？在接下来的几年中，这一预测充满争议与变化。我们是否更接近金博士的梦想了？美国的非洲裔美国人和其他民族与少数族群是否获得进入我们富裕社会平等的先决权利？或者，由于种族、民族和性别这样的专有背景，是否许多人的未来之门仍然关闭着？

关于这些问题的答案并不简单。本章首先根据美国人口调查局的数据研究一下美国人口构成。然后分析少数族群这个单词的社会学含义，并讨论偏见与歧视的概念。本章还将研究美国少数族群的有关社会经济状况的可利用数据，特别是劳动力市场的歧视与收入的相关数据。经过对歧视的细致讨论，本书会分析那些我们试着用来消除偏见与歧视的政策。最后，本书将介绍歧视的其他形式，包括住宅隔离和教育隔离。

美国人口的多样性

美国人口越来越多样化。然而，我们的传统一直是种族与民族的多样化。美国原住民——印第安纳人种在第一批非本土人种进入美国前就已经创造了丰富多样的文化。在15—16世纪，来自欧洲大陆的白种人开始来到美国并定居于此。他们为了自由与更好的生活寻找至此，越来越多的新近移民也是出于这个目的来到美国。最近几次移民潮中绝大多数是亚洲裔和拉美裔，其他移民则来自世界每个角落。

表5—1中的数据可以在一定程度上说明这种多样性。数据展示的是2000年与2008年不同种族与民族群体的人口比重。需要记住的是拉美裔指的是祖先来自拉丁美洲的美国人，而且是一个民族而不是种族。事实上，拉美裔可以是任何种族的人，当然可能大多数都是白种人。因此，当我们将所有种族的人口比重相加时不会再加入拉丁美洲人的比重，因为这样会导致比重之和大于1。除此之外，为了知道非拉美裔白种美国人的特征，本章会分别给出所有白种人和非拉美裔白种人的数据。

白种人在美国人口中占有最大比重，白种人又称高加索人，在2008年的普查数据中约占80%。也就是说，美国约有2.43亿白种人。**自2000年起，白种人的比重大幅降低，也说明人口多样性增加了。**

拉美裔

如表5—1所示，到2000年，拉美裔人口接近与美国最大的种族——非洲裔美国人持平，其人口比重在2008年为15.4%，大大超过非洲裔美国人的比重。美国有接近4 700万拉美裔人。早期的统计局数据可以说明至今这一族群中最多的来自墨西哥，约为62%。大约9%则来自波多黎各，3%是古巴裔，其余人则来自中美洲、南美洲或其他地区。拉美裔人口高度集中在西南部各州，大部分居住在田纳西州和加利福尼亚州。其他拉美裔人口高度聚集的州还有新墨西哥州、亚利桑那州、纽约州和佛罗里达州。

表5—1　居住人口占总人口比重（按种族与拉美裔来源，2000年7月和2008年7月）

	2000[a]	2008[a]
总人口	100％	100％
白种人	81.1％	79.8％
非拉美裔白种人	69.5％	65.6％
拉美裔人[b]	12.5％	15.4％
非洲裔美国人	12.7％	12.8％
亚洲裔美国人[c]	3.8％	4.6％
美国原住民[d]	0.9％	1.0％
两种或以上种族	1.4％	1.7％

　　a. 各百分比值之和不为100％，因为数据四舍五入，并且将拉美裔人口列入，而拉美裔人并不是一个种族群体。除最后一行数据外，其他行数据均指只属于一个种族的人口。
　　b. 拉美裔人可能是任何种族。
　　c. 亚洲裔美国人包括夏威夷本土人和其他太平洋岛屿的本土人口。
　　d. 美国原住民包括阿拉斯加本土人。
　　资料来源：U. S. Department of Commerce, Census Bureau, Population Division, Release Date May 14, 2009, http://www.census.gov.

非洲裔美国人

　　非洲裔美国人是美国最大的少数族群。他们约占总人口的13％，与2000年相比仅有少量增长。美国现在大约有3 900万非洲裔美国人。早期的统计数据指出非洲裔美国人聚居最多的州为哥伦比亚州（57％）、密西西比州（37％）、路易斯安那州（33％）、佐治亚州（29％）、马里兰州（29％）和南卡罗来纳州（29％）。

亚洲裔美国人

　　亚洲裔美国人约占美国总人口的4.6％，较2000年的3.8％有所增加。美国现在约有1 400万亚洲裔美国人。早期的统计数据指出亚洲裔美国人中占最大比重的是华裔（23％），其他主要来自亚洲的印度（占亚洲裔总人口的19％）、菲律宾（来自菲律宾的移民，18％）、越南（11％）、韩国（10％）和日本（7％）。亚洲裔美国人这个族群作为美国人口多样性中的一种具有非常重要的意义，因为许多族群（如华裔与日本裔）已经在美国繁衍很长时间，而其他的（如那些来自越南、老挝和泰国等南亚国家的移民）是近些年才扎根美国的。亚洲裔美国人聚居的州有夏威夷（42％）、加利福尼亚州（12％）、新泽西州（7％）、纽约州（7％）、华盛顿州（7％）和内华达州（6％）。

美国原住民

在表5—1中，美国原住民的比重最小，约占美国总人口的1%。这一数据自2000开始就变化不大。现在美国有约300万美国原住民。早期数据指出最大的部落族群是柴罗基族（占美国原住民的13%）、纳瓦荷族（12%）、齐佩瓦族（5%）和苏族（5%）。美国原住民聚居最多的州是阿拉斯加州（14%）、新墨西哥州（10%）、南达科他州（8%）、俄克拉何马州（7%）、蒙大拿州（6%）、北达科他州（5%）和亚利桑那州（5%）。

需要注意的是，以上族群指的是单一种族的人口。美国总人口中只有不到2%的人是属于两个或以上种族的。美国人口构成中各种族的比重数据如图5—1所示。

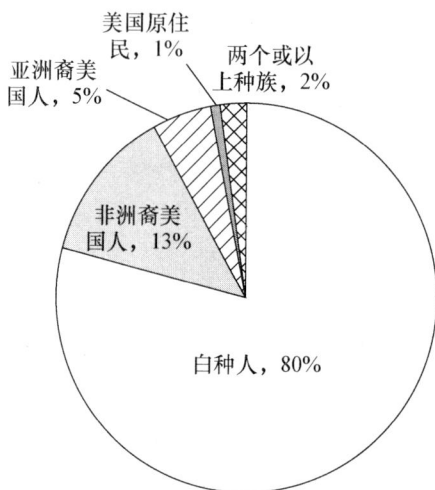

图5—1　各种族人口占美国总人口的比重（2008年）

美国统计局还提供了关于人口多样性的其他信息，如美国居民的出生地统计信息（在美国出生与在国外出生）。你可以观察到美国境外出生的居民主要来自世界的哪些地区，也可以发现美国居民的祖先遍布世界各地，从阿拉伯地区到威尔士。脚注中提供了美国统计局网站的信息。①

什么是少数族群？

少数族群： 指很难在社会中获得较高地位的种族群体。

可以看出，美国是一个非常明显的种族与民族多样化的国家，尽管白种人在数量上多于其他族群。实际上，白种人口比其他族群的总和还要多。从数字上来

---

① 本书数据来自：U. S. Department of Commerce, Census Bureau, http://www.census.gov。

说，非白种人就是少数族群。但是当我们谈及种族主义、偏见与歧视的时候，使用少数族群这个词的社会学含义会更加准确，因为我们讨论的是对上述社会规律极为重要的现象。少数族群指的是很难获得权势、声望与地位的族群。这一单词与数字关系不大，却与权力紧密相连。从这个角度来讲，女性虽然比男性多出几百万人口，但仍然算是一个少数族群，因为她们没有得到与男性相同的机会获得权势。

在继续讨论之前，我们先解释一下几个单词。**偏见**指的是由于成见与谣言，对某些个人或群体的先入为主的印象，并且拒绝了解与先入为主印象相悖的现实。比如说，有偏见的人们会认为所有的拉美裔美国人都是懒惰的；甚至见到热情且负责任的拉美裔职员，他们也会坚持为之前的偏见找出合理的解释，即这些热情的人们是拉美裔美国人的特例。

偏见是人们内心的态度，歧视则包括了人们的行为。**歧视**指的是由于专有的且常常带有偏见的原因而区别对待人们。如果由于一个苗族家庭是亚洲移民而不出租房屋给他们，这就是歧视。如果拒绝聘用一位熟练的女性员工从事以前由男性从事的职位，这也是歧视。社会学家与心理学家对存在于世界上的各种类型的偏见与歧视都已有很多研究。他们可以给大家解释许多导致偏见的原因。本书也建议各位可以向他们学习相关课程。但是造成歧视的某些原因是经济原因，而且歧视导致的许多影响也是经济影响。较低收入、次等教育、较高的失业率、较差的住房和不够好的医疗保险都有可能是歧视的后果。这些就是本章希望考察的要点。

偏见：指的是由于成见与谣言，对某些个人或群体的先入为主的印象，并且拒绝了解与先入为主印象相悖的现实。

歧视：由于某些专有特征而对不同个体区别对待的行为。

薪酬与收入

薪酬：从事劳动力市场行为获得的金钱。

收入：从所有收入来源获得的金钱。

薪酬与收入具有不同的含义。**薪酬**指的是劳动力市场行为以工资与薪水的形式获得的收入（即从工作中获得的）。而**收入**则是指从所有收入来源获得的金钱。收入不仅仅包括薪酬，也包括存款账户的利息收入、股票市场的股息收入、财产与土地所有权的租金收入、福利现金补助等等。迄今为止，美国国民总收入中占最大比重的是工资与薪水，而且薪酬是美国家庭的主要收入来源。本章将在接下来的内容中着重讲解薪酬。但是首先应注意到，高收入家庭与个体低收入工人相比，更趋向与存款和投资，这也会为他们带来其他形式的收入。换句话说，即高收入人群比低收入人群更可能获得除了工作获得薪酬以外的其他形式的收入。

薪酬差距与歧视

劳动力市场的薪酬是由工人的工资率和工人工作的时长决定的。每个工人的薪酬是他的工资率与工作时长的乘积。如果每个家庭有两个人甚至三个人从事全职工作，那么在同样的工资率下，这个家庭的薪酬收入会比只有一个全职工作的人的家庭的薪酬收入多。所以，本章主要分析全职工人的薪酬，以规避兼职工人效应与每个家庭工人数量带来的影响。表5—2比较了全职工人的中等周收入。

（中等指的是中间，如果我们有一个从高到低的居民收入排序表，中等收入即排序表的中间部分。）**值得注意的是，在所有事例中，全职工作的女性比全职工作的男性工资收入少，全职工作的非洲裔美国人和拉美裔美国人比全职工作的高加索人工资收入少。**（亚洲裔美国人比白种高加索人工资收入高。）尽管薪酬差距的现实不仅让我们怀疑是什么原因导致了如此巨大的收入差距，薪酬差距并不是证明歧视的证据。

经济新闻："性别工资差距是否仍然存在。"

请在收入、歧视和贫穷上阅读更多的关于这种歧视的内容。http://www.cengage.com/economics/econapps

工资歧视： 由于某些专有特征，支付给具有相同生产率的工人不同的工资。

就业歧视： 由于工人的某些专有特征而不雇佣他们。

职业歧视： 某些特定职业不雇佣某些工人群体，导致诸如男性职业与女性职业或者是少数族群职业和白种人职业。

许多歧视类型会影响到劳动力市场行为。严格来说，当由于某些专有特征，如种族、性别或者民族等，而使得同类型工人被区别对待，此时即出现了劳动力市场歧视。在劳动力市场中，同类型指的是具有相同的生产率。当大学毕业生因其与高中毕业生相比更大程度地提高了工作相关的能力，那么他们获得更高的工资并不算是一种歧视。同样，由于一场演出中的小提琴手与我们大家相比拥有天生的才能，劳动力市场为她的才能支付额外的补偿，这也不算是歧视。当两个具有相同生产率的工人因为一个是非洲裔美国人一个是白种人，或者因为一个是女性一个是男性而被区别对待，这才是歧视。

区别对待工人并影响到工人收入的方式至少有四种。第一种，工人由于某些专有特征而被支付不同的工资率。这一做法被称为**工资歧视**。第二种，他们可能是雇佣方的最后选择，而且在经济衰退中，极可能被第一批解雇；因此，他们比其他群体更易失业。这一做法则被称为**就业歧视**。（就业歧视也包括升职过程中的歧视。）第三种，工人可能在某些领域受到限制，或至少是打击，并被鼓励从事其他职业，最终导致分隔的白人与非白人的职业或者是分隔的男性与女性的职业。这一做法被称为**职业歧视**。以上所有种类的歧视都会直接影响薪酬，并通常出现在工人进入劳动力市场以后。（一旦某人开始积极寻找就业，他/她就进入了劳动力市场。）

表 5—2　　　　全职工人的中等周薪酬（16 岁或以上，按种族、拉美裔和性别分类，2008 年）

单位：美元

	平均	男性	女性
总计[a]	722	798	638
白种人	742	825	654
非洲裔美国人	589	620	554
拉美裔[b]	529	559	501
亚洲裔美国人	861	966	753

a. 包括所有未列出的其他种族和民族群体。
b. 拉美裔可以是任意种族。
所有女性的工资为所有男性工资的 80%；非洲裔美国人的工资为白种人工资的 79%；拉美裔工人的工资为白种人工资的 71%。
资料来源：U. S. Department of Commerce，Bureau of Labor Statistics，http://www.bls.gov.

人力资本歧视： 任何限制特定群体获得与其他群体已得到的相同水平和质量的教育的行为。

第四种歧视更多的是间接影响。在工人进入劳动力市场之前便已经显现，又一定会影响他/她在劳动力市场中的劳动力价位。这种歧视被称为**人力资本歧视**，或者是关于教育与培训的歧视。如果某些群体比其他群体接受更多的或者更优质的教育，那么这个群体中的成员将会由于接受教育而获得更高的技能和能力，并因此得到劳动力市场的奖励，因此他们会比那些接受较少教育的工人的薪酬更高。

薪酬与教育

我们现在提出一个相关的问题：教育差距将如何反映到收入差距上？我们首先考虑男性与女性的薪酬差距，然后再考虑不同的种族与民族群体。表5—3中列出了2007年薪酬的相关数据。一如之前，数据仍然选取全职工人的中等薪酬数据，尽管这些数据是年度薪酬数据，而不是周薪酬数据。获得学士学位的年轻女性可能受到打击，因为拥有学士学位的男性会比她们每年多获得16 000美元的薪酬！事实上，拥有学士学位的女性每年的平均工资只有具有同等学力男性的工资的74％。此外，拥有硕士学位的女性的工资会比仅拥有学士学位的男性的工资少，而且她们的薪酬仅仅是拥有硕士学位男性的薪酬的73％。对于上文中提到的各级学历水平，女性的薪酬约为男性薪酬的70％～75％。然而，我们也注意到，对于所有男性与女性而言，薪酬随着教育水平的提高而增加。

表5—3   **全年全职工人的中等年度薪酬**
（25岁或以上工人最高教育程度，按性别，2007年）   单位：美元

最高教育程度	男性	女性	女性为男性的百分比
所有教育水平	47 004	36 086	77％
高中未毕业[a]	29 317	20 398	70％
高中毕业	37 855	27 240	72％
学士学位	62 087	45 773	74％
硕士学位	76 284	55 426	73％
博士学位	92 089	68 989	75％

a. 接受部分高中教育。
资料来源：U. S. Department of Commerce, Census Bureau, *Historical Income Tables-People*, http://www. census. gov/hhes/www/income/histinc/.

在表5—4中，收入差距按照不同种族与民族进行呈现。我们几乎看到在每一级教育水平上，非洲裔美国人、亚洲裔美国人和拉美裔美国人比白种人的薪酬少。唯一的例外即是拥有高级学位的亚洲裔美国人，他们的薪酬是白种人薪酬的107％。

表5—4   **25岁或以上全职工人的中等年度薪酬（各少数种族和民族占**
白种人的百分比，按最高教育程度，2007年[a]）

最高教育程度	非洲裔美国人占 白种人的百分比	亚洲裔美国人占 白种人的百分比	拉美裔美国人占 白种人的百分比
总计	79％	108％	68％
高中未毕业	90％	93％	84％
高中毕业	82％	86％	80％
大专或准学士学位	84％	95％	87％
学士学位	81％	95％	78％
高级学位	80％	107％	80％

a. 统计中居民只属于一个种族。
资料来源：U. S. Department of Commerce, Census Bureau, "Educational Attainment in the U. S.：2007," *Current Population Reports*, Issued January 2009, http://www. census. gov.

薪酬与失业

如果你常常经历非自愿失业，你的薪酬会比持续就业情况下的薪酬低。每个失业人员都必须积极地寻找工作。失业率是失业人口占所有就业和正在积极寻找工作的总人口的比重，政府会进行统计。下面来关注一下非洲裔美国人、拉美裔和白种人以及男性和女性的失业率。表 5—5 中列出的是 2009 年 4 月的相关数据。男性的失业率高于女性，但情况并非总是如此，这两个失业率常常是相等的。然而，许多经济学家认为在经济衰退期，女性较少失业。亚洲裔美国人在所有种族中失业率最低。**但是特别注意，拉美裔美国人的失业率较白种人的失业率稍高，而非洲裔美国人的失业率则远远高于白种人的失业率。**年复一年，非洲裔美国人的失业率一直约为白种人失业率的两倍，拉美裔美国人的失业率下降至两者之间。需要牢记的是，作为失业人员，你必须积极地寻找工作。由于各种各样的原因，这些人都未被雇佣。其中一个原因便是歧视。

表 5—5 　　　　　　　　　　**2008 年基于性别人种的失业率统计**

总人口	5.8%
男性	6.1%
女性	5.4%
白种人	5.2%
非洲裔	10.1%
拉美裔	7.6%
亚洲裔	4.0%

资料来源：U. S. Department of Commerce，Bureau of Labor Statistics，http://www.bls.gov.

薪酬与经验

很难评价经验对于薪酬的影响。例如，即使我们比较具有同等教育水平的女性与男性的全年全职工作薪酬，结果也很可能是在平均水平上，女性在劳动力市场中的经验较少。这是由于美国社会中的女性仍然更愿意从工作中抽时间来照顾婴幼儿。因此，她们获得的薪酬将会比男性的薪酬低。

关于歧视的一些解释

许多歧视可能是偏见导致的后果，但是对于某些劳动力市场来说，即使不带有任何个人的恶意偏见，也有可能出现歧视。

统计歧视

如果雇主在评估准雇员的时候，考虑的是其所在群体的特征，而不是她本人的特色，那么这个雇主的做法就是**统计歧视**。这是前文中所介绍的就业歧视的一例。例如，雇主可能坚信年轻女性比男性更可能请育儿假。或者是雇主认为已生育的已婚妇女比男性更易旷职，因为她们需要在家照顾不能送去日托的生病儿童。他还可能相信女性比男性更易因配偶调职而离职。一般而言，雇主可能是正确的。然而，雇主不可能在所有事例中都正确，因为不可能每个个体都完全符合他所在群体的共同特征。有不少男性会利用下班时间照顾孩子，他们也常会为了陪同妻子调职而辞职。

但是如果雇主只雇用男性，他将能大体避免这一群体中他所反感的特点。由于筛选个体申请者成本很高，这样雇用职员可以节省成本。所以，他会简单地认为这一职位聘用男性是一个好生意。的确，若男性与女性之间的可见区别是正确的，存在歧视的雇主的成本会比不存在歧视的雇主的成本低。那么，与这份工作中的男性具有相同生产率，甚至高于男性生产率的年轻女性会因此受到歧视。此外，如果男性与女性在劳动力市场中特征的平均水平随着时间变化趋于一致，那么节省自统计歧视的成本就会不复存在。

还有其他统计歧视的案例吗？青年人熟知的一个案例就是汽车保险公司对年轻男性收取的保费比对年轻女性收取的要高，对平均成绩低的学生收取的保费比对平均成绩高的学生收取的要高。这是因为年轻男性与平均成绩低的学生从统计上来看发生车祸的概率更高。然而，如果你是一个非常有责任感并且很仔细、成绩却不好的年轻男性，这样的情形可能对你不公平。虽然这不公平，但仍然存在。尽管这个案例并不属于与职业相关的歧视，却证明了统计歧视的存在。

职业排挤

当经济体中存在白人职业与非白人职业或者是男性职业与女性职业时，就会出现职业排挤。请再次参考表5—3。正如我们所提到的，男性数据与女性数据是显著的。为什么女大学毕业生的收入是她们男性同学的74%？为什么拥有博士学位的女性的收入比仅拥有硕士学位的男性少7 000美元？这些问题的部分原因就是，在美国社会，有些职业是男性垄断的，而其他职业是女性垄断的，并且男性垄断职业比女性垄断职业的收入高。尽管这一现象正在缓慢变化，但是女性仍被排挤到较少的职业中，而男性的职业选择就要多一些。从事小学教师与注册护士的人中很大比例是女性。她们是受过大学教育的社会工作者。女性还垄断着零售工作与神职工作。造成这种职业分隔的原因是非常复杂的。有些女性会经过理性思考而选择这些所谓的女性行业。那是她们一直想要做的。其他女性选择这些职业可能是因为这些传统女性行业是她们唯一考虑过的工作或是她们唯一被鼓励进入的行业。还有些女性最终选择这些行业是因为在她们希望从事的行业中受到歧视或是因为她们没有接受过进入她们喜欢的职业所需要的特殊教育。

图5—2将职业排挤的效应进行了图解。与我们曾分析过的其他市场相似，每个图都代表一个劳动力市场。横轴不再表示学费或毒品或教育的数量，而是表示劳动力的数量（工人数）。纵轴表示劳动力的价格（工资率）。劳动力供给指的是在不同工资率水平下，愿意工作的工人数量。劳动力需求指的是在不同工资率水平下，雇主愿意雇佣的工人数量。

假设经济体中有2 400万工人，男性与女性各占一半。而且，工人有三个可选择的职业。其中两个职业是传统的男性职业；另外一个是传统的女性职业。如果这三个职业对工人的需求是相同的，则需求曲线如图5—2所示。假设职业1与职业2是男性职业，职业3是女性职业。如图5—2（A）所示，在存在职业排挤的情形下，女性全部被排挤到职业3中，而男性被划分到职业1与职业2中。因此，男性的工资比女性的工资要高。图5—2（B）是不存在职业排挤的情形，也没有区分男性职业或女性职业。2 400万工人被随机分配到劳动力市场中，而且由于有相同的需求曲线，所以每个市场的需求量相同。所有工人的工资率是相等的。

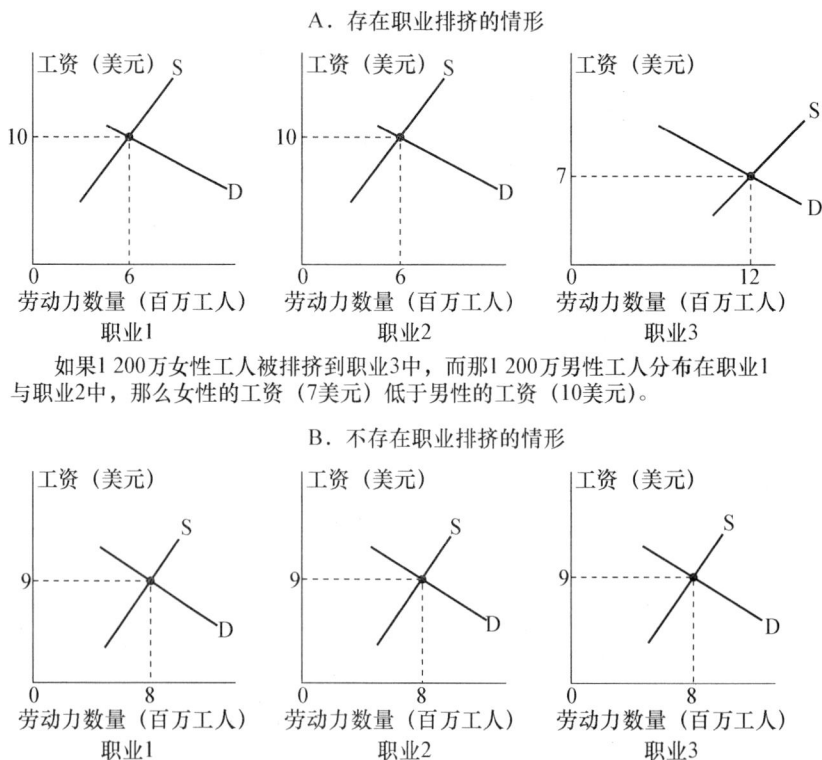

A．存在职业排挤的情形

如果1 200万女性工人被排挤到职业3中，而那1 200万男性工人分布在职业1与职业2中，那么女性的工资（7美元）低于男性的工资（10美元）。

B．不存在职业排挤的情形

如果职业排挤取消了，这2 400万工人将随机进入这三个职业中，他们将获得同样的工资（9美元）。

图5—2　存在职业排挤与不存在职业排挤的劳动力市场

劳动力市场歧视的影响

歧视的有些影响是显著的，有些影响并不显著。由于歧视，总会出现受益者与受损者。那些高就业率与高薪酬的群体（白种人与男性）是明显的受益者。而那些低就业率与低薪酬的群体（少数族群，包括女性）是受损者。但是还有另外一个不那么明显的受损者，那就是我们的整个经济体。

对经济体的影响

经济新闻："你猜怎么着，女性的收入比男性少。"

一位英国研究员认为薪水差距的23%是由性别歧视造成的。请在微观经济学，劳动力市场上阅读更多内容。http://www.cengage.com/economics/econapps

由于歧视，**我们的国民产出会减少，因为我们没有以最可能的、最有效率的方式利用劳动力。**在专有特征的背景下雇佣劳动力并不能达到生产最大化。图5—3 运用生产可能性曲线来说明这一问题。

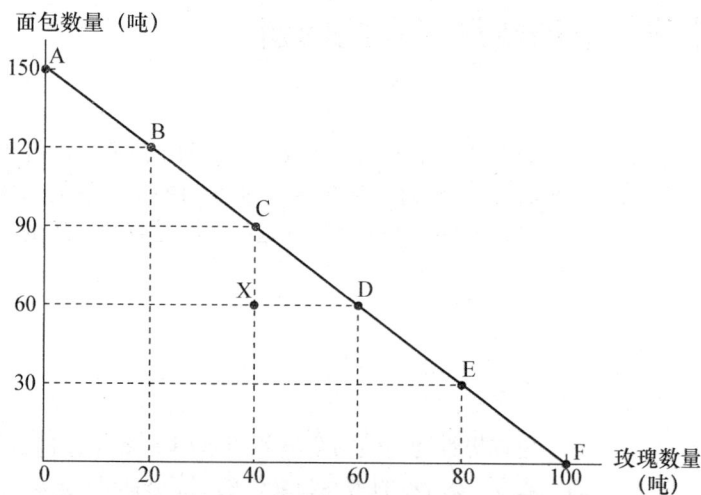

图 5—3 　歧视情形下的生产可能性曲线

由于歧视，劳动力并没有得到尽可能的有效利用，因此面包与玫瑰的国民产出位于 X 点，在生产可能性曲线的下方。

正如第 1 章中所讨论的，只有当社会资源得到充分与有效的就业，生产点才会位于生产可能性曲线上。由于歧视，我们的生产点位于生产可能性曲线下方的某个点，如 X 点。因为我们对经济体的劳动力的低效率利用，我们并没有达到面包与玫瑰的最大潜在产出。熟练工人处于失业状态或是从事无法完全发挥能力的工作。未能充分雇佣女性与少数族群发挥他们的潜在能力使得我们的国内生产总值损失了数十亿美元。

对个体的影响

　　劳动力市场歧视对女性与其他少数族群的就业与薪酬造成了广泛影响。例如，如果我们对社会经济福利进行多方面测算，我们可以发现，那些在劳动力市场中受到歧视的群体在其生活相关的其他方面也同样处于劣势。例如，以女性为首的种族、少数民族和家庭的贫困率比其他非少数族群的要高。正如我们将在第6章中探讨的，非洲裔美国人与拉美裔美国人的贫困率是非拉美裔白种人贫困率的2.5～3倍，而单身女性的家庭贫困率是单身男性的家庭贫困率的两倍以上。我们同样注意到，少数族群成员面临居住与隔离的限制（第7章），以及难以获得足够的医疗保险（第8章）。因此，会出现如非洲裔美国人与美国原住民的婴儿死亡率比白种人高这样的现象。我们同样在第4章中讨论过在美国少数族群接受优质教育的机会很少。以上就是1968年科纳报告中提醒过的十分不公平的现象。

测度劳动力市场歧视存在的问题

　　那些通过早前呈现的数据揭示的制度模式在性别、种族和民族的前提下必然会出现有关歧视存在的问题。但是有些不一致的出现是多种原因导致的。有些经济学家认为许多差距是理性选择而不是歧视导致的。下面我们在继续分析之前先了解一下这种观点。

个体理性选择

　　也许男性与女性的薪酬差距是因为女性普遍选择比男性工作更少时间导致的？表5—2所示的男性与女性的周薪酬是以全职工人统计的，但是劳工统计局认为每周工作39小时即为全职就业。如果全职男性每周普遍工作40小时以上，而全职女性每周普遍工作仅40小时，这样也许可以解释大部分薪酬差距。因为在大多数婚姻中，女性仍然是儿童的主要照顾者与家庭的主要管理者，因此她们限定在家庭外工作的时间是有一定意义的。从某种程度上来说，她们的低收入是她们个体理性选择的结果也是正确的。

　　除此之外，有些经济学家与社会学家认为女性选择所谓的女性职业是因为这些职业是对她们作为母亲与妻子这些主要角色的补充。学习教授其他人的孩子阅读也可以用来教授自己的孩子。同样的想法适用于护工技能。因此，女性选择传统的女性职业也可能是理性选择而不是歧视的结果。同样地，有些女性会在企业架构下选择"妈妈路径"，以避免升职过高而占用太多家庭时间。当然，有些男性也会选择"爸爸路径"。

此外，决定不完成高中教育也会分流一部分少数族群工人，他们选择那些低工资的、终生从事的职业，这被认为是刻意选择的结果。（这也被认为并不是一个深思熟虑的结果。）由于过去不幸的选择导致的低薪酬并不能列入歧视的范畴。在所有的案例中，即使有可能，想要测定薪酬差距中理性选择造成的部分与歧视造成的部分是很困难的。

选择、歧视与文化渗透

其他人会怀疑无论女性还是少数族群是否有真正独立的选择。文化与传统是我们生活中非常重要的部分。我们送给小女孩玩偶与玩具屋，送给男孩积木。当儿童小学毕业的时候，人们一般认为男孩擅长数学，而女孩擅长文学。有多少选择是年轻女性真正的个人选择？

此外，许多曾经的决定会影响到薪酬与收入，歧视可能是当初决定的原因之一。如果一个少数族群的少年看到他的亲戚尽管高中毕业，却常常失业，或是工资处于最低工资水平，他就没有动力完成高中学业。如果一个年轻女性认为如果她学习科学，她就会受到歧视，她会更愿意接受小学教师的培训。简要说来，歧视既是原因又是结果。

个体选择、歧视与文化相互渗透，导致了我们所讨论的结果出现。歧视没有造成所有的不一致，却造成其中一部分不一致，争议在于这一部分有多大。

消除劳动力市场歧视的政策

政府能够也确实采取行动来减少歧视。许多政策包括对市场的直接干预，而其他政策则包括间接干预。我们首先讨论直接的劳动力市场政策。现在的许多政策是 20 世纪 60 年代公民权利运动的产物。其中有些政策便来源于下列著名法案。

1963 年《同工同酬法案》

这部具有深远意义的反歧视法案规定了若雇主对从事同样工作的男性与女性支付不同的工资率是违法的。因此这一法案是很重要的反性别歧视的措施。在该法案通过之前，支付给与男性从事相同工作的女性的工资低于男性是常见的事情；基于男性是家庭中负担生计的人，而女性是家庭的第二收入来源，存在这样的差距也算是合理的。

尽管这一重要法案终结了不平等支付的行为，我们也很清晰地知道性别歧视并没有消失。该法案对于美国社会中的职业歧视并没有影响。只要一所医院对所有从事相同工作的认证执业护士支付同样的工资率，不论男女，这所医院的行为便是一种合法表现。但是《同工同酬法案》并不能解决传统女性职业中的雇员与汽车机械业雇员相比工资少得多这一问题。

1964 年《公民权利法案》

该法案是美国现有法律中最重要的反歧视法规。它不仅仅使得带有歧视性的补助（包括附加福利）违法化，并且禁止在雇用、升职与辞退中歧视雇员。而且，它比《同工同酬法案》的覆盖范围广。该法案严禁基于种族、性别、肤色、宗教或是族裔背景的歧视。该法案适用于拥有 15 个或以上雇员从事州际贸易的雇主企业、所有 15 人或以上的工会组织，以及所有受雇于教育机构及州、地方与联邦政府的工人。《公民权利法案》还创建了平等就业机会委员会，该委员会负责执行该法案。

平权法案

平权法案：为那些未被充分代表的人民群体的就业与教育提供平等机会所做的努力。

配额：招聘中严格的数值要求。

表面文章：雇佣少数族群是为了遵守法律，而不是因为雇员的能力。

逆向歧视：对白人男性的歧视。

1965—1968 年，联邦政府发布了旨在阻止与联邦政府有联系的企业歧视的行政命令。这些行政命令要求所有合约金额超过特定金额标准的联邦合约商执行**平权法案**计划。这就意味着，每个企业要能够证明它们没有进行歧视。举例来说，若发现一个企业雇用的女性与少数族群工人过少，那么就应该设定一个提高这些群体表现的数字目标，目的是使企业员工可以反映出可用劳动力人口。如果该企业是律师事务所，且律师行业中有 25% 是女性，则该企业应努力雇用女性律师直到该企业所有律师的 25% 以上为女性律师。

平权法案计划在启动之初还是饱受争议的。评论家认为这会导致**配额**出现，或是少数族群与女性就业出现严格的数值比例。他们认为，这些工作将会充满对工人资历的不尊重。还有人认为，平权法案计划最终只是做**表面文章**，或是使得企业仅仅雇用特定员工以证明其努力遵守了法律。这些评论家认为平权法案作为一种优惠制度会导致对白人男性的**逆向歧视**。而且他们坚持认为平权法案并没有使处于劣势的少数族群的获益多于中等收入的少数族群工人。

另一方面，平权法案的支持者认为平权法案是唯一能够解决历史歧视模式的方法，现在给予那些历史上一直被歧视的群体以优惠措施是合理且可取的。他们指出不同种族、民族和性别群体的收入差距，也坚信随着时间的推移，平权法案一定能缩小这些差距。他们还坚信劳动力的多样性本身也是非常有意义的事情。

正如大家所确知的，最高法院诠释我们的法律。所有的法律法规都必须符合美国宪法的要求。20 世纪 80 年代，最高法院鼓励平权法案立法。然而，近些年来，最高法院似乎逐渐在破坏平权法案。法院非法审定了一个项目，这个项目给少数族群企业预留弗吉尼亚州列治文市的一部分城市建设项目。它还默许许多遭受逆向歧视的公共雇员向现存的平权法案提起挑战。正如你阅读到的，平权法案似乎正受到法律的攻击。

有些经济学家认为诸如平权法案这样的劳动力市场上直接的政府干预是不必要的，甚至是有害的。诺贝尔奖获得者米尔顿·弗里德曼与加里·贝克尔都认为一个以除了效率之外的任何标准雇用的雇主与其他雇主相比会处于比较劣势地位，此处的效率指的是雇用这个工作中最有效率的工人。他们认为歧视性雇主的成本比非歧视雇主的成本要高，所以最终会被市场淘汰。因此，他们认为劳动力市场上的直接干预是不必要的。

托马斯·索维尔（Thomas Sowell），这位保守的非洲裔美国经济学家则更进一步。他指出支持劣势群体的政府干预实际上伤害了这些群体。他引用了一个美国原住民的案例。索维尔表示与其他少数族群相比，美国原住民（作为联邦政府的守护者）与联邦政府的关系是最悠久的，而且一直位于美国经济阶层的最底部。索维尔认为像日本裔美国人这样不被政府所偏爱的少数族群比那些接受政府援助的少数族群要成功得多。

其他经济学家则认为劳动力市场既没有解决歧视的问题，也没有在消除歧视这一方面取得实质性进展。他们同样也不同意歧视必然造成成本劣势这个观点。相反，他们指出统计歧视可能会节约短期成本。因此，他们认为仍然需要平权法案之类的计划。他们建议需提出特别针对劳动力供给方的直接干预计划。平权法案现在只是针对市场需求方的，或是针对雇用和升职的企业的直接干预。供给方应努力向雇主提供那些经过适当教育并有空缺职位所需技能的工人。他们还提出一个问题，如果没有空缺，雇主选择女性审计员的好处是什么？因此，训练女性与少数族群使他们能够提供工作中所需的技能是很重要的。例如，他们认为我们需要更多的女性经济类学科以满足开放的经济类职位，而且还应当关注女性获得教育的途径。

平权法案是政治博弈的结果。反对者认为我们不再需要"优惠措施"，因为美国的国家价值观与法律都已经改变，预防了歧视的发生。其他人则不同意这个观点。其他人仍然认为平权法案计划对于劣势群体的条例更有针对性。对于平权法案的辩论似乎会持续下去。

劳动力市场间接政策

政府同样可以采取不那么直接的方式来减少劳动力市场歧视。例如，提高种族、少数族群与女性接受教育的机会，相应地，他们在劳动力市场就会获得更好的职位。我们随后会讨论这一问题。此外，许多低收入工人的家庭都存在儿童看护问题，我们可以采取日托补助计划来缓和这个问题。许多家庭没有可靠的交通工具，而公共交通有时是不便利的。因为许多工作从市中心转移至郊区，市中心住宅区没有足够的交通工具也是造成失业的原因之一。事实上，马丁·路德·金博士坚信公共交通问题是公民权利问题。

维持一个健康的经济体所需的适当的财政政策与货币政策也可以解释为反歧视的政策。一个健康的经济体意味着就业机会。如果新增工作比工人多，雇主反而不能实施歧视。而第二次世界大战期间真正紧缩的劳动力市场给女性与少数族群工人提供了更多的机会。

最后，其他政府政策会间接影响劳动力市场。例如，近期以工作需求为重点的福利改革使得低收入单身母亲们极难获得大学学位。这常常意味着这些女性会无限期地留在低技能、低收入职业。

其他形式的歧视

经济新闻："郊区是否都是同样的？是不是应该一样的？"

在阅读微观经济学——市场失灵、市场管制与公共选择的文章后再思考这一问题。http://www.cengage.com/eco-nomics/econ-apps

尽管我们最初主要讨论的是劳动力市场歧视及其影响，其他形式的歧视也同样繁复，并且与劳动力市场歧视相关。其他形式的歧视主要有住宅隔离与教育隔离。

回忆第4章中公立学校的教育质量各有不同，很大程度上是由于公立学校是国家资助的。简而言之，低收入住宅区的周边教育水平也较低。某种程度上，这些学校通常位于种族隔离的市中心附近，与非少数族群儿童相比，少数族群的儿童接受质量较差的教育。因此，住宅与教育隔离导致较低工资率的工作、较高的失业率和少数族群的不平等机会。有些儿童正忍受着与教育和住宅有关的其他问题，有时是与贫穷有关的问题。这样的儿童主要有移民的孩子、农民工的孩子、缺房户的孩子、有毒瘾父母的孩子和家庭暴力下的孩子。这些家庭的不稳定性更多地导致了孩子的教育困难。

住宅隔离

住宅隔离使得歧视成为约定俗成的现象。随着非少数族群的人口转移至郊区，少数族群仍常常被限制在市中心。而且，自20世纪70年代起，南部的许多大城市都有广泛的废除种族隔离的计划。例如，20世纪70年代，特拉华州的威尔明顿市与肯塔基州的路易斯维尔市在两项最高法院命令下强制在全城区范围内取消种族隔离。这些命令使这两个州的融合程度更高一些。

相比之下，1974年最高法院在底特律米利肯诉布雷德利案的决议阻碍了底特律所有城区居民废除种族隔离。市中心与郊区边缘各自废除种族隔离。裁决结果阻碍了有效地废除种族隔离，而且底特律成为美国种族隔离最严重的城市之一。归因于美国对许多市中心少数族群的高度重视，以及对郊区白种人的高度关注，废除种族隔离必须在城市水平上进行。由于前车之鉴，以及统治阶层在这一问题上的错误行为，自1974年至今，废除住宅隔离并没有取得多大进展。

一份哈佛报告根据2 000个统计指标指出人们依然生活在种族隔离的住宅区中。研究者发现在1990—2000年，白人、非洲裔美国人、亚洲裔美国人和拉美裔仍然倾向于分开生活。特别地，普遍生活在城区（包括市中心和郊区）中的白种人的邻居有 80％的是白种人。① 近期统计局数据指出非洲裔美国人与白种人住宅隔离严重的城市有底特律、克利夫兰市、圣路易斯市和纽约。拉美裔与白种人住宅隔离严重的城市有纽约、纽瓦克市、洛杉矶、芝加哥和费城。有助于减少严重隔离的一个因素就是近期许多市中心的整修，希望可以吸引更多的白种人搬回市内。住宅隔离会在第 7 章"住房问题"中进行详细讨论。

教育隔离

从美国最高法院推翻了布朗诉托皮卡教育局案（1954）中的"隔离但平等"教条至今已经超过 50 年了。在那个案例中，法院规定隔离学校事实上是不平等的，并造成了不可挽回的伤害。从那时开始，美国的各州与各地区开始以不同的速度整合学校。

有证据显示，大型学校取消种族隔离不仅能够提高诸如成绩之类的客观成就，还可以提高大学入学率。这样做同样会对学生选择的大学类型、大学专业和就业产生积极影响。然而，芝加哥大学的都市机会项目研究表明在市中心继续教育方面对非洲裔美国人有极端强烈的种族隔离现象，对拉美裔的种族隔离也在增强。而且，所有案例中少数族群高中的学生大部分是低收入学生。主要的少数族群学校的高比例贫穷学生与低教育产出是有很强的正相关性的。许多非洲裔与拉美裔学生被迫在辍学率很高而成功机会很小的学校学习。②

哈佛研究不仅发现了住宅隔离，同样表明教育隔离增加了。根据 1980—1998 年的数据，该研究发现白人学生是最容易受到种族与少数族群隔离的。白人学生进入的学校超过 80％的学生是白人，来自非白人群体的其他学生少于 20％。明尼苏达州的教育隔离程度最高。

当然，住宅隔离与教育隔离是相关的。生活在隔离社区内的居民更愿意选择隔离社区的学校。反过来，进入低教育质量的隔离学校的学生最终更可能接受低工资和经受高失业率。而且，这些人更可能生活贫困。**以上研究意味着同等教育机会对于克服几十年的劣势十分重要**。正如第 4 章中讨论的，我们应该寻找一种更好的资助方式来为美国的公立小学和初中教育提供经费，隔离才会被消除。除此之外，还要解决更高级教育的平权法案问题。

教育的平权法案

高校招生中的平权法案问题已经成为政治不稳定的问题之一，特别是在乔

---

① The Civil Rights Project，Harvard University，http：//www. law. harvard. edu/groups/civilrights/.

② 大部分材料取自 Gary Orfield，"Have the Kerner Warnings Come True?" *in Quiet Riots*，ed. Fred R. Harris and Roger W. Wilkins（New York：Pantheon，1988）；and "Education in the Twenty-First Century," *Christian Science Monitor Service*，http：//www. nabe. org/press/reprint990504b. htm.

治·W·布什总统的任期中。早在2003年，布什政府向最高法院提出简要主张，认为密歇根大学向非洲裔、拉美裔和美国原住民申请者提供违宪的优惠。布什政府认为，"最核心的问题是密歇根大学的政策相当于一个配额体制，即仅仅根据准新生的种族给予不公平的奖惩。"这一声明很快就引起高等教育工作者与公民权利领袖的批评。即使是布什当时的国务卿科林·鲍威尔（Colin Powell）也不同意这一看法。众多500强企业，如微软、英特尔、美国航空公司和宝洁等，都不同意总统的看法。据斯蒂尔凯斯公司的首席执行官詹姆斯·哈克特（James Hackett）所言，"如果你想成为一个全球化公司，想要吸引并留住最好的员工，那么相应的，你必须也要是一个非常多元化的公司。"

2003年中期，最高法院同时裁决了两例密歇根大学案，一例是研究生招生（法学院），另一例是本科招生。在法学院的案例中，最高法院规定种族可以成为大学招生的决定因素之一，而且的确"一个多样化的学生团体有利于其自身"。然而，法院同样裁定在本科招生中，依据以学生种族与民族背景为特殊要点的更严苛的体制是不符合宪法的。密歇根大学案是自1978年著名的贝克案之后第一次在大学招生中实验平权法案的案例。

随着美国人口多样性的增加，自然我们将更广泛地接触其他文化。学校与大学中的多元文化运动都反映了我们更广泛的社会变化。学校用它们的能力与学生尝试反映这个社会的人口多样性。使用多元文化教学方法与材料是为了向其他文化传播更多的知识。多元文化主义的目标之一就是提高对所有种族、性别和民族的尊重。

观点

保守派与自由派

许多保守派认为依然存在的少数族群与白种人以及男性与女性的收入不一致等问题是理性选择而不是歧视的结果。他们指出自20世纪60年代开始，这种差距已经逐渐变小。保守派反对政府对市场（包括劳动力市场）的干预。他们将平权法案看作是一种错误引导，还是市场低效率的原因。他们相信社会价值观的改变与反歧视法规的通过都可以缓解歧视问题，而且也不再需要平权法案。

自由派相信政府项目已经有所作为，但是并没有彻底解决歧视问题。因此，他们认为仍然需要继续推行平权法案计划。他们认为工作场所与教育机构的多样性是非常重要的，并一直致力于克服对少数族群数十年的不平等待遇。除此之外，他们还常常提出对公立教育的财产税赞助的方法，财产税造成了教育的不平等，教育会因此而拒绝给予全国各地区学生以同等机会。

总结

美国人口有非常丰富的种族与民族构成，包括拉美裔、非洲裔、亚洲裔和美国原住民。在不久的将来，这种多样性还会增加。然而，少数族群人们的生活质量实际上比美国白人要低。此外，女性与其他大多数种族与少数族群的地位相似。他们都面临着低收入与贫困的可能，同样也暗示着与低收入、贫困有关的健康、住房和教育问题。

劳动力市场歧视包括工资歧视、就业歧视、职业歧视与人力资本歧视。即使是相同且不变的教育水平，这些类型的歧视还造成了少数族群与非少数族群间的薪酬差距。除了劳动力市场歧视，还有住宅隔离与教育隔离这两种形式的歧视。平权法案是一种减少劳动力市场与教育歧视的工具，非常重要但却充满争议。

过去的 40 年间，美国的法律环境已经改变。许多公然的歧视行为是违法的，但少数族群与白人的地位仍然是不平等的。社会中歧视与隔离的减少会增加经济体的整体效率，使大家获益。多元文化主义可以强化社会与经验的丰富性。

讨论和问题

1. 登录美国人口调查局网站（http://www.census.gov），点击滚动菜单"Population Finder"，然后点击自己的家乡并找到其人口规模。继续浏览网页，看能否找到关于美国人口多样性的近期数据。与本书相比，数据是否有很大变化？

2. 实际上，有没有可能你所在的群体虽然比另一个群体人口多，但仍属于少数群体？你能否想出不同于书中提到案例的其他案例？

3. 解释造成男性与女性收入不一致的因素有哪些？少数族群与白种人呢？这些因素是否因种族与性别而不同？

4. 教育与薪酬的关系是什么？这种关系是否能够解释不同群体的薪酬差距的全部？为什么？

5. 解释一下统计歧视。你是否认为这种歧视是广泛存在的？你是否能够举出除了课本中例子外的其他案例？

6. 你是否认为职业排挤是广泛存在的？是否现在的女性选择传统女性行业的压力一如既往？如果你是一位年轻女性，你毕业后是否会进入传统女性行业？你的母亲是否在传统行业中工作？

7. 平权法案是从 20 世纪 60 年代开始的。有人指责它造成了逆向歧视。本章中的数据能否支持这一观点？

8. 你是否信任平权法案？能否用理性分析与解释来支持你的看法？

9. 19 世纪，秘书普遍为女性，这一职业声望很高且收入不错。现在是否依然如此？你能解释这种观念的变化吗？

10. 为什么在我们的文化中，测度歧视程度如此困难？

11. 浏览劳工统计局的网页 http://www.bls.gov。性别、种族和民族不同的各类人的失业率有什么区别？这种差距的原因是什么？有没有可能某些被归类为失业的人员仅仅是因为过于懒惰而找不到工作？（提示：谨记劳工统计局是如何定义失业的。）

12. 点击平等就业机会委员会的主页 http://www.eeoc.gov。这个网站是否提供了关于如何惩罚违反了平权法案雇主的信息？你是否曾在劳动力市场中被歧视过？如果曾有过，你认为是歧视你的什么背景（年龄、性别等）？

13. 你是否能在网页 http://www. affirmativeaction. org 中找到 2003 年美国最高法院对平权法案决议的相关信息？裁决是如何区别密歇根大学法学院与它的本科项目的？

14. 美国平权法案协会的目标与理念是什么（http://www. affirmativeaction. org）？

第10章
世界贫困
美国和世界贫困人口
面临一些相同的问题。

第8章
医疗保险
贫困人口缺少健康保健，
身体健康状况较差。

第5章
歧视
种族、宗教、性别
上受歧视的人群会
出现较高的贫困率。

第6章
美国贫困问题

第4章
教育
基础教育和中学教育
的融资方式造成贫困
人口得不到机会更多、
质量更高的教育。

第14章
失业与通货膨胀
那些失业率较高的
人群更可能是穷人。

第7章
住房问题
那些穷人很可能无家可归或生活在
达不到标准而过度拥挤的住房里。

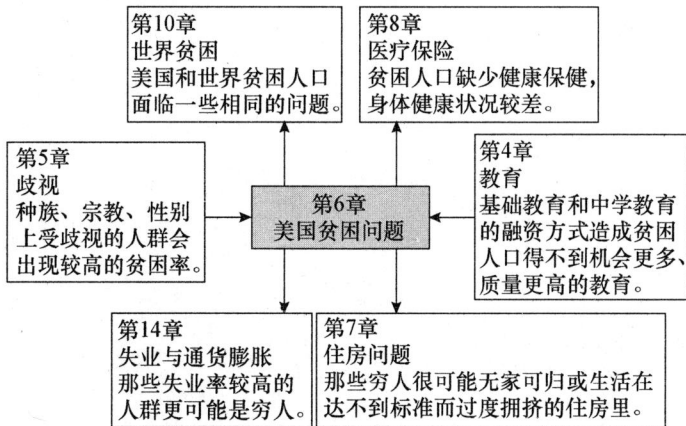

经济学工具箱：

- 相对贫困
- 绝对贫困
- 收入分配
- 贫困线
- 贫困率
- 贫困发生率
- 贫困妇女化

- 衰退
- 人力资本投资
- 普惠资助
- 负所得税
- 经济激励
- 涓滴哲学
- 洛伦兹曲线（附录）

第6章 美国贫困问题

> 我上过大学，以便可以赚得养家糊口的工资。我希望我的孩子可以安全地玩耍并有机会接受教育。我希望他们有社会责任感，有道德感，心智健康，能够应对社会生活和社会弊端。他们应该有一位不必为经济生活绞尽脑汁的母亲。这都要以一份可观的收入为基础。
>
> ——摘自"我们的说法：以母亲的观点看福利改革"[①]

大多数人都关心穷苦的人，但都不曾设想贫困将影响到自己。我们曾想象穷人的模样：可能是城市中的穷人，可能是带着几个孩子的妇女，可能是长期靠社会福利生活的家庭，他们生活在隔绝的地区、生活在阿巴拉契亚山顶或城市的街道上。他们可能有吸毒、酗酒等不良嗜好，或者在心理或身体上有疾病或者残疾，可能是年轻人或老年人，但一定不是我们自己。

根据官方的口径，2008 年美国总人口的 13.2%，也就是大约有 4 000 万美国人是穷人。[②] 这就是说，他们的现金收入不足以满足其基本生活需求。贫穷相对于富足来讲是一个公平的问题。从第 1 章可知，市场经济有效率上的优越性，但在公平性上可能存在问题。即便对于世界上最富有的国家，贫困统计数据也可能是

---

① 这些话以及本段中的其他妇女所说的话都摘自参加"妇女和贫困公共教育措施"项目的参与者，该项目由 Charles Stewart Mott 基金会支持。这些引言摘自 "In Our Own Words: Mothers' Perspectives on Welfare Reform", the Women and Poverty Public Education Initiative, 1997 Women's Studies Consortium Outreach Program, University of Wisconsin-Parkside, Kenosha, WI。报告的主要部分由 Laura Wittmann, Anne Statham KatherineRhoades, LorettaWilliams, Jean Verber, JulieElliott, Selina, Vasquez, Kathe Johnson, Nancy Bayne, Ethel Quisler, May Kay Schleiter, DianaGarcia, Iredia Seiler, Mary EllenLemke, Michelle Graf, Bets Reedy, Jean Radtke, Kim Noyd, Susan Taylor Campbell, Davida Alperin 等人提供。

② U. S. Department of Commerce, Census Bureau, http://www. census. gov. Unless otherwise stated, 本章全部统计数据都来源于此。

相对贫困：指的是与其他人所处的状况相比人们所处的贫困状况。

绝对贫困：指的是用客观标准来衡量时，人们所处的贫困状况。

非常高的。这些数据代表什么？谁是穷人？在美国，又有什么措施来应对贫困问题？

有两个角度来考察贫困状况。一个是**相对贫困**，这是通过与其他群体相对比所体现出来的。另一个是**绝对贫困**，这是通过某些客观指标衡量所体现出来的。下面我们将综合使用这两个衡量指标，首先讨论相对贫困。

相对贫困

因为相对贫困关注不同收入群体之间的对比，标准的相对贫困度量指标就是收入分配。

相对贫困的度量

收入分配：经济中总收入在不同收入人群中的划分。

货币收入：家庭所有收入，包括税前转移支付收入。

转移支付收入：政府提供给个人的现金，而不需要以个人提供任何回报为条件。

实物转移支付：政府提供给个人的物品或服务（或得到物品或服务的权利），而不需要以个人提供任何回报为条件。

收入分配指经济体总收入在不同群体之间的划分。收入分配的统计数据建立在美国人口调查局对**货币收入**定义的基础上，即工资、利息、租金、股息、其他税前收入等所有家庭收入。包括政府**转移支付收入**，比如社会保障收入，包括退伍老兵现金补贴、失业补助，但不包括**实物转移支付**，即物品或服务方面的政府转移支付，比如食品券、健康保健服务、住房援助和免费的法律援助。

为了便于分析收入分配，一个国家的总人口可以根据收入水平分为5类，分别对应着最贫穷的20％的人口所拥有的货币收入比例，次贫困的20％的人口所拥有的货币收入比例等等。如果收入完全平均分配，每一类人口都拥有20％的总货币收入。表6—1显示美国货币收入完全没有达到平等化。最新数据显示，最富有的20％的群体在2008年拥有接近一半的总货币收入，而最贫困的20％的群体仅拥有3.4％的总货币收入。同样，1981年的分配情况如表6—1所示。

表 6—1 **美国货币总收入五档分布（1981 年和 2008 年）**

家庭分组	所得货币收入占总货币收入的比例	
	1981	2008
最穷的 20％	5.0	3.4
较穷的 20％	11.3	8.7
中间的 20％	17.4	14.8
较富的 20％	24.4	23.4
最富的 20％	41.9	49.7

资料来源：U. S. Department of Commerce, Census Bureau, http://www.census.gov.

美国收入分配趋势

美国收入分配越来越不平均了。通过表6—1中1981年与2008年的对比，最贫困的 20％的群体所拥有的货币收入逐渐下降，而最富有的 20％那部分群体的货币收入却逐渐上升。从相对贫困角度来说，富者越富，贫者越贫。

完全平等的收入分配不一定是最理想的。包括经济学家的大多数人都认为一定程度的收入不平等有利于保证适当的激励机制。如果你认为自己不太可能有更高的收入，那么你就不会有动力努力工作、好好学习、寻找投资机会、承担必要的商业风险等等，这样生产效率和经济效率就会受损，贫困的人们虽然收入很低，但也可能因为没有机会在社会阶梯上不断上升而没有动力去奋斗。贫困也会造成健康和营养状况不良，从而使人的精力和劳动生产率下降。贫困还会带来教育质量的下降，从而也会降低劳动生产率。最后，美国当前如此不平等的收入分配会严重影响工作和生产的积极性。

如果我们思考为什么 1981 年以来收入分配会变得越来越不平等，需要注意的是有一些并没有直接起作用的因素。美国税收系统在 1981 年出现了重大变化，使得更多的收入为高收入人群所有。这在上世纪 80 年代罗纳德·里根执政时期和本世纪初乔治·W·布什执政时期的减税政策中体现得尤为突出。但是，这些税收体系的变化并没有直接引起人口调查局对收入分配的统计，因为这些统计是以货币收入为基础的（货币收入是以税前口径计算的）。同样，某些政府实物转移支付也没有影响收入分配的统计，因为类似食品券和其他实物转移支付被排除在货币收入统计之外。这样，虽然针对穷人的税收改革和实物转移支付改变了他们的福利水平，但是却没有直接影响收入分配状况。

一定有其他因素造成了统计数据所体现出来的收入分配变化。一个要素就是减税对富人产生的间接影响。尽管由于减税带来的税后收入增加并没有统计，但是高收入带来了更多的财务投资机会，并间接提高了富人的未来收入水平；另一个要素是经济的结构变化，其特点是制造业蓝领工作岗位的减少和低工资报酬服务业工作岗位的增加。在下面讨论绝对贫困的时候我们将继续讨论这一问题。下面对国家间收入分配进行一下对比。

经济新闻："美国梦对某些人来说是不太可能实现的。"

对最穷的 20％人口里面的孩子来说，他们当中只有 11％的孩子可以接受大学教育，而在最富有的 20％人口里面的孩子，该数据为 53％。这对经济流动性会产生什么影响？请参考微观经济学和劳动市场网站寻找答案。

http://www.cengage.com/economics/econ-apps

国际对比

国家间的收入对比是很有意义的。但是，由于数据在准确性和可比性上受到限制，这种对比难度很大。而且，收入分配数据的统计频率在其他国家并不像美国这样高。但是世界银行确实提供了相关数据。**可得数据显示，美国在西方工业化国家中的收入分配是最不平等的。**（其他国家包括发展中国家，它们的收入分配状况有的好于美国，也有一部分差于美国。）最后，如本章附录所示，可以用图来对比两个国家不同历史时期的收入分配状况。[①]

---

① World Bank, *World Development Indicators 2009*，(Washington，DC：The World Bank，2009). 对比基于近些年可得数据的基尼系数，这是一个对收入或支出分布的测量指标。

绝对贫困

因为穷人在收入分配档次中处于很低的位置，绝对贫困和相对贫困是存在内在联系的。如前所述，绝对贫困指的是根据客观标准判断人们所处的很艰难的生活状态。

美国绝对贫困度量

贫困线：指的是某一收入水平，收入水平在其以下的家庭被定义为贫困。

贫困线是确定绝对贫困的官方标准。贫困线指的是扣除满足生存基本需求，比如食品、衣服、住房等，所需的家庭收入水平。这里贫困统计数据所使用的货币收入概念与之前收入分配问题中所使用的概念是一致的。贫困线需要根据家庭规模而相应调整，人数多的家庭贫困线较高。如果家庭货币收入低于贫困线，那么这个家庭的所有成员都被划分为贫困人口。

贫困线的起源

贫困线最初使用于 1961 年农业部的"经济食品计划"（Economy Food Plan），后来称为"节俭食品计划"（Thrifty Food Plan），确定最少额的食品支出额，再乘以三，因为根据对上世纪 50 年代消费支出模式的研究，食品支出大概占总消费支出的 1/3。在其后的年份里，贫困线根据通货膨胀率，也就是平均价格水平不断进行调整。

贫困线的含义

官方确定的贫困线并不需要扣除政府转移支付来确定，因为货币收入并不包括现金转移支付所得。官方贫困数据包括尽管接受政府转移支付但仍然贫穷的人。其次，官方确定的贫困不一定与政府资助项目的标准相一致，政府可能要求家庭收入比联邦贫困标准线低很多的人才可以享受政府福利项目。官方贫困标准线仅仅是一个统计上的度量而已。

贫困标准线度量上的问题

官方的贫困度量存在争议。一些经济学家和政治家认为该指标过度估计了贫困问题，因为并没有考虑实物转移支付。正是因为这部分所得被排除在家庭货币收入之外，这些家庭可能被划分为贫困人口，而其福利水平却由于食品券和医疗健康援助等得到了相应的提高。

另外一个问题存在于贫困线对通货膨胀的调整。很多经济学家相信，消费价格指数实际上夸大了通货膨胀水平。（该问题将在第 14 章中进行讨论。）这样，通货膨胀调整会人为地提高贫困线，进而夸大了贫困水平。

也有人认为，官方的贫困线水平并没有夸大该国的贫困水平，反而低估了贫困水平。因为用来衡量贫困水平的家庭收入应该是税后收入，税后收入才是实际上可以用来满足个人和家庭支出需求的收入。（贫困人口可能将其收入的一大部分用来上交社会保障税。）他们也指出，贫困线的额度并不够高。因为该阈值的确定仅假设食品支出占总消费支出的1/3，一般来看，从那以后燃料、住房、健康支出相对于食品支出的重要性越来越大。最近的研究显示，美国家庭中大约有1/7的支出为食品支出，而不是1/3。这意味着食品支出应该乘以7而不仅仅是乘以3来计算贫困线水平。而且，农业部确定的最低食品支出额在长期来看并不充足。

贫困线的生活水平

考虑贫困线的生活水平。假设你生活在四口之家，家庭货币收入为2008年的贫困线水平22 025美元。假设你的家庭在该年将1/7的收入也就是3 146美元用于食品支出，18 878美元用于其他支出。每个人每周有15.13美元用于食品支出，每天2.16美元。这样的支出可以生活吗？该家庭每月将1 573美元用于租金、设施、燃料、保险、交通（包括汽车维修）、穿衣、医疗和牙齿保健、教育、娱乐和税收等支出。至少可以这样说，这种生活是非常简朴的。

贫困统计数据体现出来的趋势

贫困率：总人口中贫困人口的比例。

近些年贫困数据的对比可以发现一些明显的趋势变化。从贫困人口占总人口比例来看，**贫困率**在1960年是很高的，大约为22.2%（见表6—2）。（很多人被误导而对20世纪50年代念念不忘，但是这些"美好年景"对最贫困的20%的人群来说并不是那么美好。）但是，随着经济繁荣的出现，以及肯尼迪和约翰逊执政时期采取的反贫困措施，在20世纪60年代和70年代早期贫困率有了显著下降。全国贫困水平降到了总人口的11.1%，然后在1980年上升到13.0%。由于20世纪80年代经济发展比较困难以及里根执政时期的预算削减，贫困率在1983年上升到15.2%，并在90年代初继续上升，这也反映了当时较差的经济发展状况。贫困率在1993—2000年期间不断下降，在2000年达到11.3%，其后美国经历了历史上最长的稳定增长期之一。但不幸的是，同样因为经济原因和政策原因，在2008年美国贫困率上升到13.2%，如果情况没有改观，贫困率会继续上升。**如果一国的贫困率达到13%以上，那问题就很严重了，经济学家预测2010年贫困率会更高。**

表6—2　　**贫困率：生活在贫困线以下的人口比例（1960—2008年）**

时间	贫困率（%）	时间	贫困率（%）
1960	22.2	1998	12.7
1970	12.6	1999	11.8
1973	11.1	2000	11.3
1980	13.0	2001	11.7
1983	15.2	2002	12.1

续前表

时间	贫困率（%）	时间	贫困率（%）
1990	13.5	2003	12.5
1993	15.1	2004	12.7
1994	14.5	2005	12.6
1995	13.8	2006	12.3
1996	13.7	2007	12.5
1997	13.3	2008	13.2

资料来源：U. S. Department of Commerce，Census Bureau，http://www.census.gov.

贫困发生率

贫困发生率：贫困在一国的分布。

贫困发生率同样是很重要的度量。该指标指的是一国的贫困分布。有两个不同的统计指标来描述贫困。两者都是正确的，但是反映了考察贫困问题的不同视角。我们可以考察谁属于贫困人口（反映了不同群体在贫困人口中所占的比例），或者我们可以考察每个人群内部贫困的概率（反映了该群体内部贫困人口的比例）。前者反映的是**贫困人口组成**，后者反映的是贫困率。下面我们将分析两个指标及其含义。

贫困人口组成：各组人口中贫困人口占总贫困人口的比例。

谁是贫困的人？

首先，我们考虑美国官方认定的贫困人口总数以及该部分人口包括哪些人。表6—3根据种族、年龄、家庭类型将贫困人口分解为几个部分。

表6—3　　　　　　　　贫困对比：在2008年谁是穷人？

人群	各组人群中贫困人口的数量（百万）	组内贫困人口占全国总贫困人口的比例（%）
人数	39.8	100[a]
种族		
白人	27.9	70
非拉美裔白人	17.0	43
非洲裔美国人	9.4	24
拉美裔美国人[b]	11.0	28
亚洲裔美国人	1.6	4
年龄		
18岁以下	14.1	35
18~64岁	22.1	56
65岁及以上	3.7	9
家庭	8.1	100
已婚夫妇	3.3	41
无配偶女性	4.2	52
无配偶男性	0.7	1

a. 所有数字加总并不等于100%，原因包括四舍五入、存在其他种族和包含拉美裔美国人。
b. 拉美裔美国人可能包括任何种族。
资料来源：U. S. Department of Commerce，Census Bureau，http://www.census.gov.

2008年美国3 980万贫困人口中大多数为白人（70%），1/3以上为儿童（35%）。（注意：儿童如果被划分为贫困线以下的家庭，那么他们也将被视为贫困人口。）其他关于贫困家庭而不是关于个人的统计数据显示一半以上的贫困家庭都有一位女性户主（无配偶）。（这里的户主指的是人口普查中填写了表格的被调查者。）

尽管这些统计数据说明了在美国贫困人口是哪些人，但没有说明哪些群体的贫困率更高。为了确定这些群体，我们必须从其他角度来观察统计数据，也就是说我们必须分析美国哪些群体的贫困率更高。

哪些群体的贫困率更高？

2008年美国总人口的贫困率为13.2%（见表6—4）。但是，如果对不同种族群体之间进行对比，我们会发现一些差别。白人的贫困率为11.3%，低于全国水平。更明显的是，非拉美裔美国白人的贫困率仅仅为8.6%，非洲裔美国人的贫困率为该数字的三倍，为24.7%，拉美裔美国人的贫困率稍低，为23.2%，亚洲裔美国人的贫困率较低，为11.8%。尽管美国大多数贫困人口为白人，但非洲裔和拉美裔美国人比白人贫困的可能性更高。

表6—4　　　2008年不同种族、年龄和家庭类型的个人和家庭的贫困现状

人群	贫困率（每组贫困人口的比例,%）
人数	13.2
种族	
白人	11.3
非拉美裔白人	8.6
非洲裔美国人	24.7
拉美裔美国人[a]	23.2
亚洲裔美国人	11.8
年龄	
18岁以下	19.0
18～64岁	11.7
65岁及以上	9.7
家庭	11.5
已婚夫妇	6.7
无配偶女性	31.4
无配偶男性	14.2

a. 拉美裔美国人可能包括任何种族。
资料来源：U. S. Department of Commerce, Census Bureau, http://www.census.gov.

令人意外的是，老年人（65岁及以上）的贫困率为9.7%，低于全国水平。这与社会保障计划有很大关系，在第9章中将继续讨论该问题。但是，老年人的贫困问题并没有完全解决。根据人口调查局的数据，65岁以上男性的贫困率为6.7%，而该年龄段女性的贫困率为11.9%！很多因素造成了这种巨大的差别，比如女性寿命较长，比如第5章中提到的女性生命周期中总收入较低，比如社会保障系统运作（第9章）。

同样应该注意到，在美国相对于其他年龄段人群来讲儿童的贫困率更高。18

岁以下儿童的贫困率为19.0%，大约每5个儿童中就有一个贫困儿童。下面为一个贫困母亲的表述：

> （我很关心）我的孩子是否会成长为健康、健壮的人，而不用经历我所经历的痛苦；我的女儿可以有智慧和聪颖；我的儿子不要虐待其他妇女。对于我来说，我希望能够提供我和我的孩子生活所需，以及一些少量的额外节余来满足生存；我希望我可以接受教育，以便选择我喜欢的工作，因为我相信，如果我从事我所不喜欢的工作那也不会长久。我希望我的孩子能够摆脱我所挥之不去的贫困；他们应该得到更多。[1]

最后，仅有一个女性户主而没有配偶的家庭贫困的概率为31.4%，相比之下，仅有一个男性户主而没有配偶的家庭贫困的概率为14.2%（不到前者的一半）。所有的统计数据清楚地显示，我们国家的贫困问题是儿童问题，是女性问题，也是种族问题。

贫困的含义

有人说贫困的统计指标就是那些擦掉眼泪的人们。现实中影响人们生活的贫困的真正含义是什么呢？诚然，饥饿是穷人的一个问题。施世面包（Bread for the World），一个全国公民游说组织，报告说11.1%的美国家庭在食物上都是没有保障的，也就是说，他们面临着饥饿的威胁。[2] 他们时不时地少吃一些食物，以紧急救助食物为生，吃一些缺少营养的食物，因为这些家庭买不起他们所需的食物。

医疗救助：对满足条件的低收入人口提供医疗资助的政府项目。

医疗保险：主要对老年人提供医疗资助的政府项目。

无家可归也是贫穷的一个表现，这个问题将在第7章中进行讨论。而且，美国的穷人也得不到足够的医疗保障。正如将在第8章中看到的那样，很多穷人并没有享受到**医疗救助**（Medicaid，政府为低收入者提供的医疗项目）。并且，尽管有**医疗保险**（Medicare，政府为老年人提供的医疗项目），很多上了年纪的穷人却负担不起治疗、医疗保险和需要自己负担的医疗费用（医疗救助有时需要支付这些费用）等方面的支出。

贫困化妇女

统计数据显示女性是贫困问题的最大受害者。很多人提出了贫困化妇女的原因[3]，

① Laura Wittmann et al. , *In Our Own Words*.

② Bread for the World，*Hunger 2009：Global Development：Charting a New Course*，（Washington，DC：Bread for the World Institute，2009），citing *Household Food Security in the United States 2007*（2008），U. S. Department of Agriculture.

③ "贫困问题妇女化"一词最初由社会学家Diana Pearce 在 "The Feminization of Poverty：Women，Work，and Wel-fare"（*Urban and Social Change Review*，February 1978）一文中使用。这一词汇也同样出现在Ruth Sidel 所著 "*Women and Children Last：the Plight of Poor Women in Affluent America*"（New York：Viking，1986）一书中。该书对贫困问题妇女化及其原因展开了详细的讨论，作者在该书引言中强调妇女与贫困息息相关。她同样强调普惠资助的重要性，并在其后"贫困解决方案"一章中进行了讨论。

包括以女性为支柱的家庭数目的增加，少年怀孕，劳动力市场的歧视，以及对妇女的家庭暴力。种族和年龄歧视可能使得女性面临的性别歧视更加严重。特别地，少年就成为母亲的女性因为退学和生育孩子会很难完成学业以及找到一份体面的工作。对于那些自己有着未来规划的人来说，其他因素可能使他们的生活变得复杂。比如，一个母亲说道：

> 我当时只有 16 岁，并一度认为自己做得很对；我结婚、高中毕业、上大学、工作、离婚，但我却没有得到儿童资助金。[①]

儿童护理、教育和培训项目、资助方面的缺乏，儿童资助金的不足或不存在，阻碍了单身母亲尤其是少年母亲参与到经济生活当中，使得他们不能摆脱贫困。其他女性已经放弃了教育和职业培训的机会，而在家照料家人和孩子。他们常常由于丈夫的去世或抛弃而成为贫困人口。最后，很多女性是家庭暴力的受害者，这种安全和福利上的威胁阻碍了很多女性成为劳动力、得到工作和养家糊口。

贫困的原因

如前所述，在上世纪 80 年代初期、90 年代初期和 2000 年之后的一段时间内贫困率大幅上升。如果经济在本世纪最初十年中的剩余几年里继续表现不佳，那么贫困率将不断上升。基于这种趋势和其他趋势的分析可以帮助探求贫困的原因。

衰退

衰退：一国经济中国内总产出的下降以及失业率的上升，通常必须经历连续两个季度真实 GDP 的下降。

前面提到，贫困率的提高可能与经济状况不景气有关。衰退是上世纪 80 年代初期、90 年代初期和本世纪前几年贫困率较高的主要原因。2008—2009 年经历了最近一次衰退。**衰退**指的是一国总产出的下降。当经济体的产出下降时，对劳动力的需求下降，进而导致就业率的下降（衰退将在第 15 章关于宏观经济政策的讨论中进行详细的分析）。失业率在 1982—1983 年间大约为 10%，在 1992 年约为 7%，在 2009 年上升到 25 年来的最高值，这样，随着下岗职工收入的减少和新增劳动力没有成功就业，贫困发生率就会上升。在岗职工会发现其工作小时数在衰退时期会下降，工资在失业率上升时期也会下降。但是，失业率仅是贫困的诸多原因之一。

上世纪 80 年代经济衰退之后，贫困率并没有因为经济逐渐复苏而下降到应有的水平。其他因素也要考虑进来，包括劳动生产率、经济结构变化、个人因素、人口趋势、预算削减和反贫困措施。

[①] Laura Wittmann et al., *In Our Own Words*.

低下的劳动生产率

技术水平低下、经验不足、缺少教育经历的人往往很难找到工资合意的工作，因为他们的劳动生产率很低。这样，这些人相比具有一定培训和教育背景的人来说更容易陷入贫困。人们选择继续学习接受教育，因为这通常意味着个人劳动生产率和收入的提高。低下的劳动生产率与经济的结构变化有很大关系，并造成了贫困。

个人因素

经济争论："技术进步会带来失业率的上升吗？"

请在宏观经济学的生产率和增长这一内容下阅读争论的详细内容。
http://www.cengage.com/economics/econapps

没有技术和教育背景的人更可能贫困，但是这些因素并不是制约个人收入的所有因素。很多个人缺少所谓的"工作准备"，或准备每天工作的能力。这种缺乏可能由于心智上能力不足、经验缺乏、不成熟或其他原因。很多家庭，特别是单亲家庭，缺少儿童护理使家长无法寻找工作。即使家长找到了工作，他们也会由于孩子生病、保姆去度假或其他原因而不得不偶尔旷工。其他劳动人口则可能没有交通工具到达工作地点。贫困人口的汽车往往都不太靠得住，当他们的车出现故障时，他们可能无法支付修理费用。同时，公共交通系统也可能是耗时的，或者无法乘坐公共交通到达他们工作的地点或儿童护理的地点。很多贫困的家庭都经历了这些困难。一个经常问到的问题是："他们为什么不找份工作呢？"很显然，问题并非如此简单。

人口趋势

如表 6—5 所示，人口统计显示 1990—2007 年间未婚母亲生育的儿童相对于总新生儿童的比率有所上升。这种趋势开始于上世纪 60 年代。另外，表 6—5 中各个种族群体的贫困率在 1990—2007 年都有所上升，虽然这种趋势并不是很稳定。值得注意的是，2006 年和 2007 年与之前年份白人和非洲裔美国人的数据并不可比，因为之前的数据仅指非拉美裔白人和非拉美裔的非洲裔美国人。很明显，未婚母亲生育率的上升是造成贫困的原因之一。

表 6—5　人口分组中未婚母亲所生孩子的人数占总新生人口的比例（1990—2007 年）

母亲分组	1990（%）	1995（%）	2000（%）	2005（%）	2006（%）	2007（%）
所有未婚母亲所占比例[a]	**26.6**	**32.2**	**33.2**	**36.9**	**38.5**	**39.7**
白人	16.9	25.3	27.1	31.7	26.6[b]	27.8[b]
非洲裔美国人	66.7	69.9	68.5	69.3	70.7[b]	71.6[b]
美国土著	53.6	57.2	58.4	63.5	64.6	65.2

续前表

母亲分组	1990（%）	1995（%）	2000（%）	2005（%）	2006（%）	2007（%）
拉美裔美国人[c]	36.7	40.8	42.7	48.0	49.9	51.3
亚洲裔美国人	13.2	16.3	14.8	16.2	16.5	16.9

　　a. 包括所有未在此列出的种族。

　　b. 2006 年和 2007 年的数据与前期数据不具有直接可比性，因为之前的数据仅代表非拉美裔白人和非拉美裔中的非洲裔美国人。

　　c. 拉美裔美国人可能包括任何种族。

资料来源：U. S. Department of Commerce，Census Bureau，http://www.census.gov.

　　但是，如果从年龄为十几岁的母亲生育孩子所占比率来看，这个问题会稍微好一些。表 6—6 显示该比率从 1995—2005 年间有所下降，对 1995 年之前上升的势头有所逆转。（但是，该趋势是否在最近几年可以继续维持仍不太明确，初步估计 2006 年该比率为 10.4%。）而且，对表中所有种族来说，该比率都有所下降。这对于贫困率的下降来说是一个好消息。对于十几岁就生孩子的母亲，正如贫困妇女化问题所指出的那样，这些年轻的单身母亲因为不能得到很好的教育和工作而很难为家庭赚得足够的工资。年轻父亲因缺少工作技能而不得不面对失业问题，这造成了他们不能为家庭提供足够的支持并脱离出家庭。

表 6—6　人口分组中未成年母亲所生孩子的人数占总新生人口的比例（1990—2005 年）

母亲分组	1990（%）	1995（%）	2000（%）	2005（%）
所有未成年母亲所占比例[a]	**12.8**	**13.1**	**11.8**	**10.0**
白人	10.9	11.5	10.6	9.2
非洲裔美国人	23.1	23.1	19.7	16.8
美国土著	19.5	21.4	19.7	17.4
拉美裔美国人[b]	16.8	17.9	16.2	13.9
亚洲裔美国人	5.7	5.6	4.5	3.3

　　a. 拉美裔美国人可能包括任何种族。

　　b. 包括所有未在此列出的种族。

资料来源：U. S. Department of Commerce，Census Bureau，http://www.census.gov.

预算削减

　　很多人误以为我们的政府已经将很大一部分资金用于帮助提高贫困人口的生活状况。其中也有很多人相信这些并不是有效的措施。这些观点造成上世纪 80 年代以来削减贫困人口救助项目的呼声不断提高。里根总统时期（1981—1983 年）发生的预算削减正是这样的政策，并对贫困人口造成了巨大的伤害。很多家庭，尤其是单亲母亲的家庭失去了领取政府现金资助项目的资格。这些儿童失去了食品券、医疗保险、获取公立学校早餐和午餐以及其他一系列服务。值得注意的是，这些项目削减发生在失业率和贫困率很高并上升的历史时期。

造成贫困的其他原因

其他原因与劳动力市场的各个方面有关。获得一份工作并不意味着摆脱了贫困。如果一个人以 2009 年最低联邦工资计算，每小时工资为 7.25 美元，每周工作 40 小时，每年工作 52 周，那么他每年将赚得 15 080 美元，但仍低于 21 203 美元的四口之家的贫困线水平。最低工资的工作并不足以使这些家庭摆脱贫困。

事实上，女性的工资远低于男性，这部分源自于就业歧视。该问题在第 5 章中已经进行了讨论。种族和年龄歧视也降低了少数族群、老人和少年的收入。另外，尽管存在薪水可观的工作岗位，但仍然有些人由于多种原因不能工作而受迫于贫困。这些人包括老年人、小孩子的父母、身体上或心理上不健康或残疾的人士。

贫困问题解决方案

解决贫困问题的方案很具有争议性，我们经常在报纸的专栏或评论中看到有关福利改革、福利欺诈、政府支出等等的报道。下面我们来分析可用于解决贫困的方案。

降低全国失业率的宏观经济政策

由于经济衰退是贫困的原因之一，政府和美联储可以通过多种财政和金融政策的实施来提高全国就业水平。在第 15 章将详细讨论这些政策。**现在，可以说尽管国家经济繁荣不能解决全部贫困问题，但却可以与其他方案协同以解决贫困问题。**当然，这些政策在向贫困人口和失业者提供培训、教育和工作方面的支持性服务，以使其获得有较高收入的工作方面并不起什么作用，失业率反映了工作机会的缺乏，要求贫困人口在缺少工作机会的情况下去工作并不合理。

提高劳动生产率的微观经济政策

人力资本投资：
旨在提高劳动者劳动生产率的投资。

我们可以通过之前提到过的投资于劳动者个人的方式来解决由于生产率低下、经济结构性变化以及个人原因引起的贫困问题。我们可以想象商业企业不同形态的投资资本，比如工厂和机器。同样，也可以对人力资本进行投资。**人力资本投资**指的是任何提高劳动者劳动生产率的投资。显然，对教育和职业培训的支出可以提高劳动者的技术和能力，使他们更有效率地工作，提高他们寻找更好的工作的能力，提高他们获取更高收入的几率。

除了职业培训和教育，还有很多方法可以帮助那些在寻找工作或保持原有工作方面有困难的人。必须满足交通和抚养子女方面的需求。当失业率很低的时候，企业倾向于雇佣更多的劳动者。结果，这些企业发现它们需要满足劳动者职业培训、抚养子女和交通等方面的需求。不幸的是，在经济从劳动力卖方市场转换到买方市场的过程中，企业要缩减以上方面的支出。

普惠资助

普惠资助：对满足法律规定条件的公民的支付（或者项目）。

很多出现贫困问题的国家都实施了**普惠资助**政策。这些政策不一定直接针对贫困人口，而针对满足各种条件的所有人。例如，在我们国家所有学龄儿童都享有公共教育的权力。这样，无论家庭收入情况如何，所有儿童的教育质量都得到了保证。很多此类政策都可以扩展到其他方面的救济和帮助，比如抚养子女、医疗、产假以及家庭补助。在挪威，甚至也要对家庭主妇的工作支付工资。这些项目在很多西方工业化国家是理所当然的，这可以解决贫困化妇女的一些问题。反对普惠政策的观点更多地强调其相关支出和反激励效应。反对者认为，政府没有理由要对一些人进行抚养子女方面的支付，而不是仅仅集中于需要资助的低收入家庭。如果抚养儿童方面的补助发放是基于每个家庭儿童的数量，该项政策会不会造成生育率的提高呢？

支持者则不同意上述质疑。他们声称从政治上来看，普惠资助相比仅仅使得贫困人口受益的资助更具有可能性和持续性。（社会保障作为一种政治上受欢迎的政策就是一个例子。）进而，只有使所有人都受益的资助，比如医疗保险和抚养子女补助，资助的实施效果才能得到保证。仅针对穷人的资助往往实施质量都很低。（对低收入人口的住房资助就是一个例子。）最后，普惠资助可以避免不同人口群体之间在争取重要服务方面的相互争执。

负所得税

负所得税：对收入高于某一水平的人课税而对收入低于某一水平的人补贴的税收制度。

很多政治家和经济学家都提出了不同版本的**负所得税**，其相同点是都主张对超过某一标准的收入，比如贫困线，征收不同税率的所得税；在该特定标准以下，收入不被课税，而是得到政府的补贴，相当于负所得税。该项支付可以利用当前所得税系统实现自动支付，并根据家庭规模进行调整。

具体政策可能由于支付规模和整个政策目的的不同而有所差别。有些支持者认为，负收入所得税可以替代现行所有相关政府政策，比如农产品价格支持、学生贷款、社会保障等等。其他人则主张政府扶贫计划的一部分可以用负所得税来替代，而其他政策则应该保持不变。米尔顿·弗里德曼（Milton Friedman）作为负所得税早期的宣扬者相信该政策可以替代很多政府扶贫政策。事实上，他认为负所得税可以使资金和人力从现有的现金资助项目中解脱出来。这些资源用于满足低收入人口的各种社会需求。

该政策还具有其他优点，比如简单性和有效性。可以设计负所得税政策来满足所有美国人的需求，而不是特定人群的需求。而且，如果运行适当，工作中的消极因素将得到降低。只要劳动者个人可以得到劳动创造价值的相当一部分，并且工作后福利得到改善，那么就存在继续工作的激励。负所得税的实际可行性和有效性将取决于实际劳动所得水平、政府的相关配套项目以及各种负激励的最小化。

尽管负所得税存在很多正面影响，很少有政治家愿意实际考虑。但是 1986 年的税制改革向前推进了负所得税的一些目标。多种税收减免、优惠实际上减少了低收入家庭应缴纳的联邦所得税。进而，联邦**所得税抵免**（EITC）作为一项针对有儿童的低收入劳动家庭的税收优惠项目，已经降低了这些家庭的税收负担。EITC 是一项有限的负所得税政策，它事实上对低收入劳动家庭进行了税收返还，尽管他们并没有缴纳联邦所得税。比尔·克林顿总统提高了 EITC，并在 1993 年将其对象扩展到低收入单身以及无子女家庭。如果满足要求的人没有缴纳所得税，他们将从政府得到相应数额资助的支票。如果他们已经缴纳所得税，那么政府将对他们进行适额的税收返还，并有可能获得更多。该项受益额大约为每个家庭几千美元，取决于家庭中儿童的人数。没有子女的人必须在该年年底满 25 岁。单亲及已婚家庭都在该政策的考虑范围内。

但是，人们必须要有工作并登记在联邦个人所得税系统才能有资格享受负所得税。很多人对该政策缺乏认识并且没有在系统中登记，这造成许多有资格享受负所得税的人都没有从该政策中受益。

根据预算与政策优先中心研究显示，EITC 每年使数以百万的人摆脱贫困，其中很多是儿童，成为全国范围内最有效地帮助工作家庭脱离贫困的政策。研究表明，这项优惠大大地提高了单独抚养子女的母亲的劳动参与率。由于 EITC 在帮助劳动家庭提高收入水平的同时并没有降低参与劳动的激励，很多州和市都实施了各自的 EITC 政策，也有其他地区声称要扩大联邦和州政府的 EITC 优惠水平。[1]

> **所得税抵免：**一项针对低收入工人或家庭的联邦税收优惠。是否有权享受该政策与是否缴纳联邦个人所得税无关。

其他方案

因为歧视在贫困中扮演了重要的角色，我们国家很有必要尽量提供给所有人公平的教育、住房和工作机会。机会平等方面的立法和维权行为在第 5 章中已经进行了详细的讨论。另外，在公共教育方面要保证所有儿童都享有同等质量的教育。第 4 章已经对该问题进行了比较细致的研究。我们国家的住房和健康保障项目必须照顾到那些穷人，这将在第 7 章和第 8 章中进行研究。最后，我们需要提高最低工资。因为有很多成本和收益方面的核算需要参考最低工资，这将在第 14 章关于失业和通货膨胀的问题中继续探讨。

---

[1] Center on Budget and Policy Priorities，Ami Nagle and Nicholas Johnson in A *Hand Up*：*How Srate Earned Income Tax Credits Help Working Families Escape Poverty in 2006*，http://www.cbpp.org.

福利和其他政府项目

有一些政府项目专为帮助穷人而设计。这些项目包括食品券（现在叫做SNAP，或者补充营养帮助项目），一般资助，医疗救助，全国儿童健康保险项目（SCHIP），补充保障收入（SSI），妇女、幼儿及儿童特殊补充营养项目（WIC），所得税抵免（EITC）和贫困家庭暂时补助（TANF）。这些项目被称为公共资助项目，如表6—7所示。

尽管社会保障已经使很多人摆脱了贫困，但它并不被认为是反贫困项目，因为所有满足条件的人都可以是潜在的受益人群，而无论他们的工资高低。社会保障是社会保险的一个特例，其中劳动者在工作时缴纳款项并在满足条件时受益。这样，**与社会保障不同的是，表6—7中的公共资助项目针对的仅仅是低收入人群。**其他社会保险项目包括医疗保险和失业补偿。

贫困家庭暂时补助项目是联邦政府对州政府的整体支付，用于州福利项目。我们将在这里详细介绍这项公共资助项目。TANF代替了对有子女家庭补助项目（AFDC），AFDC多年来被认为是美国最重要的公共资助项目。AFDC项目对有子女家庭提供了现金资助。但由于富有争议性，该项目在过去几十年中经历了多次修改。这些争议不断积累，最终通过法律程序终止了AFDC项目，取而代之的是TANF项目。其中的缘由我们将在下面进行讨论。

表 6—7 公共资助项目说明

项目	说明
公共资助项目	
食品券	联邦政府项目，对低收入者提供优惠券，在购买食品时使用，现在称作补充营养资助项目。
一般资助	地方政府资助项目，用来满足当地需求并补充州政府和联邦政府资助项目的差额。
医疗救助	联邦和州政府项目，对满足条件的低收入者提供医疗资助。
全国儿童健康保险项目	联邦和州政府项目，对满足条件的低收入儿童提供医疗资助。
补充保障收入	联邦和州政府项目，对低收入的老人、失明和残疾人提供现金资助。
妇女、幼儿及儿童特殊补充营养项目	联邦政府项目，为需要帮助的孕妇和儿童提供营养食品。
所得税抵免	对低收入劳动者提供联邦所得税抵免。
贫困家庭暂时补助	联邦政府提供给州政府的一整套资助，在联邦政府的指引下用来满足州政府的福利项目支出。
社会保险项目	
社会保障	联邦政府项目，对退休、殉难工人家属、残疾人提供现金资助。
失业补偿	联邦和州政府项目，对满足要求的失业工人提供资助。
医疗保险	联邦政府项目，主要对老年人提供医疗资助。

福利改革

正如共和党的"与美国的契约"（20世纪90年代指导保守党国家经济管理的纲领）以及共和党领袖比尔·克林顿竞选时对"结束当前福利状况"承诺的那样，保守派和温和派都承认需要进行福利改革。关于该话题的对话最终带来了福利改革方案的通过。由比尔·克林顿总统在1996年签署的立法文件结束了 AFDC 项目，并开始执行 TANF 项目。在此，有必要研究引起福利改革的相关争议。

福利改革的相关争议

很多人都担心 AFDC 项目内在的反激励机制。尽管每个州的相关项目都有所区别，联邦项目规定如果受益人（通常是母亲）开始工作并开始赚取收入，那么她将因为所赚得的收入而丧失相应的项目资金补助。尽管她可能得到了对额外工作成本的资助（交通、抚养子女的支出等等），但是通常情况下这些资助是不足的。如果收入提高却失去了医疗救助（也可能失去了儿童特殊补充营养项目和其他资助服务的资格），该家庭则可能陷入了比她工作之前更糟糕的境地。而且，受益的条件往往排除了有父亲的家庭。在很多情况下，这些限制条件逼迫父亲离开家庭以便母亲和孩子享受政策照顾。其他人认为这一项目助长了非法行为。经济上的反激励对劳动贡献和家庭稳定性都带来了负面影响。

福利依赖

另一个令人担心之处在于，政府项目鼓励个人长期依赖资助项目生存。关于该问题的研究结论也是不一致的。现有研究在关于长期依赖福利项目家庭的比例方面千差万别。尽管研究中存在种种差别，但数据显示大多数人并没有长期依赖政府资助项目，而是利用这些项目暂时度过由于离婚、计划外生育、疾病和死亡、失业及其他因素导致的经济困难时期。尽管长期依赖政府资助项目的家庭比例不大，但他们的绝对数目很大。这些人的存在使人们坚持反对 AFDC 项目。

福利成本

最后，福利项目的成本也为人们所担心。在此，有必要强调一个正确的观点。人口调查局的数据显示，在过去几年，AFDC 项目的支出仅占联邦政府支出的大约1％。（食品券和其他营养项目总共占大约2％。）**尽管合理地使用资金很重要，但是很多人都错误地认为福利项目花光了政府的预算资金。**

贫困家庭暂时补助

1996年的相关立法废止了 AFDC 项目，取而代之的是针对需要帮助家庭的暂时资助项目，对各个州福利项目支出的资助，目标是将对家庭基于福利的资助转向基于劳动就业的资助。TANF 项目给予各州在执行中关于条件设置和受益水平的自由度。但是，各州必须遵守基本的联邦准则。这些准则规定：(1) 州政府必须对他们的福利项目提供配套资金；(2) 成年人如果在项目受益两年后仍没有工作则不能继续享受该项目资助；(3) 州政府不能使用联邦政府资金对成年人提供累计超过 5 年的资助（尽管各州都有一部分受益者可以免受这些要求限制）。

除了这些规定之外，各州可以自行订立其他规定。例如，各州可以要求未成年人必须与成年人居住并上学以便享有儿童抚养方面的资助。对已经享受资助的母亲所生的孩子，各州可以拒绝额外资助。各州也可以对迁出地资助水平较低的迁入者给予较低水平的资助。除此之外，1996 年立法取消了对合法迁入者的福利资助。（在此之前很多资助项目都已经把非法迁入者排除在外。）

众所周知，1996 年颁布新规定之后几年，福利资助案件数量在几乎所有州都已经大幅下降，并且在全国范围内下降了一半以上。这被归结为新资助项目的成功。甚至布什总统在 2006 年的国情咨文中也提到了该项目的成功。但是，事实上在领取资助家庭数量的下降中，一半以上（57%）的案件归结于符合标准的家庭比例的下降。尽管在 2000 年国家贫困人数提高的情况下这也是可能发生的。很穷困的家庭并没有得到 TANF 在收入方面的支持，并且也错过了其他可能帮助他们实现就业的项目资助。

尽管很多类似的结果令人失望，但是仍要对该项目的改进表示乐观。在联邦政府的指引下，各州在发展各自的福利项目方面有非常大的自由度和灵活性。**理想的情况是，各州都能充分考虑贫困问题的复杂性，并致力于从培训和教育、儿童抚养、健康保障、营养、交通、咨询和其他形式资助方面提出解决方案。**他们可以考虑通过为雇主提供州政府所得税抵免和补助的形式负担部分雇佣福利救济者的成本。但是，在很多情况下各州仅仅做出了遵守联邦法律所需的最小努力。而且，由于税收收入有限并且联邦与各州共享收入的不足，当前很多州出现财政危机，使得各州很难改善它们的福利项目。另外，那些贫困问题严重和失业率较高的州也是税基很有限的州。只有扩充联邦财源才能解决这些问题，从而保证充足的福利项目来帮助所有美国的公民。

有关福利的担忧

融资

很多有争议的问题在困扰着 TANF 项目。如前所述，一个重要的问题就是联邦政府的资金。在布什总统 2003 年关于 TANF 项目再授权的提议中，他建议冻结今后 5 年联邦政府对基本资助、从工作到福利项目、子女抚养的支出。这个问题在 2006 年赤字削减法案中体现得更为明显。由于数以千亿美元被花费在伊拉克战争以及高收入个人的减税计划方面，联邦政府赤字快速上升。赤字削减法案致力于通过减少联邦政府在一些贫困救助项目上的支出来削减赤字，包括 TANF。

当经济情况恶化并在 2008 年美国经济陷入衰退之后，新总统在 2009 年希望为饱受失业、工资下降和收回房产问题折磨的人们提供更强大的安全网。奥巴马总统的重振计划（刺激方案）包括 TANF 项目、失业补偿、食品券等补助，他2010 财年的第一个联邦政府预算方案建议提高福利相关项目支出，包括食品券、WIC 和其他营养项目、失业保险、消费得起的住房、医疗救助以及多项针对穷人的减税措施。截至本书写作之时，这些预算仍需要通过国会同意，但是其背后的目标非常明确，就是要改善全国范围内穷人的处境。

当衰退来临会怎样呢？

以劳动责任为中心的福利体系所面临的另一个问题是经济周期问题。经济经历着 GDP 增长与负增长的交替，换句话说，经历着扩张和衰退的交替。我们的新福利体系是在经济稳定增长和繁荣时期制定的，所以对该项目取得成功保持了高度的乐观。如果像 2008—2009 年那样，当衰退降临的时候又会怎样？当数以百万的人因经济衰退而失业时，该项目会显得力不从心。失业保险范围的扩大可以帮助很多人，但是大多数失业者并没有被失业保险覆盖到（例如，第一次寻找工作的人以及很多低工资的工人得不到失业救济，这将在第 14 章 "失业与通货膨胀" 中进行讨论）。当我们的福利系统建立在工作基础之上而又面临工作机会不足的时候，问题就出现了。

令人头疼的受救济者

最近的经济衰退期间所有类型的工人都丢失了工作，在此之前福利项目倡导者一直声称他们的一部分受救济者已经找到了工作，而其余 "令人头疼" 的受救济者是那些面临一种或几种困难而无法工作的人，包括智力障碍、身体或心理疾病、成瘾障碍和严重疾病儿童。即使在经济高速增长而有充足工作机会的时候，如果限制受救济者最长可以获得 5 年的现金资助，那么一个基于工作的福利项目对这些人来讲会显得不是很充分。在每个社会和文化中，有些人永远无法工作，他们需要长期的救助，也有些人可以在工作障碍消除的时候参加工作。TANF 项目的一个很好的特点就在于各个州可以允许某种行为满足 TANF 关于工作的要求，这样就可以允许福利救济者得到现金资助。这些行为可能包括亲子教育、预算辅导、技能培训站等。

什么是 TANF 对工作的要求？

满足工作要求的问题可以从几个方面来阐述。最初的 TANF 立法允许参加职业培训来满足州政府对受救济者至少参加工作 12 个月的要求，但是其人数最多不能超过州政府福利救济者数量的 30％。除此之外，有些州也把高等教育经历当作满足工作要求，尽管联邦政府通过施加更加严格的要求来限制州政府，以避免将教育和培训当作满足工作要求。福利倡导者认为，这意味着很多抚养子女的妇女将无法获得更高技术和教育要求的工作，无法以此来得到更高的工资，无法摆脱福利依赖，无法对政府税收带来多倍于 TANF 资助的贡献，反而要接受政府的资助。一个抚养小孩的单身家长如果从事全职工作，那么将很少有自由支配的时间。正如一位单身母亲在 TANF 项目开始时所说：

我将完成当前正在接受的高等教育……我知道在下个学期我将不会满足子女抚养救助的要求，并要被迫每周参加至少 30 个小时的工作。对我来说，学校将不再是一个可以考虑的选择。我的儿子一个 3 岁半，一个 4 岁半，他们需要至少一年半的日间看护。我可以得到学生贷款，以此来支付相关费用。但是，我担心的主要是工作要求的限制。保持较好的教育、工作和做好两个孩子的母亲，这几件事很难同时完成。这意味着我们将比现在更少地像一个家庭一样在一起生活。这就是我所担心的。①

儿童是如何被看护的?

这位年轻的母亲提出了福利改革的第二个争议性问题，即是否也要求抚养孩子的母亲有在外工作的经历。很多人认为工作对母亲和孩子都有好处，也有人认为工作与否取决于家长，就像高收入家庭那样。儿童的看护问题是核心问题。对幼儿来说缺少儿童看护服务，对其他儿童来说看护费用或许很高。当父母无力支付儿童看护服务费用的时候，他们的孩子也许被交给年纪较大的兄弟姐妹，或者交给需要照顾自己孩子而已经超负荷工作的邻居或亲属，这样，孩子看护质量就是一个问题。无论儿童被父母照顾还是交给看护人员照顾，儿童看护都应该被看做是我们社会中很重要的工作，并需要社会福利项目给予充分重视。

经济增长与政府项目的作用

因为一国总产出的下降或称经济衰退导致了失业率的上升，我们也许认为经济增长或一国总产出的上升会使失业率有所下降。更高的产出水平意味着更多人可以工作，也就意味着更少的人处于贫困。**事实上，这是一种涓滴哲学：经济增长和繁荣最终使所有人受益。**对这种观点的支持集中体现在罗纳德·里根和乔治·W·布什的执政时期。

当然，更高的国民经济繁荣确实降低了贫困，这是 20 世纪 90 年代贫困率下降的原因之一。但是，涓滴哲学存在三个问题。首先，一些看似提高经济增长的政策也许直接增加了相对贫困和绝对贫困，并降低了贫困人口的生活水平。这种现象将在第 15 章关于供给政策的研究中展开详细讨论，在那里我们将看到政府项目的削减将影响到低收入人群，减税将主要使高收入人群受益。其次，经济增长所带来的新增就业使这些工作的受雇人员受益。而其他很多人则在劳动力市场中被抛弃，包括那些有疾病或残疾的人、老年人、年轻人、各种歧视的受害者、需要抚养孩子的单身家长，还包括缺少足够工作技能、教育、经验和交通工具的人。经济增长的好处并不会降临到这些人头上。最后，一份工作并不能保证一份足够生计的工资。回想一下，最低工资也许只够一个家庭生活在贫困线以下。诚

---

① Laura Wittmann et al., *In Our Own Words*.

然，乔治·W·布什执政期间的一个标志就是引入了"信心基础上的激励"。有人指出，尽管使用信心基础上的措施有助于缓解贫困问题，但是私人慈善基金在反贫困项目的资助方面是不充分的（特别是在经济衰退时期，慈善基金会的资助有所下降）。**政府项目始终是必要的，可以帮助那些不能仅通过经济增长的成功而摆脱贫困的人。**

贫困的复杂性

贫困问题非常复杂，并没有简单的解决方案。如果仅有一个原因和一种贫困，那么解决方案很容易找到。相反，影响不同个体的环境非常复杂。解决老年人贫困问题的方案与解决缺少技术和教育的 18 岁年轻人贫困问题的方案是不同的。需要抚养孩子的单身母亲的需求与残疾人的需求是不同的。城市内部贫民区的贫困问题与城市边缘或郊区的贫困问题也是不一样的。

很多学生通过辛苦工作赚取学费，他们很难同情穷人。他们辛苦工作，但是为什么穷人不可以？我们要知道，成功地获取工作是一回事，而获取工作的同时还要养育孩子、应对残疾、缺少交通工具或很难取得工作的机会等等却是另外一回事。很多穷人同时经历着限制他们成功获取工作的多重问题。一些美国人对穷人持有惩罚性的态度，但是其他人则更关心穷人，尽管他们对如何改变贫困问题持有不同意见。我们需要做的是尽量了解贫困问题的复杂性，尽量避免侮辱穷人并用固有的态度对待他们。我们不能期望存在简单的解决方案。

观点

保守派与自由派

人们对贫困问题通常或者坚持自由主义路线，或者坚持保守主义路线。自由派更倾向于强调政府在反贫困中的作用，他们相信市场经济不能很好地解决平等问题。保守派对政府介入的作用持怀疑态度，认为过多的项目或者太多的资助会产生无效率和对工作的反向激励；自由派更偏好联邦政府在消除贫困项目上的广泛介入，然而保守派更偏好通过私人慈善和地方政府来起作用。自由派倾向于以直接的方式解决贫困问题，而保守派更习惯于间接的、涓滴式的方式。

另一方面，很多经济学家相信解决贫困问题的方法不应该是非此即彼的。事实上，一个有效的解决方法应该综合考虑所有可供选择的方案。保持经济繁荣并且高就业率是一个很重要的解决方法，但仅仅是解决方法的一部分。普惠式的资助可以保证更多的人满足资助的条件，比如负所得税（或者所得税方面更多的抵免）。自由派和保守派也都注重提高生产率和工作机会的易得性。考虑到贫困问题和个人需求的复杂性，很多经济学家都相信解决贫困问题的方法应该是不同的、因人而异的。

总结

相对贫困指的是一些人相对于其他人来讲所处的贫困状态，可以用总货币收入在不同人群之间的分配来衡量相对贫困。最近，美国有关收入分配的统计数字显示，最穷的 5％人口仅得到总收入的 3.4％，然而最富有的 5％人口却占据了总收入的 50％。美国的收入分配在 1981 年之后越来越不平等，在所有西方发达国家中收入平等状况最差。

绝对贫困通过贫困线来界定。如果一个家庭的货币收入降到贫困线以下，所有家庭成员都被政府界定为贫困者。贫困线因家庭规模而异，并根据通货膨胀每年做出调整。2007 年四口之家的贫困线为 21 203 美元。

美国贫困率在 20 世纪 60 年代已经超过了 20％，并在上个世纪六七十年代大幅下降，在 1973 年达到 11％的低位，但是 2008—2009 年经济衰退期间贫困率有所上升。尽管美国大多数贫困人口为白人，但是非洲裔和拉美裔美国人的贫困率更高。单身母亲的家庭比其他家庭的贫困率更高，她们孩子的贫困率也高于其他所有年龄组。贫困意味着饥饿、无家可归和糟糕的健康状况。

造成贫困的原因包括衰退、低劳动生产率、经济结构变化、个人原因、人口趋势变化、政府对贫困者资助的削减等。应对贫困的方案不尽相同，包括致力于减少全国失业率的宏观政策、提高工人劳动生产率的微观政策、普惠资助系统、负所得税和广泛的所得税抵免、反歧视政策、提高最低工资和福利水平等。关于福利改革的争议不断上升直到 1996 年相关立法的通过，终止了对有子女家庭补助项目，取而代之的是贫困家庭暂时补助项目。这一新的项目更加强调在获取资助资格上关于工作及工作时间的限制。

讨论和问题

1. 美国的收入应该平均分配吗？如果不是，我们现有的平等状况应该得到改进吗？平等程度提高的好处和坏处是什么？平等程度如何提高？

2. 当你知道美国在西方工业化国家中平等程度最差的时候你很惊讶吗？你认为其中的原因有哪些？

3. 官方对贫困的定义是充分的吗？它是否低估了真实的贫困水平？有没有高估呢？如何更合理地衡量贫困？人口调查局（http://www.census.gov）已经用贫困的其他定义标准来统计贫困数据了，请查阅该网站。

4. 很多人都对未成年父母所生孩子占总出生人口比例的下降表示惊讶。这令你很惊讶吗？这是否意味着年轻人更不太可能怀孕呢？或者这意味着人工流产比率会上升呢（其实人口调查局统计显示人工流产比率在下降）？你认为未成年父母所生孩子占总出生人口比例的下降其背后的原因有哪些？

5. 你有资格享受所得税税收抵免吗？请查阅美国国内收入署网站（http://

www. irs. gov) 来确定你是否有资格。如果你有资格，一定要登记所得税税收返还（尽管因为你的收入较低而没有被要求这么做），否则你将不会有资格获得 EITC。

6. 年轻的母亲应该被要求去工作来换取获得政府资助的资格吗？她们孩子的年龄是否也应该纳入考虑范围？她们孩子的数量是否也应该考虑？有哪些问题需要考虑呢？

7. 州和联邦政府是否应该对应对贫困的项目负有更多的责任？如果州政府负有更多的责任，这意味着什么？请思考项目的融资问题，各州之间贫困的差异问题，享受资助资格的差异问题，以及资助水平的差异问题。

8. 在你看来，政府项目和经济增长何者在降低贫困方面更为有效？私人慈善是如何介入的呢？当谈到解决贫困问题时，你支持保守主义还是自由主义？

9. 本书使用了 2007 年贫困率和收入分配的统计数据。请使用人口调查局网站（http://www. census. gov）来更新这些数据，在"Income and Poverty"项下查找。

10. 请在威斯康星州劳动力发展部门的网站（http://www. dwd. state. wi. us）查找该州 TANF 项目，即 W-2。TANF 项目出现之后，威斯康星州被认为是基于劳动的福利资助方面的领导者。

11. 请登录预算和政策优先中心网站（http://www. cbpp. org）来查阅政府项目及其效应的相关信息。你对哪些议题比较感兴趣？

12. 登录 http://www. cbpp. org 查找预算和政策优先中心关于州政府如何改进福利项目的建议。这些建议是如何解决与贫困相关的住房、健康保健和营养等问题的呢？

13. 登录预算和政策优先中心网站 http://www. cbpp. org，你认为这是自由党还是保守党的研究机构？为什么？

14. 浏览美国传统基金会网站 http://www. heritage. org，你认为这是自由党还是保守党的研究机构？为什么？

15. 疾病控制中心致力于解决很多健康问题，大多数是从非经济学的观点来研究的。请查阅网站 http://www. cdc. gov 来查找与贫困相关的健康问题。

16. 你担心美国的贫困问题吗？如施世面包组织一样，有很多机构代表美国以及全世界的穷人在游说政府。http://www. bread. org 网站提供了当前关于穷人的立法问题，以及与类似问题有关的其他机构的网站。当前国会在贫困问题方面正在讨论什么立法问题？你愿意为此与你的律师联系吗（请登录 http://www. senate. gov 以及 http://www. house. gov）？

附录 6　利用收入分配数据作图

　　用收入分配作图很有用，可以把不同时期和不同国家的情况进行对比。换言之，我们需要把收入分配的数据画在图上。

　　我们首先比较美国 1981 年和 2005 年的情况。我们将使用 2005 年的数据，以比较美国和阿塞拜疆 2005 年的情况，这样会保持比较的一致性（阿塞拜疆是

2005 年所有可得数据国家中收入分配最平等的国家）。

表 6—8 重复了表 6—1 所体现的信息，区别仅在于前者是 2005 的数据，并且还包括了阿塞拜疆的数据。

图 6—1 把表 6—8 中有关美国的信息通过洛伦兹曲线的形式体现出来。横轴是人口百分比，纵轴是货币收入百分比，45°对角线对应着各个收入分组间收入分配的绝对平等状态。比如，最穷的 20% 的人口得到了 20% 的货币总收入，接下来的 20% 的人口也得到了 20% 的货币总收入，依此类推。45°线被当做参考线。

然而，与意味着绝对平等的对角线不同，洛伦兹曲线体现的是实际收入分配状况。该曲线是基于表 6—8 数据的累计分布。首先，最穷的 20% 的人口仅得到了 3.4% 的货币总收入，最穷的 40% 的人口（最底部的两个收入组）得到了 12.0% 的货币总收入（3.4% 由最穷的 20% 的人口所有，8.6% 由接下来比较穷的 20% 的人口所有）。最穷的 60% 的人口（最底部的三个收入组）得到了 26.6% 的货币总收入（3.4% 加上 8.6% 再加上 14.6%）。继续这样的过程直到完成洛伦兹曲线。

表 6—8　　　　　　　　美国和阿塞拜疆货币总收入的五档分布（2005 年）

家庭分组	所得货币收入占货币总收入的比例	
	美国	阿塞拜疆
最穷的 20%	3.4	13.1
较穷的 20%	8.6	16.2
中间的 20%	14.6	18.7
较富的 20%	23.0	21.7
最富的 20%	50.4	30.2

资料来源：The U. S. Census Bureau, http://www. census. gov; and The World Bank, *World Development Indicators 2009* (Washington, DC: The World Bank, 2009).

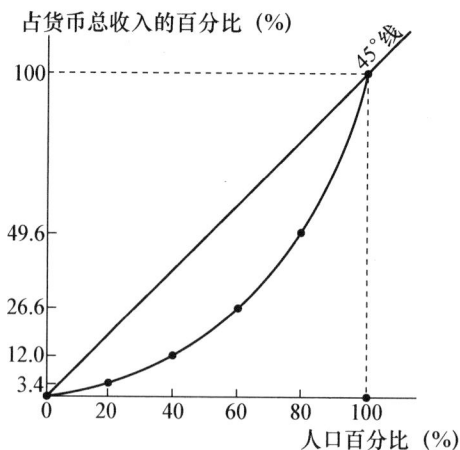

图 6—1　美国货币收入五段划分分布的洛伦兹曲线（2005 年）

洛伦兹曲线表示货币总收入对五段总人口划分的分布。根据该曲线，2005 年最穷的 20% 的人口仅得到了 3.4% 的货币总收入（见表 6—8）。因为比较穷的 20% 的人口拥有 8.6% 的货币总收入，最穷的 40% 的人口仅得到了 12.0% 的货币总收入（3.4% 加上 8.6%）。曲线上其他的点算法类似。45°对角线对应着收入分配的绝对平等状态。洛伦兹曲线与 45°线之间的面积越大，收入分配的平等程度越低。

资料来源：The U. S. Census Bureau, http://www. census. gov; and The World Bank, *World Development Indicators 2009* (Washington, DC: The World Bank, 2009).

洛伦兹曲线与 45°线之间的面积越大，收入分配的平等程度越低。（洛伦兹曲线与 45°线完全重合意味着收入分配的绝对平等。）洛伦兹曲线具有一个很好的性质，即可以用来比较不同国家和不同时期的收入分配的区别，比较过程非常简单。

比如，图 6—2 中洛伦兹曲线表明美国收入分配的不平等程度有所上升。2005 年对应的图显示洛伦兹曲线与 45°线之间的面积比 1981 年对应图的面积要大（1981 年对应的图根据表 6—1 的数据画出）。

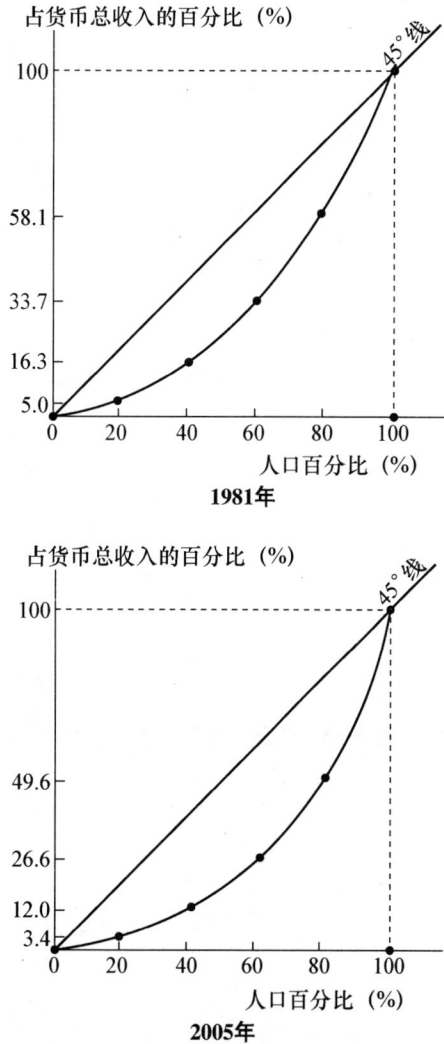

图 6—2　美国货币收入五段划分分布的洛伦兹曲线（1981 年和 2005 年）

又比如，比较美国和阿塞拜疆的洛伦兹曲线，如图 6—3 所示。（作为一个例子，使用表 6—8 的数据计算阿塞拜疆的累计收入分布。很明显，阿塞拜疆比美国的收入分配更加平等。）

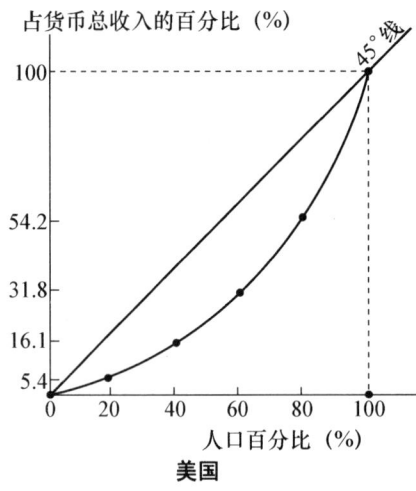

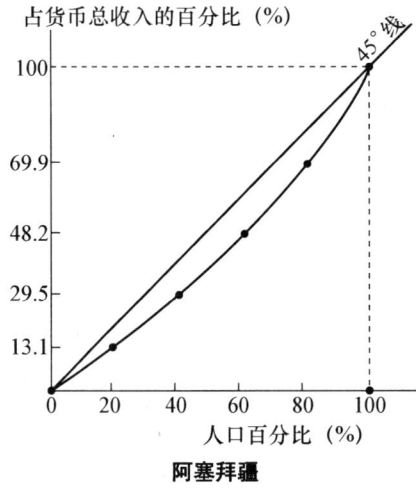

图6—3　美国和阿塞拜疆货币收入五段划分分布的洛伦兹曲线（2005年）

第6章
美国贫困问题
公租房关注贫穷人群，
住宅隔离反映了贫困。

第4章
教育
住宅隔离使得市内学
校的教育质量偏低。

第5章
歧视
住宅隔离仍然存在，
一些人经受了次级
抵押贷款的损失。

第7章
住房问题

第16章
税收、贷款和国家负
债
财产税在美国税收体
系中很重要。

第10章
世界贫困
穷国的价格上限和租
金上限的作用相似。

第15章
政府宏观经济政策
房地产危机使得美国经济衰
退，政府财政刺激政策用来
抑制房地产危机。

第2章
犯罪和毒品
旨在帮助穷人的廉租
房的好处和弊端。

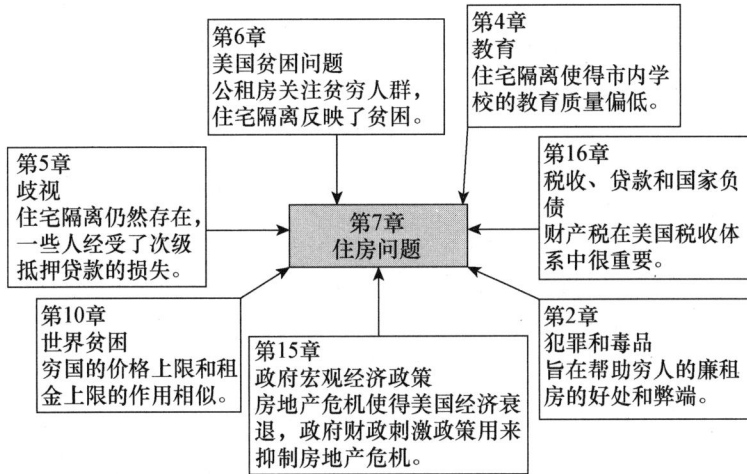

经济学工具箱：

- 房地产市场
- 房地产价格
- 租金上限
- 公租房
- 补贴
- 公平市值租金
- 买房券
- 住宅隔离
- 差异指数
- 无家可归
- 价格上限
- 完全无弹性

第 7 章 住房问题

我希望看到华盛顿以及整个国家的观念转变：在一个像美国这样富裕的国家中，孩子们及他们的家庭没有栖身之地是万万不能接受的。

——美国总统奥巴马的公开演讲，2009 年 3 月 24 日

总统在 2009 年 3 月的演讲指的是一场可以追溯到 2007 年 12 月美国经济大萧条所引发的房地产危机，这场危机已经蔓延到其他领域。许多经济学家认为，这场房地产危机不仅是经济衰退的主要原因之一，而且使得衰退雪上加霜。这场危机的原因包括美国人民对住房的巨大需求，部分借贷者和投资者的贪欲和贪污，泛滥的次级贷款，松散的市场规则，不顾后果的信贷和人心惶惶的频繁违约——所有因素都强烈冲击了中产阶级，在这种情况下，贫困阶层的生活更加困苦不堪。本章将贯穿说明房地产市场的繁荣和崩溃过程以及深受其苦的人民。

住房，就像食物一样，是对大多数人有特殊意义的一种商品。除了作为满足基本生理需要的遮蔽物外，我们更多地将房子看做一种基本权利。我们关心甚至担心无家可归。我们担心低收入的家庭负担不起这座城市的公寓租金。我们发现大多数美国家庭最大的单项支出就是购买房产。而且，当我们的朋友或邻居失去住房的时候，我们会担心自己是否会成为下一个。还有很多人整天为是否买得起房而忧心忡忡。

在本章中，首先，我们将讨论房屋所有权及其供给问题，这是房地产危机前后一直很热门的话题。然后，我们将探讨次贷危机并且回顾政府的房地产政策。而帮助低收入家庭获得合适住房的廉租房政策将是我们讨论的重点。此外，我们还会关注住宅隔离所带来的经济后果。最后，我们回到引言中总统间接提出的无家可归问题。

房屋所有权：美国人的梦想

　　谈起美国的房地产市场，实际上其种类有很多，主要包括住房租赁市场、业主居住市场、独栋住宅市场、双层公寓市场和混合公寓市场（如合租或共管公寓）等。如果你住在大学宿舍中，那么你的宿舍将是广义房地产市场的一部分。由于不同房地产的地理位置和社会经济特点不同，房地产市场条件差异很大。这些市场和其他市场一样，主要取决于供给和需求。而平均住房价格、住房面积和其他特征将随着住房位置不同而变化。**人口众多的发达地区住房一直在增值，而人口较少的不发达地区住房价格有下降的趋势。**正如房屋中介提醒的那样，房地产最重要的三个因素是位置，位置，位置！

　　图7—1解释了这个观点。假设这两幅图中的房屋面积、质量等特征完全相同，但分别位于不同的城市（底特律和波士顿）。底特律属于工业衰退地带的一部分，是一个处于衰退阶段的城市。城市失业率很高，工厂和工人纷纷向其他国家和地区转移。波士顿则是一个相对充满活力的城市，吸引了许多居民和潜在的购房者。底特律地区人口的减少导致底特律地区住房需求的下降，而波士顿不断增加的人口导致波士顿住房需求的上升。因此，这两个城市的住房需求曲线向相反的方向移动，如图7—1所示，从D移动至D′。需求曲线移动导致每幅图中房地产均衡价格变动至P′。底特律的房地产价格低于波士顿地区。

　　特定地区长期经济增长趋势导致了房地产价格的明显差异。第二次世界大战以后，南加利福尼亚地区的经济和人口均迅速增长，对住房需求的迅速增长导致房地产价格逐步上升，截至20世纪80年代，南加利福尼亚州的房屋成本是中西部地区同等房屋的3～4倍。而20世纪90年代初期美苏冷战后，随着防御费用的

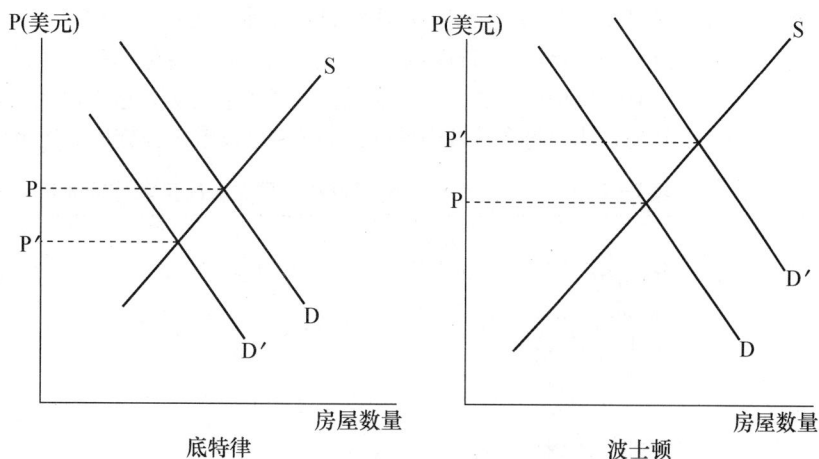

图7—1　房地产价格的地区差异

底特律住房需求下降将导致房价下跌，波士顿住房需求上升将导致房价上涨。

缩减，加利福尼亚州经济陷入了严重衰退之中，该区域住房需求疲软，房屋价格开始下降。但 2007 年末房地产价格重新上扬后，加利福尼亚中部城市弗雷斯诺在铁路沿线地区出现了大萧条时期才会出现的"棚屋"城市现象。像这样的"棚屋"城市促使奥巴马总统做出上述关于流浪者的发言。

房地产市场发展趋势

1960 年，57％的住房归私人所有，37％的住房则被出租（其余的部分属于非市场交易的房屋或者季节性使用的房屋）。正如我们从表 7—1 中看到的那样，1960—2000 年期间，私人所有住房的比例有所上升，在美国，拥有住房是所有美国人的梦想，而租房则相对没那么有吸引力。尽管如此，似乎只有一小部分美国人实现了他们的梦想。我们也知道，2000 年以来，经济并不景气，2007 年私人住房比例也略有下降。

表 7—1　　　　　　房屋拥有和租用比例（1960—2007 年）

	1960	1990	2000	2005	2006	2007
拥有住房者	57％	58％	61％	62％	62％	61％
租用房屋者	37％	35％	32％	31％	31％	31％
其他[a]	6％	7％	7％	7％	7％	8％

a. 其他指非市场交易的房屋或者季节性使用的房屋。

资料来源：U. S. Department of Commerce，Census Bureau，Housing and Household Economics Statistics Division，*Housing Vacancies and Homeownership*，http：//www. census. gov.

拒绝提供贷款： 银行拒绝提供贷款给特定少数族群社区的行为。

在我们开始探讨当前房地产市场的其他方面之前，我们需要注意：在报告期内，房地产所有权的种族结构发生了很大的变化。如表 7—2 所示，我们发现非拉美裔白人拥有住房比例最高，他们中 75％的人拥有自己的房子。而房屋所有权最低的种族是非洲裔美国人，仅占 47％。拉美裔美国人稍高一点，为 49％。这种差异的形成有很多原因，包括第 5 章中我们提到的少数族群的低收入。种族歧视也是其中一个原因。房地产次级贷款的种族歧视数十年来一直是争论和研究的热点。其中一种控诉是银行拒绝给某些种族贷款，将他们列入贷款黑名单，这很不公平。而且一些房屋中介拒绝提供低价或经济适用房，这有效地将低收入人群阻挡在外。稍后，我们将在本章中研究住房歧视问题及少数族群的次级房地产市场。

表 7—2　　　　　　不同种族[a] 人群住房拥有率（2008 年）

人群	比率
所有的	**68％**
白人	72％
非拉美裔白人	75％
非洲裔美国人	47％
本土美国人	57％
亚洲裔美国人	60％
拉美裔美国人	49％

a. 人群指单个种族，拉美裔有可能是任何种族。

资料来源：U. S. Department of Commerce，Census Bureau，Housing and Household Economics Statistics Division，Homeownership Rates by Race and Ethnicity of *Householder*，http：//www. census. gov.

经济新闻:"房地产泡沫:皆是供求的错。"

拥有房产的成本正在不断攀升,你想知道为什么吗?请进入经济学基础部分并单击均衡类别。

http://www.cengage.com/economics/econapps

结合表 7—1 中空置率的数据,我们对 2000 年后的房地产危机有了更清晰的了解。在 2000—2008 年,空置率先剧烈波动,然后稳定上升。房屋空置率越高,说明人们卖出房子越困难,或者失去了作为抵押品的房屋所有权。当房屋所有者不能按月偿还贷款利息时,贷款者将取得房屋所有权或丧失房屋抵押品赎回权。稍后我们将对此进行更详细的讨论,表 7—3 给出了房屋空置率,其余部分为私人所有的住宅。

表 7—3 房屋空置率(2000—2008 年)

2000	2001	2002	2003	2004	2005	2006	2007	2008
1.6%	1.8%	1.7%	1.8%	1.7%	1.9%	2.4%	2.7%	2.8%

资料来源:U. S. Department of Commerce, Census Bureau, http://www.census.gov.

房地产价格

经济新闻:"公寓很棒,但你能替我支付房租吗?"

房屋产权不断增加,出租屋的房东正在提供利息优惠。请进入经济学基础部分并单击均衡类别。

http://www.cengage.com/economics/econapps

我们已经回顾了一部分房屋所有权及空置率的历史。这些变量与房地产市场的供给和需求息息相关,从而决定房地产价格。对于房地产价格,我们可以提出一些有趣的问题:首先,房地产价格的长期趋势是什么?对国内买房者来说,房产是更贵了还是更便宜了?第二,与所谓的房地产危机相关的房地产价格的本质是什么?我们可以看到,这些问题的答案将决定普通美国家庭是否能够实现他们拥有自己房子的梦想。

房地产价格的长期趋势

首先,我们考虑 1990—2007 年房地产价格的长期趋势。从表 7—4 中我们可以看出:1990—2007 年间房屋售价的中位数是上升的。(中位数的意思是中间值。如果我们将房地产价格从高到低进行排列,中位数将是中间的那个值。) 2007 年中间价格达到了 187 000 美元,在不断上升的价格水平下,这意味着房地产

表 7—4 房屋中间价格、家庭中间收入(年)和两者的比率
(1990—2009 年)
单位:美元

年份	房屋中间价格	家庭中间收入	中间价格/中间收入
1990	62 700	29 943	2.1
1995	77 500	34 076	2.3
2000	90 400	41 990	2.2
2005	140 100	46 326	3.0
2006	168 800	48 201	3.5
2007	187 600	50 233	3.7
2008	178 900	na	—
2009[a]	167 200	na	—

a. 2009 年数据仅为 2009 年第一季度数据。
na 指数据不可得。
资料来源:U. S. Department of Commerce, Census Bureau, Current Population Survey/Housing Vacancy Survey and Historical Income Tables, http://www.census.gov.

泡沫达到了顶峰。（一些地区在 2006 年就达到了房价的顶峰。）毫无疑问，中间价格本身并不能完全说明对房屋的支付能力。考虑到通货膨胀，我们可以通过计算房屋中间价格与家庭收入中间值的比值来估算人们对房屋的支付能力。进行上述计算后，表 7—4 表明：1990—2007 年，房屋中间价格相对于中间收入（表中第四列）上升（1995—2000 年间出现了短暂下降）。这说明这段时间人们对房屋的支付能力有所下降，至少对常规贷款而言是这样。

在我们思考关于房价的第二个问题之前，我们将探讨那些买不起房的人的替代选择。很明显，租房是一个选择。表 7—5 第四列中是租金中间值与收入中间值的比值。注意，由于租金对收入是以百分比的形式存在的，因此在每个给定月份，租金将低于收入。（在表 7—4 中，最后一列的数值大于 1，仅表明房价是年收入的数倍。）表 7—5 表明虽然在 1995—2000 年间租金中间值与收入中间值的比值有所下降，但是报告期内租金中间值相对于收入的比值确实是上升的。因此，人们对租房的支付能力有所下降。**这将是本章最后探讨无家可归问题时的重要因素。**[1]

经济新闻："房地产泡沫：都是供求的错。"

价格与利率对房地产供求产生影响了吗？请进入经济学基础部分并单击均衡类别。

http://www. cengage. com/economics/econapps

表 7—5　　　　　每月租金中间值、每月家庭收入中间值和两者的比率
（1990—2009 年）
单位：美元

年份	每月租金中间值	每月家庭收入中间值	租金中间值/中间收入
1990	371	2 495	14.9%
1995	438	2 840	15.4%
2000	483	3 499	13.8%
2005	605	3 861	15.7%
2006	633	4 017	15.8%
2007	665	4 186	15.9%
2008	696	na	—
2009[a]	723	na	—

a. 2009 年数据仅为 2009 年第一季度数据。
na 指数据不可得。
资料来源：U. S. Department of Commerce, Census Bureau, Current Population Survey/Housing Vacancy Survey, http://www. census. gov.

2000 年上半年，很多因素推动了房地产价格的上升。收入的增加和人口规模的增加推动了房地产需求的增加，从而拉动价格的上升，然而，还存在影响房地产价格的其他因素。其中之一就是稳定可获得的信用，造成这种现象的部分原因是美国金融市场上大量的外国投资。充足的信用（被称作"信用泡沫"）促使债权人，包括贷款债权人，压低利息且未对借款人进行认真的审核，以维持他们的信用价值（贷款人对风险管理的错误理解导致放松了对借款人的审核）。而美国政府鼓励贷款。克林顿政府和布什政府希望帮助美国人民，包括无法获得贷款的低收入人群实现拥有房产的梦想。亨利·西斯内罗斯（Henry Cicnero），克林顿政府住房和城市发展部部长，不仅想让白人（他们的房屋拥有率比其他种族更

---

① 中间价格或租金与中间收入之比在衰退时虽然呈现下降趋势，然而这并不说明租房更加廉价。它可能意味着低收入的工人更容易失业，使得分母的值增加。

高）拥有自己的房屋，更希望其他种族也拥有自己的房屋。消费者出于不同的动机（也因为他们觉得房价会继续上升）增加了他们对房屋的需求。当然，这些都推动了房价上升。

房价和房地产危机

信用繁荣演化成房地产繁荣。那些从来都负担不起普通贷款的人们被放松了借贷条件。这些非传统贷款被称为次级贷款，因为借款人不需要满足一级贷款中的高信用标准。很多人贷款，很多银行放款，房屋购买量达到从来没有的高度。但是很快——泡沫破裂了，信用干涸了，房价暴跌。房屋所有者无法偿还贷款，贷款人取得了房屋抵押品的所有权。次贷危机变成了一场房地产危机，正如我们所见到的那样，迅速在房地产市场蔓延。

在我们仔细分析近期次贷市场上的事件之前，我们需要知道传统贷款的性质，只有这样我们才能全面理解 2000 年后不断变化的贷款性质以及它是如何导致房地产危机的。

传统贷款

当你准备买房时，你能负担得起吗？你能获得房贷吗？**在分析房屋支付能力及获得贷款能力时，我们必须考虑的因素包括：（1）首付金额；（2）月供（每月所需偿还的贷款额）；（3）买方的收入和负债情况。**下面我们对每个因素进行分析。

购房时的首付和其他费用

首付是指买方在买房时所必须支付的自有资金数额。一般贷款需要 20％的首付，这意味着在买房时买方必须支付购买价格的 20％。对于有资格的借款人，从联邦住房管理局申请住房贷款首付可能会少一些。最后，一些新房子仅需要5％的首付便可购买。这些房子无疑是很好的投资，而贷款人认为如果出现违约，他们很容易将房子重新转卖。而用传统贷款购买的房屋往往首付很高。按照惯例，贷款人需要支付比正常比例更低的首付的买者购买贷款保险。**贷款保险**在买方违约时能够保障贷款人的利益。

除首付外，买方在买房时必须支付其他费用。这些费用包括按揭点，指贷款人提供贷款而收取的费用。**按揭点**如同利率一样，是借款所需支付的费用。一点等于借贷额的 1％，所以如果对于 10 万美元的贷款你需支付一点，那么你将支付1 000 美元。

贷款人一般同时收取利息和按揭点作为贷款的费用，如果你支付较多的按揭点，贷款人也许愿意让你享受较低的利率，或者如果你交的首付较少，你有可能要承担更多的按揭点。在一些地区，法律上规定了最高的贷款利息，如果超过这个标准，金融机构无权收费。这些法律被称作**高利贷法**，我们将在附录中详加讨论。在这些地区，按揭点往往用来弥补法律规定的低利

首付：贷方要求借方首次支付的金额。

贷款保险：如果贷方违约，借方可以得到赔偿的保险。

按揭点：贷款人在放款时收取的金额。

高利贷法：限制最高法定利率的法律。

率收益。

过户费：当贷款还清，房产过户给买方时的开销。

买方**过户费**是指所有费用，包括按揭点，当贷款完成、房屋过户时消费者所支付的费用，买方过户费是买房所必须支付的费用。买方过户费包括首付、贷款申请费、按揭点、房屋检索费、房产保险、律师费用、财产评估费用以及其他杂项费用。

月　供

月供是由贷款本金的偿还（负债）及利息组成的。对大多数借款人而言，月供更多的是支付利息费用而非本金。贷款期内每月偿还的利息取决于贷款期的长短。表7—6解释了这个问题，该表展示了年利率为8%的50 000美元的传统贷款在偿还期为10年、15年、20年和30年时每月所需要偿还的金额。借款人每年偿还8%的贷款利息，而且每年需偿还的贷款数额会随着贷款期的拉长而减少。如果贷款额是5万美元，月供总额将等于在规定月份中偿还贷款额加8%的利息。注意一个30年的普通贷款的偿还额将几乎是相同利息的10年期普通贷款的4倍。

表7—6　　　　　　　　　不同期限5万美元贷款的月还款额　　　　　　　　　单位：美元

不同期限贷款	10年期	15年期	20年期	30年期
月供	606.65	472.85	418.25	384.50
还款次数	120	180	240	360
总还款额	72 798	86 013	100 380	138 420
贷款金额	50 000	50 000	50 000	50 000
共支付利息	22 798	36 013	50 380	88 420

贷款的偿还额随着贷款金额以及放贷人收取利率的增加而增加。因此，房屋单位面积价格上升或者利率增加会增加买方的月供。

20世纪70年代末，我们经历了极高的通货膨胀，即经济中平均价格水平上升。房价和长期利率均明显增长，房地产市场受到高利率的挤压。许多潜在购买者无法负担高利率的月供。因此贷款人开始实行**调整利率贷款**。对于调整利率贷款，利率在一段时间内是固定的，例如2年或4年。随着时间的延长，买方可以选择以市场利率贷款，或者偿还剩余贷款。正如我们所了解的那样，最迫不得已的做法是贷款违约。

调整利率贷款：利率调整至市场水平的贷款。

财产税：当地政府收取的用于教育和治安的税负。

房屋保险：为房屋及其附属品投保的保险。

财产税和房屋保险有时也是借款人月供的一部分。**财产税**由当地政府征收，用来支持公共服务，例如教育或者警察安保。这些税收一般按财产（土地和房屋）估计市场价值的固定比例征收，所以越贵的房子财产税越高。贷款人也许会要求借款人投保**房屋保险**（为房屋及其附属品投保的保险）以保护房产免受自然灾害的损失。因此，贷款人有时要求月供中应包含财产税以及房屋保险。这些费用被列入短期代管账户，直至保险费及税金缴清为止。

买方收入和负债

大多数贷款人需要准借款人满足支付能力要求。最常见的保证条款是每月贷款偿还额不超过借款者税前收入的一定比例。而且，每月总的偿还额（例如汽车贷款）和信用卡还款额不能超过税前收入的一定比例。因此，准买房者的月收入是决定这个家庭是否能负担得起一套房子的重要决定因素。

除收入外，负债也是一个家庭购房能力的重要影响因素。信用卡"最大支出额"以及其他消费者负债会阻碍买房者满足贷款人的要求。

次贷危机

次级贷款：指低于一级贷款的贷款。

因此我们知道，当人们想买房并申请普通贷款时，有一系列完善的安全措施来保证这个人有能力买房并按时偿还贷款。但次级贷款却放松了这些限制。如上所示，**次级贷款**是指低于一级贷款的贷款。换而言之，次级贷款的借款人不满足一级贷款的条件，他们收入太低或者负债过多。正常情况下，贷款人将尽量避免贷款给这些借款人。但在政府及相关机构鼓励和引导的情况下（或者如果贷款的风险被金融市场贷款风险惯例掩盖的时候），贷款人往往会高估次级借款人的条件，而且经常以调整利率贷款的方式进行放贷。即使高收入的房屋购买者满足传统贷款条件，他们也频繁地进入次级市场，用调整利率贷款购买超出他们支付能力的房子。

借款人和贷款人都有参与次级贷款市场的原因。借款人频繁签署调整利率贷款，认为当前利率很低，一旦利率开始上升，他们可以凭借房屋的升值来偿还贷款。贷款人认为如果借款人出现债务违约，作为抵押品的高价值房屋将归贷款人所有。贷款人止赎房屋，取得所有权。实际上，借款人有充足的动机促使止赎发生，如果你贷款 20 万美元，而抵押房屋价值为 10 万美元，以月供形式的持续投资在经济上并没有意义。当然，一旦止赎房屋涌进房地产市场，房价将会进一步下降。

我们知道中产阶级以及低收入阶层的房主纷纷破产，他们的房屋也被没收。由于少数族裔的人们尤其愿意参与次级贷款，他们也深受其害。而且上层阶级的人们也或多或少遭受损失。其中一个例子是明尼苏达州圣保罗峰会街的居民，这条街是悬崖边的一条美丽的林荫大道，可以俯瞰圣保罗大教堂、明尼苏达河和圣保罗城。但是，2009 年 7 月，峰会街的住房却岌岌可危，11 栋价值超过 100 万美元的住房挂牌销售，但无人购买。潜在的买家们经历了投资损失和经济不稳定，而且购买顶级公寓所需要的大量简易信用贷款已经不复存在。即使是奢华的峰会街也不能免受房地产危机的危害。[①]

抵押贷款债券：依靠次级贷款发行的金融债券。

正如我们将在下面章节中看到的那样，次贷危机也影响了经济的其他领域。越来越多的投资者购买依靠次级贷款发行的金融债券，即**抵押贷款债券**（或称为MBS）。很多次级贷款人和普通贷款人将越来越多的钱投入到次级抵押贷款债券中。在这种松散的制度下，政府也在鼓励扩大这些债券的交易。无论是外国投资者还是本国投资者都没有意识到潜在风险，大量买入该债券。而当房价下跌，贷款价值瞬间贬值时，MBS 也应声而落。由于这种债券是美国和其他几个 MBS 投

---

① *St. Paul Pioneer Press*，Christopher Snowbeck，"A Grand Glut，"July 12，2009.

资严重的国家金融市场的重要组成部分，债券市场暴跌引发了经济的全面崩溃，成为 2007 年末经济衰退的起点。不断恶化的经济衰退引发全国性的失业，2009 年上半年，美国失业率高达 9.5%，且有望在年底突破 10%。没有了收入来源，人们没有能力偿还贷款或购买新房，从而导致房地产危机继续蔓延。无论城市还是郊区都存在大量被止赎的空房，许多房主也试图卖房，却少有人问津。至此，次贷危机转化成一场全面的全球衰退，不断恶性循环并继续危害着房地产市场。

经济数据：单击 Housing Starts 并查看它是怎么暗示经济周期的变化的。http://www.cengage.com/economics/econapps

你也许听说过房利美和房地美。这些机构被称为政府监管企业，或者称为 GSE，它们也提供贷款或者购买了抵押贷款债券。1995 年房利美和房地美开始接受政府扶持，购买贷款抵押债券，这些债券包括次贷市场上为低收入借款人提供的贷款。1996 年，政府制定政府监督企业至少要将 42% 的贷款贷给低收入者的目标。2000 年该目标为 50%，而 2005 年为 52%。伴随着房地产危机的冲击，贷款和抵押贷款债券大幅贬值，公众纷纷担心房利美和房地美无法承担贷款责任，美国政府被迫成立一个管理委员会，将其国有化。私人投资银行同样遭遇困境，2008 年，危机在美国五大投资银行间达到顶峰。雷曼兄弟破产，贝尔斯登和美林被其他公司收购，政府出手救助高盛和摩根士丹利。许多金融机构纷纷破产，被政府接管、接受政府援助或者紧急融资。因此，政府不得不严重干预金融市场，包括次级贷款市场的发展和由此而导致的危机。

政府也着手帮助房屋所有人避免止赎。2009 年初，奥巴马政府宣布了一个对房屋所有人的 750 亿美元的救助计划，并额外拿出 2 000 亿美元帮助房利美和房地美购买和再筹贷款。

房地产政策

联邦政府和许多州纷纷出台政策鼓励买房。我们已经注意到，之前政府的房地产机构一直鼓励使用次级贷款市场来扩大房贷范围。虽然对该政策进行了有限调整，但仍然导致我们之前讨论的次级市场问题。然而，联邦政府也采取了其他重要的房地产政策，其中最有效的不外是征收个人所得税。

政府的税收政策允许在征收个人所得税前从收入中扣除贷款利息费用，这促进了房屋交易。这种减免政策的主要受益人是中等收入和高收入的人，然而，由于高收入人群平均来说会购买更加昂贵的房屋，因此也会承担更多的个人所得税。与此相反，低收入人群购买比较便宜的房屋并更倾向于租房，因此他们并不享受个人所得税中的利息减免。

个人所得税减免是对中等收入阶层和高收入阶层很大的购房补贴，但低收入阶层不享受这一优惠。 2005 年美国低收入家庭购房联盟指出，2003 年对前五个收入阶层的贷款利息减免总值和房屋补贴几乎为低收入家庭住房补贴的两倍。[1]

---

[1]　The National Low Income Housing Coalition，2005，cited by the National Coalition for the Homeless，http://www.nationalhomeless. org/publications/facts/why.

租房的低收入家庭

有一些家庭并没有能力或意愿买房。因此，对低收入家庭而言，能否租到质优价廉的房子就异常重要。我们注意到，从 2000 年开始，作为收入一部分的房租开始上涨，租金负担加重。此外，廉租房比过去更加稀少。

高昂的房租是由供求决定的。图 7—2 描述了廉租房市场的变化。供给减少使得供给曲线从 S 移动到 S′。20 世纪 50 年代超级高速公路的扩张和城市重建使得廉租房的供给下降。事实上，一些专家将这种城市重建现象称为"城市拆迁"，因为那些之前居住在"开发区"的低收入者将没有能力继续居住在那里。最近，城市**绅士化**进程进一步减少了廉租房的供给，因为廉租房被拆迁并重建成高中档住宅区。这种拆除旧公寓改建高档住宅的行为全城盛行，进一步减少了可租房的供给。此外，美国的一些城市正在衰退，单元房被拆除或遭到肆意破坏。因为缺乏维护修整资金，公共住房空置。所有这些因素都减少了廉租房的供给。

绅士化：相对富裕的中高收入阶层重构邻里的过程。

但这段时间对廉租房的需求却有所上升。这部分是人口增长的结果，部分是收入分配愈加不公从而导致贫困或较贫困家庭增加的缘故。需求的增加和供给的减少导致如图 7—2 中所谓廉租房的租金上升，从而**最终导致贫困家庭的住房危机——这场危机在某些地区尤为严重。**

贫困家庭更难找到能够负担得起的廉租房。高昂的租金明显损害了低收入家庭成员的利益，因为如果将收入的大部分花在租房上，食品、衣物和其他必需品的支出将所剩无几。其中一个后果是低收入家庭往往拥挤地居住在存在危险的老式单元楼中。另一个后果是无家可归的人数增加。

租金上限：法定最高租金。

帮助低收入者解决这一问题的一项措施是设定**租金上限**（也称作租金限制），即政府对某些单元房设定最高租金。帮助穷人获得廉租房的另一个项目可以分为增加廉租房供给和增加购房需求（协助贫穷的租房者承担买房费用）。现在我们对这三个选择逐一进行讨论。

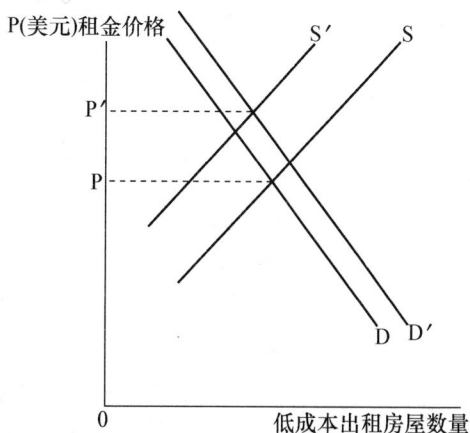

图 7—2　低价租房市场趋势

低成本租房市场供给减少，需求增加，导致价格上升，对低收入家庭来说难以承受。

租金上限

第二次世界大战期间，美国整个国家建立了租金上限系统。而战后，仅纽约还有租金上限，但20世纪70年代一些其他城市，其中很多是"大学城"也采用了这一政策。也有许多城市考虑过实行租金上限，但最后没有执行。

假设你的大学在实行租金上限政策的大学城中，许多大学生属于低收入人群，而大学城中在外居住的学生对质优价廉的廉租房存在很大的需求，同时，大学附近的城镇上的房主往往购买旧房并以较低的价格出租给大学生。因此，你会很支持对房东向你收取的房租进行限制。但让我们来考虑一下实行租金上限的后果。

价格上限：某一产品或服务的法定最高价格。

租金上限是**价格上限**的一种特殊形式，指法律规定某种产品或服务的最高价格。第10章我们将借助发展中国家食品价格上限来讨论价格上限问题。（价格上限的另一个例子将在本章附录中探讨。）为了确保有效性（即对市场有影响），价格上限必须低于市场均衡价格。因为价格不能自由上涨到特定最大值，价格上限可以用价格限制函数求出。就像我们在第1章中讨论的那样，市场倾向于在均衡价格和数量上出清，在这个过程中，短缺或者剩余逐渐向一个固定值接近。这就是完全竞争市场中的价格限制函数。因为租金不能高于租金上限到达均衡价格，它们就起不到限定金额的作用。实际上，这就产生了短缺。

图7—3表明了租金上限对大学城中假定的房屋租赁市场的影响。在实行租金上限之前，租赁市场的均衡价格是每套公寓500美元，而均衡公寓数量为1000套。为帮助包括学生在内的低收入人群，当地市场设定400美元为租金上限。起初，除了居民可以支付更低的租金及房东收入减少外，这项措施没有任何作用。但随着时间的推移，租户和房东都会根据租金上限调整他们的预期。因为租金下降，房东出租房屋的动力减少，导致供给曲线下降，现在他们只愿意提供800套出租屋。同时，对出租房的需求数量上升至1200套，这是由于房租下降

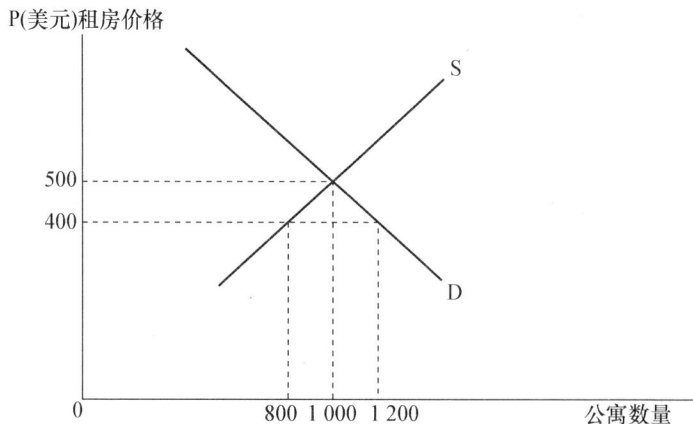

图7—3 租金上限对大学城的影响

400美元的租金上限导致大学城400所房屋数量的短缺。

促使更多人选择租房。年轻人可能搬出父母的房子，学生搬出了学校，合租的人们也开始寻找单人公寓。这就造成大学城中 400 套出租房的短缺。这个短缺无法立即调整，因为价格不能超过 400 美元来满足市场均衡。

租金上限产生了一些受益者，也产生了一些受损者。很明显，在租金限制房中的原租户受益，他们可以以更少的钱租到原来的房子。那些搬到租金限制房中的人也受益，因为他们支付的租金少于租金未受限的时候。但是由于租金上限损失，人们很难在大学城中找到房子。而且房东利益受损，这主要表现在两个方面。他们得到的租金低于市场均衡价格，而假如他们卖掉房子，房价也很低，这反映了租金限制房的低收益率。

最近，租金上限又产生了其他效应，房东减少了对房子的日常维护，房屋折旧加快。事实上，房东放任房屋变旧，直到房屋与低租金相符为止。

租到有租金限制但装修精好的出租房是一笔合算的交易，这将鼓励非法交易市场的发展。房东可能以高于租金上限的价格将出租房转租出去。或者，在出租前，房东可能要求支付一大笔费用，比如以重大损害担保的形式。而为了租到租金限制的房子，转租客和准租客们往往预付这笔钱，这些人大都是中产阶级而非低收入阶层，这样，以帮助低收入家庭分担房租的项目最终变成了补贴中产阶级的工具。

租金上限的原目标是帮助包括大学生在内的穷人。然而最后，**穷人可能是受损最多的群体**。他们的选择很少，他们买不起房子，他们没有能力搬到市区，他们付不起装修精良的廉租房所要求的高昂担保金。最后，他们只能在低质量而高价的房子中群居，或者成为美国流浪汉中的一员。

租金上限也鼓励歧视。因为房屋短缺，每个出租房都有很多人想租。房东有机会对房客进行选择，而其中很多行为是违法的，比如房东根据某些租客的种族、宗教、年龄（或是否有孩子）、性别、性取向、残疾，甚至是否是学生进行歧视。

租房上限政策表面看起来很有吸引力，但它会产生供给短缺和恶意囤房问题。由于租金上限并不能使得它们的目标群体贫困家庭受益，相反它们会使高收入阶层受益，租金上限并不是一项为低收入家庭提供廉租房的合理措施。本章附录说明了实行其他价格上限政策也具有相似的结果。

出租房供给增加项目

公租房

公租房：当地公租房机构提供的房产，接受联邦补贴和管理。

廉租房供给中最古老也是最广为人知的项目叫**公租房**，该项目开始于 1937 年。在 20 世纪 30 年代的经济大萧条阶段，建设公租房最初作为创造就业的一个手段。公租房归当地房产局拥有和经营，但接受国家补贴，归国家调控。联邦政府规定公租房租户的资格，并根据房租占收入的比率决定每个租客应支付的租金。目前，大约有 120 万的租客居住在公租房中。[①]

公租房受到指责的主要原因是它将穷人和落魄的人集中在某些特定区域（尽

---

① Department on Housing and Urban Development，http://www.hud.gov.

管单个家庭的公租房也遍布一些城市）。而且它将人按种族和收入水平分类。**居住在该"项目"中的人往往与贫穷、社会机能障碍以及高犯罪率挂钩。**

近些年来政府对公租房的大部分支持来自建筑业。实际上，整个项目在1973 年尼克松政府管理下就已经终止，1973 年是建筑业的鼎盛时期。但是在1976 年，当建筑业触底时，这个项目又被重新启动。而且一些研究发现公租房是为穷人提供住房的一种昂贵的方式。公租房的成本比私人住房或以前的低收入住房要高得多。因此，公租房的可获得性就受到了限制。许多有资格的家庭在候选名单上等待了很多年，在一些大城市，等待期甚至长达 10 年。

此外，一些经济学家认为公租房取代个人住房会导致个人住房减少或用作它途，这是因为公租房供给会使得现有个人住房市场价格下降。私人房东要么选择将房子卖出，要么用作它途。总之，公租房是一项颇具争议的政策，因此，我们来讨论一下为穷人提供住房的其他政策。

开发商补贴

开发商补贴：政府给予向穷人提供租房的房东的补贴。

公平市值租金：城市房地产开发局给区域内廉租房的补贴。

解决供给问题的另一种方法是为开发商提供补贴，以鼓励他们为低收入阶层建房。 联邦政府这类措施的主要项目是开始于 1975 年的"第八计划"。该项目会向参与的房东支付低收入租户租金与正常市场租金之间的差额。政府制定每座出租房的**公平市值租金**（fair market rent），并保证支付给房东。公平市值租金由城市房地产开发局（Department of Housing and Urban Development，HUD）确定，目的是为给定区域中的低收入租户提供合理的房租。政府会支付相当于公平市值租金和租户实际支付租金的差额的补贴给房东。因此，如果一个有资格的低收入家庭每月收入是 600 美元，在第八计划中以 180 美元的价格（600 美元的 30%）租到一间公寓。如果公平市值租金是 500 美元，则政府将以补贴的形式将额外的320 美元支付给房东。第八计划有利于公租房的建设。然而，对公租房和开发商补贴的研究发现，这两项政策最大的获益者是建筑业而非穷人。虽然存在公租房，但这些住房的候选名单往往特别长。

影响出租房需求的项目

供给方面的政策在租房市场上为穷人提供了更多的廉租房。而帮助低收入家庭的另一项措施是对他们进行补贴，使他们能够选择自己的住房。这些补贴将增强贫困家庭在私人房地产市场上的买房能力。

买房券（租房券）

买房券：其面值为该地区的公平市值租金与租房者收入的 30% 之间的差额。

需求方面的房地产项目主要是买房券，这也是房地产第八计划的一部分。大多数**买房券**发放给十分贫困的家庭。持券人必须拥有满足政府最低标准的一套住房。买房券面值为该地区的公平市值租金与租房者收入的 30% 之间的差额。如果该地区一栋公寓的公平市值租金是 450 美元，而该家庭收入为 700 美元，买房券的面值将是 240 美元（＝450－700×30%）。

目前，由于资金不足，该项目仅为一部分有资格的家庭提供服务。根据美国国会所谓的最新数据，第八计划买房券的平均等待期是 35 个月。[1] 除非有额外的财政拨款，原本就很长的买房券补助等待名单将越来越长。

根据经济学原理，最初，需求方面的房地产补贴将提高廉租房的价格，因为对这类房子的需求上升。然而，随着时间的推移，房东会供应更多的房屋。为了进入转租市场，他们会增加对房屋的维护，或对低质量房屋进行装修升级，这在一定程度上增加了房源。

相对于供给政策，很多经济学家偏爱需求政策来帮助低收入家庭获得住房。需求方面的补贴实际上增加了低成本房源的供给，然而公租房似乎减少了这种供给。**需求补助直接支付给低收入家庭，而不是开发商或建筑公司，因此有一部分人认为这种政策更针对目标团体，即低收入家庭。**

我们的房产政策能否满足低收入家庭的需求？

根据城市房地产开发局的统计，在买房券项目中，大约 200 万家庭接受补贴。额外的 280 万家庭在开发商补贴中受益。[2] 尽管已经有很多美国家庭接受第八计划的帮助，房地产活动家称为所有无产阶级或赤贫家庭提供合适住房的资金仍远远不够，政府也承认这一点。因为预算不足以为所有有资格家庭提供补助，所以许多有资格获得住房补贴的家庭没有得到任何补贴。

除低收入人群住房问题外，老年人、残疾人、艾滋病患者以及有犯罪前科的人的住房问题都有待解决。政府需要根据他们的不同需求设定不同项目，为他们提供补贴或者特定帮助。

最后，流浪者以及住宅隔离问题也亟待解决。

美国的无家可归问题

对于无家可归问题，由于流浪者数目很难统计，所以他们的数量估计值变化范围很广泛。一般统计流浪者数目的传统方法是统计收容所或者街道上的流浪者人数。这种方法在确定有多少人需要收容所或施食处时很有效，却很难有效地统计出那些"隐藏的"无家可归者，例如那些住在汽车、操场、箱子、山洞或车厢中的人的数量。这种统计方法往往忽略了处于无家可归状态的人，这些人往往被迫与亲戚朋友挤在一些条件恶劣的临时住所。他们也忽略了这样一个问题：忽略所有时点上流浪者的构成以及其成为流浪者的原因，很多人仅仅在一段时间内是

① The 2004 Conference of Mayors，cites by the National Coalition for the Homeless，http://www. nationalhomeless. org/publications/facts/why.

② Department on Housing and Urban Development，http://www. hud. gov.

流浪者。

尽管统计无家可归者的数量存在困难，而且之前很多数据已经过时，全美无家可归者联盟（National Coalition for the Homeless），一个无家可归者的组织，在报告中指出每年大约有 350 万的人会无家可归。其中包括 135 万儿童。[1] 全美无家可归者联盟同时引用了美国国会近几年的几项研究。在一项包括 50 个城市的研究中，官方发现无家可归的人数大大超过临时收容所以及救助站的容纳量。更有甚者，尽管农村存在大量的流浪者，但鲜有或没有农村收容所。另外一项针对 21 个城市的调查表明，23％的无家可归者为有孩子的家庭，23％是单身，而 1％是流浪儿。流浪儿平均每年有 4.7 个月无家可归，而有孩子的家庭平均为 5.7 个月。另一项研究表明无家可归者中男性占更大的比重，为 51％，带孩子的家庭占 30％，单身女性占 17％，儿童占 2％。

谁属于流浪者？

不考虑流浪者数量，我们认为流浪者肯定是不同的，其中包括很多带孩子的家庭。很多无家可归者是躲避虐待的妇女和孩子。（有一项调查表明 50％的城市法官认为家庭暴力是流浪的主要原因。）一些无家可归者是从不良家庭中逃跑的青少年。

在被调查城市中，42％的无家可归者是非洲裔美国人，39％是白人，13％是拉美裔，4％是印第安人，而 2％是亚洲裔美国人。此外，11％是退伍军人，22％是无家可归的单身，8％的是带着患有精神疾病孩子的家庭。37％的单身流浪者吸食毒品，而带孩子的成年人中 10％吸食毒品。仅有 13％的单身流浪汉或流浪儿童有工作，17％的带孩子的流浪家庭有工作。

对于流浪者，一般人都觉得他们是酒鬼、吸毒者、退伍老兵或精神病人。流浪者中的确有一部分人是这样，而且他们经常制造麻烦。从 20 世纪 70 年代起就存在的一个问题是政府的政策缺乏治疗精神病的制度。因此，许多精神病人离开了公立精神病院。与此同时，政府也没有足够的资金建立社区精神病治疗机构，例如临时收容所等。许多未被收容的病人就成为无家可归者中的一员。其他的流浪者之所以无家可归是因为他们吸毒成瘾，以至于他们很难持续工作或付不起房租。

然而，其余的流浪者与我们相似，只是他们更穷。他们中很多人只能领取最低工资，根本无法支付房租。更有甚者，很多美国家庭离无家可归仅有一步之遥。如果发生什么意外（如配偶死亡或被遗弃以及疾病等），他们的积蓄远远不够支付租金或偿还贷款。此外，无家可归也是失业的结果。失去工作和收入可以使一个贫困家庭失去住房，因为他们将无法支付房租。同样，失业也是无家可归的结果，这是因为当你整天想着你和你的家庭无处可去的时候你是很难安心工作的。

---

[1]　本节资料来自全美无家可归者联盟：the National Law Center on Homelessness and Poverty, January 2004；the National Low Income Coalition *The Crisis in America's Housing*, http://www.hlihc.org/, 2005；and the U. S. Conference of Mayors，http://www.usmayors.org/uscm/home, 2007 and 2006。

全美无家可归者联盟认为有两个趋势在很大程度上引起近二三十年流浪者数目的增加：（1）廉租房的短缺（这一点我们之前已经做过探讨）；（2）贫困人口增加（见第6章）。很多人在他们居住的区域买不起房。由于低质量的房子装修后被租给中等收入租户，那些很穷的人就无家可归。他们之前可能居住在城市中简陋破旧的房屋中，但至少他们可以付得起房租。而房屋装修减少了贫困人群可以租到的房屋数目。

也许不做流浪者的最好方式是找到一份足以支付房租的工作。但是，对流浪者来说，找工作几乎不可能，或者很难。他们没有洗漱用品，更不用说洗衣机或电熨斗，因此很难仪表整洁。流浪者也没有固定地址或者手机，这样即使雇主有雇佣意愿，也很难联系到他们。

流浪者向贫困妥协。无家可归的孩子们往往不上学，或者偶尔上学。流浪的父母很难保持他们孩子的卫生，也很难让他们穿戴整齐去上学。孩子们往往营养不良，这导致他们学习困难。一边流浪一边学习明显要比在一个稳定的家庭环境中学习困难得多。因此，流浪者的孩子负担沉重，很难在学业上取得成功，即使成年也很难摆脱贫困。

有关流浪者的政府政策

流浪的拥护者认为我们缺乏关于流浪者的长期连贯政策。相反，我们仅仅对于紧急情况有临时应对措施。当北方城市温度下降时，我们担心流浪者可能被冻死。如果这种悲剧发生了，如在1993年一位女性流浪者被冻死在离华盛顿美国城市房地产开发局总部仅一街之遥的公交站下，我们会采取紧急措施将流浪者收容在私人慈善机构或者昂贵的旅馆中。这两种做法是最有效的临时措施。

有房一族及经济学家认为美国需要采取综合房地产政策，该政策既包括紧急收容所又包括长期廉租房。他们认为政府临时措施，如收容所或者短期将流浪者安置在旅馆，都是不充分且浪费的。**他们认为我们必须制定政策防止无家可归现象出现，包括推进长期住房安置而非出现问题才进行所谓的紧急安置。**

总结

对无家可归问题，我们可以做一个总结。在第2章中我们注意到，政府需要将针对种族、宗教、性别或残疾的仇视性犯罪制表并公开。全美无家可归者联盟也呼吁政府统计针对流浪者的仇视性犯罪数目。不幸的是，仇视性犯罪仅仅是美国流浪者所面临的众多问题之一。

住宅隔离问题

美国房地产市场上的种族隔离十分严重。最新的人口普查数据表明：大量非洲裔和拉美裔美国人居住在美国主要城市中，但他们中很少有人住在市郊。许多存在地区隔离的大都市，尤其是南方地区，各种族正逐渐融合。但是在少数族裔众多或者白人大多居住在郊区的内陆城市，种族隔离仍然持续存在。

隔离不仅存在于市中心和郊区，也存在于很多主要城市。目前，存在一些测量中心城市隔离程度的指标。其中最常用的一个是**差异指数**。对于一个有两个区的城市而言，这项指数的测算方式是将每个区中非洲裔美国人比重与白人比重的差额相加，然后除以 2。我们除以 2 的原因是种族隔离一旦减少将是双向的。一个搬进非洲裔美国人区域的白人就相当于一个搬进白人区域的非洲裔美国人。

为了说明差异指数的计算过程，我们假设一个城市有两个面积完全相等的区域。在区域 1 中有 80％的非洲裔美国人和 20％的白人。那么该区域的差额将是 60％，或 60。在区域 2 中居住着 20％的非洲裔美国人和 80％的白人，差额同样为 60。为了计算该指数，将所有差额加总后除以 2，如下所示：

> 区域 1 的差异＝60
> 区域 2 的差异＝60
> 差异之和＝120
> 120 除以 2＝60

如果不存在隔离，那么区域 1 中将存在 50％的非洲裔美国人和白人，所以差额将为 0，区域 2 也将是同样的情况，每个种族将占 50％。差异指数将是 0。另一方面，如果存在完全隔离，即区域 1 中 100％是黑人而区域 2 中 100％是白人，该指数将是 100。差异指数将位于 0 和 100 之间，差异指数越高，说明种族隔离越严重。

美国人口调查局每 10 年对美国主要城市差异指数的加权平均值进行计算。表 7—7 展示了 1980 年、1990 年和 2000 年的指数。如我们所见，这段时期该指数一直下降，表明隔离程度降低，但下降幅度并不是很大。此外，这些数值仅仅衡量了白人和非洲裔美国人的隔离程度，并没有衡量拉美裔、亚洲裔美国人、印第安人和其他人种。最后，美国大城市指数总体说明在某些城市仍存在很严重的隔离，例如，底特律、密尔沃基和克利夫兰市都是高隔离平均水平的代表。

表 7—7　　1980 年、1990 年和 2000 年美国所有城市的非洲裔美国人和白人的差异指数

年份	差异指数
1980	73
1990	68
2000	64

注：差异指数表明非洲裔美国人和白人之间的隔离程度位于 0 到 100 之间。差异指数越大，存在的隔离越严重。

资料来源：U. S. Department of Commerce, Census Bureau, http://www. census. gov/hhes/www/housing.

住房隔离，以及我们在第 5 章谈到的劳动力市场歧视都让少数族裔更加孤立，尤其是非洲裔美国人，他们被隔离得更加严重。而这使得他们处于经济上的劣势地位，只能栖居贫民区，拥有的多是郊区的工作，无从得知更多的就业信息，对如何借助公共交通工具直达工作地点一无所知。我们已经看到，非洲裔美国人的贫困率远高于白人。因此，贫困多集中于贫民区，在这种情况下贫穷的非洲裔

美国人有着比同样贫困的白人更恶劣的经济环境。集中的贫困通常导致家庭不稳定、犯罪、对福利的依赖、住房的放弃和教育的低参与度。住房问题在内陆城市变得愈发严重，如第 4 章所述，公立学校难以得到财政支持，其教学质量堪忧。

观点

保守派与自由派

在住房政策方面，保守派和自由派的观点界限分明。保守派的观点是政府应当不介入或者最小程度地介入房地产市场，因此他们鼓励将公租房转移到私人领域（私人租户及房东）并取消对建筑业的补贴。如果这种观点被一致同意，保守派经济学家也会取消抵押贷款利息扣除，虽然一些保守派政客视此为神圣不可侵犯的领域（反对取消中产阶级和穷人税收优惠的政客通常能够连任）。如果必须要帮助穷人买房，保守主义者通常偏爱形如买房券之类的举措，即让穷人有能力在私人领域有房可住。他们的主要论点是市场比政府更能有效地解决住房问题，并认为这是一个市场导向的解决方案。

就像保守主义者一样，许多自由派人士同样对通过发放买房券来帮助穷人感兴趣。但不像保守分子，自由派人士更强调政府在解决问题过程中的角色，他们认为无家可归必须引起政府关注，或提供永久住宅，或向有需要的人提供临时住处。自由主义者不关心效率，他们只要求政府介入房地产市场，并认为此举能让穷苦的人更好地获得住处，并对我们的经济有益。

总结

房地产市场其实包括众多市场，这些市场根据地域、房屋种类和特点加以区分。近年来无论是自住房还是出租房的价格都在不断上升，且涨幅高于家庭收入的增加，让人们开始担忧对住房的支付能力。白人比少数族裔更容易住进自己拥有的房屋。

帮助贫困家庭安居的政策有租金上限，供给方政策如公租房和开发商补贴，需求方政策如买房券等。租金上限使得住房短缺出现，供给方政策使建筑业和低收入家庭共同获益。需求方政策使低收入家庭受益，并鼓励房东提供中低价位房源。资金资助并不足以帮助低收入人群，并且在未来的一段时间内仍是不足的。

在美国，住宅隔离是一个严重的问题。这使得少数族裔在经济上处于不利的地位。除此之外，无家可归的问题是复杂的，与廉租房没有很大关系。租房拥护者想要一个连贯而长期的策略来解决问题，而不是现在我们使用的短期而被动应对的政策。

讨论和问题

1. 什么因素影响了家庭负担房租的能力？如果你现在不是房主，你会不会赞同"美国梦"就是在未来要拥有一栋属于自己的房屋呢?

2. 请描述租金上限的影响。谁从中获益,谁从中受损?长期效果是什么?房东和租客如何从租金上限中作弊获益?你认为价格上限可能导致对特定族群的歧视吗?

3. 你所在的大学附近的租房状况是什么样的?你认为租金过高吗?租房的质量又是怎样?你了解一些学生受到歧视,押金被退还的情况吗?你在租房的过程中受到过歧视吗?

4. 公租房和开发商补贴中谁是首要受益人?

5. 买房券是如何发挥效用的?如果我们只有这么多资金来提供援助低收入者,最好的方式是什么?

6. 我们应该为下列群体提供补贴吗?

1) 无家可归者;

2) 低收入者;

3) 中高收入者;

4) 我们补贴这些群体吗?怎么补贴?

7. 你对住房问题持保守态度还是自由态度?

8. 你的家庭需要多少薪水来远离无家可归的境况?如果灾难来临,你和你的家庭失去生活来源,你会怎么做?你会依靠存款、亲属或者朋友吗?如果上述资源都不可用,你会怎么办?

9. 登录全国房地产经纪人协会的网站并查看最近的平均房价:http://www.realtor.com/。

10. 你的学校有无家可归的学生吗?校园里有没有一些你和学生组织可以唤起对无家可归境况重视的活动呢?你可以通过谷歌搜索来找到相关答案。

11. 登录以下网站 http://www.hud.gov。这个美国城市房地产开发局的网页提供了研究低收入家庭住房情况的链接。从保守派或自由派的角度来看全美无家可归者联盟和这个网站有什么不同?为什么?

12. 登录预算与政策环境研究中心网站(http://www.cbpp.org/),查看目前的住房问题,这是一个自由派还是保守派的网站?

13. 你和社会公众对于隔离行为和《公平住房法》是怎么看的呢?登录美国城市房地产开发局网站并做在线调查 http://www.huduser.org/publications/hsg-fin/FairHsngSurvey.html。2000—2001 年及 2005 年具有代表性的成年群体均做了测试,结果并没有好转。正常的美国人没能从 8 个情景中找出两个违反反歧视法的情景。虽然 2005 年更多的人支持《公平住房法》,但仍有四分之一的人对此毫不关心。

附录 7 价格上限

你可能从未在租金限制公寓内生活过,但一些现实世界中价格上限的例子肯定影响着你和你的家庭。让我们来看看这些价格上限。

足球票价上限

你的学校可能有一支足球（或者篮球、曲棍球、棒球）队，你和你的高年级及低年级同学都是该队的粉丝。假设这支队伍今年战绩辉煌，所有票都有人购买。事实上，很多想观看比赛的球迷并不能买到票。为了买到票，你要么花半天时间排长队，要么靠关系搞到一张票。

这种情况如图7—4所示。首先注意供给曲线是垂直的（完全没有弹性）。体育场里有20 000个座位，所以不管足球票价是多少，票一共只有20 000张。票数与价格无关。而票的需求曲线则是向下倾斜的，表明票价越低想买票的球迷就越多。如果市场自由运作，在票价为9美元，票数为20 000张时，刚好达到均衡。足球票便不会出现短缺。

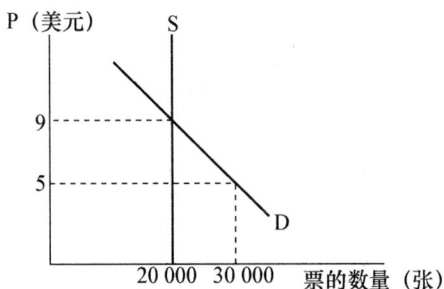

图7—4 足球票价格上限的影响

足球票价格上限导致10 000张票的短缺出现。

但我们假设学校的主管部门把票价定为5美元一张，他们认为这是一个公平合理的价格。毕竟，他们也不想加重学生和已毕业校友的负担，只是想用票价弥补整支队伍的开销罢了。

5美元一张的定价构成了价格上限，因为价格被设定在低于均衡水平。30 000名球迷想买球票，然而体育馆只有20 000个座位，所以只有20 000人能买到票，市场出现了10 000张票的短缺。

虽然是无意的举动，但学校主管部门使得市场不再有效。过分激励球迷去买票的话，出现短缺是必然的。除此之外，人们还浪费了大量时间排队，如果允许价格上升到9美元的水平，那么我们就可以避免这种情况。

你是否尝试过购买你喜欢的摇滚乐队的演唱会门票？可能你喜欢这支乐队的原因之一就是他们以公平低廉的价格向粉丝们售票。但只要乐队宣布了演唱会的计划，你就会发现门票很快售罄。他们并非故意这样做，然而这种定价策略造成了和足球票相同的结果，价格上限和有限的座位数量造成了短缺。

汽油价格上限

如果你没有在上世纪 70 年代开过车，问问你的父母（或者祖父母、外祖父母）那时的汽油短缺。他们会毫不犹豫地向你描述汽车在加油站前排成长龙，而加油站因为汽油销售一空而早早关门的场景。一些加油站只售油给老顾客，而拒绝将油卖给新顾客。很多消费者加不起汽油；另一些人则养成了每到一处都把油箱加满的习惯，即便油箱有时已经几乎满了。人们早早醒来，排队等候，花费大量的时间精力寻找汽油，担心汽油的短缺，并因此精疲力竭。如果曾经有市场毫无效率可言，那么美国 20 世纪 70 年代的汽油市场绝对是其中之一。

汽油市场上的问题与石油市场紧密相关。20 世纪 70 年代初，诸多阿拉伯国家对美国采取了禁售石油产品的抵制措施，即著名的阿拉伯石油禁运。这导致美国石油进口量的急剧下降，与此同时，有 13 个成员的 OPEC 组织为改善本国经济而减少全球原油供给。1973 年秋石油价格仅为每桶 2.5 美元，而到了 1974 年的春天石油价格已飙升到每桶 10 美元。结果所有石油产品，包括汽油，价格一飞冲天。由于石油的输入对于许多生产过程至关重要，石油价格的上升使市面上几乎所有农产品和工业产品产量减少，价格上升，造成了通货膨胀。

1979 年石油供给又因伊朗减少对美石油出口而骤减，石油价格再次疯涨，汽油价格亦然。油料短缺问题日益尖锐，通货膨胀再一次成为政治界和经济界的热点议题。

受限的供给和极高的石油价格并不是导致汽油价格高升的原因。如果允许价格自由调整，那么市场会自动达到供需均衡，也就不存在短缺。

只有对价格上涨的限制才会导致短缺。这个现象在 1973—1974 年间与 1979 年出现，当时石油和石油产品存在价格上限。上限在石油产品价格超过限制时有效，在市场上造成影响。不过只要市场价格低于最高限价，政府的价格限制措施就毫无作用，价格将一直维持在均衡的市场价格水平。当汽油价格两次飞涨时，价格上限发挥作用，生产者减少了供给，而消费者需求过度增加。图 7—5 中描绘的短缺即是结果。

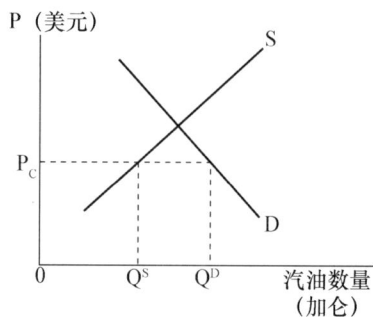

图 7—5　汽油的价格上限效应

汽油的价格上限使得短缺出现。

是不是仅仅让高油价出现就更好呢？当然，市场会变得更加有效，需求量等于供给量，而且没有短缺。但是高油价对于低收入消费者而言无疑是不利的。汽油作为一种必需品，每个需要开车上班的人都需要汽油。你能想到一些好方法来让低收入的通勤者们买到急需的汽油吗？

利率上限

你还能回忆起本章开头提到的高利贷法吗？该法案重在设定利率上限。通常政府会启用利率上限以限制利率过度上涨。这样造成的结果与我们考虑的其他情况相同，如图7—6所示。横轴为可贷资金（可用于借贷的资金）的数量，纵轴为可贷资金的价格（利率）。对可贷资金的需求代表所有想借钱的人们的需求，借方表示所有想借钱的人们。（贷者通常是存款人，如果你把钱存到账户里，相当于你把钱借给银行，银行又把钱贷出去。）均衡应该在E点处达到，此时数量为300万美元，利率为8%。而如果政府将利率设定在6%，那么可贷资金需求量为400万美元，供给量为200万美元，资金缺口为200万美元。

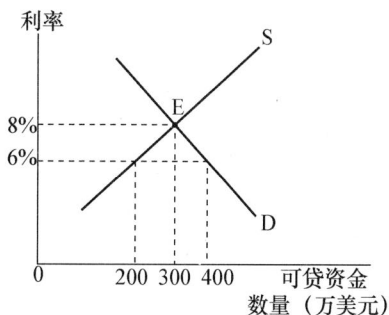

图7—6　利率上限的效应

可贷资金的利率上限导致存在可贷资金短缺。

其他例子

在第10章中，我们会考虑发展中国家的稻米等食物的价格上限。虽然农村里的农民比城市里的消费者看起来更贫穷，发展中国家的政府通常限定常见食品的价格以满足城市居民的需求。这通常是因为城市里的消费者会在粮价过高时暴动，使政治处于不稳定的状态。粮食价格上限带来粮食短缺，农民售出的价格降低，从而收入减少，耕种的积极性不断降低。从某种程度上看，迫于国际组织的压力，许多发展中国家的政府正在取消粮价上限。类似的粮价管制出现在前苏联等社会主义国家中，这些国家目前正在放松管制以进行经济改革。人们需要权衡取舍：消费者现在支付更多的钱来购买粮食，短缺已不存在。政府能够明智地运用市场价格来提供合适的激励，但它们仍需找到直接援助低收入农民和消费者的方法。

再举一个例子，我们将在第 8 章 "医疗保险" 中讨论药价。因为药价通常很高且不断上涨，许多人呼吁设定价格上限以使患者有能力承担，如租房和食物一样，医疗保障通常是政府介入的 "特殊市场"。价格上限的后果是经典的——低价，以及由此产生的短缺。你有什么办法能够解决人们无力支付高昂药价的问题吗？

第6章
美国贫困问题
穷人很难获得高质量的医疗服务，低收入人群有医疗补助，贫穷会导致更低的健康水平。

第10章
世界贫困
穷国的医疗标准较低。

第5章
歧视
少数族群相比白人来说医疗保障更不完善。少数族群预期寿命较低，而婴儿死亡率较高。

第8章
医疗保险

第7章
住房问题
住宅隔离加剧了贫穷和高质量医疗服务的缺乏。

第9章
社会保障
老年人有医疗保险，社会保障给残疾人提供一定的收入来源。

第14章
失业与通货膨胀
医疗保险需要依赖于拥有一份全职工作。

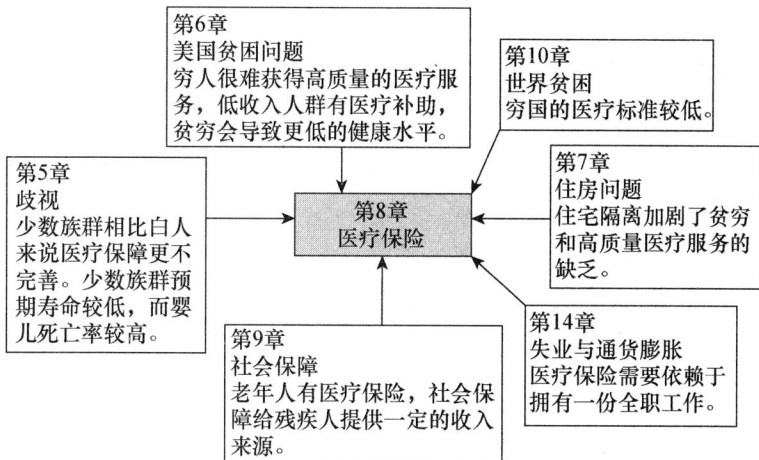

经济学工具箱：

- 预期寿命
- 婴儿死亡率
- 医师主权
- 预防式治疗
- 第三方支付
- 成本转移
- 医疗补助计划
- 医疗
- 递减性质
- 经济调查
- 自付额
- 私有化
- 医疗储蓄账户
- 医疗保险项目

第 8 章　医疗保险

我们必须强调高昂的医疗开销。这一开销现在每30秒就能够导致一起破产。年末，医疗费用将导致150万美国人失去住房。在过去8年里，医保保费增长是工资增长的4倍。在这8年中的每一年里，超过100万美国人失去他们的医疗保险……（预算）做出一个历史性承诺，要在降低支付的基础上完成医保改革，让每一个美国人获得高质量、能承受得起的医保。

——美国总统巴拉克·奥巴马在国会两院联席
会议上的演讲，2009年2月24日

医疗开销导致破产，失去住房？人们丧失健康保险？这些观点在美国以外的发达国家听起来不可思议。不信可以询问任何一个从欧洲或者加拿大来的人。他们听过医保会导致这些事情吗？然而，这在美国确实是老生常谈。

经济争论："有必要进行医疗保障改革吗？"

获取更多信息请查询市场失灵、监管和公共选择。

http://www.cengage.com/economics/econapps

美国人倾向于相信美国的医保体系是世界上最好的。对于一些美国人而言确实是，但不是对所有人都如此。当然，欧洲和加拿大的医保体系也存在问题，本书也会讨论。然而在本章中读者能够看到的事实是，美国人在医保上的花费比其他国家多，获得的却是整个西方世界最差的医保效果。

奥巴马总统所说的是一种理想模式：全面改革，完全覆盖，可承担。当我们检视当下的体系或当我们想象医保改革时，可以从这三个标准看我们所处的位置。

你怎么看你自己和家人得到的医保？你会不会担心你的奶奶无法承受吃药的花销？你良好的医保是不是与某个家庭成员的工作挂钩？你会不会担心当那个家庭成员失业时自己的医保状况？你是否还是一个由父母的医保所覆盖的全职学生？如果你毕业了，医保怎么办？你的医保是否从传统的方式转变成保健组织项目？在选择医生和药剂师的时候，你有发言权吗？你是否存在先天健康问题，从而在选择商业保险时无法选择低价项目？你是否知道有人因为医保费用而失去自己的住房？你是否知道有人因此破产？本章将讨论这些重要的医保问题，不仅仅是为了美国，也是为了每个美国人。

在本章中，首先将分析美国的医保数据。在审视数据之后，本章将分析医保开销和医保水平与其他国家相比后的排名。随后，本章将分析美国医保开销最高而质量最差的独特原因。本章还将讨论医保配给。最后，本章将介绍各种改革医保体系的方法。下面就看看美国人的医保开销吧。

美国医保开销和效果

表8—1反映了1960—2009年美国的医疗费用。从表8—1中可以看到，美国2009年全部医疗费用是25 550万亿美元，这在50年中有9 025％的巨大增长，或者说1960年后平均每年增长181％！尽管未经**通货膨胀**调整，但这些费用的增长已经比经济的平均增长快得多了。

通货膨胀：平均价格水平的增长。

表8—1   1960—2009年国家医疗费用支出   单位：十亿美元

年份	支出
1960	28
1970	75
1980	254
1990	714
2000	1 353
2005	1 973
2006	2 106
2007	2 246*
2008	2 395*
2009	2 555*

*估计数。

1960—2009年，整体增长9 025％；年均增长181％。

资料来源：U. S. Department of Commerce, Census Bureau, *Statistical Abstract of the United States*, http://www.census.gov.

国内生产总值（GDP）：评估一国一年全部支出（和收入）的标准。

进一步看表8—2，这里展示了美国和其他西方工业化国家以及日本医疗费用占**国内生产总值**（GDP）的比例。在列出的17个国家中，美国的比例是最高的。表8—2显示美国的医疗费用占GDP的15％。

无论怎样，美国花了GDP中的较大份额在医疗费用上，这些医疗费用随着时间不断增长。简单地说，不管作为社会整体还是个人，美国在医疗上的花费比以往多得多。

表8—2   西方工业化国家和日本医疗费用占国内生产总值的比例

国家	比例	国家	比例
比利时	9.9％	日本	8.1％
加拿大	10.0％	荷兰	9.4％
丹麦	10.8％	挪威	8.7％

续前表

国家	比例	国家	比例
芬兰	8.2%	西班牙	8.4%
法国	11.0%	瑞典	9.2%
德国	10.6%	瑞士	10.8%
希腊	9.5%	英国	8.2%
爱尔兰	7.5%	美国	15.3%[a]
意大利	9.0%		

a. 全世界最高。

资料来源：World Bank，*World Development Indicators 2009*（Washington DC：World Bank，2009）。

支出增长的社会意义

财政支出是对一国资源的索取。当美国的医疗费用占全国总支出的比例增加时，意味着美国分配给医疗的资源增加。因此，美国人放弃了其他商品和服务以换取医保。联想第 1 章的生产可能性曲线，假设能够实现全面就业并且社会中存在固定数量的资源、技术，美国在特定时间段内能够生产的商品和服务有限。如果选择多获取某种商品，如医疗，那么必须减少其他商品的购买。如图 8—1 所示，医疗和其他商品与服务的生产可能性曲线一样，美国要从 1960 年的 A 点移动到现在的 B 点，于是就牺牲了其他产品的生产。（图 8—1 是示意图，不显示具体比例。）

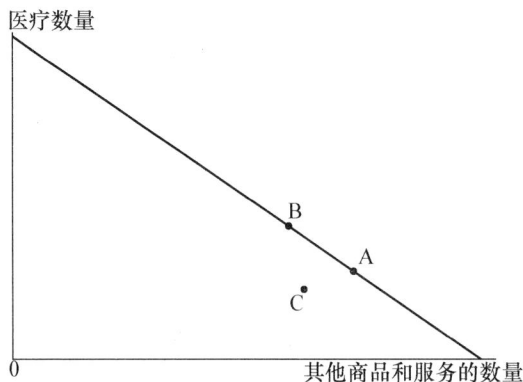

图 8—1　医保的生产可能性曲线

当美国从 A 点移动到 B 点时，美国人获得了更多的医保，但失去了其他的商品和服务，而在 C 点，则显示美国人没有有效地利用资源。

医疗费用的效果

既然美国在医疗上花掉这么多钱，那么这些花销是否为美国公民带来了更好的健康水平呢？两个衡量健康水平最常见的指标是出生时的预期寿命和婴儿死亡率。**预期寿命**是在特定年份出生的孩子能够生存多少年的预期。而**婴儿死亡率**是每 1 000 个婴儿（1 岁以下）中的平均死亡数量。表 8—3 中给出了美国和表 8—2 提到的其他国家这两个指标的数值。

通过表 8—2 可以看到，美国和丹麦在这些国家中的出生预期寿命最低，婴儿死亡率最高。医疗费用占国内生产总值比例最小的日本健康指数却是最高的！**表 8—2 和表 8—3 显示，在医疗费用占国内生产总值的比例上，比美国花得少的国家所得到的效果却更好。**尽管其他因素也影响健康指数，本章随后会讨论这些因素，但表中的数据本身就值得思考。

表 8—3　　　　　　2007 年西方工业化国家和日本的预期寿命与婴儿死亡率[a]

国家	预期寿命	婴儿死亡率
奥地利	80	4
比利时	80	4
加拿大	81	5
丹麦	78[c]	4
芬兰	79	3[b]
德国	80	4
希腊	80	4
爱尔兰	79	4
意大利	81	3[b]
日本	83[b]	3[b]
荷兰	80	4
挪威	80	3[b]
葡萄牙	78	3[b]
西班牙	81	4
瑞典	81	3[b]
瑞士	82	4
英国	79	5
美国	78[c]	7[c]

a. 每一千名婴儿中死亡的数量。
b. 所列国家中的婴儿死亡率最低、预期寿命最高。
c. 所列国家中指标最差的国家。
资料来源：World Bank, *World Development Indicators 2009*（Washington DC：World Bank，2009）.

而且，数据显示，美国医疗质量随着族群的不同而改变。表 8—4 显示了美国不同族群之间婴儿死亡率的对比。由于没有可获得的最新的数据，本章分析 2003 年不同族群之间婴儿死亡率的差异。本章以美国整体婴儿死亡率（男性 7.9，女性 6.3）作为国家平均值进行对比，能够看到不同族群的这一平均值高低不同。有些族群之间的区别巨大。首先，统计显示白人婴儿死亡率为男性 6.7，女性 5.3。如果仅关注非拉美裔白人，这一数字会更低（男性 6.6，女性 5.1）。而非洲裔美国人婴儿死亡率是白人的两倍。拉美裔和亚洲裔美国人婴儿死亡率与白种人相近或略低，美国原住民婴儿死亡率高于这些族群。非洲裔美国人婴儿的高死亡率情形与许多发展中国家类似。

最后，本章使用美国人口调查局预期寿命的数值分析，白人男性预期寿命大约是 76 岁，白人女性平均是 81 岁，然而，非洲裔美国人的预期寿命为男性 70 岁，女性 77 岁。[1]（全世界女性的预期寿命均比男性长。这一数据中值得警惕的部分是白人男性与非洲裔男性之间的差距，以及白人女性与非洲裔女性之间的差距。）

尽管营养、文化和其他生活方式特征会影响这些数据，但主要的影响因素是收入和歧视。应该注意到第 6 章中提到的非洲裔美国人的贫穷比例远远高于白人，美国原住民和拉美裔美国人的情况也相同。正如第 5 章中讨论的，这些少数族群很容易受到歧视。同时，不公平的医疗质量和不平等的医疗获取当然都是重要因素。例如，在孕期保健方面的机会受到限制的孕妇更容易因为怀孕和生产而死亡，她们的孩子更容易早产或健康状况不佳。世界卫生组织主席 2000 年曾经说，有 3 类美国人。富人享受高质量的医疗服务，中产阶级享受普通质量的医疗服务。然而，他强调，"最底层的 5% 或 10%，那些住在保留区的原住民、城市贫民、乡村地区的黑人和阿巴拉契亚山脉地区的人组成了第三类美国人，他们的健康状况和撒哈拉以南非洲人的健康状况一样差"。根据本书的统计，他的评论体现了现今的情形。[2]

总而言之，美国医疗费用高并不断增长，美国的健康指标却低于西方工业化国家。同时，在不同族群之间，健康指数差异巨大。这些消极的结果背后的原因是什么？为什么我们在医保上花了这么多钱，还是得到相对较低的回报？本章随后将探讨造成这些不一致性的两个原因，包括上涨的医疗成本和缺乏获得医疗服务的机会。

表 8—4　　　美国不同性别、不同族群之间婴儿死亡率差异（2003 年）

族群	婴儿死亡率	
	男性	女性
总计	7.9	6.3
白人	6.7	5.3
非拉美裔白人	6.6	5.1
非洲裔美国人	14.2	11.3
原住民	9.3	6.6
亚洲裔美国人	5.2	4.4
拉美裔*	6.8	5.6

* 拉美裔可能是任何种族。

资料来源：U. S. Department of Commerce, Bureau of the Census, *Statistical Abstract of the United States*, http://www.census.gov.

医疗服务存在的问题

不断上涨的医疗费用

美国整体医疗费用过高的原因有两个：其一是对医疗服务不断增长的需求；

①　U. S. Department of Commerce, Census Bureau, http://www.census.gov.
②　Chris Murray, *St. Paul Pioneer Press*, June 21, 2000, p. 1A.

其二是浪费和低效。这两个因素都与医疗服务市场的特征有关。这一市场与汉堡包、睡衣或悬疑小说市场完全不同。下面本章将分析这些特征，特别是导致不断增加的医疗服务需求的特征。

医师主权

医师主权指的是医生（或其他医疗专业人士）控制着医疗需求。我们不会像到五金店买锤子一样购买医疗服务，不会到处比较不同体制医疗的价格和质量以期买到合适的产品。恰恰相反，我们需要医生来诊断、开药、治疗。医疗需要专业知识，普通人没法自己进行复杂的诊断，必须依赖医生。医生会把费用作为考虑因素，但显然是第二位的因素。医生的决定是基于医疗实践和确保良好的治疗方案。平时逛商店时那种仔细货比三家和衡量预算的节俭方式在医疗服务领域不存在。这并不一定是坏事，它确实提升了医疗服务的质量，当然同时也提高了费用。而且，在传统的**诊疗费**保险体系下，医生或诊所大夫推荐的治疗方式越多，收入就会越高。这可能导致产生一些不需要的诊疗，病人在这些诊疗中得到的好处并不值得付出那些价格。事实上，医生都倾向于多开药、多检查、多治疗，特别是当这些多种检查的治疗方式减少了高成本的误诊诉讼时。而误诊也是增加医疗服务需求的一种特征。

医师主权：医生控制治疗过程中的需求。

诊疗费：特定健康诊疗方式所规定的特别费用。

预防式治疗

医疗误诊代价高昂。此外，误诊行为增加了**误诊保险**的开销，这种开销提升医疗成本，为了避免造成误诊，医生采取**预防式治疗**的方式，但这种方式也增加了医疗成本。与其被认定为粗心，医生们还不如在医疗过程中进行一系列不必要的检查。例如，有估计认为美国一年进行的一半剖腹产是不必要的，但由于误诊导致婴儿在出生时受伤的成本高昂，只要发现孕妇有一点不正常的现象，医生就决定进行剖腹产，尽管这种方式费用不低。（剖腹产手术的费用是顺产的两倍。）**由于这些原因，医师主权导致了对医疗服务要求的整体提高、可能产生的浪费和更高的医疗开销。**

误诊保险：医疗专业人士保护自身因为误诊造成危险的一种保险措施。

预防式治疗：医疗专业人员仅仅为了保证自己不对误诊负责而采取不必要的检查与治疗。

第三方支付

第三方支付指的是大多数费用由政府项目或商业保险承担。这种现象使得患者对费用不像自己直接支付的时候那么在意。这种保险费和医疗费用之间的间接联系较弱，保险费不和患者去看医生的次数或者去医院急诊室的次数直接挂钩。当由第三方支付患者的医疗账单时，患者就倾向于要求更多医疗服务。这也不一定是坏事。然而，医师主权和第三方支付增加了医疗需求，也因此提高了价格。

第三方支付：由患者或患者家庭成员以外的人支付医疗开支。

迅速改进的技术

肾透析机、核磁共振成像、移植技术、核医疗等是近些年医疗技术进步的例子，当医院引进特定的设备时，医院的成本飞升。

医疗专家和患者在判断医院时往往看医生的质量。有名气的医生会选择那些拥有最先进技术的医院。这就意味着由一流的医疗专家组成的医院必须拥有所有这些技术。因此，价格高昂的设备在城市医院中被不断引入。这些医院的患者被要求做高价检查和治疗的可能性增大，也就代表了整体医疗成本的增加。许多专家相信，昂贵和迅速改进的技术是医院成本上升的主要因素。

现今医疗技术成本快速上升的一个例子是处方药。新的药剂产品质量和保质期可能会提高。尽管这些药相对划算（与那些可能不需要吃药的治疗方式的效果相比），多数药品极其昂贵。一些药物可能给医保体系带来新的患者。（专家估计大量万艾可是销售给之前没有进行阳痿治疗的男性。）因此，处方药上的费用快速上升，这些药和其他医疗技术的需求是医疗成本整体上升的重要因素。

成本转移

成本转移：对一些病人多收钱以弥补另一些病人少支付的费用。

不同医疗方式造成的成本是分散的，因此降低这些成本也很困难。医院管理者增加所需治疗方式的成本相对简单。而且，医院和医生定期实施**成本转移**，也就是把一些患者没有支付的成本通过上涨医疗费转嫁给保险措施良好的病人。美国医疗补助计划和医疗保险的报销过程往往使一部分患者的医疗费用无法报销，另外在一些紧急情况下医院也倾向于不收费，先治疗。医院随后通过提高诊疗费用或者从那些保险项目完善的患者的保险公司收取更多钱（或向富裕但没有医疗保险的患者多收钱）来平衡这些成本。成本转移使得医疗决定失真，导致计算特定治疗的成本很困难。

患者的态度

美国人对医疗保险影响健康保健体系的态度各有不同。美国人相信高科技医疗体系。他们在电视里看到、在互联网上读到新的治疗方法和研究成果，相信所有的治疗方式都向普通人开放。美国人相信多做检查比少做好，相信积极治疗能够把所有病治好，认为不需要为自己的健康负责。这种信念导致美国人倾向于要求过度治疗而不考虑成本。

这些特征的后果

正如图8—2所示，这些医保市场的特征导致医疗成本随时间不断快速增加。医师主权、预防式治疗、第三方支付、成本转移和技术改进导致的检查与治疗方式增加都促使医疗费用上涨。作为患者本身又制造了更多的医疗需求，这些都导致图8—2中显示的医疗费用上涨。从另一方面看，新技术不断代替"老"技术以及医院床位和医生数量的不断增加体现了一种医疗服务供给的增加（都可以在图8—2中得到体现）。因此，从1960年起，医疗服务供给和需求都有增加，但需求增加的数量远远大于供给。**这意味着美国人目前消费更多的医疗服务并支付更高的价格。**

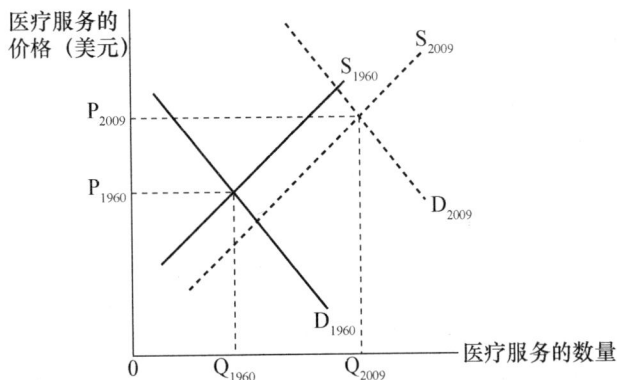

图8—2 上升的医疗服务需求曲线和供给曲线

由于1960年以来需求增长多于供给增长，医疗服务价格随着美国人消费医疗服务的数量增加而不断上涨。

浪费和低效

另外，消费者上万亿美元的医疗费用被浪费了。浪费的钱被用于上文提到的不必要的检查和治疗以及不必要的手术与药物。正如本章提到的，很多医院倾向于自行购买极贵的设备，而不是共同分享一台价值上百万美元的仪器。这种重复购买导致了很多不必要的检查，因为只有使用才能证明一开始投资在仪器的钱是物有所值的。另外，纸上谈兵也花费不少。每一个商业保险机构和政府都要求填写各种表格。那些有多个保险合同或者需要转诊的病人需要处理更复杂的文件。医院和诊所雇用很多人来处理账单、转诊和投诉。如果有朋友在美国诊所或医院上班，问问他文件的混乱程度。文件大大增加了医保的成本。最后，我们会谈到，许多患者放弃更加划算的保健方式，如产前保健、血压检查、儿童免疫。因此，手术、急诊等成本高昂的方式流行，成为预防式治疗而不是保健治疗。

再回头看看表8—1，在生产可能性曲线中，我们可能既不位于A点也不位于B点，而是位于曲线内部的C点。通过削减浪费和低效行为，美国可以把资源转换到保健型措施中，改变生产可能性曲线从而得到更好的结果。

最后的一点想法

尽管美国一些医院是不以营利为目的的，但还有很多医院以及诊所、其他种类的医疗机构是需要营利的。美国的保险机构和制药公司也是要营利的。这是美国的方式。然而，这些利润是否高于它们应得的？再进一步提问，医疗服务是否应该成为营利工业的一部分？有人对此持否定态度，医疗服务（如同食品和基本住房）应该是一项基本人权。这些人认为，医疗费用大多是供给了这些医疗产业的利润。有人进一步思考，认为单一体系（政府或一种集体合作形式）能够减少成本、减少官僚机构权限重合并减少利润。国会一则报告建议每年应节约4 000亿美元供给一个单一体系，相当于医疗费用的15%～20%。本书的作者则认为，美国人应以更低的价格享受更好的医疗服务。

缺乏获取医疗服务的机会

美国医疗服务面临的第二个问题是很多人缺乏进入这一医疗服务体系的机会。除非有无限的财富，每个美国人都依赖某种形式的健康保险或项目。一旦没有保险，我们可能无法承受高昂的医疗费用或失去健康保障。有些人从商业保险机构购买商业保险，但问题是商业保险机构可能会因为你已经存在的健康问题拒绝投保要求或收取高昂的保费。通常情况下这些健康问题都很小，但成为获得健康保险的重要障碍。很多人在工作单位参加医疗保险。事实上，多数人从工作单位都获得相当于福利的商业保险。大公司的雇员比小公司的雇员更有可能获得这种福利。其他人则依赖于政府提供的公共医疗保险制度。然而，就像表8—5所显示的那样，15％的美国人没有获取任何健康保险。

医疗补助计划： 提供给符合条件的低收入人群医疗保障的政府项目。

医疗保险项目： 大多是提供给老年人医疗保障的政府项目。

我们同样可以看到，美国不同族群的人可以获得的医保程度是不同的。少数族裔的美国人往往没有任何医疗保障，特别是拉美裔和原住民是最有可能不被医疗保险覆盖的人群，其次是非洲裔美国人和亚洲裔美国人。

因此，本章认为医保的获取途径主要是商业保险或者能够参与政府的医疗保障项目，如**医疗补助计划**和**医疗保险项目**。医疗补助计划是向穷人提供医疗补贴的项目，而医疗保险项目是为老年人提供的医疗保险项目。本书将分别分析这些项目。

表8—5　　　按照族群划分的没有被医疗保险覆盖的人群比例（2008年）

人群	没有被政府或商业医疗保险覆盖的比例
全部	15％
非拉美裔白人	11％
非洲裔美国人	19％
拉美裔	31％
亚洲裔美国人	18％
原住民	32％

* 拉美裔可能是任何族群。
* 原住民数据包括美国印第安人和阿拉斯加原住民2006—2008年的三年平均值。
资料来源：U. S. Department of Commerce, Census Bureau，2008，http://www.census.gov.

商业保险

保费： 购买一份保险单使其生效的支出。

自付额： 投保人在保险公司支付前必须自行支付的一部分费用，可能是每年支付，也可能是按次收费。

在商业保险中，投保人缴纳一部分费用，包括保费、自付额和共同保险。所谓**保费**指的是根据一定的保险单，（通常是每月）缴纳保费并有权获得回报。许多人在工作中获得的健康保险就是由雇主每月缴纳保费。所谓**自付额**指的是患者在收到医疗保险赔付之前必须自己缴纳的一部分医疗费用。这种开销一般是一次特定金额，是按次收费的。所谓**共同保险**指的是超过自付额的那一部分医疗费用由投保人自行负担的比例。

如果保险机构规定每年自付额是 200 美元，共同保险比例为 10%，同时每年医保覆盖的金额是 1 000 美元。那就意味着，投保人需要支付 200 美元和剩下 800 美元的 10%（80 美元），总计是 280 美元，而保险公司支付其余的 720 美元。大多数医疗保险都有一个保险机构支付的上限，既有年度上限，也有终生上限。除了必须要支付的 280 美元之外，还要支付保费（除非保费完全由雇主上缴），投保人还要承担任何高出保险政策上限的金额。

自付额和共同保险降低了承保人的保险成本，也避免了过度使用医疗服务。如果投保人要求每次诊疗支付一笔钱，他不会轻易地使用不必要的治疗手段。从另一个角度讲，投保人的支出事实上减少了他们寻求重要诊疗手段的机会。而且，从财务上看，保费呈现出递减的趋势。就算高收入家庭和低收入家庭支付相同的保费、自付额和共同保险，低收入家庭支付这些钱占总收入的比例更高。因此，穷人支付这些钱的负担更重。这种**递减性质**可以得到缓解，这要求保费以及其他支付金额与收入挂钩。**这意味着就算你拥有医疗保险，你的保险外支出也可能很高。这就导致患者不舍得看病或减少其他必需的支出（如食物和燃料）。**

医疗补助计划

理解大多数穷人没有医疗保险的关键在于了解医疗补助计划运作的模式。医疗补助计划（与医疗保险相反）是用于帮助穷人或健康状况极差的人支付医疗费用的项目。（健康状况极差的人所要支付的医疗费用不管收入多少都无法承担。）由于这一计划的适用标准取决于家庭收入，所以医疗补助计划是一种**经济调查**。

尽管医疗补助计划是基于全国范围的，它却是由各个州分别运作的。每个州按照特定的联邦准则制定自身的适用标准和补助水平。这种形式的灵活性随着时间不断增加，特别是在第 6 章提到的 1996 年福利改革之后。每个州还有权决定是否使用州政府收入来补充联邦财政拨付。因此，医疗补助计划的适用范围和标准各州有所不同。在很多情况下，医疗补助计划的适用标准除了收入还包括年龄、残疾和资产。在很多州，获得医疗补助计划的人不仅贫困，还要属于极度贫困那一类。一些州同时要求只有有孩子的家庭才能进入医疗补助计划。**因此，很多贫穷的单身汉或夫妇，包括有工作的穷人，常常不能被医疗补助计划覆盖。**而且，医疗补助计划并不一定保证成员得到有质量的医治。医疗补助计划中的病人常常发现很难找到愿意给自己看病的大夫，因为政府只负责医师费用的一部分，一些州要求医疗机构支付一定的费用。最后，美国福利制度的一大问题是参与 TANF 项目（见第 6 章）的人一旦找到工作离开这一项目，随即失去医疗补助计划资格。一些研究指出，这些离开福利体系找到工作的人往往工资不高且没有医疗保障，他们的生活反而比拿到医疗补助计划时更差。这就是有工作的穷人面临的真实问题。

为了补充医疗补助计划，1997 年美国通过了**联邦儿童健康保险项目**。这一项目的出发点是为那些家庭收入高于医疗补助计划标准，但收入又不足以购买商业保险的家庭中的孩子提供健康保障。像医疗补助计划一样，这个项目也是由联邦和州政府共同出资，由州政府负责运营。不是所有的州都提供同样的补贴，但所有州都包括免费的免疫和婴儿健康保障。家庭可能需要上缴一定的保费或共同支付其他形式的健康保障，数额取决于收入。这一项目极大地改善了那些无法利用医疗补助计划的美国儿童的健康保障。另外，许多州政府的医疗补助计划项目目前包含了低收入的孕妇。① 值得注意的是，许多州政府对医疗补助计划和联邦儿童健康保险项目采取了不同的名称。奥巴马总统在上任一开始的几周里就扩大了联邦政府对联邦儿童健康保险项目的拨款。

医疗保险

医疗保险项目开始于 1965 年，当时有证据显示一些老年人无力承担他们所需的医疗费用。医疗保险项目由联邦政府出资。医保项目中的医院保险（A 部分）资金来源于雇主和工人上缴的工资税。这部分收益包括病人在医院的护理费用，同时也包括收容所和其他家庭医疗护理的费用。可选医疗保险（B 部分）涉及医师服务，包括诊疗和其他医疗服务，由保费、共同保险和投保人的免赔额组成。这些保障一般不会支付病人的所有花销，联邦政府承担一大部分费用。另外，2006 年 1 月 1 日施行的可选保险项目（D 部分）涉及处方药。与 B 部分类似，患者每月交保费以覆盖药物支出，但在这种情况下，保险完全由商业公司提供。除了保费，患者还需缴纳自付额和共同保险的费用。大多数 65 岁以上的美国人适用医疗保险项目，此外一些类型的残疾人也适用该项目。医疗保险并不采取经济调查的方式，收益不取决于你有多低的收入或财产。富人和穷人同样适用。

医疗保险项目并不覆盖老年人所有的医疗开支。许多有经济能力的老年人购买昂贵的补充性医疗保险计划来承担医疗保险项目不涵盖的支出。

由于医疗费用的不断上升和人口老龄化，医疗保险项目已经成为一个迅速增长的昂贵的项目。随着成本上升，政府想要减轻自己在支付这些额外费用中的作用。政府开始限制支付给医疗机构的费用。医疗保险涉及向工人和雇主征收的工资税增加了。最后，医疗保险项目的保费在提高，免赔额在增加，一些收益被砍掉了。政府在医保领域的紧缩政策导致投保人自己掏腰包支付的费用越来越多。

因此，医疗保险项目中的很多问题与医保的整体问题相似：**不断上升的成本，医疗的可获得性以及依赖于医保项目的老年人获取治疗的机会。**美国目前的医疗保险项目与商业保险相似，都是递减性质的。就算医疗补助计划能够为一些符合条件的低收入家庭支付医疗保险项目的保费、共同保险和自付额，其他一些低收入的老年人也无法使用这些项目，因为他们承担不起自付额，或者他们选择跳过医疗保险中的一些可选项，因为不能承受每月上缴保费，而且一些重要的医疗措施和供给根本就没有被涵盖。

总而言之：**不管是商业保险还是政府项目，缺乏医保覆盖现象是很多人面临的问题。就算被医保覆盖到的人群，仍然面临严格的限制和较高的自付额，因此这些人在实际上可能也不能获得医疗保障。**医疗服务的高成本对于许多没有被医疗保险覆盖的人而言肯定是个大问题。

---

① 许多关于医保收益和可获得资格等问题可见健康和人类服务网站，包含在 "Medicaid at a Glance" 文件之下（http://www.hhs.gov/MedicaidAtAGlance）。

医疗服务的配给

多数人不喜欢配给制度。特别是医疗服务领域，人们不喜欢看到排除特定人群或排除特定医疗手段。然而，美国确实在基于收入和健康保险的基础上配给医疗服务。这是一种好办法吗？

什么应该被覆盖？

任何不能完全覆盖所有医疗费用的医疗服务体系都要面对一个问题，那就是什么医疗服务应该被覆盖？这个问题对医疗补助计划、医疗保险项目和商业保险同样存在。这是一种形式的配给。例如，教育和生活方式的项目（比方说戒烟诊所和营养咨询）是否应该增加到医疗项目中（比方说手术和器官移植）？如果能够获得足够的资金，我们可以鱼与熊掌兼得。另一个例子是预防性治疗（比方说体检、免疫、产前检查）是否应该加入到医保覆盖的范围内？同样，如果医疗保健的预算不增加，美国人也不可能二者兼得。

一些人认为，由于人们能够承担便宜的生活方式项目和预防性治疗，公共保险和商业保险应该关注价格昂贵和重大疾病的治疗。然而，这没有考虑到覆盖的成本绩效比和穷人的需要。当然，从长期来看，生活方式项目和预防性治疗很划算。打脑膜炎疫苗比患上脑膜炎（有死亡危险）要省钱。在产前对孕妇进行高质量的治疗比治疗出生时体重不足的早产儿要便宜得多。戒烟诊所也远远比做肺癌手术省钱。我们知道低收入人群必须在医保、食品、住宿上做出大量牺牲，就算医疗费用降低，对他们来讲也是很大的负担。长期看来这是对社会巨大的负担。

谁应该被覆盖？

经济争论："人体器官市场应当存在吗？"

欲知详情请进入稀缺性、选择和机会成本部分查看。http://www.cengage.com/economics/econapps

在本章开头的引语中，奥巴马总统要求医疗保险覆盖所有美国人。这相当于呼吁全面覆盖。任何不能提供全面覆盖的医保体系都要面临一个问题，那就是谁应该被覆盖？在美国目前的体系下，那些低收入、承担不起商业保险并无法进入公共保险机制（医疗补助计划和医疗保险项目）的人没有被覆盖到医保中来。应该注意到15％的美国人没有公共或商业健康保险。你觉得其他覆盖方式合适吗？也许美国应该不再给那些无论如何治疗都会死去的老年人承担昂贵的治疗费用，而是给能够更长时间的年轻人花钱。又或者美国应该只负担那些生活习惯好的人的手术或器官移植费用，而不负担那些因为抽烟罹患肺癌或因酗酒罹患肾病的人的医疗费用。我们当然不愿意做出这些选择，每一个问题的答案都是不应该。在这一点上，我们的体系正在制造新的选择。

美国医疗保险的其他方案

由于美国医保存在诸多问题，人们提出了许多其他方案。一些方案采用更加市场化的方式（保守派主张）；另外一些方法基于政府对医保行业的深度介入，也就是自由派主张的方式。

私有化和增加医保供应方面的竞争

一些保守派经济学家和政治科学学者认为政府对全国医保的影响过大。他们希望减少这种影响或极大地缩减政府对医保市场的参与。只要是一个完全自由的市场，就会有足够的力量平衡商业需求与供给。这种想法导致的建议是让医保市场供求回归自由市场状态。

私有化：将政府企业转归私有。

对于医保供应方面，保守派认为应该实现**私有化**，医保供应端的竞争能够导致更低的成本，正如我们看到的，许多医院目前并不是以营利为目的的，其他目标，例如提供高质量的医保、运用最先进的技术或专业化特定服务，这些目标是主要的。而将政府所有或政府运营的医院私有化能够增加医院之间的竞争，促使它们注意底线，从而减少低效的行为。（从另一个方面看，支持公立医院的人则专门攻击以营利为目的的医院的这种底线：专业化高营利的服务，而忽视那些营利不多但十分重要的服务，医院的成本缩减措施导致医疗服务和安全的下降，同时这些私有化医院会拒绝医治那些没有保险的低收入患者。）

奥巴马总统最初的医改方案采用的是自由派的方案。这种方案认为健康保险机构需要竞争以"保证诚实"，总统认为公共项目要和商业项目进行竞争。消费者在公共项目和商业项目之间可以做出选择。这一提案与社会主义的一些边缘化主张类似，在本书的出版过程中，提案在国会陷入僵局。

在医保行业中做广告一直被认为是不光彩的，但这可以增加供给者之间的竞争，让消费者充分认识到各种可能性。现在一些眼镜企业开始做广告了，例如，我们有更便宜的眼镜和隐形眼镜。如果医师之间、诊所之间乃至医院之间相互竞争并做广告，也许供给者之间的竞争会更加激烈，保持价格低廉。然而，需要注意的是，那些大型药剂企业的电视广告、杂志广告并没有使药价下降。安必恩和立普妥做广告的目的是增加顾客的需求，以提高价格和质量。广告会提升药剂企业的成本，随之增加了药物涨价的压力。

医保需求方面竞争的增强

与广告相关的一个概念就是信息完备的消费者，这种消费者在一个完美竞争的市场中能够根据信息作出明智的选择。乔治·W·布什总统曾经有这样的想法，声称"医保政策应该支持消费者，使个人能够为健康保健作出决定"。然而，尽管好的信息总是重要的，但在医疗领域不总能得到最好的使用。人们由于保险覆盖而被限制了选择，其他因素包括能够享受医疗补助计划和医疗保险项目等。例如，《圣保罗先驱报》（*St. Paul Pioneer Press*）曾经援引明尼苏达社区评估（一个由州医生和健康方案组成的非营利组织）显示，那些医保质量最差的诊所都在城市中心，最好的诊所位于富有的郊区，而贫穷的城市居民很难通过公共交通工具抵达那些好的诊所。例如，双子城城区最好的3家诊所在城区27个地方有地铁可及的分支，然而40%的分支不在常规公交线上。从市中心坐公交车要花费1个半小时才能到达，这还不算多次换乘、郊区昂贵的通勤费用和走路去诊所。[1] 另外，医疗质量的评估经常比较困难。医疗市场不像汽车、牛仔裤或者其他商品和服务一样好经营。

缩减或取消医疗补助计划和医疗保险项目

保守派同样认为医疗保健费用上涨的部分原因在于需求没有得到正常节俭的满足，以及价格过高。当然，医疗补助计划和医疗保险项目的存在是两个重要的考虑因素。如果没有这些项目，许多不能承担医疗费用的人可能无法得到诊疗服务，或至少不会得到目前那种形式和程度的诊疗。因为这些人的健康反映在总体医保需求中，没有这些项目，医保的需求会降低，医疗服务价格就会下降。（然而，这种把医保从穷人和老人手中拿走的方式对于这些人不公平。大部分美国人将医疗保障看成是基本人权。）

医疗储蓄账户

医疗储蓄账户：
购买者向特定账户存钱，在患病时提取这些钱的一种保险措施。

与保守人士从需求角度提出的方案相关，**医疗储蓄账户**也是一种旨在替代现今医疗保险项目的方式。一些人将这种方式看作是最终取代医疗保险项目的终极办法。医疗储蓄账户也是一种保险。购买者——无论是雇主、政府还是投保人——定期向一个医疗储蓄账户存钱，当投保人生病时可以从这个账户中取钱。投保方决定这笔钱怎么花：做什么样的检查、采用什么样的过程、看哪个医生。没有花在医疗上的钱最终回到投保人手中，让他们决定是否最小化治疗的成本。支持者认为医疗储蓄账户能够减少第三方支付体系中不正当的动机（增加过度医疗需求的动机）。批评的声音认为这种方式只能帮助那些健康的人，帮助他们存钱治病。患有严重疾病的人将发现他们的保险不足以支付任何昂贵复杂的治疗

---

[1] Becky Jungbauer, "Health Care Choice Limited for Inner-City Communities," *St. Paul Pioneer Press*, December 2006.

措施。

事实上，美国现在有一种医疗储蓄账户，即健康储蓄账户。这一账户是2003年医疗保险项目药物立法后建立的。在商业保险中承担较高自付额的个人可以把钱储存进这样的账户来支付需要现金付款的项目。健康储蓄账户中的钱可以来自税收减免，一般会投资到股票、基金或者其他投资中，所获收益免税。只要是用于医疗支付，从这个账户中支取现金也是免税的。

有人建议收取新税用以补贴健康储蓄账户。批评者认为，这种方式从整体上看是取代现行制度，榨干联邦财政，为高收入的人提供避税的途径。

集体尝试和管制型医疗服务

健康维持组织：
病人的医疗服务由限定机构提供，治疗由一个主治医师协调。这种组织通常鼓励预防性治疗。

首选供应者组织： *一组医疗服务提供者为患者提供医疗服务折扣的计划。*

不管是保守派还是自由派人士都认为，各种集体尝试能够增加效率、降低成本。例如，医师在诊所出诊比在私人医疗机构出诊单次成本要低。在集体尝试中，昂贵的设备可以更有效率地使用，医生也可以专注于某些特定的领域。特别形式的集体尝试能够提升效率。**健康维持组织**就是利用医生集体工作来运行。这一组织集中多个保险机构的投保人需求。每一个患者的需求由一个医疗诊所或一个主治医师协调，当病人需要获得组织外医疗服务时，需要获得主治医师的许可。一个类似的集体实践是**首选供应者组织**，这一组织集中保险公司提供较低费率的健康服务。这些组织被统称为"管制型医疗服务"。

管制型医疗服务目前正迅速代替美国传统的付费保险模式。主要原因是传统保险模式的高成本。简单地说，管制型医疗服务就是一种获取医疗服务较为便宜的方式，随着医疗成本上升，付费保险的成本标准也在上升，许多人开始选择加入管制型医疗服务组织，随即这些组织规模不断壮大。管制型医疗服务组织的增长和不同组织之间的竞争随着美国医疗服务成本的上涨不断显现。值得注意的是，付费保险和现今医疗服务体系的特征，特别是医师主权，倾向于提供更多的医疗措施，而管制型医疗服务则是提供更少的措施。

与医疗保险体系希望获得更高的保费相比，管制型医疗服务在提供服务时倾向于性价比更高的选择。医疗成本"超出合同"对管制型医疗服务而言是代价高昂的，只有低于成本才是合适的。因此，诸如健康扫描、营养和锻炼等管制型医疗服务组织提供的服务从长远看降低了成本。这里强调的是预防性治疗。但是，还是有人认为很难得到组织外专家诊疗疾病的许可，其他人则担心控制成本会导致医疗服务质量下降。管制型医疗服务仍处于激烈讨论中。

国家健康保险

国家健康保险是自由派经济学家针对基于市场的医保体系而提出的一种替代选择。国家健康保险在大多数西方工业化国家较为常见。国家健康保险的目的是实现全面覆盖。在这种覆盖之下，每个人都有健康保险，人们不会像在目前这种体系下那样走向崩溃。

加拿大拥有国家健康保险体系。加拿大的体系居于美欧两种不同机制之间，美国采用自由企业的模式，而欧洲则实行医疗社会化，医生由政府发薪水。加拿大的医生根据事先谈好的收费标准从政府手中获得薪水。加拿大这一项目由政府税收支持，可以为所有医院和药店的账单付费。这一体系是单一行为体健康保险体系的案例，这里的单一行为体是政府。管理一个单一行为体体系比管理多个行为体体系更加省钱，而美国采用的就是后者。在加拿大的体系中，不管是富人还是穷人、有工作的人还是失业者都能够获得医疗服务。

然而，这种体系不是完美的，当新技术得到应用时，这一体系的成本随之上升。虽然大多数民众和医师都对这一体系非常满意，但普遍的批评在于由于医疗服务短缺，可选医疗手段被推迟了（有时候推迟了关键性的治疗）。事实上，加拿大的体系有意延迟新技术的应用，它不认为所有的医院都应该应用最新的技术。因此，这种配给导致一些人必须等待治疗，一些人必须到其他地方治疗。最新的调查显示，52%的加拿大人表示能够在需要的时候迅速见到家庭医生（在美国是59%），但只有26%的加拿大人表示能够不需要等待就见到专家（在美国是47%）。然而，年薪5万美元以下的美国人中有37%认为他们能够承担所有医疗费用，而在高收入美国人中这一数字是60%。加拿大这一差距比较小，年收入低于5.5万美元的加拿大人中有61%和年收入高于5.5万美元的加拿大人中有70%表示能够承担所有医疗费用。看起来，在加拿大，低收入人群在获取医疗保障和更短时间等待专家这两项之间进行平衡。[1]

如果你是一个经济学家，怎样来改善加拿大的体系？如果人们必须等待才能获得治疗，怎样保证未来能有更多的医疗资源？也就是说，怎样能够迅速增加医疗设施的数量？你是对的，提价。如果医疗服务短期供应不足，比如患者必须等待长时间才能获得治疗，政府需要提高向医疗提供者的支付。这样就会增加整个体系的成本。

加拿大医疗服务体系在2005年发生了重要改变。加拿大最高法院判定允许在魁北克省购买和销售商业医疗服务和保险。这一措施引发了大量争议，其他省份也随之讨论使用同样方式的好处。魁北克省的体系目前相当于双保险（两种医保覆盖的选择），一些人担忧这样会导致公共医疗体系相对商业医疗体系质量降低。

马萨诸塞计划

马萨诸塞州医保方案可能会成为正在酝酿中的全国方案。马萨诸塞州要求所有民众拥有一项医疗保险，否则将处以罚款。该州定义低收入者的标准较为宽泛，并提供给低收入居民医疗保险补贴。马萨诸塞州目前只有2.6%的居民没有被医保覆盖——全国平均数是15%。要求所有人都有医保的好处在于，除了哲学上

---

[1] Steven Thomma，McClatchy Newspapers，*The St. Paul Pioneer Press*，July 15，2009.

的原因，人们不太会拒绝身体检查、预防性治疗，因此避免了更加昂贵的医院治疗、手术和急诊治疗。这一项目在实践中遇到一些困难，很多获得州政府补贴的患者被医疗机构拒绝。医疗机构声称，他们不再接受新的病人或不接受有政府补贴的患者。直到这一问题得到解决，那些被拒绝的人还将在昂贵的急诊室里看病。

一项健康保险改革议案

前文提到，奥巴马在上任最初几天就呼吁改革医保。他几乎是立即启动了一系列改革，包括医保覆盖失业者的暂时性规定、重新启动和扩张儿童健康保险项目、电子化全国健康保险记录、信息公开等。[①] 在 2010 年政府预算报告中，他同意要求暂时性扩大资助医疗补助计划的资金和新项目的开销。虽然奥巴马没有设计特定的健康保险计划，但他制定了一系列原则，试图推动国会讨论新的医改方案。奥巴马的 8 条原则在图 8—3 中有所体现。

---

1. 保证选择。该计划必须保证美国人有选择健康计划和医生的权利。人们应被允许保留自己的医生和雇主支付的医保计划。
2. 让医保覆盖可承受。体系必须减少浪费和腐败、高额的管理费、不必要的检查和服务以及其他低效造成的费用。
3. 保护家庭资助计划。体系必须减少不断增长的保费及其他美国人和企业支付医疗服务的费用，人们必须免于破产或遭遇重大疾病。
4. 为预防性措施和健康投资。新计划必须投资能够减少开支的措施——如减肥、健康的生活习惯、戒烟等，并保证人们能够获得预防性治疗。
5. 提供灵活覆盖。人们不应因为确保被医保所覆盖就被迫工作，不应有人因为存在健康问题就被拒绝加入医保。
6. 普适性的目标。计划必须有清晰的路径覆盖所有美国人。
7. 增加患者的安全性和医疗质量。新计划必须确保患者实施安全措施并减少不必要的医疗服务质量变化。必须支持广泛使用的健康信息技术，使用隐私保护和数据高效性技术，以改进医保治疗。
8. 保持长时间的财政稳定性。新计划必须减少成本的增长，改进生产率，致力于提高收入。

图 8—3　奥巴马总统改革美国医疗服务体系的 8 条原则

资料来源：*President Obama's Fiscal 2010 Budget*，Office of Management and Budget，http://www.white house.gov/omb/fy2010_key_healthcare.

在本书的写作过程中，国会正在讨论医保改革法案。（当你读到这本书时，国会可能已经通过了医保改革法案。）在美国国会山讨论医保改革的性质和在美国人家中讨论有很大不同。有些是哲学性的问题：政府在医保中的角色应该扩大还是缩减？企业是否应为雇员提供医疗保险或者为政府的保险计划做出更多贡献？民众是否应当强制医保？政府是否应该补贴企业或者低收入民众，或者所有的民众？并不令人惊讶的是，产生了一些关于医保改革的可行性争议：除非医保

---

① *President Obama's Fiscal 2010 Budget*，Office of Management and Budget，http://www.whitehouse.gov/omb/fy2010_key_healthcare/.

改革能够自行支付并取消低效问题，应如何融资支持？应当向富人多征税吗？是否应当对医疗保险的受益人征税？这些形式的问题都会产生。

很多新的主意也浮现出来。其中一个是私有化，消费者和小型企业能够通过私有化与商业保险公司竞争。另一个是在工作的地方提供固定的诊所，由雇主提供包括雇员家庭成员在内的医疗服务。同时，一些城市和医院可以提供免费的健康检查和预防性治疗。一些非传统的解决办法的优势在于就算它们限定在小范围内，它们强调预防性治疗，减少城市、医院、雇主过多的费用。在多数改革建议中，预防性治疗是关键。

相互妥协？

很清楚，如果我们希望将医保覆盖到所有人，我们需要医保体系更加高效，或者支付更高的医保费用。妥协并采纳每个计划中的优点可能会有效。一个局部的国家健康保险计划（政府选项）应覆盖那些无法获得医保的人。那些高收入、有固定工作的个人可能会被商业保险覆盖。右翼政客和电台评论首先指责这些方案是"社会主义"，但在美国人中很多人支持这种做法。根据《纽约时报》（*New York Times*）和哥伦比亚新闻电视台所做的调查，多数美国人（72%）支持政府选项而不是商业保险计划。甚至有半数的共和党受访者支持这一概念。（大约四分之三的民主党人支持。）① 另一个由《华尔街日报》及全国广播公司所做的调查显示，76%的受访者认为美国人拥有在政府方案和商业保险之间选择的权力最为重要。② 另外，一个全国性的计划可能会覆盖大病医疗，保证那些商业保险额度用完的情况。新计划可能会扩张医疗保险项目和医疗补助计划以增加覆盖面并减少受益人要自行支付的费用。计划将保证那些换工作的人能够继续享受医疗保险，改变医保覆盖范围或获得新的医保。

这种方式能够减少纳税人的开销。政府财政仅仅覆盖那些无法确保支付自己医疗费用的人。然而，一个问题是那些医生和医疗服务提供者可能会选择治疗有商业保险的病人，特别是考虑到政府所付费用少于商业机构。结果导致了两个层次的医保体系：一个是为富人准备的；一个是为穷人准备的，也就是加拿大模式。另一个问题是健康服务机构会把不能报销的费用转嫁给商业保险机构，就像现在的医疗补助计划和医疗保险项目一样。最后，病人仍要继续自己掏腰包支付保费、自付额和共同保险。

观点

保守派与自由派
保守派认同限制政府职能，强烈反对国家健康保险，因为他们认为这会扩张

---

① Kevin Sack and Marjorie Connelly，*The New York Times*，in *The St. Paul Pioneer Press*，June 21，2009.

② Robert Reich，"Why We Need a Public Health-Care Plan，" *The Wall Street Journal*，June 24，2009，http://www.online/wsj. com/article/SB124580516633344953. html.

政府的职能。他们倾向于商业化和增加竞争，修订医疗补助计划和医疗保险项目，发展医疗储蓄账户，增加无监管的市场发挥的作用。乔治·W·布什总统曾经强烈推动医保商业化。

自由派确认为市场在分配医保资源时发挥的作用有限。他们认定医保的一些特征使得市场难以形成公平和有效的解决办法。因此，他们倾向于用政策改革医疗补助计划和医疗保险项目来发展国家健康保险项目，效仿其他工业化国家。

总结

无论是从绝对数额上看还是从占国内生产总值比例上看，美国在医疗服务上花费很大而且正不断增长。尽管花费如此之巨，美国也没有形成全世界最高的预期寿命和最低的婴儿死亡率。而且，不同族群的统计数据也有所差异。

医疗服务市场与其他市场不同，它的需求会膨胀，成本很难控制。因此，美国面临不断增长的医疗成本、效率低下并充满浪费的医疗体系，以及获取医保机会的不平等。公共和商业保险都没有覆盖到15%的美国人。

美国改革医保体系的选项包括私有化、扩大竞争、扩大管制型医疗服务、发展国家健康保险、修订政府相关法律以及改革医疗补助计划和医疗保险项目。这些选项互相矛盾，新政策的制定取决于政府和国会之间的博弈。

讨论和问题

1. 浏览世界银行网站（http://www.worldbank.org）上的世界发展指数，找到工业化国家医疗费用的最新数字。美国去年与其他国家相比医疗费用高还是低？

2. 美国预期寿命与婴儿死亡率和其他工业化国家相比如何？与发展中国家比较如何？

3. 医疗服务背后何种因素影响了预期寿命和婴儿死亡率？

4. 定义下述概念并解释它们怎样影响医保需求：（1）医师主权；（2）第三方支付；（3）预防性治疗；（4）患者态度。

5. 你是否同意医保资源可能过度分配，或者你相信医保需求增长是合理的？

6. 为什么特定治疗方式的成本难以计算？

7. 浏览卫生部网站医疗补助计划和医疗保险项目页面（http://www.cms.hhs.gov）。利用网站信息理解这两个项目的差别。

8. 浏览白宫网站（http://www.white house.gov），查看奥巴马关于医保的演讲，你是否同意他的说法？

9. 管制型医疗服务怎样减少医疗费用？

10. 基础医保是公民基本权利吗？你认为国家健康保险应该有什么特点？（不一定是国家健康保险计划。）

11. 保守派在建立国家健康保险计划上持什么态度？自由派持什么态度？你的观点是什么？证明你的观点。浏览国家健康保险项目网站（http://www.piv-hp.org）。这是一个保守派还是自由派网站？

12. 浏览世界卫生组织网站，阅读关于全球健康问题的网页（http://www.who.int）。注意发展中国家医保体系面临的问题与美国面临的问题有什么区别。比如霍乱和热带病以及艾滋病。你能够在这个网站上找到每个国家的特定信息。

13. 浏览统计局网站（http://www.census.gov），查看这个网站上的相关数据。

14. 浏览美国参议院网站（http://www.senate.gov），查看议员对医保改革的看法。

第6章
美国贫困问题
社会保障能够给老年人和残疾人提供扶持。

第16章
税收、贷款和国家负债
社保基金来源于工资所得税。

第9章
社会保障

第5章
歧视
老年女性比老年男性更加贫穷，因为她们获得的社保收入更少。

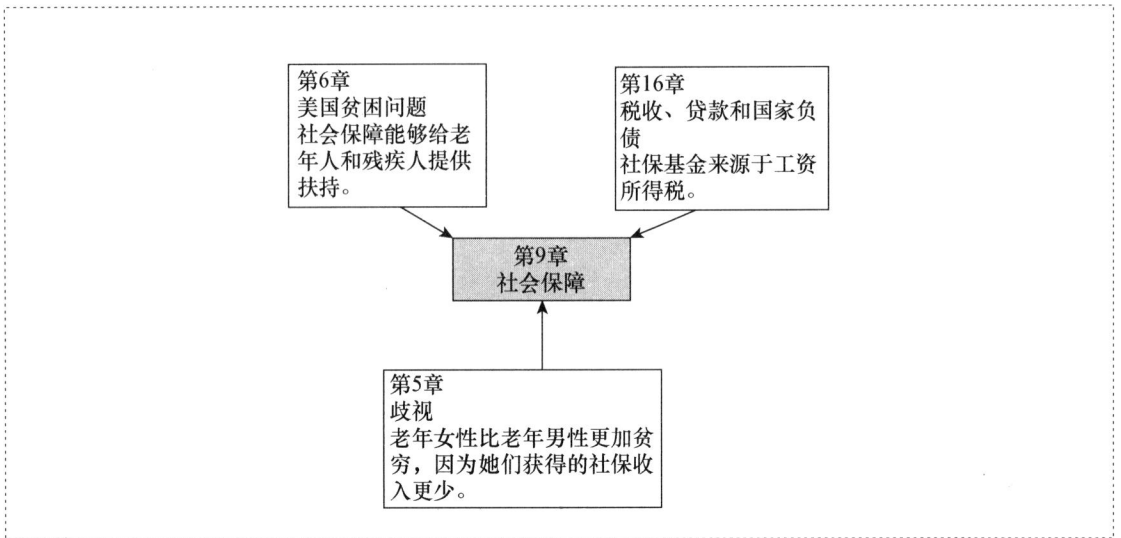

经济学工具箱：

- 私有化
- 社会保险
- 现收现付
- 社会适当
- 税基
- 税率

- 累退税和累进税
- 逆向选择
- 社保财富效应
- 提前退休效应
- 寡妇收入差距

第 9 章 社会保障

今年，大约有 7 800 万战后婴儿潮一代中的第一批将年满 60 岁，包括我父亲最喜爱的人当中的两个——我和克林顿总统。这个里程碑不仅是一场个体的危机，而且是一项全国性的挑战。战后婴儿潮一代人的退休将对联邦政府造成空前的压力。

——乔治·W·布什，2006 年美国国情咨文

除了关于父亲的笑话，布什总统提出了一个关键问题。婴儿潮一代给社会保障体系增加了更多压力，让我们面临艰难抉择。布什讲话中没有涉及的部分也很重要，特别是他在这次讲话中没有提及的此前多次要求的社会保障体系部分私有化话题。在第 17 章中我们还会讲到，**私有化**意味着把政府所属的资产或责任转移到私人部门。在社会保障议题中，部分私有化在政界并不受欢迎，这就是为什么它在国情咨文中被选择性忽略，在巴拉克·奥巴马总统的讲话中也没有提到私有化问题。

正如我们所知，社会保障体系（简称社保）和医疗保障体系（简称医保）的影响波及我们所有人。如果我们工作，那么就要缴纳社保和医疗保险税；如果我们患病或不幸残疾，我们能够从社保机构获得帮助；如果我们不幸丧偶，我们能够通过社保机构领取自己和儿女的补助。当我们退休时，我们能从社会保障机构领取退休金。退休可能对你们中的大多数人而言还很遥远，但你的亲友中肯定有退休的老人，他们每月 3 日就会收到社会保障机构的支票（除非他们的社会保障金自动转入他们的银行账户）。你们有时可能会担心社会保障机构的未来，特别是当你们退休时，这一体系是否还能存在。

社会保障金是基于美国法律，符合条件的美国公民有权领取的津贴或补助。回忆在第 6 章讨论全民福利时，我们曾涉及这一问题。社会保障金占联邦预算的很大份额，这是因为这些支出是根据法律规定作出，国会不具备任何裁量权，因

私有化：把政府所属的企业和责任转移到私人部门。

津贴：符合条件的公民依法领取的收入。

而减支的唯一办法是修改相关法律。在当前的政治氛围中，裁减联邦政府支出非常重要，讨论修改保障金和相关法律的声音很多，这些声音往往带有强烈的感情色彩。社保和医保因此备受质疑。这些支出花销不菲，相关报道频频见诸报端，是我们大多数人虽然持有不同看法，却缺少相关知识的热门话题。

在本章中，我们讨论现有的社会保障体系，分析其中的问题和面临的争议，展望这一体系的未来。

社会保障：一个社会保险体系

社会保障体系是根据 1935 年《社会保障法案》（Social Security Act）建立的。20 世纪 30 年代大萧条带来的全美性失业、饥饿、贫穷、人力资源浪费让政府开始关注经济问题造成的保障缺失。《社会保障法案》即被视作这些问题的解决方案。最初的法案规定，只有 65 岁以上的大多数工商业劳动者可以领取退休津贴。自此之后，该法案经过多次修订，如今社会保障体系已覆盖了残疾劳动者和他们的子女，以及患病的劳动者。理论上，社会保障体系覆盖所有就业人口，包括自由职业者，其收益与消费价格指数挂钩，以在经济通货膨胀时自动增加津贴数额。因此，退休人群的消费能力能够在平均物价上涨时保持不变。（你经常听到老一辈人以固定收入为生，即其收入不能适应通货膨胀的变化。而事实上，老人是最不可能以固定收入为生的人群。）医疗保险是与社会保障体系相关的系统，为社保体系受益人中的老人和残疾人提供高度补助性的医疗保险。医疗保险创立于 1965 年，从 2006 年开始涵盖处方药。

社会保险：由雇主、劳动者或双方共同上缴工资税支持的任何政府项目。其目标是帮助某一特定群体。公民不需要低收入证明就可以参加这一项目。

商业保险：由盈利性质的机构运营，由保费支持，目的是集中风险、规避损失。

社会保障体系是社会保险的一个经典例子。**一个社会保险项目与商业保险项目类似，唯一的不同在于保险的收益来自政府而不是私营企业。**正如在商业公司购买的私人人寿或健康保险一样，社会保险项目针对因死亡或疾病而造成的损失。这意味着它把各种不同的风险统一起来，使我们能够更好地应对这些风险造成的结果。因为社会保险的概念非常复杂，无法通过名字很好地体现其内涵，我们把社会保险和与之对立的、涉及人们经济安全的两种保险项目相比较。这两种项目为商业保险和公共救助。首先，**商业保险**是由非政府、盈利性质的保险公司提供的，这种保险的性质与社会保险相似，集中风险、平衡损失。表 9—1 比较了这两种保险之间的不同。

表 9—1　　　　　　　　　　　社会保险与商业保险的特征

社会保险	商业保险
1. 目的是集中风险	1. 目的是集中风险
2. 强制	2. 自愿
3. 政府垄断	3. 商业保险机构相互竞争
4. 由税收资助	4. 由保费支持
5. 现收现付	5. 资金完全充足
6. 法律保障受益人权利	6. 受益人享受合同权利
7. 以社会适当和个人公平的原则运行	7. 在个人公平原则下运行

尽管这两种保险项目的基本目的相同，但它们的大多数特征不同。社会保险是强制性的，而私人保险是自愿的。假如你是一名社保覆盖范围内的劳动者，你必须要缴纳社会保障税并必须加入保障项目，但没有政策要求你必须投商业保险。社会保险具备强制性特征的原因非常明显。如果一些人推迟参加社保的时间，到临近退休时才参与，或在自行选择时根本就不考虑社保选项，那么其他人参与社保的成本就会增加。

虽然私人保险主要由几家大保险机构主导，但还是有很多机构参与竞争。而社会保障局是唯一提供社保服务的机构，因此社保由政府垄断。

社保项目的收入来自可以享受社保福利的人上缴的税收。因为这些资金是直接源自工资，它们是**工资税**。在社保和医保范围内，工资税指劳动者和他的雇主交纳数额匹配的税收。这种财政机制与商业保险机构相反，在商业保险机构中，保险金交纳数额是由保单持有人自行决定的。

按照相关法律，商业保险机构必须在**资金完全充足**的基础上运营——这意味着它们必须有充足的准备金支付向所有保单持有人承诺的利益。而社会保险则不是在资金完全充足的情况下运营的，它采取的是**现收现付制**。目前在职的劳动者或雇主往往支付税收以满足目前退休人员和其他社保受益人的利益。这种将社保设计成现收现付制，而不是资金完全充足运营方式的决定是20世纪30年代做出的。它的内在逻辑是总会有新的劳动者加入这一强制体系，缴纳税收以支付给受益人，所以资金完全充足的方式不必要。社保准备了一笔足以支付6个月至一年的受益人收益的保证金，但基本上是由现有税收支付现有收益。

你获得社保收益的权利是**法定权利**——也就是《社会保障法》赋予的权利。如果国会修改这个法律以增加或减少收益，你的权利也随之变化。另外，你和保险公司签订合同享有**合同权利**，保险公司不能单方面修改任何合同条款。

最后，商业保险是基于**个人公平**的原则。你按照投保额的比例获得收益。如果选择金额较大的方案，多交保费，就能够获得更多收益（或者受益人能够获得更多收益）。社保的原则是个人公平和社会适当原则，或者说是为整体公民提供基本的经济保障。而且，社保项目强调的**社会适当原则**更多，个人公平更少，因此，收入低的劳动者缴纳的税收比收入高的人缴纳的税收少，但获得收益的比例更高。

社会保险与商业保险有一些共同点，同时与公共（社会）救助也有一些共同点。**公共救助**项目是基于政府的福利项目。表9—2对两者进行了比较。能够看到，公共救助是按需分配的。这就意味着个人必须能够证明他（她）陷于贫困或者资产和收入低于某一特定水平才能得到福利项目的收益。收益并不来自于个人上缴的税收，而是从政府的财政收入中支取。这与税收没有关系，不管是现在还是过去，收益均由受益人获取。公共救助是纯粹的福利项目。所有劳动者都能够获得社保和医保，但只有穷人能拿到福利。福利项目那种标签性的特征在社保项目中并不存在。

表 9—2	社会保险与公共救助的特征
社会保险	公共救助
1. 覆盖所有人群	1. 覆盖穷人
2. 由工资税资助	2. 由政府收入资助
3. 在社会适当和个人公平的原则下运行	3. 在社会适当原则下运行
4. 没有标签性特征	4. 有标签性特征

社会保障税收和收益

社会保障税收和医疗保险税收共占美国联邦税收的 32%。而且，社保在财政预算中增长很快。本节首先将两种税收分开讨论，然后检视整个社保项目。

社会保障税收

税基：收入、工资、财产、销售或其他形式的资产用以缴税的总价值。在社保税方面，税基是工资所得。

税率：税基中必须以税收形式上交给政府的比例。

累退税：从低收入人群收入中扣取的税额比例大于从高收入人群中扣取的税额比例。

累进税：从高收入人群收入中扣取的税额比例大于从低收入人群中扣取的税额比例。

比例税：从所有人群中扣取同等比例的税额。

公民上缴的社会保障税由**税基**和税率决定。税基指的是个人收入用以上缴税收的最大数额。而**税率**则是指税基中多大比例将上缴至社保基金。

截至 2009 年，美国社保税率是 6.2%，医保税率则是 1.45%。所以，我们常说工资税税率为 7.65%。因为社保规定雇主为劳动者交纳同等数量的工资税，所以合并起来税率是 15.3%。自由职业者的收入进行一定调整之后，按照收入的 15.3% 纳税。①

社保和医保的税基也有所不同。截至 2009 年，社保的税基是劳动者每年收入的前 10.2 万美元，而医保的税基则是全部收入。

让我们来看社保项目税收的增长是怎样演变的。1937 年，税基是 3 000 美元，税率是 1%。（当时，项目覆盖的退休受益人仅仅是 65 岁以上的人口。）就算考虑到通货膨胀，平均每个劳动者支付的社保税占收入的比例现在要比当时高很多。

社保税由于采取了递减税制而受到广泛批评。税收分为累退式、比例式和累进式。**累退税**从低收入人群收入中扣取的税额比例大于从高收入人群中扣取的税额比例；**累进税**从高收入人群收入中扣取的税额比例大于从低收入人群中扣取的税额比例；而**比例税**则从所有人群中扣取同等比例的税额。当然，究竟哪种税收更加合理还有待进一步深入讨论，但没有很多人认为累退税合理。这个问题将会在第 16 章进行更加详细的讨论。

社保税采用递减式是基于两个原因。首先，在任何一年中，只有税基内的收入能够征税。在 2009 年，只有每一个劳动者赚得的前 10.2 万美元能够用来征税。所以，低收入劳动者交纳的社保税等同于全部收入的 6.2%，而高收入人群

---

① The Social Security Administration, http://www.ssa.gov. 除特别说明外，本章中统计数据均来自于此。

则缴纳全部收入较低比例的社保税。（想想看，好莱坞影星约翰·德普的收入中有多少免征社保税！）

第二个原因，只有工资收入能够征收社保和医保税，其他形式的收入，例如房租、利息、资本收益、股票股息并不缴纳这些税收。因此，高收入人群有更多以资源形式而非工资或薪水形式的收入，因此他们不用缴纳社保税的收入也更多。所以，**社保和医保税从特征上看确实是累退的，将最大的税收负担压在低收入人群身上**。然而，正如我们下面要讨论的，收益的支付却是累进的。

社保收益

社保收益主要是美国财政部在每个月初寄给受益人的支票。多数没有自动转存银行账户的受益人一般在每月 3 日收到支票。医保收益则直接支付给医院、医生和其他医疗保健机构。医保在美国整个健康保险体系中的作用已经在第 8 章进行讨论。本章将关注社保投保人退休后的收益。

为了保证获得社保收益，投保人必须是全职工作或依靠全职工作的劳动者。也就是说，劳动者必须在指定期限内支付最低限度的社保税。

置换率：社保退休金占最后一年工作收入的比例。

社保收益的数额基于退休劳动者缴纳社保税时做出的贡献。通过一套复杂的公式计算劳动者收入最高的 35 年的收入总数（同时考虑通货膨胀）用以决定劳动者每月获得支票的数额。从这个意义上看，收益是递增的，低收入的劳动者得到的置换率比高收入人群高。**置换率**指的是社保支付的退休金占最后一年工作收入的比例。因此，社保税是递减的，而社保收益是递增的。**高收入人群总体上获得的社保收益更高，但仍占其最后一年工作收入的较低比例**。

问题与回应

本节讨论社保的原则性问题，背景是美国的老龄化人口越来越多。之后我们会考虑一些能够解决这些问题的方法，以及社保体系长时间运转的可能性。

长期问题：人口结构老龄化

社保面临的长期问题是人口结构。美国人的平均年龄正在增加，这意味着更少的劳动者上缴社保税、更多的退休者领取社保收益。另外，越来越多的劳动者提前退休，这意味着退休之后领取社保收益的时间更长，这些人不支付社保税，只领取收益。而且，婴儿潮时代出生的人正开始在 21 世纪第一个 10 年内进入退休年龄。这一代第二次世界大战后人口激增的人群比之前几代人的寿命更长、生育率更低，他们使退休问题更加严重。

因为社保采取现收现付制，这种系统对人口结构改变非常敏感。在 1950 年，平均 16.5 个劳动者支付社保税供养 1 个社保受益人。2008 年，平均 3.3 个劳动者支付社保税供养 1 个社保受益人，2040 年这个数字可能会减少到 2.1 个（见表 9—3）。这对纳税人、退休者和依赖这个财政系统的人而言，影响是实质性的。下面将分析这些影响。

首先，如果在现收现付制基础上更少的纳税人要提供同样的税收以支持社保体系，这意味着每个纳税人将缴纳更多的税。另外，如果每个纳税人不能提供更多税收，社保收益就需要削减或者必须找到工资税以外的财源。如果什么都不做，这套系统的财政可靠性必然受到置疑。

表 9—3　　　　供养每一个社保受益人的劳动者人数（1950—2040 年*）

年份	供养受益人的人数
1950	16.5
1960	5.1
2008	3.3
2040*	2.1

* 估计值。

资料来源：The Social Security Administration，http://www.ssa.gov.

解决问题的努力

国会在 20 世纪 80 年代初就人口老龄化问题进行过争论，最终达成了 1983 年《社会保障法修正案》。这个修正案的主要规定是：（1）延迟正常退休年龄；（2）建立信托基金账户来增加婴儿潮一代人群退休后的收益；（3）从个人所得税中收取一部分基金用于社保。

延迟正常退休年龄

正常退休年龄：
劳动者能够退休并全额领取社保收益的最低年龄。

正常退休年龄是指劳动者能够退休并享受社保完全收益的最低年龄。在社保项目的最初 60 年，正常退休年龄是 65 岁。劳动者也可以选择在 62 岁退休，但是得到的退休收益要相应减少。许多劳动者选择在更早的时间退休，尽管收益相对较低。

美国预期寿命自社保项目建立以来不断增加。1940 年，美国人的预期寿命是 61 岁，2009 年这个数字是 76 岁。这一时期女性预期寿命的增长甚至更多。1940 年，女性的预期寿命是 66 岁，2009 年这个数字是 81 岁。[1] 超过 65 岁的人的数量比例在增加。预期寿命的增加意味着更多的老年人将获取退休收益。

注意到，预期寿命包含男性和女性的预期寿命，但男性和女性的寿命分别增加 14 岁和 15 岁，并不意味着男人和女人多活了 14 年和 15 年。恰恰相反，这意味着儿童和婴儿死亡率在下降，因此提升了整体人口的平均年龄。因此，社保受益人的获益时间可能会更长，但没有长到像平均人口显示的那样。这种趋势也意味着更多孩子长大后会上缴社保税。

---

[1]　The CIA，*World Factbook*，http://www.cia.gov/cia/publications/factbook/.

无论如何，预期寿命提高是劳动者/社保受益人比例降低的一个因素。必须找到一个办法平衡这种变化。1983年《社会保障法修正案》逐步延迟了正常退休年龄。对于1940年出生的人（2005年达到65岁），正常退休年龄目前是65岁半；对于1941年出生的人（2006年达到65岁），正常退休年龄是65岁零八个月。对于1960年或者更晚出生的人而言，正常退休年龄将是67岁。劳动者仍旧可以在62岁退休，只是每月获得的收益较低。他们选择的退休年龄越接近正常退休年龄，社保收益的减少就越少。

正常退休年龄增加意味着许多劳动者将多支付两年的社保税，晚两年领取社保收益。因为我们活的时间更长，工作时间也应该更长，这样更加合理。

为婴儿潮时期的受益者建立信托基金

1983年《社会保障法修正案》的第二项改变是社保体系部分地改变了现收现付制的逻辑。税收水平提高通过信托基金支付婴儿潮时期出生的退休者。婴儿潮时期出生的人一般出生在第二次世界大战和1965年之间，在这段时间，经济增长迅速、出生率激增。于是，大量年龄相近的美国人同时开始生活，让时代发生改变。当他们入学时，这个国家的学校变得非常拥挤，公共教育系统也承受很大压力。当他们进入成年期时，他们开始建立家庭，使这个国家的住房资源进一步紧张。他们将在2010年前后退休，开始给社保体系带来巨大压力。

信托基金：专门用于支付今后社保收益而特别征收并用于投资的税收。

为了适应这些婴儿潮一代，社保体系成立了**信托基金**。也就是说，政府开始征收更多税负，不仅仅满足于支付现在的受益人。多出来的税收将投资美国国家债券，投资所获得的利息也将滚入这一信托基金。这种做法的目的是使信托基金最终能够为婴儿潮一代支付社保收益。截至2008年，信托基金市值估计有2.2万亿美元，其中2007年的利息有7830亿美元。随着越来越多的婴儿潮一代退休，信托基金账户的价值会下降，因为需要支付的收益多于收取的社保税。最终，信托基金将会枯竭，整个社保体系也会回归现收现付制。

经济争论："找工作的孩子们。"

老年人推迟退休已经影响到找工作的年轻人了。请单击劳动力市场中的微观经济学查看详情。
http://www.cengage.com/economics/econ-apps

向社保退休收益征税

最初，社保退休收益是不需要上缴所得税的。**从1984年起，退休劳动者首次开始向联邦政府缴纳社保收益所得税。**这种税收将用于社保信托基金，并投资美国国债。这种税收在某种程度上存在一定争议，却使得社保基金获得实实在在的收入，保证了社保的财政可靠性。如果一名独立缴税的退休劳动者全年收入总计超过2.5万美元，他将支付社保收益税；如果是夫妇联合缴税账户，则夫妇年收入总计超过3.2万美元就需要缴税。由于美国所得税采用累进税制，收入较低的人支付很少的所得税或者免税。有其他收入来源或社保收益较高的人像缴纳所得税一样缴纳社保收益税。

社保体系的长期财政可靠性

社会保障信托委员会必须定期出版报告，展望长期（75年）财政状况。在准备这些报告时，分析师对经济增长、劳动力增长、退休人数和退休者领取社保经济争论："社会保障能够在 21 世纪继续存在吗？"

请浏览收入分配和贫困的相关内容。http://www.cengage.com/economics/econapps

收益的年限等经济变量进行评估。他们使用不同的假设组合，观察各种变量如何影响项目并提出最佳和最差展望。根据 2008 年的报告，社保基金在今后数年内将会继续增加，之后将会有所下滑，直至 2041 年最终枯竭。① 然而，由于近期的经济衰退，社会保障局估计社保基金会提前 4 年枯竭，也就是 2037 年。当社保基金枯竭后，社保体系将回归现收现付制。由于老年人在总人口中所占比例将会上升，转归现收现付制将导致提高社保税或减少社保收益。就算不考虑经济衰退，不发生任何变故，2041 年退休者拿到的社保收益也只是目前水平的 75%。如果不改变社保项目、不减少社保收益，社保税将不得不大幅提升，或者这一项目将不得不依靠政府常规税收收入进行补贴。②

这对你我意味着什么？例如，现在 20 岁的学生将直到至少 67 岁时才能拿到社保收益，你的这份收益还很可能被征税。除非存在其他财源，你 67 岁时拿到的收益只是目前退休者的 75%，或者你就必须缴纳高昂的社保税。

从短期来看，社保项目具备偿付能力，但从长期来看，这一项目的财政状况不佳。**尽管社保体系今后将需要采取许多措施来保障其财政可靠性，这一体系目前还没有崩溃的可能。**

同样的结论不能用于医保上。这一社会健康保险体系体现了美国所有医疗保健项目的问题。单个病患的支出越来越高。目前，受益人所需费用的上涨速度快于工资税中用于资助医保项目必选部分的税收。而补充医疗保险覆盖的部分受益人自己缴纳保费并获得联邦政府的收入支持。每年，保费都不足以覆盖迅速增长的成本，政府不得不从收入中拿出钱来平衡短缺的资金。而新的处方药部分同样是自选项目，由选择者每月上缴保费。从最好的预期来看，医保今后的财政可靠性都是不能确定的。

其他事项与问题

本节涉及与社保项目相关的其他事项与问题。首先，我们将讨论是否应将社保项目由强制性改为自愿性参与；其次，我们将分析社保对于年轻劳动者来说是否为"糟糕的购买"；第三，我们将讨论社保对私人储蓄的影响这一具有争议性的话题；第四，我们将探讨社保项目对女性的影响；第五，我们将分析社保与移民、少数族群之间的关系；最后，我们将讨论除美国外的其他国家是否面临相似的社保挑战。

社保应当自愿参与吗？

美国公民都有"独立的灵魂"，他们不喜欢被强制做任何事情。因此，从社保体系建立的第一天开始，其强制性质就引起了广泛争议。许多保守派人士认为，社保应该是自愿的，而非强制的。他们的讨论是基于经济自由和政府在公民生活中的局限作用。与其相关的一个议题是社保体系对年轻劳动者的公平性。

---

① 2009 年年中，财政部承认经济恶化，预测 1937 年执行的信托基金将比之前预测的提前 4 年耗竭。

② The Social Security Administration，*2007 Trustees Report*，http://www.ssa.gov.

（本节下一部分将展开讨论。）

一个自愿的社保体系意味着个人可以自行选择是否加入社保。如果他们选择不加入，他们可以选择购买商业保险来满足其经济保障的需求，也可以选择通过其他方式满足需要，或者也可以决定压根不满足这一需要。

认为社保必须成为强制项目的理由如下：（1）社保成为自愿项目将使供给全部人口最低限度的经济保障变得更困难；（2）穷人买不起商业保险，也不能通过储蓄满足自己的经济保障需要；（3）自愿体系将导致更多的逆向选择。下面我们将详细阐述这些理由。

首先，社会保险旨在为全体公民提供最低限度的收入，而通过自愿性质的项目完成这一目标将非常困难。一些人就是选择不加入任何项目，不为退休做任何准备。其他人可能通过商业机构购买退休收入保险，但如果遇到困难，他们会中断为这些项目缴费。因为大家不想看到老年人饿肚子或是无家可归，人们倾向于通过福利项目而不是社会保险来表明我们正在照顾这些老年人。事实上，正是社保项目，而不是公共救助项目减少了老年人口中的贫困率，正如在第6章中提到的那样。

其次，那些薪水接近最低工资线的低收入劳动者无法承担能够像社保一样给他们带来收益的商业保险。正如上文提到的，低收入劳动者具备比高收入劳动者更高的置换率，也就是退休后的收入占工资的比例较大。购买商业保险以达到与社保同样水平的支出超出低收入者的经济能力。低收入者也无法储蓄足够的钱为家人提供经济保障。

逆向选择：指投保人作出选择并导致保险项目损失水平高于平均值的过程。

最后，自愿体系将增加逆向选择的可能性。所谓**逆向选择**，指的是社保和商业保险共同面临的问题。逆向选择指投保人作出选择并导致保险项目损失水平高于平均值的过程。（如果健康的人不购买健康保险而病人购买，那么保险公司将收到更少的保费并面对高于平均值的损失率。）社保项目的收益是基于社会公正而不是个人公平，因此，与其他人相比，一些劳动者相对于其他劳动者从他们上缴的税款中得到更高的收益。如果项目是自愿的，那么所获收益不多的劳动者（年轻劳动者、健康劳动者、负担少的劳动者）就可能决定退出项目，转而投资回报仅仅基于个人公平原则的商业保险。如果这些人从社保项目中退出，那么社保将面对比例更高的高危人群（即将退休的人或残疾劳动者）和比例较少的低风险人群。损失水平和项目覆盖每个参与者的成本就将上升。选择加入社保项目的人群所缴税额将会增加，更多的劳动者发现商业保险更加划算。社保最终可能成为一项价格高昂、成员主要由高风险客户组成的保险项目。

在1935年国会讨论通过《社会保障法案》的同时，还提出一项自愿体系的提案。这份提案没有获得通过，因为关于强制性项目的论据十分充分。正如我们今天所见，这个问题仍旧存在争议。

"糟糕的购买"：社保体系对年轻劳动者不公平吗？

这是年青一代关于社保体系对他们是否公平的主要争论焦点。社保体系现在对退休者十分慷慨。但这个项目能否对你继续慷慨下去？如果你能够用现在上缴社保体系的税款投资于其他方式，你能否为自己的老年提供更好的保障？社保对你是不是一项"糟糕的购买"呢？

关于社保体系一个复杂的议题是：年轻人今后能否从社保体系中得到他们目前缴纳的价值？这些年轻的劳动者向社保体系纳税，以支持目前的退休者、幸存者和残疾人。年轻劳动者和他们的雇主目前缴纳的社保税的价值高于他们今后能够从社保体系中获得的。因此，一些人批评社保体系，称年轻人被骗了，他们应该有权力选择是否退出社保，购买商业保险以保护自己。这些声音认为年轻人可能从商业保险中获得比社保更加公平的合同，这当然是采取自愿性质的社保体系的理由。下面将对此进行详细分析。

多数认定年轻人被社保体系欺骗的论调有一个前提假设，那就是劳动者对自己和雇主交纳的社保税有使用权。这一假设相信，企业支付低工资就是为了通过替劳动者交纳社保税来补偿劳动者。如果这个假设不成立，那么企业就不是因为交纳社保税而向劳动者支付低工资，那么关于社保对年轻劳动者不公平的说法也就不成立。我们假设社保变成自愿性质，看看有多少钱汇入这一机制。假定劳动者缴纳全部社保费用，其中包括原来雇主应该上缴的，那么自愿性质的社保就是可行的；如果劳动者只是继续缴纳原本由自己缴纳的那部分资金，那么这样的社保就不可行。

雇主上缴的那一半社保税从来就没有打算直接计入劳动者个人账户。它的目的是造福所有人，而不是特定的某一个人。在项目设计之初，有必要为许多在社保体系下工作的退休者提供收益，当他们退休并开始获得社保收益时，雇主缴纳的那一部分发挥了作用。而且，雇主缴税可以推动高收入者和低收入者之间的财富重新分配。**雇主上缴的那部分税收是为了实现社会公正，而不是个人公平。**

另外，许多支持"糟糕的购买"的研究仅仅考虑了遗孀和退休者的收益。研究者假设，如果劳动者拿到自己和雇主交纳的社保税，就能够更便宜地购买到社保所能提供的保障。这种假设没有考虑到社保所能提供的全部益处。社保是一个独特的社会保险项目，同时覆盖残疾人并提供医疗保险。如果用所有的收益减去税收，那么这些研究结果可能完全不同。**考虑到所有这些好处，认为社保是"糟糕的购买"就不合适了。**

社保会减少储蓄？

社保财富效应：
人们以社保代替储蓄的倾向，导致私人储蓄减少。

提前退休效应：
社保鼓励人们提前退休，从而增加私人储蓄。

批评社保项目的人声称，社保减少了美国人的储蓄。他们认为，正是由于社保的存在，公民为了退休而进行的储蓄减少了。这种现象称为**社保财富效应**。财富效应使得美国人在工作时消费得更多，因为认为没有必要储蓄。确实，美国的私人储蓄率是所有发达国家中相对较低的，我们在第17章将对其进一步论述。

不过，其他论述则认为社保实际上鼓励人们提前退休，同时增加了私人储蓄。这种影响被称为**提前退休效应**。提前退休的人必须为更长年限的退休生活做准备，因此在工作时就会多储蓄。如果社保财富效应高于提前退休效应，那么社保就会减少私人储蓄；反之，则会增加私人储蓄。

社保对私人储蓄的影响是一项经验研究，许多研究已经就这一议题进行了分析。衡量受到社保体系影响的储蓄比例和没有受到影响的储蓄比例比较困难，这使得众多研究的结果并不一致。许多研究没有考虑到，劳动者会为了退休以外的其他目标而储蓄。例如，许多人为了假期储蓄，为了买房储蓄，为了孩子教育或其他目的储蓄。研究也没有考虑到很多孩子会在财政上支持年迈的父母。此问题着实棘手，我们目前尚无法评估社保对储蓄的影响。

女性在社保中的待遇

社保应该是性别中立的；它应该平等地对待男性和女性。不过，由于美国社会和文化没有实现性别平等，男性和女性在社保体系中的地位也不同。本小节分析社保中的两个女性问题，即遗孀的收入缺口和在社保项目中外出工作的女性可能遭遇的不公。

遗孀的收入缺口

若是社保项目覆盖的劳动者，遗孀（或鳏夫）每月能够按照去世配偶的收入记录领取抚恤金。死者的孩子在 18 岁之前也能够领取抚恤金。遗孀在最小的孩子 16 岁之后，就不能领取抚恤金，直到遗孀本人 60 岁后，才能够再次按照去世配偶的收入领取抚恤金。如果遗孀在 60 岁之前再婚，则失去领取抚恤金的权利。

让我们举例说明。汤姆和曼迪是一对有三个孩子的年轻夫妇。曼迪在第二个孩子出生之前有工作，但从次子出生后就不再外出工作。汤姆突然去世。曼迪这时只有 28 岁。她最小的孩子才 3 岁。曼迪和自己的三个孩子都能够领取抚恤金。但她的抚恤金在最小的孩子 16 岁时停止发放。曼迪在最小的孩子 16 岁时，自己只有 41 岁，直到 60 岁时才能继续领取抚恤金。如果曼迪一直在家照顾孩子，她可能没有办法养活自己。

曼迪将面临 19 年的收入缺口。同样，有许多年龄不足 60 岁的中年遗孀，当丈夫去世时还有孩子需要抚养。要注意的是，鳏夫也面临同样的问题。如果妻子是家庭的主要经济来源，鳏夫就面临同样的处境。不过，在美国，大多数婚姻都是所谓的传统婚姻，男人平均挣得比女人多，而女人一般却活得比男人长，主要的缺口还是女性问题。

对工作的女性的不公平待遇

妻子可以从自己的工作所得中获取社保退休金，也可以配偶身份从丈夫的收入记录中获得退休金。不过，社会保障局会计算妻子和丈夫能获得的收益金，然后按最高限额支付。一般情况下，妻子的收益是丈夫的一半。那些从未外出工作的妻子或者虽外出工作但不足以获得全面社保覆盖的妻子所享受的配偶收益与外出工作的妻子享受的收益相同。

许多妻子申请社保退休收益时发现，她们所享受的配偶收益往往大于她们自己工作所得的退休收益。这似乎意味着她们上缴的税款丢失了，或至少在享受社保退休收益上，她们的工作年限无关痛痒。

为什么会出现这样的情况？本书在第5章中提到，女性的平均收入远低于男性。如果一对夫妇符合这种典型情况，丈夫会有较大的收入记录。而且，女性进入或离开就业市场时，考虑的家庭责任因素大于男性。这也会导致较低的收入记录。因此，丈夫一半的退休收益都比妻子基于工作所获得的收益多。这似乎意味着她工作的年限和所缴的工资税都浪费了。

同样，如果丈夫的工作所得记录低于妻子，也可能陷入同样的境地。他们会发现配偶的收益比自己工作的收益还要高。社保法对待配偶时不考虑性别。**但美国的就业机构区别对待男性和女性，这种区别对待最终反映在社保体系上。**所有这些导致老年男性和女性之间贫富差距大，女性被划归贫困的可能性是男性的两倍。

社保、移民和少数族裔

社会保障局在其网站移民页面上写着欢迎移民到美国（http://www.socialsecurity.gov/immigration）！这一网站向不同类型的移民（如学生、难民、政治避难者）提供社保和其他信息，同时提供西班牙语版本。社会保障局声称"向支付社保税但不说英语的顾客提供热情服务"。另外，社会保障局用阿拉伯语、亚美尼亚语、中文、波斯语、法语、希腊语、海地语、意大利语、韩语、波兰语、葡萄牙语、俄语和越南语提供社保信息。

社会保障局同时设立特别网站向美国印第安人、阿拉斯加土著人、亚洲裔美国人和太平洋岛屿居民提供服务。社会保障局称，美国印第安人网站的目标是"扩大服务到边远地区"，提供各种关于个人、部落、民族能够获取的社保和其他信息。亚洲裔美国人网站指出，到2050年，大约每10个美国人中就有一个亚洲裔或太平洋裔。它指出在第二次世界大战中服务于美军的菲律宾老兵能够获得特殊津贴。

其他国家是否面临同样的社保问题？

社保问题不仅存在于美国。根据美国人口调查局的数字，世界上65岁以上的人口将在本世纪中叶增长3倍，以至每6个人中就有1个老年人。世界人口老龄化问题存在多年，主要原因是人口出生率下降和医疗进步使得人们的寿命延长。

按照社会保障局的说法，大多数欧洲国家以及日本和中国社保面临的挑战比美国更严峻。其中30多个国家，包括英国、澳大利亚和瑞典建立了具备本国特色的私人储蓄账户。一些发展中国家也开始面对人口老龄化带来的问题，通过政府或商业项目进行应对。

南美洲国家智利是发展中国家采用公民社保项目的典型。由奥古斯托·皮诺切特（Augusto Pinochet）领导的保守右翼军事独裁政府于 1973—1990 年执政，当时政府的项目计划每个智利人将工资的 10％放入一个私人储蓄账户中。不过，今天有大约一半的智利劳动者没有加入这一项目或是没有通过项目积累到足够的资金以每月获取足够的退休金。由于私营化的失败，现在执政的左翼政府于 2006 年 12 月宣布 2007 年开始彻底改革以加强政府在社保体系中发挥的作用。有一点是清楚的：老龄人口问题不止存在于美国。

社保体系今后靠什么维系？

美国人一直以来怀疑社保体系的承诺。每一代人都感谢这一体系照顾他们的父母和祖父母，但总是怀疑这一体系能否"继续照顾自己"。每一代人都害怕自己退休时这一体系崩溃。在各种民意调查中，美国人表达着自己的不安。这种怀疑主义在 1983 年国会改变社保体系时也只是略有缓解。

一方面，劳动者对社保恶化的财政处境一直抱有疑问。目前最明显的事实是社保体系基金将会比以往更容易被破坏。不过，另一方面的疑问在于美国人根本就不了解社保体系。例如，社保基金董事会 1999 年报告，社保基金将于 2037 年枯竭（现在的预计是 2041 年），全国的新闻头条都是"社保基金将在 2037 年破产"。尽管社保基金枯竭不是什么好消息，但回归现收现付制与破产还不完全是一回事。正如上文所说，2041 年之后，就算不进行任何改变以增加财政稳定性，社保体系还将提供今天收益水平的 75％。但收益将不得不来自那时的税收。

然而，财政和财政可持续性的问题一直存在。社保基金的账目平衡将比以往预计的更快被打破。医保基金的现状一直很危险。新处方药方案的发展存在疑问。这些随着乔治·W·布什政府和奥巴马政府财政赤字不断升高而引发质疑。社保体系肯定要进行改变，因为这一项目是衡量全体公民经济保障的措施，公民应关心这一项目是否遵从了关键原则，是否体现社会保险体系的价值。如果放任体系恶化到危机水平，在那种情势下的改变恐怕不能遵从现在的原则。下面将分析今后可能发生的改变。

改变社保税

一些人关心社保税使得低收入者的负担过重。上文提到过社保税是累退税，这种累退的比例随着时间的推移不断增大。很少有人批评累退税，大概多数人并不明白它的影响。另一方面，目前削减资产税、利息税和个人所得税，将更多造福富人。关于税收对收入分配的影响将在第 16 章进行详细讨论。

现在需要讨论的问题是如何削减社保税的累退比例。这可能并不像想象的那么难。代替设置每年收入的前 10.2 万美元作为税基封顶，可以设置一个最低值。例如，收入在 10.2 万美元左右的人不再缴税，而是以超出部分作为缴税基数。

通过这种方法，高收入者所缴纳的税收就高于低收入者，社保项目的规定可以轻易改变。

削减社保收益

不管是委员会还是高收入者都曾提过各种削减社保收益的方案。一些提案通过修改社保规定，削减特定阶层的社保收益。其他方案则暂时或永久性削减收益以适应通货膨胀。调整成本和支出比例实质上也是一种收益削减。很明显，削减现有收益会使社保基金的运行时间更长。

国会 1999 年的一项提案提出削减社保收益。这份提案旨在修正按现有受益人的生活成本进行的社保调整。社保收益每年1月按照年度通货膨胀状况进行调整。通货膨胀根据消费价格指数（CPI）衡量。经济学家认为 CPI 高估通货膨胀，但对于高估的程度则意见不一。（第 14 章将分析这一问题。）立法调整社保成本的支出比例并削减每年现有受益人增加的社保收益。这一提案最终被国会否决。

削减社保收益特别是高收入人群收益的观点认为，并非所有的社保收益人都是穷人。一些人收入高，能够同时享受商业退休金或者投资收益。换句话说，他们不像低收入者那么需要社保支票。取消或减少这些人的收益将使体系变成累进税制，为低收入者和平均水平劳动者保持最低限度的支持，并减少社保体系的成本。

另一方面，削减高收入者的社保收益可能会危及个人公平原则，这一原则使得社保体系是一个社会保险项目而非福利项目。作为一个社会保险项目，社保广泛适用，不设标签。正如一个聪明人所说："为穷人设计的项目最终会很糟糕。"社保一直以来都是所有人的项目。取消或削减高收入者的收益可能导致人们认为社保是一项福利项目。福利项目在政治操作上比社会保险更加脆弱。

延长退休年龄

正如前文提及，按照现有法律正常退休年龄将延长到 67 岁。另一个增强社保体系的建议是延长正常退休年龄和提前退休年龄。

延长正常退休年龄的支持者指出，美国经济已从制造业转移至服务业和信息产业。总体上工作对身体的要求下降了。而且医疗的进步也使得劳动者在五六十岁时身体更加健康。因此，延长退休年龄不会伤害劳动者。

随着时间的推移，美国劳动者的退休时间越来越早。许多人认为是社保导致这一现象出现。当劳动者在相对年轻的时候退休（如 62 岁），他们每月能够拿到65 岁退休时获得的社保收益的一大部分。提议延长退休年龄和能够领取收益的最低年龄的人认为，选择过早退休的人不太清楚自己有多长时间依赖这一体系。随着他们财产用尽，被削减了的收益可能无法满足生活需要，或者肯定无法让他们过得舒适。延长退休年龄将使劳动者继续工作并使支付社保税的时间延长。因为每月能够领取的社保收益更多，劳动者能够过得更好，社保体系也运行得更加顺畅。

社保基金投资股市

社保基金在需要支付收益前投资股市以赚取利息。法律规定社保基金只能投资于美国政府债券，并认为由联邦政府作担保的债券是最安全的选择。不过，美国上市公司的股息往往高于政府债券。一些批评的声音要求社保基金的经理人拿出一部分税收收入投资股市以增加基金投资收益。另一些人则指出投资股市比投资政府债券风险更大，特别是在 2008 年那样的股市中风险更加不可预知。然而，一部分社保基金今后可能还是要投入股市。

部分私有化

乔治·W·布什政府曾试图将部分社保体系私有化运营。他提议劳动者拿出2％的收入放入自己选择的投资账户。社保税率将相应减少。之后，不是社会保障局将劳动者缴纳的社保税投资于政府债券，而是劳动者直接将一部分资金投资于股票或信托基金。劳动者对自己的退休基金有控制权。允许劳动者直接将自己的税收投资与简单地让社保基金经理人投资于公司股票有很大不同。批评者认为，高收入者将比低收入者获得更多的投资建议。因此，布什的提议将增加高收入者的退休收益，而降低低收入者的退休收益。

社保体系是否会向这个方向转变还有待观察。目前由于企业丑闻和公众对金融机构的不信任，这种变化在短期内不会发生。同样不太可能的是民主党政府和民主党控制的国会会批准部分私有化社保体系的方案。

未来社保体系的发展十分关键。它代表了一些人未来的经济保障和一些人不确定的税收负担。但有一点可以肯定，社保会随着时间而改变。社保体系有很大可能性不会像今天对待退休者一样对未来的受益人如此慷慨。这对于准备开始职业生涯的学生而言意味着什么？这意味着如果想在退休时保持生活质量，现在就要通过自己储蓄、雇主协助的体系或商业保险做准备。社保体系将成为个人储蓄的补充，但仅凭社保收益，退休生活不可能舒适。

观点

保守派与自由派

保守派认为社保意味着大政府。他们认为，如果公民不必交社保税也可以过得很好。应该减税，这样公民就有多余的资金进行投资。许多保守派因此支持部分或全部私有化社保体系，同时也支持社保改为自愿性质。

自由派支持以社会保险为全体公民提供最低限度的收入保障，而不是私有化体系。自由派担心社保税的累退性质，希望进行改革以确保社保的财政可靠性。他们不担心社保体系的庞大，也不担心体系会造就大政府。

总结

社会保障是一个社会保险体系。尽管社保税是累退的，但社保收益是累进的。社保体系的目的是为美国劳动者提供最低限度的经济保障。体系的规模和税负随时间的推移而增加。

社保面临困难。长期困难是随着时间的推移缴税支持受益人的劳动者数量减少。目前，已经建立信托基金以支付收益给婴儿潮一代。其他问题包括体系对妇女和年轻人不公、影响私人储蓄、将体系变为自愿性质的提议和体系长期的财政可靠性。今后的改变可能包括减少收益、延长正常和提前退休年龄并向社保收益征税。

讨论和问题

1. 你相信社保体系对妇女和年轻人不公吗？请说明你的理由。如果你认为社保体系不公，通过什么方法能够使其更加公平？这些方案可能会涉及哪些问题？

2. 解释社保税为什么是累退税。记住累退税不意味着低收入者上缴更多税收，而是纳税比例在收入中更大。怎样减少累退程度？

3. 对比社会保险体系和商业保险体系。你能举出社保项目的其他例子吗？

4. 对比社会保险体系和公共救助项目。你能举出公共救助机制的其他例子吗？

5. 你认为社会保险应当实现资金完全充足吗？其优缺点各是什么？

6. 社保体系在未来 15～20 年间会有什么变化？为什么？浏览社会保障局网站（http://www.ssa.gov），关注对社保体系未来的提问和社会保障局的回答。

7. 浏览社会保障局网站（http://www.ssa.gov），注意其他链接，如年度最受欢迎的婴儿名字。

8. 社保的长期问题是什么？你认为 1983 年《社会保障法修正案》提供充足的解决办法了吗？

9. 关于保守派对社保体系的观点，浏览保守派研究机构卡特基金会网站（http://www.cato.org），这一网站有关于社保私有化的论文链接。

10. 关于自由派对社保体系的观点，浏览预算与政策优先中心网站（http://www.cbpp.org），查找关于社保体系和私营化相关问题的讨论。为什么保守派和自由派观点不同？

11. 浏览白宫网站（http://www.whitehouse.gov）的各种政策报告，包括总统演讲。搜索关于社保体系的演讲。

第三部分

全球贫困、农业和贸易

第3章
环境
很多环境问题都是全球性的，但也有不少问题仅出现在贫困国家和地区。

第11章
全球农业
农业发展对于贫困国家而言举足轻重。贫困国家的商品市场与美国的农产品市场相似。美国的农业政策使贫困国家深受其害。

第14章
失业与通货膨胀
这是在贫困国家最常被提及的两大问题。

第10章
世界贫困

第17章
21世纪的全球自由市场？
国际债务是许多贫困国家的主要负担。发展中国家实行了大量的经济改革，却恶化了贫困人群的医疗卫生条件和教育环境。

第12章
国际贸易
全球贸易的某些方面对贫困国家将产生负面影响。

第6章
美国贫困问题
与很多贫困国家类似，美国也面临着贫困与收入分配差距的问题。

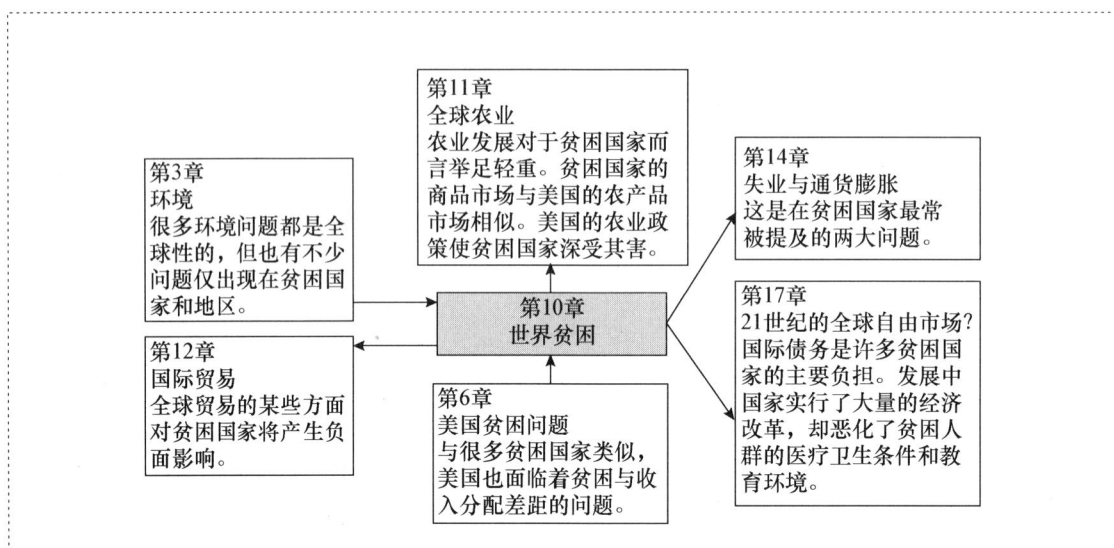

经济学工具箱：

- 国民总收入（GNI）
- 人均国民收入
- 基础设施
- 价格上限
- 出口农业
- 人力资本投资
- 失业
- 非正式就业部门
- 千年发展目标

- 劳动密集型技术
- 基础设施
- 经济增长
- GDP 的构成
- 收入分配
- 经济发展
- 新兴工业化国家和地区
- 资本密集型技术

第 10 章　世界贫困

有一天，我在街上收集废品，走到波姆·扎蒂姆大道的时候我停下了脚步，有人把肉扔进了垃圾桶里，而他正在一块一块往外捡。他对我说："卡罗琳娜，快拿点吧，这些肉都还可以吃吧。"于是他给了我一些肉。为了不伤害他，我便拿了一点。我试着说服他不要吃这些肉，或者是那些被老鼠咬过的硬面包。但他却告诉我他不得不吃，因为他已经足足有两天都没吃东西了。于是他生起了火，试着把肉烤熟，但他饥饿难耐，以至于他根本等不到把肉烤熟，他只是稍微加热了一下就吃了起来。为了忘记这个画面，我默默地走开了，假装我不曾在那儿看到这一切。在一个像我的祖国那样富裕的国家，这样的事情绝对不可能发生。我非常厌恶社会服务中心的做法，他们的职责是对社会失调的再调整，但是他们却从未注意到这些边缘化的人群。我把废品卖掉以后回到了圣保罗的贫民窟。第二天我发现那个黑人小男孩死了。他的脚趾全部分开，距离足有 8 英尺。他就像是用橡胶做成的一样，全身肿胀起来，而他的脚趾看起来则像是风扇。他没留下任何文件，只是像所有其他"乔"一样被掩埋了。没有人试着找出他的名字，因为那些被边缘化的人们根本就没有名字。

——卡罗琳娜·玛丽亚·杰西，《黑暗之子》(*Child of the Dark*)[①]

在第 6 章，我们讨论了美国的贫困问题。虽然在美国贫困是一个很严重的问题，但我们应该记住，在世界上其他地区，那些被边缘化的人们却遭受着比那严重得多的贫困问题，比如本章开头引文中那个巴西贫民窟的小男孩。世界上对这些贫困国家有各种各样的称谓：发展中国家、欠发达国家、低收入国家以及第三世界国家等等。在本章的讨论中，最常用到的称谓是发展中国家。

[①]　From *Child of the Dark* by Carolina Maria de Jesus，translated by David St. Clair，copyright © 1962 by E. P. Dutton & Co.，Inc.，New York，and Souvenir Press，Ltd.，London.　Used by permission of Dutton，a division of Penguin Group (USA) Inc.

经济链接：《世界概况》（美国中央情报局）。

这是查找全世界所有国家基本经济信息的最好资料来源。先点击全球，再点击国家信息。
http://www.cengage.com/economics/econapps

大多数发展中国家都集中分布在全球的三个区域：拉丁美洲、非洲和亚洲。表10—1按区域划分列出了大部分发展中国家。这些国家的名字会时常出现在我们的讨论中，所以你最好通过查阅地理资料来确定它们所属的区域，以加强对这些国家的地理认知。

世界银行最近发布了一份数据，反映出世界上存在着大量的贫困人口。全球有25亿人每天的生活费不超过2美元。在最贫穷的国家，5岁以下的孩子中有28％都体重不足，有13％还未长到5岁就已夭折，人们的预期寿命仅为58岁，15岁以上的年轻女孩有69％都不会读写。在很多国家，这些数据在最近几年仍在持续恶化。①

表10—1　　　　　　　　按区域划分的世界上所有的发展中国家及地区

拉丁美洲和加勒比地区	非洲		亚洲
阿根廷	阿尔及利亚	利比里亚	阿富汗
巴巴多斯	安哥拉	利比亚	不丹
伯利兹	贝宁	马达加斯加	柬埔寨
玻利维亚	博茨瓦纳	马拉维	中国
巴西	布基纳法索	马里	东帝汶
智利	布隆迪	毛里塔尼亚	印度
哥伦比亚	喀麦隆	毛里求斯	印度尼西亚
哥斯达黎加	中非	摩洛哥	伊朗
古巴	佛得角	莫桑比克	伊拉克
多米尼加	乍得	纳米比亚	巴勒斯坦
厄瓜多尔	科摩罗	尼日利亚	朝鲜
萨尔瓦多	刚果（金）	卢旺达	老挝
格林纳达	刚果（布）	塞内加尔	黎巴嫩
瓜德罗普	科特迪瓦	塞拉利昂	马来西亚
危地马拉	吉布提	索马里	蒙古国
圭亚那	埃及	南非	缅甸
海地	赤道几内亚	苏丹	尼泊尔
洪都拉斯	厄立特里亚	斯威士兰	阿曼
牙买加	埃塞俄比亚	坦桑尼亚	巴基斯坦
墨西哥	加蓬	多哥	巴布亚新几内亚
尼加拉瓜	冈比亚	突尼斯	菲律宾
巴拿马	加纳	乌干达	卡塔尔
巴拉圭	几内亚	赞比亚	沙特阿拉伯
秘鲁	几内亚比绍	津巴布韦	新加坡
苏里南	肯尼亚		斯里兰卡
乌拉圭	莱索托		叙利亚
委内瑞拉			泰国
			阿拉伯联合酋长国
			越南
			约旦
			也门

注：一些小国/岛屿不在列表中。

① The World Bank, *World Development Indicators 2009* (Washington, DC: The World Bank, 2009). 除特别说明外，本章中数据都来自世界银行。

人均国民收入

国民总收入：是
指一国总产出所创造
的收入，是所有收入
概念涵盖最广的一个。

人均国民收入：
是指国民总收入平均
分配给每个人所能获
得的收入。计算时用
国民总收入除以总人
口得到。

经济学家通常用 GDP（国内生产总值）和 GNP（国民生产总值）来衡量一国的经济繁荣程度，但这两个指标在衡量一国产出的时候有很大出入。最近，世界银行开始公开发布**国民总收入**（GNI）的数据。GNI 在价值衡量方面与 GNP 相似，反映的是一国产出所能带来的总收入。国民总收入是所有收入概念中涵盖最广的一个，这一指标可以帮助我们将注意力集中在一国国民的收入而非产出上。

而**人均国民收入**衡量的是国民总收入除以总人口得到的平均值，计算公式如下：

$$人均国民收入 = \frac{国民总收入}{总人口}$$

因此，人均国民收入可以被看作是每一个人的平均收入，平均这一概念非常重要，它指的是一国典型的居民，在假定（非常不切实际地假定）总收入平均分配给所有人的情况下所得到的收入。 但正如我们经常看到的那样，收入从未被平均分配过。

如果我们用人均国民收入来衡量一国的繁荣程度，那么就可以对世界各国的繁荣程度做一个横向比较，你会发现各国的人均国民收入差距如此之大，并为那些最不繁荣国家的贫困而诧异。表 10—2 展示了世界上最富有的国家和最贫穷的国家以及介于二者之间的一些国家的人均国民收入比较。

表 10—2　富裕国家、贫穷国家和一些中等收入国家的人均国民收入（2007 年）

国家	人均国民收入（美元）	国家	人均国民收入（美元）
挪威	77 370	哥伦比亚	4 100
瑞士	60 820	伊朗	3 540
丹麦	55 440	中国	2 370
瑞典	47 870	玻利维亚	1 260
爱尔兰	47 610	巴基斯坦	860
美国	46 040	越南	770
沙特阿拉伯	15 450	柬埔寨	550
墨西哥	9 400	津巴布韦	191
俄罗斯	7 530	利比里亚	140
阿根廷	6 040	刚果	140
巴西	5 860	埃塞俄比亚	220
哥斯达黎加	5 520	布隆迪	110

资料来源：World Bank, *World Development Indicators 2009*（Washington, DC：The World Bank，2009）.

从表中可以看出，挪威的人均国民收入为 77 000 美元（注意这是人均收入，而非家庭总收入！），位居世界第一。美国排名世界第六，人均国民收入为 46 000 美元。其他一些国家像墨西哥、俄罗斯、阿根廷、巴西、哥斯达黎加以及哥伦比亚，人均国民收入相对较低，但仍然比那些深陷贫穷的国家要高很多。表 10—2 的最后列出了世界上最贫穷的国家，布隆迪位居最后，人均国民收入仅为 110 美元。

当你从表 10—2 中认识到最贫穷的国家后，再回到表 10—1，看看这些国家的区域分布。世界上大部分贫困国家都分布在非洲，但世界上贫困人数最多的国家大多分布在亚洲，因为大量贫困人口都居住在亚洲地区的国家，例如中国、印度、印度尼西亚和巴基斯坦等。

经济增长

经济学家将人均国民收入看作是衡量一国繁荣程度的指标，他们通常还以 GDP 的增长来衡量一国的**经济增长**，因为这与 GNI 如何快速增长是密切相关的，同时也让我们能够判断人均 GNI 是否也在增长。我们可以将经济增长定义为在一段时间内 GDP 的年均增长。如果衡量时间为 7 年（例如 2000—2007 年），我们就要测算整个时期的 GDP 增长率，然后再按 7 年进行平均，这样就可以得到 GDP 在这一时间的年均增长率。表 10—3 列出了 2000—2007 年一部分发展中国家的 GDP 增长率，各国按增长率从高到低排列。

表 10—3　　一些发展中国家 GDP 的年均增长率（2000—2007 年）

国家	GDP 年均增长率（%）
乍得	12.2%
塞拉利昂	11.2%
中国	10.3%
莫桑比克	8.1%
越南	7.8%
古巴	3.4%
布隆迪	2.7%
海地	0.2%
科特迪亚	0.3%
中非共和国	0.0%
约旦河西岸地区	−0.9%
津巴布韦	−5.7%

资料来源：World Bank, *World Development Indicators 2009*（Washington, DC: World Bank, 2009）.

从表中可以看出，这些国家的经济增长率有可能为正、为负，或者是零。前五个国家都有较高的经济增长率。其中有些国家的高增长率是暂时性的，可能是由新发现石油或其他珍贵资源所带来的经济增长。而另外一些国家（例如中国、越南），它们的高增长却是由稳步推进的经济改革提升了经济产出与效率所带来的。另有像古巴、布隆迪这样的国家，虽然经济增长并不十分引人注目，但也比较稳定持续。除此之外，表中所列出的其他国家的经济增长率或者很小，或者为负，这也许是在表明这些国家的状况正在恶化。不过请记住，我们真正关注的在于人均 GDP（或者人均收入）是否在增长，而并不仅仅考虑 GDP 的增长。例如，虽然乍得和塞拉利昂的人口增长率非常高（分别为 3.3% 和 2.1%），但迄今为止，两国最高的 GDP 增长率超过了人口增长率，因此两国的平均人均收入都有了一定幅度的增长。然而，中非共和国的情况却有些糟糕，其年均人口增长率为 2.2%，GDP 增长率却为 0%，这意味着人均 GDP 在下降。津巴布韦和巴勒斯坦却显示了更加恶劣的情况，这两个国家的 GDP 都有较大的负增长率，尤其是在巴勒斯坦，每年 3.7% 的人口增长率已经达到了世界最高水平，产出和收入的减少影响到了不断增长的人口。**如此看来，GDP 增长率和人口增长率同时决定着一国的繁荣或贫穷。**

我们在本书的后面部分会讲到，经济处于衰退期时会导致 GDP 下降。但像津巴布韦和巴勒斯坦这样 GDP 下降得非常厉害的，肯定是有极度破坏经济的事件发生。最常见的可能是战争以及随之而来的动荡，还有可能是低效率、不稳定的政府造成的。这些因素在许多非洲国家都经常出现，而中东地区的动荡也限制了人员和商品在巴勒斯坦的进出，这也削弱了这些贫困国家的经济力量。

负的经济增长率听起来令人生厌，正的经济增长率听起来如此美好。事实正是如此！但在我们强调发展中国家的贫困问题之前，我们必须先问一个非常重要的问题。尽管经济学家长久以来都将人均收入或者一国的产出看作是衡量一国经济繁荣程度的主要指标，同时将经济增长看作是衡量国家繁荣程度的指标，我们必须要知道，这些收入和产出的数据是否足以衡量人民的"经济幸福度"呢？正如我们所看到的那样，它们并不能！

衡量生活幸福水平的困难之处

使用 GDP 和 GNI 指标的时候主要有两大问题：一是产出构成问题；二是收入分配问题。

产出构成

GDP 的构成： 表示 GDP 中所包含产出的构成项目。

在使用总产出数据时有一个问题，就是我们没有强调 GDP 的构成。我们必须要搞清楚，GDP 到底有哪些组成部分。试想一下，如果一国的产出主要是为人民提供高质量的医疗卫生服务、教育服务、住房及食品等，而另一国主要为准备区域战争而制造大量的军事装备，或者为少数富人生产不必要的奢侈品，以及富丽堂皇的摩天大楼等，这两国的 GDP 构成则完全不同。我们可以将沙特阿拉伯和哥斯达黎加进行对比。沙特阿拉伯在 2007 年的人均国民收入是 15 450 美元，

婴儿死亡率: 每
1 000 个新生婴儿中
在出生后第一年的死
亡人数。

人均预期寿命:
指在特定年份出生的
婴儿预计可以生存的
年龄。

大约是哥斯达黎加 5 520 美元人均国民收入的三倍,但沙特阿拉伯的人均预期寿命却比哥斯达黎加短,婴儿死亡率更高。**人均预期寿命**是指在某一特定年份出生的婴儿预计能存活的年份。**婴儿死亡率**是指每 1 000 个婴儿中,在出生后第一年死亡的比例。沙特阿拉伯的人均预期寿命为 73 岁,哥斯达黎加则为 79 岁。(发展中国家哥斯达黎加的人均预期寿命竟然比美国还要长!)同时,沙特阿拉伯的婴儿死亡率是 20,是哥斯达黎加的 2 倍。之所以会出现这样的差异,是因为沙特阿拉伯将 9% 以上的 GDP 都用于国家安全防御,而哥斯达黎加在军事上的花费却很少(其宪法禁止任何形式的武装部队),这样一来,国家就将更多的资源投入到卫生保健、教育以及其他的救生措施。正是因为哥斯达黎加选择提供更多的有利于人民的商品及服务,才会有更长的预期寿命以及更低的婴儿死亡率。这仅仅是一个例子,还有很多国家的军事支出占 GDP 的比重甚至比沙特阿拉伯更高。

收入分配

收入分配: 是指
国民总收入在不同群
体间的分配状况。

另一个更加严重的问题是关于收入分配的。在第 6 章讨论美国贫困问题的时候我们谈到过收入分配的问题。我们知道,人均国民收入衡量的是每个人的平均收入,也就是说在收入均等地分配给每个居民时,每个人能获得的收入。但事实上,无论是在美国这样的富裕国家,或是在埃塞俄比亚这样的贫穷国家,收入都不是平均分配的。在社会中,少数的、富裕的精英阶层总是获得一国收入的大部分,而余下的大部分居民就只能生活得很贫困。**事实上,一国的高人均国民收入并不能真实地反映一国的居民生活水平,因为这一指标并未对收入分配进行衡量。**

有一种衡量收入分配的方法是在第 6 章附录部分介绍的洛伦兹曲线。回忆一下,这条曲线表明了一国的总收入分配给每五分之一的人口所占的比重,另一种衡量收入分配的方法是一国最贫穷的 20% 的人口能够获得的收入的比重,这一比重越高,说明一国的收入分配越平均。表 10—4 列出了一些国家的数据。尽管从数字上看各国的差距并不大,但事实上对收入分配的影响却很大。从表中可以看出,许多收入最低的国家——如埃塞俄比亚和巴基斯坦——比一些收入较高的国家,如墨西哥和哥伦比亚的收入分配更加平均。(在第 6 章我们观察到美国最贫困的 20% 的人口获得了国家收入的 3.4%,也就是说像中国、印度这样的国家,其收入分配的公平度都高于美国。)

一些相对富裕的国家的收入分配往往有利于富人,因为分配制度被严重扭曲,巴西就是一个很好的例子。如表 10—4 所示,在巴西最贫穷的 20% 人口仅获得了国民总收入的 3.0%,尽管人均国民收入达到了 5 860 美元,巴西的人均预期寿命只有 72 岁,婴儿死亡率达到了 20,这些指标比许多贫困国家还要高,这也证实了收入分配对国民生活水平的重要性。我们用越南的情况进行对比,越南的人均国民收入仅有 770 美元(比巴西人均国民收入的七分之一还低),但人均预期寿命为 74 岁,婴儿死亡率仅为 13。之所以存在这样的结果,是因为表 10—4 中列出的越南最贫困的 20% 的人口获得了该国国民总收入的 7.1%,远高于巴西的水平。

表 10—4　　　　　各国最贫困的 20% 人口的收入占国民总收入的比重
（由低到高排序）（2007 年）

国家	比重[a]（%）
纳米比亚	1.5
玻利维亚	1.8
安哥拉	2.0
哥伦比亚	2.3
海地	2.5
洪都拉斯	2.5
巴拿马	2.5
巴西	3.0
南非	3.1
津巴布韦	4.6
中国	5.7
布基纳法索	7.0
越南	7.1
老挝	8.5
印度	8.1
埃及	9.0
巴基斯坦	9.1
埃塞俄比亚	9.3
孟加拉国	13.3

a. 一些国家用支出数据代替收入，一般重点强调收入不平等。

资料来源：World Bank，*World Development Indicators 2009*（Washington，DC：The World Bank，2009）.

　　长久以来，调节收入分配，增加分配公平性的机制都广受争议，至少在短期是如此，因为这些机制必然会使得一部分人的收入减少，使得另一部分人的收入增加。提高对富人的征税并将税收分配给穷人是一个可选的方法，但从政治上来说非常困难，特别是当一个国家的领导者是依靠富人而当选时。相比之下，其他方法更加成功，比如说通过消除价格的扭曲确保一部分人获得足够的收入。例如，提高农产品的价格可以保证低收入的农民能获得更高的收入。（我们将在后面讨论这一做法的细节。）将政府资源转化为充足的食物、卫生保健、教育等资源并提供给穷人，能够在很大程度上提高穷人的福利，从政治角度讲，也会比向富人征税难度更小。除此之外，政府政策有可能会包括对**资产**（最引人注意的是土地）进行重新分配，因为这些能创造价值的资产分配的公平性也决定了收入分配的公平性。

　　困扰许多国家的一个问题是**原住民**失去了对当地土地的所有权。墨西哥的恰帕斯就是一个恰当的例子。在 20 世纪 90 年代，墨西哥提出了一系列改革，旨在建立一个更加市场化的经济体制。这些改革中有一项就是修订了国家宪法，允许地方土地的商业买卖。当地的印第安人长久以来都掌握了公有土地的所有权，并将土地的使用权分配给社群里的个人或家庭。而当越来越多的土地被出售后，当地的印第安农民就失去了他们赖以生存的财富，以及与土地紧密相关的传统文化。这一问题以及改革中的其他问题在 1994 年 1 月 1 日爆发，恰帕斯的民众开始举行示威游行抗议政府的行为，而墨西哥的武装力量为控制游行，毁坏了当地的农场，杀掉了牲畜，没收了财产，还杀掉了一些原住民。这一时期正值《北美自由贸易协定》（NAFTA）生效的时候，而这一协定被许多墨西哥人看作是对市

资产：拥有所有权的财产，比如土地。

原住民：指一国祖祖辈辈土生土长的当地人。

场化改革的蔑视，关于这一问题我们将在第 12 章具体讨论。

位于非洲中东部的津巴布韦是全球最贫困的国家，其收入分配相当不公平（最贫穷的 20％人口仅得到国民收入的 4.6％），而那里的土地所有权问题演化成一场争端。其收入分配不公平主要是因为少数白人掌控了国家三分之一的高产土地，只余下少量的土地给当地的黑人农民。2000 年，这些当地人在穆加贝总统（Robert Mugabe）的支持下开始占领白人控制的农场，总统还将这场运动定义为一场为反对不公平所有权的合法反抗。无论这种做法是否合法，有很多占领运动都溃变成暴力行动，甚至还有人员死亡。津巴布韦政府计划没收一半以上的白人农场土地的行为在国际上引起了广泛争议，津巴布韦的土地分配问题是否能通过稳定的、非暴力的改革来解决还有待观察。而其中最复杂的因素就在于津巴布韦政府以及其经济的严重不稳定性。当前，这场占领运动已经极度恶化了该国的农业生产，由此又带来了严重的饥荒。如此看来，在表 10—3 中津巴布韦的经济增长率为负也不足为奇了。

经济发展与生活水平

经济发展：涵盖生活水平提高、贫困减少、人均 GDP 增长等多方面综合发展的过程。

由于收入分配问题，我们不能武断地认为人均 GDP 的增长与经济发展是同一个意思。这个观念经得起不断推敲：**经济发展并不等同于经济增长**。事实上，我们可以把**经济发展**定义成一个不断提高大众生活水平的多方面的过程，它既要求经济生活水平的提高、贫困的降低，也要求人均 GDP 的增长。与此同时，经济发展也意味着从政治或经济层面上的自由化解放。尽管人均 GDP 的增长是经济发展定义中一个非常重要的方面，但很显然这并不是故事的全部。

许多经济学家都采用直接衡量幸福度的指标来测量发展中国家人民的幸福水平，而不仅仅依赖于收入或产出的数据。对于生活水平的衡量，最好的指标就是上文中提到的人均预期寿命和婴儿死亡率。但是这些指标都没有考虑到前面讲人均国民收入时所提到的收入分配问题。尽管一国的精英阶层可能会有更长的预期寿命，但预期寿命并不是像收入水平那样成倍地增长。也就是说，一个富人的收入水平可能是一个穷人的 1 000 倍，但富人的寿命却不可能相应地是穷人的 1 000 倍。

另外，预期寿命和婴儿死亡率这样的指标避免了收入和产出数据的固有问题。以预期寿命为例，它不需要随着通货膨胀、汇率、市场价格等因素而调整。这些固有问题使得有时候在比较各国情况的时候会出现偏差。

除此之外，预期寿命和婴儿死亡率衡量的是政府各种项目和经济水平的最终结果。其他一些有时用来衡量生活水平的指标，比如人均摄入卡路里、人均医生数量以及入学率等，实际上仅仅衡量了政府项目的投入量。这些指标并没有反映卡路里的质量、医疗保健的质量或者教育的质量。而真正能反映这些项目产出结果的，是像预期寿命和婴儿死亡率这样的指标。最后一点，就是预期寿命和婴儿死亡率等指标能更好地被政策制定者和大众所接受。

经济争论:"外国直接投资是阻碍还是促进了一国的经济发展?"

很多发展中国家可能为了增加国内的资本存量而吸引外国投资者在本国投资建厂、并购等。对这种行为是应该赞成还是反对呢?你可以在发展和转型经济体中找到答案。

http://www.cengage.com/economics/econapps

表 10—5 列示了一些发展中国家的预期寿命水平,从最长的哥斯达黎加(79岁)到最短的斯威士兰(40岁)。(虽然在表 10—5 中没有列出,但全世界预期寿命最长的国家是日本,为 83 岁,而美国的预期寿命为 78 岁。)请注意,塞拉利昂的预期寿命为 43 岁,但这并不意味着塞拉利昂一个典型的居民只能活到 43 岁,明白这一点很重要,因为有大量的婴儿和小孩死亡,所以降低了预期寿命的平均值。另外,一些南非国家,像斯威士兰,其预期寿命尤其强烈地受到了艾滋病的影响。令人惊讶的是,在 1990 年,塞拉利昂的预期寿命为 58 岁,但由于艾滋病以及其他一些因素的共同影响,现在其预期寿命已经下降了 18 岁,仅为 40岁。其他一些(表中未列出)国家受艾滋病影响预期寿命也有所下降,包括博茨瓦纳(1990—2007 年间预期寿命从 63 岁下降到 51 岁)、纳米比亚(从 62 岁下降到 53 岁)、南非(从 62 岁下降到 50 岁)、赞比亚(从 48 岁下降到 42 岁)、津巴布韦(从 61 岁下降到 43 岁)。这些变化如此令人震惊,我们会在随后继续讨论关于艾滋病的问题。

表 10—5 同时还列出了发展中国家的婴儿死亡率。关于婴儿死亡率的全球数据中,最高的是塞拉利昂的 155(也就是说每 1 000 个新生儿中有 155 个,或者 100 个新生儿中大约有 16 个会在出生后第 1 年内死亡),最低的是斯洛伐克共和国,婴儿死亡率仅为 2(在表中未列出)。美国(同样未在表中给出)的婴儿死亡率为 7。

表中的数据既说明了贫困国家与富裕国家存在的巨大差异,同时也让我们看到了全球最贫困的国家恶劣的、令人毛骨悚然的生活环境。在我们对生活水平这一概念有了一定程度的了解、对经济增长和经济发展的定义有了一定的区分之后,我们需要讨论这个非常重要的问题:怎样才能推动经济的发展,以提高全社会的生活水平?在接下来的部分我们将解决这个问题。

表 10—5 **部分发展中国家的人均预期寿命和婴儿死亡率[a],**
按人均预期寿命由高到低排列(2007 年)

国家	人均预期寿命	婴儿死亡率
哥斯达黎加	79	10
古巴	78	5
智利	78	8
阿根廷	75	15
墨西哥	75	29
越南	74	13
沙特阿拉伯[b]	73	20
中国	73	19
巴西	72	20
肯尼亚	54	80
南非	53	75
埃塞俄比亚	51	33
博茨瓦纳	50	46
索马里	48	88
刚果(金)	46	108

续前表

国家	人均预期寿命	婴儿死亡率
塞拉利昂	43	155[c]
津巴布韦	43	59
莱索托	43	68
莫桑比克	42	115
斯威士兰	40[c]	66

a. 表示每 1 000 个新生儿中在出生 1 年内的死亡数。
b. 准确地讲，沙特阿拉伯是高收入国家。
c. 世界最低水平。
资料来源：World Bank, *World Development Indicators 2009*（Washington, DC: The World Bank, 2009）。

经济发展的问题

新兴工业化国家和地区：包括新加坡、韩国、中国台湾以及其他通过工业化获得经济快速增长的国家和地区。

资本密集型技术：表示需要利用大量资本的技术。

劳动密集型技术：表示需要利用大量劳动力的技术。

长久以来，发展经济学家及发展中国家和地区政府都很青睐西方工业化国家的发展理论与实践，对这些理论与实践的偏好使得政策制定者们直接将改革的矛头指向了城市地区和工业领域。对于新加坡、韩国、中国台湾和中国香港而言，这种模仿是很成功的（自 1997 年以后，香港已经回归中国，成为中国的一部分）。这些国家和地区被归为**新兴工业化国家和地区**。这些国家和地区的许多特点，如高素质的劳动力、同一性的创业文化、国际化的环境等促成了它们工业化战略的成功。然而，在其他很多国家，工业化战略却并未奏效。其中一个主要原因就是工业化强调的是**资本密集型技术**（需要大量资本投入的技术），以及从低收入居民中吸收存款并用于投资的机制。农业仅仅被看作是获得廉价食品和税收收入的一种途径，这些农业税收入还会被投资于工业部门来提高城市居民的生活水平。只是在最近才有一些经济学家和政策制定者开始认为其他一些政策也许会更加适合发展中国家。我们发现经济发展的关键往往在于农业部门的发展。我们意识到了**劳动密集型技术**（与资本密集型技术相对应）的重要性，它可以雇佣大量的人口从事劳动，从而避免了大面积失业的产生。与此同时，我们还开始认识到女性——实际上是所有人——在经济发展中的重要性。

农业发展

饥饿的魔鬼已经快要来临了……稻穗垂下来，然后水稻枯萎了，最后渐渐死去……他看到母亲脸颊上的泪水。父亲搂着母亲的肩膀说："孩子他妈，我们俩都不能再吃粮食了，这样剩下的米可以多撑一段时间，不能让孩子们都跟着受苦。"夏天过去了，几乎没下一滴雨。很快就要开始冬种了。如果没有雨水，他们根本就无法播种……就在那里他意识到所有的牲畜都快饿死了。11 月过去了，牛的死亡带走了家中唯一的动力，同时带走的，还有孩子们的欢声笑语。他们的小肚子都像气球一样胀了起来，有好几个孩子已经死了，其余的饱受蠕虫、腹泻和高烧的威胁——实际上是饥饿的迫害……女主人只能默默地哭泣。[1]

如今，大多数国家都认为农业部门的发展是非常重要的，这其中有很多原因。首先，世界上的绝大多数穷人都在农业部门工作，因此，农业部门的发展实际上是使最有需要的人民受益；其次，农业部门提供了最强的增长潜力。在一个技术与资本稀缺的社会，对农业部门的投资是最容易收获硕果的。在技术运用方面，农业部门也比工业部门更加需要劳动力，这也可以为大量的人口提供就业岗位。最后，农业部门最直接地满足了所有人最重要的需求，也就是食物。如果加以精心地计划与政策设定，像上文所描述的印度饥荒也就不会再出现了。

获得农业投入要素、扩展服务以及市场准入

为了确保农业的发展以及食物的安全，发展中国家的政府和国际组织都要扮演重要的角色。地方政府必须认识到，适当的政策将会显著地提高农业的产量，以及穷人的生活水平，而不合时宜的政策则会导致弊大于利。那些针对土地改革的政策往往是极其重要的。在许多国家（特别是亚洲和拉丁美洲的部分国家），一小部分人控制了大量的土地，结果导致收入分配的严重扭曲，同时也导致农业生产的低效率。因此，土地需要重新分配以促进更公平的收入分配，并为农业的高效生产提供最大限度的激励。除了土地之外，其他一些农业投入要素也非常重要。农民必须能够获得必要的种子、化肥、灌溉设备、动物、建筑物以及车辆。也许农业信用是最为重要的投入，因为只有确保大量贫穷的农民能够获得融资支持，其他投入要素才有可能得到满足。

适当的投入也许并不足够。农民们如果要使用更复杂但是更高效的农业技术，他们就会需要更全面的服务。同时，可靠的交通设备也非常必要。现在，很多贫穷的农民为了去市场卖掉种植的农产品，不得不在坑洼的道路上走很远，甚至都没有交通工具。即使有了卡车这样的交通工具，也存在很多严重的问题。我们可以一起来看看肯尼亚一位农民的故事：

某个周五的午后，已经 50 岁的姆旺吉·穆察上了他的丰田卡车开往 100 公里以外的内罗比，他把农田里种植的超过一吨的卷心菜都放到了卡车上，希望能在首都的蔬菜批发市场上卖个好价钱。"我从来都没去过内罗比"，他伤心地说，"我才开了将近 15 分钟就开始下雨了，泥土路变得非常湿滑。"卡车不小心滑到了沟里，这趟旅程看起来并不那么容易。穆察先生说他和邻居们试着把卡车从沟里推出来，但它太沉了，根本就推不动。即使卡车能够被推出来，公路也太滑了，以至于根本不能继续前行。穆察先生还清晰地记得，"当我放弃了解救卡车回到家里的时候，我感到了人生从未有过的失落，

---

[1] Dominique Lapierre, *The City of Joy* (New York：Warner Books, 1985), pp. 15-21. 这些文字描述了一个受到饥饿威胁的印度家庭的绝望。

在那一刻，我真后悔自己当了一个农民。我不知道该如何告诉我的妻子，我们一整季的辛勤付出都将随着雨水的冲刷，随着蔬菜慢慢地腐蚀在沟里而一无所获。"在雨停之前，穆察先生就已经失去了一整车的卷心菜。[①]

基础设施：社会资本的一部分，包括交通、通信、市场的设施建设以及扩展服务等。

经济学家们意识到政府必须担负起为农民提供充足的**基础设施**的责任，比如扩展服务、公路以及刚刚讨论的市场设施等，如果这些环节都不能保证，那么农业产量将会大受影响。但是对于一个受资金约束的政府而言，要承担起这些责任并不容易。

出口种植

出口种植：是指农业生产的目的是出口，而不是为了生产食物、满足当地的消费。

与食品安全相关，出口种植的问题也应该被提及。**出口种植**是指农业生产主要是为了出口，而非满足当地消费的一种模式。许多国家选择生产像咖啡、茶、橡胶以及可可一类的东西来种植并且出口以获得外汇收入。虽然国际贸易理论告诉我们一国需要生产其具有比较优势的产品，如我们将在第 13 章中学到的那样，但我们不得不警惕，出口农业有可能会给食品安全带来威胁，同时这也会引发低收入国家收入分配不公平的问题。在第 17 章我们会学到，国际债务危机增加了发展中国家对出口农业的依赖性，因为这些国家由于负债累累而不得不通过出口初级农产品以获得外汇收入，从而偿还债务，但这一做法是以牺牲当地居民的食品安全为代价的。

农产品的价格

价格上限：政府限定的商品或服务的最高价格。

除了要保证农民们可以获得农业投入要素、扩展服务以及产品市场，政府的政策还应该着力于制定合适的农产品价格。经济学家和一些国际组织最近都提倡采用市场化的价格从而复活农业生产部门的生机。而我们常常见到的情况是，许多发展中国家为了保证较低的食物价格，安抚城市中的最终消费者，都制定了农产品的**价格上限**。价格上限的一个目标是保证贫困人口能够以较低的价格获得基本必需品。但是，尽管许多城市的居民很贫困，与农村居民相比，他们仍然有相对较高的工资以及相对较低的贫困率。为了降低这些更富裕的群体——事实上是在政治上更有话语权的群体的消费品价格，政府也降低了农民们可获得的销售价格。这一做法将带来两大严重的问题：其一，农村地区的收入将下降，贫困的农民将会变得更加贫困；其二，提高农业生产的激励降低了，那些能够自主选择工作的劳动力就会流向激励更大的生产部门。我们以大米的价格为例，通过图 10—1 来说明这些问题。我们在第 7 章讨论住房问题的时候用房屋租赁市场说明了同样的道理。（第 7 章附录中还讨论了附加的一些例子。）

如图 10—1 所示，我们用曲线 D 表示对大米的需求，用曲线 S 表示大米的供给。如果市场无约束，那么市场将在价格为 2 美元/蒲式耳和数量为 1 000 蒲式耳这一点上达到均衡。如果政府给大米制定一个价格上限，那么大米可能就只能以

---

① John Araka, Wilfred Machua, Wainaina Bidan, Fanwell Zulu, Colleen Lowe Morna, Ben Ephson, Abdou Gninguc, and Methaetsile, Leepile "Getting Prouduce to Market," in *African Farmer* (New York: The Hunger Project, December 1989).

1美元/蒲式耳的价格进行交易。也就是说，任何高于1美元/蒲式耳的价格交易都是非法的。这种人为的低价格会使得消费者沿着需求曲线向下移动，增加对大米的需求量，在1美元/蒲式耳的价格上，他们希望买到1500蒲式耳的大米（需求量）。而另一方面，价格下降对供给者的激励减少了，他们会减少生产，沿着供给曲线向下移动，只提供500蒲式耳的大米供给（取而代之，农民会生产其他产品）。这样一来，大米的供给量小于需求量，就会出现供不应求的状况。由于价格上限，消费者被鼓励"过度消费"，而生产者却被激励"不足供给"。尽管大米的价格下降了，消费者的状况却并未得到改善，因为短缺使得一部分人买不到大米。与此同时，许多贫困的大米生产者的收入也下降了。

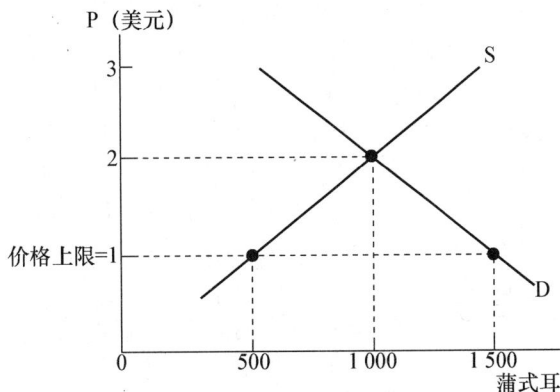

图 10—1　发展中国家大米的价格上限

市场的均衡价格为2美元/蒲式耳大米，需求量与供给量相等，为1000蒲式耳大米。当制定了每蒲式耳大米价格为1美元的价格上限之后，需求量上升至1500蒲式耳，而供给量下降到500蒲式耳。这使得大米供不应求，也使得大米生产者的收入下降。

　　许多发展中国家采用了市场导向型的农产品价格政策，越南就是其中之一。作为越南市场经济体制改革的一个重要部分，越南政府提高了大米的价格使其更接近于市场决定的价格水平。此前，许多其他国家的政府都将主要食品的价格人为地压得很低，以满足城市消费者的需求。政府对价格的控制解除之后，越南在近年来发生了翻天覆地的变化，已经从一个大米的进口国转变为全球最大的大米出口国之一。农村地区的收入大幅增加，大大降低了之前农村的高贫困率。

　　尽管农产品的价格被人为控制得很低，但政府在推行市场导向价格时一定要非常小心。必需品的价格提高后，那些贫穷的城市居民的生活成本就将提高。即使是农村居民，也常常需要自己购买食品，他们通常在丰收的时节卖掉种植的农产品，在一年的其余时候同样需要购买农产品。面对农产品价格的上涨，政府必须将援助重心放在低收入人群的食物购买方面。除此之外，贫穷的农民还有可能要求对农业投放要素、基础设施、信贷等方面的特殊支持。这些支持将会带来农业产出的提高、收入的增加，从而将抵消由于农产品价格上升给农民购买必需品所带来的负担。政府这些有指向性的援助行动与制定价格上限有很大的不同，价格上限将同时降低消费者和生产者的价格，无论对于穷人还是富人，最终会造成市场的扭曲，正如我们前面讨论的那样。因此，经济学家通常倡导政府使用有指

经济新闻："越南：下一个外包服务的热点。"

越南试图通过吸引国外企业的投资来发展本国经济。请点击发展与转型经济体来查看越南是如何做的。

http://www.cengage.com/economics/econapps

向性的援助行动。

国际组织的角色

一些国际组织必须协助低收入国家实现它们的农业发展和食品安全的目标。我们还必须建立起一种援助机制，以便在一国陷入困境的时候能够及时地提供充足的食物援助。与此同时，我们还必须警惕对那些还未陷入困境的国家提供食物供给，因为很多时候这样做都是弊大于利。在第11章讨论农业问题的时候我们会谈到，持续的食品援助将会增加发展中国家的对外依赖，同时还会降低食物价格，这样一来则会降低该国自己生产食物的激励。然而，能在危急时刻或者适宜的时刻及时地提供食物援助仍然是十分重要的。

缓冲库存：是稳定农产品价格的一种机制，在收成好的年份买入并储存起来，在收成不好的时候卖掉这些库存。

国际组织有可能还会制定一些措施来更好地保障国际食品价格的稳定。有一个可靠的措施就是建立一个国际化的粮食"缓冲库存"，经营者将在粮食丰收的年份买入粮食（这样可以提高粮食的市场价格），在收成不好的年份卖出粮食（这样可以降低市场的高价格）。这样一来，粮食的价格就会在一个可控制的范围内波动而不会大起大落。保证食品的价格稳定可以确保低收入的食品进口国不至因为粮食价格大涨而购买不起，在20世纪70年代，就曾因为食品短缺而全球食品价格大涨。

国际组织还可以在交通运输、船舶、港口和仓储设备方面做出贡献，以确保这些建设的瓶颈问题得以解决。我们可以采用提高产量的方法、农业扩展服务等来提供技术支持。更重要的是，我们必须意识到，是贫穷导致了饥饿。**如果我们支持农业发展、减轻农村地区的贫困，我们就已经为减轻世界的饥饿问题做出了很大的贡献。**

人力资本和自然资源的发展

人力资本投资：专门针对提高劳动力生产效率的投资。

除了要强调发展工业和农业，每个国家还应该对最珍贵的资源进行投资：劳动力。经济学家们有时将这称为**人力资本投资**，将其比作一种实物资本。在第6章讨论美国贫困问题、第4章讨论教育问题的时候我们都曾提到过这一概念。**人力资本投资不仅能带来直接收益，也就是生活水平的提高，同时还会带来长期收益，正如其他形式的投资一样。**从长期来看，人力资本投资会使得劳动力具有更高的产出，同时也将提高市民的受教育水平。

人力资本投资的内容包括提高劳动力的健康状况、卫生条件、教育水平以及工作技能等。这里我们必须再次强调，要抛弃一些西方国家对以上内容的概念界定。在许多贫困的发展中国家，如果培养很多乡村医生，提供一些日常的医疗服务、疾病免疫服务、产科服务等，会比在重点城市中建立价格高昂、技术先进的医院更能够为人民造福，因为这些大医院很难覆盖大量的人口。同样地，大多数国家从普及义务教育和基础成人教育中所得到的收益，也会比从建立位于大型城市的昂贵的博士院校中获得的收益大。就如同收入分配一样，能够使大面积的人口获益的方式一定会比只能给少数精英阶层带来收益的方式更能促进经济与社会的发展。

　　教育也许是最具有增长潜力的一环。有大量的研究都把教育（首先是对女性的教育）与广泛的收益相联系：减少婴儿死亡率、提高婴儿的营养水平、晚婚晚育、少生优生以及更好的子女教育。如果孩子（尤其是女孩）能够接受更好的教育，这就将形成一个良性循环。

　　越来越多的发展经济学家意识到了贫困国家对于安全、便捷的水源供给的需求。许多家庭妇女和小孩每天要花数个小时走很远的路才能得到饮用水，再将水顶在头上带回家，这给他们造成了巨大的负担。而这些水多半还带有细菌，会造成饮水传播的疾病。如果能在村庄里打一些干净的水井，就可以提高村民们的健康水平，也能大大减少妇女和小孩的负担，使得他们能够利用这些时间做一些其他工作。

　　妇女们还要花费不少的时间收集柴火，特别是在木头越来越稀缺的当今。木头通常是首要的能量来源，其首要作用是用来生火做饭，尤其是在非洲地区。在许多国家，森林被大量地砍伐用以支持农场扩建和商业木材的生产，这造成了滥伐森林的严重后果。随着树木一点一点耗尽，土地的风蚀开始增加。随着树木的继续减少，农田失去了天然的屏障，被风沙所侵蚀，最终的结果是土地肥力的流失。村庄和一些组织机构都已经开始着手解决这一问题，包括种植小块林地专门用于柴火供应，还发明了一种简单的、节能的烧饭炉等。通过这些措施促进自然资源的发展，并提高人民的福利，也保护了当地环境。

女性在发展中的作用

　　在工作场所，女性总是处于一国金字塔的最底端，她们同时也是国家中最为贫困的人群。劳动力过剩时，她们总是会最先失去工作，当有人要把农田变为经济作物农场的时候，她们也会最先离开。但她们决定了孩子是否能成长起来。她们总是在儿子或丈夫被拘留、被逮捕、被流放，或者是死亡的时候默默地哭泣。[①]

　　从前面的讨论中我们可以知道，女性在经济发展中扮演了重要的角色。从游说组织"施世面包"所引用的对南非女性的这段描述中，我们可以看到女性所面临的巨大困境。在很长一段时间，政府和国际政策都忽略了发展中国家的女性，因而她们总是受到不公正的待遇。

　　在发展中国家，女性的生活水平比男性更低。普遍来说，女性的识字率远远低于男性。例如，在尼日尔，只有9%的女性可以读写，男性的识字率则为20%。在尼泊尔，男性的识字率是63%，但女性仅为35%。之所以会产生这样的差异，是因为在许多发展中国家，能够上学的女孩比男孩少很多，女孩子多在农田里帮着母亲做农活和家务，这主要是由文化传统和经济负担所造成的。由于

---

① Sharon Pauling, "She Speaks with Wisdom," in *BREAD* (Washington, DC: Bread for the World, Spring 1988).

一个家庭的供养能力有限，他们往往不能承担所有孩子的学费，因此他们会让男孩上学，在他们身上投入更多的教育投资，因为男孩将来要承担整个家庭的责任，而女孩出嫁后就会和她的丈夫一起生活。出于同样的原因，当成人教育开始出现时，妇女们还是没有机会接受教育。抚养孩子、干农活和家务，这些工作挤占了太多的时间，以至于学习对她们来说如此奢侈。

由于社会将从市民的基础教育，尤其是女性的教育中受益颇多，因此政府和国际组织应该充分发挥创造性来推广所有小孩的基础教育。除了免除学费，还有一项政策是为小孩提供免费的早餐和午餐，并给在校生的家庭送去额外的食物或者是一些资金补助，这样就可以激励父母将小孩送到学校接受教育。（试着回忆我们在第 4 章讨论教育问题时讲到的正外部性。社会从教育中获得的溢出收益将抵消政府或者国际组织的支出。）

产妇死亡率：每 100 000 个安全出生的婴儿中，母亲因生育有关原因而死亡的数量。

高产妇死亡率是另一个非常严重的问题。**产妇死亡率**是指每 100 000 个产妇中由于生育原因而死亡的产妇人数。例如，在阿富汗，产妇死亡率为 1 900，这就说明每 100 000 个产妇中有 1 900 人，或者说每 100 个产妇中有 2 个人会因为生育而死亡。由于阿富汗的女性平均每人会生 7 个孩子，所以她们有 14%（＝2%×7）的几率会因为生育有关的原因而死亡。这些数据都极具警示性，特别是当我们考虑到母亲死后孩子无人抚养的时候。

生存食物种植：专门为家庭自给自足需要而种植的农作物，其中有很小一部分会用做市场交易。

然而，发展中国家的妇女面临的问题不仅仅是不公平。虽然在很多发展中国家，妇女的首要责任是进行**生存食物种植**，她们同时还生产、出售许多其他种类的农产品和加工处理后的产品，她们却很难得到农业扩展服务、农业信贷以及农业投入要素，例如高产的土地等等。妇女们还有一些任务是准备食物、做家务、收集柴火和饮用水、保持家庭成员的营养和卫生健康，以及监督孩子的学习等。**如果政策一直旨在为男性提供教育、信贷、农业扩展服务、技术以及农业投入要素，那么无论是一国的农业产出还是家庭的福利都难以提高。**

人口问题

前面对于发展中国家女性的讨论让我们回到了人口增长的问题。我们在这里将对人口相关的问题一一进行讨论。

人口增长

许多人都认为高人口增长率是困扰低收入国家的一个重要问题，因为更多的人口意味着对有限资源的更大程度的消耗。而另一些人，包括许多发展中国家的人士，却并不认为人口增长是一个问题。如果我们从资源获得的角度来考虑从而认为人口增长是一个问题，那么我们必须意识到，事实上在高收入国家不到 1/5 的人口消费了大于 3/4 的商品与服务[①]，而发展中国家的居民只消费很少一部分。还有人进一步强调，对资源的消耗并不是因为发达国家的人口多，而是因为

---

① 估计值，摘自 World Bank，*World Development Indicators 2006*，http://www.worldbank.org。

它们以消费为导向的生活模式。

在一定程度上，人口的快速增长对发展中国家而言的确是一个问题，大家都激烈争论着可行的解决方法。有一点是明确的：仅仅依靠给低收入的妇女们分发避孕用品是不够的。这个简单的对策并没有强调文化传统与宗教的因素，也没有抑制她们想要孩子的欲望。很明显，人们想多生孩子是有很重要的理由的。在农村，孩子能够帮着家里干农活，还可以帮着母亲打水砍柴。因为贫困国家缺少正规的社会医疗保健机制，而贫困家庭又很难有积蓄，所以生养孩子成为他们养老的一个重要保障。最后，由于妇女们预期有一些孩子会夭折（想想高的婴儿死亡率数据），所以她们总想多生一些孩子以保证他们预期的数量。看看下面这段非洲妇女所说的话：

> "我的第一个孩子在两岁的时候死了，"哈姆扎·阿马杜说，她是一位尼日尔的农民，想生至少8个孩子，"第二个孩子得了疟疾，七岁的时候去世了。在这种时候，我怎么可能想要采取避孕措施？如果没有孩子，谁来帮助我准备食物养活家人，在我快要死的时候谁又会来照顾我呢？"[1]

更乐观地看，我们知道随着经济与社会发展的推进，妇女的生育愿望会降低，她们会对自己的人生有更好的掌控，这样人口增长率也会放缓。妇女们之所以会选择少生优生，并且给现有的孩子提供更好的条件，主要出于几个原因：一是除了生孩子之外，妇女们有了更多的可以获得收入的渠道；二是她们预期小孩能养活的几率变大；三是农业生产率有所提高；四是对妇女和她们的孩子来说，更好的学校教育和未来发展有了可能。在所有这些变化中，最重要的一个因素则是妇女们有了充满力量的感觉。一旦妇女们有能力保证养活她们的孩子，同时能够从经济方面满足家庭的幸福，她们就会感觉对自己的整个人生有了很好的控制，同时也会更积极地去创造美好的生活。对上面提到的尼日尔的妇女来说，仅仅告诉她要控制生孩子的数量显然是忽略了这一问题的根本原因。另一个重要的因素是我们在经济中所说的**机会成本**。对一个妇女来说，如果多生一个孩子是她唯一能做的对家庭最好的事，那么她就只能再多生一个孩子，而如果她能够接受教育、能够去赚取收入，那么多生一个孩子的机会成本则会加大。

机会成本：为生产或消费一件东西所必须放弃的最好的其他东西。

如果我们把发展看作是从压迫中解脱的一个过程，那么人口政策就不应该是压制性的。任何一种旨在限制生育的政策都必须将这些人的宗教信仰、文化价值观等考虑在内。如果政策有违道德和人权，尤其是那些强制性措施，都不能带来真正的发展。

我们也应该牢牢记住，真正的发展是要降低生育率。也就是说，仅是人均GDP的增长无法达到我们期望的目标。经济发展的要旨是要造福大多数群体，包括妇女。**快速人口增长最根本的原因是贫穷，而解决这一问题最根本的方法是促进经济发展。仅仅关注降低生育率是远远不够的。**

城市化和农村向城市的迁移

在许多发展中国家，高密度的人口是一个特别明显的问题。事实上，全球最

---

[1]　Souleymane Anza, Shadrack Amokaye, Colleen Lowe Morna, and Pierre Pradervand, "Farmers and Family Planning," in *African Farmer* (New York: The Hunger Project, December 1989).

大的十个城市中有七个都在发展中国家，其中有五个在亚洲，两个在拉丁美洲，两个在美国，只有一个（埃及）在非洲（见表10—6）。

表10—6　　　　　　　世界前十大城市及其人口密集度（2007年）

城市名称（按人口多少排列）	人口数量（千人）	人口密集度
日本东京	35 676	38
美国纽约	19 040	20
墨西哥墨西哥城	19 028	48
印度孟买	18 978	57
巴西圣保罗	18 845	34
印度德里	15 926	136
中国上海	14 987	74
印度加尔各答	14 787	116
美国洛杉矶	12 500	32
埃及开罗	11 893	149

资料来源：World Bank，*World Development Indicators 2009*（Washington DC：World Bank，2009）.

在这些发展中国家的城市，与人口的集聚随之而来的是贫困的聚集，在发展中国家主要的大城市中，有超过三分之一的人生活在贫民窟或者棚户区，在一些城市，如墨西哥城（墨西哥）、加尔各答（印度）以及卡萨布兰卡（摩洛哥），生活在贫民窟的人口比例尤其高，大多数贫民窟都缺少饮用水、排污设备、自来水管、生活用电，甚至是屋顶。有很多居民被迫住在用纸、锡或者塑料做成的简陋的小棚屋里，还有的人直接睡在人行道上。

就业不足：指人们的工作时间有限或者低产出的状况。

造成城市人口贫困的一个主要原因是失业和**就业不足**。就业不足指人们的工作时间有限或者低产出的状况。大多数就业不足都发生在城市的**非正式就业部门**。这些非正式部门主要包括服务行业，如擦皮鞋、贩毒、卖淫、收废品、骑自行车载客以及在街上摆摊等等，摆摊卖的东西也是各种各样，香烟、旧衣服、木炭、血液、柴火以及食物等。他们产出低、收入低、工作时间不规律，很多这种服务都无利可图。但这些工作确实给他们提供了可以从事的事情，而不至于完全失业。同时，这些非正式工作也为社区居民提供了木工、瓦工、缝纫等服务，由于工作时间很灵活，也使得妇女们可以腾出带孩子的时间。

非正式就业部门：提供最基本的生活服务，但职位并非政府所设定的。

虽然人口的自然增长会造成城市人口密度的增加，但还有一个重要的原因即人口迁移。**农村向城市的人口迁移**每天都将大量的人群从农村引入城市，这些迁移者希望能在城市中找到更好的工作，挣更多的钱，过更有"诱惑力"的城市生活。正如表10—6所示，每天都有大量的迁移人口流向这些城市。即使是在美洲大陆，每年也有数百万人涌向城市。

农村向城市的人口迁移：是指为了寻求更好的生活环境，人口从农村向城市转移的过程。

许多政策制定者在企图解决发展中国家城市的贫穷与苦难的时候，会遇到一个非常有趣的问题：随着城市的住房与服务条件的改善，就业机会越来越多，将会吸引更多的农村人口向城市迁移，而随着迁移人口的膨胀，城市的资源又将稀缺，会有更多的人失业或者无家可归。这样一来，原本旨在减少城市贫穷等问题的政策反而可能会带来反面效果！

这一考虑使我们又回到了之前对农业发展问题的讨论中。**只有制定了能够提高农村人生活质量的政策，才有可能使城市的生活水平也随之提高。只有农村地区有所发展，农村向城市的人口迁移才会有所减少。**因此，为了同时提高农村和城市的生活水平，政策的重心应该在提高农村地区的生产力和农民的收入上，诸如卫生健康、教育、基础设施建设一类的服务也应该向城市看齐。同时农村还应该引入农产品的价格激励机制，并适当促进小规模、劳动密集型加工产业的发展。只有这样，城市与农村人口才能达到相对平衡，城市的许多问题也才能够得到根本解决。

艾滋病

很多发展中国家还面临着一个终极挑战：艾滋病。在世界上许多国家，艾滋病都是一个严重的问题，但它在非洲的很多国家尤其普遍。根据联合国的统计，艾滋病已经取代疟疾成为导致非洲人民死亡的第一大元凶。在 2005 年对全球 280 万起与艾滋病有关的死亡的调查中，200 万起死亡都发生在撒哈拉沙漠以南的非洲地区。尽管撒哈拉沙漠以南的非洲仅有全球 10％的人口，但那里超过 64％的人口（2 450 万）都携带 HIV 病毒，可能最终成为艾滋病患者。这些人中差不多有 200 万是儿童，他们都是由于母婴传播而携带了 HIV 病毒。撒哈拉沙漠以南地区患有艾滋病的成人中，有 59％是女性，因此有超过 1 200 万非洲儿童成为了孤儿。[①] 在许多非洲国家，成年人感染艾滋病的比例大得惊人。表 10—7 列出了一些数据，我们可以看到，在斯威士兰有 26％的成人患有艾滋病，在莱索托该比例为 23％，南非为 18％，纳米比亚、津巴布韦和赞比亚都为 15％。除了艾滋病带来的直接影响，贫穷国家的医疗卫生体系也受到了负面冲击，因为卫生资源有限，对艾滋病的帮助与救治减少了对其他疾病的抵御能力，包括疾病预防和基础护理等。我们可以明显地看到受艾滋病折磨的这些国家普遍预期寿命都偏低。

表 10—7		HIV 病毒/艾滋病的流行	
排名	国家	15～49 岁居民感染 HIV/艾滋病的比例	15～49 岁感染 HIV/艾滋病总人口中女性所占比例
1	斯威士兰	26％	58.5％
2	莱索托	23％	57.7％
3	南非	18％	59.3％
4	纳米比亚	15％	61.1％
5	津巴布韦	15％	56.7％
6	赞比亚	15％	57.1％
7	莫桑比克	13％	57.9％
8	马拉维	12％	58.3％
9	中非	6％	65.0％
10	坦桑尼亚	6％	58.5％

资料来源：World Bank, *World Development Indicators 2009* (Washington DC: World Bank, 2009).

[①] Untied Nations AIDS Program, "2006 Report on the Global AIDS Epidemic," http://www.unaids.org. 成人被定义为 15～49 岁，儿童是指 15 岁以下人口。

千年发展目标

许多在上文中所讨论的发展目标,例如减少产妇死亡率、提高识字率、减少艾滋病的传播等,都包含在千年发展目标之中。我们在第 3 章讨论环境问题的时候曾经提到过千年发展目标中的可持续发展计划。这一系列目标旨在 2010 年前实现,已经被许多国际组织所接受,它们将共同致力于在新千年援助发展中国家。促使各个国际组织在实现千年发展目标上达成共识是相对比较容易的一件事,要实现这一目标最需要得到发达国家的资金支持,包括美国,但这些支持还未得以实现。关于千年发展目标的内容已经列在了表 10—8 中。

表 10—8　　　　　　　　　　千年发展目标及 2015 年实施计划

目标	2015 年实施计划
1. 根除极端的贫困与饥饿	——每天生活费不足 1 美元的人口比例减半 ——遭受饥饿的人口比例减半
2. 实行普及教育	——保证所有的男孩和女孩都能完成所有的初等教育
3. 促进性别公平,保障妇女权益	——在初等和中等教育方面消除对女性的歧视,在 2005 年部分实现,在 2015 年全面实现
4. 减少儿童死亡率	——5 岁儿童的死亡率降低三分之二
5. 提高产妇的健康水平	——产妇死亡率降低四分之三
6. 与艾滋病、疟疾及其他疾病做斗争	——制止并开始减少艾滋病的蔓延 ——制止并开始扭转疟疾和其他主要疾病的发病率
7. 促进环境的可持续发展	——将可持续发展的理念融入一国的政策制定中,减少环境资源的损失 ——无法获得健康的饮用水的人口比例减半 ——在 2020 年前使贫民窟的至少 1 亿人口的生活质量得到显著改善
8. 建立全球性的促进发展的合作关系	——建立一个更加开放的、制度性的、能可靠预测的并且非歧视性的贸易与金融体制,包括在治理结构、促进发展和减少贫困方面对国内和国际的承诺。[a]

a. 第八个目标还有一个补充目标,即促进债务减免,关于青少年发展、药品及技术等。
资料来源: United Nations Development Program, "Millennium Development Goals," http://www. undp. org/mdg/goallist. shtml.

以人为本的战略

我们已经强调了很多与发展息息相关的问题,当我们一一来分析这些问题,希望能通过一些策略使情况得以好转的时候，我们必须记住，发展中国家人民的参与是解决问题非常关键的一环。将权利赋予所有低收入国家的居民是很重要的，包括女性、原住民或者经常被忽略的少数族裔等。贫困和机会的缺失让他们丧失了很多权利，使得他们难以掌控自己的命运，从而难以改变贫困的现状。基于这样的考虑，政策制定者们必须听取人民的声音，了解他们的疾苦，尽量满足他们的要求，这样制定出的战略才能最终取得成功。

最后的提醒

"全球贫困"听起来像是一个宏大而遥远的问题，除了忧虑与关心之外，我们似乎没有力量来改变贫困问题。实际上，生活在一个民主的发达国家，我们比自己想象的更有力量。美国的外国援助政策、全球农业政策、国际贸易政策等都会对发展中国家人民的幸福造成很大的影响。有的政策有利于减少贫困，比如国际发展援助计划；有的政策却可能会恶化发展中国家的状况，比如农业补贴和贸易限制。我们将在以后的两章主要分析这两个问题。如今，我们必须承认，关于外国援助的问题非常复杂，有可能你有很好的意图，但最终可能制定了错误的决定。

然而，作为一个民主国家的人民，我们有能力了解这些问题并与立法者、总统取得联系，影响他们对外国援助这类事情的态度和决定。事实上，我们比生活在发展中国家的人民可以做的事更多。施世面包组织是由公民建立的一个为解决全球食品与贫困问题的游说组织，在过去的 35 年间，这一组织给世界多个国家的居民和立法者讲述了本国与全球饥饿与贫困问题，同时还帮助立法，并告诉我们有助于减轻全球贫困的方法。例如，施世面包组织如今建议美国重新改进设计外国援助政策，使其变得更加有效。外国援助政策可以由单个内阁级别的部门来负责，决定各个方面的国际援助，其中包括食品援助、发展救助、技术转移以及其他形式的援助，同时还包括农业部、国务院和其他政府部门和组织的政策。这个负责部门还将与发展中国家以及其他一些国外的捐赠者和组织对话。这样一来，这个部门在处理复杂的国际贫困问题的时候就能够产生更积极的效果。

作为普通公民，我们可以鼓励立法者和总统考虑这样的建议并积极支持这样的立法。在本章最后的"讨论和问题"部分可以找到政府与施世面包组织的联系方式。

观点

保守派与自由派

不同的经济学家对于经济发展应该走的路径都持有不同的观点。保守派的经济学家倾向于以增长为导向的战略，强调人均 GDP 的增加。他们假定所有人最终都将从一国的经济繁荣中获益，而像收入分配和贫困这样的问题没有得到重视，因为我们假定随着经济的增长，所有人的收入都会相应提高。事实上，保守派的经济学家们还会为收入分配的不平等而辩解，因为高收入的人群比低收入人群的储蓄率高（低收入人群会把他们的所有积蓄花费在食物与基本消费品上）。如果富人获得更多的收入，他们就会提供更多的储蓄，这样社会就会实现更多的投资，而这最终将会提高一国的生产率，从而带来经济增长。

自由派经济学家们则认为经济增长并不是欠发达地区的万能药。他们指出，尽管有些人从经济增长中获得收益，尤其是掌控大量土地和商业资源的人，以及那些强壮的并且幸运地获得新工作的人，除此之外，其他人并没有受益。特别地，那些掌握的技能不多、受教育较少的工人，那些身有残疾的人，非常年轻或者年纪非常大的人，以及那些仅有一点点农业投入、在一片很小的田地里种植农作物的人，他们并不能从经济增长中享受到福利。因此我们必须针对贫困与收入分配的问题制定战略，否则，高收入阶层会越来越富有，而低收入人群会越来越贫困。

总结

经济学家常常将经济增长定义为人均实际 GDP 的增加。人均国民收入反映的是国民总收入平均地分配给每个人可以获得的收入。2007 年，世界各国的平均国民收入最高的为挪威，超过 77 000 美元，最低的国家为布隆迪，仅为 110 美元。另外一些指标如婴儿死亡率、预期寿命等，通常能更好地衡量人民的生活水平，特别是在人均产出或人均收入没有考虑到其产出构成和收入分配问题的时候。

经济发展是包括人均 GDP 增长、人民生活水平提高、贫困减少等多方面的过程。经济发展必须考虑到农业、食品安全、人力资本与自然资源发展的需要，同时，低收入国家的居民，尤其是女性的作用、人口增长的问题、艾滋病以及农村人口向城市迁移等问题也需要加以考虑。采取恰当的内外部政策对于低收入国家的发展十分重要。

讨论和问题

1. 人均国民收入能够充分衡量发展中国家人民的幸福度吗？为什么？有更好的衡量指标吗？

2. 看看表 10—1 中所列出的国家，找一个你感兴趣的国家或地区，到世界银行的网站（http://www.worldbank.org）上找到这个国家或地区。这个国家或地区当前的人均国民收入是多少？预期寿命是多长？与本章提到的那些国家或地区相比，这个国家或地区的数据如何？基于该国或地区的人均收入，其预期寿命和你预想的一致吗？

3. 现在选择同样的或者另外一个国家，在 CIA 网站（http://www.odci.gov/cia/publications/factbook）上查看。在找到这个国家后，点击"People"，就会出现与生活水平相关的一些数据。该国的婴儿死亡率是多少？相对而言，该国的预期寿命如何？识字率又如何？

4. 与表 10—4 中列出国家的收入分配相比，美国的情况如何？这个比较令你感到吃惊吗？富裕国家有更多的方法来确保收入的公平分配，但拥有这种能力并不代表它们会这样做。

5. 为什么许多国家会面临饥饿问题？生产不足、生产过剩、收入分配、过度消费中哪些是造成饥饿问题的原因？请解释。

6. 发展中国家用哪些方式可以达到土地改革的目标？会产生哪些问题？其中又有哪些政策与伦理含义？

7. 农业发展受到了很大的关注。与之同等重要的是人力资本的发展，即对社会最重要的资源——劳动力的发展。更好的教育、居住环境、医疗卫生条件以及营养是如何促进人力资本的发展，最终促进整个国家的发展的？

8. 为什么在促进发展的过程中妇女是主要的援助对象？为什么发展政策与计划的受益人要积极地参与到政策的制定与实施中？

9. 在世界上的许多国家以前通常使用的控制人口增长的方法是什么？这些方法有效吗？这些方法被大家所接受吗？这些方法符合道德要求吗？

10. 为什么旨在减少发展中国家城市失业与痛苦的方法会产生反作用，反而增加了城市地区的问题？为解决这一问题还有别的选择吗？

11. 发达国家在促进发展中国家的经济发展时扮演着什么样的角色？作为普通居民，我们能做些什么？

12. 请登录联合国艾滋病计划的网站：http://www.unaids.org，选择一个国家，看看该国艾滋病的流行程度。与世界其他国家相比，该国的情况如何？

13. 你是否想为发展中国家的人们做些什么？有一个方法是通过施世面包组织。这个全民游说组织有一个网站（http://www.bread.org），其中包含了许多现在美国对世界贫困与饥饿问题的法案，同时还有美国立法者的一些联系方式，如果你对此感兴趣，则可以联系他们。这个网站上还提供了一些类似网站的链接。

14. 你可以在众议院的网站 http://www.house.gov 上联系你的众议院代表，并在参议院的网站 http://www.senate.gov 上联系你的参议员。同时，你还可以发送邮件到 President@whitehouse.gov 以联系美国总统。

第5章
歧视
外来移民中的农民以及美国本土的农民都从事着廉价的农业活动并且（或者）丧失了他们的土地。

第13章
市场势力
农业的集中化运营趋势正在不断上升。

第3章
环境
农业活动是污染政策的来源之一，例如治理受腐蚀土地就是为了满足环境和农业政策目标。

第11章
全球农业

第12章
国际贸易
农产品是美国出口中的重要组成部分，美国政府对于农业的政策影响了美国农产品在世界市场上的竞争力。美国农业也面临着像发展中国家面临的问题——生产和出口初级产品。

第10章
世界贫困
美国的农业补贴以及出口政策损害了发展中国家农民的利益，而农业的发展对于贫困国家的国民经济发展至关重要。

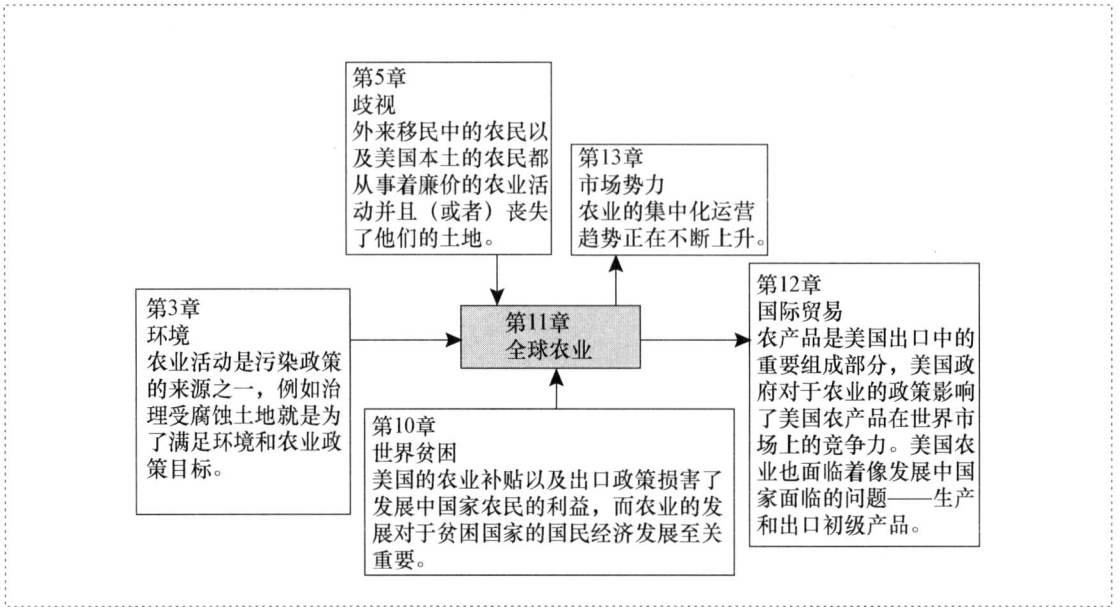

经济学工具箱：

- 需求缺乏弹性
- 实际价格
- 既定的资源
- 农业补贴
- 倾销
- 集中化
- 生物技术

第 11 章　全球农业

> 农业政策的首要目标应该是为所有的人供给食物以及为不分国籍的农民和农业工人提供一个稳定而又安逸的生活。衡量一项农业计划或者立法制定是否合理的关键标准应该是：该计划或者立法是否损害了那些最易受到侵害的农民、农业工人以及他们的家人的利益，以及该计划或者立法是否有利于构建为所有人提供基本营养物资的全球食物系统。
>
> ——美国天主教主教会议，《农业法案》(Farm Bill)，2009 年 2 月[①]

你对上面的观点持何种态度？全球食物系统的目标真的应该是为所有人提供食物以及为农民和农业工人提供稳定安逸的生活吗？通过本章的学习，我们将会发现，在美国或者其他国家，这些适用于农业政策的目标，也是值得我们赞赏的、合情合理的。我们将首先开始学习美国的农业（对于全球来说，这些讨论是具有重要意义的），最后我们将考察全球农业，因为这影响到了世界上所有现在处于饥饿的人们。

美国农业

> 美国的乡村是这个伟大国家五分之一的国民、自然美景和国家财富的所在地，是美国文化、传统和历史独有部分的守护神。
>
> ——农业局的声明，《增强美国农民的生活质量》(An Enhanced Quality of Life for Rural Americans)，2005 年[②]

[①]　The U. S. Conference of Catholic Bishops，Department of Justice，Peace and Human Development，Office of Domestic Social Development，*Farm Bill*，February 2009，http://www. usccb. org.

[②]　U. S. Department of Agriculture，*An Enhanced Quality of Life for Rural Americans*，2005，http://www. ers. usda. gov.

这段引用为美国的农村描绘了一幅田园诗歌般的图景。我们国家为拥有这样的环境而感到骄傲，这里有我们的国家资源、乡村文化以及农业部门。然而，我们在这个部门里听到了不好的杂音——有一小部分从事农业生产的农民正在破产，一些农村居民开始脱离农业生产。更具讽刺意味的是，从 1985 年开始启动的农业援助音乐会已经募集到了 2 500 万美元，在 2009 年举行的农业援助音乐会上有著名歌手尼尔·杨（Neil Young）、威利·纳尔逊（Willie Nelson）、约翰·麦伦坎普（John Mellencamp）和肯尼·切斯尼（Kenny Chesney）。他们提出的目标包括为家庭农业提供支持，抵制公司农业，提倡公平的农业价格，以及鼓励人们购买本国农民生产的农产品。上面的事例清楚地表明，社会对从事小规模经营的家庭农民十分关心。

那我们的农业部门到底怎么了？我们的农业政策到底是怎样影响农民的，尤其是那些从事小规模经营的家庭农民？同样，农业政策是怎样影响消费者的？而且，农业政策又是怎样影响来自全球的生产者和消费者的？在本章，我们将讨论美国农村和农业部门的独有特点、政府农业政策的历史以及评价、多样性和农业、美国和世界的温饱问题、政治问题以及全球农业发展前景的展望。

农村部门的特点

首先，你可能知道的是美国乡村部门的人口总量比美国城镇部门的人口少得多。尽管乡村部门有超过 5 000 万的人口总量，但是城镇部门的人口已经接近 25 400 万。乡村部门居民每年的人均收入是 29 000 美元，低于城镇居民的 41 000 美元。乡村部门的贫困率约为 15.8%，高于城镇部门的 12.4%。[①]

依据上面这些指标，我们可以清晰地感受到，农村地区的生活水平低于城镇地区的生活水平。然而，农村部门并不是农业的等价词。所以，让我们首先开始了解农村部门。

农业的特征

在我们详细地论述农业之前，你必然注意到最近一次的农村人口普查结果。该普查结果显示，有 190 万男人登记在册，从事农业生产，而且，登记在册的农村妇女超过 306 000，越来越多的妇女在农业生产中发挥重要的作用。因此，我们对农民的代称不仅是"他"，也是"她"。

农业的基本特征将它与经济的其他部门区分开来。接下来的讨论在时间上分为短期（即一年以内）和长期（即一年以上）。农业的主要特征如下：

---

① The U. S. Department of Agriculture, Economic Research Service, *State Fact Sheets*: *United States*, http://www. ers. usda. gov/StateFacts/US. 人口数据为 2008 年数据，收入和贫困率数据为 2007 年数据。如无特别声明，本章其他数据均来源于此。

1. 短期内农产品需求缺乏弹性；
2. 在过去半个世纪的广泛的技术革新；
3. 既定的资源。

接下来让我们开始探讨这些特征是怎样影响农民的。

短期内对农产品需求缺乏弹性

需求缺乏弹性：
消费者的需求量对商品价格的变动反应相对比较迟钝。即价格的改变不会引起需求量的较大变动。

回顾我们在第2章中关于毒品市场的需求缺乏弹性的讨论，在那一章中我们定义一个产品是**需求缺乏弹性**的产品，即该产品的消费者对产品的价格变动反应相对比较迟钝。这意味着消费者的购买量相对于该商品的价格变动不会有太大变化。这一定义同样适用于大多数的农产品，也类似于在第10章中讨论的来自发展中国家的大多数出口商品。就像在前面论述的一样，我们将用相对比较陡峭的需求曲线来表示需求缺乏弹性，而且，我们将会看到，需求缺乏弹性对于农产品的价格及农民的收入具有重要的影响。

价格不稳

我们首先开始探讨，在短期内，需求缺乏弹性的农产品对稳定市场价格的影响。如果需求是缺乏弹性的，供给的微小变动可能来自于极好的气候，或者极坏的气候，因为气候对于农民生产的农产品的价格具有重要的影响。图11—1展示了这种影响，该图所表示的需求曲线相对比较陡峭，这反映了一个事实，即横轴（横轴表示数量）的任意微小百分比变动都与纵轴（纵轴表示商品价格）的巨大百分比变动紧紧相连。

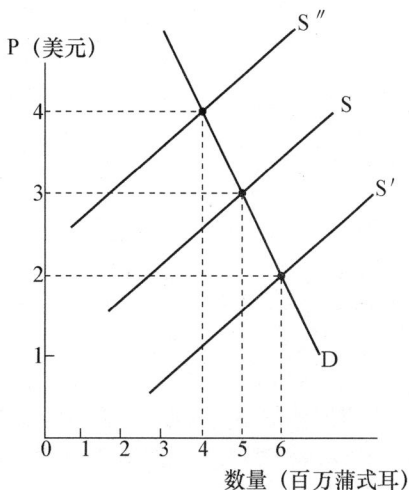

图11—1 玉米市场上需求缺乏弹性对于价格和农民收入的影响

由于消费者对于农产品的需求是缺乏弹性的，供给的增多（由S变为S'）将导致玉米价格的大幅下降，由此导致农民收入的降低。当玉米的价格由3美元下降为2美元时，农民的收入则由1 500万美元锐减至1 200万美元。相反，当供给减少（由S变为S″）时，价格将上涨至4美元，从而农民的总收入将达到1 600万美元。

该图说明了假设的玉米需求曲线，首先，在价格为每蒲式耳 3 美元以及对应的玉米需求量是 500 万蒲式耳的时候，供求实现均衡。现在考虑由于受到好气候的影响，供给曲线由 S 变为 S'，这时均衡数量变为 600 万蒲式耳，均衡数量实现了相对较小的百分比增长（20%）。当价格变化时，由于是需求缺乏弹性，供给的变动对于市场价格具有非常大的影响。供给的增加导致产品的价格径直下降为每蒲式耳 2 美元，下降了 50%，同样的，当恶劣天气原因导致供给小幅下降时（S 移到 S''），价格大幅上升至 4 美元（上升了 50%）。**气候变化引起的短期供给波动与非弹性需求的结合导致短期内农产品价格的剧烈波动。**为了让你自己加深对于需求缺乏弹性影响的了解，试着画一个同样的图形，但是，这次你将运用平坦的需求曲线。你会发现，当需求富有弹性时，供给的同样变动将比需求缺乏弹性时引起的价格变动小得多。

农民收入

接下来我们开始探讨在短期内需求缺乏弹性是怎样影响农民收入的。如果好天气使得供给增加（**大丰收**），这将导致农产品价格的下降，然后整个农业收入也将下降。这是由于玉米的收入等价于玉米的价格与总共卖出去的玉米数量的乘积。回到图 11—1，在初始价格为 3 美元的时候，农民卖出 500 万蒲式耳的玉米，因此农民从种植玉米中获得 1 500 万美元的收入（500 万蒲式耳乘以每蒲式耳 3 美元等于 1 500 万美元）。在供给增加后，农民在 2 美元的价格下卖出 600 万蒲式耳的玉米，这时他们从种植玉米中获得的收入仅为 1 200 万美元。**因为消费者对农产品是缺乏弹性的，因此短期内农产品价格的下降将导致农民收入的减少。**同理，短期内价格的上升（如由于极端不好的气候）将导致短期内农民收入增多。（弹性对价格和收入影响的数学推导见附录 11。）

值得注意的是，上述这些违反直觉的结果，适用于整个农民收入，而不是个体农民的收入。在一个气候糟糕的年份，一个农民将损失他所有的收成，当然他不会有高收入。同样，我们要注意上述结果适用的是短期，在短期内，需求是缺乏弹性的，供给、价格和收入的波动都发生在短期内。这些情况适用于同比（与往年相比）的情形，而不适用于一段比较长的周期，我们接下来开始探讨长期的基本情况。

在过去半个世纪广泛的技术改变

实际价格：是指剔除了通货膨胀率的商品价格。当我们考虑价格随时间变化的时候，我们采用这一定义。

在长期，技术进步和需求量的缓慢增长将引起农产品实际价格的下降（此处的**实际价格**指经过通货膨胀调整的商品价格）。商业化的农民不断采用新技术，利用先进和高效率的机械进行生产。新的高产农作物品种的出现、肥料和杀虫剂的密集使用提高了每亩土地的收益。人工授精和其他提高繁殖技术的使用实现了牛羊等牲畜的稳定增长。中心旋转灌溉系统的使用更是为农业的发展锦上添花。而且，就在我们讨论的间隙，生物技术正在快速地赢得它的支持者和反对者。总的来说，这些技术的使用改变了农业的发展趋势，即趋向于发展资本和化学密集型的农业，这一趋势将引致大农业企业的出现以及农产品供给的显著增长。因此，在过去的半个世纪内，我们对在农民的数量大大减少的情况下，农产品的供给却显著增加这一情形的出现也就不会感到惊讶了。

经济新闻："全球食品价格正在上升，但是其中缘由耐人寻味。"

不断提高的技术水平和生产率促使价格上升。详见经济基本面中的供求板块。
http://www.cengage.com/economics/econ-apps

由于这些先进农业技术的使用，美国的农业一直具有很高的劳动生产率（尽管不是世界上最高的）。表 11—1 列出了许多国家的劳动生产率（这里的劳动生产率定义为每位工人的农业价值）。① 从表中可以看出，具有世界上最高农业生产率的国家，从高到低依次是：加拿大、法国、美国。总的来说，具有高度发达的农业生产率的国家基本上是西方发达的工业化国家，东欧和拉美国家处于中等农业生产率行列，而南亚和非洲（除了南非）国家是具有最低农业生产率的国家。

相对于供给的大幅度增加，美国人对于食物的消费需求要小得多。而其中消费需求的增加也主要来源于美国人口的增长。我们正变得越来越富有，但是我们把额外的收入用于消费其他的商品而不是食物。作为一个人，我们早已经在很久以前得到了足够好的营养。

表 11—1　　农业生产率，每个工人的价值增值ᵃ（以 2000 年的美元计）
以及在 2003—2005 年选择最高和最低ᵇ 的价值增值国家

国家	价值（美元）	国家	价值（美元）
加拿大	44 143	伊拉克	2 271
法国	44 080	萨尔瓦多	1 607
美国	42 744	波兰	1 408
荷兰	42 049	菲律宾	1 075
挪威	37 039	吉尔吉斯斯坦	979
瑞典	35 378	马来西亚	525
日本	26 557	中国	407
阿根廷	10 072	印度	392
马来西亚	4 690	孟加拉国	338
智利	3 222	卢旺达	229
墨西哥	2 793	尼泊尔	207
俄罗斯	2 519	埃塞俄比亚	118
南非	2 495	布隆迪	70

a. 指每个工人的平均价值增值。
b. 报告中所有国家中价值增值最少的国家。
资料来源：World Bank, *World Development Indicators*（Washington DC：World Bank，2009）.

在长期内，受到供给的大幅度上升与需求的相对乏力的联合影响，农产品的实际价格将出现急剧下跌。这种变化并不是如短期内由需求缺乏弹性引起的价格变动，而是长期趋势所致。如图 11—2 所示，尽管新的均衡数量比原有的均衡数量要大很多，但是产品的实际价格却下降了。

---

① 从技术上讲，价值增值不是简单的价值。价值增值指工人使产品增加的价值。

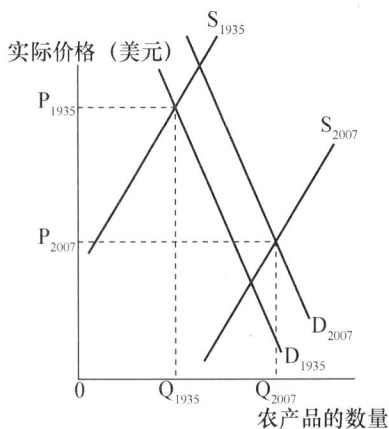

图 11—2 在长期，供给的大幅度上升与需求的相对
较小上涨对市场上农产品价格的影响

过去大半个世纪的数据显示，供给的大幅度上升与需求的相对较小上涨将引起农产品实际价格的下降。

既定的农业资源

土地作为当之无愧的从事农业生产的首要资源。除了那些可用于工业化的土地沦为城市用地外，大多数农田除了从事农业生产已经几乎没有其他的用途。所以，尽管一个农民不再从事农业生产而去城市寻找工作，他曾经耕种的土地依然还是农业用地。其他农民就购买那些被他们放弃的土地，继续从事农业生产活动。如果他们从事农业生产的农产品像其他部门的产品一样，实际价格急剧下降，那么农民和从事农业生产的资源就将快速撤离该农产品的生产，从而转向他们认为有利可图的其他农作物的生产。但是，土地依然是农业用地。土地要在休耕与从事农业生产间不断转换，因此，调整农业的主要资源用于高利润的农产品生产所需的时间周期，滞后于应对不利的农业生产条件所需的时间周期。

美国农业局（U. S. Department of Agriculture，USDR）每五年就举行一次农业人口普查，最近的一次农业人口普查是在 2007 年。用这次的普查结果与过去三次普查结果中的农业用地占总土地面积的比例进行比较，我们发现，这一比较结果是非常让我们振奋的。在 1992 年农业用地占总土地面积的比例是 41.8%，1997 年是 42.2%，2002 年是 41.4%，2007 年是 40.8%。很明显，这一串数据大大支持了我们的理论——即农田的面积基本上是既定的。

尽管农田的有限用途毫无疑问地支撑了农田面积是既定的这一结论，但可以证明的是：当农民或者这些农业资源的所有者准备把这些资源转换到其他生产线上时，政府的农业政策防止了农业资源的流失。接下来我们开始学习这些农业政策。

政府的农业政策

自20世纪30年代的大萧条后，美国政府开始积极广泛地干预农业生产。在整个20世纪30年代期间，整个国家（实际上，世界上大多数国家均处于这种情况）都处于大萧条中。但是，农业比其他的产业部门遭受着更加严重的危机。农产品的实际价格下跌，农民的收入和农产品利润大幅下降，而且，农产品价格的下降幅度已经大大高于农业投入要素的价格。

由于农产品的价格过低已经不能覆盖要素投入的成本，政府部门开始着手实施一系列帮助农民的政策措施。美国国会在1933年通过了《农业调整法案》（Agricultural Adjustment Act），来帮助实现相对于其他产业部门收入的农民收入的稳定。这是富兰克林·罗斯福（Franklin Roosevelt）新政立法颁布实施的第一篇中的一章。从那时候开始，政府开始积极广泛地干预农业。

农业政策措施的目标是稳固农业的生产条件和提高农民的实际收入。因此，政府设计方案来影响农产品的供给、需求和农民能够接受的价格。开始，有两种政策措施经常被使用，分别是价格支持和控制供给。随着时代的变迁，价格支持方案运用得越来越少，目标价格和差额补贴变得越来越重要。所有形式的政府对农民的支出都被认为是农业补贴。我们的政府正在不断尝试提高农产品的需求来提高农产品的价格。接下来我们主要讨论价格支持、限制供给方案、提振需求的措施。

价格支持

价格支持是**价格下限**的具体实例，是指由政府强制规定的对产品和服务的最低价格。这些最低价格设置了一个下限"门槛"，即不允许市场价格低于这一强制规定的"门槛"价格。为了保障这一措施的有效性，政府强行干预市场，使得价格下限高于市场均衡价格。（若价格下限低于市场均衡价格，则不存在政府干预市场的力量，因为价格下限将会被市场价格所代替，法律没有规定价格不能高于常规水平。）从而农产品的价格被限制在价格下限以上，就像我们在第1章中谈到的一样，在均衡价格和均衡数量上实现市场出清。在这一过程中，市场将不断弥补短缺和消化过剩，实现供求均衡。这就是竞争性市场上的定量配给价格变动。当农产品价格被人为抬高时，农产品价格就不会表现出定量配给价格变动。让我们以一个假设的美国小麦市场的案例来探讨这个问题，如表11—2所示：

当小麦的支持价格设为4美元时，小麦市场有多余的1 500百万蒲式耳的小麦供给。市场的均衡价格是3.5美元，在这一价格水平上，市场上对小麦的需求

表 11—2　　　　　　　　　　　　　小麦的需求与供给（假设的数据）

需求量（百万蒲式耳）	价格（美元）	供给量（百万蒲式耳）
1 500	4.50	4 500
2 000	4.00	3 500
2 500	3.50	2 500
3 000	3.00	1 500
3 500	2.50	500

量和农户的小麦供给量都是 2 500 百万蒲式耳。在 3.5 美元的均衡价格上，2 500 百万蒲式耳的小麦将会被用于交换，市场实现出清。如果价格被提高到 4 美元（高于均衡价格），市场上将出现多余的小麦供给。图 11—3 形象地表示出了对小麦的需求量以及在 4 美元的价格上，市场上出现的多余小麦供给量。

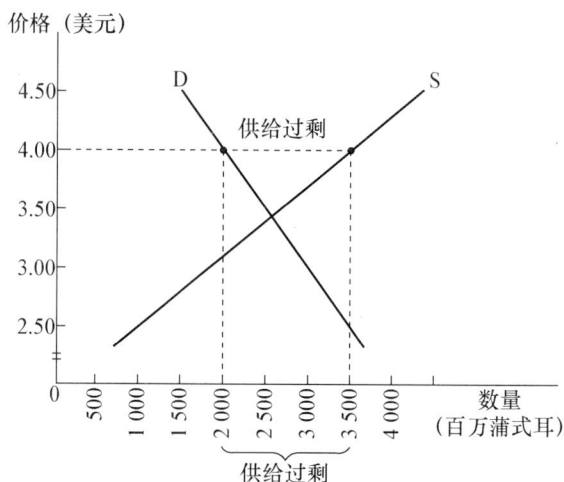

图 11—3　价格支持下的小麦市场

价格支持使小麦价格不会低于 4 美元，这导致存在 1 500 百万蒲式耳小麦过剩。

在 4 美元的价格水平上，农民生产和提供 3 500 百万蒲式耳的小麦用于出售，但是消费者对于小麦的需求只有 2 000 百万蒲式耳，所以只有 2 000 百万蒲式耳的小麦用于交换。余下的 1 500 百万蒲式耳的小麦成为市场上多余的供给量。如果价格可以自由变动，多余的供给将引起价格的下降。只要有多余的供给，价格就会随之下降。当价格下降时，一个讯号将会被传递给买方——增加对小麦的需求量，因为价格下降了。同样，卖方也会得到与之相反的信息，即小麦的价格下降了，降低小麦的供给量。这时，买方和卖方同时沿着他们各自的需求曲线和供给曲线向下移动。当达到 3.5 美元的均衡价格时，供给量等于需求量，而且这时已经没有多余的供给驱使价格继续下降。下降的价格消化掉了多余的供给，这一过程就是被经济学家经常提及的**合理性功能定价**，市场通过这一方式高效率地分配资源和服务。

现在假定政府立法设定最低价格为 4 美元，这意味着市场将面对多余的供给，价格不能下降。这时多余的供给也就不能通过价格下降这一方式被市场消

合理性功能定价： 灵活的市场价格自动调节市场的余缺，实现市场出清的能力。

经济新闻："食品价格遵循经济理论。"

当经济形势不好时，食品价格上涨。想要知道其原因，请点击网站中关于经济原理供给和需求栏目。

http://www.cengage.com/economics/econapps

化掉。相反，市场上永远存在着多余的小麦供给。这就是政府设定对农产品的支持价格后出现的情形：支持价格创造了多余的市场供给。

对美国农场价格进行支持的方式是间接的，但其结果与价格下限带来的局面是一致的。政府对农民存储于商品信用公司（Commodity Credit Corporation）的商品给予贷款方面的优惠，这一举措开始于 1933 年。农民可以获得与他们的商品估值等价的贷款，且贷款抵押率是由政府规定的（如每蒲式耳小麦 4 美元），农民用他们的商品作为抵押品。如果市场价格高于贷款抵押率，农民就会把商品从仓库中取出，用来销售，归还贷款，并且获得利润；另一方面，若市场价格低于贷款抵押率，农民只需简单地把商品交给政府（通过获得政府贷款来保存商品）而不是归还贷款，因此贷款抵押率是一种有效的价格支持。政府是市场多余供给的购买者，政府（和纳税人）承担了这些损失。

总的来说，通过支持价格这种工具，收入从纳税人手中重新分配给了农户。无论何时再分配收入，对整个社会的各部门来说，总是有人欢喜有人愁。让我们分别来看看这些利益的损失者和获得者。纳税人（也就是消费者）显然是利益的损失者，他们缴纳的税收被用来购买和储存那些多余的供给，而这些供给恰恰又是因为人为地提高价格形成的，同时人为地提高价格也略微地提高了食品的价格。（我们在这里用"略微"一词是因为我们购买的食物的价格成本主要是加工成本和运输成本，食物的原材料成本一般只占其中的较小比例。）

现在对农产品的价格下限进行总结。农产品的价格被人为地抬高，从而出现了生产过剩。多余的农产品供给形成了政府和纳税人的负担。而在多余的农产品被生产出来的同时，由于受到人为的高价格的影响，消费者对于农产品的购买欲望也受到打压。我们的农业系统是低效率的，它把利益输送给了我们的农业部门。

在某种意义上，我们的纳税人对于农业部门是利益的获得者这一理念是不理解的。**由支持价格产生的利益的巨大份额流向了大的农场主，因为政府补贴是以单位产出为基础的。**大的农场主种植更多农作物，从而获得更多蒲式耳（产出单位）的产品，所以他们可以从政府那里得到更多的补贴。（我们也有一些补贴项目是以土地单位进行支付的，如每英亩，这同样有利于那些拥有大面积土地用于种植的农场主。）毫无疑问，这一现实与我们政府的出发点是相矛盾的，诚然，我们的政府是为了帮助那些弱小而又辛勤劳作的美国农民。当我们一提到农民时，大多数人脑海中都会浮现出小规模经营的"家庭农场"的景象。农业经济学家 Willard W. Cochrane 和 C. Ford Runge 指出，市民对农业形成的错误描绘就好比"大草原上的小茅屋"这一景象。[1] 相比那些向农场主提供巨额补贴的法案，普通选民更倾向于支持那些关于农民的法案，以保障那些身处高压并辛勤劳作的农民处于好的生活水平。我们将很快回到这个话题，先看看一个农民所说的："对那些过去的记忆我们总是眷恋的，那时候农业被认为是一种舒适的、闲散的、

---

[1] Willard W. Cochrane and C. Ford Runge, *Reforming Farm Policy* (Ames: Iowa State University Press, 1992), p. 21.

安全的以及健康的生活方式，农场被认为是适合孩子生长的地方，而从事农业的辛劳也往往被那种独立的感觉所抵消，你自己是自己的王。"① 这种对农业怀旧的观点已经不再适用于当今的大规模农业生产。

限制供给措施

限制供给措施：
政府制定的降低产量和用于销售的农产品数量的措施。

价格支持政策经常与**限制供给措施**相结合。重新回到图11—3，假设政府的智囊团认为农产品的"合理"价格是4美元，这一价格囊括了农产品的生产成本以及农民生产农产品所应获得的平均工资。为了保障农民能够在4美元每蒲式耳的价格上销售小麦，一种方法就是像我们上面提到的一样，政府把4美元每蒲式耳的价格设定为最低价格从而创造了多余的供给。另一种方法就是移动供给曲线直至供给曲线与需求曲线相交于价格为4美元的那一点，具体如图11—4所示。

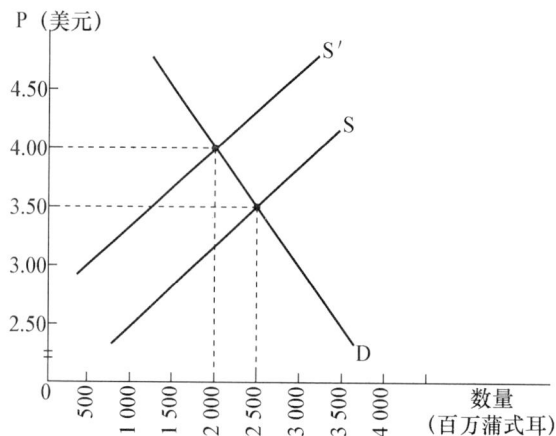

图11—4 限制供给措施在小麦市场上的影响

如果由于政府措施可以把小麦的供给从S曲线移动到S'曲线，则市场价格就会从3.5美元上升到4美元。

在供给减少后，均衡价格变为4美元，在市场出清的水平上有2 000百万蒲式耳小麦被交换。没有多余的供给需要政府作为最后的购买者进行处理，没有储藏费用需要支付，没有由于受到如老鼠一样的啮齿类动物的破坏或者储藏年限的增多而产生的变质所带来的对储藏谷物的损失。在20世纪30年代，限制供给措施比急救式的价格支持政策呈现出更大的优越性，而且这一措施延续至今。

因此，美国农业政策的历史就是不断减少供给的奋斗史。这些早期努力具有自愿性质，且通常包括对特定作物的每英亩产出所支付的土地租金以及对个体农民种植在其余土地上作物的支持性价格。尽管有这些措施来控制供给，供给量仍然节节攀升。农产品填满了商用仓库，被废弃的教室（在某种情况下）也被用于

---

① Jon Evert quoted in *Agriculture in the Global Economy：Hunger 2003*（Washington，DC：Bread for the World Institute，2003），p. 44.

存储。因此，限制供给措施的努力变得更加正式和意义深远。

1956年，土地资源库成立，该机构鼓励农民长期地退出任意一种作物的生产，并且对专有作物严格遵守平均控制线。农民由于不能进行耕种而获得回报。在随后的立法过程中，限制供给措施继续以其他名称存在：储备品立法（Set-Aside legislation）、实物支付计划（Payment-in-Kind program）以及十年计划。十年计划鼓励农民把那些容易受侵蚀的土地放入将获得长期的限制供给计划中。在储备品立法项目下，农民把他们拥有的土地留出一定比例进行休耕，而休耕部分的损失由政府赔付，也保证农民在剩余土地上耕种所获得的农作物将获得价格支付。在实物支付计划项目下，他们从政府的仓库中获得多余供给的商品而不是现金，但是实物支付计划在某些方面类似于储备品立法。政府的十年计划需要农民一个长周期的承诺，即在他们所有的土地上进行休耕。该计划相比之前的两种措施限制了土地的其他用途，但是在其余方面三者是相同的。

这些限制供给措施不一定有效。虽然土地不再用于耕种，但是供给量却持续上升，以致农产品价格下降。为什么？设身处地地想想，假如你是一名美国农民，你会把你最好的土地还是最差的土地置入实物支付计划项目下呢？当然，你会把那些经常在春天让你的拖拉机深陷泥潭的沼泽地、排水情况欠佳的土地置入该计划！如果你把那些排水情况良好、肥沃的土地置入该项目，而去耕种那些低产的土地，那你真是世界上最愚蠢的人！当然，我们的农民朋友都不是这种笨蛋：他们把最差的土地放入限制供给措施中（不用于耕种），然后用余下的土地深耕细作。如果在种植玉米时，缩小玉米苗与玉米苗之间的距离，增加玉米苗种植的数量，提高灌溉水平和土地的肥沃度，当然玉米的产量就会增加。所以，尽管种植玉米的面积缩小了，但是玉米的供应量却不减反增。这仅仅是经济合理方式的表现，农民宣告了限制供给措施的失败。

像价格支持、限制供给措施都对大农场更加有利，而小农场获利有限。因为越多的土地放入限制供给措施，就会得到政府越多的补贴。而且，类似于价格支持，限制供给措施也是将纳税人的大部分收入重新分配给农业部门。

提高需求的努力

在实施限制供给措施的同时，政府也推出了各种各样的提高国内市场和国际市场对美国农产品需求的措施。毫无疑问，你肯定熟悉其中一些用来提高国内市场需求的法案。多余的农产品被分发到各种公立学校，作为学生的午餐。（这一实践解释了当你是一名小学生时，所遇到的学校的一些奇怪菜单。）食品券分发给穷人，让他们能够购买更多的食品（食品券项目现在称为SNAP，Supplement Nutrition Assistance Program）。像奶酪和奶粉一类的多余商品会通过各种福利机构和食品银行直接分配给穷人。这些项目的目的既具有人道主义精神又是非常实用的。给穷人食物以及让学校的孩子们得到免费或者含有补贴的午餐是符合人道主义精神的，而且这些项目的实用主义目的提高了对农产品的需求并消化了我们的剩余产品。

对美国农产品的需求受到两种类型项目的影响，即外国食品援救项目（例如Food For Peace）和出口补贴。外国食品援救项目已经成为在境外处理美国多余农产品的一种手段。当美国的食品剩余积压过多的时候，我们就会给外国人更多的食品。而当我们的剩余不是很多的时候，我们会减少对发展中国家人道主义的食物救助。在第一次伊拉克战争结束后，多余的奶粉可以用来满足那里的所有居民。在20世纪80年代，由于厄瓜多尔的野蛮政治——政府官员把美国援救给他们的奶粉都分配给他们的国民，每个人都得到自己消费不完的奶粉，因此厄瓜多尔人把他们的牛奶卖给其他国家的国民从而从中谋利，因此国会限制了外国援救基金对厄瓜多尔的救助。在20世纪70年代早期的粮食危机中，当美国的剩余食物相对减少，政府减少了对国外的援助时，有上百万人死于饥饿。在许多情况下，我们的食品援助项目对第三世界的居民来说是弊大于利的，这一点我们很快就会看到。

倾销： 以低价格（甚至低于成本价）出口商品。

美国政府也会给农业出口商以出口补贴（政府财政支持），就像我们前面讨论的对美国农民的支持一样。这些措施使得我们的农业出口品对外国消费者来说更具有竞争力（更便宜）。由于美国农产品的价格比其他国家的农产品价格优惠很多，导致国外对于美国农产品消费量的增加。实际上，我们确实压低了世界许多农产品的价格，因此美国受到了**倾销**或者在国外以低于成本价的价格销售农产品的指控。这种类型的补贴同样被西欧的大部分国家和日本所采用。美国、西欧和日本的谷物价格下降，极度惹恼了世界上其他的谷物生产国和谷物销售国。例如加拿大，加拿大已经采取了报复措施，同样其他谷物生产国和谷物销售国也对发展中国家产生了负面影响。我们将很快讨论这一话题。

通过提高产品需求的方式来提高农产品的价格不是十分有效。在许多情况下，我们几乎处理掉了所有的剩余商品，然而，证据显示一些国内的项目符合人道主义目标。例如，食品券项目增加了穷人获取食物的机会。

最近的农业政策

近年来，美国政府尝试调整和重新整合那些形形色色的农业政策。例如，1990年，政府规定如果农民准备参加不足支付项目（deficiency payments program），他们首先必须准备把一部分土地置入限制供给措施中，政府部门尝试通过这一政策减少农民持续增加收益的积极性。1996年，国会通过了所谓的《自由耕种法案》（Freedom to Farm Bill），该法案取消了目标价格和一部分农作物（如饲料和小麦）的差额补贴，为农民提供按耕种面积计量的收入支持补贴。而原有的对农民耕种土地面积及剩下的用于政府农业项目的限制措施得到实质上的取消。这一行动被认为向着"政府远离农业"跨出了一大步。直到新的农业法案通过，收入支持政策持续了7年之久。而农业法案通常是每5～6年进行修订。

通过上面的叙述，你应该已经预测到《自由耕种法案》的影响。在一开始，农民非常高兴政府不再对他们的耕种作物或者耕种面积进行干预，作为对该立法的积极响应，农民生产出来的玉米或者其他农作物的产量急剧上升，以致国际农作物的价格降到了历史最低水平。许多农民入不敷出，越来越多的农民也开始逃离农业生产。由于一系列自然灾害的爆发（如干旱和洪涝），加上恶化的市场环境，国会不得不在 1998 年、1999 年、2000 年通过了农业援助措施。

最近，在 2002 年布什总统签署了《农业安全和乡村投资法案》（Farm Security and Rural Investment Act）。该法案覆盖了 2002—2007 年的农业政策，但是该法案却详细列举了长达 10 年的支出。该法案的最大受益方再次是美国的大型农场主和大型农业综合企业。而对先前的农业法案所导致的农产品价格扭曲和商品的过度生产，却几乎没有改变。新的农业法案也消除了许多帮助小型和中型企业的条款。尽管这一农业法案为农田保护和乡村发展扩充了条款，带来了积极的影响，但是它在集聚美国的农业产业和强化美国农村的竞争环境上是失败的。相反，该法案（与农作物保险法案一起）预计在长达 10 年的时间内对农民的直接补贴将达到 1 910 亿美元。（这一补贴数额甚至超过同样在 10 年的时间内，为 K-12 教育计划和环境保护预期投入数额的总和。）[1]

在 2008 年，一项新的农业法案获得通过。该法案被称为 2008 年《食品、能源保护法案》（Food，Conservation，and Energy Act of 2008）。该法案对于农民、消费者和低收入群体的影响是错综复杂的。我们将简要介绍该法案的主要组成部分。

对美国农业政策的评价

在过去的 29 年里，我的家人在伊利诺伊州的一个只有 746 人的名为马宗的小镇以种植玉米和大豆为生。我的许多邻居经常住在农场里，或者家与农场毗邻。许多我崇拜的人连周六应该在马宗公理教堂做礼拜的时间，都用来在农场劳作，尽管连他们自己都不知道需要这样劳作多久。然而，许多人的自我满足感逐渐减少或者消失。这种自我满足感即成就感，常常用来衡量我们从辛勤劳作中所获得的体验以及丰收的喜悦。1973 年是我从事劳动生产的第一年，在那一年，我以每蒲式耳 3.9 美元的价格出售我耕种的玉米，我可以花 12 500 美元购置一台新的拖拉机。而在去年，我以 1.9 美元每蒲式耳的价格出售我的玉米，而一台类似的新拖拉机却需要 100 000 美元。[2]

这一段农民的话清楚地表明，政府的政策并没有解决农业的核心问题，即中型和小型农场主实际收入的下降以及一些他们根本无法预测的政策的副作用。接下来，我们将会看到，通过治标不治本的方式，我们的政策促进了农业部门的集中以及一系列促使产量提高的技术的使用，从而使我们的环境被破坏。我们农业政策的受益者是正在不断壮大的大农场主和那些富裕的农民。而政策带来的额外

---

① The Environmental Working Group（EWG），2003（http://www.ewg.org/farm）.

② Doug Harford quoted in *Agricultural in the Global Economy*：*Hunger 2003*（Washington，DC：Bread for the World Institute，2003），p. 38.

问题还包括农业工人和美国少数族裔问题。同样，技术进步带来了令人质疑的结果，例如生物技术的存在就是这一事实的明证，而且更令人瞠目结舌的是，在这个世界上最富有的国家（之一）居然还有人饿肚子。

治疗症状

农产品的低价格是经济中资源配置不合理的表现。相比其他产品，我们生产出了太多的农产品，当然，解决问题的方案就是减少资源向农业部门的配置。而一旦价格被人为定得过高，农民就有提高产量的冲动。实际上，政府的农业支持政策是农业问题的一部分，因为农业支持政策鼓励那些可能离开农业部门，从而转作他用的资源依然留在农业部门。

农业的集中化

集中化：几个大企业对市场的垄断地位。

如果一个市场相对只有几家大型公司，那么该市场就会被认为是高度集中的。当今农业的趋势就是不断地趋向于更大的**集中化**。如我们在前面讨论的那样，"大草原上的小茅屋"的画面对于当今美国农业的描述是一种不再正确的想象。但是在20世纪30年代，当政府开始干预农业的时候，这是一幅再适合不过的描述美国农业的图景——平均农场的规模非常小，有高达25%的人口居住于农场内。[①] 现在居住于农场的人口仅有1%，而农场的平均规模已经扩张到非常大。而且在那个时候，小型家庭农场占这个国家农场的大多数，每个农场生产合适的农产品份额。

有一些证据可以证明，近些年来，农业的集中化现象正在加剧。表11—3展现了大农场（年销售额在500 000美元以上）在国内所有农场的比例正在不断上升（从1997年的3.2%上升到2007年的5.3%）。农场的组织形式也发生了一些细微的变化，在这个时期，个人经营、家庭经营或者合伙经营的农场占整个农场比例有一些缩小，而家庭与非家庭之间合作经营的农场数量的份额略有上升。**集中化趋势的扩大已经不只是长期趋势，在短期内，这种趋势也有迹可循，因此，这种趋势提高了人们对于这些大型农场之间潜在市场势力的关心。**关于集中化，我们将放在第13章"市场势力"中进行详细的论述。

表11—3 　　　　　　　　　按年销售量分类的农场规模（%）
和农村组织形式（%）（1997年、2002年和2007年）

	1997	2002	2007
销售额（占农场的百分比）			
少于50万美元	96.8	96.7	94.7

---

① Cochrane and Runge，*Reforming Farm Policy*，p. 22.

续前表

	1997	2002	2007
多于50万美元	3.2	3.3	5.3
农场组织形式（占农场的百分比）			
个人或者家庭，独立经营	86.8	89.7	86.5
所有权			
家族企业	3.7	3.1	3.9
合伙企业	8.4	6.1	7.9
非家族企业	0.4	0.3	0.5
其他：合作社、房地产或者信托、公共团体等	0.8	0.8	1.3

资料来源：The U. S. Department of Agriculture, Economic Research Service, State Fact Sheets: United States, updated May 1, 2009, http://www. ers. usda. gov/StateFacts/US.

利益分配

我们已经认识到，由于我们的补贴是以每产出单位或者每单位土地的产出来发放的，因此，我们的大部分农业政策有利于大型农场和农业合作企业。你的产出或者土地越多，你得到的补贴也就越多。

在美国，根据美国环境工作组（Environmental Working Group）的记录，美国的农业补助都被支付给了形形色色的人。该工作组指出美国联邦政府对农业直接补贴的四分之三都落入了只占美国农业10％的最富有和最大的农场主之手。2007年，在一个接近50亿美元的直接支付补贴中，149个接受者均得到了超过25万美元补贴。而且，1 234个补贴接受者得到超过12万美元，5 125个接受者得到超过6万美元。这直接导致剩下的200万农民平均只能得到不到2 000美元的补贴。[1]

如果我们的目标是服务于那些小型和中型农场主，并且为那些低收入的农民提供保障，就像我们在本章的引言中提到的那样，那么令人遗憾的是，我们的补贴项目已经与我们的初衷背道而驰。

不利的环境影响

Cochrane和Runge提出了我们对于农业的另外一种错误的想象，即认为农民是"土地的侍者"或者是土地和环境的"守护神"。[2] 农业被描绘成是一种健康舒适的生活方式。实际上，现代农业高度依赖于化学肥料来提高单位亩产的收益，从而得到更多的政府补贴。而且现代农业使用杀虫剂来减少昆虫的侵害以使农民的收益最大化，从而导致农场水井的硝酸盐污染以及其他的环境污染问题。

---

① The Environmental Working Group (EWG), 2003 (http://www. ewg. org/farm).

② Willard W. Cochrane and C. Ford Runge, *Reforming Farm Policy* (Ames: Iowa State University Press, 1992), p. 24.

由于农业中劳动力的不断减少，人工开始被那些昂贵而又危险的机器所取代。如果通过工伤事故和死亡量来衡量危险程度，那么农业已经成为经济中最危险的部门。在地势低洼的中东部地区进行灌溉破坏了地表中的蓄水层（很多地区依赖地下水进行供给），但是提高了每亩土地的农作物产量，从而可以得到更多的政府补贴。商品项目政策鼓励农民生产更多的产品，而由于目标价格过高导致产品的过剩，从而造成剩余产品腐烂。农场的生活不是人们想象中的那么健康以及环境友好的。而我们的政府项目对这些副作用的产生更是难逃其责。

经济学家指出，不断集中的农业养猪所带来的高产量导致环境恶化。巨大的养牛场、像工厂般的养猪场，在相对较小的面积内饲养1 200头奶牛带来了恶臭和废弃物处理等明显的问题。实际上，我们再也不会有那种理想的小型农场了，然而我们如今唯一可以做的就是及时调整我们国家的农业政策，不再支持大型农场，保护所剩下的那些小型以及中型农场。政策促进了最大可能收益的实现这一事实证明了自我毁灭的力量，因为政策使资源没有得到合理的配置，而且在这一过程中加剧了农业集中化的趋势。一种保护农业多样性以及减少化学品依赖的农业政策现在显得尤为意义重大。

多样性和农业

具有讽刺意味的是，美国土地上有高比例的原住民（即本土美国人）正处于贫穷和饥饿的状态。有三分之一的土著农民处于贫穷的状态，而且有1/4的本土农民的食品得不到保障。[①]

另一个处于极端危险的人群是农业工人（常常是来自美国国内和越过国界线的拉美移民），这些农业工人主要种植水果和蔬菜类作物，而蔬菜水果类作物是不享受政府补贴的。农业工人的工资通常非常低，而且他们的居住和生活条件也非常恶劣。农业工人面对的另一个问题是农药中毒，据估计每年有10 000~20 000名农业工人在工作中受到农药的毒害。例如，农业工人和他们的孩子由于接触杀虫剂而提高了患白血病、非何杰金淋巴瘤、脑癌、不孕、新生儿畸形和神经障碍的危险几率。在俄勒冈州进行的一项调查表明，那些经常接触到杀虫剂的农业工人移民在智力测试、记忆力以及注意力上的表现得分比那些没有接触过杀虫剂的移民表现得分要低很多。问题远不止于此，而且更加严重。因为当这些农业工人生病时，由于贫困他们得不到合理的治疗。尽管杀虫剂有这么大的危害，联邦政府很少帮助那些受到杀虫剂侵害的农业工人，制定关于杀虫剂安全规则的措施。[②]

最后的一个多样性问题是关于非洲裔美国农民。1920年是黑人拥有农场所有权数量的鼎盛时期，美国农场中平均每7家农场就有1家是由非洲裔美国农民

---

① Bread for the World, *Agriculture in the Global Economy*：*Hunger 2003*（Washington，DC：Bread for the World Institute，2003），p. 46.

② Bread for the World, *Healthy Food*，*Farms & Families*：*Hunger 2007*（Washington，DC：Bread for the World Institute，2007）.

开设的，而到了 1992 年，这一比例却已经下降为 1∶100，即每 100 家农场中只有一家是由非洲裔美国农民开设的。[①] 其中的一个主要缘由就是美国农业部的政策。美国环境工作组发表的文章显示，美国农业部对非洲裔美国农民有着长达十年的有组织的歧视。在他们居住的社区内，否认非洲裔美国农民具有那些与他们"处境类似"的白人一样的获得农作物贷款的权利。在 1997 年，一个以 Pigford 诉 Veneman 著称的具有伟大历史意义的民事权利集体诉讼状告美国农业部。两年以后，政府部门承认了过去的错误行径，并开出高达 23 亿美元的调解费用——美国历史上最昂贵的民事调解。然而，调解费履行的过程是困难的，那些希望从这个案件中得到补偿的非洲裔美国农民有超过 9/10 的要求遭到了政府部门的拒绝。在 2008 年，由国家黑人农民协会牵头，联合几家组织进行游说，在最近的很多新的农业法案中，为黑人农民争取到了一些重要的条款。高达 80 000 名黑人农民有希望开始获得属于他们的赔偿金，新的农业法案成立了一个咨询委员会，希望通过该委员会来扩大政府对黑人农民的服务范围，而且任何对美国农业部歧视性行为的起诉要求都会被勒令取消抵押品赎回权。

生物技术

转基因产品的产量在过去几年实现了不断快速的增长。美国农业公司带头发展农业技术——通过改变种子的基因提高农作物的产量。农民利用转基因技术来防范农作物灾害并减少杀虫剂的使用。一些人表示生物技术可以成为解决一直困扰全球的世界性饥饿的手段，就像在前几十年里我们期待绿色革命能够缓解饥荒那样。而反对者坚称生物科技严重影响自然环境和人们的健康，而且生物技术的发展对缓解世界性的饥荒并没有很大帮助。他们认为转基因产品的最大受益者是那些大型跨国公司。关于转基因的讨论仍在继续，而且它已经成为不同政府领导者的争论点。不管转基因技术是好是坏，转基因技术影响的最终决断最有可能由发展中国家来决定，让我们拭目以待。

美国的饥饿者

在前文中，我们已经提到了在食品价格不断波动的同时，全球的农产品和食品价格呈现下降的趋势（扣除物价因素）。然而，零售食品的价格在 2007 年上涨了 4.2%（自 1990 年以来的最大增幅）。所有食品价格的上涨大大掩盖了特殊食品领域的上涨，而这些食品主要是美国家庭餐桌上的主要原材料。例如，牛奶、面包、面粉和鸡蛋已经经历了高达两位数（增长率）的通货膨胀。[②]

---

① The Environmental Working Group, *The Last Plantation*, *from color Lines Magazine*, Jessica Hoffman, http://www.ewg.org/node/,2009.

② Bread for the World, *Hunger 2009*：*Global Development*（Washington DC：Bread for the World Institute, 2009）. 除特别说明外，本书的数据均来自于此。

许多原因促使此轮食品价格上涨。其中一个原因就是由于受到政府补贴生物能源的影响，在农产品的生产中大范围地使用生物能源。尽管有证据显示用玉米来制作能源实质上可能增加能源的消费量并提高温室气体排放量，但是农民利用生物能源的积极性却减少了能源的消费量和温室气体的排放，不管怎样，因为额外的用途而增加了对玉米的需求量并导致玉米价格的上升。当农民看到玉米价格上涨后，他们纷纷把他们的土地从种植其他的农作物，例如小麦或者大豆，转向种植玉米，从而导致小麦、大豆等农作物价格的上涨。在世界许多地方，由于气候原因，各国的小麦和谷物都严重减产，同样推高了这些农作物的价格。随着像印度和中国这类人口稠密国家居民收入的提高，人们开始不断释放对于食物的消费热情，大大增加像面包和肉类等食物的消费（而面包和肉类等食物的制作都必须耗费大量的原材料）。此轮价格上涨是否代表了短期内的价格变动（如本章开头所叙），或者是一个可以预见的长期趋势？大体来讲，全球气候变暖导致气候节律的变动失调，由此我们可以预见到气候对于产量变动的影响，一些国家首先受到影响，例如南亚。而且随着中国和印度这类人口稠密国家的收入增长，同样可能推高农产品的价格。

食品价格的急剧增长对那些低收入者而言，无疑是雪上加霜。最近政府部门公布的数据显示，在美国有11.1％的家庭处于食品不安全状态，即存在饥饿的危险。由聚焦贫困与机会协会（Spotlight on Poverty and Opportunity）和中止饥饿联盟（Alliance to End Hungry）主持的一项调查发现，有28％的受访者非常担心自己将会面临饥饿的困境或者他们所知的其他人正在面临着饥饿的危险。[1] 参加食品券项目的人数已经达到了历史最高纪录。而据食品银行报道，有20％的人正在向该机构寻求帮助。不幸的是，食品银行也深受食品价格上涨的危害，为了服务它们的客户，食品银行正在花越来越高的价格购买食物。而且由于经济疲软，私人食品捐赠已经减少了差不多10％。因此，我们可以清晰地感受到，在这个需求旺盛的年代，我们面对这种巨大的需求是多么地力不从心。

经济新闻："生物燃料是否催生了全球食品价格上涨？"

生物燃料可能是绿色燃料，但是最近超市里的商品却越来越贵。想了解其中缘由，请点击经济基本面中的供求板块。
http://www.cengage.com/economics/econapps

全球农业和发展中国家

食品生产和饥荒

一些经济学家提出，发展中国家生产的农产品与美国那些受到巨额补贴的农业部门生产出来的农产品进行竞争，对发展中国家是不公平的。发展中国家通常依赖本国的农产品出口来换取它们更需要的外汇。例如，假设由于得到美国政府的补贴，阿肯色州生产的大米的价格就会被人为地压低，那么泰国对美国或者其他贸易伙伴的大米出口量就会减少。由于欧洲、日本和其他的潜在消费市场国家

---

① Alliance to End Hunger, One in Four Americans Fear Hunger as Food Prices Soar, 2008, http://www.allian-ce-toendhunger, in Bread for the World, *Hunger 2009*: *Global Development* (Washington DC: Bread for the World Institute, 2009).

都实施了像美国这样的补贴政策，因此这对发展中国家而言是一个非常严峻的问题。一个关注世界和美国饥荒的组织——施世面包报道，发达国家（美国、欧盟和日本）每年对农民的补贴支付达到 2 800 亿美元，而每年对发展中国家的援助仅为 600 亿美元，不足农业补贴的四分之一。[①] 由于美国和欧盟对于农业的补助以及生物科技的利用，提高了农产品产量，由此我们自然而然地假设，这会减少世界的饥民和饥荒。但是事实的真相总是令人惊讶，接下来让我们一起探讨其中的缘由。

首先，在全世界内，除了 20 世纪 70 年代早期的粮食危机，我们已经生产了大量的粮食。而最近，世界农业已经以拥有充裕的供给为特点，甚至，那些供给盈余的粮食都没有彻底消费掉。世界饥民问题远不如全球粮食生产那么容易解决，而且我们在如何分配这些粮食的问题上依然任重道远。无论是粮食还是其他农产品，都被分配给那些有足够的金钱支付它们的人，贫穷国家的低收入群体没有足够的收入为自己和家人购买所需的食物。**因此，饥饿是一个关于贫穷的问题，而不是关于产量的。**再者，内战、政治不稳定、恶劣的气候、落后的交通条件以及缺乏储存设施都加剧了饥荒。

其次，我们必须透彻于心的是，大多数发展中国家的居民是居住在农村地区以及通过耕种农作物获得收入的。当美国和欧洲的那些得到补贴而种植出来的农产品进入市场，压低了农产品的市场价格时，发展中国家的贫苦农民能够从他们的农作物中获得的收入微乎其微，从而导致他们更加贫穷，以致他们种植农作物的积极性受到打击，他们可能转移到其他的生产部门寻找工作，得到一个稳定的收入来源以满足家人的生活需求。或者涌进城市以期待一个更高的收入，但是实际上处于失业和恶劣的生活环境当中。**尽管饥荒需要紧急食品救助，但是发达国家持续不断的食品救助以及农产品倾销实际上让世界饥荒问题更加严重。**

让发展中国家的农业处于不利地位的第三个原因是发展中国家必须面对来自于那些富裕国家所强加的贸易限制措施。包括美国在内的发达国家对发展中国家农民生产出来的价格低于发达国家农民生产的农产品强征进口关税，例如大米、糖、棉花。这些贸易限制措施阻止了发展中国家的农产品进入美国或者其他有前景的市场，发展中国家由于放弃在这些市场上的销售而损失了数以亿计美元的收入。**再次，这些由发达国家推出的贸易限制措施给发展中国家带来的损失已经远远超过了富国对穷国提供的发展资助。**

最后，由于美国跨国公司和大型农业企业对专利的所有权，阻止了发展中国家生产转基因产品并导致这些跨国公司源源不断地向这些市场输送农产品。就像绿色技术革命并不适用于低收入国家的贫苦农民一样[②]，生物科技同样不适用于

---

① Bread for the World Institute, Per Pinstrup-Anderson, "About Us," from the *2005 Annual Report on the State of World Hunger：Strengthening Rural Communities* (Washington DC：Bread for the World Institute，2005)，http://www.bread. org/labout-us/institute/.

② 绿色革命由各式各样的具有高收益的种子组成，这些发明出来的种子在发展中国家用来对抗不利的气候以及其他因素。如果利用合适的（也是昂贵的）化学肥料、灌溉以及其他的投入，将大大提高小麦、稻谷和玉米的产量。规模较大和富有的农民可以采用新的种子和其他的相关投入，从而实现农作物产量的提高以及随之而来的价格下降，和他们自身收入的增加。问题在于发展中国家的贫困群体大多是农民，这些农民没有能力采用新的种子以及其他配套的投入，因此他们的产出低又在低价格水平上销售，影响了他们的收入和生活水平。

当今世界的贫苦农民。除了生物技术对于健康和环境的担心外，生物技术将大大增加世界农产品的产量，从而导致世界农产品价格的下降以及迫使贫苦农民不再从事农业生产。作为生物技术的最终收益——世界性的饥荒在增长，而不是降低。

补贴和贸易谈判

新一轮的国际贸易谈判对发展中国家来说是一把双刃剑。在第 12 章"国际贸易"中我们将更加详细地论述，最近一轮的贸易谈判被称为多哈回合——以所在地的城市命名。多哈回合也被称为发展回合，它的主要目标是帮助发展中国家发展经济。多哈回合的积极层面是在世界贸易体系中存在一个实现穷国发展目标的"政策空间"。而令人失望的是，从 2001 年开始的多哈回合谈判就这个目标的进展缓慢。发展中国家希望发达国家能够减少农业补贴，而迄今为止，发达国家都没有减少农业补贴预算。我们需要更进一步地观察全球发展来发掘多哈回合的发展方向。直至本书出版，关于发达国家贸易限制议题的持续谈判仍然毫无进展。

全球饥民的复杂性

全球的饥民是一个复杂的议题。我们已经看到了与我们的想法大相径庭的情形，即食物救助和技术进步导致的低食品价格实际上损害了发展中国家的贫苦农民（对那些能够支付得起食品价格的消费者来说，价格下降当然是有利的）。然而，在发展中国家仍然有大量的贫穷消费者以及贫苦农民实际上是净食品购买者（购买的食品大于他们卖掉的农产品）。这一群体的人们深受高价格之害。所以，问题就是设计出来的食品政策常常不是用来帮助世界上的贫苦人民。美国制定的农业政策是帮助美国的农民，当然其他富裕国家也是如此。美国制定出来的贸易限制措施同样是帮助本国的农民和农业综合企业。由农业综合企业发展的转基因是为了帮助企业提高自身的利润。对发展中国家的食品救助同样来源于美国食品制造厂和船舶公司以及农民的利益驱使。所以，我们怎么才能达到我们在本章引言中所表达的那个伟大的目标？我们又应该怎样建立一个"为所有人提供基本保障的全球食物系统"？

施世面包组织建议美国的各项救助措施由一个单一的内阁长官负责，他主要负责协调对外救助的诸多方面。这样，食品救助和美国农业局的政策，以及其他各种政府部门和机构都在对外救助指挥官的管辖范围内。该指挥官也可以协调关于发展中国家的讨论，以及其他的私人捐赠者和社会机构。当然，这种指挥对于处理像世界饥民这样复杂的议题具有非常好的效果。

然而，政策的某些要素是鲜明的。首先，在食品的突发事故中，紧急的食品救助是非常重要的。相比可能会导致农村贫困和食品非安全的持续的食品救助，这一情形非常不同。其次，从邻近区域购买食品然后分配给那些遭受食品紧急灾害的人民，比用船只运送作为食品救助的农产品要好得多。因为食品更加廉价且有更多的食品供给，而且从就近区域购买农产品有利于维持邻国的食品价格然后造福邻国的农民，而不是由于大量的救助食品进入该国市场导致农民廉价销售自己的农产品。比如，如果现在津巴布韦发生了食品紧缺状况（我们假设在其他地方发生了国家性的危机），那么从邻国赞比亚购买食品是更加廉价和有效率的，而且这样会帮助到赞比亚的农民而不是损害他们的利益。第三，如果穷国的农民希望从不断发展的食品技术中获益，那么他们就必须了解投入，包括种子、肥料、推广服务等。否则，技术进步将降低全球食品价格，使那些可怜的农民无法支付起购买技术的费用，并且加剧落后国家农村地区的贫困。最后，需要修正美国和其他发达国家的农业补贴和贸易限制，使之造福而不是损害发展中国家的利益。

新的农业法案以及美国农业政策中的政治学

结合本章提到的所有核心论点，我们就不会对一些纳税人（他们中的大多数属于中低收入群体）提出的要求感到惊讶了。其中主要包括，为何要把他们的收入转换给那些比他们收入更高的农民？以及像我们在本章中提到的，为什么农业的支出要挤占对其他社会项目的资助，包括对教育的支出、环境保护、扶助贫困、医疗卫生以及住宅等？最后，为什么那些拥有高收入的农民和企业比那些小型农民和企业接受的政府补贴要多？在这些问题背后有着怎样的政治利益？我们怎样改进我们的政策措施？

如果大部分美国人的注意力集中到那些小型和中型的家庭农民，那么大部分农业补助就不会流入到那些富足的农场主和大型农业综合企业的口袋中。实际上，政府补贴的方向受到政治和经济的双重影响。我们的消费者群体又有多少人能够团结起来，一起反对农业政策并提高在超市上购买的商品价格呢？如果尊敬的读者你认为，没有这样的人，那么恭喜你，你答对了！但是，相比这些松散而又无知的消费者群体，你又是怎么看待农业游说集团呢？在我们国家的每一个州都成立了农业游说集团，这一团体受大型商业农民的资助，大型商业农民用他们庞大的经济实力不是寻求对他们有利的政策措施，而且寻求那些对他们极其有利而又有利于打击小型农民的政策。因此，对那些需要政府资助的小型农民来说是非常不幸的，他们既不知道政策的影响又不能形成像农业游说集团那样的团体。

而且，几乎美国众议院的所有成员在他们所属的州内都至少有一位农民代表。由农村地区选举产生的超过代表人数比例的参议员也代表农民。而忽略这一农民群体重新选举往往是非常困难的。当然现在的情形就非常明晰了，游说集团和选举群体的目标不是为最贫苦农民争取利益，也就不会强调他们的利益诉求。因此，尽管有多哈回合谈判中关于贸易的讨论的良好公共环境，许多立法者仍然对于我们的农业支持和贸易措施给发展中国家带来的不利影响无动于衷。

我们的农业支持措施能够得到改进吗？这一问题的答案当然是肯定的！2007年，许多教堂和消费者、农业、环境以及社会的正义团体团结起来，他们依据本章开头引言中所阐述的思路，致力于解决农业政策存在的问题并改进 2008 年的农业法案。他们获得了一些胜利，但是并没有完全实现他们的目标。下面展示了他们获得的主要成就①：

● 国内饥民：该团体得到了 78 亿美元的额外资金来实施食品券项目，这将能够让居民获得比从前更高的福利待遇以及低收入人群当选的可能性；16 亿美元的紧急食品援助计划；以及 10 亿美元的新鲜蔬菜和水果项目（为低收入的公立学校学生提供的午餐项目）。

● 世界饥民：确保了对于不可预见的紧急突发情况下食品需求的资金来源的可靠性，以及将此项目与严格由非紧急长期发展项目保管的食品救助项目区分开来。而且，有一部分钱将被用于购买本国或者本区域的食物，作为所在地的食品救助。

● 农业补贴：政府对非农业人民总收入的直接补贴的最低限额从 250 万美元调整为 5 亿美元，对农民的最低限额为 75 万美元。这样虽然仍有利于获得高额利润的农民和农业综合企业，但是，至少在某些方面的状况要比以前好。

● 保护：有 40 亿美元的额外资金提供给保护性项目。

● 社会底层的农民：有额外的资金补贴以及成立了小型农场（Small Farms）办公室并开始运营，社会弱势农民（Social Disadvantaged Farms）这一机构直接反馈信息给农业部门的秘书。

尽管 2008 年的农业法案没有重大而又必需的改变，改变我们的农业支持政策有利于大型农场主和农业综合企业的局面，它还是向着那个方向作出了温和的调整而且为其他的重要项目提供了支持。自 2008 年的农业法案通过后，奥巴马总统试着减少农民从政府获得的直接补贴的差距，但是该项措施并没有获得国会通过，其中的缘由当然来自于政治。

最后的提醒

如今的世界不符合我们在本章的引言中所阐述的目标。特别地，我们还没有真正实现建立一个"为世界上所有人提供基本生活的全球食品系统"的目标。由于 2007—2008 年世界食品价格的上涨引发了一轮新的世界食品危机（前面已经提及）。全球的饥民又增加了 1 亿人，使 2009 年中期的饥民总数达到 10 亿人。发展中国家 17% 的人口处于营养不良的状态。单就非洲和南亚而言，营养不良的人口比例分别为 30% 和 21%。当然，儿童首当其冲，在撒哈拉以南非洲每十个婴儿中就有一个未满一岁死亡；而在非洲，7 个孩子中的一个在未满五岁时夭折。

饥饿不仅导致儿童和新生儿的死亡，而且带来政局的不稳，例如，在海地、埃及以及世界上其他国家所发生的暴乱。

---

① The U. S. Conference of Catholic Bishops，Department of Justice，Peace and Human Development，Office of Domestic Social Development，*Farm Bill*，February 2009，http://www.usccb.org/.

如果你已经读完本章，并且发现你自己对世界和国内的饥饿与贫困问题感兴趣，那么你可以做很多事情！我们将在本章结尾的"讨论和问题"中提出我们的建议。而且，你可能想要核证施世面包这一组织，这一组织在第10章中提及，它是一个市民游说议员的团体来影响关于世界和国内贫穷和饥饿的立法。该组织主要是通过告知人们这些议题、推迟立法以及影响重要的立法委员来实现目标。然而，该组织有一个基督教背景，它与大量的具有不同信仰或者没有信仰的其他组织相联系，它们因为同样的议题而走到一起。你将会发现怎样给出更有作为的建议。也许你和你的朋友也关心其他的许多活动，包括食品驱动、慈善筹款、信件活动。就像在"全球饥民的复杂性"那一节讨论的那样，你可能非常想与立法者取得联系，来获得他们关于修改对外救助的支持。

观点

保守派与自由派

保守的经济学家和政治家长期以来都认为，价格支持、目标价格和限制供给项目造就了农业问题，而不是用于解决这些问题。正是由于这些项目，我们国家轻而易举地分配给了农业部门太多的资源。在理论上，保守派主张中止所有农业法案并让市场的力量来决定农民的产出。同时，通过鼓励政府减少反垄断活动和更少的政府环境约束规定（从而减少政府对农业部门的干预），保守派政策的"成果"可能就是农业市场以及盲目的环境破坏的关注度在提升。

这些保守派的政策和成果可能永远不会生效，然而，不管是自由派还是保守派的政治家都面对着强有力的游说团体，来支持有利于他们州的农民的农业政策。例如，保守的南方参议员和国会代表在巨大的压力下支持有利于烟草生产者的农业法案。其他州也不乏此类案例。而且，自从大型农业综合企业比小农民拥有更多的政治力量后，许多保守派人员已经把我们农业措施中利益的不均等分配现象当作自然现象一样习以为常。

另一方面，相比之下，自由派的经济学家和政治家更加支持农业项目。自由派并不是对农业项目完全认可，他们中的许多人认为应该分阶段地实现这些项目。他们对农业项目的主要目标是政府补助的大部分应该流入大型农场而不是小型的家庭农场。自由派同样支持减少对农业市场的关注度和环境保护。最后，具有全球思维的经济学家和政治学家关注美国农业项目对发展中国家贫困农民的影响。

总结

农业在短期内具有需求缺乏弹性的特点，短期内供给波动、不变的资源和快速的技术进步导致供给的增长速度大于需求的增长速度。因此，尽管有高的生产率，农业在长期也被认为是美国经济中的一个麻烦部门。自20世纪30年代以来，政府旨在解决农业问题而推出的政策措施导致资源在农业部门的过度配置。而且，尽管有这些政策，从事农业的人口占总人口的比例已经锐减至1%。限制供给措施、价格支持和目标价格并没有拯救小型的农业农民，反而加剧了农业的问题。在某种程度上，由于我们的农业政策，农业的集中化程度不断提高。那些提高收益的政策无疑是一种自我毁灭，因为这些政策恶化了资源配置的问题，而且在这一过程中提高了集中化程度并使补贴流向了最富有的农民和大型农业综合企业。

最后，我们的农业政策影响到世界上的其他地区。一个这么大而且繁荣的国家的政策势必影响到其他国家，或者是有助于发展中国家的发展，或者是使发展中国家的努力付诸东流。我们的农业补贴和贸易措施缔造了破坏性。食品救助、发展援助和生物技术正成为解决世界饥荒这一困境的可能方案，而这主要依靠我们是怎样利用它们的。

讨论和问题

1. 需求缺乏弹性是怎样影响农产品价格和农民收入的？你怎么看待美国的农产品生产和发展中国家的初级产品生产（在第 12 章"国际贸易"中将进行讨论）？

2. 农业集中化趋势的方向是什么？政府的政策是怎样助推这种趋势的形成的？

3. 价格下限是怎样影响配给函数的价格的？你能想到在我们的经济部门中价格下限的其他例子吗？（提示：联想与食品类似的服务市场。）

4. 为什么限制供给措施有利于提高农产品的价格和农民的收入？

5. 你认为政府应该干预农业吗？你有没有什么好的政策建议？你认为直接补贴低收入的农民是一种可行的解决方案吗？

6. 登录人口调查局网站（http://www.census.gov），在农业一栏中查找信息，你能找到你所在州的农场数量吗？

7. 登录农业局的官方网站（http://www.usda.gov），你能发现目前与农业有关的哪些政策信息？以及其他类型的有用材料？

8. 在农业局（http://www.nass.usda.gov）的网站上核实统计信息，该网站涵盖了最近的农业数据，寻找你感兴趣的一些信息。

9. 点击进入农业服务机构的网站（http://www.fsa.usda.gov/pas/farm-bill/），阅读关于最近农业法案的更多信息，包括常见的问题。

10. 美国食品和农业组织的官方网站提供美国农业补贴和这些措施怎样影响世界上其他国家的信息。点击 http://www.fao.org，调查美国的农业补贴对发展中国家的影响。该网站包含生物技术、农业保护、有害的杀虫剂等其他有关信息。

11. 登录网站 http://www.ewg.org，浏览环境工作组的主页，该非营利性组织搜集了对农民补贴所带来的好处的记录以及其他相关信息，你认为该网站是自由派还是保守派的网站？

12. 美国农业局不仅提供有利于农民的信息，例如，登录农业局的网站（http://www.usda.gov），发现你需要的关于目前食品召回的信息。

13. 农业工人正义组织（Farmwork Justice）致力于帮助移民和周期性的农业工人，改进他们的工作条件、工资水平、劳动和移民政策、健康和安全保障以及实现正义。点击网址 http://www.fwjustice.org，寻找更多与这些议题有关的信息。如果你关心其中的一些议题，你可能想在这一网站上搜到关于你能做的一些事情。

14. 你曾经想过给农业政策的立法者写信吗？也许没有！考虑以下议题：农业工人正义组织、美国农业补贴对发展中国家贫困农民的影响，我们的食品援助计划的低效率，农业项目的不平等等议题，本章中提到的这些议题是否促使你写下这封信？加油吧！（你可以在 http://www.senate.gov 发现你所在州的参议员，在 http://www.house.gov 找到你所在州的代表。）

15. 何种非农产品是需求缺乏弹性的？为什么会出现这种情况？又有哪种类型产品的需求是富有弹性的？（附录 11 将讨论这一话题。）

16. 目标价格与价格支持的区别在哪里？分析在这些支持项目中不同群体的得失。

附录 11 需求缺乏弹性的农产品市场

图 11—5 表示了同样的假设条件下（与我们前面的讨论一致）对玉米的需求曲线，在价格为 3 美元/蒲式耳和数量为 500 万蒲式耳的状态下，图 11—5 实现了第一次平衡。现在假设由于极端的好天气导致供给增加，从而供给曲线 S 移动到 S′，这时均衡数量变为 600 万蒲式耳，增长了 20%，这是一个相对较小的增长。这里我们计算数量的增长是通过把 600 万蒲式耳减去 500 万蒲式耳，得到 100 万蒲式耳。为了表示成百分比形式，用 100 万蒲式耳除以原来的 500 万蒲式耳，从而得到 20% 的增长率。用数学形式表示如下：

1. 600 万蒲式耳－500 万蒲式耳＝100 万蒲式耳。

2. 100 万蒲式耳÷500 万蒲式耳＝0.2＝20%。

回想如何把小数形式（例如 0.2）转化为百分比形式（例如 20%），即把小数点向右边移动两位，然后加上一个百分号。

现在考虑价格的变化，由于需求缺乏弹性，供给变动对市场的价格变动影响很大。供给的增长引起价格直线下降为每蒲式耳 2 美元，下降了 33.3%。这里价格的下降是通过把每蒲式耳 3 美元减去每蒲式耳 2 美元，得到每蒲式耳 1 美元。为了表示成百分比形式，用每蒲式耳 1 美元除以每蒲式耳 3 美元，得到价格下降了 33.3%。用数学形式表达如下：

1. 每蒲式耳 3 美元－每蒲式耳 2 美元＝每蒲式耳 1 美元。

2. 每蒲式耳 1 美元÷每蒲式耳 3 美元＝0.333＝33.3%。

相反地，由极端坏气候引起的供给的一个相对较小的减少（从 S 变为 S′）将导致价格增长 33.3%（达到每蒲式耳 4 美元）。因此，我们得出如下的结论：由气候引起的供给变动与需求缺乏弹性相结合将导致短期内农产品价格的剧烈波动。

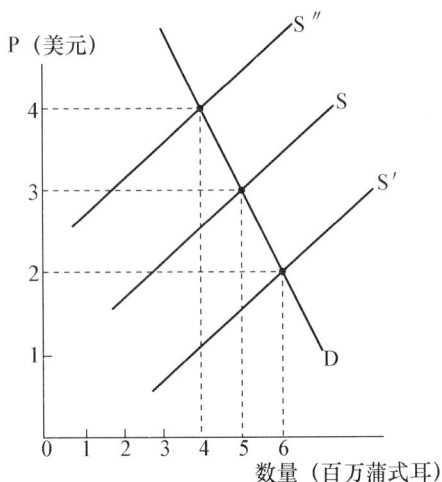

图 11—5   需求缺乏弹性下玉米市场上的价格和农民收入变动

由于对农产品的需求是缺乏弹性的，供给从 S 移动为 S′，将导致价格下降很大比例，从而农民收入下降。在价格从每蒲式耳 3 美元降为每蒲式耳 2 美元后，收入从 1 500 万美元减少到 1 200 万美元。相反地，供给从 S 移动为 S″将导致价格变为每蒲式耳 4 美元以及农民的总收入增长为 1 600 万美元。

接下来概括需求缺乏弹性短期内对农民收入的影响。我们已经了解到由好天气引起的供给增加将导致价格下降，从而所有农民的收入减少。这是因为玉米的收入等于卖掉的玉米数量乘以所卖玉米的价格。重新看图 11—5，在 3 美元的初始价格上，农民卖掉 500 万蒲式耳的玉米，从而从玉米种植中得到 1 500 万美元的收入（每蒲式耳 3 美元乘以 500 万蒲式耳等于 1 500 万美元）。在供给增长以后，农民在每蒲式耳 2 美元的价格上卖掉 600 万蒲式耳的玉米，这时，他们从玉米的种植中得到 1 200 万美元的收入。这是因为农民面对的是缺乏弹性的需求，短期内价格的下降导致短期内农民收入的减少。同理，短期内农产品价格的上涨（由于坏气候）将导致短期内农民收入的增加。这些结果以及富有弹性（与缺乏弹性相对）情形下的结果，如表 11—4 所示：

表 11—4   富有弹性和缺乏弹性的需求对收入的影响

当需求是	随后的价格下降将导致	随后的价格上升将导致
缺乏弹性的	农民收入下降	农民收入上升
富有弹性的	农民收入上升	农民收入下降

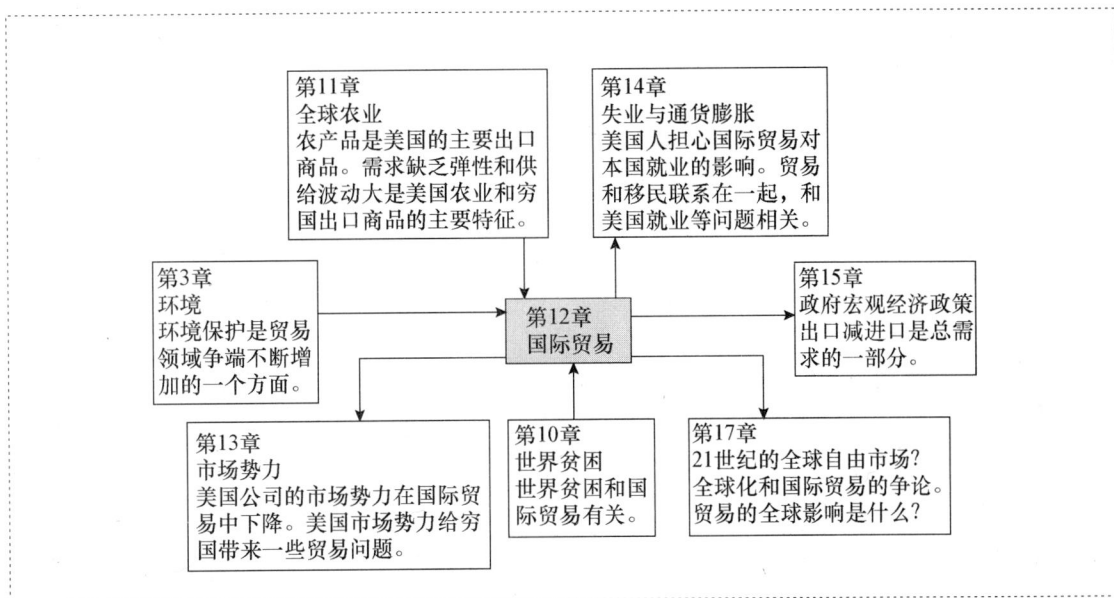

第11章
全球农业
农产品是美国的主要出口商品。需求缺乏弹性和供给波动大是美国农业和穷国出口商品的主要特征。

第14章
失业与通货膨胀
美国人担心国际贸易对本国就业的影响。贸易和移民联系在一起，和美国就业等问题相关。

第3章
环境
环境保护是贸易领域争端不断增加的一个方面。

第12章
国际贸易

第15章
政府宏观经济政策
出口减进口是总需求的一部分。

第13章
市场势力
美国公司的市场势力在国际贸易中下降。美国市场势力给穷国带来一些贸易问题。

第10章
世界贫困
世界贫困和国际贸易有关。

第17章
21世纪的全球自由市场?
全球化和国际贸易的争论。贸易的全球影响是什么?

经济学工具箱:

- 贸易收支
- 绝对优势
- 比较优势
- 消费可能性曲线
- 贸易限制
- G8 集团

- 需求缺乏弹性
- 农业补助
- 北美自由贸易协定（NAFTA）
- 汇率
- 贸易倾斜
- G20 集团

第 12 章 国际贸易

我们面临挑战：全球经济正在紧缩，贸易在收缩，失业在增加，国际金融体系几乎要冻结，而这些都不足以形容本次全球危机的影响，危机后是沉重的悲痛和如此多的人面临不确定性。我们在美国、英国、全世界随处可见失去住房的家庭、失去工作和存款的工人、推迟梦想的学生。很多人失去了太多东西。在一个全球经济更加紧密联系的时代，整个世界经济都受到破坏性打击。今天，世界各国首领们制定前所未有的一整套全面配合计划来应对这场危机。

——奥巴马总统，全球经济论坛，伦敦，2009 年 5 月 2 日①

2009 年，美国遭遇金融危机和经济危机，现在你们大家都知道这场危机。但是这场危机对世界其他国家来说意味着什么？意味着一切！世界是如此紧密联系，美国打个喷嚏，全世界就感冒。美国陷入经济危机时世界其他国家如何？

美国经济和金融指标下降会对国际贸易和国际金融产生重要影响，经济下滑意味着很多美国人失去工作和收入，从而减少购买商品的数量，这意味着消费的美国商品和国外生产的进口商品数量都减少，那么国外的厂商也被迫缩减产量、减少雇佣工人，这些人收入缩减也会减少消费需求。通过这种途径，美国经济衰退的影响传递到世界上每个进行商品和服务交易的角落，世界银行估计这次危机导致了 80 年以来世界贸易水平最大程度的下降。②

让我们回过头来看房地产危机。正如第 7 章关于房地产的详细讲述，当涌进大量资金且监管薄弱时，金融机构过度贷款给偿付能力差的借款者。当这些人不

经济争论："美国经济发展得益于世界贸易组织吗？"

找到自由贸易对美国经济有利还是有害的结论。

http://www.cengage.com/economics/econapps

---

① 奥巴马总统 2009 年 5 月 2 日在伦敦关于金融危机的 G20 峰会上的会议发言。

② Mark Landler，"As Trade Barriers Rise as Slump Tightens Grip"，*The St. Paul Pioneer Press*，3-23-09.

可能偿付房屋贷款时抵押贷款就失去了价值。然而，美国金融机构将这些房屋抵押贷款打包成抵押债券进行投资，很多美国公司和个人以及外国公司和个人购买这种"抵押债券"。当抵押的房屋价值下跌时，基于此的抵押债券价值也下降，购买该债券的投资者遭受损失。正如经济危机在全球范围内扩散一样，金融危机也同样扩散到全世界。

这些看起来很复杂的问题确实比较复杂。但是问题背后的经济学原理非常简单——供给和需求。使用这些简单的经济学工具，可以理解国际贸易和国际金融领域的问题。

全球国际化进程加速，随着通信和运输的发展，人们的联系更加紧密，像在地球村里生活。通过进口，我们可以买到本国无法生产的可可和香蕉；通过出口创造了本国就业。世界银行、国际货币基金组织和世界贸易组织已经家喻户晓。国际投资以惊人的速度发展，国际化企业在全世界设立分公司。你可能某天会为一家国际化企业工作，通过你的电脑，你可以仅用几秒钟的时间给地球遥远的另一边的同事发送电子邮件。教师可以通过电脑网络授课，并在全球范围内分享课程，你无疑会意识到国际问题。

然而，许多美国人看起来不愿意考虑国际问题，认为世界太复杂而拒绝考虑可能就发生在自家后院的问题。为什么人们对国际经济学产生恐惧？因为它是外国的：外国、外国汇率和外国术语？对于我们来说，只学习熟悉的事物是错误的，世界不断发展，国际经济学对我们的生活来说日益重要。而且事实上，国际经济学并不像我们想象的那么难。通过下面的学习你就会认同这一点。最后，你会发现你每天都在谈论诸如"今天美元兑换汇率高"的话题，而且不久会影响到你周围的朋友和亲人！

本章将集中讨论国际贸易问题，会发现对于贸易问题的争论，也会发现贸易对于抵消市场势力（第13章）的重要性。我们同时会从美国和发展中国家的视角来考虑国际贸易。最后，在附录中我们会讨论国际金融的基本含义，它是支付国际贸易商品的基本手段。现在让我们开始学习吧。

贸易的重要性

出口：卖到国外的商品和服务的价值。

进口：从国外买进的商品和服务的价值。

贸易收支：一国出口减去进口的价值。

在美国，我们看到以美元计价的进出口贸易的重要性日益增加。**出口**是卖到国外的商品和服务的价值，**进口**则是从国外买进的商品和服务的价值。一种衡量进出口的方法是看其占GDP的比重，GDP是国内生产总值，美国出口占GDP的比重从1960年的4%增加到2007年的11%，进口占GDP的比重从1960年的3%增加到2007年的17%，出口和进口之和占GDP的比重为28%，表明了国际贸易在经济中的重要地位。2007年**贸易收支**即出口减去进口占GDP的比重为—6%（=11%—17%），意味着**贸易赤字**占GDP的6%。如果一国出口比进口多，贸易收支就为正值，称为**贸易盈余**。表12—1表明世界上一些国家的进出口数据，第4列出口与进口之和占GDP的比重表明国际贸易在有些国家很重要，在另一些国家则不那么重要。从表 12—1 中可以看到贸易对于其他国家相比于美国的重要性更大。

表 12—1　所选国家的出口、进口、出口加进口、出口减进口（贸易收支）占 GDP 的百分比，按照出口加进口占 GDP 比重由低到高排序（2007 年）

国家	出口占 GDP 比重（%）	进口占 GDP 比重（%）	（出口＋进口）占 GDP 比重（%）	（出口－进口）占 GDP 比重（%）
巴西	14	12	26	2
美国	11	17	28	—6
印度	11	17	28	—6
日本	16	15	31	1
阿根廷	22	16	38	6
孟加拉国	15	23	38	—8
英国	17	23	40	—6
埃塞俄比亚	8	37	45	—29
俄罗斯	30	22	52	8
墨西哥	28	30	58	—2
加拿大	32	29	61	3
波兰	30	34	64	—4
中国	34	30	64	4
越南	62	70	132	—8

（出口＋进口）占 GDP 比重表明贸易对一国的重要性，（出口－进口）占 GDP 比重是贸易收支，负值表示贸易赤字。

资料来源：World Bank，*World Development Indicators 2009*（Washington DC：World Bank，2009）.

　　不管怎么说，贸易对于美国来说很重要，而且重要性不断增加。但是这种情形是好是坏？要回答这个问题，我们要了解贸易带来的好处。

贸易的好处

　　暂时忽略国际环境，假设你是国内的一个生产者或消费者，想象一下如果你要生产所有你需要和想要的商品将会怎样？你要种食物、建房子、裁衣服并教你自己经济学！或者你试着钻研你擅长的东西，比如会计学或计算机程序，并以此谋生，然后你可以用你的收入购买你所需要的所有其他商品。

　　大多数人会很快认同我们最好应专门生产某种商品以换取收入并购买我们想要消费的其他商品。为什么？因为我们不擅长生产我们需要的所有商品。一些人要花如此多的时间来学习如何烤面包或者学习在其他活动中根本用不上的管道修理。对于我来说，雇佣一名管道工人、停止烤面包并教授经济学更高效！

　　这种思考逻辑对于一个决定是否要从事国际贸易的单个国家来说也同样适

用。一个国家可能想要自给自足，即生产居民需要和想要的所有商品。事实上，许多国家的政客经常宣扬这个目标，它听起来如此强大和独立！但是就像个人一样，一个国家可以专门生产自己擅长的商品并出口这些商品，用换来的收入进口居民需要的其他商品。正如个人一样，国家可以从专业化和交换中获利。

更确切地说，这些贸易利得从何而来？你现在有些想法，但是我们需要更准确地分析而非仅仅简单地说我们应该专门从事我们擅长的活动。准确地说，我们所谓的"擅长"是什么含义？答案就是绝对优势和比较优势。

绝对优势

绝对优势：以比其他国家更低的资源成本生产一种商品。

绝对优势是指以比其他国家更低的资源成本生产一种商品。资源包括劳动力、土地、资本等。我们比较两国生产一种商品的资源成本，例如考虑美国和巴西，巴西比美国有更好的种植咖啡的气候和土地类型，也许美国有人能设计一套气候控制系统来生产咖啡，但是这样做可能很难，而且会产生较高的资源成本，巴西可以以更低的资源成本生产咖啡。

另一方面，美国比巴西更适合种植大麦，美国有更适合种大麦的土地、天气、机器和技术，种植成本更低，因此我们说巴西有生产咖啡的绝对优势（和美国相比），美国有生产大麦的绝对优势（和巴西相比）。美国利用其资源生产大麦并以此和巴西生产的咖啡进行交换比美国同时生产大麦和咖啡收益更多。因为如果美国专门生产大麦、巴西专门生产咖啡，两国的总产量之和要比两国分别生产两种商品的产量之和高。更大的产量意味着提供更多的消费：每个国家都可以从专业化和贸易中获利。

比较优势

我们刚才描述的情形是贸易带来好处的典型例子，然而，一国并不是只有绝对优势时才能获得贸易的好处。有的情形是一国对两种商品都有绝对优势，而另一国对两种商品都没有绝对优势。例如，和格陵兰相比，美国能以更低的成本生产 DVD 和鞋，那么美国是应该两种商品都生产还是专门生产其中一种并和格陵兰通过贸易交换另一种商品？为了回答这个问题，我们需要清楚比较优势的概念。

比较优势：以比其他国家更低的机会成本生产一种商品。

比较优势是指以比其他国家更低的机会成本生产一种商品。这和绝对优势的定义有相似性。我们考虑两个国家和两种商品的情形，然而，在比较优势的定义中机会成本代替了资源成本，这个区别很重要。回想第 1 章关于机会成本的定义，机会成本是指为了得到某种东西所需要放弃的东西。也就是说，一国为了生产一定数量的某种商品所必须放弃的生产另一种商品的机会。资源是有限的，投入一种商品就不能投入另一种商品，让我们具体谈谈。

假设劳动力是生产 DVD 和鞋子的唯一资源，工人每天收取固定的工资。让我们假设美国每个工人一天能生产 8 个 DVD 或 4 双鞋子，而格陵兰每个工人一天能生产 2 个 DVD 或 2 双鞋子。表 12—2 显示出这些信息。

表 12—2　　　　美国和格陵兰每个工人每天生产的 DVD 和鞋子的数量

国家	DVD 生产数量	鞋子生产数量
美国	8	4
格陵兰	2	2

根据该表，美国每个工人一天能生产 8 个 DVD 或 4 双鞋子，而格陵兰每个工人一天能生产 2 个 DVD 或 2 双鞋子。这意味着和格陵兰相比，美国对于两种商品的生产都有绝对优势。

显然，因为和格陵兰的工人相比，美国的工人能生产更多的 DVD 和鞋子，美国生产两种商品所使用的资源成本最低，所以美国对于生产 DVD 和鞋子都有绝对优势。

让我们考虑比较优势的概念，美国生产 8 个 DVD 的机会成本是 4 双鞋子（资源都用来生产 DVD 就无法生产这么多双鞋子），换一种说法，美国生产 2 个 DVD 的机会成本是一双鞋子（2：1）。另一方面，格陵兰生产 2 个 DVD 的机会成本是 2 双鞋子（1：1）。如果不生产鞋子，美国生产 DVD 的机会成本比格陵兰要低。对于美国来说生产一个 DVD 要求我们放弃半双鞋子，而格陵兰生产一个 DVD 要求我们放弃一双鞋子。因为美国生产 DVD 所放弃的鞋子数量更少，所以美国生产 DVD 有比较优势。

现在我们再来考虑鞋子的生产，美国生产 4 双鞋子的机会成本是 8 个 DVD，也可以说生产 2 双鞋子需要放弃生产 4 个 DVD（1：2）。另一方面，格陵兰生产 2 双鞋子的机会成本仅是 2 个 DVD（1：1）。如果不生产 DVD，格陵兰生产鞋子的机会成本更低，因此格陵兰生产鞋子具有比较优势。

经济争论："美国经济能从国际贸易中获利吗？自由的国际贸易能够增加所有贸易伙伴的消费可能性。劳动专业化分工能够使得一国总产量增加吗？"

根据下面国际贸易链接的文章找出答案。

http://www.cengage.com/economics/econapps

这意味着如果美国专门生产 DVD，格陵兰专门生产鞋子，两国将会产生一个贸易交换比率使双方受益。例如 4 个 DVD 交换 3 双鞋子的交换比率会使两国都获利，对于格陵兰来说，可以通过出口 3 双鞋子换回 4 个 DVD，这比自己用全部资源生产 4 个 DVD 更有效率，因为这意味着要放弃生产 4 双鞋子（1：1）。同时美国用生产的 4 个 DVD 和格陵兰进行交换能够得到 3 双鞋子，这比美国自己生产 3 双鞋子效率高，因为其机会成本是放弃生产 6 个 DVD（1：2）。只要用该交换比率进行贸易的结果优于本国生产的机会成本，国家就可以进行贸易。（这只是理论层面的探讨，假设格陵兰一年只生产两种产品，而现实中国际贸易要考虑多个国家超过一年时间的贸易。）

为什么美国不能既生产 DVD 又生产鞋子？毕竟，美国生产两种商品的成本比格陵兰低。但是美国专门生产 DVD 比两种产品都生产获得的产品数量更多。这可以用你已经熟知的生产可能性曲线表示出来。

回想第 1 章中生产可能性曲线表示特定时间内资源被充分有效地利用时，一国能生产的两种不同商品最大数量的各种组合。图 12—1 的生产可能性曲线显示了美国每个工人一天能生产 8 个 DVD 或者 4 双鞋子或两者之间的某个组合。没有国际贸易时，美国不可能消费超过其生产数量的商品。

鞋子的数量（双）

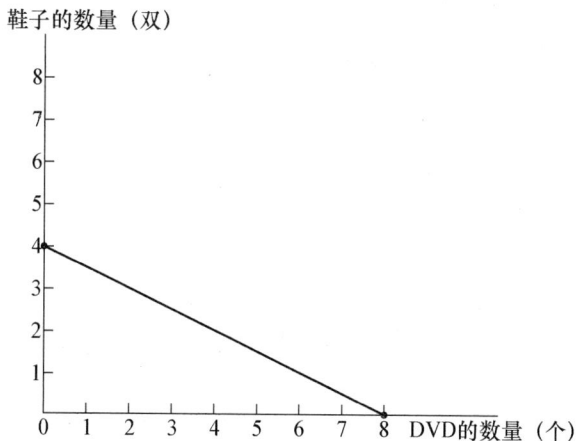

图 12—1　无贸易发生时美国工人的生产可能性曲线

生产可能性曲线表示特定时间内资源被充分有效地利用时，一国能生产的两种不同商品最大数量的各种组合。图 12—1 的生产可能性曲线显示了美国每个工人一天能生产 8 个 DVD 或者 4 双鞋子或两者之间的组合。

消费可能性曲线：表示特定时间内一国能够消费的两种商品最大数量的各种组合。

现在让我们介绍贸易可能性。假设由于美国生产 DVD 有比较优势，美国决定专门生产 DVD，并假设美国同意和格陵兰以 4 个 DVD 换 3 双鞋的比率进行贸易，该交换比率能给两国都带来更多的收益。图 12—2 是在图 12—1 的基础上表示如果美国在 A 点生产（专门生产 8 个 DVD），通过贸易它可以移动到新的**消费可能性曲线**上。

鞋子的数量（双）

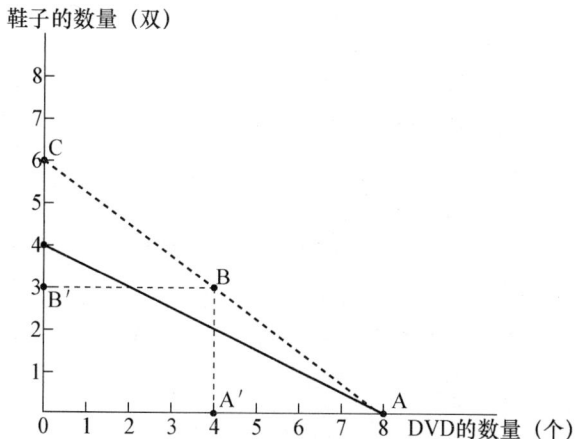

图 12—2　美国工人每天的生产可能性曲线和贸易后的消费可能性曲线

该图表示每个美国工人每天能够生产 8 个 DVD 或 4 双鞋子或两者之间的组合。在没有贸易的情况下，美国的消费者被限制在生产可能性曲线上；在有贸易的情况下，通过 4 个 DVD 交换 3 双鞋子，美国可以在更高的消费可能性曲线上消费。

例如，美国决定卖 4 个 DVD 给格陵兰（从 A 点移动到 A′点），并以此交换 3 双鞋子（对应 B′点），沿着消费可能性曲线移动到 B 点，在该点上美国最终消费 4 个 DVD 和 3 双鞋。或者美国也可以卖掉另外的 4 个 DVD 再换 3 双鞋，从 B 点沿着消费可能性曲线达到 C 点，在该点上美国消费 6 双鞋，不消费 DVD。通过专业化生产和贸易美国达到了比原生产可能性曲线更高的消费水平。对于格陵兰，我们可以画一张同样的图，表示专门生产鞋子与美国 DVD 的贸易交换所带来的好处。**根据比较优势进行专业化分工，两国都能从贸易中获利。**

要素禀赋理论

为什么一国比另一国擅长生产某种商品？无论我们认为是绝对优势还是比较优势，一定有某种基本原因导致该国拥有这种优势。一些明显的因素是天气和气候。有时天气和气候的影响能够被克服（例如在温室生产土豆），但是要克服自然因素的影响要付出很大的努力，成本较高。

劳动力是另一个重要的决定国家优势的因素。对于拥有较高劳动生产率的国家来说，生产需要投入很多劳动力成本的产品具有比较优势。能提高劳动生产率的因素显而易见，如劳动培训和教育，其他因素可能更重要。劳动过程中使用高端的资本技术设备能够极大地提高劳动生产率。**因为美国工人得到很好的培训和教育而且配合现代资本技术一起工作，所以美国工人的劳动生产率较高。**

考虑到劳动成本，生产效率和工资水平都很重要。假设冈比亚一个工人的工资为每小时 5 美元，每小时能生产 5 个篮子；而美国一个工人的工资为每小时 10 美元，工资是前者的两倍，但是能生产篮子的数量也是冈比亚工人生产数量的两倍。那么哪个国家劳动力成本更高？都不是！每个国家生产一个篮子的劳动力成本都是 1 美元。两国劳动力成本相同的原因是美国工人工资高出一倍但是生产效率也高出一倍。另外，技术和教育是劳动生产率非常关键的决定因素，甚至比和劳动力结合使用的资本和技术更加重要。**当我们说外国劳动力便宜时一定要考虑劳动生产率因素，只有当生产率较高且工资较低时才是真正便宜的劳动力成本。**人们经常抱怨美国工人失业是由于外国劳动力太便宜，现在你能清楚地意识到这是错误的观点了吗？

其他决定优势的因素包括土地的质量和可利用性、资本、技术和其他投入的资源。例如新加坡土地稀缺，因此新加坡土地成本极高，这样的国家在大多数农产品生产上都不具有优势。

贸易利得

哇！大部分贸易利得都是根据我们刚讨论过的绝对优势或比较优势进行专业化分工获得的。这种专业化分工使得我们能够在有限的资源条件下生产出更多的产品，让每一个国家和世界整体从贸易中获利。其他额外的好处也很重要。消费者在不同竞争品牌中获得更加多样化的商品和更多选择，而非仅仅选择本国生产的商品。如当我们选购 DVD 和笔记本电脑时我们可以在众多品牌中进行选择，其中也包括了外国产品。

并且，贸易会使得公司间竞争加剧，这将降低市场势力控制的程度和可能

性，使整个社会受益。本书第 13 章讨论了行业集中的市场势力导致低水平的产出和就业、低效率的生产和较高的消费价格。国际竞争的增加会通过降低行业集中度来减少这些负面结果。除了三大汽车巨头厂商之外，许多汽车企业进入美国市场。厂商数量的扩大使得限制产量和制定价格的能力下降。①

利益分配

经济理论清楚地表明根据国家的优势进行专业化生产并进行贸易会使得该国获利，但是我们必须意识到并不是该国所有的人都能从贸易中获利。尽管国家作为一个整体可以获得好处，但是在国家内有得益者和受损者。也就是说，贸易的好处无法平均地分配，这也是人们对自由贸易的担忧。

我们来考虑一国从无贸易情形到开始进口商品（进行自由贸易）的情形下的贸易收益分配。让我们分析美国的棉布市场，为了使得分析简化，我们需要做如下假设：（1）不论在美国生产还是在其他国家生产，所有棉布都是一样的；（2）美国是生产棉布的大厂商。图 12—3 中 D 曲线和 S 曲线分别表示本国的需求曲线和供给曲线，在美国没有从事国际贸易时，供求均衡点 E 对应的均衡价格是每码 1 美元，均衡数量是 1 000 码。

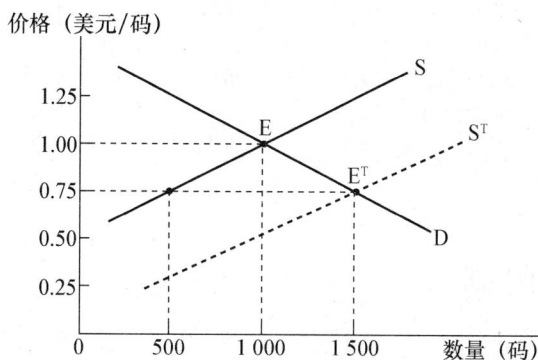

图 12—3　美国棉布市场

D 表示国内棉布需求曲线，S 表示国内棉布供给曲线，在没有贸易的情况下，均衡处于 E 点，对应的均衡价格为每码 1 美元、均衡数量为 1 000 码。随着美国进口棉布，D 仍表示国内需求，S^T 表示自由贸易后的总供给，新的均衡处于 E^T 点，均衡价格下降到每码 0.75 美元，均衡数量增加到 1 500 码，而国内生产的棉布数量下降到 500 码。

现在假设美国开始进口棉布，D 曲线仍然表示本国需求（美国消费者对棉布的需求），S 曲线仍然表示本国供给（美国厂商生产的棉布）。但是要注意还有一条新的供给曲线 S^T，表示自由贸易后棉布的总供给，即包括本国厂商提供的所有商品供给和国外提供的额外商品供给的总和。因此，新供给曲线反映原供给曲线外移的结果，即供给增加。新的供给曲线和需求曲线现在来决定自由贸易情形

---

① 如果位于不同国家的跨国公司兼并数量不断增加，由于市场势力减少，国际贸易的影响力将有所下降。

下的均衡价格和消费数量，新的均衡点 E^T 对应的新的自由贸易品价格为每码0.75 美元，新的均衡数量为 1 500 码。更低的均衡价格反映出美国棉布消费者支出成本的降低。新的均衡数量也有所提高，表明消费者能够买到更多的棉布。显然，棉布消费者从贸易中获得好处。

然而，美国棉布生产厂商的情况则截然相反。新的供给曲线 S^T 决定自由贸易下的均衡价格和均衡数量，原来的供给曲线 S 仍反映国内供应商的供给数量。在新的较低均衡价格下（0.75 美元/码），国内供应商减少生产数量，只生产 500码，美国消费者要买 1 500 码而美国厂商生产 500 码，其差额 1 000 码是由从国外进口提供。美国棉布生产厂商在自由贸易中受损，产品价格下降、销售数量减少，公司及其工人（可能被裁员）都遭受到贸易带来的损失。

尽管贸易给美国整体，尤其是美国棉布消费者带来好处，但是给美国棉布生产者带来了损失。 表 12—3 总结了自由贸易的结果。美国棉布生产者（公司和工人）强烈地认为应该对外国棉布产品施加贸易壁垒。这些厂商和大企业在政治上颇有影响力（和无组织的个人消费者相比），美国政府可能会响应它们对于贸易限制的各种提案。

表 12—3　　　　　　　　　　　美国棉布进口贸易的结果

自由贸易的影响对象	影响结果	原因
美国整体	获利	根据比较优势进行专业化分工和贸易交换所获得的效率好处，产品更具多样性，以及降低市场势力的控制。
美国棉布消费者	获利	更低的价格和更大的消费量。
美国棉布生产企业	损失	更低的价格和更小的供给量。
美国棉布生产工人	损失	由于棉布生产下降导致工人失去工作。

自由贸易的限制

配额：限制进口商品的数量。

关税：对进口商品征税。

经济争论："美国传媒业赢得世界贸易组织的支持。"

这对传媒业进口配额有何影响？点击关于国际贸易和世界经济的文章。

http://www.cengage.com/economics/econapps

贸易限制的两种常用类型是配额和关税。**配额**是限制进口商品的数量，例如对白糖施加配额限制，意味着只允许其他国家有限数量的白糖进入美国，一旦达到配额数量，美国人只能购买美国产的白糖，否则什么都买不到。**关税**不限制进口的数量但是对进口产品征税，加拿大威士忌进入美国市场要交纳关税，这样就提高了美国消费者购买国外产品的价格（本例中是加拿大威士忌）。

大多数美国贸易限制的目的是鼓励美国消费者购买更多美国制造的商品而不是外国商品。 因此贸易限制是用来保护美国厂商，不过会减少自由贸易给本国带来的好处。棉布进口的贸易限制使得美国棉布价格上涨，于是美国棉布生产者（企业和工人）获益。（在极端的贸易限制下会阻止所有进口到美国的棉布，这样就回到图 12—3 的初始需求曲线和供给曲线，消费者支付的价格增加，消费数量减少，国内厂商供给商品的数量增加。）事实上，我们有很多贸易限制手段，这意味着美国生产企业比美国消费者更有能力保护自身的利益，或者说美国消费者不知道贸易限制对他们福利的损害。这两种情形可能都成立。

除了我们先前讨论的贸易限制对生产者和消费者的影响，贸易限制还有其他效果，会使整个国家失去根据优势进行专业化生产和交换的好处。由于外国厂商减少，企业间的竞争下降。因此，国内生产商将有更多的市场势力。（正如我们所知，市场势力增加会使得行业集中、产量下降。如果公司减少产量，有些工人会被解雇，在这些行业工作的工人，如美国汽车行业工人会错误地认为贸易限制能够保护他们的工作。）

最后，其他行业的厂商，尤其是出口行业，喜欢贸易限制带来的结果。如果美国对棉布进口施加配额限制，美国小麦和棉花厂商的出口销量就会下降，这可能是很多原因造成的：首先，其他国家可能对美国的贸易限制采取**报复**措施，对美国的出口也施加贸易限制。如果美国限制斯里兰卡棉布的进口，斯里兰卡也限制美国棉花的进口。其次，美国限制购买外国棉布导致外国生产商的收入下降，例如斯里兰卡的棉布厂商收入下降，它们就会减少棉花的购买量。最后，正如本章附录所述，美国贸易限制将影响美元对其他国家的汇率，美元汇率价值变化将可能减少美国出口。表12—4总结了美国对进口棉布实行贸易限制的结果。

报复：一国对施加贸易限制的另一国也采取贸易限制。

表 12—4　　　　　　　　美国对棉布进口实行贸易限制的结果

贸易限制的影响对象	影响结果	原因
美国整体	损失	失去根据比较优势进行专业化分工和贸易交换所获得的效率，产品多样性下降，市场势力增强。
美国棉布消费者	损失	更高的价格和更低的消费量。
美国棉布生产企业	获利	更高的价格和更高的供给量。
美国棉布生产工人	获利	由于棉布生产增加，工人获得工作。
美国出口厂商	损失	出口销量减少的损失。

经济争论："中国计划以关税制裁关税。"

阅读更多有关关税和贸易报复的文章。
http://www.cengage.com/economics/econapps

因为美国棉布厂商（企业和工人）是贸易限制的唯一受益者，而美国其他人则遭受损失，或许当我们自由进口棉布时应该寻找更好的方案来帮助厂商渡过难关。如果其他国家对棉布生产有优势，那么鼓励美国企业继续生产棉布就是无效率的，同时对穷国如斯里兰卡的居民也不利，这对美国从长期来看是没有好处的。但是，我们又不能让美国企业和工人遭受贸易带来的损失，需要找到解决方案以改进美国企业的效率（例如通过对研发的补贴）或者对工人进行培训帮助企业转型生产更有优势的商品。后者正是北美自由贸易协定所追求的目标。**要记住，美国整体从进口其不具备比较优势的商品中获益，如果不具备比较优势的原因在于外国便宜的劳动力，那么美国整体受益于外国便宜的劳动力。**

其他争论

美国的就业和商业损失曾是西雅图抗议者的主要关注点，然而这并不是唯一的问题。许多更大的问题需要在世界范围内寻求解决，这些全球性的问题包括发展中国家贸易、贸易政策和国际贸易协定。

发展中国家

时间：1999 年，地点：西雅图。大规模示威抗议游行爆发，空气中弥漫着汽油的味道，到处都是警察和军队，以及环保主义者、人权主义者和工人激进主义分子。示威的目标是什么？当时，世界贸易组织正在召开会议讨论当年政策。

当时的时间、地点和环境都不同寻常。现在这种情况经常发生。世界银行、国际货币基金组织和世界贸易组织的会议很少不发生抗议活动。当天晚上在《每日新闻》（News Daily）、《时代》（Times）杂志和网络上就报道了反对国际组织的声明，示威者抗议血汗工厂、环境破坏、不安全的施工条件、雇佣童工、失业、公司倒闭和其他由于国际组织管理带来的全球经济系统问题，国际组织对于在全球制定的游戏规则是要负责的。

许多问题都是发展中国家所特有的，国际贸易经常给它们带来伤害。尽管穷国认真地参照和执行依据比较优势进行分工的经济理论，它们却饱受贸易带来的问题。

出口缺乏多样性

一个与贸易有关的问题是发展中国家缺乏出口的多样性，例如哥斯达黎加的咖啡出口收入占出口总收入的很大比重。然而，如果坏天气严重损害了咖啡作物，或者咖啡的国际市场价格大幅度下跌，那么哥斯达黎加的经济就会受损。因此最好不要完全专业化，出口的多样性能保护困扰某一特定商品的问题。穷国特别容易受到超过其控制能力的国内和国际事件的影响和攻击。

贸易条件下降

初级产品：未加工的原材料和农产品。

另一个紧密相关的问题是发展中国家依靠初级产品出口。**初级产品**是未加工的原材料或者农产品，如咖啡、糖、茶、可可和橡胶。

贸易条件恶化：出口相对进口的价值下降。

这些商品会导致**贸易条件恶化**，一段时间后，穷国的出口（尤其是初级产品）价格相对于其进口价格下降。贸易条件恶化是一种长期现象。**对穷国的出口商品需求逐渐减少（从而出口价格相对下降），部分原因是由人为的国家贸易限制政策的发展所致。**同时，制造品的价格和进口到穷国的石油价格通常都在上涨（由于发达国家和石油输出国组织的市场势力），因此相对于进口支出，穷国的出口收入下降，这种情况会损害穷国进口所需商品的能力并依靠第 16 章讲述的国际借债。同时，这也使得发展中国家过度开发自然资源如橡胶作为出口收入的来源，这已导致环境退化。

价格不稳定

另一个和初级产品相关的问题是价格不稳定。这些产品的价格不稳定是一种短期现象（一年或一季度），然而贸易条件恶化是长期问题（通常为十几年）。

需求缺乏弹性：
当商品价格改变时，买方对商品的需求不变。

这种短期的不稳定和初级产品市场的两个常见特征有关。考虑图12—4描述的咖啡市场，需求曲线陡峭，意味着需求弹性很小。回想第2章讲过当消费者对价格变化无反应时需求缺乏弹性，也就是说，当价格改变时消费者不改变购买的商品数量。陡峭的需求曲线反映了相对于价格变化，商品数量只发生微小的变化。例如比较 A 点和 B 点之间价格发生巨大改变下的需求数量变化，我们发现当咖啡价格从每磅 1 美元上升到 2 美元（增加了 100％）时，需求数量从 5 000 磅下降到 4 000 磅（下降了 20％）。

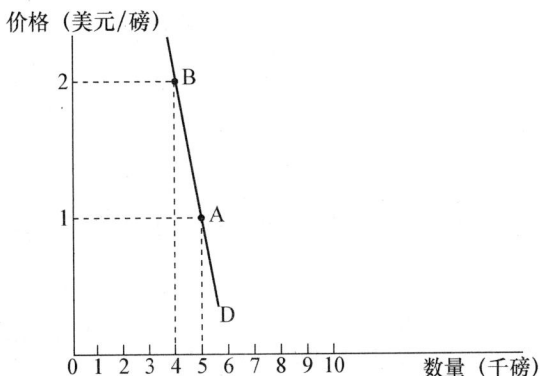

图 12—4　咖啡需求

在咖啡市场，需求曲线 D 非常陡峭，反映出咖啡需求弹性较小，当咖啡价格从每磅 1 美元上升到 2 美元（增加了 100％）时，需求数量从 5 000 磅下降到 4 000 磅（下降了 20％）。

需求缺乏弹性是许多初级产品市场的特征之一，以咖啡市场为例，当咖啡价格上升时，喝咖啡的人并不会大量减少咖啡消费，我们是习惯的傀儡，对于茶和香烟消费也同样如此。

另一个初级产品市场的特征是供给波动。许多初级产品的供给强烈依赖于天气，而天气易于波动。

正如图 12—5 所示，供给波动和需求缺乏弹性两者共同导致价格的波动。（做个小实验：重新画一条相对水平的需求曲线，供给波动不变，你会发现价格波动不那么剧烈了。）价格的波动正如天气年复一年的变化一样。（我们在第 11 章讨论美国农产品市场时也提出了同样的问题。）

价格波动对于生产和出口初级产品的国家来说非常有害。尽管长期来说价格会达到一个可接受的中等水平，但是短期很难处理波动问题。厂商可能破产，或一国在不景气的年份出口收入急剧下滑。这些潜在的影响导致一些发展中国家试图达成寻求稳定产品价格的协议并已成功达成一些协议。

过度依赖进口

穷国的另一个贸易问题是过度依赖从其他国家进口重要的产品。根据比较优势理论，一国进口缺乏比较优势的商品会受益，但是如果无法获得一种重要产品的进口怎么办？正如 20 世纪 70 年代国际粮价飙升，发展中国家成千上万的人死于饥荒。同样，当时国际油价翻了两番，许多石油进口国无法满足基本的能源投入。并且，有些非经济原因导致进口不可靠：如政治原因切断供给，或者由于恶劣的天气、国家暴乱、战争所导致的航海和运输系统瘫痪。例如，一个生产茶叶而非大米的村庄，当大米供给被切断时，食品安全难以得到保障，这在许多非洲国家和其他国家是常见的现象。

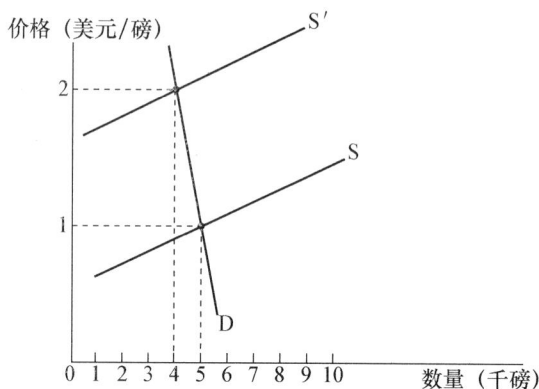

图 12—5　咖啡市场

　　咖啡需求曲线 D 缺乏弹性，下一年咖啡供给波动，供给曲线从 S 移动到 S′，两者共同导致价格的大幅波动（由于需求弹性低和供给波动），咖啡价格从每磅 1 美元上升到 2 美元（增加了 100%）。

过度开采

　　最后，全球化为当地和外国企业在当地过度开发资源环境、过度使用劳工包括童工生产出口商品提供了机会，尤其是服装和地毯行业。最近，西非的科特迪瓦共和国爆发了"可可豆奴役"事件，妇女和儿童被迫进行可可豆生产。当我们购买的商品是从血汗工厂和奴役的条件下生产出来的时候，我们逐渐意识到我们作为消费者的角色，许多人挑选"公平贸易"下的咖啡、茶、水果和其他商品。我们的购买决策确实会影响跨国公司的行为。

　　所有这些问题表明穷国必须谨慎地制定它们的发展战略，比较优势应该是制定发展战略的重要因素，但是也必须适当考虑产品多样化和出口产品深加工，因为制成品较少地受到上面我们讨论的问题的影响。食品安全问题也要考虑。富国必须确保贸易公平并减少对穷国的贸易限制，而且当政策和利益追逐带来环境破坏和不公平的劳动待遇时，富国和企业应该承担起它们的责任。我们作为消费者在国际商品生产中也扮演了重要的角色。

美国农业政策

　　美国农业政策和贸易条件尤其是发展中国家的贸易条件有什么关系？正如第 11 章"全球农业"中讨论的，美国政府对美国农民和农产品企业进行补贴，鼓励他们生产大量的农产品，如小麦、大米、玉米、棉花和土豆。当这些农产品进入世界市场时，全球市场价格下降，损害了低收入发展中国家农民的利益。（你知道这个推导逻辑：供给增加导致价格下降。）棉花就是很好的例子，这种农作物在一些国家如印度和东非乌干达的生产成本较低，因为这些国家的土地和劳动力比美国便宜。然而，尽管穷国有生产的成本优势，但是这些穷国的农民无法与美国农民和农产品企业竞争，因为美国的农民和农产品企业可以获得美国政府的大量农业补贴。尽管穷国具有比较优势，但是农民变得更穷。（印度发生的"棉花自杀"案即种植棉花的农民自杀就提供了很好的例子，表明了印度农村穷人不能养活家人时面临的绝望。）

美国农业补贴已经成为世界贸易组织最近围绕国际贸易谈论的一个热点问题。显然，美国在农业等领域制定的法律政策对于发展中国家的发展需求具有促进或抵消的作用。

经济和贸易

经济争论："保护主义者的处方。"

经济衰退对贸易保护主义有什么影响？点击网站查找相关文章。

http://www.cengage.com/economics/econapps

我们开始本章关于全球经济危机的讨论，并注意到经济危机促使国际贸易巨大下滑。在 2009 年第一季度，美国出口下降了 30%，进口下降了 34%，世界其他国家也经历了同样的下滑。

正如我们过去所见，经济危机使得贸易保护主义抬头。政策制定者为了尽快保护本国经济实施贸易限制。然而事实并非如贸易保护主义者认为的那样，虽然我们已经看到贸易限制的好处，但是贸易限制也有很多坏处，而且经常发生别国对我们的贸易实施报复。

2008 年 11 月，美国总统乔治·W·布什和 G20 成员国首脑承诺虽然存在经济波动和失业仍坚持自由贸易。（G20 集团是世界上 20 个重要国家组成的集团，包括发展中大国和中等收入国家，如巴西、印度和南非、西欧国家、日本、加拿大、澳大利亚、俄罗斯、韩国、土耳其和美国。我们将在本章附录中更详细地讨论这 20 个主要国家。）然而，在 2009 年初，发起了以关税和其他限制形式的贸易壁垒。世界银行 2009 年 2 月报道，自 2008 年 11 月会议以来，G20 集团中的 17 个成员国采用了 47 种方式限制贸易。俄罗斯已采用汽车关税。中国提高了食物进口标准并限制爱尔兰猪肉进口。印度限制从中国进口玩具，阿根廷提高了汽车零部件、纺织品和皮革商品的许可证要求。其他国家包括美国开始补贴有问题的汽车制造者或经销商。有些贸易限制手段涉及环境，还有些涉及消费者安全，这些明显违反了自由贸易准则。

政治和贸易

尽管国际贸易是经济问题，它也经常被政治化。美国在 1973—1974 年阿拉伯国家石油禁运和 1979 年伊朗石油禁运期间深受其害，石油切断导致美国发生能源危机。

有时，美国是由于政治原因实施贸易限制，通常是对社会主义国家实行贸易限制，以古巴为例，1959 年古巴政变形成以菲德尔·卡斯特罗（Fidel Castro）

为领导的社会主义经济体，主张政府没收在古巴的美国资产，以实现国有化。美国立刻实行**贸易禁运**以及其他政策来惩罚和古巴有贸易往来的国家，禁运至少是暂时性地严重损害了古巴国家和人们的福利，许多美国人反对古巴社会主义政策体制，并控诉古巴政府对人民权利的侵犯。其他人则认为虽然古巴比较穷，但是古巴非但没有侵犯人们的权利，还给所有居民提供了高质量的医疗和教育。随着本书的出版，当年老体弱的菲德尔·卡斯特罗去世，新总统劳尔·卡斯特罗（Raul Castro）采取对国家完全的控制时，全世界都在忧虑地等待看到古巴经济的改变。奥巴马总统表示他要减少和古巴之间贸易限制的想法，并建立允许古巴裔美国人到古巴看望亲人的政策。

美国在努力减少由于政治原因对古巴和其他国家的贸易限制。2000年，白宫代表40年来第一次允许食品和药品销售到古巴（在一些条件下），克林顿总统几个月后签署了这份协议，允许美国向伊朗、苏丹、利比亚和朝鲜4个美国政府禁运的国家出口上述商品。以朝鲜为例，美国自1950年爆发朝鲜战争以来一直都采取禁运政策。新的协议允许美国公司向朝鲜销售商品尤其是农产品，并允许朝鲜向美国销售原材料和制成品。最近，布什总统执政期间中止了与这些国家改善贸易限制关系的努力，武器试验和铀矿等新的问题使得美国与朝鲜、伊朗的关系紧张，苏丹西部达尔福尔有计划的屠杀影响了苏丹政府和美国以及其他西方国家的关系。

中国、越南与美国的贸易关系正在不断改善。我们与中国的关系在经济与金融危机时期发生转变，美国经常为了其大规模的贸易赤字攻击中国，中国最近担心其在美国的金融投资。（中国的金融投资支持着美国的贸易赤字，本章附录中会进行详细阐述。）中国人担心投资于美国的政府债券和其他债券有风险，当然，这不太可能，我们将在第16章讨论政府通过政府债券和其他债券借款的问题。

那些相信自由贸易的人认为自由贸易不仅可以改善美国与外国的贸易关系，还可以改善其他关系，如放开外国投资机会、取消旅游限制、减少移民的限制会促进国家之间工人的流动性，在第14章"失业与通货膨胀"中会讲述这方面的相关问题。

你会想到一个政治驱动贸易关系的例子，即2003年法国不同意美国攻打伊拉克，美国与法国贸易关系恶化，许多美国人开始联合抵制法国红酒、法国奶酪和其他商品。尽管这种态度是暂时性的，却表明消费者态度对贸易关系的影响。

国际贸易协定

世界向更加自由的贸易协定迈进，一个显著的标志是**北美自由贸易协定**（North American Free Trade Agreement，NAFTA），它是美国、加拿大和墨西哥三国签署的，于1994年7月1日起生效。该协定允许这三个贸易国平等地进入另一国市场，减少贸易限制。国会通过了北美自由贸易协定过渡期调整协助方案，帮助工人进行再教育和由于协定而失业的工人换工作。正如我们前面讨论过的，美国会因从低劳动力成本国家进口商品而获益，事实上，大多数经济学家看到所有这三个国家都获益。然而，仍存在一些忧虑。

主要问题是一些低生产成本国家如墨西哥，对生产、最低工资、童工和工厂工作条件的管制较少，这会导致不公平的情形。为了处理这些问题，北美自由贸易协定增加了一些附属条款，规定墨西哥的企业必须遵守童工、环境保护、最低工资和安全生产条件等相关法律。其他人担心不公平生产导致美国和墨西哥的成本差异，从而使得美国企业受损或到墨西哥进行生产。美国前总统候选人罗斯·佩罗（Ross Perot）曾预言北美自由贸易协定将导致工作机会流失出国门。

事实上，经济学家认为美国工人很少会终生失业，北美自由贸易协定有利于他们在出口行业找到工作，墨西哥对美出口确实增加了，但是墨西哥对美进口也增加了。罗斯·佩罗的预言没有完全实现。

欧元：欧盟通用货币。

经济争论："我们仍在推进全球化，但是可能会和以前不一样了。"

一些企业用区域竞争优势代替全球竞争优势，这意味着什么？阅读世界经济和国际贸易的有关文章。http://www.cengage.com/economics/econ-apps

然而，墨西哥仍然存在污染和较差的工作条件等问题，血汗工厂和环境污染引起了人们对全球化的反抗，奥巴马总统在竞选期间提到他赞同重新针对北美自由贸易协定进行谈判。

欧盟在成员国内继续减少贸易壁垒和贸易限制，促进更加开放的贸易关系。欧盟最近取得的一个重要成就是采用了统一的货币。

除了这些区域贸易协定，北美自由贸易协定也扩展为更自由的贸易协定。目前还存在很多其他的贸易协定，包括南方共同市场（南美地区最大的经济一体化组织，也是世界上第一个完全由发展中国家组成的共同市场，由阿根廷、巴西、乌拉圭和巴拉圭4国签订）、安第斯国家共同体（秘鲁、玻利维亚、厄瓜多尔、哥伦比亚签订的贸易协定）、东南亚国家联盟（包括文莱、柬埔寨、印度尼西亚、老挝、马来西亚、缅甸、菲律宾、新加坡、泰国和越南）以及南非发展共同体（包括安哥拉、博茨瓦纳、莱索托、刚果共和国、马达加斯加、马拉维、毛里求斯、莫桑比克、纳米比亚、塞舌尔、南非、斯威士兰、坦桑尼亚、赞比亚和津巴布韦）。

关贸总协定（GATT）：最早于1947年协商的国际贸易协定，旨在减少世界各成员国之间的关税壁垒，现在被世界贸易组织所取代。

世界贸易组织（WTO）：1995年取代关贸总协定并继续发扬其减少成员间贸易壁垒的宗旨。

自第二次世界大战以来，**关贸总协定**（GATT）是实质上发挥作用的一个国际贸易协定，1995年**世界贸易组织**取代了关贸总协定。在关贸总协定下进行了几轮谈判，包括1967年肯尼迪回合（肯尼迪总统发起的对西欧共同市场之间的谈判，目的是打破关税壁垒以扩大美国出口）、1979年东京回合和1993年乌拉圭回合，这些谈判在减少关贸总协定成员国间关税壁垒方面取得了显著的成果，产品平均关税从1947年的40%下降到1992年的5%。最近，世界贸易组织的多哈回合遇到困难，在卡尔塔进行的多哈回合谈判中，发展中国家坚持要求在它们采取调和行动之前，发达国家减少农业补贴，而发达国家则采取相反的行为，使得谈判失败。世界贸易组织仍是新千年全球化争论的焦点之一。

最后的提醒

当我们学习经济学理论时，经济学家经常做自由市场的假设，然而现实中自由市场并不常见。比较优势理论、专业化分工和贸易收益都采用了该假设。在现实世界中，市场自由化有很多阻碍因素，例如考虑咖啡行业，在埃塞俄比亚遥远村庄的农民可以生产出全世界最好的咖啡豆，但是他们唯一的选择是把咖啡豆卖到定期访问村庄的买家，他们被迫接受很低的支付价格，他们没有其他选择，购买的咖啡豆经过挑拣、清洗、晒干、打包，运输到例如美国的公司，由于拥有垄断咖啡市场的势力再以非常高的价格把包装好的咖啡豆卖出去（本书第13章详细介绍了市场势力），咖啡消费者支付了高价，可是初始咖啡豆的种植者只赚取了极其微薄的收入。然而，这就是自由贸易理论。

现在公平贸易得到广泛支持，消费者要确保农民得到公平的价格，这要通过农民合作经营或减少中间商的利润。这样，消费者可以用合理的价格买到优质产品，穷苦农民能获得销售利润，如果你对减轻世界贫困的方法感兴趣，登录本章"讨论和问题"中所列的网站。

观点

保守派与自由派

历史上，当讨论国际经济学尤其是国际贸易时，传统保守派和自由派的观点界限非常分明。美国经济保守派倾向于自由贸易，他们认为自由贸易导致自由市场的效率，而经济自由派看重自由贸易对美国工人和企业的影响。他们认为政府以配额和关税的形式进行干预是保护美国与其他国家进行不公平贸易的必要手段。例如，如果外国企业通过不安全工作条件下工人的劳动或违反环境法规来保持低成本，那么它们就拥有不公平的成本优势。美国和外国的工人会受到损失，环境会遭到破坏。

保守派和自由派的界限不再如此清晰，对于自由贸易给美国带来的好处达成了一致的共识，北美自由贸易协定就是一个例子，立法得到了保守派和自由派的支持，自由派可能比保守派更担心贸易协定对美国工人和环境的影响。

发展经济学家和政客对贸易关系对穷国的影响也持两种观点。自由派担心全球化进程对发展中国家的冲击，包括引发的经济公平问题。保守派更在意贸易限制引起的低效率，推进国际贸易更加自由的市场。自由派和保守派对关注市场势力和促进出口方面达成一致，都意识到美国农业补贴和贸易限制会损害发展中国家人民的利益。

总结

国际贸易和国际金融对于美国和世界其他国家来说越来越重要，进口为美国消费者提供重要的商品，其他国家的居民也从贸易中获得好处。事实上，只要各国专门生产其具有比较优势的产品，然后通过贸易进行产品交换，那么整个世界作为一个大的生产商会有更多的产量，为所有贸易国的消费者提供更高的消费水平。

自由贸易的好处在一国内部并不是平均分配的，尽管消费者和出口商获得自由贸易带来的好处，但是进口商及其工人遭受到损失，后者呼吁实行贸易限制，两种常用的贸易限制方法是配额和关税，然而这些都会减少贸易带来的经济利益，于是更好的方法是政府对进口企业和工人提供直接的帮助和再教育培训项目。

专业化分工交换理论有时在实践中不可行，尤其是在穷国。这些国家经常面对诸如出口商品单一、依赖价格不稳定的初级产品、贸易条件恶化、过度依赖重要商品进口、食品不安全和经济不公平等问题。

一些贸易问题不仅具有经济性还具有政治性，如贸易禁运。然而，从世界范围来看，各国已经制定了广泛的区域贸易协定，包括北美自由贸易协定。这些贸易协定和世界贸易组织旨在减少成员之间的贸易限制。

讨论和问题

1. 国际经济学如何影响作为消费者和未来劳动力的你？作为一名大学生，你如何接触到国际事件？

2. 登录世界贸易组织主页（http://www.wto.org），点击在主页上滚动的菜单"The WTO"，然后点击"What is the WTO?"，找到 10 个世界贸易组织的好处和 10 个对世界贸易组织的误解。

3. 你是否考虑过自给自足，生产所有你需要和想要的商品？这样的好处是什么？坏处是什么？

4. 查找中央情报局世界记事录网站（http://www.odci.gov/cia/publications/factbook），其中给出了表 12—1 所列一些国家的贸易情况，选择一个国家，点击链接，阅读经济概况，收集贸易统计数据，找出该国的主要进出口商品及其贸易伙伴。这个国家是贸易赤字还是贸易盈余？对国家福利有哪些影响？有什么原因会导致统计数据错误？记住这个 CIA 网址，它能够给你提供你以后将研究的某国的大量信息。

5. 你认为美国在哪些产品的生产上具有绝对优势？对于泰国和巴基斯坦这类低工资水平国家呢？对于哥斯达黎加和古巴这样的热带国家呢？

6. 基于表 12—2 的信息，假设贸易交换比率为 4 个 DVD 换 3 双鞋，那么格陵兰国家没有发生贸易的生产可能性曲线和发生贸易的生产可能性曲线各是什么？该国会从专业化和贸易中获利吗？

7. 假设美国国会通过了对进口法国红酒的贸易限制，会对 a）美国红酒消费者，b）美国红酒生产者，c）法国红酒生产者，d）美国生产农产品出口的农民，e）整个美国产生什么影响？

8. 为什么美国遭受贸易损失的企业和工人比享有贸易带来好处的消费者更有政治影响力？美国消费者知道贸易能给他们带来的好处吗？他们是政治游说

者吗?

9. 假设国会已经通过了对美国某一垄断性行业比如铝行业进口商品实行贸易限制的决定,由于这些限制会减少本国企业面临的外国竞争,从而美国铝行业企业增强了市场势力,那么贸易限制对该行业的就业会有什么影响?

10. 发展中国家的国际贸易有哪些问题?你对发展中国家政府制定贸易政策有哪些建议?

11. 画出某产品市场如可可豆市场的供求曲线,假设需求缺乏弹性(需求曲线相对陡峭),供给曲线移动(如图 12—5 那样前后等距离移动供给曲线),现在对加工的可可豆进行同样的曲线图分析,供给曲线移动同样的距离,但是假设产品需求曲线有弹性(画一条相对平滑的需求曲线)。试问发展中国家出口低需求弹性的商品会有什么样的结果?把商品进行深加工,如把可可豆变为可可会有什么影响?

12. 用浏览器搜索一下血汗工厂,你认为你找到关于血汗工厂公正的信息源了吗?你作为一个消费者能做什么?例如,你能在学校发起活动以找出哪些标有学校标示的衬衫是从血汗工厂生产出来的吗?

13. 登录反奴隶组织的主页:http://www.antislavery.org,找出关于"可可豆奴役"的事件。

14. 用浏览器搜索一下童工,你认为这些童工的日常生活受到什么样的影响?小孩的父母呢?使用童工如何破坏美国和发展中国家的劳动力市场?你如何看待全球范围内提供食物和用少量金钱援助小孩上学而不是去打工的项目?本书第 14 章末尾对于童工问题有更详细的讨论。

15. 你所在社区的咖啡和其他产品是通过公平贸易而来吗?登录公平交易网址:http://www.transfairusa.org/content/support/campus.php,并发起使用公平贸易校园商品的活动。

16. 你认为美国从北美自由贸易协定中获得什么好处?产生了什么问题?你认为美国如何能从墨西哥经济增长中获得利益?

17. 本章和第 11 章都讨论了美国农业政策,根据你所学的内容,你是否和其他人讨论过美国农业政策对贫穷的发展中国家的影响?

18. (参考附录回答本题。)为什么日本居民需要美元?分析美元对日元的汇率市场,2009 年 11 月,官方平均汇率为 89.16 日元兑换 1 美元。

附录 12　国际金融

当两国居民从事贸易或投资时,他们必须要兑换外国货币。如果一种产品在美国价值 500 美元,那么该产品价值多少墨西哥比索?如果我希望投资 1 000 美元到日本公司,这笔投资换算成日元是多少?为了回答这些问题,我们需要理解汇率的概念以及它们是如何决定的。如果你了解供给和需求,那么这并不像你想象的那么难。

汇率决定

汇率：一国货币兑换另一国货币的价格。

  汇率就是一国货币兑换另一国货币的价格，比如 1 美元兑换 13.4 墨西哥比索，这就是美元与墨西哥比索的汇率，或者说 1 墨西哥比索兑换 0.07 美元（7 美分）。（这个汇率计算过程为 1 美元＝13.4 比索，两边都除以 13.4，得到 1 美元/13.4＝13.4 比索/13.4，即 0.07 美元＝1 比索。）两个表达式意思相同，用 1 美元兑换 13.4 比索或用 1 比索兑换 7 美分。然而需要注意，汇率表示的是两种货币的相对价值，不是绝对价值。

浮动汇率制度：汇率由货币的国际需求和供给所决定。

  大多数工业化国家采用 1973 年生效的**浮动汇率制度**。在该制度下，汇率是由货币的供给和需求决定的，使用你已经熟知的供求方法可以看到如何决定美元与比索的汇率。

  为了简化问题，假设世界上只有两个国家：美国和墨西哥，这种简化有助于使用坐标图进行分析，让我们来考虑美元市场并用比索来表示美元的价值，参见图 12—6。

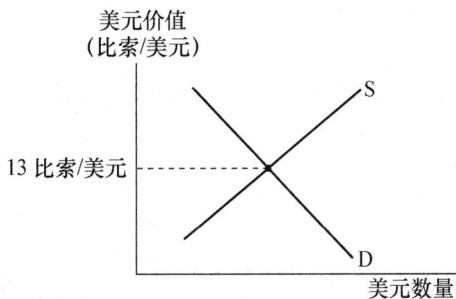

图 12—6　美元市场

  需求曲线 D 表示墨西哥居民需要的美元数量，供给曲线 S 表示美国居民提供的美元数量，同样表示美国居民需要的比索数量，两者的交点决定了均衡价格即美元与比索的汇率，图中为 1 美元兑换 13 比索。

  注意需求曲线 D 是墨西哥居民需要的美元数量，为什么他们需要美元？有很多原因，一个明显的原因是墨西哥人想要到美国旅游，他们需要美元来支付酒店和出租车费用，因此他们首先要把比索兑换成美元。这个过程反映了对美元的需求。

  然而，还有更重要的原因来解释对美元的需求。设想墨西哥居民希望购买一辆通用汽车，通用公司要求以美元支付，尽管墨西哥消费者并不需要拿出美元，但是从美国进口通用汽车到墨西哥的公司需要美元，用比索交换美元的过程体现了对美元的需求；假设另一个墨西哥居民希望将储蓄投资到美国金融市场，如购买美国政府债券或公司债券，那么他将不得不兑换美元来购买债券，这也表现了对美元的需求；假定一个墨西哥公司希望买下并经营美国工厂，这需要用美元购买并用美元支付美国工人工资，因此还需要先用比索兑换美元，这又体现了美元的需求。尽管还有很多其他原因解释对美元的需求，前面讨论的去美国旅游、购买美国的商品和服务、投资于美国金融市场和购买并经营美国工厂是四个重要的原因。

现在考虑图12—6的供给曲线，供给曲线表示美国居民提供的美元数量。为什么美国居民愿意提供美元？如果我们认识到美国居民提供美元和美国居民需要比索是一样的，那么回答这个问题就很简单。**在两个国家的世界里，需要一种货币的过程如同供给另一种货币的过程：我们用美元交换比索。**于是，美国居民提供美元可被同时看做是他们需要墨西哥比索。

为什么美国居民需要比索？这和墨西哥居民需要美元原因相同。许多人希望去墨西哥旅游，或者购买墨西哥的衣服，或者投资墨西哥股票市场，许多公司想要买下并经营墨西哥的企业。所有这些想法创造了美国对比索的需求。这使我们的图完整了，我们有了美元的需求曲线和供给曲线（美元供给曲线就是比索需求曲线），两者共同决定了均衡汇率，图12—6显示1美元兑换约13比索。

随着经济条件的变化，图12—6的需求曲线和供给曲线发生移动，如果墨西哥居民收入增加，那么他们对美元的需求将会增加，因为高收入可以让他们购买更多美国商品或增加对美国金融市场的投资。图12—7表明了这一结果，均衡汇率变为14比索兑换1美元，反映了美元相对比索价值的增加（正如我们预测的对美元需求增加使得美元汇率升值）。也就是说美元相对比索**升值**。因为一种货币价值通常用另一种货币来表示，我们也可以说比索相对于美元**贬值**。

升值：一国货币相对于另一国货币价值增加。

贬值：一国货币相对于另一国货币价值下降。

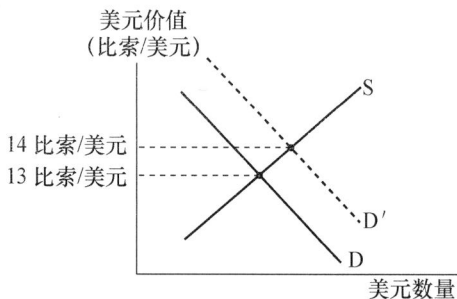

图12—7　美元需求曲线的移动

对在墨西哥销售的美国商品加大广告力度可能增加墨西哥居民对美国商品的需求，这将导致墨西哥居民增加对美元的需求以购买美国商品，于是美元需求曲线由D移动到D'。新的均衡汇率为1美元兑换14比索。

美元升值是好是坏？你要习惯这样的答案：这要看情况。要看你是谁，如果你是一个美国消费者，购买从墨西哥进口的服装，那么美元升值对你来说就是好事，因为这意味着比索便宜，以至用更少的美元就可以支付用比索标价的衣服。另一方面，如果你是一个美国出口商，那么美元升值对你来说就是坏事，因为需要更多的比索来支付你出口的以美元标价的商品，那么对于墨西哥居民来说美国商品更贵，并减少购买，从而美国出口下降。

经济政策

　　美国（或其他国家）的经济政策对汇率有影响。回想先前讨论的美国对进口棉布实行的贸易限制，会减少美国对外国棉布的购买，于是对支付外国商品所需的外国货币下降。外币需求减少，外币价值下降，美元价值上升，对外国消费者来说美国出口的商品更贵，美国出口下降。**现在，我们看到为了保护美国棉布行业而采取的贸易限制对美国出口商的危害，也就是说帮助美国一个经济部门会危害其他部门。**

　　考虑另一个经济政策的例子。假设美国政策制定者决定提高利率，美国相对于世界其他国家的利率上升意味着美国金融市场对外国投资者更有吸引力，在这种情况下，一个法国居民会把投资于法国金融市场的储蓄投资到美国金融市场以获得更高的利息收入。他会首先把他的欧元兑换成美元（从而创造了对美元的需求），对美元需求增加使得美元升值。事实上，**一个影响汇率的重要因素是不同国家间的相对利率。** 2006 年 7 月 6 日，欧元对美元汇率为 1 美元兑换 0.785 4 欧元，或者 1 欧元兑换 1.27 美元。

　　美国金融危机和经济危机对国际金融产生了影响，我们已经注意到购买美国抵押债券的外国投资者在次贷危机中损失惨重，美国抵押贷款违约率上升、抵押品和基于抵押贷款打包的债券价值下降，国际社会共同努力限制全球经济危机和金融危机的影响，后面我们将进行具体讨论。

国际汇率管理

G8 集团：由美国、加拿大、英国、法国、意大利、德国、日本和俄罗斯八国组成，采用共同政策来影响汇率。

亚洲 G6 集团：由美国、日本、中国、新加坡、澳大利亚和中国香港组成，协调金融政策。

G20 集团：由 20 个发达国家和新兴市场国家组成，包括阿根廷、澳大利亚、巴西、加拿大、中国、法国、德国、印度、

　　尽管工业化国家采取浮动汇率，真实世界系统并不是完全基于市场供给与需求来决定汇率。个别国家会干预汇率，买入和卖出货币来影响汇率。这种行为被称为肮脏浮动。自 1986 年开始，很多国家组成集团采用共同政策来影响汇率，这些国家被称为 **G8 集团**，包括美国、加拿大、英国、法国、意大利、德国、日本和俄罗斯。G8 集团的一个主要目标是维持世界主要货币在可接受的范围内波动，所有成员国会从更加稳定的汇率中受益。

　　亚洲 G6 集团最早于 1997 年由美国、日本、中国、新加坡、澳大利亚和中国香港组成。一些人期望该集团能扩展到其他亚洲国家，形成和 G8 集团类似的集团。

　　1999 年形成了 **G20 集团**，包括以下国家：阿根廷、澳大利亚、巴西、加拿大、中国、法国、德国、印度、印度尼西亚、意大利、日本、墨西哥、俄罗斯、沙特阿拉伯、南非、韩国、土耳其、英国、美国及欧盟。你可以看到，G20 集团既包括 G8 集团，也包括世界经济体中的其他重要国家。例如，阿根廷、巴西和中国已经非常现代化，在国际贸易和国际金融领域担任重要的角色。G20 集团主要是讨论与全球经济稳定相关的主要问题。

印度尼西亚、意大利、日本、墨西哥、俄罗斯、沙特阿拉伯、南非、韩国、土耳其、英国和美国，共同协调金融和其他政策。

2009 年，G20 集团主要针对全球经济和金融危机进行讨论，承诺拿出 1.1 万亿美元救助全球经济，包括为国际组织提供更多的贷款资金和增加对最贫穷国家的资金支持。

第四部分

效率和稳定问题

第1章
引言
第13章提到的垄断将和第1章市场竞争假设下的例子进行比较。

第12章
国际贸易
进口削弱国内市场垄断，当欧洲市场更加自由时，美国反垄断机构将和欧洲展开更多的合作。

第11章
全球农业
农业部门的集中化程度加深。

第13章
市场势力

第10章
世界贫困
市场垄断导致价格更高，从而使得发展中国家贸易条件恶化，并面临国际债务问题。

第15章
政府宏观经济政策
美国汽车行业低迷，导致美国实体经济衰退，财政刺激旨在帮助该产业走出困境。

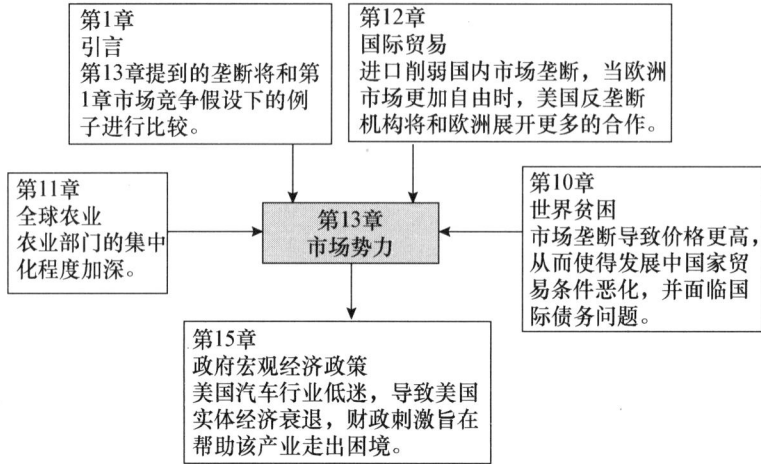

经济学工具箱：

- 市场势力
- 竞争
- 进入壁垒
- 价格接受者
- 垄断
- 价格制定者
- 供不应求
- 集中度
- 规模经济
- 自然垄断
- 产品异质性
- 串谋
- 卡特尔
- 定价权
- 价格歧视
- 反垄断
- 贸易条件恶化
- 需求弹性

第 13 章 市场势力

美国人看到我们赋予公司空间来让市场自我监督，并且执行机关也应该让市场自我纠正。但每一个读报纸或看晚间新闻的人都清楚地知道，这些都没有发生。相反，我们看到众多市场被扭曲。我们还看到一些公司失败，并殃及到美国的消费者。似乎是一些因素共同导致了这一现状，包括无效的政府监管、欠考虑的解除监管的措施和不足的反垄断监管。作为反垄断的执行者，我们不能坐视不理——既要执行反垄断法，又要促进健全的竞争政策成为国家经济战略的一部分。

——克里斯丁·瓦尔尼（Christine A. Varney），反垄断
部门首席检察官助理，2009 年 5 月 12 日

重新表述克里斯丁·瓦尔尼的话就是，一个人不可能不知道我们国家从事金融和其他方面的大型公司所制造的过度繁荣、倒闭和欺诈，以及导致了 2007 年和 2008 年经济危机的失败的政府监管。瓦尔尼明确表示她打算改变这些因坐视不理而导致危机的反托拉斯行为。而这些对你而言又意味着什么？

近几年来，紧急财政援助、兼并和破产产生了什么后果？你曾担心过那些强大公司的影响吗？你曾向你的参议员反映过汽车价格过高吗？你曾反对过你所在地区有线电视系统的做法吗？你曾询问过电力公司是怎样管制的吗？你曾想知道微软在计算机产业是否占有垄断份额？当你要购买摇滚乐演唱会的门票却被索取额外的费用时，你曾示威反对过吗？

一种猜测是你没有。也许你没有意识到市场构造的方式在价格、产量、效率、收入分配和政治影响方面造成严重的后果。很多美国公众好像不感兴趣或者至少没有意识到市场势力的影响。一些人天真地认为因为我们有反托拉斯

法和对一些垄断的管制，我们就不存在这些方面的问题。另一些人主张管制降低了商业效率，因而应该取消管制。还有一些人只是不感兴趣——消费者权益倡导者和绿党总统候选人拉尔夫·纳德（Ralph Nader）曾提到公众把反垄断问题看得太复杂、太抽象和太无聊。

我们刚刚经历了商业的无节制凸显的阶段。虽然"大"不一定等于市场势力，一些公司因为政府的干预才确实拥有相当大的市场势力，包括那些汽车和金融行业。我们现在需要大规模的政府干预来阻止 2007—2008 年金融危机爆发，包括政府接管原来由政府赞助的企业——投资于贷款和住房抵押贷款证券的房地美和房利美。（这些在第 7 章"住房问题"中讨论了更多的细节。）政府还救助了像高盛、摩根士丹利、美国国际集团、花旗集团这样的金融机构和通用、克莱斯勒这样的汽车公司。但主要的公司如克莱斯勒、通用和雷曼都破产了。其中许多公司缺乏甚至没有监管，这引起了关于什么样的监管和干预适合未来我们经济的稳定发展的问题讨论。

竞　　争

市场势力：单个企业影响产品的市场价格的能力。

回顾我们在第 1 章中形容的竞争性市场。因为有许多小的买者和卖者，没有卖者能够影响商品的市场价格。另外一种说法是没有一个单独的生产者拥有**市场势力**。例如如果许多相同的家庭教师中的一个决定收取过高的价格，顾客会从别的竞争者那里购买服务。所以，竞争防止消费者遭受可能的不合理的价格。

竞争：许多小生产者把标准化的产品卖给许多小的买者的市场。

卖者不能影响价格的市场结构就是经济学家所谓的**竞争**。竞争性市场具有三个特点：

1. 存在许多买者和卖者。
2. 标准化的产品。
3. 进入或退出市场没有壁垒。

让我们来单独考虑每一种特点。正如我们提到的，第一种特点对市场价格有影响。因为许多小买者组成了市场的总需求，没有哪个单独的买者能以更低的价格买到商品。因为许多小公司出售商品，没有哪个供应商能对商品收取更高的价格。如果你认为"小的买者和卖者"这个定义不是很精确，那你是正确的。从绝对意义上来说，公司可以很大并且每年的交易额为几百万美元，但就完全竞争来说，我们是指它们和整个市场相比很小。农产品市场通常被看成是竞争性的。例如，我们有许多小的玉米生产商。但即使是最大的玉米生产商生产的玉米也只占整个市场供应量的很小一部分。

第二个特点是产品是标准化的或者大体上是相同的。大多数农产品都是相同的，标准化的橡皮筋、铅笔和软盘的市场也是如此。你能否想到其他标准化的商品？标准化的重要性是买者不会在乎从哪家购买商品，因为商品都是大体相同的。所以买者不会花更高的价格购买一家公司的商品，因为这家公司的商品并不比其他家的好。

第三个特点是市场没有进入壁垒。**进入壁垒**是指有些情况下一个新的生产商进入市场更加困难或更昂贵。也许启动成本太大以至于在企业开始运作前需要募集大量的资本。或者政府要求企业在开始销售商品提供服务前获得许可证，或者现在的企业可能获得专利保护，所以生产相同的产品会有侵权的风险。一个完全竞争的市场不存在这些壁垒。如果存在进入壁垒，就不会有"许多小的卖者"了。

这些特点产生的一个重要结果就是竞争性市场中的企业成为了**价格接受者**。也就是说，它会接受既定的市场价格而不会对价格产生任何影响。它能生产的产量过小以至于不能影响市场价格。下面我们来看图13—1。它描绘了在一周内美国西北部港口的渔船经营者出售的鲜鱼市场。

每一百磅120美元的市场价格是由总的市场供给曲线和需求曲线的交点决定的。在这个价格上，700 000磅的鲜鱼会在市场上出售。我们假设Diaz这周能出售0～5 000磅的鱼，但这些数量都太小以至于不能影响市场价格。即使他把产量范围扩大到2 500～5 000磅或者把产量降到0，他的行为也不会对市场上鱼的供给产生任何影响。所以Diaz提供他想销售的数量并以每一百磅120美元的市场价格销售。他成为价格接受者。

为什么Diaz不收取比120美元高的价格呢？答案很简单。如果他这样做，他的消费者就会从别的生产商那里购买。因为他的鱼和其他生产商那里的鱼没有区别。如果他收取了更高的价格，他就会失去生意。

也许Diaz认为如果他降低价格，他能卖出更多的鱼来增加收入。然而，他未被保证一定能在每一百磅120美元的市场价格上卖出他所有的鱼，所以降低价格只会减少他的收入。（市场供给曲线和需求曲线的交点是指在市场价格下供给量和需求量相等。）

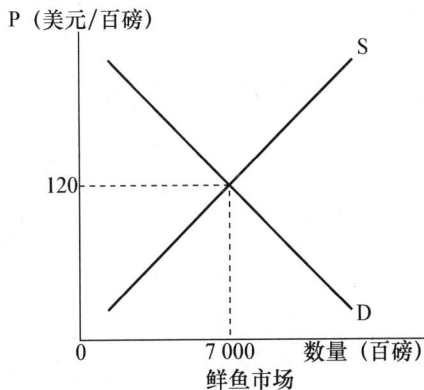

图13—1 鲜鱼的竞争性市场

竞争性市场上鲜鱼的均衡价格为120美元，均衡数量是700 000磅。

竞争性市场的价格是合理的。市场的需求曲线反映了对所有买者而言鱼的价值，供给曲线反映了生产者的成本。（回顾第1章中提到生产成本是影响供给的最重要的因素之一。）Diaz（和其他市场中的鱼的生产商）会被禁止收取高于市场价格的价格。这不是一个法律规定，甚至不是一个公开的规定，只是竞争保证了消费者不会被收取过高价格的方式。这个结果是竞争性市场最有优势的一个结果。

垄断和寡头

垄断：只有一个企业生产没有近似替代品的产品的市场。

垄断者：垄断市场中唯一的企业。

价格制定者：有能力影响产品的市场价格的公司。

与竞争性市场相反的就是垄断。**垄断**是指市场上只有一个卖者。我们也可以把这个唯一的卖者叫做**垄断者**。垄断者生产的产品没有相近的替代品。所以如果买者想购买产品就只能从垄断者手中购买。垄断者不是价格接受者，而是**价格制定者**。或者可以说垄断者具有市场势力。再次强调，市场势力是单个企业可以影响整个市场价格的能力。这种能力不意味着企业可以要求最高的价格，而是企业可以通过降低产量来提高价格。与竞争企业不同（接受市场价格），垄断者知道产出量决定价格。垄断者面对的是一条向下倾斜的市场需求曲线（因为他是市场上唯一的卖者）。当他决定了一个产量，沿着市场需求曲线的均衡产量就确定了。这同时确定了市场价格。

考虑图13—2。它描绘了对于有线电视服务的需求。价格是每月有线电视的基础费，数量是该月该地区有线电视用户的数量。只有一个有线电视服务供应商。可以看到有线电视公司出售了 25 000 单位，它能收取 15 美元的价格，但如果它决定只出售 20 000 单位，它能收取 20 美元的价格。公司影响其价格的方式就是控制数量。通过出售更少的量，公司可以大大地提高其价格。同时注意到此时的收益也比之前出售 20 000 单位时更大。如果有线电视公司以 20 美元出售 20 000 单位，收益是 400 000 美元。但如果它以 15 美元出售 25 000 单位，收益是 375 000 美元。（如果你想知道更多有关垄断者降低产出来提高收益的弹性问题，请参考本章附录。）

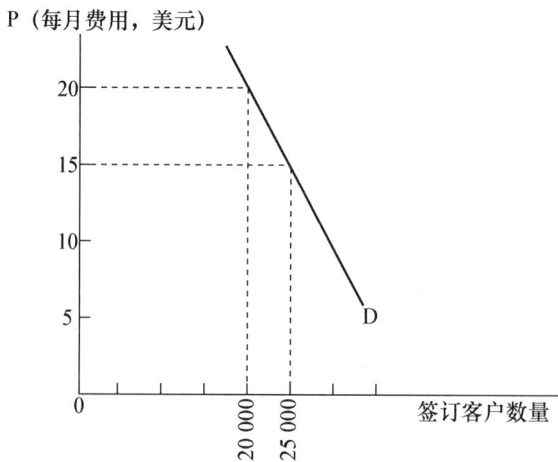

图13—2 有线电视需求

因为有线电视公司的需求曲线是向下倾斜的，在每一数量水平上有一个确定的价格，当产出下降到 20 000 单位时，收入会增加。

当垄断主导市场时，竞争性市场中基于许多小生产者生产成本的供给曲线不复存在了。相反，垄断会选择减少供给量来得到更高的价格。**所以，与竞争性市场相比，有相同生产成本的垄断者会生产更少，收取的价格更高，并且获得更大的利润。**要记住虽然垄断者能够控制供给，但不能控制需求。垄断者面对的需求曲线是由产品的消费者控制的。

经济争议：
"UAW 罢工展示了垄断和联合之间的舞蹈。"

通过阅读微观经济学中垄断方面的文章了解更多。

http://www.cengage.com/economics/econapps

美国真正的垄断者较少。大多数确实存在的垄断者也接受一些政府机构的管制。（我们稍后会探讨关于管制的争议。）历史上的例子有长途电话业和邮政业。美国电话电报公司（AT&T）曾经是一个垄断的长途电话运营商，直到政府打破了垄断，然后更多的运营商进入市场。类似地，美国邮政系统就是信件快递市场的垄断者。（联合包裹服务公司，即 UPS，只递送包裹。）现在，提供信件快递服务的公司有 UPS、联邦快递和其他公司。除了这些，一些地方存在当地服务的垄断者。这可能包括电力供应、自来水供应、污水处理、垃圾收集、公交系统等等。垄断者的存在需要一些力量，例如政府管制，从而有效地阻止其他企业进入市场。总的来说，垄断有以下特征：

1. 只有一个企业。
2. 销售的产品没有相近的替代品。
3. 市场有很强的进入壁垒。

寡头：只有几家大企业主导的市场。

寡头企业：在寡头市场上的企业。

除了这些少量的垄断，美国存在另外一种具有市场势力的市场结构——**寡头**。寡头是指只有一些很大的企业主宰市场。这些市场中的单个企业叫做**寡头企业**。每个企业生产的产品都占总市场供给的很大一部分，所以每个企业都能影响市场价格。每当我们提到三大汽车公司或四大即食谷物公司，又或者五大投资银行时，我们指的都是寡头。所有的这些公司都具有市场势力。另外，如果寡头企业同意合作控制产量，它们可以和垄断一样设定价格。

测量集中程度

集中率：四家最大企业占市场总产量的百分比。

评估市场势力最好的一种方式就是测量特定市场中的集中程度。当市场里只有一些相对较大的企业时，我们说市场是集中的。而集中指的是市场势力的存在。我们经常用**集中率**来测量集中程度，集中率为指四家最大企业占市场总产量的百分比。**集中率越高，产业的集中度就越大。**如果市场上有四个或更少的企业，集中率就是 100。也就是说，四家最大的企业生产了总产量的 100%。如果市场上有许多小企业，集中率就会非常低。集中率为 10 意味着四家最大的企业只生产了总产量的 10%，而且市场上有很多竞争企业。美国政府每 5 年测量一次集中率，并滞后一段时间公布。最新的数据是在 2002 年统计的。表 13—1 给出了一些美国产业的集中率。

表 13—1　　　　　　　　　制造业的市场集中率（2002 年）

产业	集中率
烟草	95
酿酒	91
电灯泡及其他部件	89
石油化工	85
制铝	85
航空	81
早餐谷物	78
电子计算机	76
汽车	76
轮胎	73
饼干甜点	67
杀虫剂及其他农业化学品	65
猫粮狗粮	64
瓶装水	63
肥皂和洗涤用品	61
制糖	59
黄油	58
农业机械设备	58
电话通讯设备	56
软饮料	52
轮船和游艇	51
咖啡和茶	51
冰淇淋和冷冻甜点	48
钢铁	44
石油精炼	41
乐器	37
制药	36
纺织	35
冷冻食品	33
鞋类	32
造纸	26
塑料袋	23
运动健身产品	23
制药设备	18
化学品	14
印刷	10

资料来源：U. S. Department of Commerce，Census Bureau，*Concentration Ratios 2002*：*2002 Economic Census*，*Munufacturing*；issued May 2006，http://www.census.gov/prod/ec02/.

　　许多经济学家认为高于 60 的集中率表明存在较严重的寡头，企业有相当大的市场势力。小于等于 40 的集中率表明较小的市场势力。可是，我们在使用集中率时一定要小心。虽然它是有用的市场势力指标，但它不是完美的。需要注意以下几点。

　　第一点是集中率的统计只是基于国内的生产而排除了国外的竞争。一些产业面临进口品的强大竞争。美国的汽车产业就是一个例子。虽然美国国内只有三家主要的汽车公司，但进口品占据了汽车市场的很大份额。因而美国汽车市场的竞争比表中 76 的集中率更为激烈。因为美国产业面临着日益激励的全球化竞争，所以美国的集中率往往夸大了市场势力。

第二点是表 13—1 中的集中率统计了整个国家的产业，但许多市场实际上是地区性的。就拿冰淇淋和冷冻甜品来说，48 的集中率低估了一些当地市场的市场势力。（当然，我们也可能更乐意花更高的价钱去买布里奇曼的覆盆子软糖蛋糕冰淇淋而并不把它看成是一个严重的问题。）这个问题在其他产品上表现得更为显著，比如报纸。即使从整个国家角度来说报纸的市场势力很小，但因为大多数城市只有一种或两种当地的报纸，所以这些小报纸比表中所表示的有更大的市场势力，尤其在影响公众对当今事件的看法方面。

这些问题不意味着集中率作为市场势力的估计是无用的。虽然它们不够完美，但它们是有意义的。它们应该被谨慎地使用，并且在必要的时候要调整以适应市场的现实。同时记住范围更广泛的产品（比如食品）比范围更窄的产品（比如冰淇淋）有更小的集中率。这是因为有很多企业生产食物，而很少企业生产冰淇淋（甚至有更少的企业生产布里奇曼的覆盆子软糖蛋糕冰淇淋）。

进入壁垒

一些市场被几个大企业主宰的最重要原因是市场存在进入壁垒，就像垄断的情况。所以新企业认为很难与原有企业竞争。进入壁垒是目前企业市场势力的来源，也是集中市场能够长久以来保持集中的原因。

下面我们考虑几种常见的进入壁垒。

规模经济

规模经济：大量产品能以比少量产品更低的价格生产的情况。

首先，一些市场存在**规模经济**。这意味着大量产品比少量产品能以更低的价格生产。例如，一个面包店能以每条面包一美元的价格生产 100 条面包，或者以每条面包 0.50 美元的价格生产 1 000 条面包。规模经济的产生是由于生产产品的技术，劳动力的组织者和生产者能从更大量的原料上得到更多折扣。在面包店的这种情况下，与购买 10 磅面粉（足够生产少量面包）相比，也许公司能花更少的单价购买 100 磅面粉（用来生产大量面包）。同样，面包店也许会组织工人流水线作业，这比让每个工人生产一整条面包更有效率，但这只对于生产大量面包来说可行。例如，一个生产大量面包的面包房会让一个工人和面，另外一个工人烘焙，还有一个工人负责切面包和包装。而小面包店是不能同时有效地利用多个工人的。

面包店的例子阐明了规模经济的思想，而当我们考虑像汽车、钢铁、铝和飞机这样的产业时，这个问题就显得更加重要。汽车制造商只有大规模生产时才能将每辆车的成本控制得很低。如果公司生产的汽车相对较少，生产每辆汽车的成本就会极高。在这种市场里，小公司是不可能成长起来的。如果一个新公司进入市场生产少量汽车，它没有能力与已经大规模生产的公司竞争。从小规模开始会导致失败而不是壮大。这个教训可以从过去 45 年间想进入汽车市场的大量公司中得出。考虑布里克林（Bricklin）和德罗宁（Delorean）汽车试图进入跑车市场这一例子。虽然它们都是很棒的汽车，但它们最终都失败了，因为它们不能和一些大公司保持同样低的成本。

特许经营权

自然垄断：存在显著的规模经济的市场。

特许经营权：政府（通常是当地政府）给予的垄断企业存在的允许权。（经常还伴随着政府管制。）

第二种进入壁垒是特许经营权，这经常是在**自然垄断**的情况下，并存在广泛的规模经济时，由政府参与制定并允许一家企业垄断市场。在这种情况下，政府会介入并授予一个生产商特许经营权。**特许经营权**给予公司在一个特定的区域内单独经营的权利。因为企业获得了特许经营权，所以该企业通常也被政府机构管制，从而保证消费者从大规模的生产中获得利益。被管制的自然垄断的例子有当地的电话公司、天然气公司和电力公司。如果在这些市场中规模经济真的很显著，特许经营权的授予就仅仅是承认其必然性。市场可能存在也可能不存在政府的干预，但至少管制保护了消费者的利益。然而，特许经营权也充当了进入市场的壁垒，因为新的企业不能合法地进入市场。当管制强加于本来有潜力成为竞争性市场的自然垄断市场时，问题就发生了。在这种情况下，管制是产业内垄断力量产生的根源，其结果比竞争性市场更无效。

垄断资源

第三种情况是企业对生产产品的重要原材料的控制会成为进入壁垒，因为新的企业不能得到原材料开始生产。考虑制铝工业的例子。生产铝最重要的成分是矾土。当刚开始生产铝的时候，美国制铝公司（Alcoa）垄断了矾土的市场，因而它能长时间垄断铝的生产。

专利

专利：政府允许的在一段时间内使用或销售新科技或产品的独享权利。

第四种情况是许多产品受到专利保护，这充当了一种进入壁垒。**专利**是政府授予发明者的有限期限内的垄断权。我们的政府给新产品和新的生产过程授予专利权，进而促进创新和发明。毕竟企业在研发新产品的过程中付出了成本。如果不能保证企业获得新发明的好处，而它的竞争者又会紧跟着生产这种新产品，企业又怎么会再投入钱进行研发呢？当一个企业拥有产品的专利权时，它能通过对生产类似产品的企业提出侵权诉讼来保护自己的利益。虽然专利确实鼓励发明，但它们也从三个方面加大了市场势力的发展：（1）专利的拥有者会在很长一段时间内成为产品的唯一生产者。专利会使消费者认为它的产品是最好的，即使在专利权到期而其他企业合法生产这种产品后，曾经拥有专利权的公司也有很大的竞争优势。（2）专利会被滥用。企业有时会申请并拥有一些没有使用目的的专利权。换句话说，它们通过申请比产品自身专利更多的专利权来阻止其他企业生产类似的产品。只有大约一半的专利是正常使用的。（3）过度用侵权诉讼来保护专利权的惯例阻止了潜在竞争者生产相似替代品。

产品异质性

产品异质性： 一个企业的产品和另一个企业的产品不同或者优于同类产品的现象。

第五，产品经常是不同的，产品异质性也是新企业的进入壁垒。**产品异质性**是消费者将一种产品区别于另一种产品的特性。这种差别可能是类型、质量、颜色或者味道的真实差别，也可能仅仅是由于品牌和广告导致的虚假区别。一个很好的例子是家用洗衣剂，它本质上就是次氯酸钠的作用物，尽管如此，高乐氏公司多年来统治着美国清洁市场，并且比其他品牌产品的价格更高，因为许多消费者深信高乐氏的产品比市场上其他品牌产品更好。产品异质性能够作为进入壁垒的原因是新企业必须花费大量的预算做广告，以同市场上的已有品牌企业竞争，这笔支出对于新企业来说成本高昂以至于难以进入该市场。类似的产品还有手机等。

许可证

第六，政府要求一些行业的新进入者在从事专业交易时要具有相应的资格许可证，例如医生、牙医、律师、美容师、理发师、殡仪师等。许可证认证就是通过考试来确保其能力的最低水平，其原因显而易见，但同时也限制了一些领域的进入。

已有企业行为

第七，已有企业行为同样阻止新企业进入市场。例如，市场上已有企业可以偶尔降低产品价格，这样一来，新进入企业不得不同样降低价格来和已有企业竞争，问题是已有企业能够承受暂时的价格战，但是新进入企业或者想要进入的企业则不能，这样就可以将之驱逐出市场或阻止其进入。

一个例子就是烟草行业，在 20 世纪 30 年代，美国有三家大型烟草公司，在国内拥有 90％的市场销售，许多地方的小烟草公司只在当地销售，当其中一家小公司打算扩大销量时，三个巨头就会采取报复措施，生产无商标的香烟并以非常低的价格销售，历史上这种掠夺性竞争下的市场对新加入企业来说是没有吸引力的。你能想到其他通过暂时的价格战来将企业驱逐出市场的例子吗？（比如你是否注意到美国的油价大战，所有的加油站都暂时降低当地油价，这样是否能成功地减少竞争?)

这七种进入壁垒使得市场在一段时间内非常集中，因为一个行业的企业数量较少且规模较大，它们可以控制市场的供给，从而可以比竞争性市场征收更高的价格。它们拥有市场势力。

市场势力的内涵

我们已经讨论了市场势力的效果，公司将收取更高的价格，生产较少的数量，获得更多的收入。图 13—3 对比了竞争和垄断市场下长途电话服务的价格、产出和收入水平。假设最初市场上有许多同样规模的企业，市场是充分竞争的，供给曲线 S_c 表示所有企业提供的服务总和，需求曲线和供给曲线的交点表明竞争条件下的均衡价格是每次长途通话 1.5 美元，均衡数量是 1 200 次长途通话（为了简化，假设每次通话收取同样的费用）。另外，假设只有一家企业提供长途电话服务，我们没有画出垄断市场供给曲线，而是仅仅从需求曲线上的某点来显示垄断厂商愿意提供的供给数量，例如当数量是 1 000 次长途通话时，图中对应的价格为 2 美元。

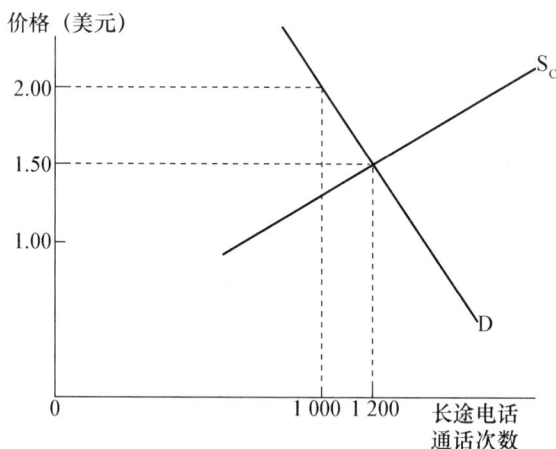

图 13—3　竞争与垄断市场下的产出、价格和收益

注意垄断比竞争性市场的产出低，而价格和收益更高。

注意竞争条件下的收益等于价格乘以数量：1.5 美元×1 200＝1 800 美元，然而，垄断条件下的收益是 2 美元×1 000＝2 000 美元。既然垄断市场生产更少数量的产品，总生产成本应该更低，那么利润就会更高。（可参见本章附录关于弹性条件的论述。）

除了影响价格、产出和利润，市场势力和集中度还经常导致串谋、无效和价格歧视。我们接下来讨论这些现象。

串谋

串谋：操控价格。

串谋是指企业联合起来控制整个市场供给从而获得更高价格的一种操控价格行为。如果想要达到这个效果，市场上所有的企业必须合作，如果有一些企业想要收取更高的价格而另一些企业并不配合，那么消费者只要去收取低价的企业那里购买就可以了，这样就无法形成串谋。因此，串谋更容易在企业数量相对较少且有较高进入壁垒的市场中形成。

卡特尔：一群生产厂商意图操控价格。

串谋有卡特尔协议和价格领导两种类型，**卡特尔**是一群生产厂商之间有明确的协议来限制产出、控制价格，使得价格比竞争条件下要高。你们可能比较熟悉的卡特尔组织是欧佩克石油组织（OPEC），它由世界上 13 个最大的石油生产国组成，以及 DeBeers 钻石卡特尔，它控制了全世界的钻石供给。此外，被视为"电气公司串谋"的卡特尔非法组织由 29 个电气公司组成，由该行业的巨头通用和西屋电气公司控制，在美国存在了很多年。1961 年，通用电气公司、西屋公司和其他电气设备制造商共同策划操控价格，当时的重型电气设备由几个公司轮流出价，这个价格是先前由卡特尔组织协商好的并且看似是行业中的低价格，实质上则是处于较高水平的价格，串通者们设计了巧妙的程序来协调竞标，这就是美国长达 25 年的重型电气设备领域的串谋。

价格领导是串谋更微妙的形式，当市场上的企业不都同意串谋，但是它们意识到收取相似的价格并且限制产出以保持高价可以保证它们的最大利益时，其中一个企业作为价格领导者，其他企业随着领导者价格变化来调整它们的价格。美国烟草公司是该行业的长期价格领导者，美国家乐氏公司是谷类早餐行业的价格领导者，坎贝尔公司是罐头汤行业的价格领导者，通用是汽车行业的价格领导者。（顺便说一下，美国汽车行业建立的长期价格领导机制在 20 世纪 80 年代瓦解，因为该行业要和市场展开激烈竞争。）

正如你所知，串谋是违法的，而且事实上，公司组成卡特尔要接受严重的处罚，例如上面例子中的"电气公司串谋"案，根据反垄断法，通用电气公司的许多高管因此遭受了牢狱之灾。美国反垄断系统对于反卡特尔非常有效，但遗憾的是，该系统对于反价格领导是无效的，没有足够的证据证明企业正式联合起来串谋，制裁它们操控价格几乎是不可能的。

无效率

市场势力的第二个问题是企业在相对集中的市场上比在竞争性市场更容易缺少效率，竞争厂商必须要最小化生产成本以在市场中生存，但是在集中市场，由于受到进入壁垒的保护，厂商缺少竞争动力。安全滋生惰性，生产成本增加。美国卡特彼勒拖拉机公司是该行业的领军企业，当 20 世纪 80 年代初突然遇到日本企业竞争时，该公司发现可以削减超过 20% 的生产成本。同样，在 20 世纪 70 年代末，当美国汽车行业受到外国的竞争围攻时，通用、福特、克莱斯勒等公司可以削减20％～30％的成本。类似地，在20世纪60年代，当美国哈雷-戴维森摩托车公司遭遇日本竞争时，首先想到的是进口关税的保护，直到1988年才取消该行业的进口关税。1988年后，哈雷-戴维森公司减少了三分之二的存货，劳动生产率提高了50％，产品返修率降低了70％。当你阅读这些例子时，《华尔街日报》等商业周刊已经由之前围绕大企业的报道，转向更关注如何成功降低成本等内容，正是竞争迫使这些龙头企业进行成本削减。无论是国内竞争还是国际竞争，都会提高效率并使消费者受益。

价格歧视

价格歧视：对不同的购买人群征收不同的价格。

市场势力的另一个结果就是导致**价格歧视**，对不同的购买人群征收不同的价格，这种价格不同并不是由于成本不同。企业征收"市场能够承受"的价格，不同的市场分割导致不同的价格。价格歧视对于厂商来说是有利的，但是这只对那些有价格决定权的厂商而言是有利的。在美国，价格歧视现象非常普遍。

让我们举一些例子，首先是具有悠久的价格歧视历史的汽车行业，正如你所知，美国汽车行业生产各种各样的汽车，从经济实用型到奢侈豪华型，因为小型汽车购买者相对于凯迪拉克的购买者而言对于汽车的价格更敏感，因此汽车行业在小型车成本上加价率即利润比较低。这里，不同类型汽车的价格差异不仅反映了成本差异，同时也反映了市场购买者所能承受的差异。

汽车行业的另一个问题就是零部件和配套设备，如果你的汽车需要一个新的配件，没有这个零配件汽车就没法启动，那你一定不会特别在意这个配件的价格。当你看到维修单费用时你可能会很气愤，但是如果你认为维修而不是废弃这个汽车是值得的，那你就别无选择地支付相应费用。这种现象其实非常普遍，汽车行业并不是对修理配件进行价格歧视的唯一行业。

药品行业的产品通常受专利保护，使用各种价格歧视。最终由医院病人购买的药品价格比零售商的进价要高得多，而零售商的进价要比美国退役军人管理局购买的价格高得多，药品行业宣称如此巨大的价格歧视是由于包装成本不同以及销售给不同的群体。在20世纪70年代美国参议院调查发现医院购买的药品价格比退役军人管理局购买的同样药品价格高出三倍。你能想到其他近期的药品行业的例子吗？你能想到其他价格歧视的例子吗？价格歧视在本章附录有关弹性问题中会进一步讨论。

降低市场势力的力量

市场势力导致的一些结果会损害消费者的利益，而竞争会使消费者受益。现在我们来考虑一下降低市场势力的力量。包括：（1）技术进步；（2）反垄断活动；（3）减少一些部门的不合理管制；（4）进口竞争。

技术进步

    技术是市场经济结构的主要推动力，规模经济是自然垄断的特征，但是技术进步的力量会改变它。例如电话行业，当信息由无线电传送时，电话行业具备规模经济，然而，光纤和微波传送技术具有较小的规模经济效应，改变了垄断的情形，尤其是曾经自然垄断的长途电话业务，现在已经是竞争性的业务。自美国电话电报公司剥离资产，大多数地区的消费者可以选择长途电话业务，大大降低了长途话费，现在手机行业的竞争是一个新的创新领域。

    铁路也是具有明显市场势力的行业，在 19 世纪晚期和 20 世纪初期，技术进步导致了新的竞争，内燃机的发明和汽车、卡车、飞机的发展导致了铁路行业的内部竞争，虽然铁路运输曾经是美国的主导运输方式，但现在已慢慢衰退。

美国反垄断系统

反垄断：美国建立法律、机构和法院系统来控制市场势力。

兼并：两家企业合并为一家。

    反垄断系统是用来打击市场势力的武器，包括议会通过的法律、管理这些法律的机构，以及法院系统。第一个联邦反垄断法在 1890 年执行，《谢尔曼法案》（Sherman Act）提出垄断和限制贸易的串谋是违法的。议会公布该法律将具体案件留给司法部门和法院来处理。随着时间的推移，法院机构在解释该法律方面存在困难，于是另一个更详细的法律通过了，这就是 1914 年的《克莱顿法案》（Clayton Act），包括很多"减少竞争"的非法活动条例，并经历了几次修改。1950 年《塞勒-凯弗维尔反兼并法》（Celler-Kefauver Act）强化了反对**兼并**影响竞争的法律。

市场势力的程度

    市场势力问题有多么严重？答案并不简单。研究学者们试图回答集中度是否增加的问题，一个经典的案例就是威廉·谢泼德（William Shepherd）基于 1939—1980 年的研究，他得出市场势力在 1939—1958 年之间下降，而且在 1958—1980 年间又一次下降，他认为增加国际贸易、减少政府监管和各种政府反垄断活动可以增加竞争。

    主要问题是集中和市场势力在 1980 年后是否改变。一些因素包括国际贸易和信息革命降低了集中度，然而另一方面，用于反垄断的公共资源远低于里根总统时期的水平，根据美国反垄断机构，反垄断预算非常低，员工收入微薄。因此，该机构认为经济体更加集中，兼并活动自 1980 年以来比比皆是，集中度在很多行业都比较高。

市场势力的地区方面

沃尔玛（Walmart）是全球最大的私人拥有的企业，2005年拥有1700万名员工和112亿美元利润。批判者认为沃尔玛的商业运作是不道德的，只是一味追求企业利润最大化，包括不允许员工成立工会，不提供足够的医疗保险，不给女员工管理岗位，通过全球血汗工厂来生产产品以及用最低工资来雇佣中国工人等，有很多其他大型超市也面临同样的指控。

批判者认为沃尔玛的价格优势可以将地方商店驱逐出市场，尽管消费者受益了，但是低价可能转化为其他成本，当当地企业退出时，沃尔玛就可以增加其市场势力。另一派观点认为沃尔玛实际上增加了竞争，并且降低了消费者支付的商品价格，你的观点是什么？

市场势力的国际方面

我们已经考虑了市场势力的一个方面，即国际贸易减少行业集中度。例如，表13—1显示美国汽车行业集中率为76，表明具有较高的市场集中度。如果没有进口汽车与国内厂商的竞争，市场集中度会更高。美国消费者可以购买丰田、沃尔沃、大众、马自达、起亚、劳斯莱斯等汽车，从而大大降低了福特、通用和克莱斯勒的市场势力。在第12章"国际贸易"中我们已经进行了更广泛的讨论。

贸易条件恶化： 一国出口价值相对于进口价值减少。

另一个市场势力在国际贸易方面的影响就是大多数发展中国家经历的**贸易条件恶化**，即出口价值相对于进口价值减少，这使得这些国家难以获得所需外汇，尽管有很多因素能解释发展中国家出口价值下降的原因，然而市场势力在解释进口价值相对增加方面是一个非常重要的因素。由于欧佩克这个石油出口国家组织和西方石油公司的市场势力，使得许多发展中国家的石油进口价格攀升，这大大降低了发展中国家偿还国际债务的能力，迫使它们采取一些不可取的政策，这在第12章中已有详细阐述。

最后，世界银行报道的数据也许能够帮助我们评估市场势力的程度，表13—2列举了美国、西欧、东欧、亚洲发展中国家、非洲、拉丁美洲，其中第2列数据显示了每个国家的中小企业数量，尽管不同国家的定义不同，这里的中小企业通常被定义为拥有少于250个员工的企业。但是该信息难以反映出市场势力程度，加上第3列中小企业雇佣人数占总就业人数比重，可以评估竞争度或者集中度。例如西欧的德国和意大利，中小企业数量较多，并且中小企业雇佣工人数量占总就业人数比重较高，可以反映出市场的较高竞争水平。另一方面，如果中小企业数量较少，且中小企业就业人数比重较小，说明市场集中具有支配力，例如荷兰和挪威。在东欧，数据表明波兰和捷克的市场集中度较小，在发展中国家，中国和墨西哥的市场集中度较小，在这些例子中，可能还有其他因素发挥作用，因此我们也不能仅用表中数据马上得出结论。

表 13—2 中小企业国际对比[a]，企业数量和企业雇佣人数占总就业人数比重（2000—2004 年）[b]

国家	中小企业数量	雇佣人数占总就业人数比重
美国	5 681 000	50％
西欧		
丹麦	205 000	78％
法国	2 971 000	63％
德国	3 008 000	70％
爱尔兰	97 000	72％
意大利	4 486 000	73％
荷兰	570 000	59％
挪威	288 000	57％
瑞典	868 000	39％
瑞士	343 000	75％
英国	4 352 000	40％
东欧		
亚美尼亚	34 000	31％
阿塞拜疆	21 000	5％
捷克	2 351 000	62％
拉脱维亚	33 000	37％
立陶宛	56 000	71％
摩尔多瓦	21 000	8％
波兰	1 655 000	68％
俄罗斯	8 441 000	49％
塞尔维亚和黑山[c]	68 000	70％
塔吉克斯坦	93 000	25％
发展中国家		
孟加拉国	177 000	80％
巴西	4 668 000	57％
智利	700 000	95％
中国	25 110 000	78％
肯尼亚	22 000	74％
马拉维	747 000	38％
墨西哥	2 891 000	72％
斯里兰卡	131 000	28％
泰国	842 000	18％
越南	60 000	86％

a. 虽然定义根据国家不同有所区别，但一般指雇员数不少于 250 人。
b. 最近可获得数据。
c. 2006 年，黑山从塞尔维亚中分离出去。
资料来源：The World Bank, *World Development Indicators 2006*，http://www.worldbank.org.

太大容易失败？

　　我们注意到市场势力不一定等同于"规模大"。当一个市场集中度较高的行业规模太大时会不会撑破肚皮？事实上，这就是美国 2008—2009 年汽车行业发生的问题。

　　美国汽车行业的集中率是 76，表明通用、福特和克莱斯勒公司的市场势力较大。（尽管我们知道，外国竞争确实使得本国的市场势力有所下降。）"汽车危机"是由一系列事件引发的，有些问题是长期的，例如 2001 年以来的能源价格上涨问题（参见第 13 章），使得消费者开始考虑是否要购买皮卡车和大型运动型多功能车辆（SUV），这些对于汽车厂商来说都是高利润产品。美国汽车行业有工会组织，和外国竞争对手相比支付给工人更高的工资、福利、医疗和养老金。因此美国公司倾向于生产上述大型汽车以便参与外国竞争。许多评论员认为美国的汽车产业相比外国竞争者来说竞争力较差。2008 年美国次贷危机和由此转化的金融危机（第 7 章中有详细阐述）使得信贷紧缩、利率上涨，这导致消费者难以支付汽车费用，2009 年全球经济衰退降低了所有类型汽车的销售水平，导致汽车产业大幅下滑，新车库存积压，各种打折活动开始被用来吸引谨慎的消费者。

　　在这种情况下，美国汽车行业开始减产、裁员。于是经济衰退导致大量裁员，而裁员又反过来加剧了经济衰退。2009 年，克莱斯勒和通用公司陷入破产，震惊了全国，汽车行业的失败将会带来失业高潮，给美国民众带来巨大痛苦。汽车行业就像之前的金融行业一样，被认为太大而不容易走向失败。由于美国政府介入并帮助克莱斯勒和通用走出困境，并且给福特提供信贷，相应地，政府要求通用公司拆分成几部分，并且 CEO 被迫辞职。克莱斯勒公司被迫和意大利菲亚特汽车公司进行重组，未来重组会带来什么影响令人拭目以待。

最后的提醒

　　市场由大企业和具有市场势力的企业组成会游说政府保护它们的利益，从而会降低监管、限制反垄断活动和进行贸易保护。所有这些可能导致更强大的市场势力。例如贸易保护，可能减少美国企业面临的竞争程度，从而提高现有行业的进入壁垒以及市场势力。不幸的是，消费者没有大企业对政府政策那么大的影响力。在我们信奉的民主制度里，我们认为一个人的投票权力等同于其他每个人的投票权力，但是事实上在寡头垄断企业游说和对竞选进行资助的情形下，这些企业具有更大的政治影响力。最近引起人们争论的领域是许多年前艾森豪威尔总统提到过的军事领域，在阿富汗战争和伊拉克战争背景下，美国哈里伯顿公司（Halliburton）和柏克德公司（Beehtel）两家能源公司与布什政府有紧密的联系，这使得人们不得不猜想其背后的利益是美国发动伊拉克战争的诱因。

观点

保守派与自由派

两派经济学家对于市场势力、反垄断活动、经济监管的态度截然不同。保守主义者认为政府在干预经济中的角色应该受到限制，认为市场势力不是严重的问题，进入壁垒并不高，不足以消除竞争，此外，技术进步会侵害已有企业的垄断地位，因此没有必要反垄断或者进行经济监管。他们觉得政府的这些政策会导致市场无效率。

另一方面，自由主义者（和一部分保守主义者）认为竞争产生效率，政府必须要行动起来以减少市场势力对竞争的阻碍，他们支持反垄断政策和政府监管权力。

两派最大的差异就在于他们对兼并的态度。保守主义者认为任何由于潜在竞争或技术进步导致的企业兼并会增加市场势力。自由主义者认为反垄断系统需要控制过度的市场势力，提出的任何兼并活动在通过之前必须进行严密的审议。

对于公共事业来说，自由主义者认为应该加以规范来保护消费者利益，然而保守主义者认为政府事实上通过批准特许经营权给公益事业企业造成了垄断，也就是说垄断是由于政府授权产生的，而不是规模经济产生的自然垄断。因此，保守主义者认为经济监管和政府角色过大是无效率的根源。

在最近的经济和金融危机中，我们意识到监管不足是一个重要问题，于是毫无疑问将有更多的声音支持经济合理监管。

总结

市场势力是指市场上只有几个大企业主导，这些企业受进入壁垒保护躲避竞争，进入壁垒包括经济规模、特许经营权、重要原材料控制、专利、产品异质性、许可证和企业价格战等。集中度较高的行业里的企业能够通过限制产品供给数量影响市场价格，带来更高的价格、更高的利润，而可获得的产品数量降低，引发低效、价格歧视、串谋、对政府政策游说干预等现象发生。

阻止市场势力的滥用和发展的重要因素是技术进步、反垄断体系、对自然垄断的经济监管和进口竞争。我们的反垄断系统具有丰富的历史，包括反微软和美国 Ticketmaster 票务公司的诉讼。对美国许多行业存在市场势力的原因可以总结如下：大规模兼并、高集中度和有限的政府反垄断活动。

讨论和问题

1. 竞争性市场的特点是什么？真实世界有许多竞争性市场吗？

2. 市场势力的缺点是什么？（提示：讨论价格、产出、利润、价格歧视等。）

3. 进入壁垒是什么？为什么市场势力存在时一定有进入壁垒？

4. 讨论如下的进入壁垒：a）规模经济，b）特许经营权，c）重要原材料控制，d）专利，e）产品异质性，f）许可证，g）企业价格战，讨论每一项的作用。

5. 你能想到你所在社区的价格战的例子吗？你知道你购买的哪些商品参与了价格削减活动吗？

6. 除了正文中的例子，你知道哪些产品异质性的例子？尤其考虑一下你购买的产品。

7. 你能想到除了正文中讨论过的其他价格歧视的例子吗？航空公司商务舱和经济舱的例子呢？你能解释一下不同费用的原因吗？

8. 你能解释为什么成年人和小孩的电影票价不同吗？要知道成年人和小孩都是坐一样的座位。

9. 关税和进口配额是如何侵害消费者和美国工人利益的？

10. 你对于反垄断和经济监管持哪种态度？

11. 你知道大多数你购买的摇滚音乐会等门票都落入美国 Ticketmaster 公司的腰包，你是否认为该公司使用其市场势力收取过高的服务费？消费者除了该公司是否有其他选择呢？你知道有哪些乐队不通过该公司来提供门票吗？关于美国 Ticketmaster 公司的信息，可以参考维基百科 http://en. wikipedia. org/wiki/Ticketmaster。

12. 打开司法部门反垄断法的主页（http://www. usdoj. gov/atr），点击 "What's New"。列举上面提到的新案件。

13. 回到司法部门主页（http://www. usdoj. gov/atr），找到关于反垄断或潜在的反竞争活动，阅读有关报道。

14. 点击调查部门主页关于集中率的内容（http://www. census. gov/epcd/www/concentration. html），你能发现本书中提到的市场集中率数据吗？找一个你感兴趣的市场，看看它是竞争性的还是集中性的。

15. 进入美国反垄断机构网站（http://www. antitrustinstitute. org），这是华盛顿独立的非营利性机构，旨在确保美国和世界经济的竞争，阅读该组织的首页，你能说明这个组织是保守派的还是自由派的？

16. 谷歌 2006 年以 16 亿美元收购了 YouTube 播放软件，现在除了搜索引擎、gmail、聊天室和其他应用程序软件，谷歌拥有广受欢迎的音频网页，这项购买对于市场势力和集中度的含义是什么？

附录 13 市场势力和弹性

让我们考虑一下需求弹性与市场势力的关系，有两个问题与弹性相关。

弹性和垄断利润

首先，既然垄断供给厂商供给没有替代品的唯一商品，那么需求是缺乏弹性的，因为消费者只有一种选择，要么支付高额的价格购买，要么就不买。正如第2章所讨论的，我们知道当需求缺乏弹性时，价格变化并不怎么改变消费者购买商品的数量，垄断厂商就是利用这点来稍微降低一点产量，从而获得高很多的价格，这反映了相对陡峭的需求曲线（如本章图 13—2，这里重复画在图 13—4 中）。我们通过价格乘以数量来计算收入，由于价格变量上升的比例更高，而数量变量下降的比例较低，因此垄断厂商可以通过减少产量来提高总收入。而且降低产量还可以节约生产成本，事实上成本降低、收入增加使得垄断厂商能够增加更多的利润，如果需求不是缺乏弹性的，垄断厂商就不能通过降低产量来增加收入。

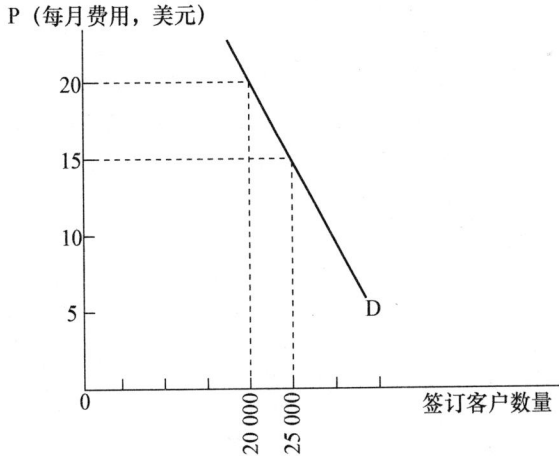

图 13—4 有线电视需求

因为有线电视公司的需求曲线是向下倾斜的，在每一数量水平上有一个确定的价格，当产出下降到 20 000 单位时，收入会增加。

弹性和价格歧视

我们再来考虑需求弹性和价格歧视之间的关系，回想价格歧视的含义，是指一个企业对不同的消费群体征收不同的价格，让我们回到长途电话服务的例子，假设只有两类消费群体，一类顾客是商人，必须经常在上班时间给客户打电话，他们除了打电话没有其他选择；另一类顾客是比较灵活的非商人群体，他们可以通过写信或者发送邮件来替代打电话，这两类不同消费者可以用需求弹性的方式加以解释。

第一类商人群体的需求弹性非常小，当电话费上涨时商人也很难削减使用电话服务的数量。因此长途电话服务供应商可以通过提高价格的方式增加收入，因为收入等于价格乘以数量，价格提高幅度远远高于数量下降幅度，于是电话公司可以通过提高价格来增加收入。

那么如果是第二类消费群体呢？由于他们可以有更多的选择来替代打长途电话，他们对价格比较敏感，且一旦电话价格上涨他们就会减少打电话的数量，对于这类消费群体来说，电话公司会通过降低电话价格来提高收入。这是因为需求是富有弹性的，人们增加消费数量的比例远远高于价格下降的幅度，于是电话服务供应商总收入增加。对于两类不同的消费人群征收完全不同的价格，使得企业可以增加收入和利润。

当然，这个例子的前提条件必须得到满足，就是价格歧视发生在具有市场势力以及企业能将消费者依据需求弹性分割成不同类型的地方（否则，企业将不能改变价格）。电话公司在上班时间收取较高的电话费用，而在夜晚和周末收取的话费较低。

还有许多针对价格歧视的例子，例如你能解释为什么航空公司对商务人士和游客制定不同的机票价格吗？（提示：用上面长途电话服务的例子中同样的原因来加以解释。）为什么电影院对成人和儿童收取不同的电影票价？在所有这些和其他例子中，具有市场势力的企业能够通过对需求弹性低的消费者提高价格来增加收入，同时通过对需求弹性高的消费者降低价格来增加收入。于是，采用价格歧视策略的公司可以增加总的收入和利润。

第13章
市场势力
市场势力可以致使核心产业的产出下降、失业率上升以及推高市场价格，同时，市场的力量也导致了最近一次的美国经济危机。

第15章
政府宏观经济政策
适当的宏观经济政策可以扭转通货膨胀和失业水平。

第12章
国际贸易
有很多人认为国际贸易导致了美国失业率的上升。

第14章
失业与通货膨胀

第17章
21世纪的全球自由市场？
全球的经济改革是怎样恶化或者提高失业和通货膨胀水平的？

第5章
歧视
与工作有关的歧视到底有多少？在不同的种族间，失业率是怎样变动的？在美国的劳动力市场，移民和非移民遭受的是怎样的待遇？

第6章
美国贫困问题
在失业与贫穷之间有着某种密不可分的联系，最低工资、失业补偿以及所得税减免帮助人们战胜贫穷。

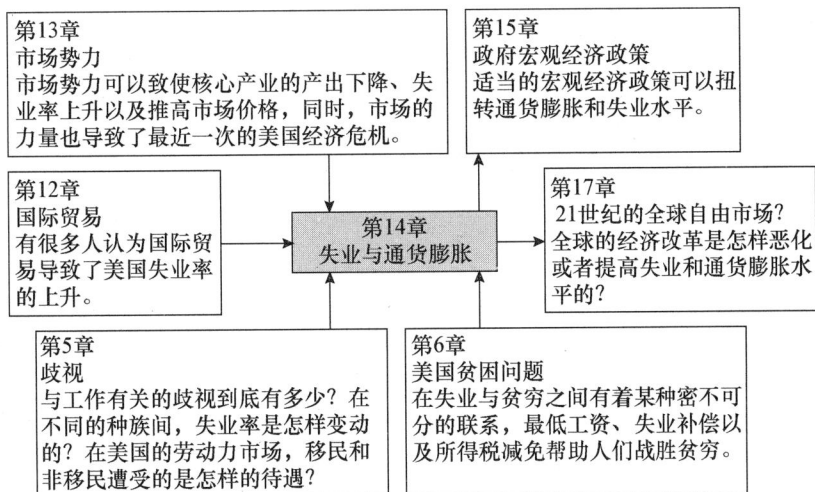

经济学工具箱：

- 宏观经济
- 国内生产总值（GDP）
- 衰退
- 劳动力参与率
- 失业率
- 丧志工人
- 摩擦性失业、结构性失业以及周期性失业
- 充分就业

- 最低工资（最低限价）
- 通货膨胀
- 消费价格指数（CPI）
- 生活成本调整（COLA）
- 易货交易
- 恶性通货膨胀
- 购买力
- 需求拉动型、成本推动型和利润推动型通货膨胀

第 14 章　失业与通货膨胀

我知道现在很多美国人正在翘首以待，相比其他问题，我们国家经济的状况正成为人们积聚担忧的焦点，现在的状况确实如此。如果你个人并没有亲身经历这场衰退，但是你可能通过你的朋友、邻居，或者你的家人而感知到这场衰退。你不需要了解关于我们经济的其他统计数据就能感受到这场衰退，因为你们生活在此。这种担忧让你夜不能寐、寝食难安。那个你准备干到退休的工作，现在你却丢掉了；你用你的梦想打造的事业现在却命悬一线……这场衰退的影响是真实的，而且无处不在。

> ——巴拉克·奥巴马总统在两院联席会议上的致辞，
> 2009 年 2 月 24 日

非常不幸的是，巴拉克·奥巴马总统在衰退中开始他的总统生涯，这场衰退开始于 2007 年年末并且一直持续到 2009 年，他在联席会议上的陈述是正确的——当经济处于危机时，我们无须通过统计数据来告知我们衰退。我们通过自己以及亲朋好友的处境感受到了危机的存在。然而，我们也确实需要这些数据，通过它们告诉我们其中的经济含义。

如果你是一个 20 岁左右的传统学生，那么直至现在你一直生活在一个相对健康的经济环境中。大幅度的临时裁员和生产线解雇就好比天方夜谭。或许你的祖父母经历了 20 世纪 30 年代的大萧条，当你询问他们关于大萧条的时候，你会得知超过四分之一的人在那场危机中找不到工作，以及长长的待分配救济品队伍和省吃俭用的生活。尽管生活状况比以前大有改观，但是也许现在你的祖父母仍然保持着当年勤俭的作风，舍不得丢掉任何物品。苦难时期的教训是很难抹去的。

也许你的父母对 20 世纪 70 年代的通货膨胀记忆犹新，在这个时期，能源价格突飞猛进，但是加油站依然排着长长的队伍。或者你的父母会记得 1981—

1982 年的经济衰退，当罗纳德·里根总统和联邦储备系统致使通货膨胀失去控制后，当时的失业率达到了大萧条后的最高值而且接近于这次衰退。也许你甚至可以记起 20 世纪 90 年代初高于正常水平的失业，那时工作的机会越来越稀少，但是排队寻找工作的人却越来越多，同样的情形在新世纪的头几年也曾出现过。

一个健康的经济对我们到底意味着什么？它对于你寻找一份满意的工作和作为一名普通的消费者的消费习惯又意味着什么？而且更重要的是，这种健康的状态在下次危机来临前又能保持多久？

宏观经济

宏观经济：指整个经济。

宏观经济学：对于整个经济的探讨。

国内生产总值 (GDP)：整个经济的总产出。

微观经济学：对整个经济中单个部分的研究。

我们重新回到第 1 章，当我们制定相应的政策来控制失业和通货膨胀时，我们学到的就是**宏观经济**。实际上，宏观经济是对于整个经济的探索。在开始的章节中，我们已经考虑了像医疗保险、住房和农产品这样的私人市场。研究整个经济中的私人市场就是宏观经济学的一部分。有些经济学家认为，如果把微观经济的学习比作一棵树，那么宏观经济学就是整片森林。我们探索的是同样的经济，但微观经济是从个体的角度来看，而宏观经济是从整体的角度来看。

回顾第 11 章我们对于农业市场的学习，我们对于玉米和小麦的产出以及这些农产品价格是怎样变动的感兴趣。**在宏观经济学中，我们关心的是整个经济的总产出（即国内生产总值或者 GDP）以及所有这些产出的平均价格是怎样变动的**。我们定义的通货膨胀也是指平均价格的上升。而且尽管任何单个市场中的失业是与该市场的产出紧密相连的，在宏观经济学中我们更关心整个经济的失业水平，而该失业水平与整个经济的产出有关。

而且需要注意的是，在本章的开头我们提到了衰退这个词，这个词语将会贯穿本章而且将在下一章更加详细地讨论。现在，让我们把衰退仅仅当作一个国家产出的下降，并且会导致生产产出的工人数量的下降。

失　业

让我们首先以与失业有关的话题来开始我们宏观经济学的学习，为了更好地理解这一点，我们需要明白劳动力与劳动力参与率的概念。

劳动力参与率

劳动力是指所有 16 岁及 16 岁以上正在通过工作获得报酬以及所有年龄在这

劳动力：所有 16 岁及 16 岁以上正在通过工作获得报酬或正在寻找工作的人们。

个区间内正在努力寻找工作的人们。用几分钟思考一下这个定义，我们可以清晰地感受到，劳动力参与率这个概念不仅仅是指那些正在工作的人们，也包括那些愿意工作以及正在寻找工作的人们。我们又常常把劳动力等同于工人总数，它代表着那些对参与工作感兴趣的人们。

相反的，哪些人不属于劳动力呢？很明显，不包括孩子，以及那些已经退休的人员，不愿意离开家出去工作的全职家庭主妇，正在接受全职教育而没有意愿去工作获得报酬的学生，受到制度限制的人们（比如在监狱和精神病院的人），以及其他没有真正地寻找工作的人。因此，很明显劳动力是总人口的一个子集。

为什么劳动力的概念如此重要？首先，该概念验证了我们的劳动力资源中可以用来参与国民生产的人员的数量，它也反映了社会的发展趋势和公民的态度。比如，在 20 世纪 50 年代和 60 年代，许多妇女不愿意离开家从事工作。实际上，社会上的大多数人都认为妇女应该待在家里，而不是作为劳动力的一员。这种态度在早期的战争年代和最近的这些年不再流行。人们对于青少年的工作习性、单亲妈妈甚至初为人父的父亲的态度都发生了改变，财政需要提升了许多大学生用兼职工作来供养自己的可能性。

"妈妈工人"的现象非常有意思。在 20 世纪 60 年代初，大约只有四分之一的已婚妈妈离开家外出工作，然而有超过一半的单亲妈妈选择外出工作。在接下来的一二十年里，已婚妈妈外出工作的比例急剧攀升，但是单亲妈妈的比例仍然没有大的改变。但是到了 20 世纪 80 年代中期，外出工作的已婚妈妈的比例已经超过了单亲妈妈，而且到了 20 世纪 90 年代后期，几乎三分之二的已婚妈妈都出来工作。[①] 那么你认为什么原因造成了这样的趋势呢？

劳动力参与率：劳动力人口总数与总人口中 16 岁及 16 岁以上人口的比例。

劳动力参与率是劳动力人口占年龄在 16 岁及 16 岁以上总人口的比例。它的计算公式是劳动力人口数除以 16 岁及 16 岁以上总人口数。**我们可以认为劳动力参与率是真正有意愿工作的所有的"成年人"。**表 14—1 展示了在 1964 年和 2008 年，美国男性劳动力和女性劳动力的参与率，其中包括各自的参与率和联合的参与率。总的来说，劳动力参与率自 1964 年以后呈上升趋势，然而需要注意的是，为什么男性劳动力参与率实际上下降了，而女性劳动力参与率却急剧上升，尽管男性劳动力参与率仍然远远高于女性劳动力参与率。

表 14—1　美国男性和女性的劳动参与率，各自的参与率和联合的参与率
（1964 年和 2008 年）

年份	男性（%）	女性（%）	男性和女性（%）
1964	81	39	59
2008	73	60	66

资料来源：U. S. Department of Commerce, Bureau of Labor Statistics, http://www.bls.gov.

我们也可以比较在世界上男性和女性的劳动力参与率。表 14—2 展示了来自非洲、亚洲、拉丁美洲、东欧、西欧和北美的数据。值得注意的是，除了布隆迪之外其他所有国家的男性劳动力参与率都高于女性劳动力参与率。然而，由于女

---

① David T. Ellwood, "Anti-Poverty Policy for Families in the Next Century: From Welfare to Worköand Worries," *Journal of Economic Perspectives* 14 No. 1 (Winter 2000), pp. 187-198.

性的许多工作都是没有回报的，因此关于她们的劳动都没有在这张表中得以体现，这种现象尤其在许多发展中国家确实大量存在。在发展中国家，妇女不仅烹调食物而且种植农产品；不仅清洁房子而且对其进行修补；不仅洗衣服而且自己制作衣服。同时需要注意的是在像埃及、伊朗和沙特阿拉伯这样的穆斯林国家，妇女是禁止进入有报酬的劳动力市场的。你能解释表14—2中不同国家间的其他差异吗？

表14—2　　劳动力参与率[a]，不同地区、国家和性别间的劳动力参与率（2007年）

	男性（％）	女性（％）		男性（％）	女性（％）
非洲			**东欧**		
布隆迪	90	90	阿塞拜疆	71	60
埃及	71	24	俄罗斯	69	57
埃塞俄比亚	91	80	塔吉克斯坦	67	59
南非	60	47	**西欧**		
亚洲			爱尔兰	73	73
中国	80	71	挪威	71	62
伊朗	75	32	英国	70	56
日本	72	48	**北美**		
沙特阿拉伯	80	19	加拿大	73	63
新加坡	76	54	墨西哥	80	41
拉丁美洲			美国	72	59
阿根廷	76	50			
巴西	82	60			
哥斯达黎加	79	43			
海地	83	39			

a. 指15岁及15岁以上的人们。

资料来源：World Bank, *World Development Indicators 2009* (Washington DC: World Bank, 2009).

因为这些国家的选取在世界上的不同地区不具有很高的代表性，因此我们无法就这个样本做一个地区间的总结。而且，我们必须对这些数据的解释持谨慎意见，因为发展中国家的许多人在非正规的劳动力市场工作，从而不能像正规的聘用单位一样得到可靠的计量。然而，我们确实看到了劳动力参与率的巨大差异性，就像沙特阿拉伯19％的女性劳动力参与率与埃塞俄比亚91％的男性劳动力参与率。

失业率

问问你的朋友，他们认为失业率是怎样计算出来的呢？除非他们已经学习了一门经济学课程，否则他们一定会结结巴巴地回答你的问题，然后他们会做一些关于那些没有工作的人的模糊陈述。遗憾的是，这种答案不适用于经济学分析。

失业率：没有被雇佣的劳动力所占的比例。

失业率是指那些没有被雇佣的劳动力所占的比例。失业率的计算公式如下：

$$失业率＝失业人口数/劳动力总人口数$$

到底什么样的人是**未被雇佣的人**呢？首先这个人必须是劳动力。就像你所知的，美国对于劳动力的定义是指那些 16 岁及 16 岁以上的正在通过工作获取报酬的人以及那些 16 岁及 16 岁以上的正在努力寻找工作的人们，后者就是指未被雇佣的人。

短暂思考一下这个定义，你会发现有一些人既不属于分子的范畴，也不属于分母的范畴。**那些可被归类到失业人口中的人们仅仅是指正在努力寻找工作的人。**这就是说，他们必须正在回应招聘广告，发出简历，忙于参加各种工作面试，或者正在做为了寻找工作而需要做的其他事情。因此，全职的家庭主妇和没有寻找有酬雇佣的学生都不可以归类于未被雇佣人群。（也不包括孩子、退休人群、志愿工作者、身处监狱或者精神病院的人以及那些仅仅是没有意愿工作的人。）

因为劳动力市场是由已经被雇佣的人和未被雇佣的人组成的，这样看起来劳动力似乎等同于总人口。事实当然不是这样的，我们需要牢记的是所有的家庭主妇、学生、退休群体、孩子等等，这些人是排除在失业率计算公式中的，即这些人口既未算在分子中，也未算在分母中。你的祖母和四分之一的邻居中的全职妈妈是不属于未被雇佣人群的，她们不是劳动力的一部分。同样你和其他学生如果都没有工作或者没有正在寻找有酬劳的工作，那么你们也都不属于这一范畴。

失业数据

国家的失业率是什么？现在的失业率已经高于我们预期的失业率，即多高的失业率数据被认为过高，多低的失业率数据被认为过低呢？现有的数据与最近一期相比是怎样的？在我们的经济中是否所有的人都面临着失业的风险？你失业的可能性有多大？

国家失业率

让我们首先用美国最近几年的失业数据来寻找上面问题的答案，如表 14—3 所示。

表 14—3　　　　　美国的失业率（1960—2009 年选取的年份）[a]

年份	失业率（%）	年份	失业率（%）
1960	5.5	1995	5.6
1965	4.5	2000	4.0
1970	4.9	2001	4.7
1975	8.5	2002	5.8
1980	7.1	2003	6.0
1981	7.6	2004	5.5

续前表

年份	失业率（%）	年份	失业率（%）
1982	9.7	2005	5.1
1983	9.6	2006	4.6
1984	7.5	2007	4.6
1985	7.2	2008	5.8
1990	5.6	2009	9.3
1992	7.5		

a. 2000 年以后的数据与早期的数据不具有严格的可比性。
资料来源：U. S. Department of Commerce，Bureau of Labor Statistics，http://www.bls.gov.

在表 14—3 中，我们注意到，2000 年的失业率水平相比历史水平格外得低，这种最近空前的低水平甚至难以想象地比 20 世纪 60 年代经济处于繁荣的年份都要低，更不用提诸如 1975 年、1981—1984 年和 1992 年这些时期的高失业率了。2000 年相对低的失业率是与从 1992 年开始的美国经济平稳扩张息息相关的。从 2001 年开始，失业率平稳增加到 2003 年，然后平稳下滑直至 2008 年。在 2009 年，失业率达到了令人震惊的 9.3%。2008 年与 2009 年失业率的上升反映了从 2007 年底开始的经济衰退，我们这里简短地考虑一下衰退问题。图 14—1 更加直观地展现了从 2000 年以来到 2009 年美国失业率的变化，我们注意到 2003—2007 年，失业率处于下降阶段，但是 2008 年失业率开始攀升。

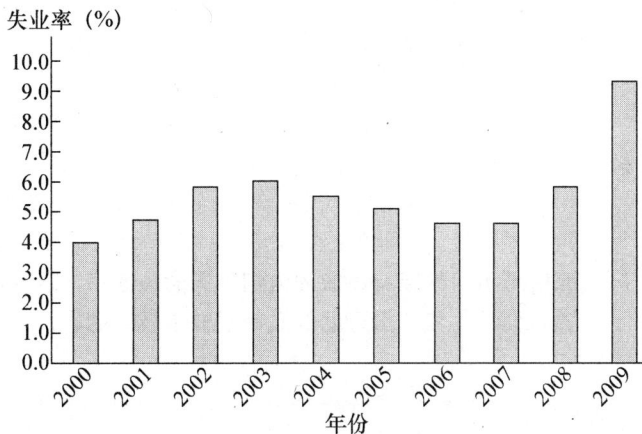

图 14—1 1992 年以来失业率水平的变化（基于表 14—3 的数据）

所选不同群体的失业率

就如表 14—3 中国家失业率所显示的那样，普通群体的相对失业率对一个国家的政策是至关重要的。表 14—4 给出了在 2008 年的这些数据（2009 年的分解数据暂时还不能得到）。在这些月份里，国家的平均失业率是 5.8%，我们可以用这一数据作为基准来衡量不同群体的失业率水平。

首先值得注意的是，所有男性的失业率是高于女性的失业率的。当然，不总是出现这种情况。实际上，一些经济学家认为，在经济处于衰退期间和以后的一段时间，女性的失业率是低于男性的失业率的。他们解释说"丧志工人"（dis-couraged workers）这一现象的存在只是暂时的。不管怎样，可能某一年份男性的失业率略高，然而下一年可能女性的失业率又略高。牢牢记住我们对雇佣人群的分类，即正在努力寻找雇佣机会的人。因此，任一没有在外寻求雇佣的全职家庭主妇都不包括在未被雇佣人群的统计数据中。

经济争论："我们并不是让你离开，我们只是让你暂且远离一会儿。"

许多工人发现他们并没有被解雇，但取而代之的是他们开始进入轮岗制。点击劳动力市场可以了解更多。

http://www.cengage.com/economics/econ-apps

表 14—4 　　　　　　　　美国不同群体的失业率水平（2008 年）

群体	失业率（%）
国家	5.8
男性	6.1
女性	5.4
16～19 岁的青年人	18.7
白人	5.2
非洲裔美国人	10.1
亚洲裔美国人	4.0
拉美裔美国人	7.6

资料来源：U. S. Department of Commerce, Bureau of Labor Statistics, http://www.bls.gov.

其次，注意比国家的平均水平高出三倍的青年人的失业率。年复一年，这一年轻群体一直是所有群体中失业率最高的。青年人找不到工作的部分原因是他们缺乏一个雇佣者应该具有的教育、技巧和经验。

最后，注意白人的失业率显著低于国家和平均水平以及远远低于非洲裔美国人和拉美裔美国人失业率的平均水平。非洲裔美国人的失业率常常是白人的两倍，而拉美裔美国人的失业率在非洲裔美国人的失业率与白人的失业率之间。这里，我们再次重申，我们指的失业人群仅仅是指那些正在努力寻找工作机会的人。很明显，失业的压力对于不同的群体而言不是天生平等的。**尽管有许多原因来解释不同种族和民族的人们不同的失业率，这些数据告诉我们，在第 5 章讨论的机会平等和积极行动的政策是非常重要的。**

测量失业率的问题

官方失业率让我们对于经济是怎样运行的有一个粗略的了解。我们相信如果失业率下降，那么经济就运行良好，但是测量的问题可能导致通过官方数据来理解失业的经济困难。

许多经济学家相信失业率低估了经济困难的真实程度，低估的原因主要有两个：第一，一个只从事有酬劳的兼职工作的人被认为已经被雇佣。尽管很多人宁愿从事兼职工作，而其他的许多人宁愿从事全职工作，并且需要全职工作来供养他们的家庭。当这些人只能找到兼职工作的时候，即使这些人在官方分类中被归类为已经受到雇佣，但是他们正经历经济的困难时期。

丧志工人：一个
有意向工作的人，由
于在工作寻找过程中
饱受打击，以致不再
寻找工作。

第二，那些想从事工作和实际上正在寻找工作的人在他们的寻找过程中感到如此的挫败，以致他们不得不放弃寻找工作。在许多方面，这些"**丧志工人**"可能是受到失业打击最严重的一个群体，而且他们只要开始停止真正寻找工作，那么他们就不再拖失业数据的后腿。当经济处于萧条阶段时，丧志工人的数目开始增加，对于失业的低估也就会更加严重。在 20 世纪 30 年代的大萧条时期，官方统计的失业率达到了 24.9%。许多经济学家相信如果把那些丧志工人也计算在内，那么失业率会更高。

我们已经提到了，在衰退期内及衰退过后的一段时间，女性的失业率常常低于男性的失业率。这就是在只有有限的工作机会的时候会发生的情形——越来越多的妇女开始"丧志"和离开劳动力市场。这就意味着即使妇女在劳动力市场可能面临着更多的困难，她们的实际失业率却可能低于男性的失业率。

经济学家相信对失业率衡量的失误可能导致严重的衍生灾难。首先，许多宏观经济政策的制定是基于失业率的，那么一旦失业率被低估，政策制定者可能低估问题的严重性而制定不足以解决问题的对策。其次，我们经济的变化对官方失业率有一个误导性的影响。比如，当经济衰退时，许多人由于找不到工作而不得不放弃找寻工作，之后他们完全从失业统计中漏出来，因为他们不再被归类为未被雇佣群体。因此，因为这些工人在现有的统计数据中被忽略了，官方失业率可能随着经济环境的恶化而不断下降。

失业的影响

个人影响

失业对于单个劳动者及其家庭的影响是显而易见的。当家里的顶梁柱丧失工作后，显然这个家庭的收入就会下降。**许多人没有察觉到，其实大多数失业群体没有收到失业补偿金。**失业补偿金是政府部门向符合条件的失业劳动者支付的一笔收入。一个人要想获得这项资格，必须首先拥有一份工作。即使那样，政府的数据显示，只有超过三分之一的被解雇工人拿到了失业补偿金，而且那些迫切需要这笔钱的低收入群体的受益却非常有限。对那些真正获得了失业补偿金的人来说，他们的受益也常常低于他们曾经的工作收入，而且失业补偿金也只在一个非常有限的时期内可以获得。劳动经济学家常常呼吁，失业补偿金制度必须修正，以保障能够反映现实的雇佣情形。

丧失工作的人不仅会丧失收入，也会遭受到其他的有形损失。其中的一个损失可能是与雇佣有关的健康福利，因此对这一福利的丧失，将影响到家庭成员的健康。另一个损失是在职工作经验的丧失，这可能降低失业人员的生产力和对市场的适应性。

失业导致了各种问题的出现，不仅包括完全的经济损失。在美国约翰·霍普金斯大学和其他组织的研究人员发现失业率与各种社会问题存在紧密的联系。当失业率上升的时候，我们一般会看到美国国内的暴力、离婚、酗酒、虐待儿童和自杀率的上升。

对宏观经济的影响

失业给个人带来的问题与给宏观经济带来的问题截然不同。回顾第 1 章所提到的生产可能性曲线，如图 14—2 所示。

我们都记得，当我们利用社会的资源和技术达到饱和状态时，我们就认为此时的经济正沿着生产可能性曲线运行。经济可能选择某点，如图中的 C 点进行生产，即生产 90 吨面包和 40 吨玫瑰。然而，如果我们有剩余的闲置资源，那么我们就不能释放出足够的潜在产能，当存在失业工人的时候，我们可能宁愿选择 U 点来代替原来的点，也许仅仅能够生产出 60 吨面包和 40 吨玫瑰。**失业的宏观经济问题是失业导致我们国家产出的下降。**在我们生活的世界里，只要存在稀缺，我们就必须开始关注，我们是否已经生产出了所有的潜在产能。

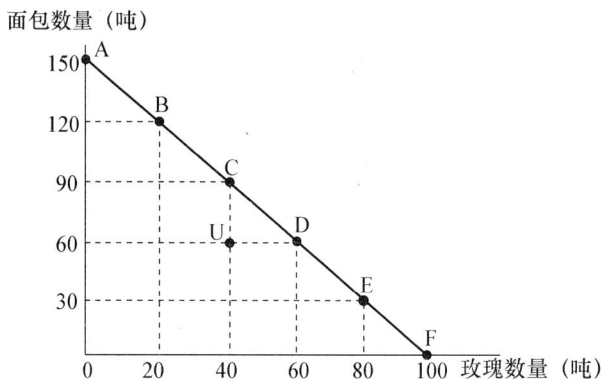

图 14—2　生产可能性曲线

失业的分类

有三种关于失业的分类：摩擦性失业、结构性失业和周期性失业。

摩擦性失业

你是否对于寻找你的第一份兼职工作还记忆犹新？你是否期待申请、面试以及被雇佣，而且期待你一开始找工作就能够找到工作？当然，现实是残酷的。同样地，当你手握学校的学位证书从学校毕业的时候，你可能对需要你花时间甚至经过漫长的等待才能获得一份真正的工作事实上不会再感到惊讶无比。在找到工作之前，有一段延时是正常的现象，同样地，当更换工作或者在经历一段时间的休整后重新进入劳动力市场，也会经历一段这样的时期。这是一种可预期的情形，我们定义这个情形为**摩擦性失业**。摩擦性失业反映了劳动力市场上"摩擦"的出现，即由于我们对于职位空缺的信息和商业公司对找寻工作的人的信息不对称所引致的。它需要雇主和受雇佣的人花费时间走到一起，来发现他们彼此之间的互补性，这是在所有工作空缺被填满前必经的程序。

摩擦性失业：当一个人寻找他的第一份工作、更换工作或者在离开工作后重新进入劳动力市场时，出现的一段正常的延迟时间所引致的失业。

因为摩擦性失业是非常正常的以及被定义假设了的临时性的失业，我们一般认为摩擦性失业不是严重的失业形式。实际上，许多人认为，对一个健康的经济而言，适当的摩擦性失业是必需的。我们需要人们得到更好的工作来维持一个有效率的经济。当然，工作寻找的时间越长，这种情形就会越严重。因此，我们对那些可以提高为雇主和人群提供工作信息的项目非常感兴趣。你的大学就业服务办公室、国家就业服务办公室和本地区的雇佣机构就提供这种类型的服务。从国家的层面上来讲，将工作寻找者的信息以及职位信息上传到互联网可以减少寻找工作所必须花费的时间以及最终让雇主牵手正在寻找工作的人。

结构性失业

现在思考一个比在刚毕业后找到你的第一份工作所耽误的时间更严重的问题。假如你的专业是基础教育学，你希望在一所小学找到一份当老师的工作。也许在你规划你的职业以及正踌躇满志地一心一意准备投身这份事业的时候，市场对于小学教师的需求却正处于非常高的时期。现在，假设在我们的经济中发生了一项改变。学生的数目正在减少，因此将全面减少对小学教师的需求。与此同时，对专业教师的需求量却在不断上升，因为更多的学区正在探索满足那些精神上和学习能力上有缺陷的孩子。这时专业教师的职位有空缺，但是许多非专业教师仍然找不到工作。这种情形就是结构性失业的一个具体案例。

就如名字所暗含的那样，**结构性失业**是由于我们经济的结构性转换所导致的失业。比如，思考在过去的几十年，我们国家经济需求的结构性改变。消费者对于一系列服务的需求，诸如健康服务、照顾孩子服务的需求等不断上升。然而在更早的年份，消费者的需求多集中于对制造业产品的需求。因此，在健康服务和照顾孩子领域的工作机会不断增多，然而在制造业部门的工作机会却不断减少。

技术进步是另外一个在我们经济中结构性改变的范例。在汽车产业中，机器人可以用机器来替代焊接工，从而导致在汽车行业内工作机会的减少，这种现象至少在短期内存在。与此同时，另外形式的技术进步所提供的工作机会不断增多，例如在计算机行业。然而，这些丧失了他们在汽车制造厂工作的焊接工，大部分不可能具有在计算机行业从事工作的本领。而且，大环境已经改变。比如，科学技术产业的形势大好的年份瞬间消失了，取而代之的是，我们正经历着在信息技术和通信产业的失业，尽管其他领域的工作机会增多，比如护理。

在结构性失业情形下的关键点是，可能对每一个失业者都存在一个工作的空缺，但是由于经济中的结构性环境，这些失业者不适合这些特殊的工作岗位。失业的焊接工是可以使用的，但是他们缺乏计算机产业所必需的技术。失业的炼钢工人也是可以使用的，但是他们缺乏在卫生服务领域所必需的教育水平。

导致人们不能从事那些空缺工作的其他结构性因素可能是现实的。一些工人可能缺乏照顾孩子的必备设施、遭受歧视、住在工作机会稀缺的市中心或者偏远的郊区。这就是说，在佛罗里达的服务部门的工作机会，对于生活在明尼苏达州北部铁矿地带的失业人口是没有意义的，因为明尼苏达州北部铁矿地带的失业人口根本不可能进入佛罗里达的工作市场。

许多人相信结构性失业是非常严重的，从而需要政府部门采取相关的措施。

结构性失业：由于我们经济的结构性转换所引致的失业，比如在需求或者科学技术上的改变。

经济争论："我们怎样帮助人们被雇主发现？"

在宏观经济学中寻找答案并点击劳动力市场。

http://www.cengage.com/economics/econapps

工作培训和教育项目很明显是非常重要的。所以，提供足够的照顾小孩的设施和实施反歧视的政策也同样是非常重要的。公共交通的便利对于生活在市中心的人们无疑是非常有帮助的，并且需要对于那些必须迁移才能找到工作的工人给予相应的迁徙补贴。最后，那些未被雇佣的学校老师可能需要重返学校来帮助他们学习更多的专业知识，从而让他或者她在就业市场上更加受欢迎。政府的这些介入就是最自然的宏观经济政策。

周期性失业

周期性失业：由整个国家的经济活动出现衰退而引发的失业。

周期性失业是在对失业分类的类型中与宏观经济和宏观经济政策联系最为紧密的。因此，这一失业类型是我们在本章和接下来的两章最为关注的。

周期性失业的定义是指——由于我们国家的整个经济在经济活动中出现衰退而引发的失业。相比之下，结构性失业是由于在整个经济内某个部门的变化而引发的失业，而周期性失业针对的一定是整个宏观经济的变化。当我们的经济处于扩张和生产扩大化阶段时，工作机会就会随之增多，经济运行过程中就会需要更多的工人来生产更高的产出。另一方面，当我们的经济处于收缩和产出减少时，市场上的工作机会也会随之减少。在经济处于下行阶段时，许多人丢掉了他们本来拥有的工作，而且许多人根本就不能找到他们的第一次工作机会。

经济争论："僧多粥少的就业形势。"
为了关注更多与就业有关的现实问题，你可以更好地学习宏观经济学并点击雇佣、失业和通货膨胀。
http://www.cengage.com/economics/econ-apps

这里值得我们注意的是，在周期性失业中我们假设在经济中存在数量不足的工作机会。在摩擦性失业中，可获得的工作机会数量与寻找工作的人数之间是相互匹配的，即仅仅是由于某些原因，这些求职者没有发现这个工作机会。在结构性失业中，在某个经济部门或者地理区域存在工作机会的丧失，但相应的，在其他的经济部门或者地理区域却有职位的空缺。这仅仅是合适的工作机会与求职者之间由于缺乏技能、教育、合适的地理位置或者其他形式的影响求职者不能得到这个工作机会的因素而出现的不协调。只有在周期性失业中，我们假设存在数量不足的工作机会。这时候，出台相应的宏观经济政策来激活经济，进而创造新的工作机会就显得尤为必要了。

充分就业

充分就业：不存在周期性失业，市场中的失业只是摩擦性失业或者结构性失业的情形。

你曾经听说过"充分就业"一词吗？也许此时你的脑海里会自然而然地想到，然后认为充分就业就意味着每个人都可以找到自己满意的工作，当然，这并不是充分就业的真正定义。**充分就业**是指不存在周期性失业的情形，也就是说，有足够的工作来满足那些想要工作的人。但是这并不意味着每个人都适合现存的工作，抑或是每个人都找到了工作。这就意味着在这个状态下存在的失业都是摩擦性失业或者结构性失业，而不是周期性失业。经济学家一般认为，4%～5%或者略微高一点的失业率就代表着充分就业。

尽管充分就业这个概念看起来很容易让人误解，但是实际上，充分就业这个概念是非常有用的。当经济达到充分就业状态时，就需要更多的信息、培训、教育或者其他的服务；但是这时用宏观经济政策来扭转经济就显得多余了。相反地，当经济并没有处于充分就业的状态时，就需要相应的宏观经济政策发挥作用。关于这些政策我们将在下一章探讨。

移民的就业影响

在美国国内和国外，移民一直是一个非常具有争议的话题。对移民的仇恨有一部分是来源于一些人心中的偏执，而更多的是这些人心中的恐惧——害怕大规模移民的涌入增加失业，从而导致工资水平下降。而现实生活中，大量涌入美国的非法移民仅仅加深了这种恐惧。

在美国国内，对于移民工人的两极态度大致可以用下列的表述来概括：(1) 移民几乎什么工作也不干，而且抢走了美国本地人的工作机会；或者(2) 移民努力工作，而且仅仅是从事美国本地人不愿意从事的工作。当然现实中的情形常常介于这两种情形之间。可能一些移民真的抢走了美国本地人的工作机会，其他的移民只是从事如果没有移民就不会存在的工作。

当我们的经济不景气的时候，许多美国人失去工作，对移民的这种仇视情绪就会升级发酵。有证据表明，这种对移民的仇视情绪会渗透到我们的公共政策当中。一些立法者严格审核移民享有福利待遇的资格并提出新要求——即福利的接受者和市民资格的申请都必须用英语来填写申请表格和参加审核考试。这项新要求对于年老的移民尤为困难，因为对于他们来说学习一门新的语言困难重重。其他人寻求取消对于非法移民的儿童的公共救助，例如，健康医疗保障、公共教育，尽管如果这些儿童出生在美国就拥有合法的公民地位。而从另一方面来看，不管是合法移民还是非法移民，我们注意到大多数移民像许多美国人的移民祖先一样，寻找如那些祖先们一样的工作并希望他们的家人生活得更好。移民们期待在我们的学校、工作单位和社区能够像朋友和邻居一样为美国人所欢迎，当然我们很多人就是这样做的。而且，移民们发现他们在语言和文化上被孤立，从而更加害怕在法律地位和语言障碍上遭到取笑和歧视。①

在乔治·W·布什总统的第二任任期，关于移民的讨论更加激烈。布什总统提议了一个双重法案——一方面是为已经在这个国家的人提供工作签证，另一方面却提出更加严格而又宽泛的障碍来限制更多的非法移民。保守党内部对于移民问题的立场也是泾渭分明，在这个国家里，许多人都反对任何关于非法工人的提议，但是其他人却对廉价的移民劳动力进入就业市场持欢迎态度。自由主义者、教会组织以及其他注重平等的人士都反对新近提出的房屋提案，该提案将给予非法移民以非常严重的处罚，其中包括在享受健康服务之前必须出示一份证明材料。最终，由于国会和参议院在移民法案上的分歧，导致了这个法案没有被通过。然而，大环境已经悄然生变，2007年国会选举中大多数民主党人士当选，布什总统在2007年1月发布的国情咨文演说中一再强调他将致力于移民改革。他呼吁一个临时的工人法案以及为移民提供一个转化为公民的路径，总统还指

---

① Patricia Zapor，"Labor Day：Challenges，Rights of Immigrants，" Catholic News Service，*The Superior Catholic Herald*，August 31，2006．

出，"我们需要高举我们兼容并包的优良传统来欢迎以及吸收那些新移民"①。但是，具有讽刺意味的是，布什总统在移民法案这一问题上与国会的许多民主党人士而非共和党人士一致，而且随着本书的出版，奥巴马总统承诺在2010年就移民问题进行全面的整改。在如今的美国，主要的问题就是对于1 200万非法移民是否存在一条属于他们的"公民之路"。许多人坚信，唯有解决了移民的法律地位问题，这些移民们才可能在劳动力市场上自由流动，让他们自己真正地融入社区，以及结束在非法工作单位常常发生的残酷剥削。

造成移民问题的原因当然非常复杂，但是至少移民问题中的一部分原因是经济问题，因此，我们开始探讨移民对于美国劳动力市场的经济效应。首先，我们注意到其实许多移民具有良好的教育和高超的技能，然而，如果我们在短期内把目光集中于低水平的移民，大规模的移民将导致低水平移民供给的增加，从而降低这些工人的工资水平。低水平劳动力市场的状况如图14—3所示。这一图形中的供求关系与我们所考虑的不同商品和服务的供求关系是一样的，但是不同于产品数量的计量（比如玉米的单位是蒲式耳），我们在横轴上关于劳动力的计量与产品的计量是不同的（比如工人的数量）。图14—3纵轴指的是劳动力的价格，也就是工资率。需求曲线D代表商业公司（以及其他的个人招收低水平的工人）对低水平劳动力的需求。S曲线是指在低水平的劳动力市场，从事低水平劳动力服务的美国本土工人。在该图的均衡点上，均衡工资是每小时8美元，美国工人均衡数量是100 000人。

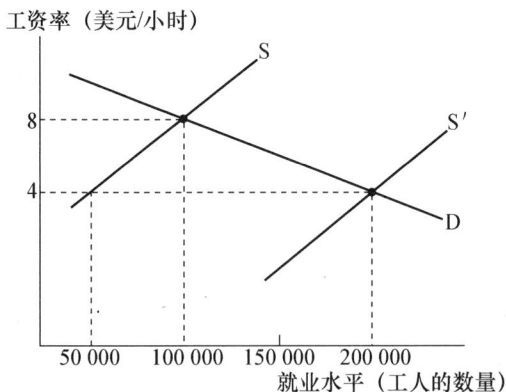

图14—3 美国劳动力市场在存在移民或者没有移民的情况下对低水平工人数量的需求

横轴表示劳动力的数量（即工人的数量），纵轴表示劳动力的价格（即工资率）。需求曲线D是指对于低水平技能工人的需求，S曲线是指在低水平技能劳动力市场，从事劳动服务的美国本地工人。图中的均衡工资是每小时8美元，均衡数量是美国工人100 000人。低水平移民工人的增加将使得供给曲线向右移动至S′，这时将使工资率下降为每小时4美元。因此，当工人的总数量达到200 000时，美国本地工人的数量只有50 000人。（这里需要注意的是，为了达到理论上的结果，供给量的增加和工资率的下降在这个案例中放大了。）

现在我们开始讨论大量的只有低水平技能的移民工人的影响。由于这些移民

① President George W. Bush，State of the Union Address，January 23，2007.

的进入，低水平工人的供给曲线向右增加至 S′，该曲线不仅包含美国本地工人也包括移民工人。供给的增加导致均衡工资率下降至每小时 4 美元。就业工人的数量增至 200 000 名。但是这里值得我们注意的是，从事低水平服务的美国本地工人劳动力的就业数量现在只有 50 000 人。其余工作机会都给了移民工人。**所以，我们可以得出，大规模的低水平移民工人对劳动力市场的影响是——这些移民增加了低水平劳动力的供给，因此减少了低水平劳动力市场的工资率。**在越低的工资率水平上，越来越多的美国工人不愿意从事低水平的工作，这时，更多的移民会填补这些空缺，从而从事低水平工作的移民数量越来越多。一些特殊的低水平市场，例如国内工人市场、旅馆的女服务员、修理屋顶的工人、季节性的农业劳动力都可能通过这些方式受到大规模移民的影响。然而，研究表明，如果移民已经存在，这些影响其实是微乎其微的。[①] 这里也需要注意的是，为了达到理论上的结果，供给量的增加和工资率的下降在我们的这个案例中是放大了的。

在一个更长的时间周期后，移民的影响越来越模糊。更低的工资降低了公司的产出成本，从而提高了它们的利润。在这种情形下就可能使得商业扩张，随之产生更多的雇佣机会。美国消费者就可以用更低的价格购买到品种更丰富、服务更周到的产品和服务。因此，由于移民的进入而导致的劳动力数量的扩大将提高劳动生产率、经济增长水平和工作机会。当然，移民也是消费者。当他们自己购买食物、衣服以及房子时，这也导致了为了生产出更多的产品，而相应增加对于劳动力的需求。所有因素汇聚起来导致了经济的增长以及工作机会的增加。而且，研究表明，移民作为一个群体，相比美国本地公民更具有创业精神，他们更加倾向于发展自己的企业。

还有最后两个因素值得一提。首先，解决移民问题，实际的解决方案绝不是设置铜墙铁壁、更多的武装力量以及越来越多的边防人员。真正的解决之道应该是帮助其他国家的人民脱离贫穷，正是这种贫穷和走投无路才会让人们即使面临死亡的危险以及人格尊严的丧失仍愿意来到美国，成为这个国家的非法移民。最后，从一个非经济的角度来看，美国得益于越来越多样化的文化，毕竟，我们是一个移民国度。

最低工资的就业影响

最低工资：法律上规定的劳动力的最低价值（工资）。

关注失业和劳动力市场的另一个议题是最低工资问题。联邦的最低工资在 2006 年是每小时 5.15 美元（除了少数例外）。自 1997 年起，最低工资就没有提高。之后，联邦最低工资上升到 2007 年的 5.85 美元，2008 年的 6.55 美元，以及 2009 年的 7.25 美元。个别州政府已经选择了更高的最低工资，但是一般情况下，州政府制定的最低工资只能比联邦政府的高而不能低。

分析最低工资的影响，我们可以回到我们在移民的讨论中所引用的低水平劳

---

① Roger Lowenstein, "The Immigration Equation," *The New York Times Magazine*, July 9, 2006, pp. 36-43, 69-71.

动力市场的图形。如图 14—4 所示，横轴表示劳动力的数量（工人的数量），纵轴表示工资率，D 曲线代表对于具有低水平技能的劳动力的需求，S 曲线代表具有低水平技能劳动力的供给。在这个例子中，我们假设均衡工资率是每小时 5 美元，均衡劳动力数量是 100 000 个工人。

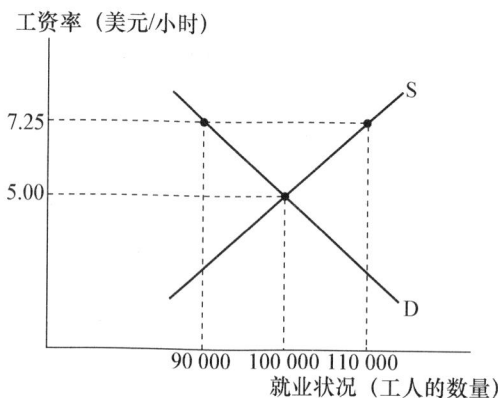

图 14—4　具有低水平技能劳动力市场的最低工资

横轴代表劳动力的数量（工人的数量），需求曲线 D 表示对于低水平技能劳动力的需求，供给曲线 S 是低水平技能劳动力的供给。均衡工资是每小时 5 美元，均衡数量是 100 000 个工人。7.25 美元的最低工资导致劳动力供给增加至 110 000 个工人，而对于劳动力的需求却只有 90 000 个工人，从而导致劳动力过剩，剩余劳动力为 20 000 个工人。

经济争论："最低工资的上涨是否导致失业率的上升？"

如果你想获取关于这方面的更多信息，可以看看收入分配和贫困分类。http://www.cengage.com/economics/econapps

最低限价：对于一个商品或者一项服务法定的最低价格。

假设政府认为将工资率降到每小时 5 美元过低。人们可能认为这个工资水平是贫困线，从而不再对那些努力工作一天的工人提供补贴。这种工资理所当然是不平等的。因此，政府决定设立每小时 7.25 美元的最低工资。最低工资类似于在第 11 章讨论农业时提到的最低限价。最低限价是为了给农产品的供给者提供帮助，不管他是玉米的供给者或者是劳动力的供给者。**最低限价**使得如果你给出的价格（或者工资）低于既定的最低限价就是违法的，因此，最低限价代表最低的价格（或者工资）。

在图 14—4 中指出的最低工资是 7.25 美元。我们注意到，在只有低技能的劳动工人市场，最低工资是高于均衡工资的。如果设置的最低工资低于均衡价格，那它就肯定不会对市场有影响。在前面我们提到过——最低工资仅仅是为了防止工资率低于最低水平。它并没有限制支付的工资高于这个最小值，即没有上限。如果最低工资低于市场均衡工资，那么就会自然地被均衡工资率所取代。

我们可以通过观察图形中提升工资率后低技能劳动力的需求曲线和供给曲线的变动来得出最低工资的影响。在劳动力的需求曲线上我们发现一个点，与该点相对应的是对劳动力的需求量 90 000 人。这一需求量是合理的，因为一旦劳动力更加昂贵，商业企业就会想尽办法裁减工人的数量。在劳动力的供给曲线上我们发现一个相对较高的点，与该点相对应的劳动力的供给量是 110 000 个工人。这一供给数量也是合情合理的，因为一旦工资上涨，就会有更多的人愿意工作。这就导致了不均衡情况的出现——劳动力的供给量（110 000 个工人）大于劳动力的需求量（90 000 个工人）。存在劳动力剩余，换句话说就是最低工资创造了一些失业。尽管最低工资对一些工人是有益的——这些人可以找到工作而且能够拿到更高的工资，但是最低工资也损害了其他工人的利益——这些人开始失业。商业企业同样也是受害方——由于它们被迫支付更高的工资，因此，最低工资的影响是复杂的。

尽管我们在前面用图形探讨了最低工资的影响，并得出最低工资可能对一些只有低技能的职业是合适的，但是在美国，最低工资对于大多数职业是不适用的。在那些具有更高报酬的职业中，最低工资肯定低于均衡工资，因此，在这些职业中，最低工资制度是失效的。在有更高报酬的职业中，最低工资并没有提高工人工资，也没有创造失业，这种分析是有道理的，因此，我们讨论最低工资，仅仅针对的是只需要低技能的职业。即使那样，一些经济学家仍然坚信，即使最低工资对就业有影响，这种影响也必然是非常小的。

由于最低工资在带来好处（更高的工资）的同时也会滋生一些问题（失业），那么是否存在一种比最低工资更有效的针对辛勤劳动的个人的报酬呢？**许多经济学家都讨厌人为的价格，不管是最高限价还是最低限价。他们反对这些措施是因为这些措施导致了不均衡情形（短缺和剩余）的出现，而且打击了市场的积极性。因此，直接给予目标群体以帮助往往是更有效的。**如果我们关注的视角是那些接受贫困工资的人，那么对政府而言，一个直接的解决方案就是补贴工人的差价，这种差价是指他或者她所获得的工资与最低生活保障之间的差价。许多人对这种解决方案持反对意见，因为这种方案看起来像是赤裸裸的金钱施舍，但我们需要看到的是，这种方案避免了由于最低工资所导致的市场失灵。我们在第 6 章"美国贫困问题"中详细地讨论了所得税抵免，这确实给我们提供了另外的选择方案。这种**所得税抵免**减少了收入低于一般水平的工人的税收（或者直接给予补贴）。这种方式当然会帮助到那些低收入人群，尽管大多数工人仍然是贫穷的，但是扩张的所得税抵免方案仍然提上了议程。

所得税抵免 (EITC)：联邦政府给予低收入工人和他们的家人的一种所得税抵免。

通货膨胀

通货膨胀：宏观经济中，平均价格水平的上升。

通货紧缩：宏观经济中，平均价格水平的下降。

消费价格指数 (CPI)：由代表性的城镇家庭购买的，一个固定篮子中的商品和服务的加权平均价格。

1979—1980 年，在美国，通货膨胀并没有成为严重的问题，这时候伊朗爆发了战争从而减少石油对美出口，因此，推高了石油的价格（其他价格也随之走高）。实际上，直到 2007 年底，经济的主要问题不是通货膨胀，而是衰退。

我们在本章开头已经提到了，**通货膨胀**是指平均价格水平的上升。因此，就像你能猜到的那样，**通货紧缩**就是平均价格水平的下降。我们中的大多数人经历的都是通货膨胀，所以通货膨胀就成为我们关注的焦点。但是在开始学习通货膨胀之前，我们需要回顾经济学家是怎样计算通货膨胀率的，即**消费价格指数 (CPI)**。

消费价格指数就是指我们常常提到的生活成本，它的定义就是由代表性的城镇家庭购买的，一个固定篮子中的商品和服务的加权平均价格。在 20 世纪 80 年代初，我们的研究集中于决定哪些商品和服务属于这个篮子，以及由美国家庭购买的这些商品和服务的数量。平均水平或者具有代表性的城镇家庭就是在那个时候决定的。由这些代表性城镇家庭购买的篮子中的商品和服务很多年都没有变换，直到制定出一个新的调研报告。这个固定篮子中的商品和服务的价格是基于一系列城镇商店中的价格；在这个篮子中，这些商品的加权平均价格的计算是基于如下理念的——即大量购买的商品价格的权重多于少量购买的商品价格的权重。也就是说，如果一个代表性家庭购买 10 条牛仔裤和一个影碟，当计算这个篮子的平均价格时，牛仔裤的价格权重是影碟价格权重的 10 倍。

因为 CPI 只是一个指数，这个篮子中居民购买的商品和服务的加权平均价格是不断更新的。我们暂且不考虑在本章附录中即将讨论的消费价格指数的实际意义。尽管这样，我们仍必须铭记于心的是，合成的 CPI 实际上并没有告诉我们在一个特定年份里的价格。CPI 告诉我们的仅仅是当一个年份与另一个年份相比较时，价格的变化。

用消费价格指数来计算通货膨胀率是轻而易举的。我们用当年的 CPI 减去上一年的 CPI，然后除以上一年的 CPI。例如，如果 2016 年的 CPI 是 200，2015 年的 CPI 是 180，那么我们可以据此计算通货膨胀率，计算过程如下：

$$\frac{2016 \text{ 年的 CPI} - 2015 \text{ 年的 CPI}}{2015 \text{ 年的 CPI}}$$

或者

$$(200 - 180)/180 = 20/180 = 0.11 \text{ 或者 } 11\%$$

在这个例子中，2016 年的通货膨胀率是 11%。（我们要时刻注意到小数点，比如此处的 0.11 可以通过把小数点向右移动两位同时增加一个百分号而转换为百分数。即 0.11 变成了 11%。）

通货膨胀率的非精确性

我们在前面讨论失业率时就已经提到了，失业率有低估失业的真实状况的情形。**我们将要看到的是消费价格指数倾向于系统性地高估通货膨胀的真实状况，其中有两个原因，而这两个原因都与固定篮子中的消费商品和服务这一问题相关。**

由一个代表性家庭购买的篮子中的商品和服务在一些年份中，是被有意地假设固定不变的，以至篮子中价格的改变仅仅反映价格的变化，而不包括服务和商品自身数量的变化。因此，在一个调查的年份中，如果一个代表性家庭购买 100 个汉堡包、一台电脑和 1 000 加仑的汽油，我们假设这个代表性家庭在以后的年份中都是购买同样的商品相同的数量。如果在以后的年份，消费者将更多的钱用于消费，这是因为这些商品价格上涨而不是消费者购买数量发生变化。（我们已经假设消费者购买的数量是固定不变的。）

然而，当我们忽视商品或服务数量的变化的时候，我们同时也忽视了一个现实，那就是当一种商品价格上涨的时候，消费者将减少在这个商品上的消费数量。比如，在能源价格上涨的时期，就好比我们在近些年经历的那样，消费者就会减少他们的能源消费量。他们可能待在家里、更多地驾驶节约能源的汽车、关闭恒温器和空调等等。当我们假设消费者购买一个固定的商品篮子的时候，我们忽视了一个事实，即消费者减少了他们的能源购买量（包括汽油），这时相比固定篮子中消费者购买商品的价格，实际的购买价格下降了。因此，基于一个固定篮子假设的通货膨胀率被高估了。

同样地，我们在计算 CPI 时会考虑到消费者购买的商品篮子中商品的质量的一些变化，但是，其他的许多质量变化却忽略了。我们可能记录了一个特殊商品的价格上涨，比如个人计算机，而没有考虑到计算机质量上的改进。我们把价格的上升作为通货膨胀的警报器，然而，其中至少有一些商品价格的上涨可能是由于商品自然的改进（它的质量）而导致的。在这一情形下，消费价格指数同样高估了通货膨胀问题。

通货膨胀率的准确性这一议题往往不是绝对科学的。当然，如果政策的制定者们设计出更合适的政策，那么他们就能了解到精确度问题的严重性。如果通货膨胀问题是高估的，这时推出相关的政策来减轻通货膨胀就可能是不合时宜的。其他的实际问题包括**生活成本调整**（COLA），涉及一些工资合同、社会保障福利以及其他的支付条款都是依据通货膨胀进行调整的。就像在第 9 章"社会保障"中提到的，政治家们都是寻求减少社会保障福利，他们往往通过提供低于由消费价格指数计算出的通货膨胀的估计值，从而为社会保障福利提供一个更加适度的通货膨胀调整区间。这种不得人心的措施还没有得到立法认可。

生活成本调整 (COLA)： 当平均价格水平上升时，自动地对收入或者福利进行调高。

数据

尽管消费价格指数问题重重，但是这并不妨碍经济学家和政策制定者们继续使用它。表 14—5 表示在 1970—2008 年基于消费价格指数的通货膨胀率。我们可以看到在 1980 年通货膨胀率非常高，达到 13.5%，以及自 1992 年以来，一个相对较低的通货膨胀率水平。

尽管 2009 年的数据没有在表中呈现，但是 2009 年前几个月份的数据是可以获取的。2009 年 1 月的通货膨胀率是 0.03%，2 月的通货膨胀率是 0.24%，在 3 月和 4 月，分别是 -0.38% 和 -0.74%。这里你无须质疑的是，此处的通货膨胀率的确是负的！我们注意到，在早期的许多年中，我们并没有看到负的通货膨胀率。在 2009 年这几个月，负的通货膨胀率（或者通货紧缩率）反映了一个事实，那就是美国正在经历非常高的失业率以及消费者的消费能力正在缩减。低的消费支出也导致了低的通货膨胀率（或者负的通货膨胀率）。

表 14—5　　　　　　　　　　**美国的通货膨胀率[a]（1970—2008 年）**

年份	通货膨胀率（%）	年份	通货膨胀率（%）
1970	5.8	1999	2.2

续前表

年份	通货膨胀率（%）	年份	通货膨胀率（%）
1980	13.5	2000	3.4
1990	5.4	2001	2.8
1991	4.2	2002	1.6
1992	3.0	2003	2.3
1993	3.0	2004	2.7
1994	2.6	2005	3.4
1995	3.4	2006	2.5
1996	3.0	2007	2.9
1997	2.3	2008	3.9
1998	1.6		

a. 以 1982—1984 年的平均 CPI 作为基期而得出以上各年的 CPI，从而得出的通货膨胀率。

资料来源：U. S. Department of Commerce，Census Bureau，http://www.census.gov.

恶性通货膨胀

在美国，超过 10% 的通货膨胀率就被认定为是非常高的通货膨胀率水平，但是世界上的许多国家正在经历比这一水平还要高得多的通货膨胀。比如，许多拉丁美洲的国家曾普遍经历高达百分之几百，甚至达到百分之几千的通货膨胀。例如，在 20 世纪 80 年代和 90 年代，巴西的通货膨胀为 2 739%，阿根廷为 3 080%，秘鲁为 7 650%，尼加拉瓜为 14 316%。许多东欧国家在它们向市场经济转轨期间，也经历了非常高的通货膨胀率水平。比如，俄罗斯在 1992 年的通货膨胀率就达到 1 353%。然而现在还没有国家经历这么高的通货膨胀率（除了津巴布韦），缅甸的年平均通货膨胀率水平维持在 24%，刚果共和国是 30%，安哥拉是 54%，以及 2000—2007 年，津巴布韦的年均通货膨胀率就曾达到令人震惊的 498%。[1]（当本书出版时，津巴布韦当月的通货膨胀率达到百分之几十万！）在这么高的通货膨胀率的背景下，钱几乎一文不值。没有人愿意储蓄，因为当平均价格水平上涨的时候，储蓄的钱的价值迅速贬值。这时候，看起来最明智的行为就是你一收到钱就赶紧花掉，因为物品起码是保值的，然而钱不是！在去一个非洲国家的旅途中，本书作者打算用 10 美元的钞票（兑换成本地的钞票）来购买纪念品，但是由于通货膨胀，她最终用装满一整袋的 20 000 张小额单位的南非钞票来购买这些纪念品。在其他国家，人们甚至用独轮手推车或者婴儿推车装满钱进商场购物。

当经济受到非常严重的通货膨胀影响的时候，即使用独轮手推车装钱，商品的价格在消费者离开商店之前就有可能上涨。在你观看电影的时候，电影票的价格就可能上涨！当你睡觉的时候，你寄宿的旅馆的价格可能翻番！（的确，你们的作者也同样经历了这样的事情，当她平静地在俄罗斯一个小型公寓睡觉的

---

① The World Bank，*World Development Indicators 2009* （Washington DC：The World Bank，2009）.

无论是出现哪一种情形，即使有一整车的钱也可能不足以支付这项账单。在这样的情形下，人们就可能倾向于发生**易货交易**，因为他们的钱根本不值钱。像这样严重的通货膨胀就是我们定义的**恶性通货膨胀**。

易货交易：用商品和服务直接兑换其他商品和服务，而不使用货币。

恶性通货膨胀：非常高的通货膨胀率以及随之发生的钱几乎不值钱。

许多人害怕通货膨胀是因为他们认为这样发展下去会导致恶性通货膨胀的出现，但是恶性通货膨胀常常发生在那些正在发生战争、改革或者其他严重的经济破坏的国家。恶性通货膨胀基本不会成为美国关心的问题——即使曾经出现过严重的经济灾难，联邦储备系统和政府部门的政策措施可以减轻通货膨胀的影响。在下一章，我们对这些措施进行检验。

通货膨胀的影响

通货膨胀一般并没有你想象的那么严重，至少不是以你可能预见到的方式。人们假设平均价格水平的上升就意味着我们作为个人，同样的钱不能像过去那样购买到那么多的商品和服务。也就是说，通货膨胀降低了我们的**购买力**。实际上，一段时间内的通货膨胀以及通货膨胀本身并没有如此大的影响力，因为我们的购买力不仅取决于商品与服务的价格水平也取决于我们的收入。如果平均价格上涨10%，同时我们的收入也上涨10%，那么我们的购买力并没有改变。除非其他因素出现，在一段时间内，一个国家整体的收入水平是与购买力水平相伴上升的。因此，我们国家的购买力并没有受到损伤。

购买力：购买商品和服务的能力。

然而，存在其他与通货膨胀相联系的问题。这些问题可以归类为再分配、不确定性、菜单成本以及国际影响。

再分配

经济争论："通货膨胀威胁到经济的健康发展。"

你可以通过更好地钻研宏观经济学以及点击雇佣、失业和通货膨胀获取更多关于通货膨胀的知识。http://www. cengage. com/economics/econa-pps

尽管我们所有人作为一个整体的购买力并没有受到通货膨胀的损害，但显而易见的是，在这个国家里，总是有一部分人获得更多，另一部分人却丧失更多。而其他人的经济状况却不会发生改变。

让我们以社会保障的接受者作为例子来考虑这个问题。因为社会保障项目内置了一个自动的生活成本调节器，因此社会保障福利会随着通货膨胀率的上升而上升。比如，如果在任一给定年份，通货膨胀率是4%，那么社会保障福利就会相应增加4%。在这一方式下，社会保障福利的接受者们在发生通货膨胀的这段时间里的购买力并没有发生改变。

另一方面，其他人的购买力将会遭受损失，如果他们的收入不能及时地随着价格水平的上升而上升。退休者们领取的是私人保险金（不是社会保障福利），那么那些签订了长期劳动合同的工人以及福利的接受者就可能认识到他们购买力水平的下降。公务员，包括公立学院和大学的教授都可能遭受到这种损失。通货膨胀对这部分人群的负面影响将会被对那些看到他们收入的上升速度超过平均价格水平的那部分人（比如受到强有力的团体保护的工人）的有利影响所抵消。尽管人们中的一些群体将抵消其他群体的损失，以致整个国家的购买力水平不会发生改变，但显而易见的是，在发生通货膨胀的这段时间，这个国家的一些人受益，同时另一些人却遭受了损失。

在通货膨胀期间，债务人通常被认为是受益方，然而债权人却有损失。想象一下，假设你借给你最好的朋友 100 美元而且协商好你的朋友支付 3% 的利息。从现在开始的一年以后，你期待你能够收回你的本金 100 美元以及 3 美元的补偿，这种补偿是因为在这一年里你丧失了这 100 美元的使用权。然而，在这一年里，年通货膨胀率达到 7%，这时，你在这一年年末收到的 103 美元就不能买到你当初把 100 美元借给你的朋友所能买到的那么多商品了，你损失了，但是你最好的朋友却赚到了（这时他还是你最好的朋友）。

然而，值得注意的是，当大多数贷款人签订一项借款合同的时候，合同中已经包含通货膨胀的影响。如果银行期望收到的利率是 10% 以及预期这一年的通货膨胀率是 5%，那么银行就会按 15%（10% 加上 5%）的利率出借资金。通过这样一种方式，银行保护了自身免于遭受到通货膨胀的影响。在通货膨胀的情形下，借款人得利与贷款人损失的状况仅仅出现在通货膨胀是没有预期到的情况下。当通货膨胀高度可变时，借款人和贷款人可能就没有意愿签订借款合同，不确定性导致了经济活动速度放慢。

不确定性：低效率与风险规避

这里提示了通货膨胀的另一个问题：价格的不确定性导致的低效率。假设在过去的 20 年中每年的通货膨胀率是 3%。在这一情形下，我们的经济决策有准确可靠的信息作为基准。但是另一方面，假设每年的通货膨胀率都是剧烈变化的，而且没有人能够精确地预测接下来几年通货膨胀率的水平。这时你将对你是否能够支付得起四年的学费感到怀疑，其他人将在他们的决定中犹豫不决，即是在一些年后当他们的经济条件已经稳定的时候购买一辆车或者一套房子，还是在价格水平上涨前即现在就购买。商人将在未来的几年中不能够预测产品成本、收益或者收益率，同时他们对是否购买一项特殊的投资项目举棋不定。我们的共同决定在面对通货膨胀的不确定性时可能是不确定的。而且，如果我们是风险规避的，即我们不愿意承担风险，我们有可能什么都不做而不是冒险制定一些错误的决定。你可能决定不去上大学，其他人可能决定不买房子或者小汽车，商人决定放弃具有产出潜力的投资。当我们减缓我们的经济活动时，我们也在减缓我们的经济增长。普通人和商人都不愿意签订长期合同和从事长期的经济活动。当通货膨胀率非常高或者反复无常的时候，通货膨胀不确定的影响通常非常严重。

菜单成本

菜单成本：当发生通货膨胀的时候，与重新打印菜单、更改成本明细表、调整电话和自动售货机等行为相关的成本。

当每年的通货膨胀率是 2% 的时候，餐厅的老板就会考虑在这年的年末重新编制菜单，提高菜单上的价格。然而，如果每年的通货膨胀率是 15%，餐厅的老板就可能会每个月更改一次菜单，更有甚者，可能是每个星期更换一次！这些基于通货膨胀而做出的调整，也就是我们所说的通货膨胀的**菜单成本**。然而，这些菜单成本不仅仅出现在餐厅。在飞行航行和公交线路必须更改价格明细表、自动售货机和投币式公用电话必须更改价格和投币口更换的时候，这些成本都会出现。这些成本常常被认为是不太严重的，但是当通货膨胀率非常高以及剧烈变动的时候，菜单成本（就好比通货膨胀的不确定性）就可能导致更加严重的问题出现。在 20 世纪 90 年代，俄罗斯的投币式公用电话成为最廉价的商品，仅仅是因为官方人员不能够及时地像通货膨胀上升的速度那样快地改变投币口的尺寸。

国际影响

最后，在任意国家，通货膨胀的另一个问题是，通货膨胀可能导致在本国的价格比其他国家的价格水平高。如果美国的通货膨胀率是 4％，日本的通货膨胀率是 1％，那么福特汽车就可能比丰田汽车价格上涨得更快。美国和日本的消费者都可能受此影响来购买丰田汽车而不是福特汽车，因此，在增加美国进口水平的同时，减少美国的出口。然而，随着全球经济相互依赖程度的加深，在任意一个工业化国家发生通货膨胀都有可能传导到其他的工业化国家。因此，发生在美国的通货膨胀不仅会影响到美国自身及其贸易金融伙伴，也会影响到其他的国家。

通货膨胀的类型

需求拉动型通货膨胀：当经济中任意部门提高它们对商品和服务的需求时导致的通货膨胀。

成本推动型通货膨胀：由于产出成本的上升所导致的通货膨胀。

利润推动型通货膨胀：当商家利用市场势力限制产出，从而提高价格和利润水平所导致的通货膨胀。

通货膨胀的类型是根据导致通货膨胀发生的原因进行分类的，我们在下一章深入了解通货膨胀的类型和何种宏观经济环境导致了通货膨胀的出现之前，在本章进行简要介绍。首先，**需求拉动型通货膨胀**是由于经济中任意部门（消费者、商人或者政府）提高它们对于商品和劳务的需求。**成本推动型通货膨胀**是由于成本的上升导致的通货膨胀，比如能源价格或者工资的上涨。（在 20 世纪 70 年代出现的能源价格上涨就属于这一类型的通货膨胀，即成本推动型通货膨胀。如今，持续上涨的能源价格再次威胁着同样的问题的出现，尽管这次价格上涨的幅度相比 20 世纪 70 年代那次要小。）最后是**利润推动型通货膨胀**，它是市场势力的结果，由于商家故意地限制产品的产出从而提高价格和利润所导致的通货膨胀。

失业和通货膨胀哪个问题更严重？

政策的制定者常常面临着这样的问题：失业和通货膨胀，到底哪个问题更严重？这是一个非常重要的问题。这个问题的答案大部分是基于谁来回答这个问题。失业人员自然认为失业是更严重的问题。政府的转移性支出可以减轻失业对个人的影响。因此失业对个人的影响在不同的国家是不同的，对于美国这类国家肯定低于墨西哥这类国家。例如，墨西哥这类国家常常对于失业是缺乏一个合理的安全保护网的。不过失业对于美国的大多数公民也非常严重。而且，失业对我们国家产出的影响是不可以转嫁的。由于资源闲置导致今日的产出下降，将使得明天我们没有足够的商品可以消费。

一个靠固定收入生活的人将会认为通货膨胀是更为严重的问题。这对于那些收入上涨的速度不能够随着价格水平快速提高的人来说确实是一个非常严重的问题。许多人建议，对所有的经济合同都引入一个生活成本调节来减轻问题的严重性。因此，所有的工资合同、养老金计划、借款和租赁协议、福利项目以及最低工资都将随着平均价格水平的变化来提供收入或者福利，就像社会保障福利那样。尽管这类措施将消除一些不平等、不确定性以及低效率，但是它不能根治菜单成本和国际影响所带来的问题。

政策的制定者们即将面对的是现实的世界，以及在失业和通货膨胀中衡量政策的结果，从而制定出困难的决策。**我们在下一章将要看到，在某种意义上，常常是一种权衡，即一项政策在导致失业率下降的同时，也将提高通货膨胀率，反之亦然。**如果我们正在与失业做斗争，我们希望刺激经济，这样就可能导致通货膨胀的发生。如果我们关注的是通货膨胀，我们尝试收缩经济，就会提高失业率。

就像我们在数据中看到的那样，尽管我们看到前一年的经济状况非常好，但是下一年就可能出现问题。我们的近代史就散布着关于失业和通货膨胀的严重问题。尽管我们现在的政策制定者已经有了足够的资本来防止大萧条时期那种状况的重演，当然也就不可能再出现那么严重的失业水平。就像商业的自然周期，经济活动不是在低谷就是在高潮。在下一章我们将检验政策的类型，这些政策用于防止严重的不稳定并处理棘手的通货膨胀和失业率之间的问题。

最后的提醒

在第 12 章 "国际贸易" 中我们提到了童工。这个话题也与本章讨论的失业问题相关。联合国国际劳工组织（International Labor Organization）的数据显示，在当今世界上有超过 2 亿名儿童成为劳工，从事对他们的智力、身体以及心理有害的工作。童工常常是贫困的产物，而不让儿童接受教育，将永远固守他们的贫穷。儿童从事工作是用来维持自己的生活以及供养他们的家人，而这种行为常常是非法的。有时，使用童工的非法性又常常迫使对童工的使用转入地下，从而使得从事工作的孩子的生活状况更糟。几乎有四分之三的儿童从事的是童工中条件状况更糟的工作，包括武装冲突、奴役、性剥削以及危险系数高的工作。[1]

如果你想了解更多关于童工的事情，你可以访问国际劳工组织的网站（http://www.ilo.org），也许你的同学或者学生社团组织有意发起一个更大的项目来吸引人们关注童工问题。当你们开展校园倡议活动时，国际劳工组织网站可以

---

[1] The International Labour Organization，*Child Labour*，http://www.ilo.org/global/Themes/Child_Labour.

提供包括海报、宣传册以及书签等材料，以吸引人们对于童工问题的关注。

观点

保守派与自由派

把失业和通货膨胀这些议题放入保守派或者自由派的传统框架中往往是非常困难的。诚然，保守派人士与自由派人士当然都更愿意看到更低的失业率和通货膨胀水平。一些具体的政策行动与其他的政策相比可能不只与一项哲学观点相关。比如联邦政府可以更加致力于提供电脑化的国家工作搜索项目，从而减少摩擦性失业。更重要的是，自由派人士可能更乐于看到政府致力于减少普通类型的结构性失业。比如，自由派人士可能希望看到的是，政府对于儿童保障福利服务的供给，或者福利措施由更加强有力的政府部门来执行强有力的行动和平等的立法机会。两种措施都可能解决阻止人们中的一些群体找不到合适的工作的限制条件。政府的另一个角色是扩大培训和教育的机会，从而使得有更多的人找到合适的工作。政府可以通过提供再培训、重新安置来帮助那些由于技术进步和国际贸易而被解雇和商业裁员后失业的人员。而对于保守派人士来说，上述所有的这些政府努力都是步履维艰的，因为这些保守派人士不愿意看到政府在经济中充当一个主动扩张的角色，而且他们对私有部门解决经济问题感到信心十足。然而，自由派人士和保守派人士常常能够看到上述这些措施所带来的效果。

当我们在下一章讲述用来减少周期性失业和通货膨胀的宏观政策时，我们发现保守派人士和自由派人士都关心这类问题，但是他们支持的是不同类型的宏观经济政策，而这往往是基于他们在经济中政府角色定位的一般视角。

总结

在宏观经济环境中，失业和通货膨胀是两个重要的主题。当一个人正在努力地寻找工作却不能找到工作时，我们就认为这个人是失业的。通货膨胀的定义是平均价格水平的上涨。在最近的这次衰退中，国家的失业率达到非常高的水平，而且某些特定的年龄组和少数族裔通常比其他人更容易经历失业。最近的通货膨胀率则处于相对低的水平。

失业分为摩擦性失业、结构性失业和周期性失业。通货膨胀分为需求拉动型通货膨胀、成本推动型通货膨胀和利润推动型通货膨胀。失业和通货膨胀都可以对我们的经济造成严重的影响。失业对失业人员来说不仅导致金钱上的问题，还包括非物质上的问题，而且失业整体上减少了我们国家的产出水平。通货膨胀，尤其是严重的通货膨胀，会导致再分配问题、不确定性以及低效率、菜单成本和国际贸易方面的问题。在下一章"政府宏观经济政策"中我们重点讲述关于解决这些问题的政策。

讨论和问题

1. 我们说宏观经济学是整片森林，而微观经济学只是其中的树木，这是什么意思？在宏观经济学中，哪些话题是重要的？在微观经济学中，又有哪些话题是重要的？

2. 在美国，男性的劳动力参与率高于女性的劳动力参与率，你怎么看这一现象？为什么妇女的劳动力参与率会如此快速地上升？在劳动力参与率问题上，是什么原因导致不同的国家出现不同的劳动力参与率水平？

3. 一些经济学家认为在衰退之后的一段时间，女性的失业率可能比男性的失业率要低，你能解释这种现象吗？

4. 你曾经失业过吗？（记住失业的技术性定义。）如果你经历过失业，那么你经历的失业是哪种类型的？

5. 向你的家人或者朋友询问失业率是怎样计算出来的，他们能够给出合理的技术性推导过程吗？

6. 登录劳工统计局的统计网站（http://www.bls.gov），寻找最近一期的失业率，你认为我们经济中如今的就业水平是充分就业吗？（请记住，充分就业不是指所有人都就业。）

7. 你能够解释为什么有时候会出现这种情形吗？即在我们的经济中，当创建额外的工作机会时，为什么我们的失业率却在上升？而且为什么在我们经济中的工作机会越来越少的时候，失业率却在下降？（提示：考虑到丧志工人。）

8. 失业对于个人的影响是怎样的？对经济的影响是什么？哪一种影响更加严重？

9. 有哪些可以减少结构性失业的政策措施？试着想出其他的好主意。

10. 2000年6月，有58名非法中国移民在一辆密封的卡车中死亡，由于在一个去英国的长达五个小时的旅程中一直处于高温和缺氧的环境下窒息而死。同样的情形也经常出现在非法的墨西哥人穿过美国边境，而且常常是封闭在一个狭小的、不通风的车辆中。同样，古巴人用只有简陋装备的船只穿过暴风雨。在这样的情形下，你认为我们可以责难于谁？是那些绝望的移民，那些提供交通工具的犯罪团伙，死板的移民系统，公众对移民的仇视，或者使得一个国家贫穷而另一个临近国家富有的全球经济系统？给出你的答案及理由。

11. 许多美国公司（包括沃尔玛）被指控在贫穷的发展中国家设立血汗工厂，继而购买血汗工厂生产的产品。然而，不得不说的是，对贫苦的失业工人来说，有一份工作总比没有工作强，此外，还涉及危险和低工资的公平性问题。简单地上网搜索，寻找你为血汗工厂中的劳动力可以做些什么。

12. 为什么低估失业统计数据是一个问题？为什么高估通货膨胀统计数据是一个问题？

13. 登录人口调查局的网站（http://www.census.gov），用价格分类，然后点击"cost of living and wages"从而找到今年和去年的消费价格指数，并计算现在的通货膨胀率。

14. 你是怎样受到通货膨胀的影响的？仔细思考在本章中讨论的通货膨胀的影响，那么你是通货膨胀的受益人还是受害人？

15. 你认为通货膨胀和失业哪个问题更加严重？给出你的答案并做出解释。

附录 14 消费价格指数的构建

消费价格指数首先是通过选取一个基准年来构建的，比如 2002 年，然后计算 2002 年的消费价格指数，通过除以在一个固定篮子中的商品和服务的实际加权平均价格并乘以 100 得到。

现在让我们计算一个虚拟小国的消费价格指数，如果这个国家在 2002 年固定篮子中的商品和服务的加权平均价格是 4 000 美元，我们如下所示计算 2002 年的消费价格指数：

$$\frac{2002\ 年的平均价格水平}{2002\ 年的平均价格水平} = (4\ 000\ 美元 / 4\ 000\ 美元) \times 100$$
$$= 1 \times 100$$
$$= 100$$

基年的消费价格指数通常都是 100。现在假设我们想要计算 2014 年的消费价格指数。假设 2014 年固定篮子中的商品和服务的加权平均价格是 8 000 美元。我们通过用 8 000 美元除以 2002 年的平均价格水平，然后乘以 100 计算 2014 年的消费价格指数。也就是说，我们用如下的方式计算 2014 年的消费价格指数：

$$\frac{2014\ 年的平均价格水平}{2002\ 年的平均价格水平} \times 100 = (8\ 000\ 美元 / 4\ 000\ 美元) \times 100$$
$$= 2 \times 100$$
$$= 200$$

而且，消费价格指数为 200 对我们并不意味着什么。一个指数不是任何商品的平均价格。但是，我们可以用消费价格指数来比较某一年的价格水平与另外一年的价格水平。比如在我们上面的例子中，我们可以说 2014 年的价格（消费价格指数为 200）是 2002 年的两倍（消费价格指数为 100）。

第6章
美国贫困问题
政府宏观政策能
够增加或减少贫
困的程度。

第13章
市场势力
政府和美联储增加政策法规以保护
经济免受金融市场危机和市场势力
的滥用。

第16章
税收、贷款和国家
负债
政府税收和借款是
为国家宏观经济服
务的。

第14章
失业与通货膨胀
美国人担心国际
贸易对本国就业
的影响。
贸易和移民联系
在一起，和美国
就业等问题相关。

第15章
政府宏观经济政策

第17章
21世纪的全球自由
市场？
美国宏观政策和其他
国家的政策将会继续
保守或自由吗？

第7章
住房问题
财政激励被用来帮
助美国的住房市场。

第12章
国际贸易
宏观经济政策对国际贸易
和国际金融有什么影响？

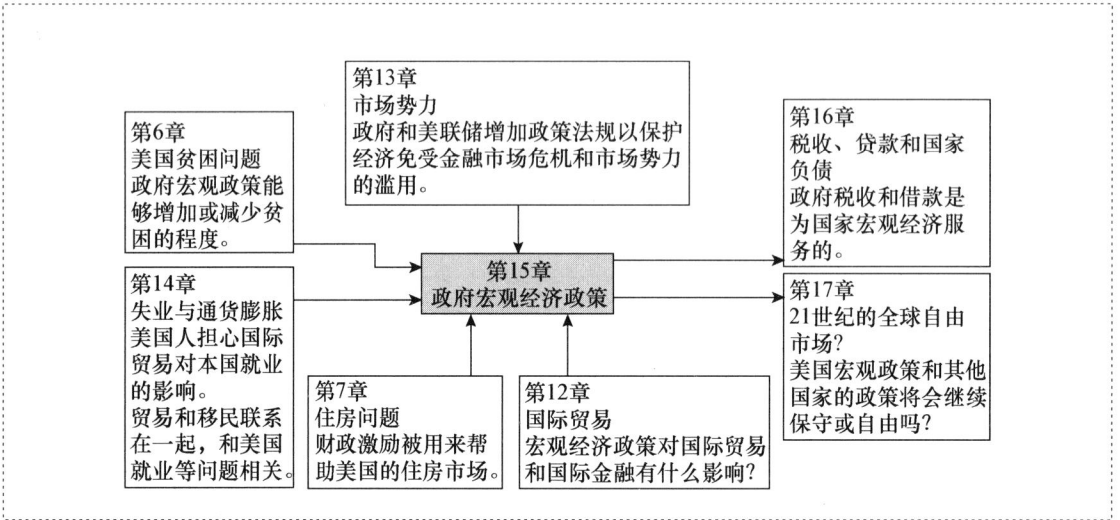

经济学工具箱：

- 总需求
- 总供给
- 国内生产总值（GDP）
- 真实 GDP
- 财政政策、货币政策和供给政策
- 美联储
- 涓滴哲学

- 衰退
- 滞胀
- 充分就业的 GDP
- 名义 GDP
- GDP 的构成
- 收入分配
- 需求拉动、成本推动和利润推动型通货膨胀

第 15 章　政府宏观经济政策

长期来看，我们都会死。

——凯恩斯

现在该是时候讨论宏观经济了，这样做，你将发现你可以更容易地理解失业、通胀以及我们国家目前面临的其他重要经济问题。你将理解政府宏观经济政策的含义，例如财政政策和货币政策，这些名词大家以前都听过，尤其是在最近严重的经济衰退时期，但是很少有人真正理解这些政策的含义。既然你已经学过了需求和供给，那么理解起来就不困难了。

宏观经济图表

你应该记得我在一开始说过本书基本上只使用两条曲线，即第 1 章学过的需求曲线和供给曲线来反映整个经济。

回想第 1 章中用需求曲线和供给曲线来表示某种商品和服务市场，例如家教服务。图 15—1 再一次给出家教市场的供求图，让我们把这个图转换成反映整个经济的图示。让纵轴的价格不再表示家教服务的价格，而是表示整个经济的平均价格，图 15—2 现在表示生产所有产品的平均价格。（例如用第 14 章讨论的消费价格指数来衡量价格 P。）

横轴的 Q 表示家教服务的数量，在这里 Q 为名义 GDP，表示经济中所有商品和服务的总产出，第 1 章讲述了 GDP 的含义，后面我们会对 GDP 进行更多的讨论。

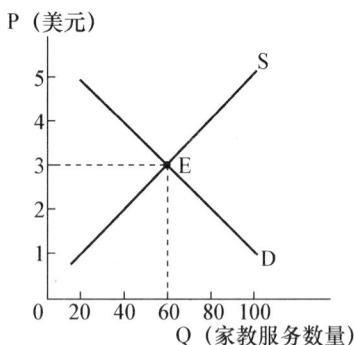

图 15—1　家教服务市场（一周）

市场将在 E 点出清，在每小时 3 美元的价格下，家教服务的需求量等于供给数，为 60 小时。

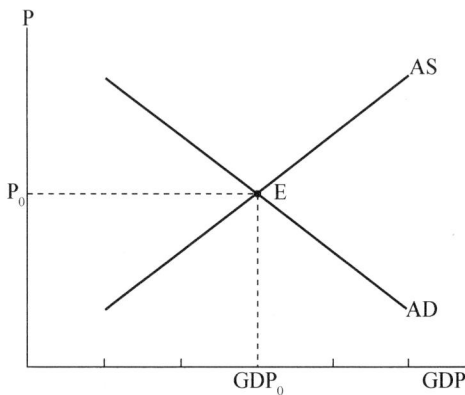

图 15—2　宏观经济

在宏观经济中，价格 P 表示平均价格水平，GDP 是总产出，AD 是总需求曲线，AS 是总供给曲线，在均衡点 E 上，平均价格水平为 P_0，国内生产总值为 GDP_0。

总需求： 在给定的平均价格水平上需要（购买）的总产品（GDP）数量。

总供给： 在给定的平均价格水平上，提供（生产）的总产出数量（GDP）。

现在让我们用 AD 替换 D 表示向下倾斜的需求曲线，表示总需求，并且定义为在给定价格水平上的总需求量，我们考虑的是经济中所有部门的总需求。记住总需求涉及经济中的购买方，也就是说，在给定价格水平上购买的国内生产的产品数量。**AD 曲线表示世界上所有人购买的美国 GDP。**

同样，我们用 AS 表示供给曲线，表示总供给。总供给被定义为在给定价格水平上总产出的数量（GDP），这里我们考虑的是经济中所有的生产者创造的国内生产总值，总供给指的是经济中的生产层面，即生产出来的国内生产总值的数量。**总供给曲线代表了所有为生产美国国内生产总值做出贡献的人。**

图 15—2 中总需求曲线向下倾斜，而总供给曲线向上倾斜，这与个体市场上的供给曲线向上倾斜是同样的原因，更高的价格对于生产者来说更有动力生产商品；因此当产品价格上升时供给数量增加。

然而，总需求曲线向下倾斜的原因和个体市场中需求曲线向下倾斜的原因不同。例如，考虑橘子市场，当价格下降时人们愿意购买更多的橘子，因为他们能够支付得起，他们也可能购买其他替代水果，例如苹果和香蕉。但是当我们考虑总需求时，这种替代性不存在，因为总需求是所有商品的需求，不存在替代品。同样，整个市场平均价格下降并不代表人们能够支付得起总产出，因为我们的购买力不仅依赖于价格还依赖于收入。除非受其他因素影响，通常假设随着平均价格水平下降，总收入下降。这意味着除了价格，总需求曲线还有其他影响因素，如贸易、资产、利率等因素，本章附录部分会详细讲解。

最后，要注意图15—2中总需求和总供给在E点达到均衡，我们可以看到平均价格水平为 P_0，国内生产总值为 GDP_0。

国内生产总值

GDP 的定义

国内生产总值 (GDP)：特定时期内（通常是一年），国内经济体生产的所有商品和服务的市场价格。

国内生产总值（GDP） 是指国内经济中一定时期内（通常为一年）生产的所有最终商品和服务的市场价格。

我们需要考虑定义的内涵。首先，最终商品和服务包括作为购买的最终商品的所有商品（如汽车和洗碗机）以及服务（如理发和医疗）。假设你从超市购买作为最终商品销售的一袋面粉，因为不再被加工或者再销售。（你可以用面粉生产面包自己吃，但是你不会售卖生产的面包。）然而，假设市中心的面包店购买了很多袋面粉并使用面粉生产面包圈和饼干并进行销售，那么在这种情况下，面粉是中间商品，生产出来的面包圈和饼干才是最终产品。只有在最终生产环节销售的产品才计入国内生产总值，这样避免了重复计算。面粉的价值已计入了面包之中。

第二，所有组成GDP的商品必须是在特定年份生产的。例如，你今年卖掉10年前的老房子，房子的价值并不计入今年的GDP。然而，如果你雇佣了房地产经纪人，其服务价值计入到今年的GDP，因为这是当前的服务。同样，如果一辆今年生产的车作为库存在未来被卖掉，那么它将计入它被生产出来的这一年里的GDP。

第三，要注意国内生产总值以价值的形式被定义，在美国是以美元的形式。我们不可能累加苹果、橘子、冰箱、彩电等产品，我们也无法判断某年生产很多电视机相比于某年生产很多冰箱来说，哪一年的 GDP 水平更高，而且我们也无法比较生产很多棒球卡、啤酒和热狗的美国与生产很多土豆、伏特加酒和鱼子酱的俄罗斯的 GDP 水平，因为不同产品的数量无法比较。因此我们要用货币的形式表示产出。

市场价格：等于商品的零售价格与消费税和销售税之和。

鉴于这些原因，我们必须首先给产品数量赋值，然后再把这些产品加总。我们使用市场价格来衡量产品数量的价值。**市场价格**包括商品的零售价格再加上消费者支付的消费税和销售税。如果产出由美元计价，我们可以简明地列出总产出的美元金额。

最后，注意国内生产总值的定义是国内经济中的商品和服务，这区别于国民生产总值。

国民生产总值 (GNP)：特定时期内（通常是一年）该国所有公民生产的最终商品和服务的市场价格。

国民生产总值（GNP）表示特定时期内（通常是一年）国家所有的公民创造的最终商品和服务的市场价格，两个概念的唯一区别就是国内和国民。

当我们说 GDP 时是指在美国境内生产的最终商品和服务，例如，如果墨西哥居民到美国来种植西红柿，那么西红柿的价值将计入美国 GDP 里，因为是在美国境内生产的。然而，美国居民在墨西哥取得的收入并不计入 GDP，因为其不在美国境内了。

另一方面，当我们讨论 GNP 时是指美国所有的生产（包括美国工人、企业所有者等）；例如，一个美国居民在墨西哥取得的收入要计入美国国民生产总值。无论在何处生产，只要是美国居民生产的都包括在内。加拿大居民在美国生产的汉堡包则不被计入美国 GNP，因为生产者是外国人，但是会计入美国的 GDP。

美国政府和教科书里经常使用国内生产总值的概念，然而 GDP 数据有时不易获得，因此使用 GNP 来代替。两个指标都是用来大体衡量总产出的。

美国 GDP 水平在全世界最高，价值为 14 万亿美元，衡量经济有不同的指标，例如其他章节讲到的国民收入等，但 GDP 是衡量经济整体的指标，世界上没有其他国家的 GDP 数值接近美国，包括全世界 GDP 排名第二的日本也只有 4.4 万亿美元，表 15—1 列出了全球 GDP 排名前十的国家。

经济数据："真实 GDP。"

找到更多有关真实 GDP 的信息，包括习题、图标、数据等，请查阅宏观经济学点击产出、收入和价格水平。

http://www.cengage.com/economics/econa-pps

表 15—1   **世界排名前十国家的 GDP 数值（2007 年）**

国家	GDP（百万美元）
美国	13 751 400
日本	4 384 255
德国	3 317 365
中国	3 205 507
英国	2 772 024
法国	2 589 839
意大利	2 101 637
西班牙	1 436 891
加拿大	1 329 885
巴西	1 313 361

资料来源：World Bank, *World Development Indicators 2009*（Washington DC：World Bank, 2009).

真实 GDP 与名义 GDP

当我们使用国内生产总值时，必须要注意比较不同时期。假设 GDP 从 1990 年到 2000 年翻了一番，这意味着真实产出增加了还是产出价格上升了，或者两者都有？如果我们对真实产出是否增加感兴趣，那么我们需要考虑真实 GDP 而非名义 GDP。

真实 GDP：在恒
定价格水平上计算
的 GDP。

恒定价格：基期
年份的价格。

真实 GDP 定义为在**恒定价格**水平上计算的 GDP，恒定价格指特定年份的价格水平。例如以 1982 年为基期，1990 年的真实 GDP 为 1990 年生产的商品按照1982 年该商品的价格计算得出的商品总值，同样，2000 年的真实 GDP 也是按照1982 年商品的价格来计算 2000 年生产的商品总值。因此，当我们比较真实 GDP时，2000 年和 1990 年增加的部分就是实际产出水平的增加，而非价格上涨引起的 GDP 增加（因为这里价格是恒定的，都使用 1982 年的商品价格）。详见下式：

$$1990 \text{ 年真实 GDP} = 1982 \text{ 年价格} \times 1990 \text{ 年产出}$$
$$2000 \text{ 年真实 GDP} = 1982 \text{ 年价格} \times 2000 \text{ 年产出}$$

名义 GDP：在当
前价格水平上计算
的 GDP。

当前价格：某一
年份的实际价格。

名义 GDP 定义为在**当前价格**水平上计算的 GDP，是某年份的实际价格。2000 年名义 GDP 为以 2000 年价格水平计算出的这一年生产的所有商品价值，同理，1990 年名义 GDP 则以 1990 年商品价格计算。详见下式：

$$1990 \text{ 年名义 GDP} = 1990 \text{ 年价格} \times 1990 \text{ 年产出}$$
$$2000 \text{ 年名义 GDP} = 2000 \text{ 年价格} \times 2000 \text{ 年产出}$$

表 15—1 就是名义 GDP 数值，我们只考虑一年的信息，而真实 GDP 则是当我们要对比不同年份的信息时所使用的数值。真实 GDP 过滤掉通货膨胀，名义GDP 却没有。

GDP 的缺陷

国内生产总值是衡量经济活动和生活水平的一个典型指标，当 GDP 高时，假定经济运行良好，生活水平较高；当 GDP 随着时间增长时，假定经济活动和生活水平也增加。然而这些假定有一些不足，非市场交易、地下经济活动和国内产出的分配与构成使得用 GDP 来衡量经济活动和我们的生活水平是不完善的。

非市场交易

还记得 GDP 的定义吧，国内经济体生产的所有商品和服务的市场价值，然而如果一种商品或服务没有进入市场呢？如果你自己粉刷了自己的公寓、吃自己花园种植的食物、在当地医院做志愿者呢？如果你在家从事家务，准备晚餐、照顾小孩、清扫房间呢？这些商品和服务由于没有在市场上交易，所以并没有被赋予市场价值，从而没有计入 GDP 的统计数据。

非市场交易的商品和服务的排除低估了整个经济的生产活动价值，很多人认为这还低估了传统妇女从事家政服务的价值，不能把这部分服务计入在内意味着没有完全评估经济中妇女的重要贡献。

非市场交易的商品和服务的排除也导致了对比失真，20 世纪 50 年代大多数妇女待在家里做全职主妇，在 20 世纪 90 年代，许多妇女进入劳动力市场工作，而付钱给家政公司做家务，随着人们雇佣别人照顾小孩、打扫家务、购买快餐，这些之前不计入 GDP 的商品和服务开始计入 GDP 的统计数据。表面上看 20 世纪 90 年代和 21 世纪的 GDP 比 20 世纪 50 年代高很多，部分原因就是家政服务成为有偿服务计入了 GDP。

非市场交易的商品和服务的排除还导致了国家对比失真。在发展中国家，家庭经常自己种植所需的食物，自己建房、贮水、获取所需燃料，GDP 统计数值较低就是因为这些非市场交易不计入 GDP。同时，许多妇女的服务没有被计入和衡量。

地下经济活动

地下经济是指没有上报政府的经济活动，这些活动要么违法，要么是因为参与人的避税行为，从而使得 GDP 指标低估了真实经济活动。

假设你从事非法活动，例如赌博、卖淫或者毒品交易（希望你不是！），那么你绝对不会把这部分收入上报政府部门！非法经济活动没有计入 GDP，尽管我们不知道有多少地下经济活动，我们知道对于很多国家来说非法经济活动规模不小。在一些国家，例如阿富汗和哥伦比亚，经济活动的很大比例属于非法交易。

同样地，个人从事地下经济通常是为了逃避个人所得税的支付，这也没有被计入到 GDP 中，这些交易可能包括合法活动，例如理发、照看小孩等，但是如果该服务没有上报，那么不会计算在 GDP 内，同样使得 GDP 统计数据失真，我们不清楚这种合法地下活动的数量，但该活动在美国很多。

构成和分配

GDP 的构成： GDP 包含的商品和服务。

还有两个原因解释了国内生产总值不足以衡量人们的生活水平，在本书第 10 章"世界贫困"中有所阐述。**GDP 的构成和 GDP 指标同样重要**，如果一个小国主要生产武器和其他军事设备，那么和同等 GDP 水平但主要生产医疗、教育服务和其他产品以满足人民需求的国家相比，国民能达到的生活质量是不同的。

收入分配： 国民收入如何在一国内分配。

GDP 的分配或者更专业地称为**收入分配**也非常重要。这在很大程度上反映了一国的收入是主要流入小群体、有选择的群体、上层精英，还是公平地在本国内分配。大多数公民在公平分配情况下生活水平更高。**鉴于这个原因，国民的生活水平像依靠国内生产总值一样，还依靠收入分配政策。**

最后要注意，假设一国 GDP 快速增长，同时该国也经历着越来越多的污染、交通拥堵和自然资源的损耗，或者该国居民必须每周工作很长时间来生产更多的产品。这样，我们还能说该国的生活质量在提升吗？尽管我们花很多精力关注国内生产总值，但是也要留意上面讲的这些问题，**高 GDP 并不同时意味着高生活水平。**

总需求和总供给

因为总需求考虑美国在特定价格水平上需要的总产出数量，对我们来说考虑各种购买 GDP 产品的部门是很有用的，通过这种方式我们可以思考各部门如何影响总需求。简单来说，让我们仅考虑一些增加总需求的因素。**当经济体中的任**

何一个部门增加其购买数量时都将增加总需求。让我们依次考虑这些部门。

哪些部门反映总需求?

消费者

耐用品: 商品使用寿命达到一年以上。

非耐用品: 商品使用寿命不到一年。

个人消费者购买美国耐用品和非耐用品,**耐用品**是指商品使用寿命可以达到一年以上,**非耐用品**是指商品使用寿命不到一年。耐用品包括电器、家具、手机等,食物属于非耐用品。家庭购买的服务例如理发、医疗都属于消费项目,事实上,消费者购买代表了总需求的最大比例,这也是相对稳定的部分,尤其是非耐用品的比重。无论经济运行是否良好,人们都需要购买例如食物这些必需品。当经济形势不好的时候,许多人被迫减少例如汽车和家庭娱乐设施等大件商品的购买;当经济复苏时,这些商品的销售又好转起来。

有很多原因使消费者增加他们购买商品和服务的数量。当消费者的收入增加时,消费者购买力增加(因为我们更富有);当消费者资产上升,例如股票、债券、房产、设备等增值时,消费者购买力增加(因为我们感觉更富有)。当消费者预期未来会更好,例如预期未来职业晋升时,也将出去庆祝,增加消费。

转移支付收入: 在个人不需要提供商品和服务的情况下,政府把钱转移支付给个人。

政府政策会直接影响消费者收入。例如减税政策将提高我们的税后收入,同样,政府收入转移支付也会增加消费者收入,记得第6章"美国贫困问题"中讲到**转移支付收入**政策,即个人不需要提供商品和服务的情况下,政府把钱转移支付给个人,包括社会保障支付、失业救济金、退伍军人津贴。当收入转移支付增加时,我们的收入增加。

利率也会影响消费者的决策。当利率降低时,借贷成本下降,因此消费者更倾向于购买那些他们必须借钱才能购买的商品,如房子、汽车和家具等。**因为消费者代表了总需求的一部分,因此所有促进消费购买的因素也都将增加总需求**。

最后,要注意尽管美国消费者购买外国商品,例如丰田汽车和宏碁笔记本,这些并不构成美国GDP,因此美国GDP的总需求曲线不包括进口品消费。

企业

存货: 没卖掉的商品和材料。

假设企业也购买美国生产的商品,例如购买机器、工具和计算机,它们也购买工厂车间、办公楼、商场和酒楼等。最后,企业"购买"**存货**,即未销售掉的商品和材料,包括最终商品、生产环节的中间商品和原材料零部件。[1]

关于企业存货有很多解释。例如一个汽车企业可能有大量的汽车存货,可能因为经理人预测最近一段时间汽车的需求量会增加,或者因为汽车需求下降导致产品有剩余。不管是何种原因,存货也算在总需求里面,视为企业"购买"。

---

[1] 不要被中间产品的企业购买也计入GDP中的事情所困扰。虽然GDP的定义只包括最终的产品和服务,但一种解释方式能使中间产品的企业购买也包括在内。这种方式是"增值",也就是说,只有每一生产环节额外的产品和服务价值才会计入GDP,因而解决了计算中间产品和最终产品的GDP时对价值的重复计算。无论哪一种计算方法——计算每一阶段增加的价值还是只计算最终的产品和服务的价值——都会得到同样的GDP。

企业购买只占总需求中的一小部分，却易于大幅波动。当经济低迷时，企业家们不愿意购买新的工厂和设备；当经济复苏时，他们则愿意增加购买。

影响企业购买的因素中未来预期是一个很重要的因素，如果经济复苏，企业家预期销售增加，他们将开始购买新的工厂和设备来满足消费者的未来需求。而且，企业家和消费者一样受利率变化的影响。利率下降意味着企业更容易购买新的工厂和设备。任何增加企业投资的因素都将增加总需求。然而，与消费部门一样，我们只考虑企业购买的美国生产的商品而不考虑进口品。

政府

政府购买的商品和服务代表了总需求的第三个组成部分。政府购买形式多种多样，包括政府购买的救灾食品、办公用品、计算机等。政府也购买服务，包括警察、消防、军队、公共教师。最后，政府购买例如监狱、学校教学楼等。同样，政府购买的美国生产的商品才算作总需求曲线上的一部分。

要注意收入转移支付不属于政府购买的商品和服务，因为政府没有购买任何东西。政府转移的这部分收入最终由收入的接受者消费，属于总需求中的消费部门。

政府决策对总需求有着重要的影响。**因为政府购买商品和服务也是总需求的一部分，那么政府增加医疗、太空项目、公共教育和其他项目的支出将直接增加总需求。**不管政府支出用于购买什么，都会增加总需求。因此，政府为战争而购买的军备武器和军事服务以及政府选择增加对公园和图书馆的支出同样增加总需求。

不要混淆政府购买商品和服务与生产商品和服务的区别，商品和服务的生产发生在市场的供给方。

注意政府政策影响总需求的间接效应，税收减少或前面讲的转移支付收入的增加将增加消费者的收入，从而增加他们的消费，于是这些政府政策影响总需求中的消费组成部分。我们之后将会更细致地对此进行分析。

外国购买

作为总需求的最后一个组成部分，我们必须意识到外国人也购买我们生产的产品，最近这部分已占美国 GDP 的 10%。外国购买者包括个人、企业和其他国家的政府，这构成了美国的出口。

出口增加会导致总需求增加，这主要由美国之外的因素决定，例如外国人的收入水平等。

总需求曲线移动

消费者、企业、政府或出口增加会导致总需求曲线向右移动，如图 15—3 所示。同样，这四部门任何一个减少购买都会导致总需求曲线向左移动。

总供给曲线移动

总供给曲线随着如第1章所讲的供给量变化而移动，生产产品的成本如能源价格或工资水平降低会使得产品的总供给增加；技术进步会使得产量增加从而总供给增加；如果是农产品，气候良好也会使总供给增加。一些经济学家和政客相信政府可以通过制定政策来影响总供给曲线的移动，之后我们会讨论这一问题。

正如图15—4所示，任何原因导致的总供给增加都会使得总供给曲线向右移动。

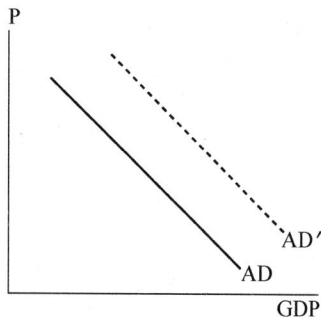

图15—3　总需求的增加

当总需求增加时，曲线由 AD 移动到 AD′。

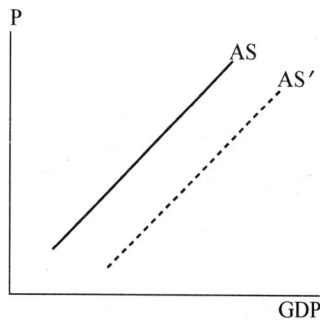

图15—4　总供给的增加

当总供给增加时，曲线由 AS 移动到 AS′。

通货膨胀

第14章中我们定义了三种类型的通货膨胀，在本章的宏观经济学背景下更容易理解通胀问题，让我们用总需求曲线和总供给曲线来对美国不同时期不同类型的通货膨胀进行分析。

需求拉动型通货膨胀

总需求增加引发的通货膨胀叫做需求拉动型通货膨胀。如图15—5所示，初始的国内生产总值位于GDP_0，对应的平均价格水平为P_0。现在考虑20世纪60年代的情形，肯尼迪总统发起了一系列社会项目，这些项目意味着政府增加对商品和服务的购买（例如难民食物）以及对低收入者的转移支付收入。1963年政府还降低了个人所得税，提高了税后收入，从而使得消费者对商品和服务的购买增加。最后，越南战争中美国政府对武器和其他军用设备以及军人服务的购买也构成了需求的一部分。

所有这些因素导致总需求的增加，使得总需求曲线向右移动，导致GDP增加到GDP'，从而平均价格水平从P_0上涨到P'，详见图15—5。平均价格水平的上升意味着通货膨胀，这就是需求拉动型通货膨胀的例子。

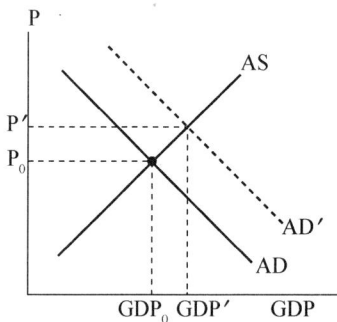

图15—5 需求拉动型通货膨胀

总需求从AD增加到AD'导致更高的平均价格水平（P'）和更高的国内生产总值（GDP'）。

成本推动型通胀膨胀

成本推动型通货膨胀是由生产成本增加导致的，回想一下20世纪70年代中后期通胀率非常高，这可以归为成本推动型通货膨胀。

1973—1974年间，阿拉伯国家切断对美国的石油供给以反对美国在阿以战争中支持以色列。石油价格由此上涨，到1979年，伊朗革命中伊朗国王被推翻，伊朗石油供给又被切断，从而石油价格飙升。所有这些事件都发生在石油输出国组织市场势力增强的背景下，旨在提高石油价格。因为购买石油和相关能源产品对美国来说至关重要，所以石油价格上涨直接导致平均价格的上升。除此之外，我们知道能源是生产大多数商品和服务的重要投入品，能源价格的上涨导致生产成本的增加，生产成本增加导致总供给曲线向左移动，如图15—6所示。

衰退：国内生产总值下降伴随着失业的增加。至少连续两个季度实际GDP下跌。

图15—6中总供给曲线向左移动导致国内生产总值减少到GDP'，平均价格水平上升到P'，平均价格水平上升是发生通货膨胀的原因，而GDP下降意味着经济**衰退**。

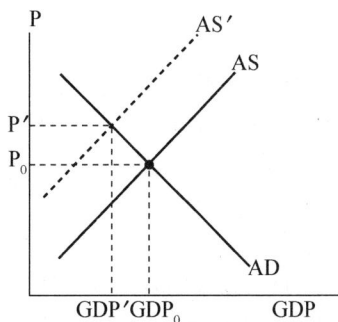

图 15—6　成本推动型通货膨胀

总供给减少（AS 到 AS′）导致更高的价格水平 P′和更低的国内生产总值 GDP′。

滞胀：通货膨胀和经济衰退同时发生。

在衰退时期，总产量下降，就业也随之减少。（在更低的产量水平下需要更少的工人。）因此，美国经历了通货膨胀和经济衰退的双重打击，这种情形被称为**滞胀**。尽管宏观经济学的这些问题是由于石油价格上升引起的，卡特总统却为此付出代价，很多人相信正是这些问题使得卡特总统在 1980 年的连任上落选，继而里根总统竞选上任。

利润推动型通货膨胀

这是由于行业的垄断势力导致的通货膨胀。正如第 13 章所述，当企业使用市场势力即影响市场价格的能力时，产量完全被价格和利润所支配，这些显示为总供给曲线的移动，图形和图 15—6 相同，尽管许多人没有发现，但是美国垄断市场限制产量和就业导致产品价格上升，损害工人和消费者的利益。正如第 12 章所述，产品价格上升对那些进口该产品的发展中国家来说具有负面影响。

政府宏观政策

我们现在正在分析政府能采取什么政策来处理失业和通货膨胀。你也许听过财政政策和货币政策这两个术语。当里根总统的第一任期开始时，我们开始熟悉供给政策这一术语。尽管我们对这些术语很熟悉，但是大多数美国人并不清楚地知道它们的含义。接下来，我们依次讨论它们。①

---

① 在本章总需求方面的政策中，我们故意通过忽视乘数效应——开始的支出最终会形成更大的支出——来简化总需求方面购买的影响。这种简化并不影响本章和下一章的结论。

财政政策

财政政策使用政府支出和税收来改变总需求曲线，财政政策可以是**扩张性**财政政策（总需求曲线向右移）或**紧缩性**财政政策（总需求曲线向左移）。在本章一开始提到的经济学家凯恩斯提出了政府可以使用有效财政政策来调控经济的理论。他认为当经济出现问题时，政府应该行动起来而不是长期地等待，"长期来看，我们都会死"。

扩张性财政政策的效果如图 15—7 所示，假设经济在 GDP_0 运行，平均价格为 P_0，假设**充分就业的 GDP 为 GDP_F**，定义为劳动力充分就业情况下的国内生产总值水平，充分就业的 GDP 意味着周期性失业为零。**充分就业的 GDP 是一个假定的概念，这是我们希望达到的 GDP 水平，通常实际 GDP 要比该水平低，例如在 GDP_0 的位置上。**

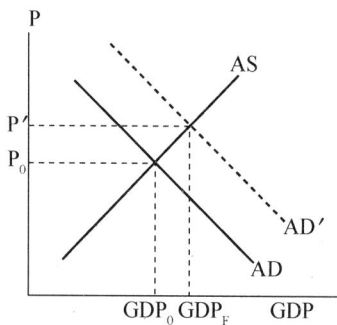

图 15—7　扩张性财政政策

扩张性财政政策使得总需求曲线向右移动，从而国内生产总值更高（GDP_F），平均价格水平更高（P'）。

如果成功使用扩张性财政政策，总需求曲线将向右移动，国内生产总值将增加到 GDP_F，在这个过程中就业增加，同时平均价格水平也上升。

你已经知道了政府用来改变总需求的工具：政府购买支出、政府税收和政府转移支付。回想前面讲过政府购买支出代表了总需求的一部分，因此当政府支出增加时总需求曲线向右移动。另外，政府降低个人所得税，消费者税后收入上升刺激消费，增加了总需求中的消费者需求，从而导致总需求曲线向右移动。最后，政府转移支付将增加消费者收入，也导致总需求的增加。所有这些情形下总需求曲线右移代表总需求的增加。

这些财政政策工具可以独立使用。因此，当其中一种工具被使用时，不要想当然地以为其他财政政策工具也在同时使用。

财政政策的例子

克林顿总统 1993 年执政时期，是美国经历经济衰退的困难期，失业率较高，克林顿总统希望寻求增加国内生产总值的途径，即采用扩张性财政政策。他的第一个财政政策方案就是加强国内铁路建设，政府购买了大量的建筑材料和建筑工人的服务，有效地增加了总需求。

最近，布什总统在执政第一年就遭遇经济衰退，2001 年衰退停止，但却是无就业的复苏，失业率依然很高。布什总统采取了很多政策以修复经济。例如，布什推行了大规模减税计划，这意味着消费者税后收入增加，从而可以购买更多的美国商品。问题是这些特殊税种的减税政策使得富人获得最大的好处，而富人和穷人相比并不会利用减税的收入增加消费。布什政府的其他政策包括政府增加对伊拉克和阿富汗的战争支出，这也将增加总需求。关于布什的税收政策在第16 章会进行更详细的阐述。

2008—2009 年经济衰退期的财政政策

经济新闻："刺激效果不大但是有效果。"

支出刺激计划显示了救助经济的决心。阅读宏观经济学有关衰退的内容。http://www.cengage.com/economics/econapps

经济新闻："衰退失去控制了吗？"

学习更多有关 GDP 和衰退的内容。http://www.cengage.com/economics/econapps

奥巴马总统执政期是经济衰退程度最高的时期，面临着自美国大萧条以来最大的经济挑战。数据显示，2008 年第四季度实际 GDP 下降 5.4%，2009 年第一季度下降 6.4%，第二季度下降 1%，回想当 GDP 连续两个季度下降就表示经济陷入衰退。预期 GDP 能在 2009 年 10 月触底反弹，增长率为 1.6%。失业率在 2009 年上半年达到 10%，在 2009 年下半年和 2010 年继续上升。奥巴马使用扩张性财政政策并出台美国《复苏与再投资法案》（American Recovery and Reinvestment Act），称为一揽子刺激方案。该方案经国会批准推出总额为 7 870 亿美元的支出和减税计划以期缓解经济下滑。

该政府支出增加包括转移支付增加和减税，即我们本章所述的扩张性财政政策工具，但由于经济大幅度衰退，刺激方案不能立即带来经济复苏，也不能马上减少失业率。刺激方案是短期和长期方案的组合，大多数经济学家相信失业率的改善要比经济复苏、GDP 增长滞后 6～12 个月，因为不断有新的毕业生进入劳动力市场而且劳动生产率不断提高，因此需要的新岗位很少，即便有也不一定由之前的失业人群获得。

短期刺激计划包括大部分减税计划、增加失业保险、一次性提高社会保障金，这些转移支付使消费者获得更多的收入。经济理论告诉我们这将立即增加消费者购买，每一个消费环节都需要一定时间来促使生产者雇佣更多的工人生产商品，并增加企业的支出，这种加速器作用在长期才能奏效。

其他短期刺激计划包括公共医疗补助，从而促进医疗行业发展并为那些支付不起费用的人提供医疗服务，以及食品救助项目。长期来看，政府继续支持教育和医疗项目。这些都为经济注入更多的资金支出，一些基础设施项目立即启动，从而促进就业，而另一些项目计划长期执行，包括大型运输、高速公路建设和能源项目。一个特殊项目叫"旧货补贴"，为消费者提供高达 4 500 美元的补贴以旧车换新车。

财政政策总结

扩张性财政政策使用下面一个或多个工具：

1. 政府增加购买商品和服务；
2. 政府减税；

3. 政府转移支付增加。

同样，紧缩性财政政策使用下面一个或多个工具：

1. 政府减少购买商品和服务；
2. 政府增税；
3. 政府转移支付减少。

货币政策

货币政策：货币供应量改变使得总需求曲线移动。

美联储：美国中央银行系统。

经济链接：找到政府分类中联邦储备银行的链接。
http://www.cengage.com/economics/econa-pps

紧缩性货币政策：旨在减少总需求、降低GDP的货币政策。

扩张性货币政策：旨在增加总需求、提高GDP的货币政策。

货币政策被定义为国家货币供应量的改变以调整总需求。政府负责制定财政政策（总统和国会），而货币政策是由**美联储**控制的。美联储是美国的中央银行。联邦储备委员会由 7 名成员组成（其中主席和副主席各一名，委员 5 名），需由美国总统提名，经美国参议院批准方可上任，任期为 14 年（主席和副主席任期为 4 年，可连任），每两年提名一次。尽管由总统决定联邦委员会成员，但总统的权力是有限的。美联储在某种程度上来说免受政治影响。目前美联邦的主席是本·伯南克（Ben Bernanke）。

美联储掌管国家的货币供应，货币供应量的改变会影响利率。（事实上，根据贷款类型和金融投资可以分为很多种利率，然而不同利率的变化方向是一致的，同时向上或向下移动。）考虑到表示货币价格的利率，在货币供应量增加的时候利率下降（正如玉米供给增加会导致玉米价格下降一样），货币供应量减少的时候利率上升。

货币政策通过影响利率来影响经济，利率增加会导致企业购买的工厂和设备数量减少，同时消费者会减少购买汽车、住房、家具和其他贵重品的数量，企业和消费者必须借款来购买这些大件商品，利率的上升会使借款成本增加，这使得企业和消费者无法承受。**因此，一国货币供应量下降将导致利率上升，从而使得消费者和企业购买力下降，导致总需求减少。一国货币供应量减少是紧缩性货币政策**（货币政策减少总需求，从而减少 GDP）。一国货币供应量增加将使得总需求增加、GDP 增加，从而称为**扩张性货币政策。**

因此，货币政策与财政政策一样，是改变总需求的政策。学生有时会对货币供给产生困惑，并假设它反映经济中的供给方，要知道货币政策和财政政策一样都是用来影响总需求的。

货币政策的例子

美联储主要根据经济状况选择扩张性或紧缩性货币政策。里根政府于 1981 年遇到的经济状况就是很好的例子，当时面临着严重的通货膨胀，尽管总统没有货币政策的直接控制权，但是里根总统提出让美联储采取紧缩性货币政策降低总需求，美联储确实这样做了，结果参见图 15—8。

随着美联储采取紧缩性货币政策，利率上升。建筑行业和汽车行业遭受到沉重打击，因为企业和消费者都不能或不愿意在高利率水平下借款来购买这些行业生产的商品。总需求的减少导致国内生产总值下降到 GDP′，如图 15—8

所示。紧接着，经济衰退导致 20 世纪 80 年代初的高失业率。通货膨胀是被控制住了，其代价是严重的经济衰退和失业现象。20 世纪 90 年代也采用了同样的货币政策，尽管没有 80 年代那么严重，但同样导致了经济衰退和高失业率。

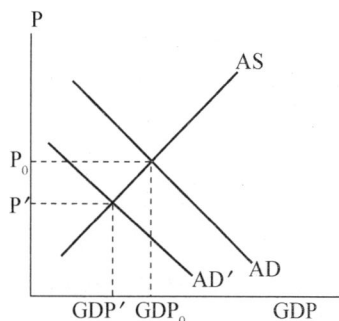

图 15—8　紧缩性货币政策

紧缩性货币政策使得总需求曲线向左移，导致 GDP 水平下降到 GDP′，平均价格水平下降到 P′。

新世纪初的经济衰退是另一个例子。美联储执行增加货币供应量的政策导致利率下降，而在利率多次下降后，消费者和企业购买支出增加的决策却仍不明朗。这主要是因为消费者担心失业、企业担心破产，因此不论利率下降到多么低的水平，他们都不愿意借钱来购买商品。事实上，这正是货币政策的一个问题。

2008—2009 年经济衰退期的货币政策

2008—2009 年的经济衰退是美联储、美国总统和国会面临的自大萧条以来最严峻的一次挑战，要求采用猛烈的扩张性货币政策以及其他政策。美联储在公开市场上购买政府债券，第 16 章会详细讨论政府债券。政府债券就是一张纸，政府欠债券持有者本金和利息，每天都有几千人买卖政府债券。美联储在公开市场上购买这些债券，意味着美联储在银行系统中注入了更多的货币，这将导致联邦基金利率下降。**联邦基金利率**指美国同业拆借市场的利率，是一家银行向另一家银行借出资金的隔夜贷款利率。当货币供给增加时，联邦基金利率下降，银行有更多的可贷资金，因此收取更低的利率。目前，扩张性货币政策已得到充分使用，联邦基金利率下降到零附近。

美联储还下调了贴现率，即银行从美联储借钱的利率。这也使得银行有更多资金借出。其他方面，如美联储购买其他形式的债券也增加了银行的资金量。

随着本书的出版，扩张性财政政策和货币政策开始生效。2009 年 8 月，国家仍处于经济衰退，GDP 仍然在下滑，但是下滑幅度减缓。随着政策发挥作用，GDP 将停止下降，经济会停止衰退转向复苏。

货币政策总结

总体来说，扩张性货币政策即美联储增加货币供应量，这会降低利率，鼓励消费者和企业增加对商品和服务的购买。紧缩性货币政策即美联储减少货币供应量，这会提高利率，降低消费者和企业的购买水平。

失业和通胀的平衡

这些财政政策和货币政策的例子表明了刺激经济总需求的一个缺陷。总需求增加，例如20世纪60年代初采用扩张性财政政策的情形，会导致GDP和就业增加，但这是以通货膨胀为代价（平均价格水平上升）。总需求减少，例如20世纪80年代初紧缩性货币政策的情形，能够降低通货膨胀，但这是以经济衰退（GDP下降）为代价，引发了高失业率。**因此，总需求政策至少短期内需要在失业问题和通胀问题之间进行权衡。**

有没有一种政策能够同时降低高通胀和高失业率？这个目标需要供给政策来实现，这就是1981—1984年里根总统执政时期流行的供给学派。

供给政策

供给学派：认同增加总供给的经济政策。

供给政策：使用各种工具来刺激工人和企业生产更多商品，从而增加总供给和GDP。

供给学派是思想的革命。里根政府采取了**供给政策**来增加总供给。**供给政策背后的想法是增加总供给而非总需求，GDP和就业将会上升，同时平均价格水平将会下降，同时实现低失业率和低通胀率。**图15—9描述了该现象。

里根政府采用的供给政策工具包括降低个人所得税，削减政府转移支付，减少政府监管（减少政府参与经济的程度），这些政策包括乔治·W·布什总统等美国保守派都采用过，下面对每一种政策进行逐一分析。

降低个人所得税

这个政策工具容易让人混淆，因为前面讲的财政政策和现在讲的供给政策都用到减税。回想财政政策，减税使得消费者手中的收入增加了，从而增加消费支出，这反映了总需求的增加。然而，用供给学派的观点来分析减税的效果是完全不同的。从供给学派的视角来看，减税使得税率降低，会影响生产效率。因为减税等价于增加了工人每小时的工资，设想工人面对更高的税后工资工作起来更有动力，从而提高他们的工作强度。一些人将会从事第二份工作或者加班，还有一些人愿意从事他们之前不愿意做的工作。**供给政策主要看重激励，这里的激励旨在提高工作强度，如果一国的工人更愿意提高他们的工作强度，就会使得生产增加，从而增加了经济中的供给量。**如图15—9所示，总供给曲线将向右移动，使得GDP扩张，价格下降。

1981年里根政府实行了一系列大规模三年期减税计划，尽管国会缩减了减税的规模，但这仍然是美国历史上最大规模的减税计划，后来因为富人比穷人从这次最大规模的减税计划中获得更多的好处，从而使该计划遭到批判。

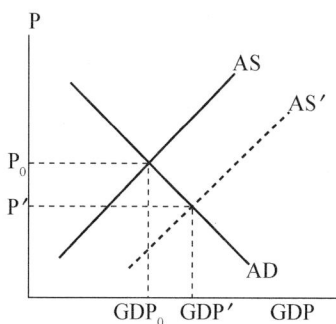

图 15—9　供给政策

供给政策使得总供给曲线向右移动，从而使得国内生产总值增加到 GDP′，平均价格水平下降到 P′。

最近，乔治·W·布什推出类似的减税计划，对所得税和其他税种进行减免，尽管他宣传人人都获得好处，事实上这个减税计划仍然使得高收入者获得主要利益。尽管布什声称减税是为了经济增长，而他确实成功地做到了这一点，但是我们无法忽视保守派的动机，这和里根政府时期的减税方案结果是一样的。在第 16 章我们会进一步讨论布什的减税计划。

减少转移支付

正如减税一样，减少转移支付也在财政政策中使用过，同时转移支付也是供给政策工具。财政政策中，转移支付的减少使得人们收入水平下降，从而导致购买水平降低，于是总需求减少。而在供给政策中，激励再一次变得很重要，许多保守派人士认为转移支付给懒人、不愿意寻找工作而等待政府救济的人提供了激励，这样，减少政府转移支付会迫使人们努力寻找工作，有更多的人劳动，生产就会增加，总供给随之增加。

里根总统就实行了大幅度的减少转移支付方案，正如第 6 章所讨论的，我们最近的福利改革已经不是工作激励而是工作要求。不管是激励还是要求，其目的都是为了增加人们的工作强度，从而增加生产和总供给。当然，在经济衰退时期，这种福利体系会遇到麻烦，因为工作机会很少，这也正是 2008—2009 年经济衰退期低收入人群面临的问题。

减少监管

减少监管： 政府减少对经济部门的监管。

里根政府使用的第三种供给政策工具就是**减少监管**，即减少政府对美国企业的监管，尤其是减少环境保护和工人安全方面的监管。里根政府认为这些监管束缚了企业的手脚，提高了生产的成本，减少监管企业才能扩大生产，从而增加总供给。保守派乔治·W·布什总统在这方面意见如出一辙，不仅认为减少政府监管给企业带来更多的生产激励，而且认为应限制政府在经济中的角色。

除了环保和生产安全方面，20 世纪 80 年代还减少了对金融部门的监管，导致最近金融行业监管不力，造成巨大的损失，这是导致 2007 年底经济衰退的重要因素。金融部门的监管问题将会在第 17 章进行更详细的阐述。同时，我们意识到有相当多的声音否定了美联储在将来防止类似危机发生方面的作用。美联储将来是增加监管力度还是紧盯货币政策，让我们拭目以待。

供给政策的效果

20世纪80年代使用供给工具是否成功地增加了GDP？21世纪初的保守派政策是否有效地刺激了经济？回答这些问题是很困难的，因为供给政策不是独立运行的，在20世纪80年代还实行了紧缩性货币政策，使得供给政策的效果微乎其微。同样，21世纪头十年的供给政策与改变总需求的政策力量比起来效果非常小。下一章我们会进一步讨论这些力量来源于布什总统增加对福利、国防、安保方面的支出。

我们有理由质疑供给政策的效果，减税对增加工作强度的效果有限。大多数人不愿意改变每周工作的小时数，有些人在税后工资增加的情况下愿意增加工作时间，但有些人则希望减少工作时间，因为减税使得他们少工作几小时也可以获得原来预期的工资水平。劳动经济学家认为全面考虑这些影响，整个减税的效果可能接近于零，基本上没有变化。

许多人认为与减税一样，减少政府转移支付也不会增加对工作的激励。因为20世纪80年代转移支付的群体主要是有小孩的妇女和无法工作的人。而且第6章讨论的进入我们目前福利系统的很多人根本无法工作，除非他们在照看子女、工作培训、教育等方面能够得到满足。最后，考虑到经济衰退的可能性，工作非常难找，一个人有工作动机并不意味着就能找到工作。因此，减少政府转移支付在有很多工作机会的条件下才对提高工作强度和刺激总供给有效。

记住20世纪80年代的供给政策以及21世纪初的政策都旨在降低政府参与经济的角色，减少政府对社保的支出、减税以增加私人部门的支出、减少政府对企业的监管等。保守派的目标是减少政府在经济中的角色，这是供给政策的根本。

如果我们质疑供给政策对刺激经济增长的有效性，那么我们必定想知道有什么其他方法更有效？在第17章我们分析21世纪的经济情形时会讨论增加总供给的真正力量。

涓滴哲学

是不是里根总统为富人减税和减少对穷人的政府转移支出意味着他和其他供给学派的人都愿意帮助富人而伤害穷人？是不是乔治·W·布什总统对减税和福利制度所做的进一步改革意味着他抛弃了他父亲建立一个仁慈美国的理念，并再次让富人凌驾于穷人之上？供给学派的经济学家和政治学家会坚决地回答：不是。相反，他们认为这些政策一定会创造经济增长（也就是说，对总供给持续的增加）。他们认为经济增长会促进国家的繁荣，最终繁荣的利益会渗透到每一个人，无论是富人还是穷人。这种经济方法叫做涓滴哲学。我们把这个问题留给你们，是不是保守派的这种做法最终会使所有人受益，又或者穷人会继续被排除在整个国家的繁荣之外？这个问题很重要，因为保守派的很多做法都体现了涓滴哲学。

新世纪的经济政策

乔治·W·布什2000年当选美国总统，当时的失业率极低，只有4%，通胀率只有3.4%，政府预算盈余，保守派的福利系统奏效，经济持续增长了8年。乔治·W·布什执行保守派的理念，减少政府支出、减税，让一部分社保、医疗和教育私有化。

正如你所知道的，我们的经济经历了戏剧性的变化，首先是经历了小型衰退，并在之后十年达到最高的失业率水平，经历了"9·11"事件、阿富汗战争、入侵伊拉克。除了军费开支（这正是保守派经常做的），税收和国内项目的政府支出都有所减少。布什总统和里根总统时期一样，实行供给政策。除了国防方面，布什所有的目标都旨在减少政府参与经济的程度。

随着2009年初布什的离开，我们面临着非常不同的经济，国家陷入房地产和金融危机导致的严重经济衰退，要求实行新的政策和选举新的总统，即希望采用财政政策和货币政策刺激经济复苏，同时规范监管金融部门的总统。奥巴马更信奉自由学派的经济哲学，他愿意增加政府支出带动经济复苏并监管金融部门的失误。

观点

保守派与自由派

任何财政政策工具或者货币政策的使用都能成功地扩张经济。从理论上讲，供给政策也能做到。虽然这些扩张政策都同样有效，人们还是会对采取哪种政策有不同意见。你应该注意到自由派更愿意采取增加政府购买和转移支付的财政政策，尤其是为国内的社会项目进行购买。

保守派更愿意采取减税的财政政策，并给予私有部门更大的购买力，虽然保守派经常支持大量的国防支出。

保守派也更愿意采用货币政策，通过降低利率来增加私人消费者和企业的购买。并且，保守派还是供给政策的支持者。他们采取降低税收、减少转移支付和减少管制的政策来减少政府对经济的影响。

所以，虽然不同的政策可能对宏观经济有相同的效果，但它们的根本理论有很大的区别。并且虽然这些政策可能会使国内生产总值的规模发生相同的变化，但GDP的组成和收入分配当然会有所不同。我们可以有更多的国防支出，更少的医疗保险支出。我们中的富人也许会更有钱，而穷人更穷。我们可以购买更多的房屋和工厂，却更少地购买学校教学楼。当然，GDP的构成和收入分配与GDP的规模一样重要。

总结

我们可以用总供给和总需求的图表来分析宏观经济。总需求是在特定价格水平上的总产出数量，而总供给是在特定价格上的总生产数量。总需求曲线与总产出曲线的交点决定了国家的平均价格水平和国内生产总值水平。国内生产总值是指国内经济中一定时期内（通常为一年）所生产的所有最终商品和服务的市场价值。总需求由消费者、企业、政府和国外购买组成。政府和美联储可以通过政策改变总需求与总供给进而减少通货膨胀或者失业。用来改变总需求的两种政策是财政政策和货币政策。财政政策包括改变政府购买和税收，而货币政策包括改变货币的总供给进而改变利率。供给政策的目的是增加总供给。供给政策的根本就是减少政府对经济的影响。在这个过程中，这些政策的目标都是促进经济的繁荣。这些利益会渐渐渗透到所有社会大众。供给学派的批评者认为这些政策是无效的，而且会损害穷人的利益。

讨论和问题

1. 许多人认为政府应该计算家务劳动的价格并把它计入国内生产总值中，你是怎么想的？为什么？

2. 国内生产总值是对生活标准的准确测量吗？为什么？

3. 描述下列几项对国内生产总值、就业和通货膨胀的影响：（a）战争；（b）环境管制的减少；（c）福利的减少。

4. 在人口调查局的官网上查找现在 GDP 的水平（http：//www. census. gov）。名义 GDP 是多少？实际 GDP 又是多少？计算实际 GDP 的基年是哪一年？

5. 在劳工统计局的官网上查找目前的失业率（http：//www. bls. gov）。可以说我们现在是充分就业的吗？

6. 保守派希望政府减少对经济的影响，而自由派却希望政府发挥更大的作用。这两派对增加政府购买和转移支付的财政政策是怎么看的？对于减少税收的财政政策呢？降低利率的货币政策呢？

7. 你认为政府在经济中应该充当何种角色？

8. 你相信涓滴哲学吗？

9. 登录总统的网站（http：//www. whitehouse. gov），查找总统最近关于政府购买和税收政策的演讲。他正在推崇哪一种宏观政策？你同意他的看法吗？

附录 15   总供给曲线的倾斜

前面曾提到了总需求曲线向下倾斜，如图 15—10 所示。向下倾斜是指当价格下降时，国内生产总值上升；当价格上升时，国内生产总值下降。GDP与价格的变动方向相反有三个原因。

首先，让我们来考虑价格上涨对国际贸易的影响。如果美国的价格相对其他国家的价格上涨，美国的消费者就会倾向于购买更多国外的产品而更少购买美国的产品。例如，福特汽车的价格相对于丰田汽车的价格上涨，消费者（其他国家的消费者也一样）会购买更多的丰田汽车和更少的福特汽车。这就是美国平均价格的上涨导致了GDP的下降。

第二，价格的上涨降低了我们财富（资产）的价值即购买力。我们的财富是我们拥有的，比如房屋、股票、债券甚至是钱。当价格上涨时，你存在储蓄账户中的钱（或者藏在床垫下的）不再和之前一样值钱。也就是说，当商品价格上涨的时候，固定数量的钱失去了它的购买力。变少了的财富意味着人们减少购买（因为他们觉得变穷了）。所以，当价格上涨时，GDP的需求量下降了。

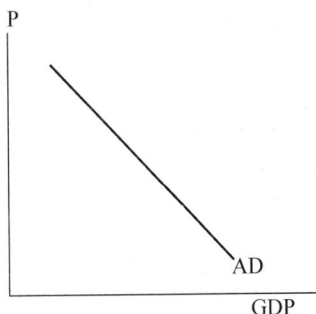

图 15—10　向下倾斜的总需求曲线

向下倾斜的总需求曲线意味着当平均价格水平下降时GDP需求量增加，当平均价格水平上升时GDP需求量下降。

第三，价格的上涨对利率有影响。当人们经历资产的缩水时，他们需要从银行借更多的钱。对信用需求的增长使信用的价格即利率上升。当利率上升的时候，人们和企业减少了对高价物品的购买，如汽车、房屋和工厂。所以，当平均价格水平上涨的时候，对GDP的需求降低了。

在这些例子中，我们考虑的是为什么价格的上涨会导致GDP需求的下降。同样地，价格的下降也会导致相反的效果，即GDP需求的上升。

要记住导致总需求沿曲线变化的因素和导致其平移的因素有区别。因为价格是纵轴，所以价格导致的GDP发生的变化都会反映为沿着需求曲线移动。另一方面，不是由价格因素引起的变化——如人口、消费者收入或者政府的财政政策或货币政策——会导致整个需求曲线的移动。

总供给曲线的倾斜

当谈到政策方案的时候，总供给曲线的实际倾斜程度至关重要。本章中我们简化了总供给曲线——一条向右上方倾斜的直线，如图15—11所示。这种形状解释了本章中的一个结论：总需求政策是对失业和通货膨胀的取舍。但如果我们更仔细地分析总供给曲线，这种取舍也不是一定发生的。

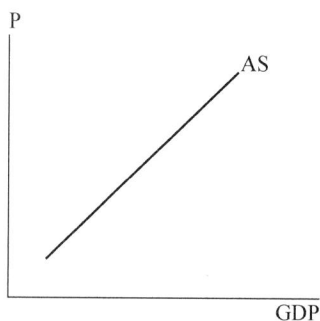

图 15—11　向右上方倾斜的总供给曲线

向右上方倾斜的总供给曲线意味着当平均价格水平上升时 GDP 的供给增加，当价格水平下降时 GDP 的供给减少。

经济学家得到多种关于总供给曲线形状的结论，根据是从长期考虑还是从短期考虑，或者是否有其他假设。但我们可以简化一下，画一条结合了许多情况的总供给曲线。如图 15—12 所示。

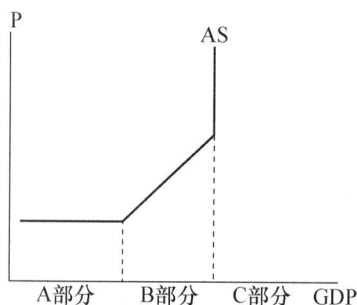

图 15—12　分为三部分的总供给曲线

水平区域（A 部分）代表低产出和低就业率，向右上方倾斜部分（B 部分）代表正常水平的产出和失业率，垂直区域（C 部分）代表高产出和充分就业。

请注意图 15—12 中的总供给曲线有一段水平（A 部分），有一段向右上方倾斜（B 部分），有一段垂直（C 部分）。向右上方倾斜的部分与图 15—11 中的总供给曲线是一样的，并且可以看作反映的是正常状态下的经济——也就是说，适当的 GDP 和失业。在这个区域内的总需求曲线的任何改变都会导致失业与通货膨胀的权衡取舍。（参考图 15—13 中从 AD_2 到 AD_3 的改变，GDP 从 GDP_2 增加到 GDP_3，平均价格从 P_2 增加到 P_3。）

总供给曲线水平的部分有时也叫做凯恩斯区域，因为它是凯恩斯经济理论中典型的大萧条阶段。具体来说，即 GDP 很低而失业很高，无论工资多低，人们都愿意工作。物质资本（工厂和机器）也没有被充分利用，也许一天只运转一次而不是两次或三次。在这样的背景下，公司很容易通过扩大生产来满足需求。单位产量（比如汽车）的生产成本不会上升，因为工资和资本价格没有上升。生产成本没有上升，公司也没有理由涨价。这意味着在总供给曲线的凯恩斯区域内，任何总供给的增长都会增加产出和就业，而价格不变。这种情况在图 15—13 中得到体现，总需求从 AD_1 变化到 AD_2，GDP 从 GDP_1 上升到 GDP_2，而价格 P_2 等于 P_1。

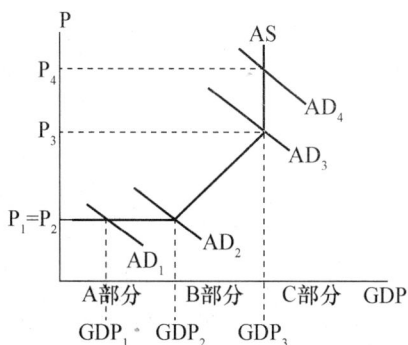

图 15—13　需求曲线与分为三段的总供给曲线

A 部分总需求曲线右移导致产出增长，就业上升，而价格水平不变；B 部分总需求曲线右移导致产出增加，就业上升，同时也产生一定的通货膨胀；C 部分总需求曲线右移不会导致产出增加，就业上升，只是创造了通货膨胀。

最后，垂直的总供给曲线是在高 GDP 和充分就业经济的情形下。要记住第 14 章中充分就业的定义，在充分就业条件下扩大产出很困难。如果总需求增加了，例如汽车公司的经理想通过扩大产出来达到多余的需求，唯一的办法是雇佣更多的工人，但需要提供更高的工资。同样的，如果资本是充分利用的，汽车的扩大生产需要更多的资本。这两种情况都会导致生产成本的上涨，而公司会以更高的价格将其转嫁给消费者。可是尽管通货膨胀发生了，整体的 GDP 并没有提高，因为在充分就业的经济中雇佣更多资源的方式就是从其他公司中获得。汽车公司也许能够扩大汽车生产，但电冰箱公司可能会裁员并减少生产。在充分就业条件下总需求的增长只会导致通货膨胀，而不会带来更多的产出或者就业。如图 15—13 所示，总需求从 AD_3 增加到 AD_4，价格水平从 P_3 上升到 P_4，但 GDP 却没有增加。

虽然经济不像在区域 A 或在区域 C 那样绝对，但我们能够理解当就业低的时候总需求的增长会轻易地使产量和就业扩张，而当就业率很高的时候，总需求的上升只会大幅度提高通货膨胀率，而不会对产出和就业有很大帮助。

第2章 犯罪和毒品 如果吸毒合法化, 那么征税可以减少 毒品使用。	第3章 环境 税收可以提高环境保护的动力。	第9章 社会保障 社会保障税属于累退税。	第14章 失业与通货膨胀 这两个宏观问题受政府税收和借款影响。

**第16章
税收、贷款和国家负债**

第12章 国际贸易 税收(关税)是贸易限制的一种形式。		
第5章 歧视 公共教育的财产税融资导致少数人教育机会不平等。	第6章 美国贫困问题 税收给穷人带来很大负担,所得税抵免能够帮助工作的穷人。	第17章 21世纪的全球自由市场? 在全球经济改革中增加税收能够稳定预算,但是使得穷人更艰难。

第15章
政府宏观经济政策
税收和贷款使政府支出成为可能,并且影响宏观经济。

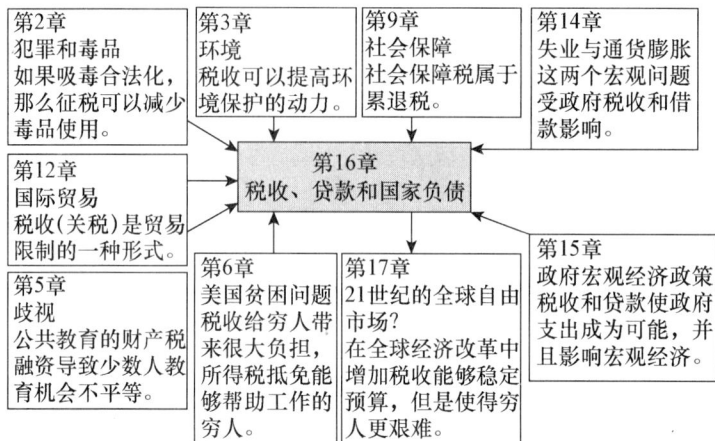

经济学工具箱:

- 政府有价证券
- 税率
- 税收信用
- 所得税抵免
- 可偿还债券
- 资本所得
- 工资税
- 特许经销税

- 累进税、比例税和累退税
- 税收负担
- 可贷资金
- 挤出效应
- 预算赤字
- 国债
- 完全无弹性的需求
- 完全无弹性的供给

第 16 章　税收、贷款和国家负债

在这个世界上没有什么是确定的，除了死亡和税收。

——本杰明·富兰克林（Benjamin Frarklin，1706—1790）

到目前为止，我们考虑了各种政府支出，包括在社会问题、贫困、控制污染和垄断企业、保证公平机会、农业和犯罪、增加总需求和稳定经济方面的支出，最近我们看到对军队支出的增加。尤其是美国在阿富汗和伊拉克战争中政府支出的显著增加。我们也看到政府刺激经济所使用的大量政府开支，但是我们还没有问一个问题：政府如何筹到这么多钱来资助这些项目和政策呢？

政府获得收入最显而易见的来源就是征税，通过对大众包括赚取工资的人、资产拥有者、企业和消费者征税，政府获得了大部分所需支出的费用，其他的政府融资途径就是贷款，政府通过发行**政府有价证券**来借钱，包括政府债券、中期国库券和短期国库券。政府债券就像是一张借条：这张纸表明政府借钱并承诺在未来某个时间加上利息偿还。政府把这些纸卖给银行、公司、外国人和大多数美国居民。你可能购买了一些政府储蓄债券，如果是这样，你实际上就是把钱借给政府。本章我们将考虑两种基本的政府支出的融资途径。

政府有价证券：
政府债券和中长期国库券。

政府税收

正如本章开始所说的，"在这个世界上没有什么是确定的，除了死亡和税收。"公民意识到政府项目需要政府收入，因此征税是必然的。然而，公民希望这些税收是公平合理的。

政府税收有各种形式，由联邦政府和州、地方政府强制征收，我们将考虑这些税收并分析它们对宏观经济、收入分配和美国个人市场的影响。

联邦税收

税率：必须付给政府的税收百分比。

图 16—1 显示了主要的联邦税收种类和 2007 年每种税收占联邦税收收入的比重。

从图中我们能看到个人所得税是联邦政府征收的最重要的税收，个人所得税大概占联邦税收收入的 51%，不同收入水平，**税率**不同。

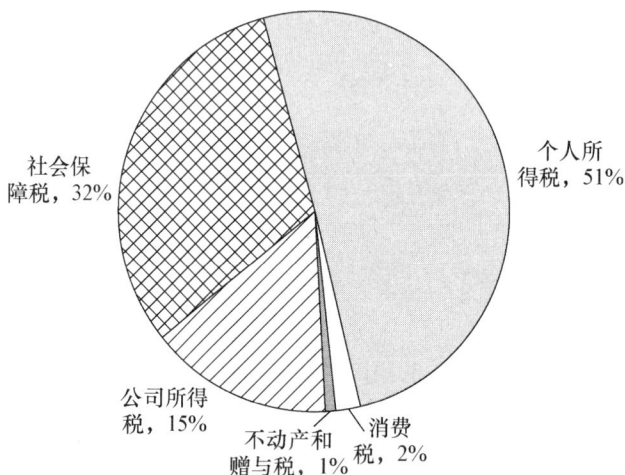

图 16—1 联邦税收收入比例（2007 年）

资料来源：U. S. Internal Revenue Service, *IRS Data Book*, 2008, http://www.irs.gov.

课税基础：收入、所得、资产、销售或其他有价产品适用税率的价值。

在这个例子中，征税的收入部分叫做**课税基础**或**计税基数**。你的收入的第一部分有一个税收级别并适用相应的税率，下一部分有另一个税收级别并对应更高的税率。到 1986 年，共有 14 种不同的税级，最高收入者在最高的税收级别里征收最高的税收。那时最高的税率达到 90%，之后的 40 多年开始有所降低，税级也大幅下降。到 2009 年，最高税率为 35%，分为 5 个额外税级，税率分别为 10%、15%、25%、28% 和 33%。

最高税率从 1964 年的 90% 下降到 2009 年的 35%！对比美国和其他西方工业化国家目前的最高税率也很有趣。表 16—1 显示了 15 个工业化国家的最高税率，其中有 10 个国家的最高税率比美国高，有 4 个国家的最高税率比美国低。因此美国的最高税率不仅从历史数据来看相对较低，而且与其他工业化国家对比也处于较低水平。表 16—1 也显示出需要纳税的收入水平，以美国为例，2008 年只有超过 326 000 美元部分的收入按最高为 35% 的税率纳税。德国是唯一一个起征点比美国高的国家，其他国家税收的起征点水平远比这两个国家低。数据表明和其他工业化国家相比，美国的税收针对的是高收入者而且税率要低得多。

表 16—1 西方工业化国家在特定收入水平上的最高个人所得税率[a]（2008 年）

国家	最高税率	起征点[b]（美元）
澳大利亚	50%	64 000
比利时	50%	47 000
加拿大	29%	101 000
丹麦	59%	64 000
芬兰	32%	84 000
德国	45%	341 000
希腊	40%	103 000
爱尔兰	42%	44 000
意大利	44%	102 000
荷兰	52%	73 000
葡萄牙	42%	85 000
西班牙	27%	73 000
瑞典	22%	77 000
英国	40%	50 000
美国	35%	326 000

a. 大部分数据为 2006—2008 年间的数据。
b. 近似到千位。
资料来源：World Bank，*World Development Indicators 2009*（Washington DC：World Bank，2009）。

免税：在缴纳个人所得税之前，每个家庭成员可以减免的税收数量。

法定免征额：如果没有其他的减免申请，纳税者从计税收入中扣除的固定数量的金额。

税收信用：直接扣减交给政府的所得税，个人或企业必须满足一定的要求才有资格使用税收信用。

所得税抵免（EITC）：对低收入工人和家庭的联邦税收抵免，州政府也可以使用所得税抵免。

可退还：即便不交税，只要递交了税收表格就返还税收。

资本利得：以某种价格购买资产继而以更高的价格卖出所获得的收益。

美国可以对个人所得税进行税收减免，家庭成员可以申请**免税**，2009 年个人免税额度达到 3 650 美元，他们也可以从计税收入里减少各种支出，一个例子就是第 7 章"住房问题"中讲的中高收入房屋所有者获得抵押利率降低的好处。或者，家庭可以使用**法定免征额**，是指纳税人如果没有其他减免申请，从计税收入中扣除的固定金额。2009 年单身法定免征额是 5 700 美元，家庭是 11 400 美元，纳税人也可以申请各种**税收信用**来直接扣减上交给政府的税收。

除了减少税收项目和降低税率，1986 年的税法削减了许多优惠，提高了法定免征额，**所得税抵免**增加。所得税抵免范围扩大且应用到每个符合条件的低收入工人身上，并且**可退还**，意味着有些工人收入太低不用交税，但仍给他们提供税收退还。（在第 6 章的"讨论和问题"中检查你是否有资格申请所得税抵免。）

从乔治·W·布什执政以来联邦个人所得税一直是争议的焦点，竞选时宣誓要大幅减税的布什在 2001 年推动国会实行了自 1981 年以来最大规模的减税政策。在 2003 年和 2006 年又实施了进一步的减税。另外，联邦个人税收项目和税率也发生变化，立法取消了所谓的"结婚税"，扩大法定免征额，并使有孩子家庭的税收信用加倍。此外，股票股息税收减免以及本节提到的其他税收削减使得本国的富人受益，遗产税也有所减免，到 2010 年计划取消所有的遗产税。布什总统一直想要永久取消所有的遗产税，因为富人拥有价值不菲的财产，遗产税减免将会给富人带来好处。因此财产税、遗产税以及个人所得税的削减使高收入者受益。

另一个政策问题是资本利得是否征税，**资本利得**是指以某种价格购买资产继而以更高的价格卖出所获得的收益，例如，如果你以每股 100 美元的价格买进公司股票，之后以 150 美元的价格卖出，那么你将会获得 50 美元的资本利益。如果这部分收益不需要交税或者只交很少的税，那么对你来说是有好处的。**然而，**

由于高收入者比低收入者获得更多的资本利得，取消资本利得税会极大地使高收入人群获益。布什总统等人试图减少资本利得税率，2003 年他们成功地将税率降低到 15%，2006 年布什总统成功地推动国会将资本利得税和其他税率削减议案推行到 2010 年。

司法部门估计，通过减税政策，2% 的纳税人节省了 80% 的资本利得和其他个人税收；税收部门估计税收收入将减少 80%，这些钱流入 10% 的纳税人手中，近五分之一的好处落到 1% 的人手中。

问题是 2010 年之后还会推行减税政策吗？奥巴马总统表示反对继续实施减税政策以主要让富人获益。如果下一个十年继续推行税收减免，那么成本将超过 1 万亿美元。如果下一个十年继续进行税收减免，那么对于预算赤字将产生重要的影响。①

工资税：基于工资收入，通常直接从工资中扣减的税收。

第二大联邦税收是社会保障税，这部分税收也叫做**工资税**，因为它们是直接从工资中扣减的，或者由你的雇主来支付各种社会保险项目。工人和雇主支付同样数量的两种主要的社会保障，即社会保险和医疗保险。这两个项目为退休工人和家属、工伤残疾和死亡工人及其家属提供收入，为退休和伤残工人及其家属提供住院和基本医疗服务。所有的社会保障税占联邦政府税收收入的 32%。这些内容在第 9 章"社会保障"中有更详细的介绍。

消费税：购买特定商品和服务所征收的税收。

对公司所得征收公司所得税。这是净收入税收，对收入减去支出的部分征税，或者换句话说，对利润部分征税。公司所得税占联邦税收收入的 15%，**消费税**与营业税类似，但是仅对一些特定的商品和服务征收，占联邦税收收入的 2%，遗产税和赠与税占 1%。

最后提一下遗产税，布什总统和其他保守党经常称财产税为"死亡税"，一些评论者认为这样做是使投票者相信人去世之后才支付遗产税。不管税收政策如何，正如本章开头所引用的只有死亡和税收是确定的，将二者结合起来，"死亡税"将死亡和税收联系得更紧密了！

州政府税收

经济争论："是否应废除死亡税？"

通过点击下面网址中的宏观经济学：税收、支出和赤字，阅读有关遗产税的争论。

http://www.cengage.com/economics/econapps

州政府也征收各种税，图 16—2 显示了 2007 年各种州税收的相对重要性，这是所有州的平均水平。

正如图 16—2 所示，营业税和消费税占州税收收入的比重最大（46%），在州和当地范围对商品和服务征收的营业税，一些州不对医疗和食品征税，另一些州则相反。对一些特定商品如香烟、汽油、烟草和酒征收消费税。（州和地方政府征收消费税的商品和联邦政府一样。）营业税和大部分消费税是基于市场价格征收的。在一些情况下，消费税是基于购买商品的数量，如香烟。

---

① 这两段内容取自 the Tax Center, Washington, DC, May 2006；Citizens for Tax Justice, April 2006；David Cay Johnson, "Tax Benefits to the Rich and Patient," May 12, 2006, and "Big Gain for Rich Seen in Tax Cuts for Investments," April 5, 2006；*The New York Times*；and Edmund L. Andrews, "Senate Approves 2-Year Extension of Bush Tax Cuts," May 12, 2006, *The New York Times*.

州政府也征收个人所得税，占总税收收入的约 35%，一些州的个人所得税具有不同的税级和税率，另一些州对所有纳税人需交税部分的收入按同一个税率征收。注意，各种免税、减税和税收信用同样适用于州政府的个人所得税。例如，一些州也有所得税抵免，一些州也有公司所得税，占总的州税收收入的 7%。

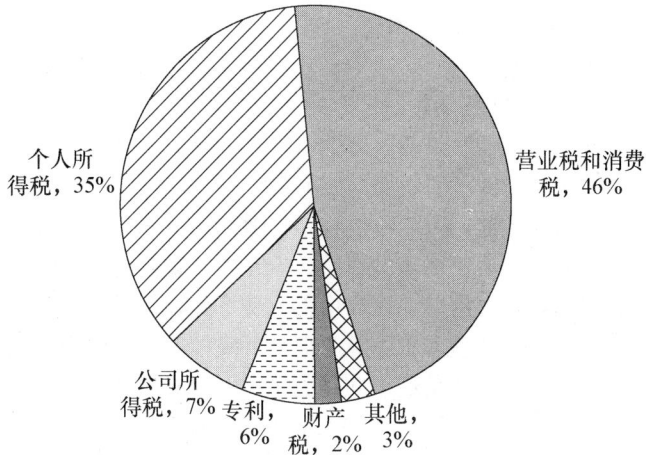

图 16—2　州政府税收比例（2007 年）

资料来源：The Department of Commerce, Census Bureau, Population Division, http://www.census.gov//govs/statetax/.

地方税收

经济链接：查看地方政府税率。http://www.cengage.com/economics/econapps

地方政府征收财产税作为目前地方政府税收收入的最主要来源。根据资产价格，地方政府直接对土地和房屋所有者征收财产税，经济学家指出以租房为例，通常大部分财产税通过更高的房租从房屋所有者转嫁到租房者身上。正如第 4 章"教育"和第 5 章"歧视"中所讨论的，财产税用来资助当地的公共学校。由于低收入地区资产价值较低，这些地方的教育机会和条件也较差。一些地区也要依靠个人所得税和营业税。

评论

最近几年州和地方政府遇到很大的财政困难，经济形势不好减少了税收收入。（因为收入水平降低，财产价格下降从而支付更少的税收，相应地人们减少购买收取营业税的商品和服务。）同时，联邦政府向州政府和地方政府的财政转移受到限制，许多人指责联邦政府对州政府和地方政府设置了更多的要求，却没有提供更多的资金资助来实现这些要求。2009 年，许多州政府和地方政府已经面临稀缺性和机会成本的问题，因为它们被迫要在学校、监狱和其他需要财政支持的项目上进行选择。

税收对宏观经济的影响

回忆第 15 章的总需求曲线，总需求是给定价格水平上经济各部门对总产出（美国 GDP）的需求，这些构成总需求的部门包括个体消费者、商业企业、美国政府和外国人，政府征税会对这些人的购买决策产生影响，让我们来考虑对个体消费者的影响。

经济新闻：查看经济形势。http://www.cengage.com/economics/econ-apps

假设联邦政府增加 100 万美元支出修建公园，正如我们所知，更多的支出将导致总需求的增加，如图 16—3A 中箭头所示，真实 GDP 增加到 GDP′，现在假设政府这 100 万美元的支出通过提高个人所得税获得，考虑当政府提高税收时的情况，由于我们付更多的钱给政府，那么我们的税后收入减少，因此我们的消费支出下降，随着构成总需求中的消费下降，总需求也下降，如图 16—3B 中箭头所示。

尽管总需求下降，但是下降幅度小于政府增加 100 万美元支出修建公园前的水平，原因是这 100 万美元直接构成了总需求的一部分，而增加 100 万美元的税收虽然导致消费者收入下降进而消费下降，但并没有下降整整 100 万美元，原因是往往并不是收入改变多少，我们的消费支出就改变多少。如果我们的收入增加了 100 美元，我们可能花掉 80 美元，将剩下的钱存起来；当我们的收入下降 100 万美元，我们也不会一下把消费支出降低 100 万美元。消费支出可能下降 80 万美元而非 100 万美元。

讨论的焦点是通过增加政府购买（支出）而带来总需求的增加将被个人消费支出随着税收的增加而冲抵，但不是完全抵消。也就是说，增加政府支出和税收将使得总需求小幅净增加。如图 16—3B 所示，GDP 变到 GDP″反映了经济的扩张。

经济新闻："坏主意变好。"

经济学家考虑税收和政府支出对经济的共同影响，阅读下面网址中更多有关财政政策的宏观经济内容。http://www.cengage.com/economics/econ-apps

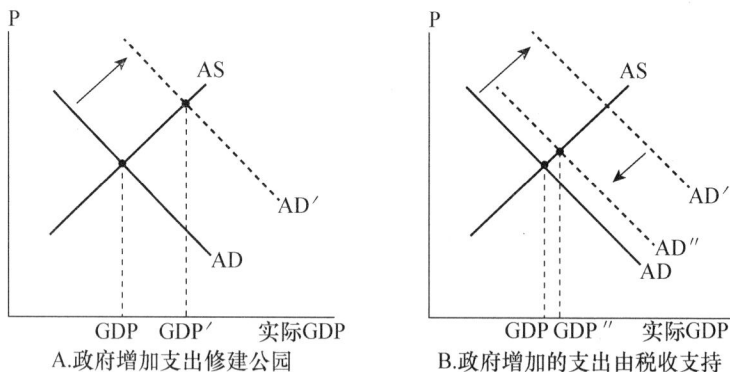

图 16—3 政府增加修建公园的支出由税收支持

A 图显示了由于政府增加支出修建公园导致总需求的增加，使 GDP 增加较大幅度；B 图显示了假设增加的政府支出是由增加政府税收提供的，那么总需求会由于政府支出的增加而增加，但是会由于税收的增加而向左移动，这是由于消费者税后收入降低所致，从而减少消费支出。净增加的总需求很小，导致 GDP 增加的幅度也很小。

重要的是，**如果通过增加税收来增加政府支出，那么会导致经济适度扩张。**适度经济扩张对经济是恰当的，过度经济扩张将会带来价格上涨的压力，另外，如果政府的目标是扩张经济，那么提高税收支持政府支出的增加并不是最有效的方案。下面我们会学到,通过政府贷款来增加政府支出是更好的办法。

税收收入分配的效果

除了对宏观经济的影响,税收还对收入分配有重要的作用。事实上,税收尤其是为调节收入分配的目的而设计的。当经济学家考虑税收再分配的效果时,他们通常根据三个基本类型对税收进行分类:累进税、比例税和累退税。每种税对收入分配都有不同的效果。

累进税对高收入者比低收入者按更高的收入比重征收。**这里注意收入比重,我们不关心税收的绝对数量,我们关心的是人们按照他们的收入来交税。**

累进税: 对高收入者比低收入者按更高的比例征税。

累进税的典型例子是联邦个人所得税的税率结构,许多州也是按累进税来征收所得税。累进税率结构分为不同的收入级别,正如我们之前讨论的,第一部分收入归于税收的第一级别,并对应相应的税率,下一部分收入归于更高的税收级别,并按照更高的税率征收。这个流程持续到个人收入的最后一个级别,并征以最高的税率。因此,收入越高,适用的税率越高。于是,高收入者需要支付更多的税收给政府,低收入者只支付收入的较小比例。这种税收给高收入者带来更沉重的负担,导致收入由高收入者手中进行了再分配。回想过去40年的改变,累进税通过降低税级和最高税率有所削减,各种免税、减税和税收信用的采用都是针对中高收入者而非穷人,这使得实际税收不再是累进征收。

比例税: 对于不同收入水平的人们按照相同的比例征税。

比例税是对于不同水平的人们按照相同的比例征收。一个例子是州政府按统一税率征收的个人所得税,一些人提出联邦政府也应按统一税率征收个人所得税,因为统一税率对不同收入水平的人征收相同的比例税率,对收入没有再分配功能。注意这个统一税率要考虑到在税收中存在的各种免税、减税和税收信用。最终的结果可能是累进税。

一些人希望通过统一的税率来简化联邦个人所得税,他们没有意识到税率结构其实没有那么复杂,而是减税和税收信用使得税收变得复杂,而且使用比例税率就损失了再分配的功能。

累退税: 对低收入者比高收入者按更高的比例征税。

最后,**累退税**是对低收入者比高收入者按更高的比例征收,美国的大部分税收是累退税,这是否使你感到震惊?累退税包括营业税、大多数消费税、财产税和社会保障税。因为这些税直接根据收入征税,很难理解为什么它们是累退税。让我们以州政府营业税为例来阐明。

假设州政府对在本州内购买的商品征收5%的营业税,那么税率是5%,商品价值是课税基础,州政府可以调整税率。让我们考虑两种典型的家庭,一个年收入达10万美元的高收入家庭和一个年收入为1万美元的低收入家庭,表16—2列出这两种家庭的情况。

表16—2   某年营业税对两种典型的高收入家庭和低收入家庭的影响

	高收入家庭	低收入家庭
收入	100 000 美元	10 000 美元
购买的纳税商品	50 000 美元	8 000 美元

续前表

	高收入家庭	低收入家庭
营业税税率	5%	5%
支付的营业税	2 500 美元	400 美元
营业税占收入的比重	2 500/100 000＝2.5%	400/10 000＝4%

尽管是虚构的数字，却提供了真实的结论，假设高收入家庭每年花费5万美元购买商品，而低收入家庭支出8 000美元，比高收入家庭的消费支出小得多，但是注意低收入家庭消费占收入的比例更高，原因就在于低收入家庭要花费大部分收入来购买生活必需品，只剩下很少部分用于储蓄。高收入家庭则不然，他们可以把收入的很大一部分用来储蓄。高收入家庭确实消费更多，因此他们支付给州政府的营业税绝对量更多，然而当考虑这些税收占他们收入的比重时，我们发现低收入家庭支付更高比例的税收（4%），而高收入家庭则支付更低比例的税收（2.5%）。**5%的营业税税率导致低收入家庭支付的税收占收入的比例更高。因此，该税收是累退税。**

基于同样的原因，财产税和消费税也是累退税。低收入家庭花费更大的收入比重来购买一些商品和住房。假设财产税通过增加房租转嫁到租房者手中，低收入家庭比高收入家庭要支付收入中的更大比例在这些税收上。

社会保障税也是累退税，但是基于不同的原因。首先，社会保障税针对劳动收入征收，也就是工资和奖金。因为低收入家庭的大部分收入是以工资和奖金的形式获得的，所有收入都要交税，而高收入人群的收入可能以利息、资本利得、股息等形式持有，因此大部分收入不用交社会保障税。2009年，社会保障税税率为6.2%，医疗税税率为1.45%，总的税率为7.65%。

社会保障税是累退税还因为存在收入上限，超过上限部分的收入不需要交税。2009年该上限为102 000美元，所有超过这一水平的收入都不用缴纳社会保障税。因此，所有低收入者的收入都纳入税收，而高收入者的部分收入则可能不纳入税收。表16—3显示了社会保障税对高收入家庭和低收入家庭的适用情况，在这个例子中，高收入者支付收入的1.6%作为社会保障税，而低收入者支付高达6.2%的收入作为社会保障税。

表16—3　某年社会保障税对两种不同类型人群即高收入者和低收入者的作用效果

	高收入者	低收入者
工作收入	200 000 美元	10 000 美元
其他收入	200 000 美元	0 美元
需上缴社会保障税的收入	102 000 美元	10 000 美元
社会保障税	0.062×102 000＝6 324 美元	0.062×10 000＝620 美元
社会保障税占收入的比重	6 324/400 000＝1.6%	620/10 000＝6.2%

经济争论："我们应该如何改革目前的税收系统？"
http://www.cengage.com/economics/econapps

由于社会保障税存在收入上限且只针对工资收入征税，低收入家庭比高收入家庭支付更大比重的收入支付社会保障税。对这部分内容更全面的讨论，见第9章"社会保障"。

累退税对收入的再分配功能对富人有利、对穷人不利，累进税则相反。**20世纪80年代、90年代和21世纪，各种因素促使我们的整个税收系统逐渐向累退**

税倾斜，里根政府时期对个人和公司所得税进行大幅度削减，使得这两种累进税作为税收收入来源的重要性下降。另外，社会保障大幅增加，同期出现的消费税、营业税和财产税等使得累退税的比重增加、累进税的重要性减弱。乔治·W·布什总统的税收政策带来更大程度的累退税收系统，这为高收入者提供了最大的好处，进而减少了联邦个人税收作为累进税在整个税收系统中的重要性。

布什总统实行对个人收入、股息、资本利得和上百万财产的税收减免，宣称既然富人担负最多的税收，那么他们应该获得最大幅度的减税。这对于收入所得税和财产税可能是有道理的，但并不是我们整个税收系统的情形，在该系统里低收入者在社会保障税、消费税、营业税和财产税等税收方面承担了很重的负担。换句话说，减税减少了富人的税收负担却没有相应地减少穷人的税收负担。最后，保守党提出了其他方案，包括将目前的联邦个人所得税用统一税率来征收，这些都会使得我们的整个税收结构更加趋于累退税。

政府借债

既不要做借方也不要做贷方。

——谚语

尽管这是善意的忠告，但是个人和家庭确实需要借钱，于是他们陷入债务，负债可能好也可能不好，这需要考虑很多因素。但是政府呢？政府借钱并发生对外负债对一个国家来说是好是坏？

回想前面讲的政府不仅可以通过税收还可以借钱来支持政府支出，后者通过发行政府债券进行，谁都可以购买政府债券：包括政府机构、银行、金融机构、公司和其他形式的企业，以及像你我一样的个人。当我们购买一张政府债券时，就相当于把我们的钱借给政府，在将来特定时刻，我们将连本带利的收回来。这不是强迫的，对个人和政府都有好处，那么对于我们国家的经济呢？

为了回答这个问题，我们必须考虑政府借债的一些影响，下面将对宏观经济、收入分配、利率、政府预算和国家负债这几个方面的影响进行分析。

政府借债对宏观经济的影响

回想前面曾讲到政府要增加 100 万美元支出来修建公园的例子，正如前面所述，这将导致总需求曲线右移，如图 16—3A 所示，这回不增加政府税收，而是通过借债来支持政府支出，因此，不会发生如图 16—3B 中总需求曲线右移的情形，影响效果如图 16—3A 所示，会发生很大幅度的经济扩张，这种结果是否令人向往要看经济形态，如果经济处在高速发展期，经济扩张会导致不愿意发生的价格上涨，而如果经济处在低迷或衰退时期，那么经济扩张是一剂良方。**通过政府借债比通过提高税收来增加政府支出对经济的扩张效果更大。**

政府借债对收入分配的影响效果

如果我购买政府债券，我将会从中受益，政府将在未来某个时点连本带息进行偿还，那么由谁来支付这些利息？一个可能性是政府再借债来偿还利息支出，在实际操作中这没有问题，与个人不同，政府是可以无限地借债的。或者，政府可以提高税收来支付利息，如果你支付额外增加的税收，而我则享受利息收益，那么收入就在你和我中进行了再分配，我受益，你损失。

在这个过程中，收入再分配可能导致更大程度的收入不公平，债券持有者多属于中高收入阶层，很少有低收入者能够参与到这种投资活动中。另外，我们看到我们的税收系统更倾向于累退税。**从某种程度来说，低收入者承担了更重的税收支付负担，高收入者则从利息收入、收入再分配中获得了更多的好处。**

这种再分配并不意味着政府借债是坏事，我们可以改变政府借债对收入分配的影响，同时并不影响政府的借债能力。我们可以多样化设计政府债券使其更容易被低收入者购买，当然，我们也可以改变国家税收系统，使其更倾向于累进税制，也可以抵消政府借债对收入分配的负面影响。最后，我们都知道税收收入和借款资金都可以用来支持政府政策和项目，这些政策和项目的本质和出发点决定了其效果是促进公平还是导致不公。

政府借款对利率的影响

利率：为使用借方资金需要付给贷款人或投资人资金的百分比。

可贷资金：借贷的资金。

我们可以观察市场利率如可贷资金的价格来分析政府借债对利率的影响。**利率**是必须付给出资人贷款资金的百分比；**可贷资金**是指借出或借入的资金。分析利率是如何被决定的，我们必须考虑可贷资金市场。这并不困难，因为我们已经掌握了供求曲线分析工具，分析可贷资金市场与分析之前的租房市场、计算器和玉米市场是一样的。

如图16—4所示，横轴表示可贷资金数量，需求曲线为所有想要贷款的人，包括企业、个人和政府。需求曲线向右下方倾斜表示利率越低我们越愿意贷款，相反，利率上升，贷款的需求降低。供给曲线表示所有愿意借钱给别人的人，包括商业银行和信用单位，可贷资金的供给来源于个人存款（借钱给银行）和购买的政府债券（借钱给政府）。供给曲线是向上倾斜的，表示利率越高我们越愿意借钱给别人。注意，这里我们统称为市场利率，其实利率有很多种，贷款类型不同、贷款期限不同以及借入和借出资金的利率都不同，我们忽略了这些差别来考虑平均市场利率，在E点达到均衡，均衡利率水平为10%，均衡借贷资金数量为 Q_0。

现在假设政府发行债券来借债，这反映对可贷资金需求的增加，需求曲线移到 D'，均衡点达到 E'，在新的均衡中，借贷资金量都增加到 Q'，市场利率上升到12%，结果是可贷资金需求增加导致可贷资金价格上涨，于是出资方在供给

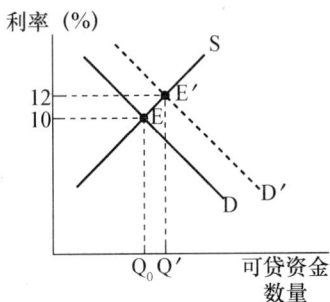

图 16—4　政府借债对假定的可贷资金市场的影响

　　曲线 D 表示消费者、企业和政府对可贷资金的需求，如果政府希望增加对商品和服务的支出并选择通过借债的方式支持这些支出，那么可贷资金的需求量增加，将会右移到 D′，需求的增加将会导致利率从 10％ 上升到 12％，贷款数量增加到 Q′。

曲线上移动，增加其愿意借钱的数量以满足增加的需求。

挤出效应：政府通过借债以支持其支出导致利率上升，进而导致个体经济中的支出减少。

　　由于政府借钱，利率上涨。上涨的幅度取决于经济形态和可贷资金市场。利率上涨最重要的担忧是对消费者和企业支出的影响。正如前面所述，利率上升，企业不愿意购买机器和其他资本设备，同时个人减少购买诸如汽车、房子和设备等大件。我们不愿意花费更大的成本借钱。经济学家将这种现象称为**挤出效应**。**政府借债以支持其支出会导致利率上升，结果个人和企业选择减少贷款从而减少支出。**政府支出部分地挤出了私人支出。企业减少购买机器和资本设备，影响未来经济的投资和生产能力。此外，那些希望减少政府在经济中的参与，而希望私人部门发挥更大作用的人尤其担心挤出效应。

　　挤出效应当然是一个问题，但是我们必须要长远看待。首先，至少短期来看，挤出效应并不是完全挤出，假设政府支出增加 100 万美元，这 100 万美元并不意味着私人部门的支出减少了 100 万美元，要知道利率上升会增加可贷资金的供给数量，因此会有更多的可贷资金，个人和企业现在贷款和支出数量减少，但不是完全减少。第二，利率上涨并不是必然发生的。记得前面讲过货币政策可以调整利率，货币供给的增加会导致利率下降，可以抵消政府贷款增加对利率的作用。该货币政策是否执行要考虑当时的经济运行状况。**在过热的经济中，扩张性财政政策（政府购买增加）和扩张性货币政策可能导致经济的过度膨胀和通胀压力。**在经济低迷时期，经济扩张可能是一剂良方，经济学家和政客们一样面临很多选择，但是理解了政策选择的效果对于明智的决策来说非常重要。

政府借款对政府预算和国家负债的影响效果

　　我们的政府机构臃肿庞大，开支不菲。（我们需要）修宪以执行相对平衡的预算。

——罗纳德·里根总统，1988 年

　　我们必须使联邦预算趋于平衡。

——乔治·赫伯特·沃克·布什总统（George H. W. Bush），1989 年

我们有义务把无穷机遇留给我们的后人，而不是累累债务。

——比尔·克林顿总统，1996年

当然，我们还要为孩子们承担另一项职责。这就是保证我们不给他们留下他们不能偿还的债务。

——巴拉克·奥巴马总统，2009年

在大多数学生们的成长期间上任的总统都曾直言不讳地强烈反对预算赤字。确实，2000年之后政府预算已经成为一大重要议题。上世纪90年代末，全国主要关注如何管理政府预算赤字；在新世纪初，我们又面临政府预算盈余的管理。到了2002年，举国上下重新开始聚焦政府如何管理预算赤字——规模庞大的赤字！具有讽刺意味的是，乔治·W·布什总统（以及里根总统）在任期内经常激情澎湃地宣称要平衡财政预算，然而军费开支和减税规模在他们当政期间却大幅增加，财政赤字不减反增。奥巴马总统的第一个任期内财政赤字仍很庞大，这和持续的军费开支和衰退后振兴经济的措施有关。

预算赤字简单来说即是联邦政府某年的支出与税收收入之差。举例而言，若政府当年支出为15 000亿美元，收入为13 000亿美元，那么赤字为2 000亿美元。简言之，赤字就是政府目前负债的规模，必须通过借款来弥补的资金差。**预算赤字是一个年度概念**：它代表了任一年的年度支出与收入的差距。

与预算赤字相对的是预算盈余。如果政府的税收收入比当年的支出要多，那么便产生了预算盈余。如果政府支出15 000亿美元，税收收入为17 000亿美元，则预算盈余为2 000亿美元。和预算赤字一样，预算盈余也是一个年度概念。

1998年——一连串财政赤字年的最后一年，联邦预算赤字规模大概为220亿美元。到了1999年，财政收入超过支出，盈余达到1 260亿美元。预算赤字转为预算盈余。2000年的**预算盈余**为2 360亿美元，2001年则为1 270亿美元。[①]新世纪伊始的预算盈余引起了如何使用预算盈余的大讨论。有一些人建议政府将盈余用于社会项目和转移支付，另一些人则希望把盈余用在社会保障方面。乔治·W·布什总统则希望把它们用于税收减免。如果没有这些建议，盈余将自动用于偿还国债。

然而关于预算盈余用途的讨论在2002年和2003年的炮火中戛然而止。国土防御和国家防御支出的增加、对伊拉克和阿富汗的战争使得政府支出螺旋式上升。同时，布什总统通过了之前提出的税收减免方案。这些都导致2002年底的赤字以及之后的持续赤字。在布什总统任期的最后一年，即2008年，预算赤字已经积累到4 550亿美元。在2009年10月结束的2009财年，赤字预计将达到1.58万亿美元。当然，这是阿富汗和伊拉克战事以及2009年刺激法案导致的。政府出手拯救汽车工业和金融业的行为也是一大原因。对未来十年赤字的预测众说纷纭，不过如果奥巴马总统的预算被国会通过，未来十年的赤字预计将达到9.1万亿美元。这个预计是基于假设奥巴马总统的支出计划没有变化，经济状况

预算赤字：即联邦政府某年的支出与税收收入之差。

预算盈余：即联邦政府某年的税收收入与支出之差。

① U. S. Census Bureau，（http://www. census. gov）. 这些数据包括社会保障税收收入。如无特别说明，本章其他数据均来自于此。

如预期发展的情况做出的，否则还会更高。[1]

国债：是联邦政府的欠债总额。它代表了联邦政府所积累的尚未偿还的债务总额。

国债和预算不同，但二者紧密相关。**国债是联邦政府欠债的总额，它代表了联邦政府所积累的尚未偿还的债务的总额。**任何一年的预算赤字都会增加国债的总额（预算盈余则会减少国债总额）。如果一个国家保持预算赤字，逐渐积累国家债务，那么这个国家存在问题吗？大多数政治家的回答都是肯定的。大多数居民也会回答：是的。人们通常把政府和家庭类比，认为我们应该负起责任，我们应该在一定范围内消费，我们应该偿还之前欠下的债务，之后再借新的债务。我们不能永远借钱，最终的结算日将会到来。既然家庭有经济责任，国家亦然。

这个类比并不是完全正确的。正如我们之前所言，政府可以不断借债。与家庭不同，国家并不用面对眉头紧蹙的银行职员，没有借债的限制意味着政府可以不断地用新债来偿还旧债。还款日永远也不会到来，破产之日也遥遥无期，永远都有个人和企业愿意借钱给政府。

这意味着国债没有问题吗？许多我们的政治家和公民都认为有问题，尽管他们误解了问题的类型。对于复杂的问题，保守主义者通常反对大规模的国债和预算赤字，而自由主义者鲜有关注。不过最近观点开始发生变化，我们将在"观点"部分对此进行讨论。为了分析对于国债的担忧，我们应该思考国债的实际规模和债务的持有人，之后考察国债对我们经济的影响。

国　债

国债的规模

经济争论："预算赤字对经济不利吗？"

找到宏观经济学之后点选税收、支出和赤字。

http://www.cengage.com/economics/econapps

回想我们第 15 章（政府宏观经济政策）中讨论过的 GDP。我们知道许多以美元为单位表示的变量若要在不同时期进行比较必须要经过通货膨胀调整。否则，变量数值的增加仅仅代表价格水平的提高，并不是变量本身的真正改变。我们也要对国债和赤字规模进行类似处理。如果要比较不同时期的债务和赤字规模，我们必须按照通货膨胀水平进行调整以扣除价格水平变动的影响。**通常，当报纸比较预算赤字和国债规模的历年变化时，通常忽略了进行通货膨胀的调整。这个失误导致对赤字和国债规模的夸大报道。**

当考虑赤字和国债规模时设定一个适当的基准也是必要的。GDP 即是其中之一。一个小示例或许可以阐明为何我们对赤字和国债与 GDP（我们实际生产和偿还的能力）之间的关系，而不仅仅是赤字规模本身如此感兴趣。设想一个小型经济体，其年度赤字如下：

GDP　　　　　　　　　　　＝100 000 美元

---

[1]　Center on Budget and Policy Priorities，Kathy Ruffing et al，"New OMB and CBO Reports Show Continuing Current Policies World Produce Large Deficits —President's Proposals World Produce Lower Deficits than Continuing Current Policies," August 27，2009，http://www.cbpp.org/cms.

政府支出	＝20 000 美元
政府税收收入	＝18 000 美元
预算赤字	＝2 000 美元
预算赤字与 GDP 之比	＝2 000/100 000＝2％

在这个例子中，预算赤字是 2 000 美元。赤字约占 GDP 的 2％。国债因此而增加 2 000 美元。

我们将经济规模翻倍继续考察：

GDP	＝200 000 美元
政府支出	＝40 000 美元
政府税收收入	＝36 000 美元
预算赤字	＝4 000 美元
预算赤字与 GDP 之比	＝4 000/200 000＝2％

此时预算赤字由 2 000 美元翻倍至 4 000 美元。但例子中并没有警示，随着 GDP 的翻倍，政府支出翻倍也很正常（消费者支出和企业支出也是如此），政府税收翻倍，赤字规模也翻倍。与 GDP 相比，赤字没有增加，仍占 GDP 的 2％。虽然一个数量可观的预算赤字翻倍后将产生规模庞大的国债，但这个例子告诉我们无须担心。国债会增加，但我们更应该关心国债占 GDP 的比例，以及赤字占 GDP 的比例。

这都意味着：如果我们想精确考量预算赤字和国债规模的增加，我们必须考虑二者与 GDP 之比。表 16—4 展示了 1940—2009 年国债与 GDP 之比。①

表 16—4　　　　　　　国债与国内生产总值之比（1940—2009 年）

年份	国债/GDP（％）	年份	国债/GDP（％）
1940	53	2000	63
1946	122	2001	57
1960	56	2002	59
1970	38	2003	62
1980	33	2004	63
1990	56	2005	65
1995	68	2006	65
1996	69	2007	66
1997	67	2008[a]	68
1998	65	2009[a]	69
1999	64		

a. 估计值。

资料来源：U. S. Department of Commerce，Census Bureau，*2009 Statistical Abstract of the United States*，http://www. census. gov/compendia/statab.

从表 16—4 中我们知道 1940 年国债占 GDP 的比例为 53％，1946 年增至 122％。这个巨大的变化是因为政府备战第二次世界大战而筹集资金。1980 年国

---

① 当我们考虑国债占 GDP 之比时不用考虑通货膨胀的影响。因为分子和分母的同时调整相互抵消了。

债占比相对较低，但缓步增长，尤其是在80年代末，直到1996年。20世纪80年代是税收减免的年代，但社保和国防支出不断增加。1996—2001年，国债占GDP的比例缓步减少，政府预算赤字减少，盈余增加。自此国债占GDP的比重戏剧性地上升，到2009年预计将达到69%。

谁持有国债？

任何人都可以购买政府债券。持有债券者即是国债的持有者。表16—5显示国债由不同群体持有，需要注意的是，2005年联邦政府和美联储持有了约51%的国债，这表明近半数的债务在各级政府机构间转移。私人金融机构持有8%，各级政府持有7%，美国储蓄债券占3%。另外需要注意的是，25%的国债由国外持有者持有，这个群体让很多美国人担心。国外持有者从国债中获得利息，这意味着美国国内的实际资源发生了转移。这个结果也是唯一一个因债务而产生的。无论如何，了解国债的持有者让这个话题更加清晰。

表16—5   **谁持有国债？（2005年12月）**

持有者	持有国债占总额的比例（%）
联邦政府和美联储	51
私人金融市场[a]	8
州和地方政府	7
美国储蓄债券	3
外国和国际持有者	25
其他持有者	6

a. 包括金融机构、私人养老基金、保险公司和共同基金。

资料来源：U. S. Treasury, Financial Management Service, *Estimated Ownership of U. S. Treasury Securities*, http://www.fms.gov/bulletin.

国债的影响

国债的含义正如我们之前讨论过的政府借债的含义。政府借债将导致负面效果，包括收入的重新分配和利率的上升。如前所述，向外国人支付利息让许多民众担心，因为这意味着国内的真实资产将被转移出去。这个负担将以对未来世代征税的形式体现，用于支付国外债务持有者的利息。

另一方面，政府借款也有积极的影响。它让政府可以振兴经济，并开展对社会有益的项目。不管是当下对我们有益的，如社会保障和贫困减少，还是为后人投资的项目，如健康和教育，都对国家有利。我们在考虑国债负面影响的时候也要考虑到这些好处。

最后，由借款带来的政府支出并不会直接给国家带来好处。这也是为什么许多人为对伊战事感到担忧，认为这是对国民经济（和军事力量）的极大摧残。只要美国处于战争中，这种讨论就会持续下去。

对预算平衡的建议

没有讨论关于联邦政府平衡预算的提案，就谈不上完整地讨论预算赤字和国债问题。年度预算平衡意味着没有预算赤字，也没有国债的增加。这意味着所有政府支出都由税收收入提供，任何支出的增加都伴随着税收的增加。

与政客们不同，经济学家认为政府平衡预算有许多问题。首先，任一年都保持预算平衡困难重重。太多的变量是未知的。设想国家必须面对洪水和飓风带来的灾害（如卡特里娜飓风），宣布国家处于紧急状态的同时，联邦政府必须增加开支来帮助灾区的善后工作。或者举个更贴切的例子，美国进入战争状态，增加了军费开支。这些计划之外的事件会造成预算赤字。改变税法或是征收新税是可能的，但这类措施在常规情况下行不通。减少其他项目的支出也是可能的，但它们通常已经开始实施。（只是因为预算出现赤字就叫停修到一半的高速公路，或是否决已承诺的社会保障项目，抑或关闭联邦监狱都无疑是荒谬而不可行的。）

第二，设想美国步入衰退。如你在前面几章讨论过的财政政策所示，政府通常会通过增加支出和减少税收来使国家走出衰退。在平衡预算的背景下，二者将无一可行，因为它们都会增加预算赤字。政府的能力被束缚，无法通过财政政策调整经济。

现在让我们进一步讨论这个问题。在衰退中人们失业，当他们失去工作时收入也将减少，同时税收减少。这让他们更愿意接受失业救济和福利援助。**由于种种原因，衰退中的经济会带来政府税收收入的自动减少和支出的自动增加。二者又共同导致了预算赤字的出现**（经济的增长与之相反）。现在，根据平衡预算的需要，政府必须要么增加税收要么减少支出以消除赤字，或者同时采用两种方式。虽然很困难，但这是可能的。但是对于衰退的国家而言这无疑是开错了政策药方！政府必须要做的是减少税收并增加支出。**换言之，遵照平衡预算的方式，国家可能加深衰退，甚至让经济更加动荡。**

对平衡预算的要求通常以立法或宪法修正案的方式出现。这些提议并不相同，一些提议允许衰退时出现赤字，一些提议要求保持长期平衡而不是短期平衡，这缓和了我们之前讨论过的问题。我们必须明白，关于政府支出和税收的思想导致了这些提议，它们反映了一个保守的观点，即经济中政府介入越少越好。

最后的提醒

所得税抵免制度在本章的前半部分和第 6 章 "美国贫困问题" 中有所讨论。

所得税抵免制度是援助穷苦工人的重要方式，但是很多工人没有留意过这个制度。如果一个工人的收入低到不用去填写联邦个人所得税表格，他或她通常不知道只要填写所得税表格，自己就有资格申请所得税抵免！最重要的事情之一就是让穷人意识到税收抵免的存在，这给那些交很少的税甚至不交税的人们提供资金支持。一些州也提供自己的所得税抵免，如果你是服务性学生组织甚至是会计和税收班级的一员，你的团体或许愿意开展活动，让低收入群体了解所得税抵免的政策。你可以通过从国内收入署的网站上（http://www.irs.gov）下载所得税抵免表格和宣传册的方式开展服务，或者在你所在社区的邮局、公共图书馆、市政厅等公共场所获得宣传资料。之后你可以申请发放许可，张贴告示，到那些穷苦人民最可能出现的地方发放资料：到慈善厨房、免费食物架、旧货商店和低收入群体医疗服务站那里去，这是将你的知识转化为行动的最简单的方法。

观点

保守派与自由派

如你想象的那样，保守派和自由派人士在政府税收和借债方面持有完全不同的观点。保守主义者通常希望政府减税，其主张通常基于以下几个原因：首先，他们更愿意看到收入留在私人手中，而不是政府手里。他们更关注私人领域的支出而不是政府支出；其次，他们对税收的激励效果感到担忧，认为如果个人所得税过高，人们就会减少工作；如果企业所得税过高，企业就会生产得更少；如果对利息所得征税过高，人们就会储蓄得更少，其他税也是如此。另一方面，自由派人士支持政府税收和支出，只要中下层人民没有因此受到太大损害。他们也支持将税收扣除用于其认为有益的活动，如高等教育的支出或是对老年群体的保障。两派人士都支持消费税，例如汽油消费税，尤其在他们鼓励人们减少浪费时。不过自由主义者也关注这些税的累退性。

由政府借款支持的高额政府支出对保守主义者而言一直是一个现实问题。他们担心随之而来的利率上调会挤出私人支出，并担心政府在借款允许范围内增加的支出。通过立法或宪法修正的渠道，保守主义者强烈公开呼吁平衡预算。不过具有讽刺意味的是，当政府支出事关国家安全（和出兵伊拉克）时，他们又持完全不同的观点。近年来，布什政府的保守主义者们对因税收减免和国防支出增加所带来的巨额赤字无动于衷。这在之前也有先例，在20世纪80年代的里根总统时期也是如此，该政府对税收减少和军费增加带来的赤字漠不关心。自由和保守主义者现在都在强调目前的和可预见的高额赤字的危险性。虽然倾向自由的人们以前对预算赤字关注相对更少，但极高的数字还是让人们害怕。经济学家此时坚持不懈地说服公众，认为在衰退时期赤字会自然增长，政府支出是恢复经济的关键。

总结

美国政府通过征税或是借款为支出项目筹集资金。个人所得税占联邦政府税收收入的比重最大。其他联邦税种包括社会保障税、企业所得税、消费税和财产税。独立的州政府一般课征营业税和消费税、个人和企业所得税。地方政府征收财产税。政府的支出项目由税收支持，对国民经济有温和的作用，并通过 GDP 来体现。此外，税收也有调节收入分配的重要意义，这取决于税收是累进的、比例的，还是累退征收的。联邦个人所得税和一些州的个人所得税有累进的税率结构。营业税和消费税、财产税和社会保障税都是累退税率的。最后一点，消费税和财产税对特定市场——如汽油、酒类、烟草和租房市场有所冲击。它们使得价格（或租金）上涨，消费的数量减少。布什政府最近出台的一系列税收政策减免了富裕阶层的许多税收。

每当政府发行政府债券和国债时，政府的负债便增加。当我们购买政府债券时，我们实际上正把钱借给政府。由负债支持的政府支出对国家经济和 GDP 有极大的影响。政府借债同样对收入分配有影响，它们让持有金融债券的高收入阶层受益，却损害了低收入者的利益。最后，政府借债会使利率上升，让大量私人投资减少。这一点通常被称为挤出效应。

预算赤字是政府支出和政府税收收入之差。赤字是一个年度概念，它代表了政府特定年份的负债额。与此类似，预算盈余是政府税收收入与支出之差。当预算有赤字时，政治家们会讨论如何减少赤字；当预算有盈余时，他们会讨论是否花掉它。国债是政府所欠的全部金额。任何一年的财政赤字都会增加国债。

国债的数额在我们没有考虑通货膨胀和国内生产总值时往往被夸大。大部分国债由各级政府持有，小部分由私人和企业、投资者和外国人持有。政府借款和国债的负面效应与政府借款的积极结果有关。这些结果包括经济增长和对国家有益的支出项目。

讨论和问题

1. 想想最近的联邦个人所得税减免。这对收入分配有什么影响？你认为这是公平的吗？为什么？

2. 想想其他关于税收改革的提议，比如将联邦所得税的结构改为统一费率的结构，或者把所得税改为国家消费税。这些行为对收入分配有何种影响？你同意这些观点吗？为什么？

3. 你对免除高额房产继承的财产税有什么看法？为什么布什政府认为这是一种"遗产税"？

4. 你对资产利得税的减免有何看法？对所得税减免制度又如何看待？它们

对收入分配有什么影响？

5. 社会保障税应该停止现有的递减征收结构吗？为什么？应该如何实施？

6. 为什么政府对烟草和酒类征收消费税？因为这些商品是"罪恶的"（烟酒消费税通常被称作"罪恶的税"）吗？你认为征收消费税能够在很大程度上减少这些商品的消费吗？考虑到政府的消费税收入，你对前一个问题又是怎么看的？

7. 你认为哪种税收系统是最公平的？累退税、累进税和比例税的优缺点分别有哪些？

8. 你怎么看欧洲为推动节油而征收的高额汽油消费税？你认为这在美国行得通吗？你认为在短期（比如两个月）和长期（比如两年）效果会不同吗？

9. 登录人口调查局的网站（http://www.census.gov/），查看联邦政府收入和支出的最新信息。最主要的支出项目是什么？最主要的收入项目呢？

10. 登录财政部网站（http://www.fms.treas.gov/bulletin），查看预算赤字和国债的当前规模，和书中的数据相比，这些数据是怎么变化的？

11. 你认为当前的预算赤字应该减少吗？如果应该减少，我们应该怎么做呢？应该增加税收吗？还是减少政府支出呢？如果需要减少政府支出，什么项目应该减少支出呢？

12. 你关心国债吗？为什么？你学过本章之后是否改变了之前的看法？在伊朗和阿富汗战争带来大量军费开支之后，你的看法是否改变了呢？在2008—2009年的衰退和政府的激励措施之后，你的观点是否改变了呢？

附录 16　消费税对于完全无弹性的供给和需求的影响

我们已经考虑了消费税对汽油的影响，以及财产税对租房的影响。接下来让我们考虑一些关于消费税的其他例子来观察其对经济的影响。至于更多有关于弹性的讨论，请参考第 2 章"犯罪和毒品"和第 11 章"全球农业"的附录。

完全无弹性的需求：对价格变化完全没有反应的需求。

假设一个关于香烟的市场，如图 16—5 所示。其中供给曲线是正常的形状，但需求曲线是垂直的。考虑垂直的需求曲线的含义。虽然价格可以上下波动，但需求的数量是固定不变的。也就是说，人们希望购买一定数量的香烟，而且不会因为价格的变动而改变数量。经济学家把这种缺少对价格变化的调整的情况叫做**完全无弹性的需求**。当然，完全无弹性的需求不是完全现实的。虽然人们对香烟上瘾而好像愿意支付任何价格，但至少一些吸烟者（尤其是青少年）会根据价格的变化而改变香烟的需求量。可是我们忽略这种可能性，并单纯地假设只要吸烟者能得到他们想要的香烟数量，他们愿意支付任何价格。均衡点在 E 点，均衡市场价格是每包 1.50 美元，均衡数量是 5 000 包。

现在考虑征收 0.50 美元的消费税。征税意味着生产成本上升并且会导致供给曲线左移（到 S'）。新的均衡点在 E' 处，香烟的价格变得更高。回忆两条供给曲线之间垂直的距离代表税收的量。并且注意到价格上涨的幅度等于征收的税收，从每包 1.5 美元上涨到 2 美元。另外，香烟的购买量并没有变化。

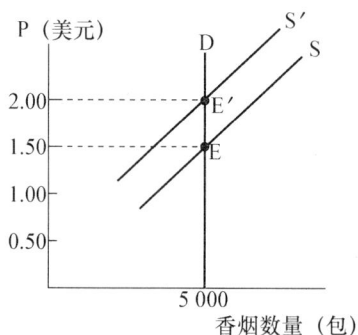

P（美元）

2.00 ········· E′

1.50 ········· E

1.00

0.50

5 000

香烟数量（包）

图 16—5　消费税对需求完全无弹性的假想香烟市场的影响

　　每包香烟 0.5 美元的消费税会导致供给曲线向左移动，从 S 到 S′。在新的均衡点 E′，香烟的价格从每包 1.5 美元上涨到 2 美元，完全包括税费。需求完全无弹性时消费者将承担全部税费。

　　其实征税后本应该减少供给，香烟的价格上涨。但是消费者没有像以往那样对其做出反应。他们没有减少香烟的购买量。由于这种完全无弹性，他们支付了额外的 0.5 美元，承受了所有的税收负担，而供给者没有承受任何税收负担。

　　虽然这是一种极端的情况，并且有点不切实际，但它确实阐述了一个重要的理论。当消费者对价格不敏感时（即他们的需求弹性很小），消费者会承担一大部分的税收负担。这可以体现在汽油和酒精消费税的例子上，也体现在租房的财产税上。这对于第 2 章"犯罪和毒品"中提到的高度成瘾性毒品和第 12 章"国际贸易"中提到的农产品也是成立的。所有这些产品的弹性都很小（虽然不是完全垂直的）。

　　现在让我们考虑一种相反的情况，如图 16—6 所示。分析你所在城镇的市场，当地的农民要卖他们的西红柿。在任何给定的一天，假设农民供给固定数量的西红柿。西红柿全部用来销售，不管价格是多少，因为它们已经采摘下来了。没有其他的西红柿可供销售，这些西红柿也不能留到第二天（假设第二天它们就会烂掉）。这种情况导致西红柿市场的需求曲线是正常的形状，但供给曲线完全垂直。均衡点在 E 处，市场价格是每磅 2 美元，均衡数量是 50 磅。

　　现在考虑当地政府要对西红柿征税。假设每磅收取 1 美元的税。我们令供给曲线的改变量等于税收的量。可是供给曲线只能向上移动。我们不能像常规那样移动供给曲线。供给曲线只能垂直变化，延伸到 S′。均衡点仍然在 E 处，均衡数量和价格都没有变化。

完全无弹性的供给：供给对价格的变化没有反应。

　　为什么价格不能改变？为什么农民不能让价格上涨 1 美元？他们当然可以这样做，但看一看这样做的结果是什么。如果价格变成每磅 3 美元，需求数量下降到 25 磅，但供给量不变。结果是有过剩的西红柿。根据我们第 1 章所学，价格的下降是消除过剩的唯一方式。农民不得不面对市场的现实；他们不能改变他们的供给量意味着他们要承受整个税收负担。他们支付额外的 1 美元给政府，却不能从消费者手中获得补偿。在这种情况下，生产者就会有**完全无弹性的供给**。而实际中更常见的现象是生产者对价格越不敏感（供给曲线的弹性越小），他们承受的税收负担就越大。

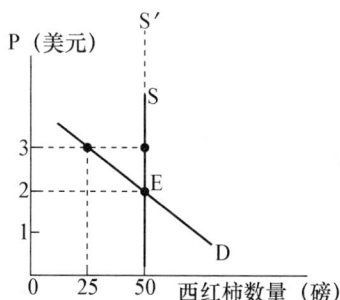

图 16—6　消费税对供给完全无弹性的西红柿市场的影响

　　每磅西红柿 1 美元的消费税会导致供给曲线移动。当供给完全无弹性时，我们可以假想为原有供给曲线的垂直延伸。均衡点仍在 E 点，价格仍为每磅 2 美元。因为农民要向政府交税，但消费者购买的价格并没有变化，因此供给完全无弹性时生产者将完全承担税费。

　　香烟和西红柿例子的结论可以推广到很多种情况。**第一，消费者和生产者中对价格变化越不敏感的一方，就要承担越大的税收负担。第二，这种理论适用于所有生产成本上涨的理论，**无论是因为消费税、基于安全问题和污染问题的政府管制还是上涨的能源价格等等。当生产成本导致供给的减少时，价格就会根据需求曲线和供给曲线弹性的大小而上涨相应的幅度。需求越不敏感，越多的成本就会以价格上涨的方式转移到消费者身上。供给越不敏感，越多的成本就会以更低利润的方式由生产者承担，而价格上涨的可能性也越小。

第五部分

你和周围的世界

第 17 章　21 世纪的全球自由市场？

第13章
市场势力
全球市场竞争力如何
影响发展中国家的经
济发展？

第10章
世界贫困
促进世界经济增长的
因素会使世界贫困增
加还是减少？

第15章
政府宏观经济政策
财政、货币、供给层
面的宏观政策和经
济增长之间是什么
关系？

第3章
环境
环境保护如
何影响经济
增长？

第17章
21世纪的全球
自由市场？

第12章
国际贸易
国际贸易如
何影响世界
经济增长？

第6章
美国贫困问题
促进美国经济增长的
因素会使美国的贫困
状况改善还是恶化？

第1章
引言
全球经济应该转向
"经济右翼"还是
"经济左翼"？

第16章
税收、贷款和
国家负债
税收政策和政
府借款如何影
响经济增长？

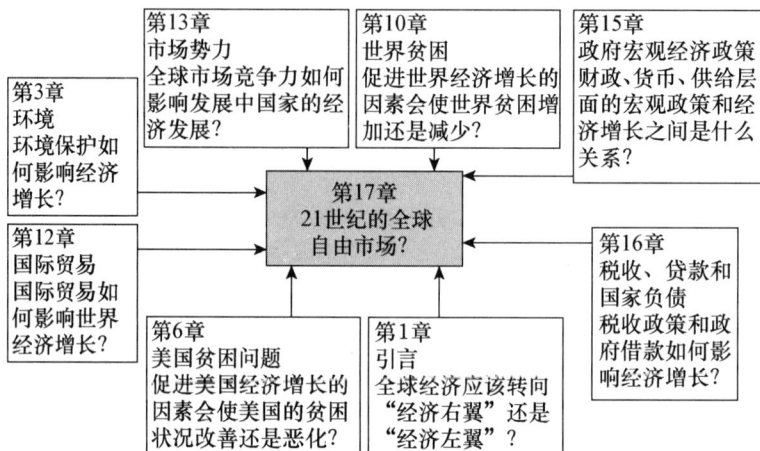

经济学工具箱：

- 资本主义
- 社会主义
- 自由主义
- 经济增长
- 储蓄率
- 资本利得
- 消费税
- 劳动生产率

- 经济转型
- 价格管制
- 私有化
- 安全网
- 经济改革
- 国际债务
- 资本转移
- 条款

第 17 章　21 世纪的全球自由市场？

> 市场机制到底是好是坏对我们来说已经不是问题了，市场带来财富和自由的能力是无与伦比的。但是这次金融危机提醒我们没有一双监督的眼睛，市场可能失控。如果仅仅富人获利，一个国家不可能长期繁荣发展。美国经济的成功不仅依靠国内生产总值的规模，而且依赖于人们可以得到的财富和获得财富的机会，这不是基于慈善，而是公共产品的必经之路。
>
> ——奥巴马总统，就职演说，2009 年 1 月 20 日

市场机制是好是坏？市场需要政府适度干预还是大幅度的干预？自由市场与规范化的市场孰优孰劣？政府力量应该更多还是更少地干预经济？自由市场与被监管的市场孰优孰劣？政府力量应该更多还是更少地干预经济？过去几十年来这些问题在教科书上被广泛争论。可以看到的是，至少直到目前为止，全世界倾向于以最少的政府干预为特征的自由市场。那么未来又会如何？

本章以提问的形式，询问 21 世纪的全球市场是否为自由市场。尽管改变的方向还不明确，但是可以说自由市场对于所有国家在任何时期来说并不是都适用的。同样，不是所有的国家都能顺利地转变为自由市场机制，也有可能回到原来的政策体制。事实上，一些国家尤其是拉丁美洲国家已经开始回到计划体制。让我们来分析一下这种趋势。

市　　场

供给、需求和市场一直贯穿于整本书，同样被反复提到的经济学词汇是政府干预。一直以来，经济学家和政客们激烈讨论政府在市场经济中应当扮演的角

色，这也是本章的热点问题。根据经济学体系和美国专有名词分类，传统经济学偏向于政府的角色有限，新自由主义经济学偏向于政府承担更大的角色。**保守派认为自由市场是有效的，市场会提供经济繁荣的机会并带来经济增长。**市场失灵的可能性极低，政府对运行正常的市场进行干预会导致低效率并限制经济增长。尽可能限制政府的权力是最好的。

这种传统的观点在第 15 章"政府宏观经济政策"中讨论供给层面的政策方面得到证实，供给学派认为减少政府监管、税收、国内项目和转移支付更有利，他们认为市场有效运行，政府不能束缚企业和消费者，必须让他们自己进行决策，这样经济才会更好地发展。

另一方面，自由派认为市场是不完善的，而且市场失灵非常严重，他们认为市场并不一定是平等的，有时是失效的。而且，社会还有其他目标需要实现，比如说环境保护、照顾穷人和老人、经济稳定等，这些目标仅靠市场自由运行是不能得到满足的。他们认为政府必须干预市场以实现这些目标，最近美国金融市场爆发的危机告诫整个国家完全的自由市场是行不通的，政府必须在某种程度上进行干预，但是政府进行多大程度的干预是适当的呢？

大多数经济体是市场和国家干预相结合的形式，只不过一些国家更偏向资本主义，而一些国家更偏向社会主义。**资本主义**国家的私人部门（个人和个体工商业者）通过市场和它们拥有的生产方式（工厂、设备和土地）来决定经济政策。相反，**社会主义**国家的公共部门（政府）制定经济决策并且拥有和管理生产资料。资本主义国家的消费者和生产者通过市场相互作用并反映市场决定的价格，而社会主义国家的政府担任主导角色来决定生产哪种商品、如何生产以及商品的价格。

资本主义和社会主义都是一种经济体制，与政治体制如民主体制和共和体制无关。因此，社会主义经济体制可以是共和政体（如越南）或民主政体；资本主义经济体制也可以是共和政体（如中国香港）或民主政体（如美国）。本书主要讲经济体制。

经济体制朝着自由市场的方向发展是最近才出现的全球现象，涵盖了全球各个国家各个角落。我们依次分析一下全球主要的三大地区。我们将**西方工业化世界**定义为资本主义工业化国家，包括美国、加拿大、大部分西欧国家和其他国家（如日本），它们具有较高的经济发展水平和稳定的市场条件；将**东方工业化世界**定义为东欧前社会主义工业化国家，包括前苏联和中东欧其他主要国家；最后是**发展中世界**，包括所有发展中国家：大多数非洲、亚洲和拉丁美洲国家。

需要注意的是，不要混淆自由派和自由主义概念，前者是指由政府干预经济，后者是指经济朝自由市场过度的变化。

资本主义：私人部门拥有生产资料、通过市场决定经济政策的经济体制。

社会主义：公共部门（政府）拥有生产资料并制定经济政策的经济体制。

西方工业化世界：指资本主义工业化国家。

东方工业化世界：指中东欧前社会主义国家。

发展中世界：指世界上的发展中国家。

西方工业化世界：经济增长

美国保守派共和党从 1981 年到 1992 年连续 12 年执政，尽管民主党（克林顿总统）于1993年当选美国总统，共和党于1994年掌管美国国会，并于2001年（乔治·W·布什总统）重新执政。布什总统关于税收政策、教育、医疗、环境、社会保障和政府监管的观点反映了自由市场理念，政府扮演最小的经济角色，较少地干预供给。

事实上，大部分西方工业化国家包括英国、法国、德国都与美国一样，限制政府对经济的干预，更加注重自由市场，经济增长成为西欧国家新世纪开始的主要目标。

随着2009年奥巴马总统的当选，美国国会开始采用自由学派的政策。而且，2008—2009年全球经济危机引发的经济衰退要求美国和其他西方工业化国家进行更多的政府干预，正如本书第15章"政府宏观经济政策"中所讨论的。由于2008—2009年的数据于写作时还不可获得，我们将集中讨论步入新世纪以来保守派强调经济增长的政策。

经济增长率

经济增长：生产持续增加，表现为生产可能性曲线外移。一段时间GDP（或年均GDP）增加。

经济增长是指生产的持续增加，衡量经济增长的一个标准就是一段时间国内生产总值的年均增长率。表17—1给出了西方工业化国家1990—2000年和2000—2007年（近期的数据各个国家均可获得）的GDP年均增长率。数据显示，后一时间段的增长率在1%～5.5%范围内，大多数国家2000—2007年的增长率比1990—2000年的水平低。美国也是如此，2000—2007年的年均增长率为2.6%，而1990—2000年的水平为3.5%。近期，美国经济增长和西方工业化世界其他国家的平均增长水平一样。

2000—2007年度的最后两年增长率比前期增长率低，从2008—2009年的数据中可以发现世界经济最终呈现下滑趋势，由于全球经济衰退甚至出现负增长。

表17—1显示的国内生产总值的增长率从短期来看可以放在总供给框架下进行讨论，从长期来看可以得到生产可能性曲线。

表17—1　　　　西方工业化国家和日本的年均经济增长率
（1990—2000年，2000—2007年）

国家	GDP年均增长率（%） 1990—2000年	GDP年均增长率（%） 2000—2007年
澳大利亚	2.4	2.0
比利时	2.1	2.0
加拿大	3.1	2.7
丹麦	2.5	1.8
芬兰	2.6	3.0
法国	2.0	1.8
德国	1.8	1.0
希腊	2.2	4.3

续前表

国家	GDP 年均增长率（%） 1990—2000 年	GDP 年均增长率（%） 2000—2007 年
爱尔兰	7.5	5.5
意大利	1.6	1.0
日本	1.3	1.7
荷兰	2.9	1.6
挪威	4.0	2.4
葡萄牙	2.7	0.9
西班牙	2.6	3.4
瑞典	2.2	3.0
瑞士	1.0	1.8
英国	2.7	2.6
美国	3.5	2.6

资料来源：World Bank，*World Development Indicators 2009*（Washington DC：World Bank，2009）.

总供给和生产可能性曲线

供给学派的观点基于政府政策、法规、税收等方面的影响，政府财政转移能促进生产率的提高，从而增加总供给。总供给曲线外移导致国内生产总值的相继增加。我们已在第 15 章"政府宏观经济政策"中详细讨论了供给政策及其影响。图 17—1 总结了供给政策的影响。

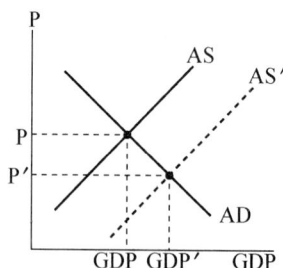

图 17—1　宏观经济供给方面的政策影响

供给政策旨在提高总供给，如图所示，总供给曲线由 AS 移到 AS'。这会导致国内生产总值由 GDP 增加到 GDP'，且平均价格水平由 P 下降到 P'。

供给政策旨在增加 GDP，然而 GDP 持续扩张需要额外的政策改变长期均衡。在第 1 章中我们利用生产可能性曲线讨论了这种根本的改变。

回想一下生产可能性曲线表示在所有资源和技术充分有效使用的条件下能够生产的最大产出水平的各种组合。一段时间后，随着生产可能性曲线的外移可以获得更高水平的产量。我们定义经济增长为产量持续的扩张。引起生产可能性曲线外移的因素包括社会资源数量或质量的增加或者技术的改进。这些因素使得产量持续增加，即经济增长。

促进经济增长的政策

经济争论："对基础设施投资支出增加是促进经济增长的主要动力吗？"

基于生产率和经济增长问题的争论详见：

http://www.cengage.com/economics/econapps

图17—2给出了第1章介绍的生产可能性曲线，让我们来讨论四个影响经济增长因素的例子，即资本增加、劳动力生产率提高、技术进步和减少不必要的监管。我们可以讨论政府政策对这几个方面的影响。

资本增加

如果物质资本的数量持续增加，即工厂、设备、机器等原材料增加，那么一国的经济就会增长。投资会促使资本增加，而储蓄是投资的前提，包括家庭、企业的私人储蓄和通过征税获得的政府储蓄。

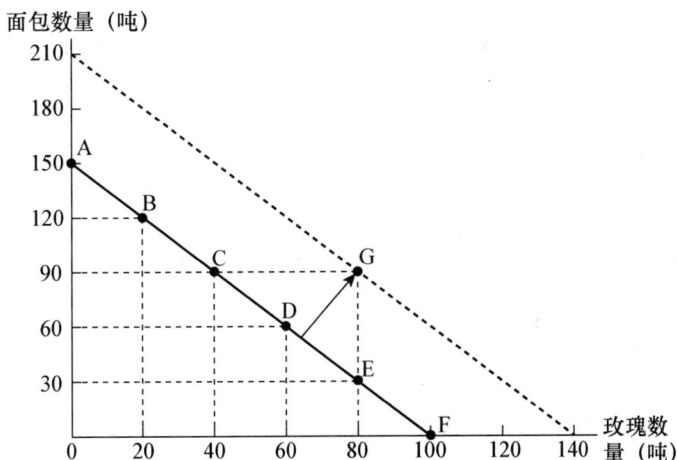

图17—2　经济增长的生产可能性曲线

A点到F点表示能够生产的面包和玫瑰的各种组合，当经济增长且生产可能性曲线外移到虚线位置时，该经济体可以生产更多的面包和玫瑰。

储蓄率：总储蓄占国内生产总值的比率。

较高的投资水平需要较高的**储蓄率**，即总储蓄除以国内生产总值的比率。如表17—2所示，目前美国的储蓄率约为14%；在西方工业化国家中，只有希腊和葡萄牙的储蓄率比美国的低；相比之下，挪威的储蓄率最高，达到38%；日本也有较高的储蓄率（31%）；尽管表中没有显示，但是阿塞拜疆（属于东方工业化国家）和中国（属于发展中国家）有非常高的储蓄率，分别达到60%和54%；很多经济学家对美国的低储蓄率水平表示担忧。

一些学者预测随着婴儿潮一代的成长，享有更高的收入、支付房贷和子女的教育费用后，美国在21世纪储蓄率将会增加。而且政府储蓄的增减也将扮演重要角色。当政府支出少于税收收入时，获得储蓄；当政府支出超过税收收入时，则是动用储蓄。奥巴马政府持续的高投资支出包括挽救经济的财政刺激计划意味着未来美国政府动用储蓄会发生赤字。

表 17—2　　　　　　　　　西方工业化国家的储蓄率*（2007 年）

国家	储蓄率
澳大利亚	26%
比利时	25%
加拿大	23%
丹麦	24%
芬兰	27%
法国	19%
德国	25%
希腊	10%
爱尔兰	26%
意大利	20%
日本	31%
荷兰	28%
挪威	38%
葡萄牙	13%
西班牙	22%
瑞典	28%
瑞士	—
英国	16%
美国	14%

* 用总储蓄除以 GDP 计算储蓄率。

资料来源：World Bank，*World Development Indicators 2009*（Washington DC：World Bank，2009）.

资本利得：以某种价格买入的资产又以更高的价格卖出所获得的收益。

为了增加国内储蓄率，政府通过供给政策制定了许多方案，旨在增加家庭和企业的储蓄和投资动力。如 1981 年税法加速了对企业新投资的减税进程，极大地降低了公司所得税。1981 年及相继税法对家庭将收入转化到个人养老金账户提供了税收优惠，并降低了资本利得税。正如第 16 章"税收、贷款和国家负债"所讨论的，**资本利得**是指买卖资产的差价所获得的净收入，同时也降低了资本利得税。后两种减税政策颇受争议，布什政府认为减税会促进经济增长，然而大多数减税的受益者都是美国富人阶层，更容易获得投资收益和高收入。奥巴马政府和国会是否继续推行减少资本利得税的政策还有待观察。

消费税：对用于消费商品和服务而非用于储蓄的那部分收入所征收的税。

针对上述争议，最终有方案提出应以**消费税**代替个人所得税。消费税是对消费商品和服务的收入征税，而不对用于储蓄的收入征税，最终的目标是要提高储蓄率，降低消费税确实可以极大地减轻低收入者的负担，这部分收入是必须用来消费必需品的。这就表现为累退税，一种对于低收入者的收入来说占据更大比重的税收。

如果这些政策能够成功地提高储蓄水平，可以预见物质资本投资增加，即工厂、设备和机器的增加会导致国内生产总值的增加，从而带动经济增长。

尽管保守派强调为个人储蓄和投资的增加提供有力措施，自由派则认为增加政府投资的作用不能被忽略。政府在高速公路和大型运输、学校和医疗设施等方面投资将起到重要作用，这些投资能够改善商业环境，提高工人生产率，可以增强国家的物质资本和人力资本。事实上，这也是奥巴马总统应对 2008—2009 年经济衰退所采用的经济刺激政策。

劳动生产率提高

劳动生产率：每个就业劳动者所创造的国内生产总值。

世界银行定义**劳动生产率**为 GDP 增长百分比除以就业人数。美国劳动生产率在 20 世纪 70 年代和 80 年代较低，现在已达到较高水平。1992 年美国劳动生产率为 2.7%，到 2008 年增加到 3.0%。① **劳动生产率和劳动者使用的资本与技术的种类、数量有关，这些年劳动生产率显然有很大的进步。**同样需要注意的是，劳动生产率也要依靠人力资本，包括工人的技术和能力。政府对培训项目、教育、医疗和营养的支持对于提高人力资本的水平具有重要的保障作用，这也是奥巴马政府出台刺激政策的一部分。

技术进步

技术：生产产品所使用的现有资源的方式。

技术是生产产品所使用的现有资源的方式，给定有限资源的条件下，技术进步可以使我们生产更多的产品。技术进步带来更高效的新机器、新产品和新的生产方法。

技术进步主要依靠研发，美国每 100 万人中有 4 651 个科学家和工程师从事研发工作，该水平在世界上名列第七。芬兰拥有最多的研究者，每 100 万人中有 7 691 人从事研发工作。表 17—3 列出了世界上排名前 10 的国家。

表 17—3 每百万人口研发人员数量和居民提出的专利申请数量，
按照前者排名前十的国家（2007 年）[a]

国家	每百万人口研发人员	居民提出的专利申请
芬兰	7 681	1 804
瑞典	6 139	2 527
新加坡	5 713	696
日本	5 546	333 498[b]
丹麦	5 277	1 660
挪威	4 668	1 223
美国	4 651	241 347
新西兰	4 207	1 892
韩国	4 162	128 701
澳大利亚	4 053	2 717

a. 2007 年或最近可得数据年份。
b. 世界最高。
资料来源：World Bank, *World Development Indicators 2009*（Washington DC：World Bank, 2009）.

专利：政府授权一段时间内使用或售卖某项新技术的特殊权利。

政府可以制定相应政策鼓励研发。如增加大学研究奖学金或者对从事研究开发的企业减税，并对研发的新产品提供专利保护。**专利**是政府授权一段时间内使用或售卖某项新技术的特殊权利。如果没有专利权，其他企业可以模仿该技术或

---

① World Bank, *World Development Indicators 2009*（Washington DC：World Bank，2009）. 除特殊说明外，本章中的其他资料均来源于此。

产品，利用研发者的成果创造利润，这样，企业就没有动力自己研发新产品。专利对于制药、通信科技和消费品领域至关重要。表17—3同时显示了申请专利的数量，日本排名世界第一，有333 498项专利申请；美国有241 347项专利申请。

计算机领域的技术进步最明显。信息技术，包括计算机、软件、通信网络和互联网设施方面的投资在近几年经济增长中占很大比重。表17—4给出了使用个人电脑和互联网用户排名前十的国家的数据。可以看到，加拿大拥有世界上每100个人中最多的个人电脑数量（94）；美国排名第五，每100人有84人拥有个人电脑、有74人使用互联网；计算机技术帮助美国和其他国家的企业以同样或更低的成本生产更多更好的产品，同时也成为提高劳动生产率的主要因素。

最后，奥巴马总统号召对创造清洁环境的技术研究，尽管如下面讨论的加强环境法规可能会使经济增长减速，但是绿色技术投资具有拉动美国经济增长的潜在动力。

表17—4　　　　　　个人电脑数量和互联网用户数量（每100人），
按照前者排名前十的国家（2007年）[a]

国家	个人电脑	互联网用户
加拿大	94	73
瑞士	92	76
荷兰	91	84
瑞典	88	80
美国	81	74
英国	80	72
新加坡	74	66
德国	66	72
法国	65	51
挪威	63	85

a. 2007年或最近可得数据年份。
资料来源：*International Telecommunication Union's World Telecommunication Development Report* data base，cited in World Bank，*World Development Indicators 2009*（Washington DC：World Bank，2009）.

减少监管

政府在很多方面规范企业行为，如保护制药、食品和制成品领域的消费者利益，保护工人权利，保护环境等。鉴于最近不安全轮胎和药物导致的死亡，政府增加监管迫在眉睫。然而，不必要和不明智的法规监管却增加了企业成本、降低了企业产量。因此，亟须减少不必要的法规政策以促进经济发展。当然，最重要的问题是识别哪些法规是有利的、哪些是有害的。

通常来说，经济保守派倾向于减少政府法规，而经济自由派则相反。20世纪80年代的供给政策就包括大幅度减少政府法规，环保就是一个很好的例子，里根总统和乔治·H·W·布什总统都大幅减少政府对该领域的政策法规，而克林顿总统的很多法规提议被国会否定，乔治·W·布什总统延续了较少环境法规的趋势，尽管从短期来看，这种政策通过降低企业成本从而增加供给对经济增长有利，但是从长期来看，环境成本会超过经济增长的收益。正如一段时间内生产资源的增加会使生产可能性曲线外移一样，破坏环境导致自然资源的减少会使该曲线内移，从而使国家的生产和发展能力受限，居民生活质量也会下降。

正如第3章"环境"中所建议的，环境保护在全球范围内十分重要。森林砍伐和燃料消耗导致全球变暖、生物多样性缺失，酸雨损害农作物、水资源和国家的资本结构。化学试剂的使用破坏了臭氧层，还造成了空气污染和水污染。

尽管布什总统拒绝签署1997年强制工业化国家减少温室气体的《京都协定书》，奥巴马总统还是制定了减少温室气体排放的政策，发出支持国际条约的信号。在第3章"环境"中我们详细讨论了国际协议对于降低全球温室效应的重要性以及其他的全球环境议题。

除了环保、工人和消费者安全领域，20世纪80年代政府还减少了金融部门的法规。但是最近爆发的美国金融危机使我们看到了其危害和影响，以及对金融部门现有监管的失败，而这是引发2007年末金融危机的主要原因。一个问题就是金融双系统，一方面，商业银行负责传统抵押贷款，第7章"住房问题"已经讨论了这一过程，联邦储备银行监管商业银行，对于银行和可能承担的各种违约风险极其谨慎；另一方面，抵押贷款的变化（如贷款给低信用评级者和把固定贷款利率变为可调整利率），以及基于抵押贷款的债券投资——"抵押债券"快速发展改变了金融业的本质，金融机构参与抵押债券的行为并没有像商业银行那样受到监管，从而带来的交叉风险导致金融系统崩溃。

现在人们已经达成共识：金融部门需要新的监管法规。奥巴马总统倾向于由联邦储备银行监管投资银行，而单独成立一个机构来监管商业银行抵押贷款和信用卡金融服务，美联储主席伯南克则倾向于联邦储备银行同时监管这两类银行机构，而其他人则认为美联储能制定好货币政策已经足矣，应由其他机构负责银行监管，国会自然是将这几种观点综合考虑而非单单支持某一观点。

21世纪经济增长的含义

现在，人们对西方工业化国家市场导向型增长战略产生了疑问。随着自由派总统当选，政府很可能会加强对环境、工人和消费者安全、金融业和其他部门的监管法规，同时可能取消布什总统对富人的减税计划，从而可能降低美国储蓄率。由于对金融业和其他行业的监管不力，当你读到这一部分的时候政府可能正在制定严格的法规，这无疑像是政府角色从有限到放大的周期运动，如果对自由派治理不满意，政府的角色可能又会变化。当然，这不能走上极端，极端情况会暴露缺陷，从而使得政府角色一次次发生改变。在美国历史上，第二次世界大战后的经济增长并没有改变贫穷人口比例，20世纪60年代人们通过贫穷和主权运动反映需求，即要求经济繁荣应改善贫穷状况，于是政府在20世纪六七十年代制定了反贫困政策，然而到了八九十年代和21世纪初期保守派使得政策有所保留。而随着21世纪人们担心生活改善落后于世界经济增长时，又一次极力要求政府参与到经济监管中。

东方工业化国家：经济转型

经济转型：经济政策和体制从社会主义向资本主义转变。

　　东欧最近的变化是完全的革命，很多年轻学生无法完全理解。冷战结束后，两德统一、柏林墙倒塌；苏联瓦解，分裂成16个相互独立的国家，最大的是俄罗斯；之前的中东欧社会主义经济体正在经历向资本主义的**经济转型**。

　　这里东方工业化世界指之前的社会主义东欧和中欧国家（尽管有人认为部分国家属于亚洲）。这些经济体向资本主义转轨取得了不同水平的成功，具有不同的经济增长率水平。表17—5给出了1990—2000年和2000—2007年间东方工业化国家的经济增长率，这些数据很有意思！首先，1990—2000年间，约三分之二国家的平均年增长率为负值，这意味着这段时间内平均每年国内生产总值都在下降。然而，2000—2007年间，所有这些国家的增长率都转为正值，这种转变难以置信。例如，塔吉克斯坦在1990—2000年间拥有最高的负增长率（－10.4%），到2000—2007年其平均年度增长率为8.8%，几乎接近最高值！2000—2007年间增长率较高的其他国家包括亚美尼亚、阿塞拜疆、哈萨克斯坦和拉脱维亚。俄罗斯由1990—2000年间－4.7%的增长率转变为2000—2007年间6.6%的增长率水平。**值得注意的是，东方工业化国家经济由负增长转变为正增长的情形和西方工业化国家近期增长率下降的情形截然相反。**

表17—5　　东方工业化国家年均经济增长率（1990—2000年，2000—2007年）

国家	年均GDP增长率（%） 1990—2000年	年均GDP增长率（%） 2000—2007年
阿尔巴尼亚	3.5	5.3
亚美尼亚	－1.9	12.7
阿塞拜疆	－6.3	17.6
白俄罗斯	－1.7	8.3
波黑共和国	N/A[a]	5.3
保加利亚	－1.8	5.7
克罗地亚	0.6	4.8
捷克共和国	1.1	4.6
爱沙尼亚	0.2	8.1
格鲁吉亚	－7.2	8.3
匈牙利	1.6	4.0
哈萨克斯坦	－4.1	10.0
吉尔吉斯斯坦	－4.1	4.1
拉脱维亚	－1.6	9.0
立陶宛	－2.7	8.0
马其顿王国	－0.8	2.7
摩尔多瓦	－9.6	6.5
波兰	4.6	4.1
罗马尼亚	－0.6	6.1
俄罗斯	－4.7	6.6

续前表

国家	年均 GDP 增长率（%）1990—2000 年	年均 GDP 增长率（%）2000—2007 年
塞尔维亚	−4.7	5.6
斯洛伐克共和国	1.9	6.0
斯洛文尼亚	2.7	4.3
塔吉克斯坦	−10.4	8.8
土库曼斯坦	−4.8	N/A
乌克兰	−9.3	7.6
乌兹别克斯坦	−0.2	6.2

a. N/A 指无法获得。

资料来源：World Bank，*World Development Indicators 2009*（Washington DC：World Bank，2009）.

这些国家向资本主义转型最主要的因素是由市场决定价格和私有化进程以及企业化发展。俄罗斯在经济转型过程中经历阵痛，尤其在价格市场化和私有化方面问题较多，然而对于商业化，无疑俄罗斯人每天都在进行商业活动：在每个地铁商店销售快餐、在加油站沿线的高速公路上销售汽油，从事翻译或驾驶员等第二职业，和西方合伙人成立合资公司等。

价格市场化

市场决定价格是高效的，需求和供给均衡解决了短缺和过剩问题。（当政府干预房价或者支持农产品价格时，就会出现短缺或者过剩现象。）在自由市场，稀缺商品的高价格会鼓励消费者减少消费、生产者扩大生产，于是短缺问题就解决了。相反，商品的低价格会鼓励消费者多消费、生产者少生产，将生产资源转移到其他商品的生产中，从而杜绝了过剩发生。

在纯社会主义国家，政府决定商品和服务的价格，东欧社会主义国家的商品定价偏低，以使消费者能够负担基本的食物、衣服和汽油。**通过设置价格上限的方法人为压低价格使得经济出现短缺。**于是，尽管人们能够买得起所需的必需品，却在商店买不到。当有供应时，人们丢下工作冲到商店花费较长的时间排队购买。

解除价格管制：取消政府对价格的管制。

在绝大多数情况下，短缺是过去的现象了。现在东欧国家大部分商品的价格水平都由市场决定，也就是说，**解除价格管制**正在进行。政府不再决定所有商品的价格。然而这样一来，对于工资上涨幅度赶不上价格上涨幅度的地区来说，消费者购买力下降，于是出现供给过剩，消费者买不起商品。**通货膨胀通常是解除价格管制带来的短期后果。**

俄罗斯解除价格管制的速度惊人，在几天之内，对 80%～90% 的批发和零售商品价格解除管制[①]，大量商品和服务的价格上升导致价格平均水平的突然上

---

① U. S. Department of Commerce，Business Information Service for the Newly Independent States（BISNIS），International Trade Administration，*Commercial Overview of Russia*，Moscow，January 28，1993.

涨。1992年俄罗斯通胀率飙升，达到约135.3%。此后通胀率有所下降，然而通货膨胀仍然是比较严重的问题。（1990—2000年间平均通货膨胀率为99%，2000—2007年间下降到13%[①]，水平仍然较高，但问题已不像以前那么严重。）

私有化

私有化指政府将国有企业卖给个人进行管理。整个东欧，从工商业、农田、能源设施到道路、交通网都归政府所有，实行私有化即生产方式归个人所有能够提高生产效率、促进经济增长。

在私有化进程中，俄罗斯再次成为一个典型案例。1992年4月俄罗斯开始私有化进程，卖掉政府企业，同时将国有和集体农田转为个人所有。6月，政府将大中型规模企业转为股份制公司（意味着个人可以持股）。[②] 最后，在10月，政府宣布所有公民都可以购买公司股票，并可以在二手市场买卖。

俄罗斯的私有化进程遇到一些困难。首先，俄罗斯政府内部对私有化进程的速度意见不一致。第二，小企业如大多数商店比大企业卖得快。规模较大的企业很难卖给个人。第三，很多企业的机器和设备都十分陈旧且很难维修，使得这些企业的生产率也较低。由于私人企业是以利润为目标，随着政府补贴减少，许多企业宣布破产，工人失业。**失业通常是私有化带来的短期后果。**第四，俄罗斯企业多是垄断性的，在转轨前，苏联设计者将行业分类为7 664个"生产小组"，其中77%的产品是由单一公司生产的。[③] 因此即便国有垄断企业变为私人所有，本书第13章"市场势力"中所讨论的垄断问题仍然存在。最后，在俄罗斯占很大比重的产业是军工业，自从冷战结束后，俄罗斯军备支出有所下降，然而和世界其他国家相比，俄罗斯的军备支出仍然较高。（2007年俄罗斯军费支出占国内生产总值的3.6%，美国该比重是4.2%，世界上仅仅有几个国家军费支出更高。）所有这些都意味着俄罗斯的私有化进程、去垄断化和国防转变将继续面临障碍。不过尽管如此，俄罗斯现在已成功建立了许多小型和中型企业，有超过320万个注册企业，仅次于巴西（570万）、墨西哥（430万）和美国（520万）。[④]

经济转型的影响

东欧工业化世界从社会主义转型到资本主义的目标是实现更高效率和更快增长，但是转型也带来了很多问题：通货膨胀使居民难以买到基本必需品，农民受到投入品如农药价格上涨的冲击，军工行业、政府部门和私人企业大量裁员，其

---

① 除非特别声明，本节中有关东方工业化世界的统计数据均来自World Bank，*World Development Indicators*，http://www.worldbank.org。

② "Russia Reborn," *The Economist*, December 5, 1992.

③ Ibid.

④ 中国的数据（有可能多于这些国家）无法获得。

他工人经常拿不到工资，腐败泛滥、犯罪猖獗。尽管许多人已经在和这些困难作斗争，但还是有人从中获利，导致不公。一些国家酗酒和自杀率上升，生活预期下降。一位在美国留学的年轻俄罗斯女士总结了这些困难：

> 俄罗斯的情形对普通民众来说非常艰难。我父亲最近失去了政府部门的工作，尽管他后来很快又找到了一份工作。我在银行工作的母亲没有失业，但她已经有 7 个月没有拿到工资了。这简直难以想象，银行里全是钱但无法支付工资。人们要从事第二职业过活，老年妇女乞讨或者卖自制的食物、旧衣服或者其他人们会买的东西。养老金非常微薄，每月 30 美元甚至更低，这点钱每天可能只够买一块面包和一瓶牛奶，每周买一点点肉。工资远远落后于价格上涨，现在需要花约 7 天的平均工资购买一支睫毛膏、两个月的工资买一双鞋。20 卢布只能买一瓶劣等的伏特加酒。与此同时，很多中年男人开着奔驰、奥迪和宝马标榜财富。很容易认出哪些是黑手党。①

21 世纪？

这里对 21 世纪用了个问号。尽管自由化政策无疑会继续下去，百姓的困扰和不满可能会减弱或改变经济转型的本质。在一些国家，转型甚至可能发生逆转。俄罗斯掌权的政客以目前人们对政治、经济现状的不满为由，希望回归以前的政策。民意测验表明大多数人希望回到"以前的日子"，那时他们有房住、有工作、有大人和小孩的医疗保障。在其他东方工业化国家，自由化政策已经发生了转变，一些国家倾向于社会主义的政客们执政。其他一些国家有少数人希望回到社会主义。

安全网：政府支持项目，如住房、营养、医疗，保证人们的基本福利。

东方工业化国家向自由市场经济转型的一个重要问题就是给人们一个安全网。在社会主义经济体制下，政府保障就业、住房、小孩医疗和所有公平的基本医疗水平。现在由于民众要经历失业和购买力下降等问题，政府必须要确保满足人们的基本需求，否则经济转型将不会顺利也不会成功。

发展中世界：经济改革

经济改革：机构和政策向自由市场（资本主义）经济转变。

很多发展中国家都在经历**经济改革**过程，这意味着发展中国家的政策逐渐向自由市场倾斜、选择自由市场。第 10 章讲述的经济增长率水平显示发展中国家人均国内生产总值的增长。20 世纪 90 年代和 21 世纪盛行的经济改革起源于 20 世纪 80 年代的国际债务危机，而这场危机根源于 20 世纪 70 年代的世界经济状况。

---

① Yana S. Yurgelyanis 和作者的谈话。

20 世纪 70 年代：石油危机

20 世纪 70 年代最重要的经济事件都与石油有关，石油输出国组织（OPEC）限制石油供给，1973 年、1974 年阿拉伯国家石油禁运，1979 年伊朗革命爆发。这些事件都限制了对西方国家的石油供给，从而引起石油价格暴涨。OPEC 成员国，包括中东的一些国家，以及非洲的尼日利亚、利比亚、阿尔及利亚、加蓬，南美的委内瑞拉、厄瓜多尔，东南亚的印度尼西亚等国家从石油出口中获取暴利。然而，非石油出口国包括大多数发展中国家，需要为石油进口支付高额费用，石油价格上涨了三倍。

石油美元：石油价格以美元标价，销售石油获得的金钱。

首先，OPEC 成员国将石油收入进行"再循环"，也就是说，它们将出口石油的收入存放在美国和欧洲的金融机构，这些储蓄的**石油美元**（这样命名是因为石油价格以美元标价）极大地增强了西方商业银行和其他金融机构的贷款能力。其次，许多发展中国家开始大量借款。那些发展中国家的非石油出口国需要借钱来购买石油，而其中的石油出口国例如墨西哥借钱发展石油部门和经济多元化。一些发展中国家借钱是为了帮助经济发展，而另一些则是有其他的目的（我们将马上看到）。当时，由于利率水平较低而且西方金融机构的贷款能力较强，因此贷款的成本非常低。最后，持续增长的石油价格引发了世界范围内的通胀。（这在第 15 章中成本推动型通货膨胀例子中有所讨论。）通货膨胀导致了 20 世纪 80 年代上演的事件。

20 世纪 80 年代：债务危机

紧缩性货币政策：减少国家货币供给以提高利率和降低总需求。

20 世纪 80 年代初，人们对美国由于油价上涨引发的通货膨胀极其关注。1981 年，联邦储备银行采取了**紧缩性货币政策**。（回想一下第 15 章中讲述的 20 世纪 80 年代初期的宏观经济政策。）该政策的结果是：（1）制止了通胀，但是以极高的利率水平从而导致美国经济以及后来扩散到世界范围的经济衰退为代价。（2）利率的上升意味着发展中国家借款应付的利息也增加。（3）美国利率上升的间接效应是推动美元升值。而美元升值会使发展中国家进口以美元标价的石油的成本更高，同时也使以美元支付的债务更加困难。于是发展中国家爆发**国际债务**危机。

国际债务：一国欠外国或机构的债务。

1988 年，发展中国家已经借款高达十亿美元，而且数量不断增加。借款的原因包括我们上面已经讲过的石油市场价格上涨。发展中国家投资于基础设施、农产品和出口部门产业发展的借款则是令人欣赏的。然而还有许多发展中国家滥用借款浪费于宏伟但是无效的政府建设、富人奢侈品和政府人员及富商的保险箱。由于银行当时有很强的借款能力，它们没有在意谁借款以及为什么借款。《华盛顿邮报》（*Washington Post*）的作家 Tyler Bridges 曾撰写关于委内瑞拉在 20 世纪 80 年代中期借款使用情况的报道，他写道：

我发现政府根本没有记录钱去哪了，尽管各种资料表明借款中的一小部分投资于促进经济长期增加的项目。幸亏有一条法令规定每一个公共厕所和电梯要有一个工作人员，使得1974—1984年的十年间公共部门就业增长了三倍。①

另一个问题是资本转移。**资本转移**是指借款又重新投资于国外的金融市场和房地产的过程，腐败的政府官员或商人得到借款后经常将这些资金投资到国外而非用于当地建设，资本投资获得的收益和利息收入增加了富人投资者的利润，却没有给发展中国家带来任何改善。而且当政府没有利用借款进行有效投资时，偿还债务的能力自然也受到了损害。打个比方，如果你借钱用来资助教育，你会通过教育培训使自己的效率更高（回想一下关于人力资本投资的讨论），那么这就意味着你将赚更多的钱，这些钱可以用来偿还你的贷款。如果借款投资没有提高生产能力，那么还款能力就很差。在这种情况下，发展中国家的错误在于无效腐败的政府，但却是由其民众承担这些债务的重担。

我们详细分析一国偿付债务的过程之后，你就可以清楚地认识到这是多么巨大的债务负担。首先，每年需要偿还的债务数量（借款加上利息）可能是非常大的一笔支出。由于发展中国家的收入总体来说比较低，基于有限收入的需求则反映出一个典型低收入国家要拼命发展所做出的选择，因此支出必须满足人们基本的消费需要：食物、住所和医疗；政府支出对于各种社会服务、公共教育和基础设施也是必要的。对于处在生存边缘和具有强烈的发展需求的人们来说，任何用来偿还债务的支出都将直接损害到人民的福利。这解释了人们通常看到的现象："在穷国，孩子的脸上都可以看到债务危机的阴影。"偿付债务支出的再分配已经损害了人民的生活福利，受影响最深的通常都是年轻人。

除了要找到一笔钱偿还债务之外，问题是这笔钱必须要偿还！**债务必须以当初借款时的货币币种偿还，因此，必须用美元或者其他主要国家的币种来偿还债务。**我们将这种货币称为"硬货币"，它可以在世界范围内被广泛接受。然而发展中国家获得这种硬货币来偿付债务的途径非常有限，虽然它们可以通过出口获得外汇收入，但是这些出口收入十分有限，而且由于20世纪80年代美国和世界经济衰退，许多发展中国家的出口贸易下降。（回想一下第12章"国际贸易"中讨论的发展中国家贸易条件的问题。）当然，一国也可能通过外国投资和国际救助来获得外汇，不过一个被发展中国家越来越多采用的最终方法就是继续借钱来偿付过去的旧债。很明显，这会导致借贷的恶性循环，使得发展中国家还清债务的希望几乎为零。

在一个获得硬货币机会很小的国家，必须要谨慎使用借款。当货币用来偿付债务时，就不能用于其他重要的方面例如购买外国资本和技术，或者进口重要的食物和能源等。最可怕的是，债务偿还是长期行为，一些硬货币少的发展中国家不得不采取一些不同于预想的发展政策，以便未来能够还债。**迫于这种压力，国家可能扩大出口产业获得外汇收入，却可能会损害收入分配、用尽有限的资源、**

---

① Tyler Bridges, "Before Bailing Them Out, Plug the Leaks," *Washington Post National Weekly Edition*, March 22—April 7, 1989.

危害食品安全和导致环境问题。它们屈服于压力可能会不加选择地鼓励对国家总体发展目标并无益处的外国投资；它们可能会重视工业的发展而忽视农业的发展。而如果没有这样的压力，国家本应会选择完全不同的、更有利的发展路径。（这些在第10章"世界贫困"中有更详细的论述。）

20世纪90年代：经济改革

国际货币基金组织（IMF）：主要由西方工业化国家资助的国际组织，对有需要的国家提供有条件的贷款和资金援助。

条款：为了获得资金援助必须满足某些要求的义务。

由于许多国家无力按照规定时间偿还债务，它们向**国际货币基金组织（IMF）**寻求资金援助，并最终引发了债务危机。虽然IMF援助对它们来说是有帮助的，但其帮助是涵盖**条款**的，要求国家必须进行经济改革（"紧缩性政策"）作为获得援助的条件。换句话说，IMF的援助是有附加条件的。这些经济改革包括减少政府支出和私有化。政府要允许食物和其他商品价格上升到市场水平，减少对国际贸易和投资的政府控制，也就是说，市场要更加开放，减少政府参与经济的角色，由市场来决定价格。一些国家愿意主动接受这样的经济改革，但是大部分国家是被迫进行改革的。一些改革已给政府和居民带来很大的困难，一个非洲首领这样描述他的困境：

> 对一个饿了好几天的人你不能谈"紧缩"，对他来说，给他几滴水来滋润一下嘴唇和喉咙比什么都高兴……对那些正在驱赶落在孩子眼睛上苍蝇的哺乳母亲来说，提高食品价格是毫无意义的乳汁，只能眼看着自己的孩子由于没有食物、牛奶或水而死去。①

21世纪？

发展中国家经济改革的作用是多种多样的。一些国家如尼日利亚和其他非洲国家，私有化导致公共部门员工的大量失业，而私人部门也没有出现大量的就业。其他国家如肯尼亚、印度尼西亚、墨西哥，食物价格上涨引发城市居民的暴乱和示威游行。另一些国家如智利，尽管大部分人还是极度地贫困，但可以说经济改革促进了经济大幅增长和国家繁荣。**需要明确的一点是，正如东方工业化国家经济转型一样，发展中国家进行经济改革需要一个安全网来保护人民免受伤害。**

经济争论："国际货币基金组织参与全球经济的前提和条件是什么？"

请阅读完整的讨论来了解世界经济和全球经济系统。

http://www.cengage.com/economics/econapps

很多发展中国家人民反对最终会给穷人带来好处的经济改革以及随之而来的资本主义和市场经济。面对传统经济政策的失败，他们转向修正的社会主义。尤其在拉丁美洲，最近很多社会党人士当选总统。类似的国家还有智利、玻利维亚、巴西、厄瓜多尔、洪都拉斯、委内瑞拉。委内瑞拉总统乌戈·查韦斯（Hugo Chavez）将通信和电力企业国有化；玻利维亚将石油和天然气部门国有化；智利信誓旦旦地将自己作为发展中国家在经济模型中的另一个典型。2007年1月厄瓜多尔新当选总统拉斐尔·科雷亚（Rafael Correa）发誓把解决贫困放在偿付外债问题前面，作为首要问题。

---

① Bread for the World Institute, *Africa：Crisis to Opportunity*，1995，http://www.bread.org.

然而，在所有这些例子中，需要注意的是它们并不是转变为政府完全控制经济的纯社会主义。更多的财富创造仍在私人部门和市场主导价格的体制下，并且，改变不是永久的。随着本书的出版，亿万富翁皮涅拉（Sebastioan Pinera）赢得了 2010 年智利选举，战胜左翼候选人成为总统。

墨西哥有一个有趣的例子。经过革命制度党长达约 70 年的统治，2000 年墨西哥民众选举国家行动党候选人文森特·福克斯（Vicente Fox）当选总统。而在 2006 年，一位新的国家行动党候选人费利佩·卡尔德龙（Felipe Calderon）以微弱优势胜出。（他只赢得了不到 15 万张选票，约为总选票的 1%。）他的社会党竞争对手奥夫拉多尔（Manuel Lopez Obrador）宣称投票不真实，并组织声势浩大的示威游行。现在大多数墨西哥人已接受卡尔德龙当选的结果。

在这些例子中，要记住的是我们不要走极端，不是完全地转变到社会主义或完全转变到资本主义。例如越南和古巴等国家在社会主义经济背景下应用市场经济好的方面，也就是说，世界不是在单纯的资本主义或单纯的社会主义中变化，而是处于两者之间的某个位置。发展中国家和东方工业化国家以及西方工业化国家如何应对资本主义和社会主义体制的失败和问题仍待观察。它们会采用保守派的政策来帮助那些穷人，抑或像拉丁美洲的例子削弱经济向市场导向转型和改革？正如标题带个问号一样，其中很多问题都是未知的。

最后的提醒

你的授课老师让你阅读本书的结语了吗（就在本章后面）？如果没有，请阅读一下结语部分，因为你将接受让世界变得更好的挑战。作为一名受过高等教育的公民，你有机会也有责任来改变我们的世界！

观点

保守派与自由派

本章学习了世界向资本主义和全球自由市场转变的保守派观点。市场经济通常带来高效和增长，但是忽视了公平的问题。因此，如果政府没有对穷人和失业者提供保障和支持，市场经济带来的好处就不会惠及到那些有需要的人。21 世纪，富人和穷人的矛盾更加严重。自由派倾向于更多关注公平问题。

另一方面，在社会主义经济体制下政府干预过多会造成价格体系的失效，经济会停滞。保守派比自由派更加注重这些有关效率和激励的问题。

经济会在两者之间寻求均衡。毕竟如果百姓享受不到福利，那么市场效率对他们而言毫无意义。同样，如果无效率阻碍了经济增长和生产力水平，那么社会主义经济体制下的公平也失去了最大效用。

然而，哪里是均衡点呢？你已经学了很多问题的对比分析，包括农业、住房、医疗、环境等。你现在掌握了大量的信息能够帮助你分析问题并总结出相应的政策。

总结

西方工业化世界、东方工业化世界和发展中世界都呈现出向更加自由的市场转变的过程。许多西方工业化国家拥护保守派经济政策以期获得经济增长。大多数先前的社会主义阵营正在经历从社会主义向资本主义的经济转型。最后，大部分发展中国家主动或被动地采用经济改革政策，使经济更加以市场为导向。无论是社会主义还是资本主义都有成功和失败，两种经济体制的长期发展结果仍无定论。

讨论和问题

1. 你是经济自由派还是保守派？你对公共项目、税收和企业的管制是怎么看的？

2. 考虑供给学派在21世纪初的政策和提议，如减税和取消环境管制。你认为这些政策能实现效率和经济增长吗？你觉得这些政策的利益能渗透到所有人吗？

3. 你对具体的保守派的政策和提议有什么看法，比如用消费税取代个人所得税，减少资本利得和股息的税率？你认为这些在促进经济增长方面有效吗？你觉得它们对美国收入分配有什么影响？

4. 美国政府如何鼓励更多的研究和开发？研究与开发又怎样使经济受益？

5. 假设一个曾是社会主义国家的政府要解除价格管制并允许价格回到市场价格。政府应怎样帮助低收入消费者来支付昂贵的食物和其他产品？

6. 假设俄罗斯的私有化进程一直成功下去。俄罗斯工业的所有问题都会被解决吗？有什么其他的政策是必要的？

7. 登录中央情报局世界概况页面（http://www.cia.gov/cia/publications/factbook/index.html）来查找东欧工业化国家的经济状况。GDP上涨了还是下降了？通货膨胀率有多高？生活水平（预期寿命、婴儿死亡率等等）和第10章中的发展中国家相比怎么样？

8. 发展中国家控制之外的国际状况怎样使国际债务问题恶化？你认为IMF在给负债累累的发展中国家提供经济援助的时候规定条款是对的吗？

9. 登录国际货币基金组织的网站（http://www.imfsite.org）。上面有大量的数据、报告和全球化的其他信息，包括一些国家向资本主义的转变。

10. 登录国际货币基金组织的网站（http://www.imfsite.org）并点击"Conditionality"来获取更多关于IMF制约条款的历史、角色、操作和有效性。（从IMF的角度来看。）

11. 登录世界银行网站（http://www.worldbank.org）来查找发展中国家的

债务信息。查找债务还本付息额比率，即债务还本付息额（每年的本金偿还额）占出口的比率。这个比率是衡量一个国家债务负担最好的指标。

12. 登录世界银行的主页（http://www.worldbank.org）来查找关于世界经济和社会指标的信息，包括关于储蓄率、生活水平和国际债务的信息。为了快速地获取资料，点击一个你选择的国家来获取最新的资料。

13. 对于前社会主义发展中国家的居民来说，在向市场经济转型过程中哪种安全保障是必要的？

14. 你认为21世纪的全球化市场会向更自由的方向发展还是反过来？为什么？

结束语：你和你周围的世界

现在你已经完成了对发生在今天世界上的经济问题的学习，你已经能使用经济学工具来分析更广阔范围的社会问题。在这个过程中，你学到了应用知识技能分析其他问题的本领，你也扩展了批评思维、增加了分析技巧，这些都能在你日后的生活中为你所用。你将会更好地理解政府出台的政策对你和你家人的影响，更好地理解你在阅读报纸、电视新闻和浏览新闻网站时看到的词汇。事实上，你现在俨然是一个受过良好教育的公民。

这意味着什么呢？你是一个"更好"的人吗？你会拥有更高的生活质量吗？你会为一个更加公平的社会贡献力量吗？你会对我们生活的世界产生积极影响吗？

我希望你对所有问题的答案都是肯定的。或者至少你现在有兴趣来改进你周围的世界。尽管有很多不完善的地方，美国是一个富裕、多样化的国家，是有世界上最长时期民主政府的国家之一。美国人均国民收入超过 46 000 美元，位于世界最高水平国家之列。美国只有不到 30% 的 25 岁以上人口拥有大学学位，你将是在这片充满机会的土地上获得学位的人。这意味着你有能力也有责任来影响政策。你能够了解经济问题、执行选举权利、和立法者沟通。[①] 你可以选择反映你观点的候选人，你可以给当地报纸主编写信来表达你的自由言论，你可以示威或者贴海报来支持你强烈相信的目标，你可以认同或者反对政府政策，你可以在我们的社会做不同寻常的事，你是一个受过教育的公民！

本书分析的经济问题并不会离我们远去，你将会完成你的学业并开始职业生涯。我希望你们中的一些人能上更多的经济学课程，甚至有可能成为一名经济学家。你们也可能从事其他类型的工作：社会工作者、化学家、教师、会计、医生、律师、管理员、生产总监等。你可能在监狱、教育机构、政府大楼或者外国

---

① 你可以和在华盛顿参议院大楼里的美国参议员或者在白宫里的美国代表们联系，你可以拨打（202）224-3121 留言，你可以给白宫总统写信或者拨打（202）456-1111 号码留言，你也可以给总统发邮件到 President@Whitehouse.gov。美国参议员和代表们的邮箱地址和网站可以分别在 http://www.senate.gov 和 http://www.house.gove 上查到，网站上还可以看到时间安排、议案、委员会等信息。

工作。无论你去哪里工作，你在教育上的投资会使得你成为一个更高效的工作者。我希望你们仍将关注贫困、歧视、污染、无家可归的人群、市场势力的滥用等问题。现实生活中这些问题和你们的工作环境、生活以及周围人的生命息息相关，迫使你们承担某种民族责任。

你就是全球经济中的一部分。"9·11"事件提醒了我们，在2001年9月11日的民意调查中，美国人竟然无法找到中东国家在地图上的位置，对"9·11"恐怖袭击犯罪者来自的国家毫无概念。《国家地理》杂志——罗珀全球地理素养调查中对18～24岁的年轻人进行的全球地理文化调查结果显示：只有13％的被调查者能够定位伊朗或伊拉克，14％能指出以色列所处的位置，17％能在地图上找到阿富汗；58％的被调查者不能在地图上定位日本，65％不能定位法国，69％不能定位英国。难以置信的是，这些调查者中有11％的美国年轻人竟然不能在地图上指出美国的位置！相对来说，其他国家尤其是瑞典、德国、意大利、法国、日本、加拿大和英国的年轻人在调查中的表现比美国年轻人好。在调查的国家中，只有墨西哥的年轻人得分比美国低。

作为世界公民，你将日益被号召理解国际问题，你将在与国际紧密接轨的企业工作，你将很有可能到外国旅行。世界已经真正地变成一个地球村，而你就是这个地球村的居民！

这意味着你必须坚持学习，为了能够与世界发生的大事保持同步，你必须终生学习。你需要参加国际课程，如果你的课程没有国际内容，你要告知上课老师你需要国际化教育。并且你不能仅仅学习西方工业化国家，世界上五分之四的人口居住在发展中国家如亚洲、非洲和拉丁美洲。你要经常和国际学生以及老师交流、阅读报纸和浏览网络。当你读到有关外国的文章时，一定要好好阅读！当你第一次读到关于布隆迪的文章时，你会好奇这个国家在哪、为什么要了解这个国家；当你下次再读到布隆迪的时候，你就认识它了。不久你能知道更多国家，不仅是布隆迪，你会比你的朋友和家人知道更多，了解全球经济。你将是一个真正地受过高等教育的公民。

最后，我希望你成为一个关心民族和社会的全球公民。本书中讨论和实践的章节已经让你亲身参与了全球经济，不论你想要为校园里的咖啡自由贸易而游说，联合抵制社区大型超市的寡头，帮助国家的那些无家可归的人，还是想为改善地球的环境而奋斗。你是一个在高收入国家接受高等教育的人才，与你获得的待遇和机会相伴而来的是责任和义务。我希望你能利用你所学的知识建设更加美好的世界。记住，正如他们在非洲所说："如果你认为你自己太渺小不足以改变周围世界，那么尝试在一个封闭的屋子里和一只蚊子睡一晚。"

真诚的，

杰奎琳·默里·布鲁克斯博士

Jacqueline. m. brux@uwrf. edu

附言：尽管我不认识你——我的读者们，我为你们感到高兴，就像我对我的学生们一样。欢迎你们给我写信，我很愿意听到你们关于这本书的意见和建议。

译后记

作为年轻学者，我们深刻地感受到经济学研究越来越"技术导向"而非"问题导向"，这实际上是与经济学的初衷相违背的。经济学与社会、政治都密不可分，政府政策制定的基本原则是解决社会经济的复杂问题，而非某些模型的复杂结果。杰奎琳·默里·布鲁克斯的《经济问题与政策》（第五版）只用了经济学最基本的供需曲线解释了美国国内、国际等一系列现实问题，包括国内的犯罪、毒品、环境、教育、歧视、贫穷、住房、医疗和社保，以及国际的贸易、贫困、农业、垄断与竞争、失业与通胀、税收与借债、政府宏观经济政策和全球化市场等等。对于我个人来说，译著为我今后研究中对一些现实问题的思考提供了很好的灵感，同时对教学工作中采用"问题导向"方法来引导学生学习有很大的帮助，正如本书作者所述，本书的目的就是让学生们意识到周围世界的社会问题以及从经济学视角来看针对这些问题有哪些政策选择，而且不能把学生们吓倒了，而是让他们感受到完全有能力来理解这些复杂的、与生活紧密相关的现实热点问题。

本书英文版自初版以来已经再版五次，在经济学教学和研究领域做出了基础性的贡献，使得更多想要学习经济学、分析社会经济问题的人更容易地掌握经济学理论及其应用，构建了包括微观、宏观及国际经济学的整个知识体系，本书不失趣味性和时效性。对于刚进校门的大学生、想要了解美国的学生以及其他研究机构都具有相当的参考价值。

翻译这样一本内容广泛的教材实属不易，本书的译校前后经历了2年的时间才初步完成，在此要感谢中国人民大学出版社高晓斐老师对我们工作的理解和关心。本书的翻译校对工作要感谢很多同学的参与：卢伟、朱晓宇、张健、李懿、董婉婷、王文晓、张丹俊、郭文杰、徐潇、罗筱璐、师亚荣、郑雅洁、鲁淑、陈佳、陈莉莉、方领、刘黎、王硕琦、周玉迪、杨捷等，特向他们表示感谢。中国人民大学出版社的编辑为本书的最终成稿付出了辛勤的劳动。然而，本书难免有不少错误和欠妥之处，请读者批评指正。

孙瑾

经济科学译丛

序号	书名	作者	Author	单价	出版年份	ISBN
1	经济问题与政策(第五版)	杰奎琳·默里·布鲁克斯	Jacqueline Murray Brux	58.00	2014	978 - 7 - 300 - 17799 - 1
2	微观经济理论	安德鲁·马斯-克莱尔等	Andreu Mas-Collel	148.00	2014	978 - 7 - 300 - 19986 - 3
3	产业组织:理论与实践(第四版)	唐·E·瓦尔德曼等	Don E. Waldman	75.00	2014	978 - 7 - 300 - 19722 - 7
4	公司金融理论	让·梯若尔	Jean Tirole	128.00	2014	978 - 7 - 300 - 20178 - 8
5	经济学精要(第三版)	R·格伦·哈伯德等	R. Glenn Hubbard	85.00	2014	978 - 7 - 300 - 19362 - 5
6	公共部门经济学	理查德·W·特里西	Richard W. Tresch	49.00	2014	978 - 7 - 300 - 18442 - 5
7	计量经济学原理(第六版)	彼得·肯尼迪	Peter Kennedy	69.80	2014	978 - 7 - 300 - 19342 - 7
8	统计学:在经济中的应用	玛格丽特·刘易斯	Margaret Lewis	45.00	2014	978 - 7 - 300 - 19082 - 2
9	产业组织:现代理论与实践(第四版)	林恩·佩波尔等	Lynne Pepall	88.00	2014	978 - 7 - 300 - 19166 - 9
10	计量经济学导论(第三版)	詹姆斯·H·斯托克等	James H. Stock	69.00	2014	978 - 7 - 300 - 18467 - 8
11	发展经济学导论(第四版)	秋山裕	秋山裕	39.80	2014	978 - 7 - 300 - 19127 - 0
12	中级微观经济学(第六版)	杰弗里·M·佩罗夫	Jeffrey M. Perloff	89.00	2014	978 - 7 - 300 - 18441 - 8
13	平狄克《微观经济学》(第八版)学习指导	乔纳森·汉密尔顿等	Jonathan Hamilton	32.00	2014	978 - 7 - 300 - 18970 - 3
14	微观银行经济学(第二版)	哈维尔·弗雷克斯等	Xavier Freixas	48.00	2014	978 - 7 - 300 - 18940 - 6
15	施米托夫出口贸易——国际贸易法律与实务(第11版)	克利夫·M·施米托夫等	Clive M. Schmitthoff	168.00	2014	978 - 7 - 300 - 18425 - 8
16	曼昆版《宏观经济学》习题集	南希·A·加纳科波罗斯等	Nancy A. Jianakoplos	32.00	2013	978 - 7 - 300 - 18245 - 2
17	微观经济学思维	玛莎·L·奥尔尼	Martha L. Olney	29.80	2013	978 - 7 - 300 - 17280 - 4
18	宏观经济学思维	玛莎·L·奥尔尼	Martha L. Olney	39.80	2013	978 - 7 - 300 - 17279 - 8
19	计量经济学原理与实践	达摩达尔·N·古扎拉蒂	Damodar N. Gujarati	49.80	2013	978 - 7 - 300 - 18169 - 1
20	现代战略分析案例集	罗伯特·M·格兰特	Robert M. Grant	48.00	2013	978 - 7 - 300 - 16038 - 2
21	高级国际贸易:理论与实证	罗伯特·C·芬斯特拉	Robert C. Feenstra	59.00	2013	978 - 7 - 300 - 17157 - 9
22	经济学简史——处理沉闷科学的巧妙方法(第二版)	E·雷·坎特伯里	E. Ray Canterbery	58.00	2013	978 - 7 - 300 - 17571 - 3
23	微观经济学(第八版)	罗伯特·S·平狄克等	Robert S. Pindyck	79.00	2013	978 - 7 - 300 - 17133 - 3
24	克鲁格曼《微观经济学(第二版)》学习手册	伊丽莎白·索耶·凯利	Elizabeth Sawyer Kelly	58.00	2013	978 - 7 - 300 - 17002 - 2
25	克鲁格曼《宏观经济学(第二版)》学习手册	伊丽莎白·索耶·凯利	Elizabeth Sawyer Kelly	36.00	2013	978 - 7 - 300 - 17024 - 4
26	管理经济学(第四版)	方博亮等	Ivan Png	80.00	2013	978 - 7 - 300 - 17000 - 8
27	微观经济学原理(第五版)	巴德、帕金	Bade,Parkin	65.00	2013	978 - 7 - 300 - 16930 - 9
28	宏观经济学原理(第五版)	巴德、帕金	Bade,Parkin	63.00	2013	978 - 7 - 300 - 16929 - 3
29	环境经济学	彼得·伯克等	Peter Berck	55.00	2013	978 - 7 - 300 - 16538 - 7
30	高级微观经济理论	杰弗里·杰里	Geoffrey A. Jehle	69.00	2012	978 - 7 - 300 - 16613 - 1
31	多恩布什《宏观经济学(第十版)》学习指导	鲁迪格·多恩布什等	Rudiger Dornbusch	29.00	2012	978 - 7 - 300 - 16030 - 6
32	高级宏观经济学导论:增长与经济周期(第二版)	彼得·伯奇·索伦森等	Peter Birch Sørensen	95.00	2012	978 - 7 - 300 - 15871 - 6
33	宏观经济学:政策与实践	弗雷德里克·S·米什金	Frederic S. Mishkin	69.00	2012	978 - 7 - 300 - 16443 - 4
34	宏观经济学(第二版)	保罗·克鲁格曼	Paul Krugman	45.00	2012	978 - 7 - 300 - 15029 - 1
35	微观经济学(第二版)	保罗·克鲁格曼	Paul Krugman	69.80	2012	978 - 7 - 300 - 14835 - 9
36	微观经济学(第十一版)	埃德温·曼斯费尔德	Edwin Mansfield	88.00	2012	978 - 7 - 300 - 15050 - 5
37	《计量经济学基础》(第五版)学生习题解答手册	达摩达尔·N·古扎拉蒂等	Damodar N. Gujarati	23.00	2012	978 - 7 - 300 - 15091 - 8
38	国际宏观经济学	罗伯特·C·芬斯特拉等	Feenstra,Taylor	64.00	2011	978 - 7 - 300 - 14795 - 6
39	卫生经济学(第六版)	舍曼·富兰德等	Sherman Folland	79.00	2011	978 - 7 - 300 - 14645 - 4
40	宏观经济学(第七版)	安德鲁·B·亚伯等	Andrew B. Abel	78.00	2011	978 - 7 - 300 - 14223 - 4
41	现代劳动经济学:理论与公共政策(第十版)	罗纳德·G·伊兰伯格等	Ronald G. Ehrenberg	69.00	2011	978 - 7 - 300 - 14482 - 5
42	宏观经济学(第七版)	N·格里高利·曼昆	N. Gregory Mankiw	65.00	2011	978 - 7 - 300 - 14018 - 6
43	环境与自然资源经济学(第八版)	汤姆·蒂坦伯格等	Tom Tietenberg	69.00	2011	978 - 7 - 300 - 14810 - 0
44	宏观经济学:理论与政策(第九版)	理查德·T·弗罗恩	Richard T. Froyen	55.00	2011	978 - 7 - 300 - 14108 - 4
45	经济学原理(第四版)	威廉·博伊斯等	William Boyes	59.00	2011	978 - 7 - 300 - 13518 - 2

经济科学译丛

序号	书名	作者	Author	单价	出版年份	ISBN
46	计量经济学基础(第五版)(上下册)	达摩达尔·N·古扎拉蒂	Damodar N. Gujarati	99.00	2011	978 - 7 - 300 - 13693 - 6
47	计量经济分析(第六版)(上下册)	威廉·H·格林	William H. Greene	128.00	2011	978 - 7 - 300 - 12779 - 8
48	国际经济学:理论与政策(第八版)(上册 国际贸易部分)	保罗·R·克鲁格曼等	Paul R. Krugman	36.00	2011	978 - 7 - 300 - 13102 - 3
49	国际经济学:理论与政策(第八版)(下册 国际金融部分)	保罗·R·克鲁格曼等	Paul R. Krugman	49.00	2011	978 - 7 - 300 - 13101 - 6
50	国际贸易	罗伯特·C·芬斯特拉等	Robert C. Feenstra	49.00	2011	978 - 7 - 300 - 13704 - 9
51	经济增长(第二版)	戴维·N·韦尔	David N. Weil	63.00	2011	978 - 7 - 300 - 12778 - 1
52	投资科学	戴维·G·卢恩伯格	David G. Luenberger	58.00	2011	978 - 7 - 300 - 14747 - 5
53	宏观经济学(第十版)	鲁迪格·多恩布什等	Rudiger Dornbusch	60.00	2010	978 - 7 - 300 - 11528 - 3
54	宏观经济学(第三版)	斯蒂芬·D·威廉森	Stephen D. Williamson	65.00	2010	978 - 7 - 300 - 11133 - 9
55	计量经济学导论(第四版)	杰弗里·M·伍德里奇	Jeffrey M. Wooldridge	95.00	2010	978 - 7 - 300 - 12319 - 6
56	货币金融学(第九版)	弗雷德里克·S·米什金等	Frederic S. Mishkin	79.00	2010	978 - 7 - 300 - 12926 - 6
57	金融学(第二版)	兹维·博迪等	Zvi Bodie	59.00	2010	978 - 7 - 300 - 11134 - 6
58	国际经济学(第三版)	W·查尔斯·索耶等	W. Charles Sawyer	58.00	2010	978 - 7 - 300 - 12150 - 5
59	博弈论	朱·弗登博格等	Drew Fudenberg	68.00	2010	978 - 7 - 300 - 11785 - 0
60	投资学精要(第七版)(上下册)	兹维·博迪等	Zvi Bodie	99.00	2010	978 - 7 - 300 - 12417 - 9
61	财政学(第八版)	哈维·S·罗森等	Harvey S. Rosen	63.00	2009	978 - 7 - 300 - 11092 - 9
62	社会问题经济学(第十八版)	安塞尔·M·夏普等	Ansel M. Sharp	45.00	2009	978 - 7 - 300 - 10995 - 4

经济科学译库

序号	书名	作者	Author	单价	出版年份	ISBN
1	克鲁格曼经济学原理(第二版)	保罗·克鲁格曼等	Paul Krugman	65.00	2013	978 - 7 - 300 - 17409 - 9
2	国际经济学(第13版)	罗比特·J·凯伯等	Robert J. Carbaugh	68.00	2013	978 - 7 - 300 - 16931 - 6
3	货币政策:目标、机构、策略和工具	彼得·博芬格	Peter Bofinger	55.00	2013	978 - 7 - 300 - 17166 - 1
4	MBA 微观经济学(第二版)	理查德·B·麦肯齐等	Richard B. McKenzie	55.00	2013	978 - 7 - 300 - 17003 - 9
5	激励理论:动机与信息经济学	唐纳德·E·坎贝尔	Donald E. Campbell	69.80	2013	978 - 7 - 300 - 17025 - 1
6	微观经济学:价格理论观点(第八版)	斯蒂文·E·兰兹博格	Steven E. Landsburg	78.00	2013	978 - 7 - 300 - 15885 - 3
7	经济数学与金融数学	迈克尔·哈里森等	Michael Harrison	65.00	2012	978 - 7 - 300 - 16689 - 6
8	策略博弈(第三版)	阿维纳什·迪克西特等	Avinash Dixit	72.00	2012	978 - 7 - 300 - 16033 - 7
9	高级宏观经济学基础	本·J·海德拉等	Ben J. Heijdra	78.00	2012	978 - 7 - 300 - 14836 - 6
10	行为经济学	尼克·威尔金森	Nick Wilkinson	58.00	2012	978 - 7 - 300 - 16150 - 1
11	金融风险管理师考试手册(第六版)	菲利普·乔瑞	Philippe Jorion	168.00	2012	978 - 7 - 300 - 14837 - 3
12	服务经济学	简·欧文·詹森	Jan Owen Jansson	42.00	2012	978 - 7 - 300 - 15886 - 0
13	统计学:在经济和管理中的应用(第八版)	杰拉德·凯勒	Gerald Keller	98.00	2012	978 - 7 - 300 - 16609 - 4
14	面板数据分析(第二版)	萧政	Cheng Hsiao	45.00	2012	978 - 7 - 300 - 16708 - 4
15	中级微观经济学:理论与应用(第10版)	沃尔特·尼科尔森等	Walter Nicholson	85.00	2012	978 - 7 - 300 - 16400 - 7
16	经济学中的数学	卡尔·P·西蒙等	Carl P. Simon	65.00	2012	978 - 7 - 300 - 16449 - 6
17	社会网络分析:方法与应用	斯坦利·沃瑟曼等	Stanley Wasserman	78.00	2012	978 - 7 - 300 - 15030 - 7
18	用 Stata 学计量经济学	克里斯托弗·F·鲍姆	Christopher F. Baum	65.00	2012	978 - 7 - 300 - 16293 - 5
19	美国经济史(第10版)	加里·M·沃尔顿等	Gary M. Walton	78.00	2011	978 - 7 - 300 - 14529 - 7
20	增长经济学	菲利普·阿格因	Philippe Aghion	58.00	2011	978 - 7 - 300 - 14208 - 1
21	经济地理学:区域和国家一体化	皮埃尔-菲利普·库姆斯等	Pierre - Philippe Combes	42.00	2011	978 - 7 - 300 - 13702 - 5
22	社会与经济网络	马修·O·杰克逊	Matthew O. Jackson	58.00	2011	978 - 7 - 300 - 13707 - 0
23	环境经济学	查尔斯·D·科尔斯塔德	Charles D. Kolstad	53.00	2011	978 - 7 - 300 - 13173 - 3
24	空间经济学——城市、区域与国际贸易	保罗·克鲁格曼等	Paul Krugman	42.00	2011	978 - 7 - 300 - 13037 - 8

经济科学译库

序号	书名	作者	Author	单价	出版年份	ISBN
25	国际贸易理论:对偶和一般均衡方法	阿维纳什·迪克西特等	Avinash Dixit	45.00	2011	978 - 7 - 300 - 13098 - 9
26	契约经济学:理论和应用	埃里克·布鲁索等	Eric Brousseau	68.00	2011	978 - 7 - 300 - 13223 - 5
27	反垄断与管制经济学(第四版)	W·基普·维斯库斯等	W. Kip Viscusi	89.00	2010	978 - 7 - 300 - 12615 - 9
28	拍卖理论	维佳·克里斯纳等	Vijay Krishna	42.00	2010	978 - 7 - 300 - 12664 - 7
29	计量经济学指南(第五版)	皮特·肯尼迪	Peter Kennedy	65.00	2010	978 - 7 - 300 - 12333 - 2
30	管理者宏观经济学	迈克尔·K·伊万斯等	Michael K. Evans	68.00	2010	978 - 7 - 300 - 12262 - 5
31	利息与价格——货币政策理论基础	迈克尔·伍德福德	Michael Woodford	68.00	2010	978 - 7 - 300 - 11661 - 7
32	理解资本主义:竞争、统制与变革(第三版)	塞缪尔·鲍尔斯等	Samuel Bowles	66.00	2010	978 - 7 - 300 - 11596 - 2
33	递归宏观经济理论(第二版)	萨金特等	Thomas J. Sargent	79.00	2010	978 - 7 - 300 - 11595 - 5
34	剑桥美国经济史(第一卷):殖民地时期	斯坦利·L·恩格尔曼等	Stanley L. Engerman	48.00	2008	978 - 7 - 300 - 08254 - 7
35	剑桥美国经济史(第二卷):漫长的19世纪	斯坦利·L·恩格尔曼等	Stanley L. Engerman	88.00	2008	978 - 7 - 300 - 09394 - 9
36	剑桥美国经济史(第三卷):20世纪	斯坦利·L·恩格尔曼等	Stanley L. Engerman	98.00	2008	978 - 7 - 300 - 09395 - 6
37	横截面与面板数据的经济计量分析	J.M.伍德里奇	Jeffrey M. Wooldridge	68.00	2007	978 - 7 - 300 - 08090 - 1

金融学译丛

序号	书名	作者	Author	单价	出版年份	ISBN
1	基于Excel的金融学原理(第二版)	西蒙·本尼卡	Simon Benninga	79.00	2014	978 - 7 - 300 - 18899 - 7
2	金融工程学原理(第二版)	萨利赫·N·内夫特奇	Salih N. Neftci	88.00	2014	978 - 7 - 300 - 19348 - 9
3	投资学导论(第十版)	赫伯特·B·梅奥	Herbert B. Mayo	69.00	2014	978 - 7 - 300 - 18971 - 0
4	国际金融市场导论(第六版)	斯蒂芬·瓦尔德兹等	Stephen Valdez	59.80	2014	978 - 7 - 300 - 18896 - 6
5	金融数学:金融工程引论(第二版)	马雷克·凯宾斯基等	Marek Capinski	42.00	2014	978 - 7 - 300 - 17650 - 5
6	财务管理(第二版)	雷蒙德·布鲁克斯	Raymond Brooks	69.00	2014	978 - 7 - 300 - 19085 - 3
7	期货与期权市场导论(第七版)	约翰·C·赫尔	John C. Hull	69.00	2014	978 - 7 - 300 - 18994 - 2
8	固定收益证券手册(第七版)	弗兰克·J·法博齐	Frank J. Fabozzi	188.00	2014	978 - 7 - 300 - 17001 - 5
9	国际金融:理论与实务	皮特·塞尔居	Piet Sercu	88.00	2013	978 - 7 - 300 - 18413 - 5
10	金融市场与金融机构(第7版)	弗雷德里克·S·米什金 斯坦利·G·埃金斯	Frederic S. Mishkin Stanley G. Eakins	79.00	2013	978 - 7 - 300 - 18129 - 5
11	货币、银行和金融体系	R·格伦·哈伯德等	R. Glenn Hubbard	75.00	2013	978 - 7 - 300 - 17856 - 1
12	并购创造价值(第二版)	萨德·苏达斯纳	Sudi Sudarsanam	89.00	2013	978 - 7 - 300 - 17473 - 0
13	个人理财——理财技能培养方法(第三版)	杰克·R·卡普尔等	Jack R. Kapoor	66.00	2013	978 - 7 - 300 - 16687 - 2
14	国际财务管理	吉尔特·贝克特	Geert Bekaert	95.00	2012	978 - 7 - 300 - 16031 - 3
15	金融理论与公司政策(第四版)	托马斯·科普兰等	Thomas Copeland	69.00	2012	978 - 7 - 300 - 15822 - 8
16	应用公司财务(第三版)	阿斯沃思·达摩达兰	Aswath Damodaran	88.00	2012	978 - 7 - 300 - 16034 - 4
17	资本市场:机构与工具(第四版)	弗兰克·J·法博齐	Frank J. Fabozzi	85.00	2011	978 - 7 - 300 - 13828 - 2
18	衍生品市场(第二版)	罗伯特·L·麦克唐纳	Robert L. McDonald	98.00	2011	978 - 7 - 300 - 13130 - 6
19	债券市场:分析与策略(第七版)	弗兰克·J·法博齐	Frank J. Fabozzi	89.00	2011	978 - 7 - 300 - 13081 - 1
20	跨国金融原理(第三版)	迈克尔·H·莫菲特等	Michael H. Moffett	78.00	2011	978 - 7 - 300 - 12781 - 1
21	风险管理与保险原理(第十版)	乔治·E·瑞达	George E. Rejda	95.00	2010	978 - 7 - 300 - 12739 - 2
22	兼并、收购和公司重组(第四版)	帕特里克·A·高根	Patrick A. Gaughan	69.00	2010	978 - 7 - 300 - 12465 - 0
23	个人理财(第四版)	阿瑟·J·基翁	Athur J. Keown	79.00	2010	978 - 7 - 300 - 11787 - 4
24	统计与金融	戴维·鲁珀特	David Ruppert	48.00	2010	978 - 7 - 300 - 11547 - 4
25	国际投资(第六版)	布鲁诺·索尔尼克等	Bruno Solnik	62.00	2010	978 - 7 - 300 - 11289 - 3
26	财务报表分析(第三版)	马丁·弗里德森	Martin Fridson	35.00	2010	978 - 7 - 300 - 11290 - 9

图书在版编目（CIP）数据

经济问题与政策：第五版 /（ ）布鲁克斯著；孙瑾，周世民译. —北京：中国人民大学出版社，2014.2
经济科学译丛
ISBN 978-7-300-17799-1

Ⅰ.①经… Ⅱ.①布…②孙…③周… Ⅲ.①经济政策-教材 Ⅳ.①F019.6

中国版本图书馆 CIP 数据核字（2013）第 198086 号

"十一五"国家重点图书出版规划项目
经济科学译丛
经济问题与政策（第五版）
杰奎琳·默里·布鲁克斯　著
孙瑾　周世民　译
Jingji Wenti yu Zhengce

出版发行	中国人民大学出版社			
社　　址	北京中关村大街 31 号		邮政编码	100080
电　　话	010 - 62511242（总编室）		010 - 62511770（质管部）	
	010 - 82501766（邮购部）		010 - 62514148（门市部）	
	010 - 62515195（发行公司）		010 - 62515275（盗版举报）	
网　　址	http://www.crup.com.cn			
	http://www.ttrnet.com（人大教研网）			
经　　销	新华书店			
印　　刷	三河市汇鑫印务有限公司			
规　　格	185 mm×260 mm　16 开本		版　次	2014 年 11 月第 1 版
印　　张	27 插页 2		印　次	2014 年 11 月第 1 次印刷
字　　数	589 000		定　价	58.00 元

CENGAGE Learning™

Supplements Request Form（教辅材料申请表）

Lecturer's Details（教师信息）			
Name： （姓名）		Title： （职务）	
Department： （系科）		School/University： （学院/大学）	
Official E-mail： （学校邮箱） Tel： （电话） Mobile： （手机）		Lecturer's Address/ Post Code： （教师通讯地址/ 邮编）	

Adoption Details（教材信息）　　原版□　　翻译版□　　影印版□	
Title：（英文书名） Edition：（版次） Author：（作者）	
Local Puber： （中国出版社）	

Enrolment： （学生人数）		Semester： （学期起止日期时间）	

Contact Person & Phone/E-Mail/Subject：
（系科/学院教学负责人电话/邮件/研究方向）
（我公司要求在此处标明系科/学院教学负责人电话/传真及电话和传真号码并在此加盖公章。）

教材购买由 我□　　我作为委员会的一部分□　　其他人□［姓名：　　　］　决定。

Please fax or post the complete form to（请将此表格传真至）：

CENGAGE LEARNING BEIJING
ATTN：Higher Education Division
TEL：（86）10—82862096/95/97
FAX：（86）10—82862089
ADD：北京市海淀区科学院南路 2 号
　　　融科资讯中心 C 座南楼 12 层 1201 室　　100080

Note：Thomson Learning has changed its name to CENGAGE Learning.

VERIFICATION FORM/CENGAGE LEARNING